행복의 약속

The Promise of Happiness

THE PROMISE OF HAPPINESS
by Sara Ahmed
ⓒ 2010 by Duke University Press
Korean translation copyright ⓒ 2021 by Humanitas
All Rights reserved.

행복의 약속
불행한 자들을 위한 문화비평

1판 1쇄. 2021년 02월 08일
1판 2쇄. 2025년 01월 02일

지은이. 사라 아메드
옮긴이. 성정혜·이경란

펴낸이. 정민용·안중철
책임편집. 이진실
편집. 윤상훈

펴낸 곳. 후마니타스(주)
등록. 2002년 2월 19일 제2002-000481호
주소. 서울 마포구 신촌로14안길 17, 2층(04057)

전화. 02-739-9929, 9930
팩스. 0505-333-9960
블로그. https://blog.naver.com/humabook
페이스북, 인스타그램/Humanitasbook

인쇄. 천일인쇄 031-955-8083
제본. 일진제책 031-908-1407

값 27,000원

ISBN 978-89-6437-365-1 04300
ISBN 978-89-6437-310-1 (세트)

기다림 2

행복의 약속

사라 아메드 지음 | 성정혜·이경란 옮김

후마니타스

추천의 말

페미니즘이 여성의 행복을 파괴한다고 비난 받는 이 시기에 행복이 무조건적 선이라는 합의를 비판하는 용감한 책. 분위기 깨는 자들을 옹호하는 글이 이토록 읽기에 즐겁다니 얼마나 역설적인가! 시의적절하고 독창적인 이 책은 분명 엄청난 논쟁을 촉발할 것이다. 리타 펠스키, 『근대성과 페미니즘』

행복보다 더 자연화되고 이데올로기적 비판으로부터 자유로운 게 또 있을까? 우리는 행복을 어떻게 비판적으로 바라볼 수 있을까? 아메드는 이것이 어떻게 가능한지를 보여 준다. 헤더 러브, 『거슬러 느끼기』

현실에 꼭 들어맞는 도발적인 분석. 아메드의 분석은 예측 불허의 매력이 있다. 헤더 세겔, 『게이 앤 레즈비언 리뷰』

행복 주변에 엉겨 붙어 있는 지배의 사회적 네트워크를 악착같이 추적해 이루어 낸 통찰력 넘치는 연구. 우리의 사회적 삶을 추동하는 주요 가정 가운데 하나인, 행복해야 한다는 가정에 대한 결정적 분석. 숀 그라탄, 『소셜 텍스트』

감정 문화 정치학의 지평을 확장시킨다. 놀랍다. 사라 세파이, 『문화 연구 리뷰』

행복 담론과 억압 사이에 얽혀 있는 연결 고리들을 광범위하게 폭로함으로써 필적할 수 없는 저작을 완성했다. 안드레아 벨트만, 『히파티아』

철학과 문화 연구, 현상학, 그리고 페미니즘 사이에 다리를 놓음으로써 가장 시급한 우리 시대 페미니즘 현안들에 대해 신선하고 예리한 접근 방식을 제공한다. 현상학적으로 정서를 다룸으로써 페미니스트 이론가들에게 본질주의로 돌아가지 않으면서도 몸과 마음의 분리에서 빠져나오는 길을 제공한다. 에이미 카릴로 로, 『기호들』

정서를 사회를 읽는 암호로 보도록 안내함으로써 페미니즘의 비판적 도구 상자를 강화한다. 독자들은 낙관적이지도 우울하지도 않은 이 책을 읽으면서 다양한 이상에 대한 집착을 포기하는 마음 챙김 연습을 하게 된다. 나오미 그레이저, 『페미니스트 연구』

정서 연구의 주축이 되어야만 하는 특별한 텍스트. 빈틈없는 문화비평을 보여 주는 놀랍도록 강력한 모델. 행복에 대한 우리의 집착과 욕망에 대한 통찰력 있는 연구. 예나 수프-몽고메리, 『계간 여성학』

정말이지 모든 걸 가르쳐 준
오드리 로드에게

차례

일러두기

- 대괄호와 각주는 옮긴이의 첨언이며, 미주는 지은이의 것이다.

- 국역본이 존재할 경우 「참고문헌」에 서지 사항을 병기하고, 본문의 대괄호 안에 해당 부분의 쪽수를 적었다. 하지만 기존 번역을 그대로 따르지 않은 경우도 있다.

- 영화의 경우, 본문의 이해를 돕기 위해 국내 개봉 당시의 제목을 따르지 않고 원제에 가깝게 옮긴 경우가 있다. 국내 개봉 당시의 제목은 모두 「참고문헌」에 병기했다.

- 온라인 출처의 경우, 마지막 검색일은 모두 2020년 12월 20일이다. 다만, 현재 연결되지 않는 주소들은 원저의 마지막 검색일(2009년 2월 11일)을 그대로 남겨 두었다.

- 원문의 오류와 오기들은 표시 없이 수정했다.

- 본문에 삽입된 도판은 한국어판에서 추가된 것이다.

- 단행본, 정기간행물에는 겹낫표(『　』)를, 소제목, 논문 제목 등의 한국어 표기에는 홑낫표(「　」)를, 노래·시·영화·연극·텔레비전 프로그램 등에는 가랑이표(〈　〉)를 사용했다.

서론

왜 하필 지금 행복을 이야기하는가

행복은 끊임없이 욕망의 대상으로, 목표로 해야 할 것으로, 우리 삶에 목적이나 의미, 질서를 부여해 주는 것으로 묘사된다. 브루노 프라이와 알로이스 스터처가 주장하듯이 "사람은 누구나 행복하기를 원한다. 인생 목표와 관련해 그 어떤 것도 그처럼 높은 수준의 합의를 이끌어 내지는 못할 것이다"(Frey and Stutzer 2002: vii[10]).[1] 여기서 말하는 것은 아마도 행복에 대해 합의가 존재한다는 합의일 것이다. 우리에겐 과연 행복에 대한 합의가 존재하는 걸까? 그리고 만약 그렇다면 우리는 무엇에 합의하고 있는 걸까?

칸트처럼 개인의 행복을 윤리의 영역 바깥에 두는 철학자조차 "이성적이지만 유한한 존재자라면 누구나 필연적으로 행복하기를 원한다. 그래서 행복은 이 존재자의 욕구 능력을 불가피하게 규정하는 근거다"(Kant 1788/2004: 24[166])라고 주장한다. 그럼에도 다소 애통하게 "행복이라는 개념은 불행하게도 너무나 불확정적이어서 사람들은 저마다 행복에 이르기를 소망하지만, 자신이 참으로 무엇을 소망하고 바라는지 확실하게 그리고 일관되게 주장하는 것조차 불가능하다"(1785/2005: 78[67])라고 한 것도 칸트 자신이다. 만약 행복이 우리가 소망하는 바라 해도, 우리가 행복을 소망할 때 무엇을 소망하는지 알고 있다는 의미는 아니다. 행복은 마치 그 자체가 소망하는 것을 불러내기라도 하는 것 같다. 혹은 행복은 성취되지 않음으로써 소망으로서의 그 자리를 지키고 있는지도 모른다.

행복: 소망wish, 의지will, 바람want. 이 책에서 나는 행복이 이런 말들과 함께 사유된다는 것이 무슨 의미인지 살펴보고자 한다. 따라서 이 책을 이끌어 가는 질문은 "행복이란 무엇인가?"가 아니라 "행복은 무엇을 하는가?"이다. 내가 행복에 대한 정의나 진정한 행복 모델을 제시하려는 건 아니다. 행복을 성취하는 방법에 관한 일련의 지침을 제시하겠다는 것도 아니다. 그에 대해서라면 제안할 것도 없고, 있다 하더라도 나는 잘사는 기술로서의 행복에 대해 회의적으로 불신하는 입장에서 이야기할 것이다. 나는 행복이 어떻게 삶의 이런 선택이 아닌 저런 선택과 연결되는지, 어떤 상태가 되면 행복하다고 상상되는지에 관심이 있다. 행복의 역사는 연관 짓기[연상]associations의 역사라 할 수 있다. 행복을 소망할 때 우리는 행복과 연관되기를 소망한다. 즉, 행복과 연관된 것들과 연관되고 싶어 하는 것이다. 행복과 연관된 것들을 갖게 되면 행복을 얻을 수 있다는 바로 그 약속 때문에 우리는 그것들을 목표로 하게 된다.

행복은 하나의 일관된 세계를 형성한다. 행복을 세계를 만드는 형식으로 기술한다고 할 때 나는 행복이 어떻게 억압을 정당화하는 데 이용돼 왔는지를 다양한 방식으로 보여 준 페미니스트, 흑인, 퀴어 학자들의 연구에 빚지고 있다. "행복한 주부"상에 대한 페미니스트들의 비판, "행복한 노예" 신화에 대한 흑인들의 비판, 이성애를 "가정의 지복"으로 감상화하는 것에 대한 퀴어들의 비판은 내게 행복과 그것이 호소력을 갖는 조건들에 대해 많은 것을 가르쳐 주었다. 이런 비판들의 배후에는 행복의 불행한 효과들을 폭로한 연구와 운동의 오랜 역사가 있으며, 이는 우리에게 행복이 어떻게 사회적 규범을 사회적 선으로 재기술하는 데 이용되는지 가르쳐 주었다. 그런 정치적 운동들은 사실 행복을 **위해서가** 아니라 행복에 **저항하기 위해** 싸워 왔다고 해도 과언이 아니다. 시몬 드 보부아르는 행복이 어떻게 그것이 소망하는 바를 정치, 곧 소망의 정치로 바꿔 버리는지를 잘 보여 준다. 소망의 정치는 다른 사람들도 소망에 따라 살도록 요구한다. 그녀는 이렇게 주장했다. "**행복**이라는 말이 정말로 무엇을 의미하는지는 그다지 선명하지 않으며, 그것이 어떤 진가를 감추고 있는지는 더더구나 분명치 않다. 타인의 행복을 헤아릴 가능성은 전혀 없는데도, **사람들이 으레 처하기를 소망하는 상황을 두고 행복이라 말하기는 항상 쉬운 법이다**"(Beauvoir 1949/1997: 28[상권 30], 두 번째 강조는 추가). 나는 이런 행복에 대한 비판에 기대어 행복 소망에 대해 질문해 보려 한다. 우리는 **지금** 그런 비판에 기대어 **지금**의 이런 세속적 가치에 대한 집착에 대응할 필요가 있다. 왜 행복이 문제인가? 왜 지금 문제인가? 우리는 분명 지금 "행복으로의 전회" 상황에 있다고 말할 수 있다. 부분적으로 이 책은 이런 전회에 대한 대응으로 쓴 것이다.

행복으로의 전회

여기서 말하는 "행복으로의 전회"란 무엇인가? 행복학과 행복 경제학에 관한 책들이 쏟아져 나오고 있음은 분명하며, 특히 2005년부터 이는 더 심해졌다.[2] 치유 문화와 자조 담론의 인기 또한 행복으로의 전회를 의미한다. 많은 책과 강의들이 행복해지는 법을 가르치고 있으며, 이는 긍정 심리학을 비롯한 다양한 분야의 지식들뿐만 아니라 동양 전통, 특히 불교에 대한 (보통은 오리엔탈리즘적인) 해석에 기대고 있다.[3] "행복 산업"이라는 말은 이제 너무 흔한 말이 되어 버렸다. 행복은 이런 책들을 통해 생산되는 동시에 소비되며 자본의 형태로 가치를 축적한다. 바버라 군넬(Gunnell 2004)은 이에 대해 이렇게 묘사한다. "행복을 향한 갈구는 분명 많은 사람들을 풍요롭게 해주고 있다. 행복 산업이 번성 중이다. 보다 충만한 삶을 약속하는 자기계발서나 CD가 지금보다 더 잘 팔렸던 적은 없다."

　미디어에는 행복의 이미지와 이야기가 넘쳐 난다. 영국의 상당수 주요 일간지들은 행복 "특집"을 마련했으며, BBC에서는 2006년, 〈행복 공식〉이라는 프로그램이 방영됐다.[4] 이런 행복으로의 전회는 세계적 현상이라 할 수 있다. 인터넷에선 "지구촌행복지수"happy planet index를 찾아볼 수 있고, 각국의 행복지수를 조사한 보고서들이 발표되고 있다.[5] 이런 보고서들은 보통 리서치 결과가 사회적 기대와 다를 때, 즉 개발도상국들이 선진국들보다 행복하다는 결과가 나올 때 미디어에 오르내린다. 한 기사의 첫 문장을 보자. "믿기 힘들겠지만, 방글라데시가 세계에서 가장 행복한 나라다! 반면, 미국은 안타깝게도 세계행복조사에서 46위에 그쳤다."[6] 행복과 불행이 뉴스가 되는 경우는 그것이 특정 개인, 집단, 국가의 사회적 지위에 대한 관념에 도전할 때이며, 보통 [그 도전적 결과를] 불신하는 말을 통해 그 지위는 더욱 확고해진다.

　행복으로의 전회는 정책과 통치 체계의 변화에서도 찾아볼 수 있다. 부탄 정부는 1972년부터 국민총행복지수GNH로 자국민의 행복을 측정해 왔다. 영국의 보수당 대표 데이비드 캐머런은 행복을 정부가 추구해야 할 가치라고 이야기하면서, 미디어에서 신노동당이 추구하는 행복과 "사회적 웰빙"을 둘러싼 논쟁을 주도했다.[7] 보고에 따르면, 많은 정부에서 행복과 웰빙을 측정 가능한 자산이자 명시적 목표로 도입하면서 국내총생산GDP 외에도 참진보지수GPI라는 것이 추가되었다.[8] 행복은 진보를 측정하는 더 그럴듯한 방식이 되어 가고 있다. 이제는 행복이 궁극적인 성과 지표라 말할 수 있게 된 것이다.

이렇게 본다면 행복 연구가 그 자체로 학문 분야로 자리 잡게 된 것도 놀라운 일은 아니다. 학술지『행복 연구』는 확실히 자리를 잡았고, 이제 행복 연구 분야의 교수직도 많다. 학계에서 우리는 역사학, 심리학, 건축학, 사회정책학과 경제학 등 다양한 학과들에서 행복으로의 전회를 목격할 수 있다. 이런 전회를 목격하는 것은 중요한데, 그것이 단순히 우리의 행복에 대한 합의 상황을 반영하고 있을 뿐만 아니라 뭔가 중요한 것을 나타내는 데 **행복**이라는 말을 사용하겠다는 합의를 반영하고 있기 때문이다.

이런 작업들 가운데 "신행복학"이라 불리는 부류가 있다. 이는 행복학이 그 자체로 새롭다는 의미가 아니다. 이 영역의 상당수 핵심 저서들은 고전적 영국의 공리주의, 특히 "최대 다수의 최대 행복"이라는 경구로 유명한 제러미 벤담의 작업을 부활시킨 것이나 다름없다. 벤담이『정부소론』에서 설명한 것처럼 "옳고 그름의 척도는 최대 다수의 최대 행복이다"(Bentham 1776/1988: 3). 벤담 자신도 이전의 전통, 즉 데이비드 흄을 비롯해 체사레 베카리아[18세기 이탈리아 형법학자]나 클로드 아드리앵 엘베시우스[18세기 프랑스 계몽철학자] 등의 작업에 기대고 있다. 행복학은 정치경제학과 역사를 공유한다. 애덤 스미스가『국부론』에서 주장한 바를 상기해 보기만 해도 잘 알 수 있다. 스미스에 따르면 우리는 자본주의를 통해 "비참한 평등"의 상태에서 "행복한 불평등"의 상태로 나아갈 수 있다.

그리고 그 결과 "아무리 지위가 낮고 가난한 노동자라 해도 절약하고 근면하기만 하다면 어떤 야만인보다 풍족하게 생활필수품이나 편의품을 누리고 살 수 있다"(Smith 1776/1999: 105[2]).

물론, 19세기 공리주의에는 불평등이 발전과 행복의 척도라는 그런 서사에 대한 명시적 논박이 포함돼 있다. 알렉산더 웨더번[18세기 스코틀랜드 정치인]을 따라 벤담은 공리 원칙이 정부에 위험한 것이라고 말한다. "최대 다수의 최대 행복이라는, 정부의 유일하게 **옳고** 정당한 목적으로 규정된 이 원칙이 어떻게 위험한 것이라고 거부될 수 있을까? 그것은 모든 정부가 **실제로는** 특정한 **한 사람**[한 집단]의 최대 행복을 목적으로 하고 있기 때문이다"(Bentham 1776/1988: 59). 모든 개개인의 행복을 똑같이 중시해야 한다는 이 믿음에도 불구하고(다수의 행복에서는 어떤 한 사람의 행복을 더 증가시켜서는 안 된다), 공리주의 전통은 분명 행복도가 진보의 척도라는 원칙을 지지하고 있었다. 에밀 뒤르켐은 이 원칙을 강력히 비판했다. "하지만 실제로 인간 사회가 발전할수록 개인의 행복이 증가한다는 것이 사실인가? 이보다 더 의심스러운 명제는 없다"(Durkheim 1893/1960: 241[356]).

최근 행복학의 핵심 인물 중 하나는 리처드 레이어드로, 영국 언론은 그를 "행복 황제"라 부르곤 한다. 2005년에 처음 출판된 레이어드의 중요한 저서 『행복: 신과학의 교훈』은 경제학이 인간의 성장을 측정하는 방법에 대한 다음과 같은 비판으로 시작한다. "경제학에서는 한 사회에서 나타나는 행복의 변화와 그 사회의 구매력의 변화를 동등하게 본다"(Layard 2005: ix[16]). 레이어드는 [구매력이 아니라] 오직 행복을 통해서만 성장과 진보를 측정할 수 있다고 주장하며, "최고의 사회는 가장 행복한 사회"라고 말한다. 이런 과학에 내포돼 있는 근본적인 가정은, 행복이 선이고, 따라서 행복을 극대화하는 것보다 더 좋은 것은 없다는 것이다. 행복학은 행복이 "저기 어딘가"에 있다고, 행복은 측정 가능한 것이라고, 이런 측정은 객관적인 것이라고 간주한다. 심지어 "헤도니미터"[두뇌가 느끼는 행복감과 불쾌감을 측정하는 도구]hedonimeters라는 것도 있다(Nettle 2006: 3).

그렇다면 행복이 "저기 어딘가"에 있다고 전제하는 행복학에서는 행복을 어떻게 정의하는 걸까? 리처드 레이어드는 또 한 번 우리에게 유용한 참조점을 제공해 준다. 그는 이렇게 주장한다. "행복이란 기분이 좋다는 느낌이고, 고통이란 기분이 나쁘다는 느낌이다"(6[31]). 행복은 "기분이 좋다는 느낌"이다. 이는 사람들이 얼마큼 기분이 좋은지 측정할 수 있기 때문에 행복을 측정할 수 있다는 뜻이다. 따라서 "저기 어딘가"는 사실상 "바로 여기"다. 행복을 측정할 수 있다는 믿음은 느낌을 측정할 수 있다는 믿음이다. 레이어드는 "대부분의 사람들이 자신이 얼마나 기분 좋은지 쉽게 말할 수 있다"(13[39])라고 주장한다. 행복 리서치는 주로 자기-보고에 기반한다. 사람들이 행복하다고 말하면 행복한 것이라고 가정하면서, 사람들 스스로가 얼마나 행복하다고 말하는지를 측정하는 것이다. 이 모델은 자기-감정의 투명성(자신의 느낌을 말할 수 있고 알 수 있다)을 전제하는 동시에, 자기-보고 또한 순수하고 단순하게 이루어진다고 전제한다. 만일 당신이 행복을 원한다는 사실이 전제된 상황이라면, 얼마나 행복한지 묻는 것은 중립적인 질문이 아니다. 그것은 단지 자기 삶의 현 상황을 평가하라는 뜻이 아니라, 가치판단이 실린 범주들을 가지고 평가하라는 뜻이 된다.⁹ 이는 단순히 사람들이 자기 삶 자체에 대해 느끼는 감정을 측정하는 것이라기보다, 행복에 가까워지려는 상대적 욕망을, 심지어는 자기 삶을 (자신이나 다른 사람들에게) 좋게 보고하려는 상대적 욕망을 측정하는 것일 수 있다.

우리가 느낌에 대해 어떻게 생각하는지는 중요하다. 신행복학은 상당 부분 느낌을 투명하다고 볼 뿐만 아니라 도덕적 삶의 토대로 보는 모델을 전제로 한다. 만약 어떤 것이 좋으면 우리는 좋다고 느끼고, 어떤 것이 나쁘면 나쁘다고 느낀다는 것이다.[10] 행복학은 따라서 아주 분명한 주관성 모델에 의존한다. 이 모델에 따르면, 인간은 자신이 느끼는 바를 잘 알고 있으며 좋은 느낌과 나쁜 느낌은 명확히 구분되는데, 그것이 바로 주관적 웰빙, 더 나아가 사회적 웰빙의 기초를 형성한다. 문화 연구와 정신분석은 자기감정을 잘 알고 있는 주체, 스스로에게 완전히 투명한 주체에 기초하지 **않는**, 대안적 감정 이론을 제공함으로써 이 논쟁에서 중요한 역할을 할 수 있다(Terada 2001 참조). 문화적이고 정신분석학적인 접근은 좋은 삶이라는 관념에 대한 평범한 애착이 어떻게 양가성의 장소가 될 수 있는지 탐색하면서, 좋은 느낌과 나쁜 느낌의 구분보다는 그것들의 혼동을 살핀다. 행복을 해석한다는 것은 이런 양가성의 문법을 해석하는 문제가 되는 것이다.

행복 리서치가 단지 느낌을 측정하는 데 그치는 것만은 아니다. 거기에는 측정치에 대한 해석도 포함돼 있다. 행복을 측정하는 조사들은 주로 행복의 분포에 관한 지식을 만들어 낸다. 행복 리서치는 행복이 어디에 위치하는지 보여 주는 데이터베이스를 생산해 왔는데, 이는 주로 비교 모델에 입각해 있다. 행복 데이터베이스들은 어떤 개인들이 다른 개인들보다 더 행복한지 보여 줄 뿐만 아니라 어떤 집단이나 어떤 국가가 다른 집단이나 국가보다 더 행복한지 보여 준다. 행복학은 소위 "행복 지표" 같은 것을 만들어 내면서 행복의 정도와 사회적 지표 사이에 상관관계를 만든다. 행복 지표를 통해 어떤 유형의 사람들이 더 행복한지 알 수 있다. 행복 지표는 행복의 척도일 뿐만 아니라 예측 변수이기도 하다. 프라이·스터처는 『경제학, 행복을 말하다』에서 사회적 지표를 가지고 인간 유형별로 행복도를 예측할 수 있다면서 소위 "행복 사이코그램"(Frey and Stutzer 2002: 7[26])을 고안해 냈다.

기본적인 행복 지표 중 하나는 결혼이다. 결혼은 행복을 극대화한다는 이유로 "실현 가능한 세계 중 최고의 세계"라고 정의된다. 논지는 간단하다. 결혼을 하는 게 하지 않는 것보다 더 행복할 가능성이 높다고 예측된다는 것이다. 이런 결론은 권고이기도 하다. 결혼해라, 그러면 더 행복해질지니! 이렇게 재단은 곧 예측이 된다. 행복학은 수행적이라 할 수 있다. 즉, 어떤 곳에서 행복을 발견하면 그 장소는 좋은 것, 상품으로 장려돼야 하는 것이 된다. 상관관계가 인과관계로 해석되면서 장려의 근거가 된다. 1장에서 다룰 "행복-원인들"을 장려함으로써 심지어 우리는 사람들이 행복하다고 말하게 만들 수도 있다. 그래서 행복학은 이미 좋다고 평가된 것을 좋은 것이라고 재기술한다. 만약 우리가 행복의 원인이 되는 것들을 장려할 의무가 있다면, 이때 행복은 그 자체로 의무가 된다. 이 책 전반에 걸쳐 나는 "행복 의무"의 중요성에 대해 살펴볼 것이다.

그렇다고 우리가 언제 어디서나 행복을 찾을 수 있다는 뜻은 아니다. 오히려 행복은 그것이 위기에 처해 있다고 인식될 때 더 강력한 힘을 발휘한다. 행복의 위기는 주로 실망의 서사를 통해 작동한다. 예를 들어, 부의 축적이 곧 행복의 축적을 의미하지는 않는다. 애당초 이 위기가 "위기"가 되는 것은 사회적 신념 때문이다. 즉, 부가 증가하면 사람들의 행복도 증가 "해야" 한다는 신념의 규제 효과 때문이다. 리처드 레이어드는 스스로 역설이라고 밝힌 것으로 자신의 행복학을 시작한다. "서구 사회가 풍요로워 졌다고 해서 서구인들이 더 행복해진 것은 결코 아니었다"(Layard 2005: 3[27]). 신행복학이 행복과 부의 축적을 분리한다 해도 그것은 여전히 행복을 특정 장소에, 특히 기본적인 "행복 지표"로 널리 알려진 결혼(2장 참조)과 안정된 가족, 공동체(4장 참조)에 위치시킨다. 심지어 행복이 사라졌다고 말할 때조차 사람들은 행복이 발견되리라 기대하는 곳에서 행복을 찾아낸다. 놀라운 것은 행복이 위기에 처했을 때에도 사람들은 사회적 이상에 의문을 제기하지 않을 뿐 아니라, 오히려 정신적·정치적 삶에 대한 그 이상들의 지배력을 재활성화한다는 점이다. 행복에 대한 요구는 점점 더 그런 사회적 이상으로 되돌아가자는 요구로 표현된다. 마치 행복의 위기가 이 이상들의 실패를 말해 주기보다 그 이상들을 따르지 못하는 우리의 실패를 말해 주는 듯 말이다. 그리고 거의 틀림없이 위기의 시기에 행복의 언어는 훨씬 더 강력한 지배력을 획득한다.[11]

긍정 심리학

이런 신행복학은 주로 자기-보고에 의존한다는 점에서 중요한 심리학적 차원을 포함하고 있다. 심리학에서도 우리는 행복으로의 전회를 목격할 수 있다. 이런 작업들은 대개 "긍정 심리학"이라는 이름을 달고 기존 심리학에 대한 내적 비판에서부터 시작한다. 마이클 아가일에 따르면, "심리학의 감정 연구 대부분은 불안과 우울 등 부정적 상태를 다뤄 왔다"(Argyle 1987: 1). 에드 디너[미국 행복학 분야의 권위자]를 지지하는 『주관적 웰빙』의 편집진에 따르면, "심리학은 웰빙의 조건보다 그 반대 상황, 즉 인간의 불행을 확인하는 데 더 몰두해 왔다"(Strack, Argyle, and Schwarz 1991: 1). 행복학이 행복을 등한시하고 경제성장에만 초점을 맞추는 경제학의 경향을 "바로잡는다"면, 행복 심리학은 행복을 등한시하고 부정적인 느낌에만 초점을 맞추는 심리학의 경향을 "바로잡는다."

　　마이클 아가일의 대표작 『행복 심리학』(1987)에서 시작해 보자. 그는 자신의 책을 다음과 같은 기획으로 정의한다. "이 책의 기본 관심사는 긍정적 행복의 원인과 그에 대한 해명에 있다. 이를 이해함으로써 우리가 어떻게 행복해질 수 있는지 알아보고자 한다"(Argyle 1987: 1). 여기서 바로 드러나는 것은 행복이 훈육 기법이 되는 방식이다. 긍정 심리학은 "긍정적 행복"을 가져오는 원인들을 설명함으로써 그것을 이해하고 동시에 이런 행복에 대한 지식을 이용해 행복을 창조하는 것을 목표로 한다. 긍정 심리학의 목표는 사람들을 더 행복하게 하는 것이다. 긍정 심리학은 긍정적 느낌에 긍정적이다. 그것은 이런 자신의 목적에 행복을 보증해 주는 성격이 있다고 생각한다.

　　어떤 차원에서 보면, 이는 현명한 조언 같다. 당연히 기분이 좋아지면 좋은 것이고, 우리 모두 기분이 더 좋아지기를 바라지 않는가? 당연히 모든 지식은 변화시키는 힘이 있어야 하고 개인의 역량과 생활 세계를 향상시키고자 하는 충동에 근거해야 하지 않는가? 여기서 위험한 점은 무엇이 사람들의 삶을 향상시킬지 우리가 "한 발 앞서" 알 수 있다는 믿음이다. 사람들이 더 행복해지는 게 개선을 나타내는 표시가 된다. 우리가 성취하고자 하는 바로 "그것"은 우리를 그곳으로 데려다줄 바로 "그것"이다. 긍정적 느낌에는 그것이 없는 상태를 극복할 임무가 부여된다. 긍정적 기분은 우리를 "불안, 우울 및 기타 부정적 상태"에서 벗어나게 하는 것이다(1). 기분 좋아지는 것이 더 좋은 상태다 — 긍정 심리학은 이 가정을 행복 경제학과 공유한다. 그리고 이 가정에는 더 강력한 주장, 즉 기분 좋아지는 것이 곧 **발전**이라는 주장이 포함돼 있다.

아가일이 의존하는 것은 자기-보고이다. 그는 이것이 주관적인 것을 측정할 수 있게 해주는 객관적 척도라고 본다. "우리는 사람들의 자기 느낌에 대한 주관적 보고에 상당 부분 의존한다. 사람들이 행복하다고 말하면 그들은 정말 행복한 것이다"(2). 그러고는 행복을 증진할 가능성이 높은 특정 제도들을 좋은 것이라고 설명한다. "가장 득이 되는 것은 결혼이다"(31). 행복은 특정 기질의 발달과도 관련된다. "행복은 더 광범위한 일련의 태도들의 일부분으로, 여기에는 득이 되는 상황의 선택, 긍정적 측면을 볼 줄 아는 태도, 높은 자존감 등이 포함된다"(124). 개개인은 스스로를 단련하는 기획, 니컬러스 로즈식으로 말하자면(Rose 1999), 자기 영혼을 통치하는 기획을 갖고 있다. 그런 기획은 "증강"enhancement*의 형식들로 기술되고 여기에는 "기분 유도 기술"이 포함되는데, 그것이 "습관이 될" 수 있다면 "더 지속적인 효과를 발휘할" 수 있다(203). 반면, 불행한 사람들은 궁핍하고 비사교적이며 신경질적인 사람으로 그려진다. "불행한 사람들은 외롭고 아주 신경질적인 경향이 있다"(124). 개개

---

* 인간 증강은 자연적·인위적(생의학적 수단뿐만 아니라 다양한 과학기술이 사용된다) 수단을 통해 인간 신체의 한계를 잠정적 또는 영구적으로 넘어서려는 시도를 가리킨다. 인간 증강 기술은 질병이나 장애를 치료하는 데 사용될 뿐만 아니라, 인간의 다양한 특성과 능력을 증강하기 위해서도 사용된다.

인은 다른 사람들을 위해 더 행복해져야 한다. 긍정 심리학은 이 기획을 권리라기보다는 책임이라고 말한다. 스스로의 행복 추구가 다른 사람의 행복을 증진시킬 수 있기 때문에 우리는 자신의 행복에 대한 책임이 있다. 이 책에서 내 주요 관심사 중 하나는, 우리가 다른 사람을 위해 행복해질 책임이 있다는 생각 혹은 더 단순하게 한 사람의 행복과 다른 사람들의 행복이 필연적인 상관관계에 있다는 생각이 어떤 결과를 가져오는지를 살펴보는 것이다.

　당연하게도 긍정 심리학은 이제 학계뿐만 아니라 대중적으로도 인기를 끌고 있다. 어떻게 하면 더 행복해지는가를 가르쳐 준다는 크로스오버 서적들이 쏟아져 나와 전문가 조언 문화를 일반화하고 있다. 마틴 셀리그만의 작업을 예로 들어 보자. 그는 긍정 심리학에 관한 책을 썼고, 펜실베이니아 대학에서 긍정심리학센터도 운영 중이다.[12] 그보다 앞선 아가일과 마찬가지로, 그는 심리학이 "삶을 고통스럽게 만드는 상태를 완화"하는 데 더 우선순위를 두다 보니 "삶을 살 만한 것으로 만드는 상태를 구축"하는 데는 소홀했다고 비판한다(Seligman 2003: xi[12]). 그는 긍정 심리학의 역할이 "좋은 삶"을 위한 "이정표"(xi[13])를 제공하는 데 있다고 말한다. 행복은 흔히 길로, 올바른 길을 따라가면 얻을 수 있는 것으로 묘사된다. 이런 묘사에서 행복은 경로를 제공해 주며, 긍정 심리학은 우리가 그 경로를 찾게 도와준다. "이 길을 따라가면 당신은 쾌락과 만족이라는 전원지대를 통과해, 힘과 덕이라는 고지대를 지나, 마침내 성취의 최고봉, 즉 삶의 의미와 목적에 이르게 된다"(xiv[16-17]). 행복이란 우리가 지향할 방향을 가리키는 형식, "올바른 길"을 따라가는 형식이 되는 것이다. 셀리그만의 묘사에 따르면, 행복은 삶의 여정을 잘 따라갔을 때 얻을 수 있는 보상일 뿐만 아니라 한 개인의 자질이기도 하다. 행복은 성격적 특성 같은 것이다. 그는 행복을 낙관주의와 거의 동일시한다(5장 참조). 행복한 사람들은 "자신의 문제를 지나가는 것, 통제 가능한 것, 어느 한 상황에 특정한 것으로 해석하는 경향"이 있다는 점에서 더 낙관적이다(9-10[61]). 셀리그만은 또한 행복한 사람들이 더 이타적이라며 이렇게 말한다. "행복할 때 우리는 덜 자기중심적이고, 타인에게 더 우호적이며, 심지어 낯선 사람들과도 자신의 행운을 나누고 싶어 한다"(43[108]). 여기서 우리는 (행복과 낙관주의, 행복과 이타주의 사이의) 상관관계가 빠르게 행복 그 자체의 원인이 되는 인과관계로 전환되는 것을 볼 수 있다. 즉, 행복은 우리를 덜 자기중심적이고 더 낙관적으로 만들고, 결과적으로 우리를 더 행복하게 하며, 그러면 다른 사람도 더 행복하게 만들 수 있다는 식이다.

행복은 개인의 책임, 삶을 기획으로 재정의해 주는 것일 뿐만 아니라, 목표인 동시에 목표를 달성하기 위한 수단, 도구가 된다. 행복해지려면 우리는 이런저런 것이 되거나 이런저런 것을 할 수 있게 해주는 혹은 이런저런 것을 얻을 수 있게 해주는 자본을 획득해야 하기 때문이다. 이런 수단적인 행복 모델은, 내가 1장에서 다루게 될, 행복이 "모든 목적 중의 목적"이라는 아리스토텔레스의 고전적 개념과는 상충한다. 긍정 심리학은 행복을 기술로서 도구화한다. 행복은 수단들의 목적일 뿐만 아니라 목적을 이루기 위한 수단이 되는 것이다.[13]

따라서 행복은 얻고 싶은 것일 뿐만 아니라 원하는 것을 얻을 가능성을 극대화하는 방법이다. 긍정 심리학이 종종 행복을 상품으로 기술하면서 경제학의 언어를 사용하는 것도 놀라운 일은 아니다. 예를 들어, 헤디와 웨어링은 다른 사람들보다 일반적으로 더 행복한 사람들이 가진 "상대적으로 안정적인 개인적 특성들"을 가리켜 "저량"stocks이라 부르면서 여기에 사회적 배경, 성격, 인맥을 포함시킨다(Headey and Wearing 1991: 49). 행복은 당신이 은행에 더 많은 것을 저축하게 한다. 개개 주체의 행복은 자본 획득과 저축에 의존할 뿐만 아니라 여러 다양한 형태의 자본(배경, 성격, 네트워크)에 의존한다.

　　가장 최근의 긍정 심리학 지지자 중 한 명인 앨런 카의 작업 또한 대중과 학계의 경계를 넘나든다. 그 역시 긍정 심리학의 기획을 행복과 주관적 웰빙의 이해와 촉진이라는 이중의 목적으로 설명한다(Carr 2004: 1). "쾌락이나 만족"과 같은 긍정적 감정들은 "뭔가 좋은 일이 일어나고 있음을 우리에게 알려 준다"(12). 그는 행복한 사람과 불행한 사람은 "특유의 성격적 프로필"을 가지고 있다고 말한다(16). 행복 프로필이란, 다음의 고전적 묘사에서 볼 수 있듯이, 가장 행복할 것 같은 유형의 사람이 가진 프로필을 말한다.

　　경제적으로 번영한 국가들, 자유와 민주주의가 존중받고 정치적으로 안정적인 곳일수록 행복한 사람들이 더 많은 것으로 나타난다. 행복한 사람들은 소수자 집단보다 주류 집단에서, 사다리의 하단보다 상단에서 일반적으로 더 많이 발견된다. 그들은 보통 기혼이고 가족 및 친구들과의 관계도 원만하다. 개인적 성격을 보면, 행복한 사람들은 육체적으로나 정신적으로 비교적 건강해 보인다. 그들은 적극적이고 개방적이다. 또 자신의 삶을 잘 관리하고 있다고 생각한다. 그들은 돈을 버는 것보다 사회적·도덕적 문제에 더 신경을 쓴다. 정치적으로는 중도 보수에 해당하는 사람이 많다(Veenhoven 1991: 16).

행복의 얼굴은, 적어도 이 설명에서는, 특권의 얼굴처럼 보인다. 우리는 단순히 행복이란 "행복한 사람들"에게서 발견되는 것이라고 주장하기보다 행복하다는 주장들이 어떤 식으로 특정 성격 유형을 더 가치 있는 것으로 만들고 있는지 생각해 봐야 한다. 행복에 이런 속성을 부여함으로써 사회적 규범과 이상들이 효과를 발휘하는 것일 수 있다. 마치 그런 규범과 이상에 가까워질수록 행복해지기라도 하는 것처럼 말이다. 로렌 벌란트는 이런 행복에 관한 판타지를 "어리석은" 낙관의 형태라 부르면서, "특정 형식의 사고방식이나 생활 방식에 적응하고 그것을 실천하면 행복이 보장될 거라는 믿음"(Berlant 2002: 75)이라고 지적한다.

카에게 행복 프로필들은 개개인의 프로필일 뿐만 아니라 사회적 형태들의 프로필이기도 하다. 그에 따르면, 특정 가족 유형의 경우 확신, 집중, 선택과 도전의 수준을 최적화함으로써 "몰입flow*의 경험을 촉진한다"(Carr 2004: 62). 특정한 생활 방식이 행복을 촉진한다면, 행복을 촉진하기 위해서는 곧 그런 생활 방식을 촉진해야 할 것이다. 따라서 행복 촉진은 순식간에 특정 가족 유형의 촉진이 되어 버린다. 행복한 사람들과 행복한 세계들의 관계를 나타내는 "몰입"이라는 관념은 강력하다. 기본적으로 미하이 칙센트미하이의 작업에서 파생된 이 관념은 개인이 세상에 개입하거나 관련 맺는 경험을 나타내는데, 이때 그가 마주치는 세상은

---

* 긍정 심리학에서 이는 행복이나 즐거움과 같은 개념으로 자기 능력을 최대한 발휘할 수 있는 어떤 일에 완전히 몰입해 시간의 흐름이나 공간, 더 나아가서는 자신에 대한 생각까지도 잊어버리게 되는 심리적 상태를 말한다.

서론 왜 하필 지금 행복을 이야기하는가

이질적이지도 않고 장애물도 없고 저항적이지도 않다. 칙센트미하이는 이렇게 말한다. "수동적이고 수용적이며 느긋한 시간들이 인생 최고의 순간들은 아니다 — 물론 그 순간을 얻기 위해 열심히 노력했다면 그런 경험이 즐거울 수는 있겠지만 말이다. 최고의 순간은 대개 어렵고 가치 있는 뭔가를 성취하기 위해 자발적으로 전력투구하면서 몸과 마음을 그 한계까지 밀어붙였을 때 일어난다"(Csíkszentmihályi 1992: 3[29]). 그의 주장에 따르면, "최적의 경험들이 하나둘씩 쌓이다 보면 결국에는 숙달의 감각 — 혹은 삶의 내용을 결정하는 데 **참여**하고 있다는 감각이라고 하는 것이 더 맞을 수도 있다 — 을 갖게 될 것이다. 이는 우리가 상상할 수 있는 어떤 것보다 더 행복이라는 것에 가까운 것이다"(4[30]).

주체들이 "몰입" 상태가 아닐 때 그들이 만나는 세상은 저항적이며, 행동을 가능하게 하기보다는 차단한다. 그래서 불행한 주체들은 세상을 이질적인 것으로 경험하고 세상으로부터 소외되었다고 느낀다. 나는 칙센트미하이가 신체와 세상의 친밀성에 기초한 행복의 현상학에 대해 얼마나 많은 것을 가르쳐 줄 수 있을지 의심스럽다. 만약 세상으로의 몰입에 단순히 심리적 속성만 있는 건 아니라면 어쩔 텐가? 만약 어떤 신체들이 세상을 저항적인 것으로 경험하지 않는 이유가 세상이 어떤 신체들을 다른 신체들보다 더 "수용"하기 때문이라면 어쩔 텐가? 그렇다면 우리는 특정 신체들에게는 공간으로의 몰입을 가능케 하는 바로 그 삶의 형식들이 [다른 신체에게는] 스트레스로 느껴진다는 점을 숙고해 봄으로써 행복에 대해 다시 쓰는 작업이 필요할 것이다. [행복의 경로를] 따라가지 않는 경험, 스트레스를 받는 경험, 우리가 속한 공간에 섞일 수 없는 경험이 아마도 행복에 대해 우리에게 더 많은 것을 가르쳐 줄지 모른다.

Why Happiness, Why Now?

나는 단순히 에우다이모니아eudaimonia,* 즉 선하고 의미 있는 삶, 덕을
행하는 삶으로서의 행복이라는 고전적 관념으로 돌아가자고 호소하는
것으로 신행복학에 대응하지는 않을 것이다. 이런 주장의 예는 리처드
스코시(Schoch 2006)와 테리 이글턴(Eagleton 2007: 140-48)의 작업에서 명
확히 드러난다. 스코시는『행복의 비법』에서 우리가 "오랜 세월의 지혜
에 귀를 닫아 왔으며" "의미 있는 행복을 찾을 기회를 스스로 부정하고
있다"라고 주장한다(1[7]). 그는 "오늘날 우리는 훨씬 더 나약하고 얄팍
하기만 한 행복에 정착해 버렸다"라고 하면서 이를 "단순한 쾌락의 향
유"(1)에 불과하다고 말한다. 고전적 덕virtue 개념으로의 복귀를 요청하
는, 행복 산업에 대한 비판들은 행복과 선의 연관을 지속시킬 뿐 아니라
어떤 형태의 행복이 다른 형태의 행복보다 낫다고 주장한다. 나약한 행
복 개념과 강인한 행복 개념의 구분은 분명 도덕적 구분이다. 이에 따르
면 어떤 형태의 행복은 다른 형태의 행복보다 더 가치 있는 것으로 해석
되는데, 이유는 그런 행복에는 더 많은 시간과 생각과 노동이 요구되기
때문이다. 고전적 모델에서 눈에 띄는 점은 더 고차원적 형태의 행복은
정신과 연결돼 있으며 더 낮은 차원의 행복은 신체와 연결돼 있다는 것

---

* 그리스어 에우(좋은)와 다이몬(영혼)의 합성어로 '행복' 혹은 '행복한
삶'으로도 번역되곤 하지만 오늘날의 행복 개념과는 차이가 있다. 아레테
(arete, 德)와 프로네시스(pronesis, 智)와 더불어 아리스토텔레스 윤리학·
정치철학의 중심 개념이다.

이다. 스코시의 설명에서 "더 나약하고 얄팍하기만 한" 행복은 "단순한 쾌락의 향유"와 연결된다. 이런 행복의 위계는 기존의 사회적 위계에 상응한다.

만약 고차원적 행복이 당신이 어떤 종류의 존재이기 때문에 획득할 수 있는 것이라면, 행복함은 분명 부르주아적인 것이라 할 수 있다. 우리 시대의 행복 문화를 공포스럽다고 표현하는 태도에는 행복이 너무 쉽고, 어디서나 얻을 수 있고, 너무 빠르게 얻을 수 있다는 데 대한 계급적 공포가 어려 있다고까지 말할 수 있다. 이에 대해서는 그리스 고전 철학에서 좋은 삶의 모델이 삶에 대한 배타적 개념에 근거하고 있음을 상기해 보기만 해도 될 것이다. 그리스에서는 일부의 사람들만이 좋은 삶을 성취할 수 있는 조건, 즉 자기 소유권, 물질적 안전 그리고 여가 시간이 가능한 삶을 누렸다. 아리스토텔레스에게 가장 행복한 삶은 "관조적 활동"에 전념하는 삶으로, 이는 오직 일부에게만 가능한 삶의 형태였다(Aristotle 1998: 193).[14] 좋은 삶에 대한 고전적 개념은 [노예제] 정치경제에 의존한 것이었다. 즉, 어떤 사람들은 다른 사람들이 좋은 삶을 추구할 시간, 말하자면 성장할 시간을 마련해 주기 위해 일을 해야 했다.[15] 그런 정치경제가 고결한 삶의 실현에 부수적인 게 아니라 필수적인 것이었음은 논쟁의 여지가 없다.

행복 관념이 누가 행복할 자격이 있는 존재인가, 누가 "올바른 방법" 으로 행복해질 수 있는가에 대한 관념에 의존하는 한, 도덕적·사회적 구별짓기를 포함할 수밖에 없다. 내가 의심하는 바는, 잃어버린 대상으로서 행복에 대한 애착이 단순히 애도의 형식이기만 한 것이 아니라, 잘못된[행복하면 안 되는] 사람들이 행복해 할 수 있다는 불안, 심지어 올바른[행복해야 되는] 사람들(아마도 철학을 위한 시간과 특권을 가진 사람들)에게 행복을 돌려줘야 한다는 욕망을 포함하는 게 아닌가 하는 것이다. 행복을 이 세계를 형성하는 하나의 형식으로 생각해 본다는 것은 행복이 어떻게 세상을 소위 올바르다고 하는 사람들을 중심으로 돌아가게 만드는지를 생각해 보는 것이다. 철학자들이 철학자의 삶에서 행복을 찾거나 사상가들이 사고하는 삶에서 행복을 찾는 경향은 우연이 아니다. 우리가 어디서 행복을 발견하는가를 보면 단순히 무엇이 가치 있는가가 아니라 우리가 무엇에 가치를 두는지를 알 수 있다. 가치 있는 것이 행복이 되기도 하지만, 다른 가치 있는 것들에 그 가치를 부여하는 역할을 하는 게 행복이다. 행복이 자명하게 좋은 것이라고 간주되면, 행복은 좋은 것의 증거가 된다.

이 책은 행복은 좋은 것이라는 믿음을 유보함으로써 진행된다. 이 유보 상태에서 우리는 왜 행복이 좋은 것이 되는지뿐만 아니라, 뭔가를 좋은 것이 되게 하는 데 행복이 어떤 식으로 **가담**하는지도 생각해 볼 수 있다. 나는 행복이 좋은 느낌을 수반한다는 점을 부정하지는 않겠지만, 행복학에서 제시하는 좋은 느낌 모델들 가운데 몇 가지에 대해서는 이의를 제기할 것이다. 그렇다고 행복을 좋은 느낌으로 축소하려는 것은 아니다. 대린 M. 맥마흔이 행복의 역사에 관한 그의 기념비적 저서에서 보여주듯이(McMahon 2006), 행복과 좋은 느낌을 연관 짓는 것은 근대적 현상이다. 우리는 이를 물려받았기 때문에 행복에 대해 생각할 때 느낌을 생각하지 않을 수 없다. 이 책에서 내 과제는 느낌이란 게 **어떤 식으로** 어떤 것들은 좋은 것으로 만들고, 어떤 것들은 나쁜 것으로 만드는지 생각해 보는 것이다.

이런 식으로 행복을 사고한다는 점에서 이 책은 감정과 정서*에 관

서론 왜 하필 지금 행복을 이야기하는가

한 페미니즘 문화 연구 내에 위치시킬 수 있다(Berlant 2000, Sedgwick 2003, Cvetkovich 2003, Brennan 2004, Probyn 2005, Ngai 2005, Munt 2007, Love 2007, Woodward 2009). 여기에 속하는 작업들 대부분이 "나쁜 느낌" ― 수치, 증오, 두려움, 혐오, 분노 등 ― 을 출발점으로 삼고 있다면[16] 이 책의 출발점은 다른 지점, 즉 좋은 느낌이다. 비록 좋은 느낌과 나쁜 느낌이 뚜렷이 구분될 거라고는 생각하지 않지만 말이다(그리고 앞으로 보게 되듯이, 뚜렷이 구분되지 않는다). 『감정의 문화정치』(Ahmed 2004)에서 했던 주장들을 발전시켜 나는 느낌들이 어떻게 대상에 귀속되고, 그 결과 특정 대상을 행복의 원인이나 불행의 원인으로 만드는지 탐색해 보려 한다. 느낌은 단순히 주체 안에만 있는 것이 아니라 대상을 향해 밖으로 움직이는 것이다. 함께 머무는 공간에서 대상들이 만들어 내는 인상들, 그것이 느낌이다. 『퀴어 현상학』(Ahmed 2006)에서 했던 접근법을 토대로, 나는 행복의 약속, 즉 이런저런 식으로 행동하면 행복이 따라온다는 약속이 우리를 어떻게 이끄는지 살펴볼 것이다. 행복의 약속은 특정 대상들을 더 가까이 하게 만들며 우리 주변을 둘러싼 세계가 형성되는 방식에 영향을 미친다.

행복이 어떤 식으로 대상들을 좋은 것으로 만드는지 살펴보기 위해 나는 **행복**이라는 단어를 추적하면서 이 단어의 유동성이 어떤 역사들을 환기하는지 질문해 보려 한다. 나는 **행복**이라는 단어를 계속 쫓아다녀 볼

---

* '정동'으로도 번역되는 affect는 이 책에서 모두 정서로 옮겼으며, 동사의 경우 맥락에 따라 '정서적 영향을 미치다', '영향을 미치다', '변용되다'를 혼용했다. 또 feeling은 느낌, emotion과 sentiment는 감정, sensation은 감각으로 옮겼다.

것이다.[17] 나는 그것이 무엇에 의존하는지, 어디로 가는지, 누구 혹은 무엇과 연관되는지에 주목할 것이다. 내가 **행복**이라는 말을 쫓아간다는 것은 그것이 가는 곳에 나도 간다는 말이다. 따라서 **행복**이라는 말이 가지 않는 곳엔 나도 가지 않는다. 이 방법에는, 행복이 줄 수 있는 힘에 도전한다는 목적으로 **행복**이라는 말에 너무 많은 힘을 부여할 위험이 있다. 내 방법은 분명 다음과 같은 한계가 있다. 즉, 행복이 제공하는 지평 아래 어떤 종류의 세계가 형성되는지 설명하는 것이 목적이기 때문에, 다른 지평 아래 형성된 세계들은 살피지 못한다. 내가 보기엔, 행복을 인간 존재의 핵심으로 강조하는 상황이 너무 일반화돼 있어서 우리는 이 지점에서 파생된 것이 무엇인지 질문할 필요가 있다. 동시에 행복이 경험의 지평을 제공하지 않을 때 형성될 수 있는 그런 세계들을 두텁게 그려 낼 수 있는 다른 종류의 비판적이고 창의적인 글쓰기도 필요하다.

이런 식으로 내 방법을 기술할 때 분명히 할 점은 내가 새로운 행복 개념을 생산하려는 게 아니라는 점이다. 질 들뢰즈를 따라 클레어 콜브룩은 철학적 개념과 일상적 개념을 구별한다. 마침 이 글에 유용하게도 그녀는 행복 개념을 이용해 자신의 논지를 분명히 한다. "우리가 일상적으로 사용하는 개념들은 속기나 습관처럼 작동한다. 즉, 우리가 개념을 사용하면서 생각을 해야만 하는 것은 **아니다**"(Colebrook 2002: 15). 그녀의 주장에 따르면, 철학적 행복 개념은 "행복의 이런저런 사례들을 참조하지 않는다. 그보다는 행복의 새로운 가능성이나 그에 대한 새로운 사고를 **활성화하거나 창조하려** 한다"(17).[18] 철학은 일상적인 것, 보통의 것들은 괄호로 묶고, 현대 미술에서 발견되는 것 같은 극단적 형태들을 가지고 사유한다. 이 책에서는 반대로 일상적인 행복 습관들을 탐색하면서 그런 습관들이 세계에 대한 사고방식들과 어떤 식으로 관련 맺으며 세계를 일관된 것으로 만들어 내는지를 생각해 본다. 내가 주의를 기울이고 싶은 부분은 우리가 행복을 말하고, 행복을 살고, 행복을 실천하는 방식이다. 즉, 내게 중요한 것은 행복이 무슨 일을 하는가이다.

그렇다고 철학을 괄호로 묶어 두겠다는 의미는 아니다. 결국, 철학의 역사는 행복의 역사라 할 수 있다. 행복은 철학 내부에서 의문에 부쳐지지 않은 유일한 철학적 목적론이라고까지 말할 수 있다. 프랑수아 줄리앙은 행복이 인간 삶의 목표라는 관념에 대한 철학의 굴복은 "창의성이라고는 눈곱만큼도 없음"을 보여 준다고 설득력 있게 주장한다(Jullien 2007: 104).[19] 철학에서 행복의 지위는 이렇게 요약해 볼 수 있다. 행복은, **그게 무엇이든, 우리가 원하는 것**이다. 이 "무엇이든"의 내용에 한해서만 의견이 다를 뿐인데, 아마도 이런 식으로 행복은 철학에서 인간 욕망의 자리를 표시하는 자신의 역할을 유지하는 듯하다. 나는 여기서 철학을, 스스로를 철학의 계승자로 자처하면서 철학적 역사들을 다루는 텍스트들의 덩어리인 동시에 행복이 무엇인지에 대한 일련의 관념, 사유, 서사, 이미지, 인상들을 모아 놓은 "행복 아카이브"라고 생각한다. 행복은 윤리철학과 정치철학, 즉 좋은 삶에 대한 기술을 목표로 하는 철학 속에 등장한다.[20] 또 그것은 심리철학에도 등장하는데, 이 책에서 나는 특히 존 로크가 제시한 정념에 대한 경험주의적 설명에 초점을 맞춰 보았다.

철학을 행복 아카이브라 한다 해서 행복이 단순히 철학에서 발견될 수 있다거나 철학의 유일한 기획, 유일한 사유 지평이라고 말하는 것은 아니다. 또한 모든 철학이 행복은 곧 선이라는 신념에 기대고 있다는 것도 아니다. 이런 신념에 도전하는 철학자들도 있었다. 쇼펜하우어 같은 저자들의 어두운 비관론이나 우리가 도덕적으로 행복에 무관심해야 한다는 칸트의 형식주의 윤리학에서 발견할 수 있는 주장 등의 대항 전통들은 우리에게 행복에 대해 많은 것을 가르쳐 준다. 또 불행이나 행복에 대한 무관심이 아닌 행복에 대한 다른 사유 방식들에 희망을 두면서 특정 행복 전통 ― 예를 들어, 공리주의 ― 에 반대하는 철학자들도 있었다. 누군가는 니체가 초인의 행복에 대해서는 긍정했지만 농노들의 행복에 대해서는 같은 말로 반대했음을 떠올릴 수도 있을 것이다. 또한 프로이트와 라캉의 정신분석을 철학으로 생각하거나 그들의 정신분석을 철학자-주체의 행복에 대한 정신분석으로 읽는다면, 행복의 약속이 주는 공허에 대해, 잠들지 않는 욕망에 사로잡힌 주체의 공허에 대해 많은 것을 배울 수 있을 것이다.[21]

따라서 행복 습관들을 해석하려면 철학을 해석해 봐야 한다. 그렇다면 나는 철학을 어떻게 해석하는가? 내 방법은 대린 M. 맥마흔의 『행복의 역사』와 대비해 볼 수 있다. 맥마흔은 우리가 풀어야 할 수많은 실타래를 던져 준다. 그는 다음과 같은 질문으로 시작한다. "사물이 아닌 이 '것', 이 희망, 이 동경, 이 꿈, 결코 손에 잡히지 않는 무형의 그 무엇에 대한 역사를 어떻게 써나간단 말인가?"(McMahon 2006: xi[5-6]) 이는 서두를 열기에 좋은 질문이다. 우리는 또한 이런 질문도 해볼 수 있다. 행복에 역사가 있다고 생각한다는 건 무슨 뜻일까? 우리는 그런 역사를 어떻게, 왜 쓰려 하는가? 누가 혹은 무엇이 이 역사에 속하는가? 맥마흔의 행복의 역사는, 행복에 대해 생각한다는 것은 행복에 대한 관념들이 시간이 지남에 따라 얼마나 다양하게 개념화돼 왔는지를 생각해 보는 것이라는 믿음을 전제로 한다. 그는 자신이 쓴 행복의 역사를 "지성사"라 부른다(xiv[9]).

대린 맥마흔이 스스로를 "방법론적 다원주의"(xv[11])라 말하면서 자신이 쓴 행복의 역사는 다른 행복의 역사들과 나란히 존재해야 하는 역사 중 하나일 뿐이라고 주장한 점은 눈여겨볼 만하다. 즉, "앞으로도 무한히 많은 행복의 역사들이 기록될 것이다"(xiii[8]). 여기서 그가 의미하는 것은 그런 역사들이 다음과 같이 좀 더 특정한 관점에서 쓰일 거라는 것이다. 즉, "프로이트가 언급한 농민, 노예, 배교자들의 행복 추구와 투쟁의 역사들뿐만 아니라 ─ 근대 초기의 여성들과 근대 후기의 귀족들, 19세기 부르주아와 20세기 노동자들, 보수주의자들과 급진주의자들, 소비자들과 소비자 보호 운동가들, 이주자들과 원주민들, 비유대인들과 유대인들의 역사"(xiii[8])가 있을 것이다. 그런 집단들의 투쟁에서 다양한 역사들이 펼쳐질 것이라고 우리는 상상해 볼 수 있다.

이 책『행복의 약속』은 맥마흔의 역사에 특정한 관점에서 본 또 하나의 역사, 일반 역사 안의 특정한 역사를 보충하려는 것이 아니다. 내가 생각해 보고 싶은 것은, 우리가 일반적인 관점을 취하면 무엇이 삭제되는지 고려해 봄으로써 행복의 지성사 ─ 한 관념의 역사로서의 ─ 에 어떤 식으로 이의를 제기할 수 있을 것인지, 거기서 지워진 것을 봄으로써 기존의 관점을 바꿀 수 있을 것인지 하는 것이다. 다른 말로 하면, 이런 행복의 일반적 역사 그 자체를 특정한 것으로 생각해 보자는 것이다. 예를 들어, 맥마흔의 지성사에서 여성이 어떤 식으로 나타나는지 혹은 나타나지 않는지에 주목해 보자. 색인을 보면 여성에 대한 참고 자료가 하나 발견되는데, 그것은 바로 존 스튜어트 밀의『여성의 종속』이다. "여성"이라는 범주에서조차 남성의 계보학으로, 유럽 백인 남성의 유산인 철학으로 돌아가게 만드는 것이다. 행복을 지성사로 취급할 경우, 그런 역사 내에서 차이가 어떤 식으로 문제가 되는지에는 무관심하게 된다. 왜냐하면 차이를 고려하게 될 경우 그런 지성사의 일관성에 문제가 생기기 때문이다.

불행不佯은 여전히 수많은 철학 문헌들뿐만 아니라 행복 연구들에서도 미탐구 영역으로 남아 있다.[22] 이런 방치의 부분적 이유는 "불"不이라는 말에 명백한 의미가 있다고 생각했기 때문이다. 불행은 단순히 아닌 것, 즉 행복하지 않은 것, 행복의 결여, 행복의 부재라고 정의할 수 있다고 본 것이다. 내 목표는 이런 불행에 역사를 부여하는 것이다.[23] **불행**이라는 말의 역사는 행복의 역사 속 불행으로 우리를 안내할 것이다. 애초에 불행하다는 말은 "불운이나 문제가 야기되다"라는 의미로 사용되었다. 나중에야 그것은 "운수나 상황이 비참하다"거나 "마음이 비참하다"라는 의미를 갖게 되었다. **비참한**이라는 말 역시 그 계보를 따라가 보면 이방인, 망명인, 추방당한 사람을 가리키는 wretch라는 말에서 온 말이다. 이는 자신의 모국에서 추방된 사람일 뿐만 아니라 "심한 괴로움, 슬픔, 불행 또는 빈곤에 빠져 있는" 사람, "비참한, 불행한, 불운한 사람", "가난하거나 박복한 사람", 심지어 "불쾌하고, 남부끄러운, 야비한 사람"으로도 정의된다.[24] 우리는 비참한 자들의 관점에서 행복의 역사를 다시 쓸 수 있을까? 비참한 자로 간주되는 사람들에게 귀 기울인다면, 그들의 비참함은 더 이상 그들만의 것이 아닐 수 있다. 이방인의 슬픔은 행복을 다른 각도에서 보게 해줄 수도 있다. 이방인이 된다는 게 어떤 것인지 직접적으로 가르쳐 주기 때문이 아니라 가까운 이들의 행복을 거리를 두고 볼 수 있게 해주기 때문이다.

따라서 나는 단순히 행복의 지성사에 다른 해석을 제시하는 방법을 통해서가 아니라 그 역사에서 추방된 사람들, 단지 말썽꾼, 반대자, 분위기 깨는 자로서만 그 역사에 진입할 수 있었던 사람들을 고려함으로써 대안적인 행복의 역사를 제시해 보고자 한다. 1장에서 나는 행복의 지성사를 자원 삼아 대상들에 어떻게 행복의 속성이 부여되는지 살펴볼 것이다. 내가 하고자 하는 것은 행복에 관한 다양한 철학을 설명하는 것이 아니라, 행복이 어떤 식으로 어떤 것들만 유망한 것으로 보이게 만드는지에 대한 나만의 접근법을 발전시키는 것이다. 내가 "불행 아카이브"라고 부르는 것들은 페미니스트(2장), 퀴어(3장), 반인종주의 역사(4장)에서뿐만 아니라 사회주의적·혁명적 정치 참여 양식(5장)에서도 찾아볼 수 있다. 이 가운데 2, 3, 4장은 분위기 깨는 페미니스트, 불행한 퀴어, 우울증적 이주자 같은 부정적 정치적 형상들을 그 장을 조직하는 수사로 삼는다. 이 형상들에는 끝나지 않은, 새어 나가면서 그들끼리 공유되는 나름의 정치적 역사가 있다. 예를 들어, 성난 흑인 여성의 형상은 분위기 깨는 페미니스트와 우울증적 이주자를 다루는 장에서 꼭 등장해야 할 형상이다. 이런 형상들을 중심으로 책을 구성하는 데는 위험이 따른다. 마치 그 형상을 이해하면 어떤 역사의 일관성이 담보되는 듯 생각할 수 있기 때문이다. [그래서] 이전 장들의 틀과는 달리 5장에서는 "미래"를 질문하는 데서 시작해 대안적 미래에 대한 상상을 위해 내가 "행복 디스토피아"라고 부르는 것의 의미를 생각해 본다. "성난 혁명가"의 형상을 5장의 제목으로 할 수도 있었겠지만 그렇게 하지 않은 것은 그 형상이 너무 많은 것들을 한데 뭉뚱그려 말해 주는 게 거의 없어 보였기 때문이다.

　　내가 이 장들에서 의존하는 아카이브들을 나는 "불행 아카이브"라 부른다. 이는 단순히 그런 아카이브들에서 불행을 찾아보겠다는 의미가 아니다. 그보다 이 아카이브들은 불행을 행복의 역사와 접합시켜 주는 문화적 대상들의 순환을 통해 구체화될 것이다. 불행 아카이브는 행복에 맞선 투쟁들을 중심으로 조립된 아카이브이다. 우리는 이미 행복의 호소에 의문을 제기해 온 저자들에게서 너무나 많은 것을 물려받았지만, 행복과 관련된 문헌에서 이들은 결코 혹은 거의 인용되지 않는다. 이 불행 아카이브는 단순히 철학과 그것의 행복 아카이브에 대한 보충이 아니다. 그것은 그에 대한 도전이다. 내 목표는 불행의 짜임새를 더듬어 보는 것으로, 이는 행복의 실타래를 풀어 내는 작업의 일환이기도 하다.

물론, 나는 여전히 나만의 대상들을 찾고 선별해 어떤 것들은 포함시키고 어떤 것들은 배제해야만 했다. 그렇게 함으로써 나는 우리가 물려받은 불행 아카이브들로부터 나만의 아카이브를 구성해 냈다. 분위기 깨는 페미니스트 장에서 내가 인용한 책들은 거의 대부분 1980년대 말에 여성의 글쓰기 수업에서 처음 마주친 책들이다. 이후 나는 늘 이 책들과 함께했는데, 그것은 그 책들이 젠더를 상실로 의식하게 되면서 느끼는 슬픔을 너무나 절절히 보여 주기 때문이었다. 다른 텍스트들은 최근에 읽으면서 감동 받은 책들로 행복과 불행이 어떤 식으로 작동하는지 의식하고 있는 책들이다. 예를 들어, 내가 『퀴어 현상학』에서 이성애를 무심한 행복으로 보고 있는 책으로 언급한 바 있는 『고독의 우물』이 그런 책이다 (Ahmed 2006: 105). 또 다른 책들은 내가 이 책을 쓸 당시에 우연히 읽게 된, 새로운 시각을 제공해 준 책들이다. 안드레아 레비의 작품이 그런 우연 중 하나였고(인종차별을 의식하게 되는 충격적인 경험을 기가 막히게 묘사해 놔서 매우 놀랐다) 낸시 가든이 쓴 『내 마음의 애니』 역시 그렇게 만나게 된 책으로 퀴어 자녀를 둔 부모가 어떻게 불행의 공포를 표현하는지를 잘 보여 준다. 묘하게도(당시에는 그렇게 느꼈다) 내가 그 책을 접한 것은 2006년,

행복 연구에 대한 첫 논문을 발표하러 밴쿠버로 가는 비행기 안에서였다. 내가 행복에 대해 쓰고 싶다는 욕망을 갖게 된 것은 이렇게 독자나 관객으로서 한 경험들 때문이기도 하다. 2002년에 〈베컴처럼 감아 차기〉를 영화관에서 본 일 역시 그런 경험 중 하나였다(내 관심을 끈 것은 그 영화가 결말에서 보여 준 행복한 화해의 이미지였다).

비공식적인 상황에서만이 아니라 세미나나 컨퍼런스 같은 공식 행사에서 사람들과 이야기를 나누는 중에도 사례들을 찾을 수 있었다. 켄트 대학에서 강연을 마친 후 누군가 내게 꼭 읽어 보라며 추천해 줬던 책이 바로 『분위기 깨는 우리 자매』였다. 5장에서 논하게 될 『조이 메이커』는 운 좋게도 2007년 캔자스 대학에서 행복에 관한 논문을 발표하는 자리에 청중으로 와있던 저자 제임스 건에게서 직접 책을 받았다. 『조이 메이커』를 읽고 나자 『멋진 신세계』를 다시 읽게 되었고 거기에서 제기하는 "불행할 권리"에 대한 정치적 요구를 숙고해 볼 수 있었다. 이렇게 많은 마주침들의 배후에는 낯선 이들이 베풀어 준 아량이 있었다. 물론, 모든 대상이 어떻게 내게 오게 되었는지 여기서 다 이야기할 수는 없다. 하지만 우리가 어떻게 이런저런 것들을 모아 맞추고 조립했는지는 중요하다. 우리의 아카이브들은 이런 마주침들, 우리가 있었던 장소들에 대한 기억의 흔적을 조립한 것이다.

모든 작가는 우선 독자이며, 우리가 무엇을 읽는가는 중요하다. 나는 주로 페미니즘, 퀴어, 반인종주의 책들을 읽는 독자다. 이런 책들이 이 책의 지적·정치적 지평을 형성한다. 이 책들은 내게 행복이 사회적 형식을 어떻게 창조하는지에 대해 생각해 볼 수 있게 해주었다는 점에서 내 철학 책이라 할 수 있다. 그러나 내 아카이브에 책과 영화만 있는 것은 아니다.

행복이라는 말을 따라간다면 당신은 어디든 닿을 수 있다! 따라서 내 아카이브는 내 세계, 내 생활 세계이자 내 현재일 뿐만 아니라 과거이며, 거기서 **행복**이라는 말은 아주 강력한 울림을 가지고 있었다.

늘 내 마음을 사로잡는 발화 행위 중 하나는 "난 단지 네가 행복하길 바랄 뿐이야"라는 말이다. 어릴 적부터 난 이 말을 어마어마하게 많이 들었다. 이 책을 쓰면서 나는 다른 사람의 행복을 "바랄 뿐이야"라는 표현이 의미하는 바에 대해 좀 더 생각해 볼 수 있었다. 이 말은 행복에 관한 여러 발화 행위 중 하나일 뿐이다. 이런 말은 정말 많다! 이 책에서 마주치게 될 또 다른 표현들에는 이런 것들이 있다. "네가 행복하면 나도 행복해." "네가 불행해지는 건 못 참겠어." "널 행복하게 해주고 싶어." "네가 행복해 하는 걸 보고 싶어." "나 때문에 네가 행복하면 좋겠어." 우리는 대체 얼마나 빈번히 행복에 대해 말하고 있는가! 이런 말들을 따라가 봄으로써 우리가 말하는 행복이 좋은 것이라 주어져 있는 상황에서는 어떤 종류의 세계가 형성되는가를 보여 주는 게 바로 내 목적이다.

"행복은 무엇을 하는가?"라는 질문은 행복과 불행이 시간에 따라 그리고 공간적으로 어떻게 분배돼 있는가에 대한 질문과 불가분의 관계에 있다. 행복의 역사를 추적한다는 것은 그 분배의 역사를 추적하는 것이다. 행복은 아주 복잡한 방식으로 분배된다. 좋은 주체가 된다는 게 다른 사람들을 행복하게 만드는 행복-원인으로 인식되는 것임은 분명하다. 따라서 나쁜 주체가 된다는 건 분위기 깨는 자killjoy가 된다는 것이다. 이 책은 분위기 깨는 자들에게 목소리를 돌려주고 그런 장소에 몸담는 것이 어떤 느낌인지에 대한 인식을 바탕으로 말하려는 시도이다. 그래서 행복의 사교성에 대한 이야기에서는 분위기 깨는 애로 불렸던 내 자신의 경험에

서론 왜 하필 지금 행복을 이야기하는가

기대기도 했다. 이 연구를 진행하면서 했던 논의들의 상당 부분이 "분위기를 깨본 경험담들을 교환"하는 일이었다. 한번은 컨퍼런스 자리에서 가족 식사 자리에서 분위기를 깨본 경험담들을 나눴던 적도 있다. 2007년 오스트레일리아 인종및백인성비판연구회에서 주관한 컨퍼런스였는데, 나로서는 오스트레일리아에서 열린 컨퍼런스에 오스트레일리아 출신 유색인으로서 참가해 편안함을 느껴 보기는 처음이었다. 이제 와 생각해 보면, 그런 컨퍼런스가 만들어 준 공간이 새로운 종류의 자리, 아마도 행복의 자리에 앉지 못했던 사람들을 지지해 주는 자리였다는 생각이 든다.

행복이 문제임을 보여 주면서 행복과 관련한 문제를 지나치게 강조할 위험이 있음을 나는 잘 알고 있다. 나는 이 위험을 기꺼이 감수할 것이다. 만약 이 책이 분위기를 깬다면 그것은 이 책이 하고자 했던 바를 실현한 것이 될 것이다. 이 책의 다음 쪽부터 내가 인용하게 될 수많은 텍스트들이 알려 주듯이, 분위기를 깬다는 것은 삶을 열어젖히는 것이고, 삶을 위한 공간, 가능성과 기회의 공간을 만드는 것이다. 이 책을 쓰는 목적은 이런 공간을 만드는 데 있다.

Why Happiness, Why Now?

1장

행복의 대상

우리는 이렇게 말할 수 있을 것이다. "당신이 나를 행복하게 하네요." 혹은 행복에 대해 생각하면 그것을 떠올리게 되는 식으로 뭔가가 우리의 마음을 움직일 수도 있다. 설사 행복이 어떤 감정 상태 혹은 오랜 시간에 걸쳐 달성한 삶의 상황을 평가하는 의식의 한 형태로 상상된다 하더라도 (Veenhoven 1984: 22-23), 행복은 또한 우리를 대상들 쪽으로 향하게 한다. "~하게 하는" 바로 그 지점에서 우리는 대상들을 향한다. 이것 혹은 저것이 [주체를] "행복하게 한다"는 말은 행복이 (상황 묘사를 위해 그 말을 사용한) 주체가 아닌 다른 곳에서 시작됨을 인식하고 있다는 뜻이다.

이 장에서 나는 대상이 어떻게 행복이 되는지(마치 어떤 대상에 근접하면 행복이 따라오기라도 하는 것처럼 말이다) 생각해 보려 한다. 행복은 정서(행복하다는 것은 무언가에 의해 정서적 영향을 받는다는 것이다), 지향성(행복하다는 것은 무언가를 향해 행복을 느낀다는 것이다), 그리고 평가나 판단(행복을 느끼게 하는 그 무언가는 좋은 것이 된다)을 포함한다. 행복이 그 대상들을 창조하고 나면, 그것은 주변에 전달되면서 사회적 재화로서 긍정적인 정서적 가치를 축적한다.[1] 특히 이 장에서는 좋은 느낌들이 지시하고 있는 것일 뿐만 아니라 모두가 공유하는 경험의 지평을 제공해 주는, 행복 대상으로서의 가족에 대해 살펴볼 것이다.

Happy Objects

나는 따로 분리된 혹은 자율성을 가진 행복이라고 불리는 어떤 것이 있다는 가정에서 출발하지 않는다. 마치 그것이 세계 안의 어떤 대상에 상응하는 것처럼 생각하지 않는 것이다. 그 대신 나는 경험적인 것들의 뒤범벅, 세계를 향한 신체들의 펼쳐짐, 그리고 "우발성의 드라마"(즉 가까이 다가오는 것들과 접촉하게 되는 방식)에서 출발한다. 행복의 어원이 정확히 우발성의 문제와 관련돼 있다는 사실을 지적해 두는 게 유용할 것이다. 이 단어는 운chance을 의미하는 중세 영어 hap에서 온 것이다. **행복**이라는 말은 원래 "좋은 '우연발생'hap이나 '행운'fortune"을 갖게 된다, 즉 운이 좋다는 뜻이었다. 이 의미는 지금은 태곳적 유물처럼 보일 수 있는데, 이제 우리는 행복을 "단순히" 내게 우연히 발생한 일이라기보다 내가 한 일의 결과나 노력에 대한 보상으로 생각하는 데 익숙하기 때문이다. 칙센트미하이는 이렇게 주장한다. "행복은 우연히 발생하는 일이 아니다. … 행운이나 무작위적인 선택의 결과가 아닌 것이다. 돈으로 살 수 있거나 권력으로 얻을 수 있는 것도 아니다. 행복은 외적인 사건에 좌우되는 게 아니다. 오히려 우리가 그 사건을 어떻게 해석하느냐에 달려 있다. 행복은 사실 각자가 개인적으로 준비하고, 가꾸고, 지켜 나가야만 하는 조건이다"(Csíkszentmihályi 1992: 2[27]). 이와 같은 행복에 대한 이해 방식은 그것의 우발성에 대한 방어로 해석될 수 있다. 나는 행복의 원래 의미로 돌아가 우연적 사건들이 제기하는 "세속적" 질문에 다시 초점을 맞춰 보고자 한다.

"우연히 발생하는 무엇"에서의 "무엇"과 우리를 행복하게 하는 무엇 사이에는 어떤 관계가 있는 걸까? "무엇이 무엇인지"에 관심을 가졌던 경험주의는 이 문제를 다루는 유용한 방법을 제공해 준다. 17세기 경험주의 철학자 존 로크의 작업을 살펴보자. 그는 좋은 것[선善]이란 "**우리 안에 쾌락을 가져오거나 증가시키는 성향이 있는 것 혹은 고통을 감소시키는 성향이 있는**"(Locke 1690/1997: 216[1권 339]) 것이라고 주장한다. 우리는 어떤 것이 우리에게 어떤 영향을 미치는지, 그것이 쾌락을 주는지 아니면 고통을 주는지에 따라 그것의 좋고 나쁨을 판단한다. 로크는 포도를 좋아하는 사람의 예를 든다. "어떤 사람이 가을에 포도를 먹으면서 혹은 포도가 전혀 없는 봄에 포도가 **좋다**고 말한다면, 그 말은 포도의 맛이 그를 기쁘게 한다는 의미이지 그 이상은 아니다"(216[1권 340]). 어떤 것이 쾌락이나 기쁨을 유발하면, 그것은 우리에게 좋은 것이다. 로크에게 행복은 쾌락의 한 형태다. "최고의 행복은 최고의 쾌락을 산출하는 것을 소유하는 데 있다"(247[1권 393]). 행복 대상들이란 간단히 말해 가장 좋은 방식으로 우리에게 영향을 미치는 대상들이다.

따라서 행복은 우리가 사물과 친밀하게 접촉하도록 한다. 어떤 마주침의 순간에 우리는 정서적 영향을 받아 행복해질 수 있다. 뭔가가 당신에게 긍정적으로 정서적 영향을 미칠 때, 그것이 꼭 의식의 대상으로 모습을 드러내는 것은 아닐 수도 있다. 정서적으로 행복해질 경우, 대상이 왔다 가버린다 해도 그것은 지속될 수 있다. 로크는 결국 "계절을 타는" 즐거움의 속성을 기술하고 있는 것이다. 포도 철이 아니라면, 포도를 먹으며 유쾌했던 기억을 떠올릴 수도 있고, 포도 철을 고대할 수도 있다. 이 말은 곧 포도가 없는 경우에도 포도는 행복 대상으로 그 자리를 유지할 수 있다는 뜻이다. 그렇다고 해서 우리가 행복한 것으로 상기하는 대상이 늘 그 자리를 유지한다는 뜻은 아니다. 로크의 관찰에 따르면, "건강이나 체질 변화로 포도 맛이 주는 즐거움이 사라진다면 그는 더 이상 포도가 **좋다**고 하지 않을 것이다"(216-17[1권 340]). 신체적 변화가 즐거운 것으로 경험되는 것을 바꿀 수 있는 것이다. 시간에 따른 신체적 변화는 우리 주변의 세계에 대해 다른 인상을 만들어 낸다.

좋은 것이 쾌락을 야기하는 게 아니라, 쾌락의 경험이 어떤 것을 시간이 지나면서 우리에게 좋은 것이 되게 하는 것이다.[2] 여기서 로크의 주장은 데카르트의 정념 모델이나 스피노자의 정서 모델과 일치한다. 이 두 철학자는 정신과 신체의 관계를 이론화하는 방식에는 큰 차이가 있지만, 둘 다 대상이 어떻게 신체와의 접촉을 통해 가치를 획득하는지 잘 보여 준다. 스피노자는 이렇게 이야기한다. "우리는 우리 존재의 보전에 기여하는 것은 선이라 하고, 존재의 보전에 걸림돌이 되는 것은 악이라 한다. 말하자면, 어떤 것이 우리의 활동 능력을 증가시키느냐 감소시키느냐, 촉진하느냐 억제하느냐에 따라 우리는 그것을 선 또는 악이라 부른다"(Spinoza 1677/2001: 170[218]). 만약 어떤 대상이 우리에게 즐거움을 주는 선한 방식으로 영향을 준다면, 그것은 우리에게 선이다.[3] 데카르트는 대상들이 다양한 정념을 불러일으키는 이유는 대상 안에 있는 다양성 때문이 아니라 그것이 우리에게 해가 되거나 득이 되는 방식이 다양하기 때문이라고 주장한다(Descartes 1649/1989: 51[68]). 어떤 것이 우리에게 해가 되는지 득이 되는지의 문제는 우리가 그것으로부터 어떤 영향을 받는가의 문제다. 수전 제임스가 말하듯, "마음 바깥에 있는 대상들을 향한 정념에 포함된 선과 악의 평가는 해석되기만을 기다리며 세상 어딘가에 존재하는 그런 것이 아니다"(James 1997: 103).

무언가에 의해 정서적 영향을 받는다는 것은 그것을 평가한다는 것이기도 하다. 평가는 신체가 사물을 향하는 방식 속에서 드러난다. 행복의 현상학은 우리가 유쾌하다고 생각하는 것들에 어떻게 관심을 갖게 되는지에 대한 탐색이다.[4] 후설이 『순수현상학과 현상학적 철학의 이념들』 2권에서 설명하듯이, "즐거운 상황에서 우리는 정서적으로 '관심'이 있을 때 그러하듯 '지향적으로'(감정적 지향을 가지고) 즐거움─대상을 향한다"(Husserl 1950/1989: 14). 특히 어떤 것들이 우리의 주의를 끈다고도 할 수 있다. 사물에 가치를 부여한다는 것은 실제 행동 영역, 즉 후설이 말하는 "우리와 가까운 영역" 또는 "핵심 영역"(1946/2002: 149-50)을 생성하면서 우리와 가까운 것들을 형성하는 일이다. 이 영역은 "내가 내 운동감각으로 도달할 수 있는 것들의 영역, 내가 촉각이나 시각 등을 통해 최적의 형태로 경험할 수 있는 것들의 영역"(149)이다.

행복은 우리와 가까운 영역, 우리 주변을 형성하고 있는 세계를 친숙한 것들의 세계로 만드는 데 결정적 역할을 한다. 우리에게 쾌락을 주는 대상들은 우리의 신체적 지평 안에 둥지를 튼다. 우리가 좋아하는 것들likes을 갖게 된다는 것은 **우리가 무엇과 같은지**like를 확립하는 일이다. 신체적 지평이란 좋아하는 것들의 지평이다. "우리가 좋아하는 것들"을 가진다는 건 어떤 것들이 우리 주변에 모인다는 뜻이다. 물론, 우리는 새로운 것들과 마주치기도 한다. 새로운 것들에 개방적이라는 것은 우리가 그것들을 우리와 근접한 영역으로 흡수하는 데 개방적이라는 뜻이다. 흡수할지 말지는 우리가 마주친 그것을 좋아하느냐에 달려 있다. 좋아하지 않는 것들로부터 우리는 거리를 둔다. 거리 두기를 통해 우리는 우리 지평의 가장자리를 확립한다. 특정 대상들의 근접을 거부하면서 우리는 가고 싶지 않은 장소, 가지고 싶지 않은 물건, 만지고 맛보고 듣고 느끼고 보고 싶지 않은 것들, 손닿는 곳에 두고 싶지 않은 것들을 정의한다.

따라서 "좋은 방식으로" 정서적 영향을 받는다는 것은 좋은 것으로 간주되는 어떤 것을 향한 정향을 수반한다. 정향은 대상들의 근접성을 등록해 둘 뿐만 아니라 몸 가까이에 둘 것들을 형성한다. 행복은 현상학적 의미에서 **지향적**이고(대상을 향해 있고) **정서적**이다(대상과 접촉한다). 이를 종합해 보면, 행복이란 우리가 접촉하게 되는 대상들을 향한 정향이라 할 수 있다. 우리는 그것들로부터 어떤 영향을 받는지에 따라 대상들을 향해 움직이기도 하고 그로부터 거리를 두기도 한다. 결국 로크의 예에서 긍정적 정서의 이중적 의미에 주목해 보자. 예를 들어, 우리가 포도를 **좋아하는 것**은, 그 맛이 **좋아서다**. 이렇게 맛이 좋은 것을 좋다고 하는 것은, 그 맛 때문에 우리가 그것을 좋아한다는 말이 **아니라**, 맛이 좋았던 경험에 그 대상을 향한 좋아하는 정향이 포함돼 있다는 말이다. 마치 좋아한 경험이 좋은 것이 무엇인지를 등록해 두는 것처럼 말이다.

행복이 지향적이라고 해서 대상과 느낌이 늘 단순하게 조응한다는 의미는 아니다. 행복이 다른 감정들과 같은 방식으로 "대상을 소유하는" 게 아니라는 로빈 배로우의 주장은 옳다(Barrow 1980: 89; Perry 1967: 71도 보라). 포도를 좋아하는 사람에 대한 로크의 예를 좀 더 살펴보자. 포도가 우리에게 의미를 갖는 것은 그것이 맛을 "소유한", 맛볼 수 있는 것이기 때문이다. 비록 내가 느끼는 포도 맛과 당신이 느끼는 포도 맛이 같은 맛인지는 알 수 없지만 말이다. 포도가 환기하는 쾌락은 포도를 먹는 쾌락이다. 그러나 쾌락이 맛볼 수 있는 대상, 내 몸의 살flesh과 과육flesh의 만남처럼 감각적으로 근접하게 된 대상만을 향하는 것은 아니다. 이미 지적했듯이, 우리는 기억을 통해 포도가 주는 쾌락을 상기할 수 있다. 포도를 먹을 수 없을 때에도 우리는 포도에 대해 생각할 수 있다. 이런 생각은 느낌이기도 하다. 비록 이런 쾌락들이 완전히 동일한 감각을 수반하지는 않지만, 기억의 인상들이 그만큼 생생하지는 않지만, 우리는 쾌락을 상기하기만 해도 쾌락을 경험할 수 있다.[5] 쾌락은 대상을 창조한다. 심지어 쾌락의 대상이 우리 앞에 있을 때조차 그렇다. 꼭 대상이 부재해야만 느낌이 그것을 창조하는 것은 아니다.

우리가 뭔가에 감동받는 상황을 생각해 보자. 감동 받을 때 우리는 뭔가를 만들어 낸다. 대상이 정서적일 수 있는 것은 그것의 위치(대상은 **여기**에 있는 것이고, 바로 **그곳**이 이런저런 정서를 경험하는 곳이 된다)와 그것이 나타나는 타이밍(대상은 **현재**에 있는 것이고, 바로 **그때**가 이런저런 정서를 경험하는 때이다) 덕분이다. 대상을 정서적 혹은 감각적으로 경험한다는 것은 대상뿐만 아니라 대상을 둘러싼 것, 그것의 도착 조건을 포함해 대상 배후에 존재하는 것으로 향하게 된다는 것이다. 대상을 둘러싸고 있는 것이 행복이 될 수 있다. 즉, 어떤 장소에서 기분 좋은 느낌을 받으면, 그 장소 자체에 행복이라는 속성이 부여되어 그곳은 좋은 느낌이 향하는 "무엇"이 된다. 혹은 사랑하는 사람으로부터 뭔가를 받는다면 그것은 훨씬 더 큰 정서적 가치를 갖게 될 것이다. 그것만 봐도 그 선물을 준 사람이 생각날 수 있는 것이다. 어떤 것이 행복 대상과 가까이 있으면, 그것은 연상에 의해 행복한 것이 될 수 있다.

행복은 근접성을 통해 대상을 생성해 낼 수 있다. 행복은 단순히 대상에 대한 것이거나, 의식 속에 주어진 대상들을 향해 있는 것이 아니다. 우리 모두는 아마도 "이유를 알 수 없는 행복" 같은 것을 경험한 적이 있을 것이다. 딱히 이유는 모르겠지만 행복하다는 이 느낌은 확 잡아끄는 느낌, 우연히 마주친 대상을 넘어 넘쳐흐르는 그런 종류의 느낌이다. 느낌이 자유롭게 떠다닌다는 것이 아니다. 행복을 느낄 때 우리는 그 느낌을 가까이 있는 대상으로 향하게 한다는 말이다. 예를 들어 우연히 옆을 지나는 사람에게 미소를 보내는 것처럼 말이다.[6] 그 느낌은 또한 근접해 있는 대상을 고양해 행복 대상으로 만들 수 있는데, 그렇다고 그 느낌이 어떤 것과 마주쳐도 살아남는다는 건 아니다. 내가 항상 흥미롭게 생각했던 부분은, 우리가 행복의 느낌을 의식하게 될 때(느낌이 사고의 대상이 될 때) 그것은 종종 멀어지거나 불안이 될 수 있다는 것이다. 행복은 어느 순간 찾아왔다가 그것을 인식하는 순간 사라져 버릴 수 있다.[7] 하나의 느낌으로서의 행복은 매우 불안정해 보인다. 그것은 다른 느낌들에 의해서뿐만 아니라, 심지어 행복 그 자체에 의해, 그것의 도착 방식에 따라 쉽게 전위되는 듯하다.

나는 행복이 특정한 종류의 지향성을 포함한다고 생각하며, 그래서 그것을 "목적 지향적인" 것으로 설명하려 한다. 이는 우리가 그저 현재의 느낌으로서, 무언가**에 대해** 행복을 느낀다는 게 아니라, 어떤 것들이 **우리에게** 행복을 가져다줄 것이라고 상상할 경우 그것이 **우리를 위해** 행복이 될 수도 있다는 것이다. 행복은 종종 우리가 목표로 하는 "무엇", 종착점, 심지어 목적 그 자체로 기술된다. 고전적으로 행복은 수단이 아닌 목적으로 간주되어 왔다.[8] 아리스토텔레스는 『니코마코스 윤리학』에서 행복을 최고선最高善이라고, "만물이 목표로 하는 바"라고 말한다(Aristotle 1998: 1[13]). 행복은 우리가 "언제나 그 자체만을 위해 선택"하는 것이다(8[27]). 앤서니 케니는 아리스토텔레스에게 행복이 어떻게 "그냥 목적이 아니라 완전한 목적이 되는지" 설명한다(Kenny 1993: 16). 완전한 목적은 모든 목적 중의 목적이며, 늘 그 자체로 좋은 선善이다.

우리가 행복이 이런 말들로 사유된다는 게 무슨 의미인지 그 함의를 이해하기 위해 행복이 완전한 목적이라는 이 주장에 동의할 필요는 없다. 행복이 모든 목적 중의 목적이라면, (다른 좋은 것들을 포함한) 다른 것들은 행복의 수단이 될 것이다.[9] 아리스토텔레스가 이야기하듯이, 우리가 다른 것들을 선택할 때에는 "행복을 목적으로, 즉 그것을 수단으로 행복해질 것이라 상상하며"(8[28]) 하는 것이다. 여기서 아리스토텔레스는 물질적인 것, 즉 물리적 대상을 가리키는 것이 아니라, 서로 다른 종류의 좋은 것들, 즉 도구적으로 좋은 것과 그 자체로 좋은 것을 구분하고 있다(6[24]). 따라서 우리가 선택하는 명예, 쾌락, 지성 같은 것들은 "행복을 목적으로" 한 것, 행복을 위한 도구와 같은 것으로 덕과 선을 갖춘 삶을 실현하기 위한 것이다.

만약 우리가 도구적으로 좋은 것들을 행복 대상으로 생각하면, 중요한 결과가 따라온다.[10] 행복을 가리키는 것들이 좋은 것이 되거나 좋은 것으로서의 가치를 획득하게 되는 것이다. 대상은 "행복 수단"이 된다. 또는 행복 지시자가 된다고도 할 수 있겠다. 마치 그것이 지시하는 대로 따라가면 행복을 찾을 수 있는 것처럼 말이다. 만약 우리를 행복하게 해주는 수단을 제공하는 대상이 있고, 우리가 이런 대상을 향해 있다고 한다면, 우리가 목표로 하는 것은 어디 다른 곳, 즉 그 대상에 따라오리라 생각하는 행복에 있는 것이다. 이렇게 뒤따라온다는 시간성은 정말로 중요하다. 행복은 나중에 올 무엇이다. 이런 점에서 행복은 특정 대상들을 향해 있고, 그것들은 아직 존재하지 않는 것을 가리킨다. 우리가 뭔가를 따라갈 때 목표는 행복이다. 마치 어느 지점에 다다르면 행복이란 걸 얻을 수 있는 것처럼 말이다.

약속

한 사람의 일대기는 여러 대상들과 밀접하게 관련돼 있다. 우리의 일대기는 좋아하는 것들과 싫어하는 것들의 일대기라고도 할 수 있다. 로크에 따르면 인간의 다양성은 우리가 "**행복**을 서로 다른 사물들에서 찾음"을 의미한다(Locke 1690/1997: 246[1권 392]). 자유는 서로 다른 것들에 의해 행복할 자유가 된다.[11] 우리를 행복하게 만드는 것들이 서로 다르다면 우리가 서로 다른 것들에 의해 받는 영향도 서로 다를 것이다.

우리는 단지 우리를 행복하게 하는 것들이 서로 다를 뿐인 걸까? 행복을 목적 지향적인 지향성을 수반하는 것으로 생각한다는 것은, 행복이 이미 다른 것들보다는 어떤 것들과 더 연관돼 있음을 뜻한다. 우리가 그 어떤 것에 도착한 **이유는** 그것이 우리를 행복으로 이끌기 때문, 즉 행복이라는 목적에 대한 수단이기 때문이다. 무엇이 행복을 지시하는지 우리는 어떻게 아는 걸까? 행복에 이르게 할 수 있다는 것은 대상이 정서와 (심지어 그 둘이 서로 만나기도 전에) 연관돼 있다는 뜻이다. 우리는 대상에 의해 꼭 좋은 방식으로 변용되지 않고도 행복에 이를 수 있다.

우리는 어떤 대상을 아직 즐거운 것으로 경험하지 못했다 해도 그 대상을 환기하는 것만으로도 즐거울 수 있다. 이는 결국 아직 마주치지 못한 어떤 것들에도 정서적 생명을 부여할 수 있는, 인간이 지닌 상상의 힘인 동시에 사회 세계의 힘이다. 대상은 정서가 부여된 결과, 정서적 생명을 가질 수 있으며, 또 나중에는 잊힐 수도 있다. 예를 들어, 어떤 대상을 누군가에게 주는 건 그것이 정서적 특질을 가지고 있다고 생각하기 때문이다. 마치 누군가에게 x를 주는 것이 행복을 주는 것과 같은 것처럼 말이다.

대상과 느낌 사이에 인과관계가 있지는 않을까 하는 추정도 가능할 것이다. 마치 그 대상이 그 느낌을 유발하기라도 하는 것처럼 말이다. 행복 대상은 우리의 행복을 유발하는 것이 되는 셈이다. 『권력에의 의지』에서 니체는 인과성에는 회고적 특성이 있다고 말한다(Nietzsche 1901/1968: 294-95[335-36]).[12] 그렇다면 이렇게 추정해 볼 수 있다. 통증 경험은 내 발옆에 있는 못이 유발한 것이라고 말이다. 하지만 나는 정서[통증]를 경험해야 못을 알아차릴 수 있다. 느낌의 대상은 느낌보다 뒤처져 있다. 뒤처짐은 단순히 시간적인 것일 뿐만 아니라 능동적 형태의 숙고와도 관련돼 있다. 우리는 대상을 탐색한다. 혹은 니체의 설명을 따르자면 "왜 이러저러한 느낌을 갖게 되는 건지 그 이유를 사람이나 경험 등에서 찾는다"(354[398]). 대상에 정서적 속성을 부여하는 경향은 "연관의 긴밀성"에 달려 있으며, 그런 긴밀성의 형식들은 이미 주어져 있다. 우리는 대상을 정서의 원인으로 파악한다(그것이 못을 파악하는 유일한 방법은 아니지만, 못은 통증-원인으로서 우리에게 알려지게 되는 것이다). 마주침의 근접성이 마주침을 살아남게 하는 것이다. 다시 말해, 정서와 대상 간의 근접성은 습관을 통해 보존된다.

우리는 대상과 정서의 결속 형태를 인식함으로써 그 결속을 헐겁게 할 수 있다. 우리는 대상을 느낌의 원인으로 보지만, 단순히 대상 때문에 느낌이 유발되는 것은 아니다. 대상을 느낌의 원인으로 보는 것은 회고적인 이해 방식이다. 이런 식으로 이해할 경우, 대상과 정서가 이미 연관돼 있기 때문에, 나는 못을 보기만 해도 통증 정서를 경험할 수 있다. 대상이 느낌-원인이 되어 버리는 것이다. 일단 어떤 대상이 느낌-원인이 되면 그것은 느낌을 유발할 수 있고, 그래서 우리가 느끼리라 예상되는 느낌을 느낄 때 우리는 정말 그게 맞구나 하고 생각하게 된다.[13] 니체가 말한 정서의 회고적 인과성은 바로 **기대 인과성**이라 부를 수 있는 것으로 전환된다. 대상이 우리 자신이 경험한 게 아니라 해도 근접성의 가치를 획득하면, 우리는 심지어 회고적이 되지 않고도 어떤 정서를 기대할 수 있다. 예를 들어, 아이는 공포-원인이 도착하기도 전에 대상 근처에 가지 말라는 말을 듣는다. 근접성의 상황에서 어떤 것이 다른 것보다 더 "공포를 느껴야 할" 것이 되는 걸 보면, 그것이 정확히 낯선 사람은 위험하다는 담론과 같은 기대 논리라는 걸 알 수 있다(Ahmed 2000 참조).

우리는 어떤 대상이 도착하기도 전에 그 대상 때문에 행복해 지리라 기대하기도 한다. 그 대상은 이미 긍정적인 정서적 가치를 지니고 우리와 가까운 영역으로 진입하는 것이다. 대상과 느낌 사이의 근접성은 그 대상이 어떤 식으로 주어지느냐에 달려 있다. 대상은 우리가 그것을 만나기도 전에 "행복-원인"이 될 수 있다.[14] 우리는 이미 행복을 가져오리라 기대되는 사물들을 향해 있다. 즉, 그것이 좋다는 판단이 그것과의 마주침보다 앞서 있을 뿐만 아니라 우리를 그런 대상들로 향하게 한다.

따라서 좋은 것이 쾌락을 유발한다기보다 쾌락을 유발하기 쉬운 것들에 대해 좋은 것이라는 판단이 이미 선행돼 있다고 말할 수 있다. 이는 포도가 맛있어서 포도를 좋아하는 것이라는 로크의 논변과는 다르다. 나는 어떤 특정 대상이 "행복을 준다"는 판단이 그것을 마주치기도 전에 이미 이루어져 있다고 주장하고 있는 것이다. 어떤 대상들은 행복-원인으로 여겨진다. 이는 그것이 이미 "마주치기도" 전에 사회적으로 좋은 것[재화]으로 유통되고 있다는 뜻이며, 우리가 애초에 그것을 마주치게 되는 것도 그 때문이라는 말이다.

우리는 행복이 이 대상이나 저 대상에 근접하면 따라오리라 기대한다. 대상이 줄 것에 대한 기대는 우리가 받을 것에 대한 기대이기도 하다. 어째서 우리는 그토록 간절히 기대하는 걸까? 결국 기대는 실망을 낳을 수 있다. 우리가 어떤 정서적 영향을 받으리라는 기대를 품은 채 대상에 도착하면, 이는 그것이 우리의 기대에 부응하지 못하는 순간에도 그것이 우리에게 미치는 영향에 영향을 미친다. 행복은 뒤따라올 것에 대한 기대이며, 이 기대는 그 대상이 현재 있든 없든 관계없이 그것들을 구분 짓는다. 예를 들어, 아이에게 미래의 어떤 특정 사건, 결혼식 날처럼 "네 인생에서 가장 행복한 날" 같은 걸 상상하며 행복을 상상해 보라고 하는 것이다.

행복에 대한 기대 자체가 우리에게 미래에 대한 특정 이미지를 심어 준다. 이런 이유로 행복은, 그것이 주어지지 않는다 해도, 실망을 일으키는 감정적 배경이 된다. "이것 혹은 저것"이 실망의 대상으로서 경험 가능한 것이 되는 데는 "이것 혹은 저것"으로부터 행복을 얻으리라는 기대만 있으면 된다. 우리의 기대는 어딘가로부터 온다. 기대의 계보를 생각하다 보면, 그것이 약속하는 바, 그것이 어떻게 우리를 어딘가로 안내하는지 알 수 있다. 그 어딘가는 바로 우리가 그토록 기대하는 "그곳"이다. 행복은 특정 대상으로의 근접성을 통해 약속된다. 대상은 물리적이거나 물질적인 것들일 수도 있지만 우리를 행복으로 안내해 주리라 상상되는 어떤 것도 가능하다. 여기에는 가치, 실천, 스타일, 열망 같은 대상들이 포함된다. x를 갖는 것은 물론이고 x를 하는 것도 우리에게 행복을 약속해 준다. 행복의 약속은 다음과 같은 형식을 취한다. 즉, 만약 당신이 이것 혹은 저것을 가지고 있다면, 또는 당신이 이렇게 혹은 저렇게 하면, 행복은 따라온다는 것이다. 『우상의 황혼』에서 니체는 내가 행복의 약속이라고 부르는 것을 종교와 도덕의 기본 공식으로 해석한다. "이러이런 것을 하라. 이러이런 것은 삼가라. 그러면 너는 행복할 것이다!"(Nietzsche 1889/1990: 58[64])

행복이 지닌 약속의 속성은, 적어도 우리가 올바른 일을 한다면 행복은 우리 앞에 놓여 있을 거라고 암시한다.[15] 약속을 한다는 건 결국 미래를 대상으로, 다시 말해 그것이 도착하기 전에 선언될 수 있는 어떤 것으로 만드는 것이다. 한나 아렌트는 이를 다음과 같이 설명한다. "약속이란 미래를 규제하는 인간만의 독특한 방식으로, 인간적으로 가능한 한에서 미래를 예측 가능하고 신뢰할 수 있는 것으로 만든다"(Arendt 1972: 92[137]). 약속을 어떤 상황으로 생각해 보자. 그리고 그 상황에서 우리가 무슨 생각을 하는지 생각해 보자. 어떤 사람이 누군가에게 "내 이것만은 약속하지"I promise to 같은 식으로 약속하는 상황을 생각해 보자. 이때 약속은 약속하는 사람이 무언가를 하겠다는 혹은 하지 않겠다는 의지의 선언일 수 있다. 약속은 보장, 즉 어떤 기대가 충족될 것이라는 확신과 신뢰를 심어 주고자 하는 긍정적 선언이다. 존 오스틴은 『말과 행위』에서 어떤 행동을 행복 수행적인 것으로 이끄는 발화 행위에 대해 이야기한다. 약속이 행복을 가져다주려면 선한 의도가 있어야 한다. 즉, 약속을 하는 사람은 약속을 지킬 의도가 있어야 하고, 그런 의도의 구조가 약속이 지켜질 수 있는 조건이 된다(Austin 1962/1975: 40[64]).[16] 또한 약속이 행복을 가져다줄지는 그 사람이 약속을 지킬 처지에 있느냐 하는 조건에 달려 있다. 약속이 행복을 주기 위해서는 우리가 하고자 하는 일이 다른 사람을 위한 것이어야 한다. 내 약속의 수령인으로 인식된 그 다른 사람이 비록 내 자신일지라도 말이다. 약속은 또한 욕망의 표현이다. 뭔가가 약속돼 있다는 것은 바라던 뭔가가 실현될 것이라는 조짐이다. 따라서 당신에게 약속된 일이 일어난다면, 즉 뭔가 좋은 일이 생긴다면, 그 일은 약속의 실현됐을 때 당신에게 주어져야 할 것에 대한 기대의 성취를 의미한다. 약속은 앞으로 다가올 것에 대한 우리의 기대를 기반으로 한다.

이런 상황이 우리가 경험하는 약속 지평의 전부는 아니다. 약속이란 게 늘 발화 행위이거나 누가 누군가에게 주는 무엇인 것만은 아니기 때문이다. "내 너에게 약속하지"라는 발화 행위는 "무슨 약속인가"의 문제로 미끄러지는데, 여기서 약속은 저것이 주어짐으로써 주어지게 될 뭔가에 대한 인상이다. 약속된 것(약속의 대상이 된 뭔가에 대한 관념)은 "내 약속하지" 혹은 "그거 약속할게"라고 말한 사랑하는 타자에 근접해 있다. 그래서 내가 사랑하는 누군가가 내게 무언가를 약속한다면, 그 무엇은 사랑의 약속을 담고 있는 것이다. "내 약속하지"와 "무엇을 약속한 것이냐" 사이의 미끄러짐은 약속이 분배되고 공유되는 방식을 보여 준다. 행복의 약속은, 마치 어떤 것을 나누면 행복을 나눈다는 듯, 어떤 것을 행복을 약속해 주는 것으로 만든다. 어떤 것이 행복을 약속하면, 우리는 그것이 밝은 미래를 약속한다고 생각한다. 그 무언가를 받을 때 우리는 그 뒤에 따라올 좋은 것들을 상상한다.

혹은 행복을 욕망한다고 할 때 우리는 행복의 약속을 따르는 거라고도 할 수 있다. 벌란트는 욕망의 대상들을 고찰하는 또 다른 방식으로서,

대상을 "약속들의 군집"으로 생각해 보자고 주장한다(Berlant 2008a: 33). 대상들은 행복의 약속 주변에 군집을 이루고 있는 걸까? 우리는 x 가 욕망할 만하기[바람직하기] 때문에 x 를 욕망한다. x 의 욕망할 만함이란 그것이 우리에게 행복을 약속해 준다는 뜻이다. 중요한 것은, 욕망이 이미 이중적이라는 점이다. 우리는 x 를 욕망한다. 우리는 y 를 욕망하기 때문에 x 를 욕망한다, 여기서 y 는 행복이다. 우리가 서로 다른 것을 원한다고 해도 공통점은 행복에 대한 욕망이다. 존 로크의 말대로, "모든 사람의 욕망이 행복을 지향한다 해도, 그들을 움직이는 대상이 동일한 것은 아니다"(Locke 1690/1997: 247[1권 393]). 행복이라는 말은 그래서 다양한 대상들을 한데 모은다. 행복은 그런 대상들의 다양성을 담는 그릇이 된다. 행복은 또한 다양한 방식의 바람을 허락함으로써 특정 형식 내에 다양성을 담아낸다고도 생각해 볼 수 있다. 또 행복은 우리가 자신의 바람들을 예치해 둘 수 있는 그릇을 제공함으로써 그런 바람들을 담아 둔다고도 할 수 있다.

행복이 우리가 욕망하는 것이라면, 이때 행복은 행복하지 않은 것, 혹은 단순히 그것이 아닌 것과 밀접히 관련돼 있다. 로크에게 기쁨의 인과관계(행복 대상)가 결코 단순한 문제가 아니었던 이유도 이 때문이다. 만약 행복이 우리가 욕망하는 것이라면, 이때 행복은 로크가 불편함이라고 부른 것을 수반한다. "지금 그것을 즐기면 즐거울 텐데 하고 생각되는 어떤 것이 없을 때" 우리는 불편하다(217[1권 341]). 단순히 행복이 우리를 불편하게 만든다는 그런 얘기가 아니다. 그의 주장에 따르면, "우리의 욕망이 … 그것의 결여 속에서 우리를 불편하게 하면" 우리에게 그것은 좋은 것이 된다(234[1권 372]). 이 점에서 로크에게 불편함은 인간의 행위를 추동하는 것, 인간의 느낌을 밀고 당기는 것이 된다. 따라서 로크는 행복이 우리가 바라고 목표로 하는 것, 인간 행위의 종착점이긴 하지만, 사실 마음의 불편함이 훨씬 더 강력한 것이라고 암시한다. "더 큰 쾌락에 대한 예상이 우리를 끌어당기는 것보다 살짝 데인 느낌이 더 강력하게 우리를 밀어붙인다"(234[1권 372]).[17]

물론 우리에게 이런 욕망과 불안의 근접성을 가르쳐 준 것은 정신분석이다. 가능성의 영역이 좋은 것에 의해 모두 포괄될 수 없는 그런 세계에서, 좋은 것에 대한 정향은 압력의 한 형태가 된다. 프로이트는 『문명 속의 불만』에서 행복은 "완수될 가능성이 전혀 없다. 우주의 모든 규칙이 그것과 반대 방향으로 움직이기 때문이다"(Freud 1930/2004: 16[248])라고 주장한다. (우리가 잘 알고 있는) 행복에 대한 이 같은 반대 방향으로의 움직임 말고도, 행복의 우발성 또한 행복의 성취를 어렵게 한다. 행복은 일의 우연발생을 제거할 수 없다. 행복은 이 세계의 우발성과 함께 살아간다는 뜻이다. 우리의 목표가 행복을 필연으로 만드는 것이라 해도 말이다.

욕망은 우리에게 무언가를 약속해 주는 것, 우리에게 에너지를 주는 것인 동시에 결여돼 있는 것, 그것이 분명히 실현되는 듯한 바로 그 순간조차 결여돼 있는 것이다.[18] 당신이 원하는 것을 얻는 것보다 더 공포스러운 일은 없다. 바로 그 순간이 당신이 원하는 것을 직시하는 순간이기 때문이다. 지젝이 보기에 이런 공포는 당신이 원하는 게 "진짜" 원하는 것이 아니기 때문이다. 그는 행복은 "본질적으로 위선적"이며 자기기만의 형태라고 주장한다(Žižek 2002: 60[89]). 내가 말하고 싶은 건, 당신이 원하는 것을 얻는 것이 두려운 이유는 당신이 원하는 것이 대상으로서 "준비된" 상태가 아니기 때문이라는 것이다. 이런 준비돼 있지 않음 때문에 욕망하는 대상은 그렇게까지 욕망할 만한 것이 된다. 원하는 무엇을 얻지 못함으로써 당신은 "그 무엇"의 행복을 판타지로 간직할 수 있다. 마치 우리가 준비만 되면 그것을 가질 수 있기라도 할 것처럼 말이다.

이런 이유로 욕망의 장애물은 당신이 원하는 것을 얻으면 행복해지리라는 판타지를 지켜 주는 심리적 기능을 수행한다. 궁중 연애에 대한 라캉의 분석은 판타지를-지켜 주는 장애물의 성격을 잘 보여 준다. 그가 설명하듯이, 궁중 연애는 "성적 관계를 가로막는 장애물을 만들어 낸 장본인이 바로 우리 자신인 척함으로써 성적 관계의 부재를 보상하는 아주 고상한 방법이다"(Lacan 1982: 141). 궁중 연애는 사랑의 자리에 장애물을 놓는데, 이로 인해 우리는 그 장애물의 방해만 없었더라면 사랑을 이루었으리라는 판타지를 지킬 수 있다. 이와 마찬가지로, 행복이 좋은 삶을 약속해 주는 것으로 지속될 수 있는 것 또한 바로 행복의 장애물 덕분이다. 그것이 끼어들지만 않았더라면 행복했을 것처럼 만들기 때문이다. 장애물은 다시 말해 불행 대상이라고도 할 수 있다. 방해가 되는 그것의 존재에 의해 행복을 "다가오는" 것으로 상상할 수 있는 것이다. 장애물은 잃어버린 것을 의미할 수도 있다. 조너선 리어가 지적하듯이 "사람들은 보통 이것만 잃어버리지 않았더라면 행복했을 거라는 판타지를 갖고 있다"(Lear 2000: 23). "행복은 ― **그것이 무엇이든 간에** ― 삶을 욕망할 만한 것, 아무것도 결여되지 않은 것으로 만들어 주는 것이다"(27, 강조는 추가).

실제로 행복의 약속이 힘을 발휘하는 것은 행복-원인으로서의 속성을 가진다고 간주되는 그 대상들이 주어지지 않았기 때문일 수 있다.[19] 행복 대상은 행복의 부재 속에서도 특정한 간극을 메우며 순환한다. 우리는 행복 대상이 행복을 가져올 것이라 기대한다. 그 기대가 "그것"을 가지기만 하면 행복이 따라올 것이라는 판타지를 유지시켜 주는 버팀목이 된다. 행복 대상은, 다른 말로 하면, 간극을 메우는 충전제다. 그 대상의 약속은 늘 이런 의미에서 우리보다 앞서 있다. 행복을 따라가는 게 보통 길을 따라가는 것으로 서술되는 것도 이런 의미에서다(우리가 "행복의 길"이라 말하는 것은 결코 우연이 아니다). 그 길을 따라가면 그 지점에 닿을 것이라 우리는 상상한다.

행복은 발견해야 할 것이라기보다는 따라가야 할 것이다. 행복 추구가 헌법상의 권리로 확대되면, 행복은 "그게 무엇이든" 추구해야 할 것이 되고 그 정서 상태는 그것이 주어지거나 발견되지 않아야 성취된다. 행복의 약속은 이 길을 따라가면 거기에 닿을 수 있다는 약속이다. 그 "거기"는 "여기"에 있지 않기 때문에 가치가 있는 것이다. 행복이 서사를 밀고 나가는 에너지 혹은 "진행 방향"에 결정적인 이유는 바로 이 때문이다.[20] 행복은 연기됨으로써만 사회적 약속으로 유지될 수 있다. 우리는 우리에게 약속된 행복이 결국에는 우리에게 혹은 우리 후손에게 오리라 상상한다. 행복은 기다림을 견딜 만한 것, 욕망할 만한 것으로 만든다 — 오래 기다리면 기다릴수록, 더 많은 보상이 약속되고, 보상에 대한 기대도 커진다.

행복 대상에는 불행한 상황에서도 긍정적 가치가 축적된다. 우리가 실망 속에서도 살 수 있는 것은 행복의 약속이 우리 후손에게 주어질 것이라 상상하기 때문이다.[21] 부모는 행복에 대한 자신들의 희망을 자식에 겲으로써 행복의 실패와 더불어 살 수 있다. 행복은 유예의 제스처를 수반할 수 있다. 여기서 유예는 희생인 동시에 선물로 상상된다. 즉, 어떤 이에겐 자신이 포기한 행복이 남에게 주는 선물이 되는 것이다. 따라서 행복을 받기 위해서는 포기의 현장에 근접해 있어야 한다.

Happy Objects

좋은 습관

대상은 단지 좋은 느낌만 체현하고 있는 게 아니다. 그것은 좋은 삶도 체현하게 된다. 좋은 삶은 어떻게 대상들과의 근접성을 통해 상상되는 걸까? 로크는 미각을 통해 좋은 느낌을 환기한다. 그는 이렇게 말한다. "쾌락을 자아내는 맛은 사물 자체에 달려 있는 것이 아니라 특정 미각에 얼마나 기분 좋게 느껴지느냐에 달려 있고, 또 이 미각이란 것은 무척이나 다양하다. 결국 최대의 행복이란 것도 최대의 쾌락을 산출하는 것들을 소유하고 있는가에 달려 있다"(Locke 1690/1997: 247[1권 393]). 로크는 차이를 입맛에서 찾는다. 각자가 가진 미각이 다른 한 맛도 달라진다는 것이다.

　여기서 우리가 알 수 있는 것은 행복의 명백한 우연성 — 발생한 일의 우연발생 — 도 제한될 수 있다는 것이다.[22] 우리가 그냥 어디서나 행복 대상을 발견하는 것은 아니다. 결국 맛[취향]은 단순히 우연의 문제가 (당신이나 내가 이 맛이나 저 맛을 어쩌다 좋아하게 되는 게) 아니라 시간이 지나면서 획득되는 것이다. 피에르 부르디외가 그의 기념비적 저서 『구별짓기』에서 보여 주듯이, 취향은 이미 좋다고 혹은 더 고급이라고 결정돼 있는 것에 의해 형성된, 매우 특정한 신체적 정향이다. 취향, 즉 "겉으로 발현된 선호"는 "어쩔 수 없는 차이에 대한 실제적 확증"이다. 따라서 "미적 불관용[편협함]은 심히 폭력적일 수 있다. 다른 생활양식에 대한 혐오감은 계급 간에 존재하는 가장 강력한 장벽들 가운데 하나일 것이다"(Bourdieu 1979/1986: 56[상권 114-15]).

　그래서 우리는 어떤 취향이 좋고 어떤 취향이 혐오스러운지에 대한 구분을 통해 어떤 대상이 더 고급인지 혹은 저급인지를 감별하는 법을 배운다. 기쁨과 혐오감은 신체적 지향인 동시에 사회적 지향이다. "어떻게 그런 걸 좋아할 수 있니!"라고 말하는 것은 다른 사람이 좋아하는 것을 좋아하기를 거부함으로써, 그리고 다른 사람이 자신의 행복을 투사하는 대상이 그럴 가치가 없는 것임을 암시함으로써, 그 대상에 대해 부정적 판단을 내리는 것이다. 비벌리 스케그스가 보여 준 것처럼, 이런 정서적 구분은 본질적으로 도덕 경제의 기반으로, 여기서 값어치worth에 대한 도덕적 구별짓기는 가치value에 대한 사회적 구별짓기이기도 하다(Skeggs 2004). 내가 "맛있다고 느끼는"tastes good 것이 내가 "좋은 미각[취향]"good taste을 지니고 있는지 아닌지를 드러낸다.

정향된다는 것은 이미 고상하다고, 즉 **좋은 취향을 가진 사람들이 즐길 만하다고** 여겨지는 특정 대상에 끌린다는 뜻이다. 내가 주장했듯이 우리가 마주치는 대상들은 중립적이지 않다. 그것들은 이미 기존의 정서적 가치를 지닌 상태로, 즉 긍정적 혹은 부정적 가치가 부여된 채로 우리와 가까운 영역에 들어온다. 신체 역시 중립적인 상태로 도착하는 게 아니다. 어떤 성향을 습득한다는 것은 다른 것들이 아닌 어떤 것들에 대한 지향을 좋은 것으로 습득한다는 말이기도 하다. 우리가 행복 대상을 단순히 어디서나 발견하는 게 아니듯, 우리가 거하는 몸도 그냥 올바른[단순히 올바른 것만 받아들이는] 몸은 아니다. 우리는 정서적 가치와 도덕적 가치에 따라 대상들을 구별짓는 좋은 취향의 형식으로서 습관을 습득한다. 우리는 몸을 단련해 몸의 즉각적 반응, 세계에 대한 우리의 감각 방식이나 이해 방식이 우리를 "올바른" 방향으로 데려가게 해야 한다.

취향이 좋다 아니다의 구분은(심지어 취향이 있다 없다의 구분까지도) 부분적으로 대상의 지위를 통해 확보된다. 그래서 취향이 좋다는 것은 이미 좋다는 속성이 부여된 사물들에 끌린다는 것이다. 하지만 좋은 습관을 가지는 것이 단순히 즐기는 대상의 종류에 관한 것만은 아니다. 그것은 또한 당신과 대상의 관계가 갖는 성질에 관한 것이기도 하다. 칸트 미학에 대한 부르디외의 비판을 살펴보자. 부르디외에 따르면, 칸트에게는 쾌락의 단순한 형태들이 "혀, 입천장, 목구멍에서 느끼는 맛"으로, "감각의 쾌락으로 축소돼" 있다. 저급한 감각들이 저급한 이유는 그것들이 신체에 의존하고 있기 때문이며, "즐거움의 대상이 되기만 하는" 대상은 저급한 대상이다(Bourdieu 1979/1986: 489[하권 878-79]). 따라서 순수한 취향이란 대상과의 연관으로부터 주체를 자유롭게 해주는 것들을 향해 있는 취향이다. 순수한 취향을 갖는다는 건 사심이 없어진다는 뜻이다. 좋은 습관을 갖는다는 건 (즐거움의 대상이 되기만 하는 대상과 가까이 있기만을 고집하는 게 아니라) 올바른 방식으로 올바른 대상 쪽으로 정향돼 있다는 뜻이며, 이로 인해 신체 영역을 초월할 수 있다는 판타지가 유지된다. 신체를 단련해 올바른 반응을 함으로써 신체를 시야에서 사라지게 하는 것이다.

칸트 미학에 대한 "거친 비평"을 통해 부르디외는 순수한 취향의 미학을 "스스로를 '창조자'라 부르기 좋아하는 사람들의 직업적 이데올로기"로 재정의한다(491[하권 884]). 순수한 취향의 미학은 이데올로기를 창조 행위로 변모시킨다. 노베르트 엘리아스는 유용하게도 좋은 습관의 형성을 "정서의 문명화"(Elias 1939/1969: 166)로 기술한다. 예의 바른 신체는 "정서로 가득한 충동을 억제"(210)함으로써 예의를 획득한다. 문명화된 행복은 자신들의 자유를 충동이나 경향성으로부터의 해방이라고 자조하는 부르주아에 속한다.[23]

영화 〈리타, 대학에 가다〉(1983, 루이스 길버트 감독)를 살펴보자. 이 영화는 자기 변신으로서의 교육에 대한 이야기다. 노동계급 여성 수전은 문학작품을 읽고 리타가 된다(그녀는 이 이름을 이 책 3장에서 논할 『루비프루트 정글』의 저자 리타 메이 브라운에서 따온다).* 이 서사는 교양인이 된다는 건 단순히 올바른 책들을 읽고 올바른 대상들을 감상할 줄 아는 법을 배우는 문제가 아니라 그런 대상들과 다른 관계를 발전시키는 문제임을 극적으로 그려 낸다. 그래서 리타의 배움은 우선 **애착의 대상들을 바꾸는** 데서, 싸구려 통속소설과 순수문학의 차이처럼 어떤 중요한 것들을 감상할 줄 아는 법을 배우는 데서 시작된다. 하지만 끝에 가서 그녀는 그런 애착의 대상들로부터 자유로워진다. 리타는 이렇게 말한다. "당신은 나한테 아무것도 해준 게 없다고 생각하겠죠. 결국 저한테 남은 건, 수많은 인용구와 의미 없는 문장들밖에 없다고 말이죠. 그래요. 맞아요. 전 그랬어요. 하지만 그건 당신 탓이 아니에요. 전 그 모든 것에 너무 굶주려 있었어요. 아무것도 의문시하지 않았죠. 그 모든 걸 너무나 원했기 때문에 그랬던 거예요. 말했잖아요, 난 바보라고." x에 관한 그녀의 지적 갈망은 애초에 교양인이 되는 것을 바람직한 것으로 바라보는 노동계급의 아비투스를 그녀가 초월하지 못했음을 나타내는 징후다.

---

* 영화에서 주인공 수전 화이트는 미용사 일을 하면서 배움에 대한 열망 속에서 개방대학의 문을 두드린다. 『루비프루트 정글』은 그녀가 이 개방대학에서 교수 프랭크를 만나 순수문학을 배우기 전까지 좋아하던 소위 '통속'소설로 그녀의 노동계급적 취향을 대변한다. 프랭크의 도움으로 고급문화적 취향을 익히게 된 후 그녀는 더 이상 스스로를 '리타'라 칭하지 않고 '수전'으로 돌아간다.

Happy Objects

교양을 갖추려면 리타는 그것들에 대한 갈망, 즐거움에 대한 집착에서 벗어나야 한다. 그러고 나서야 리타는 무관심의 수사를 통해 조직된 선택 역량을 가지고 선택이란 걸 할 수 있게 된다. "전 프랑스에 갈 수도 있고, 런던에 갈 수도 있고, 여기 계속 남아서 공부를 할 수도 있겠죠. 심지어 여기 살며 애를 가질지도 모르고요. 모르겠어요. 제가 결정해야겠죠. 제가 선택하는 거겠죠." 교양인이 되면서 "당위"의 언어는 "가능성"의 언어로 전환되고, 궁극적으로는 의지와 선택의 언어로 전환된다. 결국 이야기는 도덕적 중산층 주체 — 습관이 없는 사람, 경향성으로부터 자유롭다고 여겨지는 상태에서 선택할 의지와 능력이 있는 사람 — 에 대한 판타지로 끝이 난다.

행복이 도덕적 명령, 하고자 하는 의지가 되는 과정에서 행복 습관은 사라진다. 좋은 습관은 나타났다가 결국 자유가 되며 사라지는 것이다. 아니면 자유가 습관이 되는 거라고도 할 수 있을 것이다. 행복 습관을 생각할 때, 로크가 행복 대상 선택의 다양성에 대한 자신의 모델이 가진 상대주의적 함의에서 어떻게 물러서는지 주목해 보는 것이 유용할 것이다. 그의 주장에 따르면, 우리는 각자 나름의 방식으로 자유롭게 행복을 찾겠지만, 그 과정이 우리를 더 높은 선으로 데려갈 것이다. "그것이 행복의 상태로 의도되었다면 그것은 분명 모든 이의 소망과 욕망에 일치해야 한다. 만약 우리가 사람들의 취향이 이 세상에서만큼이나 다양하다고 가정할 수 있다면 천국에서 만나manna는 모든 사람의 입맛에 맞을 것이다"(253[1권 403]). 따라서 우리가 서로 다른 것에서 기쁨을 찾을지언정, 천국의 만나가 주는 보편적 기쁨에서 행복이 발견되듯이, 행복은 우리를 "올바른 길로" 인도해 줄 것이다. 비록 행복이 서로 다른 것들에서 발견될지라도, 행복은 여전히 우리를 올바른 방향으로 인도한다. 따라서 로크가 보기에 "사람들은 자신의 입맛을 바꿀 수도 있다"(255[1권 407]). 취향을 고칠 수 있다는 생각 속에는 행복이란 대상에 의해 올바른 방식으로 변용되는 법을 배우는 것이라는 주장이 내포돼 있다. 우리가 행동이나 의지나 이성으로 우리의 애착을 변용할 수 있다는 바로 그 가능성이 윤리적 명령의 기초가 되는 것이다.

자신의 윤리학에서 습관 혹은 습관화를 강조한 아리스토텔레스로 돌아가 보는 것도 유용할 것이다. 많은 학자들이 지적했듯이, 아리스토텔레스에게 행복은 좋은 느낌으로 혹은 딜 허드슨이 말한 "온당한 느낌"(Hudson 1996: xii)으로 축소될 수 없는 것이다. 그에게 행복, 즉 에우다이모니아는 "좋은 삶", 즉 덕스러운 삶을 가리킨다. 이는 평생의 기획이며 성취다. 아리스토텔레스는 "잘 사는 것"과 "잘 행위하는 것"이 "행복"과 같다는 것은 "거의 대부분이 동의하는" 문제라고 말한다(Aristotle 1998: 3[17]). 행복은 "좋은 성격"을 생성하는 행위들, 따라서 습관화라 부를 수 있는 것, 즉 "유사하거나 공통된 성질을 가진 활동을 반복적으로 수행한 결과"(Smith 1998: ix)에 달려 있다. 좋은 삶은 올바른 일들을 반복하고 또 반복함으로써 올바른 방식으로 영위되는 삶이다.

하지만 느낌은 아리스토텔레스의 습관화 모델에서 결정적인 역할을 한다. 좋은 사람은 올바른 습관을 가질 뿐만 아니라 그의 느낌도 올바른 길로 방향 지어져 있다. "고귀한 행위에서 쾌락을 느끼지 않는 사람은 좋은 사람이 아니다. 정의로운 일을 행하는 것에서 쾌락을 느끼지 못하는 사람을 누구도 정의로운 사람이라고 부르지 않을 것"이다(11-12[34]). 좋은 존재가 되려면 올바른 방식으로 느껴야 한다. 줄리아 애너스가 『행복의 도덕성』에서 묘사하듯이, 덕을 갖춘 자는 "바르게 행동할 뿐만 아니라 적절한 느낌을 적당하게, 즉 중도를 지키는 정도만큼 가지고 있을 것이다"(Annas 1993: 61).[24] 덕을 갖춘 자는 올바른 대상과 관계를 맺고, 적절한 곳에서 쾌락과 고통을 느낄 뿐 아니라, 그런 느낌의 정도 또한 적절한 정도로 경험할 것이다. 여기서 적절한 정도란 너무 많지도 너무 적지도 않은 "중용"을 의미한다. 따라서 좋은 존재가 된다는 것은 느낌들을 어떻게 느끼는가에 달려 있다. "마땅히 그래야 할 때, 또 마땅히 그래야 할 일에 대해, 마땅히 그래야 할 사람들에 대해, 마땅히 그래야 할 목적을 위해서, 또 마땅히 그래야 할 방식으로 느낌을 갖는 것은 중용이자 최선이며, 바로 그런 것이 덕에 속하는 것이다"(Aristotle 1998: 27[65]).[25] 따라서 아리스토텔레스가 그리는 좋은 사람, 즉 도덕적 성격을 가진 사람은 다음과 같이 그가 느끼는 쾌락이 "딱 적절한" 그런 사람이다.

완벽하게 절제하는 사람은 이런 대상들에 대해 중용의 방식으로 관계한다. 그는 무절제한 사람이 가장 즐거워하는 것들에서 즐거워하는 것이 아니라 오히려 불편해 하고, 일반적으로 즐거워하지 말아야 할 것들에서 즐거워하지 않거나 그러한 것들 중 어느 것에서도 과도하게 즐거워하지 않고, 즐거움이 없다고 고통스러워하지도, 욕망하지도 않거나 [설령 욕망하더라도] 적절하게 욕망할 뿐 마땅한 것 이상으로 욕망하지도 않고, 마땅히 욕망하지 말아야 할 때도 욕망하지 않으며, 일반적으로 이런 여러 방식들 중 어느 것에서도 욕망하지 않기 때문이다. 그러나 그는 건강에 기여하는 모든 것이나 좋은 상태를 위해 진정 쾌락을 주는 것들을 적절하게, 또 마땅히 그래야 할 방식으로 욕구하며, 이런 것들에 진정 방해가 되지 않는 다른 즐거운 것들, 혹은 고귀함을 벗어나지 않거나 자신의 힘을 넘지 않는 즐거운 것들을 욕구한다. 이런 조건들을 무시하는 사람은 즐거움들이 갖는 가치 이상으로 그 쾌락을 좋아하는 사람이다. 완벽하게 절제하는 사람은 이런 사람이 아니라 올바른 이성이 규정하는 대로 그것들을 좋아하는 사람이다(54[118]).

따라서 행복한 삶, 좋은 삶을 위해서는 욕망을 조절해야 한다. 단순히 우리가 욕망하는 게 행복이라는 뜻이 아니라, 당신이 잘 욕망한 대가로 얻게 되는 것이 바로 행복이라고 상상하는 것이다. 좋은 주체는 그릇된 대상에서 쾌락을 취하지 않을 것이며(그릇된 대상은 그들의 감정을 상하게 할 수도 있고, 아니면 아예 그런 대상에 대해 무관심하다), 올바른 대상들에서 일정 정도의 쾌락을 경험할 뿐이다. 우리는 경험 자체가 주체에게도 진실이 되고("내가 좋다") 대상에 대해서도 진실이 될 때("그것이 좋다") 어떤 것들을 쾌락으로 — 좋은 것으로 — 경험한다. 대상과 정서 사이의 연관이 습관을 통해 유지될 뿐만 아니라 좋은 취향들도 습관을 통해 획득한다. 역사가 제2의 본성이 될 때 정서는 그 모습을 분명히, 심지어는 문자 그대로 드러낸다. 마치 이미 주어져 있던 것에서 직접적으로 흘러나온 것처럼 말이다. 우리는 기쁨을 경험할 때 그것이 기쁨을 주는 존재이기 때문에 우리가 기쁜 것이라 생각하는 것이다.

정서에 대한 직역주의는 도덕 경제의 직역주의로 빠지게 된다. 우리는 어떤 것의 느낌이 좋으면 그것이 좋은 것이라고 생각한다. 만약 느낌이 좋으면 우리는 좋은 존재다. 좋은 속성을 가진 것으로부터 좋은 방식으로 영향을 받으면 우리는 좋은 존재, 덕을 갖춘 존재, 행복한 존재가 된다. 행복을 매개로 우리는 사물들과 올바른 방식으로 관계를 맺을 수 있다. 자크 라캉은 『정신분석 윤리』에서 다음과 같이 말한다. "도덕적 경험은 그 자체로, 말하자면, 제재에 대한 준거점으로 인간이 명시된 법과의 관계만이 아니라 행동의 방향, 궤도, 한마디로 그가 호소하는 선善과의 관계에 대해서도 자신의 행동과 특정한 관계를 맺게 한다. 그럼으로써 이상적인 행동이 발생한다"(Lacan 1986/1992: 3). 행복은 우리를 좋은 것으로 향하게 하면서도, 그 좋은 것이 당신에게 방향을 제시해 준다는 인상을 만들어 낸다.

사교적 행복

우리가 행복이 가진 약속의 속성에서 알아야 할 게 있다면, 그것은 행복이란 우리가 어떤 것들을 마주치기도 전에 그것들을 좋은 것[재화]goods으로 만드는 방법이라는 것이다. 그렇게 좋은 것들을 향해 방향 지어진다는 것은 곧 바른 길로 방향 지어진다는 것이다. 중요한 것은, 우리가 이 방향을 다른 사람들과 공유한다는 점이다. 팬클럽이나 동호회는 사회적 삶이 내포하는 것, 즉 **우리는 자신이 좋아하는 것을 좋아하는 사람을 좋아하는 경향이 있음을** 잘 보여 준다. 그래서 사회적 결속은 항상 감각적이다. 만약 동일한 대상이 우리를 행복하게 한다면 ─ 혹은 우리가 자신을 행복하게 만들어 줄 것 같은 동일한 대상에 몰두한다면 ─ 우리는 같은 길로 방향 지어져(혹은 정향돼) 있는 것이다. 이미 좋다고 평가된 대상에 의해 좋은 방식으로 정서적 영향을 받는 것, 그것이 정서 공동체에 속하는 방법이다. 우리는 같은 대상을 행복의 원인으로 보고 그것에 몰두함으로써 타인과 하나가 되는 것이다.

서로가 공유하는 정향으로서 정서의 역할은 고대 철학에 분명하게 나타난다. 예를 들어, 플라톤의 『국가』에서 소크라테스는 이렇게 묻는다. "동일한 일이 생기거나 없어질 때 모든 시민이 최대한 비슷하게 쾌락이나 고통을 느낄 경우, 이 쾌락과 고통의 공유가 공동체를 결속시키지 않겠는가?"(Plato 1998: 176[5권 462b]) 우리가 그런 감정들을 공통적으로 가지고 있다고 가정할 필요는 없다. 그보다는 사회적 결속력이 발휘되려면 우리의 감정들이 동일한 대상에 묶여 있어야 하며, 그래야 그 대상은 행복(혹은 불행) 대상으로서의 가치를 축적할 수 있다. 예를 들어, 같은 사물에 대한 사랑이나 증오를 표현함으로써 집단은 하나가 될 수 있지만, 그렇다고 그 사랑과 증오를 그 집단과 동일시하는 모두가 똑같이 느끼는 것은 아니다.

행복 대상은 순환하면 할수록 좋은 삶의 기호로서 그것이 가진 정서적 가치도 점점 더 축적된다. 그런데 행복 대상이 순환할 때 무슨 일이 일어나는 걸까? 주어진 행복이 없는 상태에서 행복 대상은 어떻게 자신의 약속을 지탱할까? **약속**promise이라는 말이 라틴어 동사 프로미테레promi-ttere에서 온 것임을 생각해 보자. 이 동사에는 "약속하다, 보증하다, 예언하다"라는 뜻 외에도 "가게 하다, 보내다, 제시하다"라는 뜻이 있다. 행복의 약속이란 행복을 보내는 것이다. 대상들이 약속을 담고 있을 때 우리는 그것을 발송하거나 보낸다. 즉, **약속한다는 말은 약속을 전달한다는 뜻이다.**

행복은 보내지는 걸까? 행복의 약속이란 행복을 전달한다는 의미인가? 행복의 약속이 행복을 보내는 것을 의미한다면, 행복은 전염성이 있다고도 말할 수 있다. 데이비드 흄의 도덕 감정에 대한 접근 방식은 행복의 전염 모델에 의존한다.[26] 그에 따르면, "여러 사람이 같은 기분에 빠져 감정을 포착하는 것은 전염을 통해, 즉 자연스러운 공감을 통해" 이루어지며, 유쾌함은 감정들 가운데 가장 전달력이 강하다. 그래서 "그 불길은 모인 사람들 전체로 퍼져 나가 가장 시무룩하고 회한에 빠진 사람도 그 불길에 사로잡힌다"(Hume 1748/1975: 250-51, Blackman 2008도 보라). 최근 들어 많은 학자들이 정서가 전염성이 있다는 생각을 받아들이고 있는데, 이는 특히 심리학자 실번 톰킨스의 정서에 관한 연구 때문이다(Gibbs 2001; Brennan 2004; Sedgwick 2003; Probyn 2005). 안나 깁스가 설명하듯이, "신체는 마치 불이 붙듯 쉽게 느낌이 불붙는다. 정서는 이 사람의 신체에서 다른 사람의 신체로 도약하면서, 다정함을 불러일으키고, 수치심을 유발하며, 분노를 일으키고, 두려움을 자극한다 — 간단히 말해, 전달 가능한 정서는 우리가 생각할 수 있는 온갖 종류의 정념의 화염 속에서 신경과 근육을 불태울 수 있다"(Gibbs 2001: 1).

정서가 전염성이 있다고 생각하게 되면, 우리가 자신을 둘러싼 것들로부터 어떤 식으로 정서적 영향을 받는지 보여 줌으로써, 내가 "인사이드 아웃"(Ahmed 2004: 9) 모델이라고 불렀던 [내부에서 외부로 향하는] 정서 모델에 도전할 수 있다. 하지만 정서의 전염 개념은 정서를 신체에서 신체로 부드럽게 움직이는 어떤 것으로 다루는 경향이 있으며, 주변으로 전달될 때 그것이 완전한 상태를 유지한다고 생각한다. 수치심이 전염성이 있다는 세지윅의 말은 누군가의 수치심에 가까이 있으면 수치심이 생긴다는 의미다(Sedgwick 2003: 36-38). 그런 주장에 의하면 정서는 전달되면서 유지된다. 즉, 수치심은 다른 사람들에게 수치심을 불러일으키고, 행복은 다른 사람들에게 행복을 불러일으킨다.[27] 내가 보기에 정서의 전염 개념은 정서가 우발적인(우연적 사건의 "우연발생"을 포함하는) 정도를 과소평가하고 있는 듯하다. 다른 사람으로부터 정서적 영향을 받는다는 것은 어떤 정서가 단순히 한 신체에서 다른 신체로 전달되거나 "도약한다"는 의미가 아니다. 정서는 **우리가 변용되는 방식의 우발성이 전제될 경우에만** 대상이 된다. 무엇이 전달되는가에 따라 우리는 다르게 변용될 수 있다.

앞에서 인용한 데이비드 흄의 말대로 전염을 "자연스러운 공감"이라 할 수 있다면, 공감한다는 것은 **느낌에 비슷한 느낌으로 화답하는 것**이 될 것이다.[28] 공감한다는 것은 **비슷하게 느끼는** 것이다. 전염 모델은 비슷한 느낌의 전달로 영향 받는 신체-에서-신체로의 과정을 묘사할 뿐 아니라 서로 비슷한 느낌을 갖는 사회적 느낌 개념도 만들어 냈다. 하지만 사회적 느낌에 분명한 내용이 있는 것은 아니다. 그렇다면 비슷하게 느낀다는 것은 실제로 어떤 것일까?

우리는 분위기를 예로 들 수 있다. "분위기"는 흐릿하게 어렴풋하게 정서적 영향을 주는 주변에 존재하는 느낌, 독자적인 형태 같은 것은 없는, 주변을 둘러싼 영향력이다. 동시에 분위기를 묘사할 때 **우리는 이 영향력에 어떤 형태를 부여한다.** 분위기가 팽팽하다고 할 때 이 말은 그 공간에 들어온 신체가 영향 받는 방식을 나타내는 것으로, 긴장감tension을 "감지"해 팽팽해질tense 거라는 의미다. 어떤 느낌들로 분위기가 채워질 때, 우리는 단지 그 공간으로 걸어 들어가는 것만으로도, 군중이나 집단으로부터, 혹은 누군가와 근접해 있는 것만으로도, 그 느낌을 포착할 수 있다. 행복 얘기로 다시 돌아가면, 우리는 다른 사람의 행복에 공감할 때 행복을 느낄 수 있다고 말할 수 있을 것이다. 행복한 느낌으로 분위기가 채워지면 우리는 행복이 이미 주어져 있는 공간에 들어감으로써 행복의 정서를 느낄 수 있을 것이다. 아무리 어렴풋해도 모두가 공유하고 있는 것, 편안한 느낌 혹은 좋은 느낌이라는 감각에 몸을 맡기며 "고양되는" 것이다.

하지만 우리는 정말 이런 식으로 느낌들을 포착할까? 테레사 브레넌의 저서 『정서 전파』의 첫 문장을 생각해 보자. "어떤 공간에 들어갔을 때 '그 분위기를 느껴 본' 순간이 누구에게나 한 번쯤은 있지 않은가?"(Brennan 2004: 1) 브레넌은 내가 "아웃사이드 인"[외부에서 내부로 향하는] 모델이라 불러온 것(이는 군중심리학과 감정사회학의 역사에서 매우 큰 부분을 차지하고 있기도 하다)을 이용해 분위기가 어떻게 "개인에게 침투하는지" 유려하게 써 내려 간다(Ahmed 2004: 9). 그러나 서론의 뒷부분에서 브레넌은 다음과 같이 이와는 다른 모델과 관련한 의견을 제시한다.[29] "내가 만약 어떤 공간에 들어갔을 때 불안을 느낀다면, 그 불안은 내 인식이나 '인상'impression([다른 것에 눌려 생긴 표지라는] 글자 그대로의 의미에서)을 경유해 내가 받아들이는 것에 영향을 미칠 것이다"(6). 나도 동의한다. 불안은 끈적거린다. 벨크로 테이프처럼 가까이 오는 것은 무엇이든 그것에 들러붙는다. 혹은 이렇게도 말할 수 있다. 불안은 가까이 다가오는 것에 일정한 각도를 준다. 불안은 물론 여러 느낌들 중 하나일 뿐이다. 만약 신체가 중립 상태로 [그 공간에] 도착하는 게 아니라면, 만약 우리가 늘 이쪽으로든 저쪽으로든 어떤 기분에 젖어 있는 상태라면, 우리가 인상으로 받아들이는 것도 우리의 정서적 상황에 따라 달라질 것이다. 이 두 번째 주장은 분위기란 게 단순히 "저 밖에" 있고 우리가 그 "안으로" 들어가는 게 아니라는 것이다. 즉, 우리가 그 공간에 도착했을 때 어떤 상태인지, 우리가 어떻게 해서 이 공간이나 저 공간으로 들어가게 되는지, 이런 것들이 우리가 받는 인상에 영향을 미친다. 받는다는 건 동시에 행하는 것이다. 인상을 받는다는 건 인상을 만든다는 것이다.

그래서 우리는 방으로 들어가 "분위기를 느낄" 테지만, 우리가 무엇을 느낄지는 우리의 도착 각도에 달려 있다. 혹은 분위기가 특정 각도를 이미 가지고 있다고도 할 수 있다. 항상 특정 지점에서 느껴지기 때문이다. 교육 현장에서의 마주침은 다양한 각도들로 가득하다. 학생들이 흥미롭거나 지루해 보여서 분위기도 흥미롭거나 지루해 보였는데(심지어 내 느낌도 흥미롭거나 지루했는데) 학생들은 사실 전혀 다르게 그 상황을 기억하고 있던 적이 얼마나 많았던가! 분위기를 어떤 특정 방식으로 읽게 되면 우리는 긴장하게 된다. 그것은 다시 다음에 일어날 일, 상황이 돌아가는 방식에 영향을 미친다. 우리가 어떤 기분으로 도착하는지가 어떤 일이 일어나는가에 영향을 미친다. 그렇다고 우리가 항상 자기 기분을 유지한다는 말은 아니다. 불안으로 무겁게 가라앉아 일어나는 일들이 죄다 날 불안하게 만들 때도 있고, 불안을 완화하는 일들이 일어나 공간 자체를 밝고 활기차게 만들 때도 있다. 이런 우발성을 고려해 볼 때, 즉 발생하는 일의 우연을 고려해 볼 때, 우리는 무슨 일이 일어날지 미리 알 수 없다. 무엇 때문에 일이 이렇게 혹은 저렇게 된 건지 "정확히" 알지 못하는 것이다. 우리가 다른 사람들로부터 받는 인상과 다른 사람들에게 주는 인상 사이에는 간극이 존재하고, 그 모든 게 생생한 조건에서라면, 상황은 정서적이다.

소외의 경험에 대해서도 생각해 보자. 앞에서 나는 우리가 사회적으로 좋은 것[재화]으로 유통되는 특정 대상들에 행복이라는 속성을 부여하고 있다고 지적했다. 우리가 그런 대상들에서 쾌락을 느낄 때, 우리는 하나가 되어 똑같이 그 길을 바라본다. 소외는 이렇게 좋은 것으로 간주되는 대상들과 가까이 있으면서도 쾌락을 느끼지 않을 때 일어난다— 정서 공동체에서 이탈하는 것이다. 어떤 대상의 정서적 가치와 우리가 그것을 경험하는 방식 사이에 간극이 생길 경우 일련의 정서들을 불러일으킬 수 있으며, 이 정서들의 방향은 우리가 이 간극을 메우려고 제공하는 설명 양식에 따라 결정된다.

우리가 실망을 느꼈다고 해보자. 실망은 이상과 경험 사이에 간극이 생길 경우 경험되는 것이며, 이는 행동을 요한다. "인생에서 최고로 행복한 날"이라고들 하는 결혼식을 예로 들어보자. 실제로 결혼식을 한다고 할 때, 그런 날이 가장 행복한 날로 기대된다는 것은 무슨 의미일까? 이런 행복에 대한 기대 때문에 그런 날이 온다고 말할 수도 있다. 그날이 어떠하든 그날이 정말 오면 행복은 반드시 따라와야 한다. 혹실드가 자신의 대표작 『감정 노동』에서 살펴보듯, 신부가 결혼식 날에 행복하지 않고 심지어 "우울하고 속상하다"면, 그녀는 "부적합한 정서"(Hochschild 1983/2003: 59[84])를 경험하고 있거나 부적합한 감정을 품고 있는 것이다.[30] 그렇다면 당신은 그날에 맞는 올바른 느낌을 가짐으로써 그날을 구해야[곤경을] 면해야] 한다. "이상적인 느낌과 실제 자신이 견디고 있는 느낌 사이의 간극을 감지하면서 신부는 스스로를 행복해지도록 유도해야 한다"(61[87]).

"그날을 구할" 수 있느냐는 신부에게 달려 있다. 신부는 스스로 올바른 정서를 품도록 노력하거나, 아니면 적어도 자신이 올바른 감정을 품고 있다고 다른 사람들을 설득할 수 있어야 한다. "신부가 행복해 보였다"라고 사람들이 말할 수 있어야, 행복에 대한 기대는 기대를 충족하게 되는 것이다. 느낌을 수정하려면 이전의 애착에서 벗어나야 한다. 신부는 스스로 비참하기를 멈춤으로써 자신을 행복하게 만들 수 있다. 물론 이 사례는, 만일 이전의 애착이 여전히 생생하게 남아 있으면, 혹은 스스로의 느낌을 특정 방식으로 조절하는 노력이 불편하게 느껴진다면, 자신의 행복을 완전히 누리지 못할 수도 있고 자신의 행복에서 소외될 수도 있음을 보여 준다. 불편함은 행복하다는 바로 그 느낌 안에, 당신이 누리고 있는 그 행복과 **더불어** 불편한 느낌으로 끈질기게 남아 있을 것이다.

행복의 약속과 행복을 약속하는 대상으로부터 받는 정서적 영향 사이의 간극을 경험한다 해서 이 간극을 메우려는 수정 행위가 늘 일어나는 것은 아니다. 실망은 불안한 자기 의심의 서사를 수반할 수도 있고(왜 난 이런데도 행복하지 않은 걸까? 내가 뭐가 잘못됐나?) 우리를 기쁘게 해주기로 되어 있는 대상이 실망의 원인이 될 때는 분노의 서사를 수반할 수도 있다. 당신의 분노는 약속을 지키지 못한 대상을 향할 수도 있고, 어떤 것이 좋다고 추켜세우면서 당신에게 행복을 약속한 사람들에게 쏟아질 수도 있다. 분노가 느낌의 약속과 느낌의 느낌 사이의 간극을 채울 수 있는 것이다. 그런 순간에 우리는 이상한 사람[낯선 사람], 즉 정서 이방인affect aliens이 된다.[31]

우리는 또한 부적합하다고 생각되는 행복 형태들로 인해 소외감을 느낄 수도 있다. 영화관에서의 웃음을 예로 들어보자. 내겐 전혀 재미있지 않은 장면에서 사람들의 웃음이 터져 나올 때 절망적으로 의자 깊숙이 몸을 파묻었던 적이 얼마나 많았던가! 다른 사람이 그렇게 몸을 파묻을 때 우리가 늘 알아채는 것은 아니다. 그런 상황에서 누군가는 자신이 부당하게 호명되었다고 느낄 수 있다. 불편함과 소외의 몸짓은 등록되지 않는다. 그런 몸짓들은 웃음에 의해 만들어진 집단적 인상에 영향을 미치지 않는다. 밖에서 보면 단순히 관객이 영화를 재미있게 보았고 웃음이 전염돼 모든 사람에게 영향을 미친 것으로 비칠 수 있다.

이런 예에서 우리는 "군중"이 "그 자체의 마음"을 가진 듯 경험되는 순간조차 군중 속의 모두가 다 똑같은 방식으로 그것을 경험하는 것은 아니라는 점을 떠올려 볼 수 있다. 군중심리학에 대한 귀스타브 르 봉의 고전적 설명에서 흥미로운 점은 그가 방향의 중요성을 강조하고 있다는 것이다. "군중에 대해 정의를 내리면서 우리는 그들의 일반적 특성 중 하나가 과도한 피암시성에 있다고 규정하고, 암시가 모든 인간 집단에서 얼마나 전염성이 있는지 살펴보았다. 이는 일정한 방향으로 군중의 감정이 급격히 전환되는 현상을 설명해 준다"(Le Bon 1895/2002: 14[57]; Blackman and Walkerdine 2001도 참조). 여기서 주목할 점은 르 봉은 감정이 단순히 확산한다고 말하는 게 아니라는 것이다. 오히려 확산하는 것은 "암시"이며 그것이 감정을 특정한 길로 안내한다. 감정이 어떤 식으로 방향성을 수반하는지, 즉 안내되는 방식에 대해 우리는 이미 앞에서 살펴보았다. 이 모델에서 눈에 띄는 점은 군중이란 이렇게 공유된 방향보다 앞서 존재하는 것(군중은 선회한다)인 동시에 그 방향의 효과(군중의 방향전환에 따라 감정들이 응집한다)이기도 하다는 가정이다.

그러나 군중 속에 있다고 해서 반드시 모두가 동일한 방식으로 인도되는 것은 아니다. 미디어 연구에서의 초기 작업을 보면, 군중 속의 경험은 종종 모두가 공유하는 사건에 참여하지 못하고 있다는 감각을, 예를 들면 군중이 바라보는 방향에 있는 것이 무엇이든 그것을 "볼" 수 없다는 감각을 수반한다(Lang and Lang 1969). 군중이 그 자체의 마음을 가지고 있는 듯 보이는 것은, 사건이나 장관이 펼쳐질 때 군중의 바깥에서 "그것"을 지켜볼 때뿐이다. 정서적 방향을 공유하고 있지 않은 이방의 신체들은 그런 관점에서는 그냥 사라져 버린다. 심지어 방향을 "제대로" 잡고 있는 것처럼 보이는 사람들도 그들이 바라보는 방향에 대해 똑같이 느끼고 있을 거라 가정할 수 없다.

좋고 나쁜 느낌들이 확산되는 것은 아니라 해도 생성적일 수는 있다. 기분이 나쁠 때 우리는 분명 다른 사람들도 의기소침하게 만들 수 있다. 불평하고 걱정하고 불안을 옮기고 상처를 주고 미래에 대한 비관적 관점을 표출할 때 이는 그에 대한 화답의 형태로 반복될 수 있고, 그런 상황은 그 공간에 대한 우리의 인상에 영향을 미칠 것이다. 나쁜 느낌을 표현하는 것이 특정 시간과 장소에서는, 어떤 정서 공동체에 소속되기 위한 방식의 하나로서 심지어 습관이 될 수 있다. 사회적 유대의 형태로 불평을 사용하는 것이 바로 이런 예에 해당한다. 좋은 느낌 또한 정서적이다. "기분이 좋은" 사람은 다른 사람들의 기분도 좋게 한다. 미소와 웃음, 가능한 일에 대한 낙관적 견해 표명은 다른 사람들에게 정서적 영향을 미친다. 당신이 꼭 그런 느낌에 휩쓸린다는 게 아니다. 기분 좋은 사람과 함께 있거나 그 주변에 있는 것만으로도 그와 공유하는 공간은 어느 정도 밝고 유머와 에너지가 넘치는 공간이 될 수 있으며 그 공간을 행복 대상으로, 좋은 느낌이 향하는 곳으로 만들 수 있다.

다시 말하지만, 좋은 느낌들이 그저 좋은 느낌을 생성하는 것만은 아니다. 우리는 특정 공간을 채우기 위해 미소를 지어 달라는 요청을 받을 수 있는데 그것은 감정적 일emotion work*이다(Hochschild 1983/2003). 그런 경우 행복은 자기-생산의 기술이 되며, 이는 나쁜 느낌을 붙잡고 있음으로써 오히려 그런 느낌을 더 강화할 수 있다. 기분이 나쁜 상태에서 기분이 좋은 사람을 마주치면, 그 상황이 압력으로 느껴질 수도 있고 심지어는 고통스러울 수도 있다. 그 사람이 "내 기분을 좋게 하려고" 노력하는 것처럼 느껴지기 때문이다. 행복한 기분은 그것이 생성적일 때조차 불안정하다. 때로는 당신이 마주친 것이 좋은 느낌을 확장시켜 주지 못할 수 있다. 그렇게 되면 당신은 좋은 느낌을 잃어버리고 "의기소침해진다." 그런 상실의 순간들은 빠르게 분노로 바뀐다. 화가 나게 되는 이유는 대상이 상처를 주어서만이 아니라 당신이 가졌던 좋은 느낌을 앗아 갔기 때문이다.[32] 행복은 불안정하고 심지어 도착적이다. 왜냐하면 행복은 대상이나 주체 내에 (긍정적인 거주의 형태로) 거주하는 게 아니라 사물들이 어떤 식으로 인상을 만드느냐의 문제이기 때문이다.

따라서 행복 대상이 전달될 때, 반드시 그 느낌까지 전달되는 것은 아니다. 대상을 공유하는 것, 즉 대상을 나누어 갖는다는 것은 단순히 **그 대상들이 좋다는 정향을 공유한다**는 의미일 것이다. 전달되는 것은 그 느낌의 약속인데, 이는 느낌이 그것이 담도록 되어 있는 대상 뒤에 처져 있다는 뜻이다.[33] 대상들은 개인적·사회적 긴장의 장소로서 갖가지 정서들에 흠뻑 젖어 있다. 행복 대상들의 전달은 우리가 좋다고 하는 속성을 지닌 대상들을 향한 정향을 공유할 때조차 적대의 형태들을 만들어 낼 수

---

* 혹실드에게 이는 사적인 영역(예를 들면 가족이나 친구 관계)에서 금전적 보상 없이 이루어지는 감정 관리를 가리키는 것으로, 공적 영역(특히 서비스 직종)에서 감당하는 상품화된 감정 노동emotional labour과는 구분된다.

있다.

행복 대상들의 전달을 통해 무엇이 전달되느냐는 열려 있는 질문이 자 경험적 질문이다. 전달passing이라는 말은 전송 또는 전파하는 과정을 의미할 뿐 아니라 "한 상태에서 다른 상태로의 변화 과정이나 변화한 사실"을 나타내기도 한다.[34] 차이니즈 위스퍼스Chinese whispers 게임[어휘 전달 게임]처럼, 근접한 신체들 사이에 전달되는 것은 정서적이다. "보내진 것"을 이탈시키고 도착시키기 때문이다.[35] 르 봉으로 돌아가서 이야기해 보면, 만일 퍼져 나가는 게 감정이 아니라 암시라면, "발생하는 일"은 "말의 확산"과 관련돼 있을 것이다. 만약 말이 전달되면서 변이를 일으킨다면 ─ 알다시피, 말은 암시만이 아니라 풍문이나 소문 속에서도 변이를 일으킨다 ─ 그렇다면 퍼진다는 것은 도착倒錯된다는 의미다.[36] 내가 흥미롭게 생각하는 지점은, 이렇게 정서가 도착을 수반하는 방식과 전환점이다.

단순히 정서들이 전달되면서 전환된다고, 예를 들어 좋은 느낌에서 나쁜 느낌으로, 또는 흥분에서 불안으로 전환된다고 말하려는 게 아니다. 비록 그런 전환이 정말 일어나기는 하지만 말이다. 그보다 나는 대상들이 정서적이 되면서 전환점이 된다고 말하고 싶다. 좋은 느낌과 나쁜 느낌들이 대상들 "주변에" 축적되면 대상들은 끈적해진다. 대상들은 부정적 감정 상태와 긍정적 감정 상태를 왔다 갔다 전환하면서 양가성을 띠게 된다. "행복 대상들"은 시간이 지나면서 우발적으로 일어나는 일들 속에서 "불행"해질 수 있다. 그렇다고 그 대상에서 기억 가능한 행복의 인상이 지워지고 만다는 의미는 아니다.[37] 우리는 그런 정서적 전환이 어떤 형식을 취할지 미리 알 수 없다. 이 책에서 내가 제기하는 주요 질문 중 하나

Happy Objects

는 그런 전환이 어떻게 일어나며, "누가" 또는 "무엇"이 나쁜 느낌을 좋은 느낌으로, 좋은 느낌을 나쁜 느낌으로 전환시키는가이다. 우리는 서사를 정서적 전환의 한 형식으로 생각할 수 있다. 서사를 통해 행복의 약속은 한 곳에 고정되는 동시에 분배된다. 단순하게 말하자면, 어떤 신체들은 다른 신체들보다 더 많은 행복의 약속을 품게 된다.

행복한 가족

이미 이야기했듯이, 행복은 타인들과 하나가 되는 법, 올바른 길을 바라보는 법을 포함한다. 하나가 되는 지점들이 행복의 지점들이다. 예를 들어, 가족은 [스스로가] 결속돼 있고 또 [다른 것들을] 결속하는 행복 대상이다. "행복한 가족"이라는 말을 들으면 그 친숙한 정서적 공명 속에서 다음과 같은 단어들이 꼬리를 문다.[38] 카드 게임, 동화책 제목, 통치 담론, 그리고 약속, 희망, 꿈, 열망. 행복한 가족은 행복의 신화, 즉 행복이 어디서 어떻게 발생하는지에 대한 신화이자 강력한 법적 장치로서 시간, 에너지, 자원을 분배하는 방법이다. 가족은 또한 유산이다. 가문의 대를 잇는다는 건 다른 것이 아닌 어떤 것을 향한 정향을 행복의 원인으로서 획득하는 것이다. 다른 말로 하면, 집단이 행복 대상들 주변에 단순히 응집한다는 게 아니다. 우리는 올바른 것들에 의해 올바른 방식으로 영향을 받아 우리가 물려받은 것을 재생산해야 한다.

　행복한 가족은 하나의 대상(우리에게 영향을 미치는 것, 우리가 지향하는 것)인 동시에 대상들을 통해 순환하는 것이다. 가족 앨범이 그런 대상 중 하나다. 행복한 가족사진은 가족을 행복 대상으로 만들어 내는 한 방법이다. 이런 대상들이 과시되어 좋은 삶의 판타지를 가시화하느냐는 그 방향에 "네"라고 하거나 사랑의 제스처로 화답하거나 이 대상들을 자신이 선호하는 친밀함의 영역으로 받아들이냐에 달려 있다. 가족을 보전하려면 특정한 것들을 보존해야 한다. 시몬 드 보부아르는 그 방법에 대해 다음과 같이 이야기한다. "행복의 이상은 언제나 집안에서 구현된다. … 그 네 벽 안에서 가족은 하나의 분리된 조직 혹은 단위 집단으로 확립되고, 세대를 뛰어넘어 그 동일성을 유지한다. 가구와 조상들의 초상화 형태로 보존된 과거는 보장된 미래를 약속한다"(Beauvoir 1949/1997: 467[하권 120]). 가족의 약속은 대상들의 상속을 통해 보존되고, 이를 통해 가족은 하나가 된다.

가문을 잇는다는 건 그 형식을 재생산하라는 요구를 잇는다는 것이다. 가족은 또한 좋은 삶, 행복한 삶에 필수적인 것으로서 압력 지점이기도 하며, 결국 이를 통해 우리는 다른 것이 아닌 어떤 것을 좋은 것으로 보는 특정한 정향을 성취한다. 당신이 물려받은 것을 재생산하라는 압력을 가장 강력하게 담고 있는 소설로 로리 콜윈의 『가족 행복』(Colwin 1982/1990)이 있다. 이 책은 내가 다음 장에서 자세히 설명할 불행한 페미니스트 아카이브의 일부로 간주될 수 있다. 행복한 주부인 폴리에서 시작해 보자. 폴리는 좋은 딸이자 좋은 엄마이다. 무엇보다도 폴리는 자신이 "운이 좋다고" 느낀다. 사랑스럽고 세심한 어머니(웬디)뿐만 아니라 좋은 남편(헨리), 좋은 아이들(피트와 디디)(11)이 있기 때문이다. 그녀의 가족이 유지될 수 있는 것은 가족 구성원 모두가 가족에 대한 가치, 가족 그 자체에 대한 정향을 공유하고 있기 때문이다. "폴리와 헨리는 서로 너무 잘 맞았다. 삶이나 가족, 그리고 아이에 대한 느낌이 너무 똑같았다"(13). 여기서 결혼은 사회적 형식으로서의 가족을 재생산하는 것이다. "폴리가 알고 있는 결혼은 가족에 기반을 둔 것이다. 가족을 만들고, 가족과 함께하는 것, 갖가지 가족 행사들과 가족적 환경, 가족의 대소사와 기념일들 같은 거 말이다"(194). 가족의 핵심은 가족을 계속해서 핵심으로 두는 것이다.

가족은 구성원들의 단합을 위해 해야만 하는 일을 통해 행복 대상이 된다. 함께한다는 것은 식탁 앞에 함께 앉는다 혹은 똑같은 방식으로 시간을 보낸다는 뜻이기도 하다. "아주 오랫동안 솔로-밀러 가의 일요일 아침 식사 자리는 아무것도 변한 게 없었다. 그들은 늘 음식이 잘 차려진 식탁 앞에 모여 앉았다"(19). 식탁은 가족이라는 형식을 유지시켜 주는 한 그 자체로 행복 대상이다. 그것은 동질감을 느끼는 대상(Ahmed 2006: 81)이라 부를 수 있는 것으로서 가족에 사회적 집합으로서의 형식을 부여한다. 그 유형有形의 것을 두고 가족이 모일 수 있는 것이다. 식탁은 이 핵심적 중요성을 확보하는 한 행복하다.

가족을 향한 이런 정향은 특정 대상들(식탁이나 사진 등 가족적 친밀감을 보장하는 대상들)을 근접하게 만들고, 이 대상들을 통해 가족 자체가 주어진다. 가족에 정향돼 있다는 말이 같은 장소에 살고 있다는 뜻은 아니다. 결국, 로크로부터 알 수 있듯이, 쾌락은 사람마다 각기 독특하다. 좋은 습관을 익힌다 해도 모두가 똑같은 사물을 좋아하는 것은 아니다. 나와 비슷한 사람들이 좋다고 생각하는 것이 내게는 마음에 들지 않을 수 있다. **독특한**idiosyncratic이라는 단어는 "체질이나 성질의 특이성"을 암시한다. 가족은 각자의 독특한 차이를 행복 대상으로 전환시켜 우리가 "같은 편"에 있다 혹은 "식탁에 같이 마주하고 있다"는 느낌을 가지게 할 수 있다. 사랑은 "행복하게도" 사랑하는 타자가 좋아하는 것과 싫어하는 것의 특이성을 아는 것이다. 작은 차이는 오히려 결속을 가능하게 할 수 있다. 다른 말로 하면, 우리는 각자가 좋아하는 것들과 친숙해짐으로써 각자의 선호를 공유하는 친밀성의 영역을 만들어 낼 수 있다. 사랑은 (단순히 다른 사람이 좋아하는 것을 똑같이 좋아하는 것이라기보다는) 다른 사람이 좋아하는 것과 친밀해지는 것으로, 서로가 좋아하는 것들이 공유하고 있는 지평 밖으로 서로를 데려가지 않는 조건에서 주어지는 것이다. 행복은 그 고유의 지평을 만들어 낸다.

가족끼리는 서로의 특이점이나 그것이 변형돼 만들어진 습관이나 의례에 대해 잘 알고 있다. 그래서 가족을 위해 커피를 탈 때 이 컵과 저 컵에 설탕을 몇 스푼 넣어야 하는지 "딱" 아는 것이다. 이 "딱"을 맞추는 데 실패하면 때로는 서로를 챙기지 않는다고 느끼게 된다. 비록 동일한 대상이 똑같이 즐거운 것으로 경험되지 않아도, 가족을 공유한다는 것은 행복 대상을 공유한다는 의미다. 이는 행복 대상(다른 사람들을 행복하게 만드는 대상)에 관한 지식을 공유한다는 의미이기도 하고, 그 대상들을 올바른 방식으로 분배한다는 의미이기도 하다. 『가족 행복』에서 행복 대상들의 분배는 가족적 의례로 묘사된다. "메뉴를 볼 필요도 없었다. 모두가 항상 같은 것을 먹었다. 안드레아에게는 녹색 마요네즈를 뿌린 찐 야채 한 접시가 준비되었다. 폴리와 웬디는 연어를 먹었다. 헨리 주니어는 투르느도[소고기 스테이크]를 먹었다. 그리고 헨리 드마레스트는 특식을 먹었다"(181). 가족은 이런 사물의 정서적 분배를 통해 스스로를 재생산한다.

이런 삶을 살면서 폴리는 부모가 그녀에게 기대한 삶을 살고 있을 뿐만 아니라 그들이 이미 살았던 삶을 산다. "그녀와 헨리는 자기 부모들의 삶의 안락과 성공을 복제하기 시작했다. 폴리는 그렇게 행복했던 적이 없었다"(65). 폴리에게 행복은 부모님의 삶을 따르면 따라오는 것이다. 이런 뒤따름은 의무이자 좋은 삶을 사는 방식이다. "아무도 폴리에게 탁월해야 한다거나 탁월한 일을 해야 한다고 한 적이 없었다. 오히려 웬디[어머니]는 그런 방향으로 딸을 격려했고, 이제 모두가 그녀의 방식에 익숙해졌다"(170). 격려는 흔히 누군가에게 힘을 주고 뭔가를 할 수 있게 하는 관대한 것이다. 격려는 용기를 주는 것이다. 하지만 격려가 강압이 될 수도 있다. 격려를 받는다는 것은 다른 누군가의 바람대로 인도되는 방식일 수 있다. 격려의 관대함은 어딘가로 인도되는 힘을 숨길 수 있다. 일단 거기에 다다르면 당신은 거기 고착될 수 있다. 내 생각에 우리는 이런 사실을 이미 잘 알고 있다.

영향influence이라는 단어를 생각해 보자. 이는 "그 작용이 눈에 보이지 않거나 감각할 수 없는(그 효과만 감지 가능한), 다른 사람이나 사물에 대한 어떤 사람이나 사물의 행위[작용]의 행사"로 정의할 수 있다. 영향을 받는다는 것은 이 길이나 다른 길로 인도된다는 것인데, 여기서 우리는 압력 지점을 확실히 볼 수 없다. 금지의 경우, 우리는 보통 압력 지점, 즉 당신답지 않은 것을 직면하게 하는 가혹함을 눈치챈다. 일탈에 대해서뿐만 아니라 아이의 욕망에서 나오는 일탈을 예상하며 나오는 "금지어들", 예를 들어 "말하지 마", "그러지 마" 혹은 "아니 틀렸어" 같은 말들이 가지는 권력은 의심의 여지가 없다("혹시나 해서" 같은 금지어는 거의 일탈 행위를 바라는 것이나 다름없는 것으로 회고적 정의감을 획득한다). 그래도 이런 "금지어"들은 부분적으로 뭔가를 하지 말라는 요청이기 때문에 어느 정도 우리가 들을 수 있지만, "응", "그래 괜찮아" 혹은 "그래, 그렇게 하면 좋겠네" 같은 "긍정어들"은 더 듣기 어려울 수 있다. 왜냐하면 이 말들은 우리가 이미 하고 있는 일에 "동조"하거나 그것을 긍정[확언]하는 것이기 때문이다.[39] 행복에 대해 생각한다는 것은 긍정의 역할에 대해 생각하는 것이다. 긍정한다는 것은 긍정적으로 말하거나 주장한다는 뜻일 뿐만 아니라 무언가를 확고히 해주고, 확정해 주고, 승인해 준다는 뜻이기도 하다. 확언을 받는다는 것은 긍정적 격려를 받는 것이며, 그것은 어떤 특정한 사물들의 질서를 확정해 주거나 질서를 창조하는 것이다.

행복은 우리를 긍정해 준다. 우리는 해야 할 일을 하고 그것을 잘함으로써 어울리고 받아들여진다. 여기서 행복은 특정 종류의 삶을 산다는 것을, 특정 지점에 도달하고 이 점에 도달하면 다른 사람을 행복하게 하는 그런 삶을 산다는 것을 의미한다. 가족은 결국 아이가 양육되는 "곳", 아이가 올바른 습관을 익히고 그럼으로써 어떤 대상들이 아이에게 행복 대상이 되는 곳이다. 『가족 행복』에서 아이들은 "구질서 아래서 자라고 있었다. 이는 부모들이 자녀들에게 갖가지 예의범절을 가르치고 있다는 뜻이다"(11). 만약 부모 노릇이 아이들이 올바른 방향을 지향하게 해주는 것이라면, 아이들은 행복에 대한 자신들의 희망을 부모와 동일한 사물에 두어야 한다. 이 정향을 공유하면 가족은 행복 대상이 된다.

여기서 행복은 반복의 편안함, 이미 앞서 주어져 있는 노선을 따라가는 편안함을 준다. 폴리에게 이 길은 똑바른straight 길이다(199). 행복하려면 그 올바른 길 위에 머물러 있기 위해 노력해야 한다. 폴리가 그 길을 이탈하면 세상이 산산조각 난다. 즉, 그녀는 "결혼 생활에서의 자기 자리, 가족에서의 자기 자리, 원래 자신의 자리"를 상실하게 되는 것이다(78). "가족 식탁"을 지향하지 않으면서 그녀는 방향을 잃고, 세상에서의 자기 자리를 잃는다. 다른 사람들을 행복하게 하는 길에서 이탈한 폴리는 모든 것을 불편하게 만든다(심지어 스스로 불편함을 유발하기도 한다). 이 지점에서 그녀는 심지어 스스로가 불편해진다. 정서 이방인이 된 것이다. 정서 이방인은 좋은 느낌을 나쁜 느낌으로 전환시키는 사람이며, 말하자면 가족의 좋은 분위기를 "깨는" 사람이다.[40] 이 책의 다음 세 장에서는 행복의 약속으로부터 소외된 사람들 ― 분위기 깨는 페미니스트, 불행한 퀴어, 그리고 우울증적 이주자들 ― 의 관점에서 행복한 가족을 살펴보려 한다.

2장

분위기 깨는 페미니스트

Feminist Killjoys

1960년, 이름도 없던 문제가 행복한 미국 가정주부의 이미지를 뚫고
종기처럼 갑자기 터져 버렸다. 텔레비전 광고에서는 예쁜 가정주부들이
여전히 거품 가득한 설거지통 너머로 활짝 웃고 있었다. … 그런데
주부들이 실제로 겪고 있는 불행이 갑자기 보도되기 시작했다. … 비록
그것에 대해 이야기했던 거의 모두가 그것을 묵살해 버릴 이런저런
핑계들을 찾아냈지만 말이다. 베티 프리단

베티 프리단은 『여성성의 신화』에서 행복한 미국 가정주부의 이미지 뒤에
숨어 있는 것을 환기함으로써 이름도 없던 문제를 찾아낸다(Friedan 1965:
19-20). 이 이미지 뒤에 숨어 있던 것이 종기처럼 터져 버리면서 그 환한
미소의 이면에 감춰져 있던 감염 부위가 드러난 것이다. 프리단은 이런
행복이라는 공적 판타지가 지닌 한계를 폭로하며 논의를 진행한다. 행
복한 주부는 행복이라는 기호 아래 노동의 흔적을 지워 버리는 판타지
형상이다. 여성들은 행복하며 이 행복이 그들이 하는 일의 이면에 존재
한다는 주장은 젠더화된 노동 형태를 자연이나 법, 의무의 산물이 아니
라 집단적 소망과 욕망의 표현으로 정당화한다. 노동의 불평등한 분배
를 정당화할 때 그런 노동이 사람들을 행복하게 만든다고 말하는 것보다
더 좋은 방법이 있을까? 무임금이나 박봉의 노동에 대한 동의를 얻어 낼
때 그러면 좋은 느낌을 갖게 될 것이라고 말하는 것보다 더 좋은 방법이
있을까?

Feminist Killjoys

그런데 우리는 이런 행복한 가정주부의 이미지에서 누구를 혹은 무엇을 보는 걸까? 프리단이 지적하듯이, 이는 판타지다. 하지만 판타지라 해도 어떤 여성들의 상황을 더 환기시킨다. 어쨌든 당시 많은 여성들이 전업 주부가 아니었고, 어떤 여성들에게는 집에서 일하는 것이 현재 처지가 아니라 희망 사항이었다. 벨 훅스는 『페미니즘』에서 행복한 가정주부는 판타지로 간주될 때조차 다음과 같은 배타성이 있다고 지적한다. "프리단이 『여성성의 신화』를 썼을 때, 전체 여성들 가운데 3분의 1 이상이 노동자였다. 많은 여성들이 전업 주부가 되고 싶어 했으나, 여가 시간과 돈이 있는 여성들만 여성성의 신화 모델에 맞는 정체성을 형성할 수 있었다"(hooks 2000: 2[23]). 가정주부들의 불행에 대한 프리단의 해결책 — 그들이 집에서 해방돼야 한다는 — 은 여성성의 신화에 걸맞은 정체성을 형성할 수 없었던 여성들에게도 영향을 미쳤다. 훅스가 지적하듯이 "프리단은 자신과 같은 여성들이 가사 노동에서 해방되어 백인 남성과 똑같이 전문직에 접근할 기회가 열린다면, 누가 아이를 돌보고 가정을 돌보게 될 것인지는 논하지 않았다"(1-2[22]). 행복한 가정주부의 판타지가 행복이라는 기호 아래 가사 노동의 흔적을 감춘 것처럼, 가정에서 해방돼 행복해질 가정주부의 판타지도 "거품 가득한 설거지통"을 떠맡아야 할 다른 여성의 노동을 감출 수 있는 것이었다.

이와 같은 행복한 가정주부의 형상을 추적할 때 우리는 그 형상이 무슨 일을 하는지, 단순히 행복 관념을 확고히 하는 게 아니라 누가 행복을 누릴 자격이 있는지를 확고히 하는 데 어떤 역할을 하는지 생각해 봐야 한다. 베티 프리단 같은 자유주의적 백인 페미니스트들은 좋은 삶에 대한 판타지에 가까이 있다고 해서 행복에 가까이 있는 것은 아니라는 사실을 우리에게 일깨워 준다. 쉴라 로보섬은 "초창기[1960년대 말 여성운동 가들의-옮긴이] 글들 속에 존재하는 분리된 정체성에 대한 주장과 집이 행복이라는 판타지에 도전하려는 고투"에 대해 설명한다(Rowbotham 1989: 3). 벨 훅스 같은 흑인 페미니스트들은 어떤 여성들, 예를 들어 흑인 노동계급 여성의 경우 다른 사람들이 그와 같은 판타지에 가까운 삶을 살 수 있게 해주는 도구는 될지언정 자신들은 그와 같은 판타지를 꿈꿀 자격조차 없었음을 알려 준다. 우리가 생각해 봐야 할 것은 행복 자체가 어떻게 분배되는가보다는(이런 질문은 행복한 가정주부 형상이 은폐한 불행에 대해 제2의 물결이 제기한 비판에서 중요한 점을 잊게 한다), **행복 관념에 대한 상대적 근접성**[예컨대, 행복을 꿈꿀 수 있는 가능성]이 어떻게 분배되는가이다. 혹은 이렇게 생각해 볼 수도 있다. 불평등하게 분배된 것은, 행복 자체라기보다 당신을 행복하게 해줄 것을 당신이 가지고 있다는 느낌, 어떤 느낌의 약속, 어떤 약속의 느낌이 아닐까.

그렇다면 가정주부의 이미지는 행복한 이미지에서 좀 더 절망적인 이미지로 대체되었을까? 행복한 가정주부 형상과 연결되는 정서들이 다양해졌고 그로 인해 가정주부에게도 정서적으로 좀 더 복잡한 삶이 부여되긴 했지만, 그녀의 상대적 불행에 대한 설명들에서조차 그녀가 해온 "일" 속에 있다고 간주돼 온 행복이 꼭 제거된 것은 아니다. 거기서도 불행은 좌절의 기호, 그녀를 행복하게 해줄 것이 "저지"되거나 "지체"되고 있음을 나타내는 기호가 된다. 잃어버린 것에 대한 향수나 후회의 형태로 좋은 삶의 이미지가 가진 힘을 되살리는 역할을 하는 것이다.

행복한 가정주부는 여성들의 욕망이 있어야 할 자리를 나타내는 가주어로서 여전히 그 힘을 유지하고 있고, 나아가 회귀하고 있다고까지 말할 수 있다. 달라 샤인의 『행복한 주부들』에 나오는 다음 구절을 살펴보자. "따뜻하고 안락한 집에서 잠옷 차림에 털이 북실북실한 슬리퍼를 신고 서성이면서 커피를 홀짝이는 동안 아이들은 마루에서 놀고 있고 남편은 이 모든 비용을 지불하기 위해 열심히 일하는 상황이 절망적 상황은 아니지요. 입 다물고 철 좀 들어요! 복 받은 줄 알라고요!"(Shine 2005: 15) 샤인은 독자들에게 가정주부들을 행복한 존재로 보이게 하는 아주 구체적인 이미지를 만들어 보여 준다. 여가, 안락함, 여유 같은 이미지를 만들어 내면서 그녀는 우리에게 어떤 특정한 종류의 삶으로 돌아가라고, 마치 그것이 여성들이 페미니즘을 받아들이면서 포기한 그런 종류의 삶이라도 되는 듯 말한다. 하지만 행복한 가정주부에 대한 그녀의 판타지는 많은 면에서 과거에 대한 백인 부르주아적 판타지, 대부분의 여성들에게는 결코 현재로서 주어진 적 없는 과거에 대한 향수다. 그것이 지금 현재 가능한지는 차치하고라도 말이다. 샤인은 여성들이 기를 쓰고 "절망적이 되려" 하고 있으며, "집에 있는 여성들을 망쳐 놓은" 페미니즘 운동에 배신당했다고 주장한다. 여성들이 원하지 **않는** 것의 사례로 드라마 〈위기의[절망적] 주부들〉을 언급하면서 샤인은 우리에게 새로운 이미지를 받아들이라고 부추긴다. "나는 어디서나 어머니들이 이 끔찍한 절망의 이미지를 벗어 버리고 함께 행복한 가정주부 이미지를 장려했으면 좋겠다"(6). 이 새로운 이미지는 "존중, 자부심, 자신감, 열정, 우정, 깨끗하고 아름다운 가정, 그리고 가장 중요한 아이들과의 친밀한 관계"(2) 같은 가치들에 헌신했을 때 딸려 오는 것이다. 이 행복 지침서에서 중요한 것은 모성애지만, 결혼 생활 또한 중요하다. 샤인은 이를 이성애적 친밀함과 연결해 기술하며 다음과 같이 주장한다. "남편과 친밀하지 않으면 결코 행복한 주부는 될 수 없다"(53).

샤인의 책이 예외적인 것은 아니다. 인터넷에서 우리는 "행복한 가정주부"를 자임하는 신세대 블로거들을 목격할 수 있다. 이 블로거들은 신기술에 의해 열린 공적 공간을 기회로 활용해 행복에 대한 자신들의 주장을 공론화한다. 그들은 또한 여성에게 페미니즘의 오류와 행복해지는 방법을 가르치는 것이 중요하다고 강조한다. 즉, 행복해지려면 좋은 삶을 영위해야 할 뿐만 아니라 주부 노릇을 잘해야 한다. 그런 블로그들은 전형적으로 조리법이나 집안일과 관련한 유용한 정보, 육아에 대한 생각뿐만 아니라 행복한 가정주부를 우리가 옹호해야 할 중요한 사회적 역할과 의무로 등록하는 확신에 찬 진술들을 담고 있다. 마치 ("나는 행복한 주부야"라는) 발화 행위 자체가 사회적 통설에 대한 저항이라도 되는 양 말이다. 행복한 가정주부 이미지는 빼앗긴 뭔가를 되찾아야 하는 소수 주체로서의 그녀에 대한 서사 속에서 반복되며 정서적 힘을 축적한다. 이 정서적 힘은 행복한 가정주부 이미지 뒤에 말하지 못한 집단적 불행이 있었다는 페미니즘의 주장을 억누를 뿐만 아니라 거기 대항하는 주장, 즉 행복은 가정주부가 가지고 있는 무엇이 아니라 그녀가 하는 일 그 자체라는 ― **가정주부의 의무는 이런 이미지를 수용함으로써 행복을 만들어 내는 데 있다**는 ― 주장을 수반한다.

이와 같은 정치적 맥락에서 보면, 미국의 저널리스트 메건 오루크가 「절망적인 페미니스트 주부들」(O'Rourke 2006)이라고 적절히 명명한 기사에서 이야기하듯이, 전통적 가정주부들이 일하는 여성보다 더 행복하다는 것을 "증명한" 행복학의 리서치 결과는 놀랍지 않다. 은연중에 이것이 말하는 바는, 여성들이 자신들을 불행하게 만드는 욕망을 갖게 된 것은

Feminist Killjoys

바로 페미니즘 때문이라는 것이다. 이 장에서 나는 페미니즘과 불행 사이의 관계를 다르게 이해하는 방법을 제시하고자 한다. 역사적으로 행복이 어떻게 젠더화된 노동 분업을 유지하는 주장으로 이용되었는지에 대한 성찰에서 시작해 볼 텐데, 그 출발점은 철학자 장 자크 루소의 교육에 관한 저작이 될 것이다. 나는 행복한 가정주부는 페미니스트들이 만들어 낸 신화 — 그들의 표현에 따르면, "신화 중의 신화" — 이며 이를 통해 페미니스트 주체가 주부를 "타자"화할 수 있었다는 존슨과 로이드의 주장(Johnson and Lloyd 2004: 2)을 반박하면서, 행복한 가정주부가 매우 오랜 계보를 가지고 있으며 그것이 하나의 형상으로 등장한 것은 적어도 부분적으로는 페미니스트들의 주장에 대응하기 위해서였다고 주장할 것이다.

행복한 가정주부의 계보를 통해 우리는 불행한 가정주부 형상과 분위기 깨는 페미니스트 형상이 출현하게 된 정치적 지형을 되돌아볼 수 있다. 사회적 이상에 근접할수록 행복해진다는 가정에 대해 그런 형상들이 제기했던 도전을 통해 그 부정성을 재해석해 볼 수 있다는 게 내 생각이다. 나는 이런 형상들의 정서적 힘뿐만 아니라 불행한 페미니스트 의식에도 초점을 맞춰 볼 것이다. 이는 "의식화"나 "허위의식" 같은 초기 페미니즘의 언어들이 경험의 지평으로서 행복이 갖는 한계들을 살펴보는 데 유용할 수 있음을 시사한다.

행복, 교육 그리고 여성

앞 장에서 나는 행복이 우리를 특정 대상들로 인도하는 약속의 역할을 한다고 주장했다. 마치 이 특정 대상들이 좋은 삶을 위해 필요한 재료를 제공한다는 듯 말이다. 행복은 어떤 형태의 정향을 수반한다. 즉, 행복을 희망하는 것 자체가 우리를 특정한 길로 인도한다. 이때 행복은 인생에서 어떤 것을 선택하고 어떤 것은 선택하지 않음으로써 따라오는 것으로 간주된다.

행복이 정서적 형태의 정향이라면, 그것은 정향을 잡아 주는 장치라 할 수 있는 교육에서 매우 중요할 수밖에 없다. 어린아이 — 로크가 백지 상태로 간주한 — 는 잠재성의 장소다. 아이에게 무슨 일이 일어나느냐가 그 아이가 무엇이 될지를 결정한다. 즉, 아이의 비어 있음에 대한 전제가 무엇이 되어야 하는지를 형성하는 명령이 되는 것이다. 교육은 그런 잠재성에 방향을 주는 것, 올바른 방향으로 키를 잡아 주는 것이다. 원예에 비유하자면, 교육은 경작이다. 토양을 다스림으로써 식물을 저런 쪽이 아닌 이런 쪽으로 성장하게 북돋는 것이다. 교육이란 방향을 잡아 주는 것이며, 바로 이런 이유로 행복에 대한 논쟁에서 중심 역할을 한다. 넬 노딩스는 "행복이 교육의 목표여야 하며, 좋은 교육은 개인과 집단의 행복에 크게 기여해야 한다"라고 말한다(Noddings 2003: 1).[1]

고대부터 정향을 잡아 주는 형식으로서 교육의 역할은 명확했다. 『국가』에서 교육은 "정향의 기술"(Plato 1998: 245)이라 기술된다. 교육, 즉 **"마음을 돌려세우는 데***는 가장 단순하고 효과적인 방책을 고안해야 한

---

* 원전에서는 전환periagōgē이다. 플라톤은 교육이란 보지 못하는 눈(장기)에 시력을 넣어 주듯 지식을 주입하는 것이 아니라, 이미 능력은 가지고 있지만 바르게 방향 잡히지 않은 몸을 돌려세우는 것과 같다고 말한다.

다. 그것은 장기에 시력을 이식해 주는 기술이어서는 안 되며, 이미 그 능력을 지니고는 있되 장기가 부적절하게 정렬돼 바르게 방향이 잡히지도 않고 보아야 할 곳도 보고 있지 않은 자에게 그러도록 해주는 방책이다"(Plato 1998: 245-46[7권 518d], 강조는 추가). 교육은 장차 무언가가 될 주체가 올바른 쪽을 바라봄으로써 올바른 인상을 받을 수 있도록 해주는 방법을 제공하는 것이다. 교육은 단순히 돌려세우는 것이 아니라 "올바른 쪽"으로 돌려세워 방향을 잡아 주는 것이다. 마음을 돌리는 것은 잠재적 주체가 부적절하게 정렬돼 있다는 가정하에서만 교육적 명령이 된다.

행복의 약속을 위해서는 "돌려세워야" 한다. 행복이 어떻게 방향 전환과 관련돼 있는지는 루소의 『에밀』(1762/1993)에서 볼 수 있다. 플라톤에 "사로잡힌" 책이라고들 하는 이 책에서 루소는 『국가』에 대해 "지금까지 교육에 관해 쓰인 책 중에서 가장 아름다운 책"(Strong 2002: 135)이라고 말한 바 있다.[2] 『에밀』은 에밀이라는 고아가 이 세상에 자리를 잡을 수 있도록 교육해야 하는 일인칭 화자의 시점에서 전개된다. 에밀에 대한 교육이란 좋은 사람good man이 되게 하는 것이다. 이 책에서 행복은 결정적 역할을 한다. 좋은 사람은 행복을 추구하지 않고 덕의 결과로 행복을 얻는다. 이 책은 유럽에 사상적으로 어마어마한 영향을 미쳤고 페미니즘 논쟁에서도 핵심 참고문헌이 되었다.[3] 루소가 제시하는 좋은 교육 모델은 에밀을 위한 것이기도 하지만 동시에 5권에서 소개되는, 장래 에밀의 부인이 될 소피를 위한 것이기도 하다. 루소는 여성에 대한 교육과 남성에 대한 교육은 달라야 하며, 이를 통해 젠더화된 존재로서 각자 의무를 다하도록 만들어야 한다고 주장한다.

이 책에서 소피에 대한 교육은 그녀가 에밀의 좋은 아내가 되기 위해 어떤 존재가 되어야 하는지에 대한 것이다. 행복은 그녀가 되어야 하는 것의 대본을 제공한다. 루소는 여성의 교육 목표를 다음과 같이 설명한다. "그의 눈을 즐겁게 하고, 그의 존경과 사랑을 얻고, 어린 그를 키우고 성인이 된 그를 보살피는 일, 조언과 위로를 주는 일, 그의 삶을 즐겁고 행복하게 하는 일, 이런 것들이 고금을 막론하고 여자가 해야 할 의무이며, 어릴 때부터 여자가 배워야 할 것들이다. 이 원칙에서 벗어나 멀어질수록 우리도 우리 자신의 목표에서 멀어질 것이며, 그녀에게 가르친 것들도 모두 그녀 자신의 행복은 물론 우리 남자의 행복에도 아무 도움이 되지 않을 것이다"(Rousseau 1762/1993: 393[658]). 여성의 교육은 남성의 행복을 위해서 이루어져야 한다는 조건 속에서 규정된 젠더 역할로부터 조금이라도 이탈하게 되면 모두가 행복으로부터 이탈하게 된다.

루소는 좋은 여자라면 가족을 단합시킬 의무, 그 형태를 온전히 보존할 의무를 가진다고 본다. 루소는 우리에게 이렇게 묻는다. "유덕하고 매력적인 아내가 그런 재주로 한껏 치장한 채 그것을 남편을 즐겁게 하는 데만 바친다고 상상해 보자. 그녀 덕분에 남편은 더 행복해지지 않겠는가? 일과에 지쳐 일터를 나온 남편이 다른 곳에서 즐거움을 찾는 것을 막아 주지 않겠는가? 각자가 전체의 즐거움에 기여하며 단합된 모습의 행복한 가족을 보게 되지 않을까?"(404[676]) 각각의 주체들이 "전체의 즐거움"에 참여하는 정도가 똑같은 것은 아니다. 여성들은 가족의 단합과 남성이 다른 곳에서 즐거움을 찾지 않게 하기 위해 그들을 행복하게 만드는 법을 배워야 한다. 가정의 행복을 지키는 것이 다름 아닌 여성의 의무인 것이다.

좋은 여성이 좋은 이유 중 하나는 그녀가 판단력이 좋고, 따라서 자

1856년판 『에밀』에 수록된 삽화에서의 소피와 에밀. 울스턴크래프트는 『여성의 권리 옹호』에서 "유능한 작가 루소의 천재성을 열렬히 존경하기는 하지만 언제나 분노가 존경을 대신하게 된다"라면서 소피의 교육의 목적이 남자의 "요염한 노예"가 되는 데 있다고 보았던 루소의 근거들을 통렬히 비판한다.

2장 분위기 깨는 페미니스트

신의 행복을 타인의 행복에 맞춰 조정할 줄 알기 때문이다. 좋은 여성은 좋은 것에 의해 행복해진다. 루소는 이렇게 설명한다. "그녀는 덕을 사랑한다. 왜냐하면 그 자체로 이보다 더 아름다운 것은 없기 때문이다. 그녀는 덕을 사랑한다. 왜냐하면 그것이 여성의 영광이며 덕을 갖춘 여자는 천사와 다름없기 때문이다. 그녀는 진정한 행복에 이르는 유일한 길로서 덕을 사랑한다. 왜냐하면 나쁜 여자의 삶에서는 빈곤과 무관심, 불행, 수치심, 불명예밖에 보이지 않기 때문이다. 그녀는 덕을 사랑한다. 왜냐하면 그녀가 존경하는 아버지와 다정한 어머니가 덕을 소중히 하기 때문이다. 부모는 자신들의 덕으로 행복해 하는 데 만족하지 않고, 딸도 덕에 의해 행복해지기를 원한다. 그리고 그녀는 자신의 최고 행복을 부모를 행복하게 해드리고자 하는 희망 속에서 찾는다"(431[717]). 이 진술의 복잡성을 과소평가해서는 안 된다. 그녀는 덕을 사랑한다. 그것이 행복에 이르는 길이기 때문이다. 나쁜 존재가 되면 불행과 치욕이 따라온다. 좋은 여성은 행복하기를 원하고 그래서 좋은 것을 원한다. 좋은 여성은 또한 좋은 것을 사랑한다. 이것이 그녀의 부모가 사랑하는 것이기 때문이다. 부모는 좋은 것을 바라는 것에 그치지 않고 그들의 딸이 좋은 존재가 되기를 바란다. 좋은 딸은 부모에게 그들이 바라는 것을 줘야 한다. 그녀는 행복하려면, 좋은 존재가 되어야 한다. 좋은 존재가 되는 것이 그들을 행복하게 만드는 것이기 때문이다. 그녀는 그들이 행복해야만 행복할 수 있다.

행복의 조건성 — 한 사람의 행복이 어떻게 다른 사람의 행복에 조건부로 달려 있는가 — 에 대한 진술들은 행복이 지시적이라는 사실을 잘 보여 준다. 행복은 좋은 것을 향해 우리가 공유하는 정향으로 주어짐으로써 주어진 것이 된다. 내가 "조건부 행복"이라고 부르는 것에는 돌봄과 호혜의 관계가 내포돼 있는 것처럼 보일 수 있다. 마치 당신과 공유할 수 없는 행복은 갖지 않겠다고 말하는 듯 말이다. 그렇지만 여기서 조건은 동등하지 않다.[4] 만약 어떤 사람들이 우선시되는 위치에 있다면 — 부모, 주인, 시민 등 이미 자리를 잡고 있는 사람들이 그렇다 — 그들의 행복이 우선한다. 그들 뒤에 온 사람으로 자리매김되는 사람들의 경우 **행복은 다른 누군가의 선善을 뒤따르는 것이 된다.**

조건부 행복이라는 개념은 행복의 사회성에 대한 내 주장을 발전시켜 준다. 앞 장에서 나는 동일한 대상에서 행복을 느낄 경우 사회적 결속을 다질 수 있다고 이야기한 바 있다. 이 장에서 내 주장은 행복 자체가 공유 대상이 될 수 있다는 것이다. 더 정확히 말해, 어떤 사람의 행복이 다른 사람의 행복에 따라 조건부로 가능한 것이라면, 그 다른 사람의 행복이 우선하게 되는 것이고, 따라서 **그 다른 사람의 행복은 공유 대상이 되는 것이다.** 동감communities of feeling과 공감fellow-feeling을 구분한 막스 셸러의 논의가 이 주장의 의미를 설명하는 데 도움이 될 것이다. 동감에서 우리가 느낌을 공유하는 것은 같은 느낌의 대상을 공유하고 있기 때문이다(그래서 당신과 내가 동시에 사랑한 누군가가 죽으면 우리는 똑같이 슬픔을 느낄 것이다. 여기서 우리의 슬픔은 우리가 공유한 대상을 향해 있다). 공감은 당신이 비탄에 빠져 있을 때 내가 당신과 그 비탄의 대상을 공유하고 있지는 않아도 그 비탄에 대해 슬픔을 느끼는 경우를 말한다. "모든 공감은 타자의 경험 속에 나타나는 기쁨 또는 슬픔 같은 느낌을 **지향**한다"(Scheler 1913/2008: 13[41]). 이 경우 날 슬프게 하는 것은 당신의 슬픔이다. 당신의 슬픔이 내 슬픔의 대상이다. 일상에서는 이런 두 가지 감정 공유 형태를 혼동할 수도 있다. 왜냐하면 느낌의 대상은 항상 그런 것은 아니지만 때로는 공유하고 있는 느낌과 관계가 없을 수도 있기 때문이다.

당신의 행복에 내가 행복해 하는 경우를 생각해 보자. 당신은 x 때문에 행복한데 만약 내가 x를 공유하고 있다면, 당신과 나는 행복을 공유하고 있을 뿐만 아니라 서로 행복을 주고받음으로써 그 행복이 배가 될 수 있다. 혹은 내가 x를 그냥 무시할 수도 있다. 내 행복이 "단지" 당신의 행복을 향해 있고 당신은 x로 인해 행복하다면, x의 [나와의] 관계없음은 사라지거나 더 이상 중요하지 않기 때문이다(하지만 다시 나타날 수도 있다). 그렇지 않으면 나는 당신이 행복해야 내가 행복하기 때문에 우리의 행복에 대한 공감이 같은 대상에 대한 것이기를(즉, 동감이 되기를) 소망할 수도 있다. 이때 x는 행복 소망으로서 우리가 공유하는 것이 된다. 물론, 당신을 행복하게 만드는 대상이 내 행복 소망이 되는 경우, 이는 무언가를 공유하는 토대로서는 불안정하다(x라는 대상에 대해 행복해 하기를 소망한다는 말은 x에 대해 그저 행복한 것만은 아니라는 인정일 수도 있기 때문이다). 나도 x의 정서적 영향을 받는데 내가 x에 대한 당신의 행복을 공유하지 않는 그런 경우라면, 내 마음은 불편하고 양가적일 수 있다. 당신이 행복해서 내가 행복하기는 하지만 당신을 행복하게 하는 그 대상 때문에 행복하지는 않기 때문이다. 그럴 때, x의 관계없음은 고비가 된다. 나는 당신의 행복에 나도 행복해지기를 바라지만, 내 행복이 당신의 행복에 달려 있다 해도 당신의 행복이 x에 달려 있으면 내가 x에 대해 행복을 느끼지 않는다는 점을 상기하게 되는 것이다. 그런 경우, 조건부 행복은 나로 하여금 당신의 행복 대상을 내 행복 대상으로 만들라고 할 것이며, 결국 그로 인해 나는 내 행복 관념을 타협해야 할 수 있다(그래서 나는 x가 "정말로" 날 행복하게 만들지 않더라도 당신을 행복하게 만들기 위해 x를 받아들이게 될 것이다).[5]

Feminist Killjoys

모두의 행복을 유지하기 위해 우리는 x에 의한 우리의 불행을 숨길 수도 있고, x 때문에 행복한 타인의 행복에 비하면 x는 중요치 않다고 스스로를 설득할 수도 있다.[6]

『에밀』의 조건부 행복의 역학이 다소 불안해 보이는 것은 다음과 같은 단서들 때문이다. 소피는 부모를 행복하게 해주고 싶은 마음에, 자신이 원하든 원치 않든, 어떤 방향으로 헌신한다. 그들이 행복해야 그녀가 행복하다면, 그녀는 그들을 행복하게 만드는 것을 해야 한다. 한 에피소드에서 아버지는 딸에게 여자가 된다는 것에 대해 다음과 같이 말한다. "소피야, 너도 이제 다 컸구나. 곧 여자가 되겠네. 네가 행복하면 좋겠구나. 그것이 너뿐만 아니라 우리를 위하는 길이란다. 우리의 행복은 네게 달려 있어. 좋은 여자라면 좋은 남자를 만나 그를 행복하게 해주는 데서 자기 행복을 찾는 법이란다"(434[722]). 소피의 아버지가 일러 주는 행복 계명은 이런 것이다. 자기 자신뿐만 아니라 부모의 행복을 위해 그녀는 올바른 곳에서 행복을 **찾아야만** 하는데, 그곳이 바로 좋은 남자의 행복이라는 것이다. 따라서 집단이 결속력을 갖는 데는 단순히 같은 대상에서 행복을 찾는 것만으로는 부족하다. 그중 일부는 다른 사람을 행복하게 해주는 것을 해야 한다. 이 경우, 딸이 결혼에 대한 부모의 욕망을 따르지 않으면 이는 부모의 불행을 초래할 뿐만 아니라 사회적 형태의 재생산을 위협하게 될 것이다. 딸은 가족 형태를 재생산할 의무가 있으며 이는 **부모를 행복하게 하는 원인을 자신의 행복 원인으로 만들어야 한다**는 뜻이다.

여기서 소피는 "기꺼이" 부모님이 그녀에게 바라는 바를 이행한다. 우리는 그녀의 소망이 그들과 같은 대상에서 행복을 느끼는 것이고 그렇게 행복 소망을 실현하는 데서 그녀 역시 어느 정도 위안을 얻을 것이라고 상상할 수도 있다. 물론 소피가 자신이 원하는 것을 얻은 것인지 아닌지 "실제로" 알 수는 없다. 이 책이 행복한 결말을 맺을 수 있는 것은 부모를 행복하게 하겠다는 소망의 표현 그 너머에 존재하는 소피의 욕망에 대해 서는 이야기하지 **않기** 때문이다. 화자는 의기양양하게 다음과 같이 선언한 다. "마침내 행복한 날이, 에밀과 내 삶에서 가장 행복한 날이 다가왔다. 눈앞에서 내 노력의 결실을 보면서 나는 그 결과를 음미하기 시작한다. 이 고귀한 한 쌍은 죽음이 갈라놓을 때까지 하나다. 마음으로도 입으로도 헛 된 맹세는 결코 하지 않는다. 그들은 부부가 된 것이다(526-27[860]). 행복 한 결말을 위해 딸은 부모의 행복에 대한 욕망에 자신의 욕망을 단순히 맞춰 주는 게 아니라, 기꺼이 맞춰 줘야 한다.

주어진 것이 어떻게 주어지게 되느냐가 행복을 결정한다. 『에밀』에 서 행복은 자연과 연결돼 있다. 즉, 현재 사물들의 상태, 그것들이 잘 자라 도록 내버려 두었을 때의 그 상태로부터 자연스럽게 따라오는 것이다. 루 소는 이렇게 설명한다. "나는 자연이 내게 행복의 길을 보여 주기를 기대 하면서 자연의 길을 따라왔다. 그 두 길은 같은 것이었다. 그것도 모르고 나는 행복의 길을 걸어왔던 것이다"(487[801]). 행복은 자연의 길을 따르 는 것이 된다. 자연으로부터의 이탈은 공동선으로부터의 이탈이다. 여성 이 남성의 아내가 아닌 어떤 다른 것이 되도록 교육 받는다는 것은 그들을 자연으로부터, 그리고 행복을 약속해 주는 것으로부터 벗어나게 한다.

물론, 루소가 소피를 다루는 방식은 페미니스트 비평의 중요한 대상 이었다. 메리 울스턴크래프트는 『여성의 권리 옹호』에서 여성을 행복하 게 하는 것에 대한 루소의 관점에 분명하게 반대한다.[7] 그녀는 루소가 소 피를 다루는 방식에 대해 다음과 같이 비꼬듯 말한다. "유아기 소녀들을 관찰할 기회는 루소보다 내가 더 많았을 것이다"(1792/1975: 43[90]).*『여성의 권리 옹호』의 정치적 탄원은 여성에게 행복은 무엇인지 결정해 온 남성의 권리에 반대한다. 울스턴크래프트는 이렇게 주장한다. "입법자의 한 분으로서 이 문제를 고려해 주십시오. 남성은 자유를 요구하고 자신의 행복에 대한 판단을 스스로 내릴 수 있는데, 여성은 예속된 상태로 둔다는 건 모순적이고 부당한 처사가 아닐까요? 그럼에도 불구하고 당신이 그들의 행복을 증진하는 가장 최선의 방식으로 행동하고 있다고 굳게 믿는다는 게 말이 되나요?"(5[30]). 페미니즘의 주장들은 이런 행복을 둘러싼 투쟁이 형성한 정치적 지평 속에서 만들어진다. 내 주장은 간단하다. 우리는 이 지평을 물려받았다는 것이다.

트러블 메이커

이런 역사로부터 우리는 개인의 욕망이 공동선을 향하도록 다시 방향을 잡아 주는 기술이나 도구로 행복이 어떻게 이용되는지 알 수 있다.[8] 또한 『에밀』과 같은 책들을 다시 읽으면서 우리는 사회적 관계들을 보호하는 데 행복이 어떻게 도구로 이용되는지뿐만 아니라, 개인들이 타인과 자기 세계를 공유할 때 쓰는 말들을 형성하거나 잘 사는 방법에 대한 "대본들"을 만들어 냄으로써 일상 속 관념이나 열망으로 작동하는 방식에 대

---

* 실제 그녀는 세 딸 중 장녀였고, 가정교사와 여학교의 교장으로 일했기 때문에 이는 결코 과장이 아닐 것이다(『여권의 옹호』 90쪽 참조).

해서도 알 수 있다.

우리는 젠더화된 대본을 남녀가 행복해지기 위해 해야 할 것에 대한 일련의 지침을 제공하는 "행복 대본"으로 생각해 볼 수 있다(이를 통해 행복은 자연적이거나 좋은 것 뒤에 따라오는 것이 된다). 행복 대본을 따라야 우리는 잘 어울려 지낼 수 있다. 잘 어울려 지내기 위해서는 올바른 것들 가까이에서 기꺼이 행복을 표현할 의지와 능력이 있어야 한다. 아이에게는 그래서 행복 의무가 있다. 의무는 빚으로, 즉 빚진 것을 되돌려 주는 방식으로 기능한다. 1장에서 나는 행복에 유예 논리가 관련된다고 말했다. 예를 들어, 부모는 실망에 대한 반응으로 행복 관념 자체를 포기하지 않으면서 행복에 대한 희망을 다음 세대로 유예한다(당신이 실망했다 하더라도 행복에 대한 희망을 다른 사람에게 둘 수 있는 한 당신의 행복에 대한 믿음을 유지할 수 있다). 행복해야 할 자녀의 의무는 자녀가 빚진 것, 즉 부모가 포기한 것 때문에 부모로부터 받게 된 것에 보답하는 것이 된다. 자녀의 의무는 부모를 행복하게 하는 것, 그리고 스스로가 행복함으로써 혹은 올바른 방식으로 행복하다는 신호를 보여 줌으로써 이런 의무를 행복하게 수행하는 것이다.

이런 의무를 따른다는 것은 현상 유지를 위해 행복의 ─ 행복한 것으로 전달된 ─ 기호들에 단순히 가까이 가는 것을 의미할 수 있다. 페미니스트 계보들은 그런 올바른 것들에 행복에 대한 희망을 걸지 않을 뿐만 아니라 자신들의 불행은 그런 것들에 의해 행복해져야 한다는 바로 그 의무 때문이라고 목소리 높인 여성들의 계보라고도 볼 수 있다. 따라서 페미니즘의 역사는 문제 일으키기의 역사,[9] 다른 사람들이 좋다고 하는 것을 따르지 않거나 다른 사람들을 행복하게 만들어 주는 일을 거부함으로

Feminist Killjoys

써 소피가 되기를 거부한 여성들의 역사이다.

여성 트러블 메이커가 문제가 되는 이유는 이들이 다른 이들의 행복을 방해하기 때문이다. 주디스 버틀러는 트러블 메이커의 형상이 법 안에서 반항과 처벌의 친밀성을 어떻게 드러내는지 보여 준다.『젠더 트러블』서문에서 그녀는 다음과 같이 주장한다. "문제를 일으키는 것은, 내 어린 시절을 지배한 담론 속에서, 절대 해서는 안 되는 무언가였는데, 그러면 문제에 **휘말리게** 될 거라는 게 그 정확한 이유였다. 반항과 그에 대한 질책이 똑같은 말에 사로잡혀 있는 것처럼 보였고, 이 현상이 내게 처음으로 권력의 교묘한 책략에 대한 비판적 생각을 불러일으켰던 것 같다. 지배적인 법은 사람을 문제에 빠뜨리겠다고 위협하고, 심지어는 문제에 빠뜨렸는데, 이 모든 게 그 사람을 문제에서 떨어뜨려 놓기 위한 것이었다"(Butler 1990: vii[73]). 행복은 문제에 휘말리는 불행을 환기함으로써 당신을 문제에서 떨어뜨려 놓는 것일 수 있다. 우리는 19세기 여성 작가들이 쓴 성장소설들이 소녀들에 대한 도덕교육의 한계와 그것이 담고 있는 편협한 행복의 계율을 서사화함으로써 어떻게『에밀』에 저항하고 있는지 고찰해 볼 것이다. 그런 소설들은 거의가 문제와 행복의 친밀성을 이야기한다.

예를 들어, 조지 엘리엇의『플로스 강의 물방앗간』을 살펴보자. 이 소설은 매기 털리버의 관점에서 전개된다.[10] 소설의 전반부는 매기의 어린 시절, 오빠인 톰과의 관계의 어려움, 그리고 부모님을 실망시키지 않을까 하는 끊임없는 두려움을 묘사한다. 소설은 부모가 톰과 매기를 어떻게 평가하는지의 차원에서 둘을 대조한다. "톰은 결코 매기처럼 어리석은 짓을 저지르지 않았다. 그는 무엇이 자신에게 유리할지 불리할지 구분하는 놀라운 본능적 안목이 있었다. 그래서 톰이 매기보다 훨씬 고집도 세고 융통성도 없었지만 어머니가 그를 버릇없다 하는 일은 거의 없었다"(Eliot 1860/1965: 73[1권 110]). [그에 반해] 매기는 다양한 사건들 — 자신의 검은 머리를 잘라 버렸을 때(73[1권 107-110]), 톰이 지은 장난감 집을 쳐서 무너뜨렸을 때(96[1권 145-146]), 그리고 사촌 루시를 진흙탕 속에 빠뜨렸을 때(111-12[1권 170-71])와 같은 — 을 거치며 문제아로 낙인찍힌다.

이 소설은 문제가 단순히 개개인의 문제인 것만이 아니라 갈등과 다툼의 상황들을 읽어 내는 방식과도 관련돼 있음을 잘 보여 준다. 그런 상황들을 읽어 낸다는 것은 문제의 원인을 어디에서 찾는가와 관련돼 있는데, 이는 전환점이 어디라고 이야기하는 또 다른 방식이다. 즉, 트러블 메이커는 깨질 듯한 평화의 조건을 위반한 사람이다. 이 모든 사건에서 매기는 문제의 원인으로 지목되는데, 이때 우리가 알아차리지 못하는 것은 그녀가 그런 식으로 행동하도록 만든 폭력, 주변을 맴돌며 그녀를 도발하는 폭력이다. 톰이 혼날 때도 문제 상황에서 참조점이 되는 사람은 매기다. 털리버 부인은 톰에게 이렇게 말한다. "'그럼 가서 당장 개를 잡아 와, 이 버릇없는 녀석아. 어떻게 그 연못, 그 진흙탕 있는 데 동생을 데려갈 생각을 한 거야? 기회만 있으면 나쁜 짓을 저지르는 애인 거 너도 잘 알잖니.' 톰을 야단칠 때도 그의 비행을 어떻게든 다른 사람, 즉 매기 탓으로 돌리는 게 털리버 부인의 버릇이었다"(114[1권 174]). 매기가 문제에 휘말리는 것은, 문제가 생기기도 전에 이미 문제라고 읽히기 때문이다.

매기는 말만 해도 문제에 휘말린다. 뒷전에 물러나 있어야 하는 사람의 경우 말하는 것 자체가 이미 저항의 한 형태이기 때문이다. 매기는 잘못된 것이라고 생각하는 일이 일어나면 목소리를 높인다. 아버지가 방앗간을 잃고 가족을 부양하는 능력이 위태로워지면서 소설은 위기 국면

Feminist Killjoys

을 맞는다. 매기는 친척들로부터 공감도 보살핌도 없다는 데 충격을 받는다. 부모님을 보살펴야 한다는 생각에서 그녀는 되받아친다. "매기는 이모와 이모부들에게 이렇게 항의한 후, 마치 어떤 결과라도 기다릴 태세가 되었다는 듯이 까맣고 큰 눈으로 그들을 바라보면서 가만히 서 있었다. … '저 애가 아직도 문제구나, 베시.' 풀릿 부인이 말했다. '너무 뻔뻔한데다 고마워할 줄도 모르는구나. 끔찍해. 더 버릇없어졌으니, 학비는 대주지 말아야겠어.'"(229[1권 360-61]) 목소리 큰 여자애는 뻔뻔하고 고마워할 줄 모르는 아이다. 매기가 말할 수밖에 없었던 것은 불의를 감지했기 때문이라는 점이 중요하다. 여기서 우리는 벌써 불의에 대한 의식과 불행의 원인이라 간주되는 것 사이의 관계를 볼 수 있다.

소설은 자꾸 문제에 휘말리게 되는 매기의 성향을 그녀의 욕망, 의지, 상상력 그리고 낯선 세계를 떠올리게 하는 새로운 단어들에 대한 사랑과 연결시킨다. 예를 들어, 매기가 라틴어를 사랑하는 이유는 "새로운 단어에서 기쁨을 느끼기"(159[1권 248]) 때문이다. 매기에게 "먼 나라에서 갖고 온 이상한 짐승 뿔이나 이름 모를 식물의 잎처럼, 알 수 없는 문맥에서 떼어 낸 그 이해할 수 없는 문장들은 그녀가 무한히 상상하도록 해주었고, 이상한 문자로 쓰였지만 해석할 수 있었기 때문에 더욱 재미있었다"(159-60[1권 248]). 상상력과 문제를 일으키는 것 사이의 연관 관계는 강력하다. 여기서 우리는 여성에게 행복 의무가 어떤 식으로 지평을 축소시키는지, 익숙한 것 너머에 존재하는 것에 대한 관심을 포기하게 하는지 알 수 있다.

『에밀』로 돌아가 보면, 흥미롭게도 불행의 위험은 호기심 많은 여성과 정확히 연관돼 있다. 이야기의 한 지점에서 소피는 잘못된 방향으로

가게 된다. 책을 너무 많이 읽어서 상상력과 욕망이 활성화되고 그래서 "자기만 아는 고민[비탄]에 휩싸인 불행한 소녀"(439-40[731])가 되는 것이다. 만약 소피가 상상력 넘치는 소녀가 된다면, 소피와 에밀이 짝이 되는 행복한 결말은 없을 것이다. 화자는 그런 불행한 결말의 위협에 대해 이렇게 말한다. "우리 에밀에게 그의 소피를 보내 주자. 덜 강렬한 상상력과 더 행복한 운명을 그녀에게 주기 위해, 그 상냥한 소녀에게 생기를 북돋워 주자"(441[733]).[11] 여기서 생기를 얻게 된다는 건 다시 바른 생활로 돌아간다는 것이다. 상상력은 여성들이 행복 대본 너머의 다른 운명을 바라보게 한다. 소피를 상냥하게 그리고 상상력 없는 존재로 만듦으로써 이 책은 행복한 결말을 맞는다.

페미니스트 독자들은 불행과 여성의 상상력의 이 같은 연관 관계에 이의를 제기하고 싶을 것이다. 행복의 도덕 경제에서 이런 연관은 여성의 상상력을 나쁜 것으로 만든다. 그러나 우리가 이 경제 안에서 움직이지 않는다면, 즉 행복이 좋은 것이라고 가정하지 않는다면, 여성의 상상력과 불행 사이의 고리는 다르게 읽힐 수 있다. 그렇다면 우리는 상상력이 어떻게 행복과 그것의 편협한 지평에서 여성들을 해방시키는지 탐색해 볼 수 있다. 또 소녀들이 고민에 휩싸일 만한 책들을 읽어 주기를 바랄 수도 있다.

소피의 행복을 방해하고 그럼으로써 모든 사람의 행복을 방해하는 것은 소피의 상상력이다. 상상력은 소녀들로 하여금 자신들이 받아들였던 지식에 의문을 제기하게 한다. 모든 사람에게 좋은 것이 꼭 그들에게도 좋은 것인지 의문을 품게 하는 것이다. 『플로스 강의 물방앗간』의 한 에피소드는 매기가 소피가 되는(자신의 서사적 역할을 완수하기 위해 되어야만

하는 바로 그 소피가 되는) 일화로 읽을 수 있다. 매기는 자신의 문제들에 대한 해답이 행복하고 좋은 소녀가 되는 데 있다는 갑작스런 깨달음을 얻는다. "갑자기 이해하게 되어 풀린 문제의 해답처럼, 청춘의 모든 불행이 자기 행복에만 마음을 두었기 때문에 초래되었다는 생각이 떠올랐다. 자기 행복이 온 우주에서 가장 필요한 중심 문제나 되는 것처럼 말이다"(306[2권 43]). 부모의 관점에서 보면 그녀가 착한 딸이 된 것은 그들의 의지에 순종했기 때문이다. "매기 내면의 변화, 매기가 '그토록 착하게 자랐다'는 사실에 어머니는 당황하고 놀랐다. 한때 반항적이었던 이 아이가 순종적인 아이가 되고, 자기 의지를 주장하기를 꺼린다는 것은 참으로 놀라운 일이었다"(309[2권 49]). 착한 소녀가 된다는 것은 자신의 의지를 포기하는 것이다. 어머니는 이렇게 가구처럼 되어 가는 딸, 배경에 머물면서 가족을 지지할 수 있는 딸을 사랑할 수 있게 된다. "어머니는 자신의 길쭉하고 가무잡잡한 딸이 좋아지고 있었다. 이제는 얼마 없는, 자신이 걱정하고 자랑할 수 있는 가구처럼 말이다"(309[2권 49]).

여기서 매기는 행복과 삶 사이에서 행복을 선택하고 삶을 포기한 듯 보인다. "마침내 그녀는 조심스럽게 입을 열었다. '쉽고 즐거운 것에 대한 생각을 접은 후로, 그리고 내 뜻대로 되지 않는다고 불만스러워 하지 않기로 결심한 뒤로 훨씬 행복해졌어. 우리 삶은 이미 정해져 있어. 희망을 버리고 단지 우리에게 주어진 짐을 감내하며 의무를 수행하겠다고 생각하면 마음이 훨씬 가벼워져.'"(317[2권 62]) 여기서 행복은 욕망의 포기와 연관된다.[12] 매기가 이 시점에서 말을 거는 대상은 바로 친구 필립이다. 필립은 매기가 이런 식으로 행복을 위해 자기 삶을 포기하게 놔두지 않는다. 그는 끈질기게 이렇게 말한다. "하지만 난 희망을 버릴 수가 없어. … 살아 있는 한 우리는 절대로 갈망하기와 소망하기를 포기할 수 없어"(317[2권 62]).

매기의 생동감을 사랑하고 그녀에게 책을 주어 세상에 대한 관심과 호기심을 다시 불러일으키는 사람은 다름 아닌 필립이다. 그가 준 책에서 매기는 행복의 불의를 읽어 내면서 책을 다 읽지 못한다. 행복이 사랑받을 자격이 있다고 간주되는 누군가에게만 주어지고 다른 이들에게는 주어지지 않고 있었던 것이다. 매기는 이렇게 말한다. "실은 책을 다 읽지 않았어. 금발의 여자애가 공원에서 독서하는 장면에서 책을 덮어 버리고 그만 읽기로 작정했어. 하얀 피부의 여자애가 코린에게서 사랑을 뺏고 비참하게 만들 게 뻔하거든. 금발 여자가 행복을 모두 가져가는 그런 책은 이제 더 이상 읽지 않을 거야. 금발 여자에 대한 편견이 생기려고 해. 이제부터는 검은 여자들이 승리하는 그런 이야기를 좀 줘. 균형을 맞추게. 난 레베카와 플로라 매키버, 미나* 같은 불행한 검은 여자들의 복수를 하고 싶어"(348-49[2권 111]). 인종차별적 어휘를 쓰며 매기는 검은 색이 어떻게 행복한 결말에 필요한 자질을 결여한, 불행의 형식이 되는지 폭로한다.[13] 매기는 행복의 불의에 대해, 그것이 누구에게는 주어지고 누구에게는 주어지지 않는지에 대해 목소리를 높이면서 행복을 위해 자기 삶을 포기하기를 포기한다.

소설은 행복할 수 있는 역량과 의무를 다하는 역량의 측면에서 사촌 루시와 매기를 대조한다. 매기는 루시에게 자신의 불행을 시인한다. "불행도 습관이 되나 봐"(389[2권 178]). 루시에게 행복이란 문제가 되지 않는

* 월터 스콧의 『아이반호』, 『웨이벌리』, 『해적』에 나오는 검은 머리 여성들이다.

것이다. 문제에 휘말리는 현실을 그녀는 견딜 수가 없다. 그녀는 이렇게 말한다. "난 늘 행복했어. 내가 시련을 견딜 수 있을지 모르겠어"(389). 행복은 자신이 견딜 수 없는 것을 피하는 방법을 포함한다.

소설은 루시와 약혼한 스티븐이 매기에 대한 욕망을 고백하고 매기가 거기에 휩쓸리게 되는 대목에서 절정에 이른다. 그녀는 거의 그를 따를 뻔하지만 자신은 그럴 수 없음을 깨닫는다. "난 모르는 것이 많아요. 그렇지만 한 가지만은 분명해요. 다른 사람의 희생 위에서 내 행복을 찾아서는 안 되며 그럴 수도 없다는 것이죠"(471[2권 306]). 매기는 의무를 선택한다. 마치 의무가 없다면 순간의 끌림만 있을 거라는 듯 말이다. 훌륭한 칸트적 주체로서 그녀는 이렇게 말한다. "과거가 우리를 구속하지 않는다면 의무란 게 어디 있겠어요? 그렇게 되면 우리에겐 순간의 끌림 외에는 아무런 법도 남아 있지 않겠죠"(499[2권 350]). 이에 스티븐은 대답한다. "**내** 행복을 빼앗아 가는 것쯤은 아무렇지도 않나 보군요."(500-501[2권 353]).[14] 의무를 선택하면서 매기는 불행을 감수한다. 그녀는 위반의 순간에 대해 대가를 치러야 한다. 행복의 경로를 벗어남으로써 그녀는 문제로서의 자기 운명을 완수한다. 한 편지에서 그녀는 이렇게 말한다. "아, 하느님, 제가 **그들의** 고통을 잊을 수 있을 만큼 큰 사랑의 행복이 있을 수 있을까요?"(528[2권 398]) 천재지변(홍수)으로 사망함으로써 매기는 문제를 야기할 수도 있는 불행한 결과, 즉 행복의 경로에서의 이탈로부터 해방된다. 그녀의 생명을 앗아 가는 불의를 통해 소설은 행복에 대해 반대의 목소리를 낸다. 행복을 삶과 상상력과 욕망의 포기로 서술하는 것이다.

『플로스 강의 물방앗간』 같은 책들은 선을 넘은 여주인공들에게 결국 벌을 내리는 것처럼 보이지만 또한 행복이 무엇을 포기하게 하는지, 누

19세기 미국의 화가 프레더릭 처치가 그린 매기 털리버. 톰과 매기의 성장소설이라 할 수 있는 『플로스 강의 물방앗간』에서 매기는 검은 머리의 말썽꾼 소녀에서 "착한" 숙녀로 성장하지만, 루시의 약혼자인 스티븐과의 하룻밤 염문으로 톰과 마을 사람들로부터 외면당한다. 매기는 톰과 화해하지만 홍수가 난 상황에서 그를 구하러 갔다가 함께 죽음을 맞는다.

Feminist Killjoys

구를 포기하는지 보여 주면서 행복의 불의를 환기하고 있기도 하다. 행복을 포기하는 사람들을 포기하면서 행복은 그 일관성을 얻는다. 우리는 행복을 아주 단순히 관습이라고 말할 수도 있다. 그래서 행복의 길에서 벗어나는 것은 관습에 도전하는 것이다. 관습이란 무엇인가? 관습convention이라는 단어는 "소집하다"to convene라는 동사에서 온 것이다. 소집한다는 것은 모이는 것, 뭉치는 것, 만나는 것이다. 관습은 우리가 그것을 중심으로 모이는 지점이다. 관습을 따르는 것은 올바른 방법으로 모이는 것, 집합하는 것이다. 페미니즘은 가족 형태의 재생산을 중심으로 뭉쳐지지 않는 여성들의 욕망에 시간과 공간을 부여한다. 결국 페미니스트들은 기꺼이 소란을 일으키겠다는 사람들이다. 페미니스트들은 심지어 고집을 부려야만 할 수도 있다. 우리는 주체의 의지가 다른 사람들의 의지, 즉 그 의지가 일반의지 또는 사회의지[15]로 물화物化된 이들의 의지와 일치하지 않을 때 고집스럽다고 말한다.

따라서 여성 트러블 메이커의 형상은 분위기 깨는 페미니스트의 형상과 동일한 지평을 공유한다. 두 형상 모두 행복의 역사라는 렌즈를 통해 해석하면 이해가 가능하다. 페미니스트는 행복을 약속하는 대상들이 그렇게 장밋빛이 아님을 발견하는 것만으로도 분위기를 깰 수 있다. **페미니즘**이라는 말은 그래서 불행으로 흠뻑 젖어 있다. 페미니스트가 스스로를 페미니스트라고 선언하는 바로 그 행동이 다른 사람들이 좋다고 생각하고 행복을 가져온다고 생각되는 그 어떤 것을 파괴한다고 미리부터 읽혀 버린다. 분위기 깨는 페미니스트는 다른 사람들의 행복을 "깬다." 그녀는 행복을 위해 모이고 뭉치고 만나기를 거부하기 때문에 흥을 깨는 사람이다.

그래서 페미니스트는 일상의 친밀한 사교 공간에서 나쁜 감정의 기원으로, 분위기 깨는 사람으로 치부되고, 그런 식으로 분위기는 사람들의 상상 속에서 (회고적으로) 공유된다. 잘 지내기 위해서는 특정 형태의 연대에 참여해야 한다. 예를 들어, 적절한 지점에서 웃어야 한다. 페미니스트들은 전형적으로 강퍅하고 재미없는 사람들로 재현되는데, 이는 보통 특정한 사회적 결속의 형태들을 보호하거나 뭔가 위협받는다고 인지된 것을 고수하는 방식이다.[16] 페미니스트들은 심지어 분위기를 깼다고 할 만한 뭔가를 말할 필요도 없다. 한 페미니스트 동료는 자신이 회의에서 입만 열어도 사람들이 "아, 쟤 또 시작이네"라는 듯 눈을 굴리는 걸 볼 수 있다고 내게 이야기해 준 적이 있다.

나 역시 페미니스트로서 살면서 눈을 굴리는 것에 대해 많은 걸 알게 됐다. 그래서 나는 '저 사람 왠지 느낌이 안 좋아'라고 사람들이 말할 때 결코 믿지 않는다. 내 회의주의는 비교적 전통적인 가정의 페미니스트 딸이었던 어린 시절의 경험 때문이다. 나는 늘 집에서 좋은 느낌을 연기하는 것이 어색했고, 항상 다른 사람들을 의기소침하게 만드는 존재로 여겨졌다. 예를 들어, 다른 사람의 말에서 성차별주의를 지적하면 그랬다. 저녁 식사 자리에 둘러앉아 있다고 생각해 보자. 식탁 주변으로 가족들이 모여들고 의례적인 대화들을 나누는데, 이때 화제로 삼을 수 있는 것은 제한돼 있다. 누군가는 당신이 보기에 문제적인 발언을 할 수 있다. 그러면 당신은 아마도 조심스럽게 반응할 것이다. 조용히 말할 수도 있고, 아니면 당신을 열 받게 한 그 사람 때문에 자신이 열 받고 있다는 데 짜증이 난 나머지 "열 받을" 수도 있다. 그리고 나면 그 사람이 내뱉은 말의 폭력, 날 도발한 폭력은 드러나지 않는다. 페미니스트는 어떤 식으로 말하든

"논쟁을 유발한다고", 평화를 깬다고 간주된다.

이 분위기 깨는 페미니스트 형상을 진지하게 살펴보자. 페미니스트가 성차별주의의 순간들에 대해 지적할 때 그것은 다른 사람들의 즐거운 분위기를 깨는 것일까? 아니면, 즐거움을 나타내는 공적인 기호들 아래 감춰져 있는, 전위돼 있는, 부정당한 나쁜 느낌을 폭로하는 것일까? 누군가가 뭔가에 대해 분노를 표출할 때 나쁜 느낌이 그 공간에 들어오는 것일까, 아니면 대상들 사이를 순환하던 나쁜 느낌들이 특정 방식으로 표면에 드러나는 그 순간 분노가 되는 것일까? 페미니스트 주체들이 사람들을 의기소침하게 만드는 것은, 성차별 같은 불행한 주제들을 놓고 떠들어대서이기도 하지만, 행복이란 게 잘 지내지 못함을 나타내는 바로 그 기호들을 지워 버림으로써 유지되고 있다는 걸 폭로하기 때문이기도 하다. 어떻게 보면 페미니스트들은 진짜 분위기를 깬다. 어떤 장소들에서 행복을 발견할 수 있다는 판타지를 방해하기 때문이다. 어떤 판타지를 망쳐 놓으면 어떤 느낌을 망칠 수 있다. 이는 단순히 페미니스트가 행복을 유발하리라 간주되는 대상들에 대해 행복한 정서를 갖지 못한다는 게 아니라, 그들의 행복하지 못함이 타인의 행복에 대한 방해 공작으로 읽힌다는 것이다.

우리는 분위기 깨는 페미니스트 형상이 담고 있는 부정성과 특정 신체들이 부정적으로 "마주치는" 방식 사이의 관계를 생각해 봐야 한다. 메릴린 프라이는 당신이 놓인 상황에 행복하다는 표시를 보이라는 요구에는 억압이 포함돼 있다고 주장한다. 그녀가 말하듯이, "미소 짓고 쾌활해야 한다는 것은 보통 억압받는 사람들에 대한 요구 사항이다. 이를 따를 경우, 그것은 상황에 대한 우리의 순종과 묵인을 보여 주는 것이다"(Frye 1983: 2).

억압 상태는 당신에게 적응 중이라는 혹은 적응했다는 표시로 행복의 기호들을 보이라고 요구한다. "최대한 명랑한 표정을 지어 보이지 않으면 사납거나 억울해 보이거나 화가 났거나 위험한 사람으로 간주될 수 있다"(2). 억압받는 사람이 미소 짓지 않거나 행복하다는 표시를 보이지 않으면, 그 사람은 부정적인 상태로, 즉 화가 난, 적대적인, 언짢은unhappy 상태로 읽힌다. 행복이 억압받는 이들에게 기대되는 "기본 자세" 같은 것이 되어 버린 결과, 중립성의 영역을 규정하게 된 것이다. 당신에겐 행복하거나 행복하지 않거나 둘 중 하나밖에 없다.

페미니스트로 인식된다는 것은 어려운 범주, 어려움의 범주에 배정되는 것이다. 스스로를 페미니스트라 명명하면 당신은 바로 "어울리기 쉽지 않다"고 "미리부터 읽혀 버린다." 그러면 선의와 행복의 기호를 드러내 어려운 사람이 아님을 보여 줘야 한다. 프라이는 "이는 우리가 같이 일하기 '어렵다' 혹은 유쾌하지 않다고 여겨져 생계 수단을 잃을 수도 있음을 의미한다"(2-3)라고 말하면서 자신도 그런 경험이 있음을 암시한다. 우리는 또한 페미니스트의 불행에 대한 집착(페미니스트들은 자신들이 즐겁지 않기 때문에 분위기를 깬다는 신화)을 목격할 수 있다. 여성들이 불행하기 **때문에**, 아마도 자신들은 성취하지 못한 행복을 성취한 사람들에 대한 시기심이 전위된 결과 페미니스트가 됐을 거라고 믿고 싶은 욕망이 존재한다.[17] 이 욕망이 페미니즘의 비판에 맞서 행복을 방어하는 역할을 한다. 페미니스트들이 불행하지 않을 수 있다고 말하려는 게 아니다. 페미니즘이 이렇게 불행해서 생긴 것으로 재현되면 우리는 결과적으로 불행해질 수 있다. 여기서 핵심은, 페미니스트들이 불행하다고 읽히는 탓에, 갈등·폭력·권력의 상황들이 페미니스트들이 무엇**에 대해** 불행해 하는가가 아니라 페미니스트들의 불행 그 자체**에 대한** 것으로 읽힌다는 것이다.

물론 페미니즘 내에서도 어떤 신체들은 다른 신체들에 비해 더 불행을 유발한다고 간주된다. 우리는 분위기 깨는 페미니스트 형상 옆에 성난 흑인 여성의 형상을 나란히 배치할 수 있는데,[18] 이에 대해서는 오드리 로드(Lorde 1984)나 벨 훅스(hooks 2000) 같은 작가들이 아주 잘 분석하고 있다. 성난 흑인 여성은 분위기 깨는 자로 묘사된다. 예를 들어, 그녀는 페미니즘 정치학 내의 인종차별주의를 지적함으로써 페미니즘의 기쁨까지도 망칠 수 있다. 사실 그녀는 분위기를 깨겠다고 그런 점을 지적할 필요조차 없을 수 있다. 당신이 정서적으로 이방인이 되는 것은, 올바른 것들로부터 그릇된 방식으로 변용되기 때문이다. 혹은 다른 사람들에게 그릇된 정서적 영향을 미쳐도 정서적으로 이방인이 될 수 있다. 당신의 근접성이 불편한(분위기를 불편하게 하는) 역사를 상기시키는 달갑지 않은 역할을 하면서 다른 사람들의 올바른 것들에 대한 향유를 방해하는 경우가 그런 경우다. 벨 훅스의 다음과 같은 설명에 귀 기울여 보자. "서로 잘 알지 못하는 백인 페미니스트 활동가들이 페미니즘 이론을 논하는 회의에 참석했을 경우를 생각해 보자. 그들은 자신들이 여자라는 공통점을 토대로 뭉친 거라 생각할 것이다. 하지만 유색 여성이 그 공간에 들어오면 분위기는 확연히 달라질 것이다. 백인 여성들은 긴장하게 되고, 더 이상 편안한 분위기도, 기념하는 분위기도 아니게 될 것이다"(hooks 2000: 56[100]).

이는 단지 감정들이 "긴장 상태"에 있다는 것만이 아니라, 긴장이 어딘가에 자리를 잡는다는 뜻이다. 즉, 어떤 신체들이 긴장을 느끼고, 다른 신체에 그 원인을 부여하고, 그래서 그 다른 신체는 집단에서 따로 분리된 것, 집단의 유기적 즐거움과 연대를 방해하는 것으로 느껴진다. 유색의 몸이 긴장의 원인이라고 간주되면, 공유하고 있던 분위기도 상실된다 (또는 그런 상실의 경험을 공유하는 것이 분위기를 공유하는 방식이라고 말할 수도 있다). 유색인 페미니스트로서 당신은 심지어 긴장을 초래하는 어떤 말도 할 필요가 없다. 어떤 신체가 단순히 근접해 있다는 사실만으로도 정서적 전환이 일어난다. 어울려서 잘 지내려면 당신은 누군가에게는 그 공간에 들어올 수조차 없음을 의미하는 그런 것들에 동조해야 한다. 이런 예들은 역사가 무형의 분위기에 혹은 걸림돌처럼 보이는 유형의 신체에 어떻게 응축돼 있는지를 잘 보여 준다. 아마도 분위기는 긴장의 지점들을 어디에 위치시킬지에 대한 합의가 존재할 때 공유되는 것 같다.

유색 여성으로서 화를 내며 말하면, 당신은 긴장을 야기하는 사람이라는 당신의 위치를 확증해 주는 셈이 된다. 당신의 분노는 사회적 결속을 위협하는 것이다. 오드리 로드가 묘사하듯이 "유색 여성이 백인 여성과 만날 때 분노를 느끼는 경우가 너무 많다고 이야기하면, 사람들은 보통 '참 난감한 기분이 들게 만드시네요', '백인 여성이 죄책감에서 벗어나지 못하게 하시네요', '신뢰에 기초한 대화와 행동에 방해가 됩니다'라고 한다"(Lorde 1984: 131[226]). 폭력을 폭로함으로써 폭력의 근원이 되어 버리는 것이다. 유색 여성은 백인 여성이 [다른 이야기로] 넘어갈 수 있도록 자신의 분노를 버려야 한다.

성난 흑인 여성의 형상은 특유의 효과를 발휘하는 판타지 형상이기도 하다. 합리적이고 사려 깊은 주장을 해도 분노로 취급되며 묵살되고 (물론 분노의 이유는 삭제된다), 그래서 당신이 화가 나면, 단지 화가 난 게 아닌, 비합리적이라는 확증으로 읽힌다! 달리 말하면, 유색인 페미니스트들의 분노는 다른 무언가의 탓으로 간주된다. 그래서 당신은 인종차별주의와 성차별주의가 유색 여성들의 삶의 선택을 얼마나 제한하고 있는지 **에 대해** 화가 날 것이다. 당신의 분노는 뭔가가 잘못됐다는 판단이다. 하지만 화난 것처럼 들리면, 사람들은 당신의 말을 화가 나서 하는 말로 읽는다. 당신의 분노는 원인이 없는 것으로 읽힌다. 마치 당신이 x에 반대하기 때문에 화를 내는 것이 아니라, 화가 났기 때문에 x에 반대하는 것처럼 말이다. 당신은 분노 때문에 그렇게 행동한다고 읽히는 불의에 화가 나게 되고, 그래서 당신과 당신이 분노하는 대상을 분리하기가 더 어려워진다. 당신은 당신이 분노하는 대상과 얽혀 버리는데, 그 이유는 당신의 분노를 읽는 그들의 방식에 분노가 이는 것이기 때문이다. 그 얽힘에 대해 화를 냄으로써, 당신의 분노를 당신의 발화 "이면에 존재하는" 진실로 간주하는 그들의 주장을 당신은 확증해 주는 셈이 되고, 그것이 당신의 분노를 차단하고, 당신의 분노가 [상황을] 뚫고 나가지 못하게 한다. 당신은 뚫고 나가지 못함으로써 차단된다.

어떤 신체들은 차단 지점, 즉 원활한 소통이 멈추는 지점이 된다. 아마 아타 아이두의 멋진 산문시[산문과 운문의 형식을 오가는 소설]『분위기 깨는 우리 자매』를 살펴보자. 화자인 시시는 흑인 여성으로서 타인을 편안하게 해줘야 한다. 비행기에서 한 백인 여성 승무원은 그녀에게 "친구들"(그녀는 알지도 못하는 두 명의 흑인들)과 함께 뒤쪽에 앉아 달라고 요청한다. 시시는 모르는 사람들이라고 말하려다 주저한다. "근데 저 사람들이랑 같이 앉지 않겠다고 하면 어색한 상황이 벌어지겠지? 저 승무원은 분명 교육을 잘 받았을 테고, 또 모든 승객을 편안하게 모시도록 훈련 받았을 테니 말이야"(Aidoo 1977: 10).

이렇게 주저하는 순간에 바로 권력이 말한다. 여기에 따르겠습니까? 따르지 않는다는 건 무슨 뜻인가요? 어색한 상황을 만들면 어색한 사람으로 읽히게 된다. 모두가 편안하려면 특정 신체들은 "따라야" 한다. 이에 따르기를 거부하는 것, 당신이 놓인 자리를 거부하는 것은 문제로, 타인에게 불편을 주는 것으로 비친다. 우리가 좋은 느낌과 나쁜 느낌을 무엇에 귀속시키는지는 정치적 투쟁의 대상이다. 그것은 누가 어떤 느낌을 누구에게 주입하는가라는 분명 단순한 질문 주변에서 주저하는 일이다. 느낌은 우리가 공간, 상황, 극적 사건들을 묘사하는 방식에 따라 특정 신체에 고착될 수 있다. 그리고 신체는 그것이 어떤 느낌과 연관되느냐에 따라 고착될 수 있다.

의식과 불행

행복의 기호 아래 감춰져 있는 권력과 폭력의 형식들에 맞선다고 해서 반드시 불행해지는 것은 아니다. 비록 그것이 잘 지내고 있다는 표시를 보여 줌으로써 상황에 편승하는 방식을 거부하겠다는 뜻이긴 해도 말이다. 슐라미스 파이어스톤이 여성 해방 운동을 위해 "꿈꾸는 행동"이 "미소 거부"라는 점은 주목할 만하다. "미소 거부를 선언하면 모든 여성들은 즉각 '남을 즐겁게 하는' 미소를 버릴 것이고, 그 후로는 **자신들이** 즐거울 때만 웃으려 할 것이다"(Firestone 1970: 90[132]). 행복의 약속을 거부한다는 것은 행복의 기호를 보이라는 요구를 거부하는 것이다. 파이어스톤의 경우 이는 정향의 전환, 즉 자신의 신체 습관의 변화를 의미한다. "내 경우 가짜 미소에서 벗어나도록 날 훈련시켜야 했다. 그것은 십대

소녀들이 긴장할 때 흔히 보이는 틱 같은 것이었다. 이는 내가 진심에서 미소 짓는 경우는 거의 없었다는 뜻이다. 말하자면 사실 미소 지을 일이 별로 없었다"(90[132]). 파이어스톤이 계속 미소 짓기를 거부한다 해서 기존의 용인된 행복의 경로들을 따르지 않는 좋은 느낌들이나 즐거움까지 거부하는 것은 아니다. 오히려 거짓 미소는 불행의 아주 정신적인, 그리고 정치적인 조건을 유지시킬 뿐이다. 자신이 행복하지 않을 때 웃지 않는 페미니스트는 더 흥미진진한 삶을 원한다. 실제로 파이어스톤은 이렇게 주장한다. "에로티시즘은 **흥미진진하다**. 그것을 제거하고 싶어 하는 사람은 없다. 그런 자극이라도 없으면 인생은 단조롭고 지루한 일이 될 것이다. 바로 이것이 핵심이다. **왜 모든 기쁨과 흥미진진함을 인간 경험에서 단 하나의 찾기 힘든 좁은 골목으로 몰아넣고, 나머지는 낭비하는가?**"(155[225], 두 번째 강조는 추가). 페미니즘은 바로 그 행복의 "압력"에 도전하는 것, 행복이 흥미진진한 것들을 찾는 가능성을 제한하는 방식에 도전하는 것을 포함한다.

이는 페미니즘이 여성을 행복하게 한다는 말이 아니다. 이는 단지 페미니즘이 행복의 전시에 동조하기를 거부함으로써 무언가의 발견을 가능케 하는 지평을 넓히는 데 참여할 수 있다는 것이다. 이런 신체적 지평들의 확장을 통해 우리가 무엇을 발견하게 될지 페미니즘은 보장해 주지 않는다. 페미니즘은 우리가 볼 수 있는 장소들을 열어 줄 뿐이다. 그런 열림이 적의의 표시로 읽히고, 다른 사람들의 분위기를 깨는 것으로 받아들여진다는 사실은 우리에게 중요한 뭔가를 말해 준다. 행복에 대한 일반인들의 집착은 좋은 것에 대한 아주 특정하고 좁은 모델에 대한 집착이다. 다시 말해, 행복하려면 파이어스톤이 인간 경험의 "찾기 힘든 좁은 골목"이라고 훌륭하게 묘사한 것을 열심히 찾아야만 한다.

나는 어떻게 페미니즘이 불행을 야기하는 것, 그리고 불행에 의해 야기되는 것으로 재현되는지 살펴보았다. 나는 페미니즘과 불행 사이의 연결 가능성을 외면하기보다는 그것에 대한 다른 사고방식을 고려해 보고 싶다. 의식화란 불행에 대한 의식화라 할 수 있다. 게일 그린이 주장하듯이 "교육을 통해 여성들의 기대치가 높아졌지만, 그것은 **많은 여성들을 불행하게 만들기도 했다.** 여성들을 가정으로 돌려보내라는 엄격한 가정 이데올로기 때문에 좌절될 수밖에 없는 야망을 만들어 냈기 때문이다"(Greene 1991: 9, 강조는 추가). 실제 우리는 한계를 한계**로서** 경험해야 한다. 한계를 인식하게 되면 사실 삶은 제한이 덜하기보다는 더한 것으로 보일 수 있다. 세상이 교육으로 열린 가능성을 잡을 수 있도록 허용하지 않으면, 그런 부당한 제한은 훨씬 더 분명하게 인식된다. 그래서 세상을 열어젖히는 것, 즉 자신의 지평을 넓히는 것은 세상에 우리가 불행을 느낄 상황이 얼마나 많은지 더더욱 의식하게 되는 것일 수 있다. 불행은 또한 우리가 꾸준히 정서적으로 불행의 원인에 관심을 두게 해줄 수 있다. 당신이 불행한 것은 불행의 원인들 **때문**이다. 의식화가 불행한 가정주부를 행복한 페미니스트로 변화시키는 것은 아니다. 때로는 그런 일이 일어나기를 소망할 순 있겠지만 말이다!

페미니즘은 여성이 행복을 위해 포기하라고 요청받는 것에 대한 정치적 의식을 수반한다. 실제로, 페미니스트들은 행복이 상실임을 의식하게 되었을 때조차 행복을 향한 욕망과 상상력, 호기심을 포기하는 일을 거부해 왔다. 자신이 포기한 것을 자각하게 되면 슬플 수 있다. 그래서 페미니스트 아카이브는 자신이 온통 불행의 분위기에 휩싸여 있다고 의식하게 된 가정주부들로 가득하다. 예를 들어, 버지니아 울프의『댈러웨이 부인』을 생각해 보자. 그런 느낌은 마치 두터운 공기처럼 분명히 주변을 둘러싸고 있다. 우리에게도 일상사들 사이로 새어 나오는 불행이 느껴진다. 꽃을 살 생각을 하며 런던 거리를 활보 중인 그녀가 있다. 산책 중에 그녀는 사라진다. "하지만 이제 종종 자신이 걸치고 있는 이 몸(그녀는 네덜란드 그림을 보려고 멈춰 섰다), 이 몸과 그 모든 기능들은 아무것도 아니라는 생각이 들었다 — 전혀 아무것도. 눈에 보이지 않는 존재가 된 듯한 묘한 느낌이었다. 보이지도 않고 알려지지도 않은 존재. 더는 결혼을 할 것도 아니고, 아이를 낳을 것도 아니고, 단지 사람들과 더불어 본드 가를 걸어가는, 이 놀랍고 다분히 엄숙한 행진에 동참하고 있을 뿐이야. 클라리사조차도 더는 아니고 그저 댈러웨이 부인, 리처드 댈러웨이의 부인으로서"(Woolf 1925/1953: 14[17]).

댈러웨이 부인이 된다는 것은 그 자체로 일종의 사라짐이다. 결혼이나 출산 같은 삶의 경로들을 따를 때 당신 앞에 놓인 것들은 일종의 엄숙한 행진처럼 느껴진다. 마치 다른 사람의 삶을 살고 있는 듯, 다른 사람들이 가고 있는 똑같은 길을 가고 있는 듯 느껴지는 것이다. 마치 삶의 핵심을 뒤에 두고 떠나온 듯, 마치 당신이 도착하기도 전에 이미 움직이고 있던 동작들 사이를 당신의 삶이 스쳐 가고 있는 듯한 것이다.『퀴어 현상학』에서 내가 주장했듯이(Ahmed 2006), 어떤 삶이 좋은 삶으로 간주되려면 사회적으로 좋다고 약속된 방향으로 가야 한다. 이 말은 인생의 정해진 경로에서 특정 지점들에 도달하는 것을 기준으로 누군가의 미래를 상상한다는 뜻이다. 행복이 우리를 특정 지점에 도달하게 해주는 것이라 해도, 당신이 거기 도달했을 때 반드시 행복을 느낄 수 있는 건 아니다. 댈러웨이 부인에게 이 지점에 도달한다는 것은 사라짐이다. 여기서 핵심은 어떤 사라짐, 가능성의 상실, 신체 역량들을 사용하지 못하게 되는 어떤 실패, 그녀의 신체가 할 수 있는 것이 무엇인지 알아내지 못하는 어떤 실패이다.[19] 우리는 가능성을 의식해야 그것의 상실을 애도할 수 있다.

클라리사에게 가능성의 상실이자 되지 않기, "아무것도 아닌 것" 되기로서의 이런 다소 기묘한 댈러웨이 부인 되기의 감각은 무언가에 **대한** 슬픔의 형태로 의식 속으로 들어온 것이 아니다.[20] 이 책의 슬픔 — 이건 슬픈 책이다 — 은 어떤 관점으로서 표현된 슬픔이 아니다. 그보다 이 책의 문장들은 생각과 느낌을 우리가 공유하는 세계의 대상들처럼 다룬다. 예를 들면, 런던의 거리들, 타인들을 스쳐 지나갈 때의 그 묘한 느낌을 묘사한다. 때로 그것은 우연의 일치처럼, 다른 사람들과 우연히 마주치는 방식처럼 느껴진다. "그냥 우연의 일치일 뿐이야"라는 말은 사건들 사이의 인과관계가 없으니 그 사이에 어떤 연결도 없다는 듯한 인상을 줄 수도 있다. 그러나 우연의 일치를 느낀다는 것은 타인들과 같은 시간과 장소에 떨어진다는 것, 우연히 다른 사람과 함께 있다는 것, 우연히 다른 사람들을 만난다는 것이 일종의 연결임을 인식한다는 뜻이다. 클라리사가 해야 할 일(파티에 쓸 꽃을 사야 한다)을 생각하며 밖으로 나갈 때, 그녀는 타인들의 세계로 들어가는 것이다. 우리는 (자기 일과 추억이 있는) 자신의 세계 안에 있으면서도 거리의 세계를 공유할 수 있다. 그것이 비록 한순간, 순식간에 지나가는 순간, 도망치듯 날아가 버리는 순간이라 해도 말이다. 하늘 위에 글자를 쓰며 날아가는 저 비행기, 서로 스쳐 지나가는 사람들이 바라보는 저 비행기처럼 사물은 사람들이 관심을 집중할 때 나타난다. 질문이 펼쳐지고 공유된다. 저건 무슨 글자지? 저건 무슨 말일까? "'다들 뭘 그렇게 보는 거지?' 클라리사 댈러웨이는 물었다"(42[41]). 마치 같은 방향을 슬쩍 바라보는 것만으로도 공유된 세상을 만들어 내기에 충분한 듯 말이다. 거리로 나온 사람들은 저마다 각자의 기분과 몰두하고 있는 생각이 있겠지만, 하늘 위에 글자를 쓰는 비행기처럼 어떤 물체에 관심이 집중될 때 거리 자체는 하나의 분위기가 될 수 있다. 비록 각자 하늘을 올려다보고, 거기서 각기 아주 다른 것을 본다 해도 말이다.

불행이 집단적 인상이 되면, 그 역시 각자의 관점들에 느슨하게 붙어 있는 파편들로 구성된다. 특히 댈러웨이 부인과 셉티머스는 서로 간의 근접성 때문에, 불행이 서로에게 직접 전달되지 않더라도 공유된다. 스쳐 지나가도 서로를 알지 못하는 그 인물의 세계가 연결되는 것은 바로 가슴 철렁하는 불행을 통해서다. 한 사람의 고통이 다른 사람의 생활 세계에 영향을 미칠 수 있다는 점에서 충격shock은 어디나 편재해 있다. 셉티머스는 셸쇼크shell shock[전쟁신경증의 하나]를 앓고 있다. 그의 느낌, 전쟁에 대한 공포가 기억으로 침투해 들어올 때의 패닉과 슬픔은 우리에게도 전해진다. 그의 고통은 과거를 현재의 시간 속으로 들여온다. 전쟁은 지속되고, 피부에 후유증으로 끈질기게 남아, 지나간 것이 되기를 거부한다. 멀리서 그를 바라보는 사람들, 그날 그 거리를 그와 공유한 사람들에게 그는 사회성의 끝자락에 위치한 광인, 볼만한 구경거리로 비친다. 당신은 거리에서 그를 마주친다 해도 그의 고통 뒤에 숨은 이야기를 알려하지 않을 것이다. 고통에 가까이 있다 해서 반드시 고통을 가까이 느끼는 것은 아니다.

클라리사와 셉티머스는, 서로 만나지 않는데도, 묘한 친밀감을 획득한다. 가정주부의 단지-사적이지만은-않은 고통과 제대한 군인의 아주

-공적이지만은-않은 고통이 서로 얽힌다. 중요한 것은, 그들의 슬픔이 근접해 있기는 하지만 전염성이 있지는 않다는 점이다. 그들은 서로에게 서 슬픔을 포착하는 게 아니다. 그들의 슬픔은, 거리에서 서로를 스쳐 지 나갈 때는 공유되지 못하는, 공유될 수 없는 역사들을 살아 숨 쉬게 한다. 그럼에도 뭔가는 공유된다. 아마도 쉽게 겉으로 드러나 보이는 그런 것들 은 아닐 것이다. 클라리사는 "한 번도 말을 건네 본 적 없는" 낯선 사람들 에 대한 자신의 "묘한 친화력"을 생각하면서 버스에 앉아 "어쩌면 — 어 쩌면"(231-32[200]) "우리의 보이지 않는 부분"이 다른 사람들에게 달라붙 는 점을 제공하는 것은 아닐지, 심지어 그렇게 해서 우리는 다른 사람들 을 통해 살아남는 게 아닐지 궁금해 한다.

섭티머스의 아내 레치아의 사색은, 가까이 있는 타인들에게 그냥 감 정을 드러내 보이는 것만으로는 감정을 공유하기 어렵다는 것을 가장 직 접적으로 보여 준다. 레치아는 너무나 간절히 자신의 불행을 드러내고 싶 어 한다. 그래서 "때로는 길거리에서 사람들을 붙들고 싶을 지경이었다. 선량하고 친절해 보이기만 한다면, 그냥 붙들고 서서 '난 불행해요'라고 털어놓고 싶었다"(125[111]). 그녀는 자신의 감정과 섭티머스의 감정을 지나가는 행인들에게 그냥 쉽게 드러내 보일 수 없음을 잘 알고 있다. 그 녀는 이렇게 묻는다. "도대체 그들의 주의를 끌 만한 것이 있을까? 지나 가는 사람이, 여기 세상에서 가장 위대한 메시지를 지닌 청년이 있다고, 혹은 세상에서 가장 행복한 사람이라거나 가장 비참한 사람이라고 생각 할 만한 것이 뭐 있겠는가?"(126[112]) 느낌으로 이루어진 세상에 살고 있 다 해서 느낌으로 세상을 창조할 수 있는 건 아니다.

소설의 많은 부분은 앞으로 일어날 사건에 관한 것이다. 댈러웨이 부인은 파티를 계획하고 있기 때문이다. 일부 페미니스트들은 파티에 집착하는 모습 때문에 이 책이 실망스럽다고 생각한다. 시몬 드 보부아르는 댈러웨이 부인이 파티를 즐기는 것을 자신의 "감옥을 자랑스러운 것으로" 바꾸려는 기호, 파티를 주최하는 여주인으로서 "행복과 유쾌함의 급여자"인 듯 행세하는 기호라고 읽는다(Beauvoir 1949/1997: 554[하권 387, 269]). 보부아르가 보기에 파티라는 선물은 곧 의무가 되어 버린다. 그래서 댈러웨이 부인은 "이런 성공, 이런 외관들을 사랑"하면서도 여전히 "그 공허함을 느낀"다(555[하권 271]). 케이트 밀레트에게도 댈러웨이 부인은 다소 실망스런 인물이다. 댈러웨이 부인은 울프가 자신의 불행을 정치학으로 전환시키지 못했음을 드러낸다. "버지니아는 두 명의 가정주부, 댈러웨이 부인과 램지 부인을 미화했으며, 『파도』에서는 자살 충동을 느끼는 로다의 비참한 삶을 기록했지만 정작 그 원인에 대해서는 설명하려 하지 않았다"(Millett 1970: 37[280]). 우리가 댈러웨이 부인의 불행에 대해 많은 것을 알지 못하는 이유는 그녀가 파티를 계획하고 있기 때문이다. 다만 피터나 샐리와 소원해진 것을 회상하며 슬퍼한다는 것은 알 수 있다. 이 둘은 파티를 연 그날 예기치 않게 나타나는데, 어떻게 보면, 이는 그냥 우연히 일어난 일이 아니라 댈러웨이 부인 자신의 생각들과 모종의 관련이 있음이 함축돼 있다. "온종일 그녀는 부어턴을, 피터를, 샐리를 생각하고 있었다"(280[240]). 그런 잃어버린 친밀한 관계들은 잃어버린 가능성, 상황이 그렇게 되지만 않았더라면 그녀가 살았을 수도 있는 삶을 암시한다.

만약 댈러웨이 부인이 파티 때문에 불행의 원인에서 주의를 돌리게 된 것이라면(물론 우리는 그럴 수밖에 없다는 데 아주 공감할 수 있다), 파티는 불행이 생명을 얻게 되는 사건이기도 하다. 댈러웨이 부인에게 그녀가 여는 파티는 삶이다. 그것을 통해 그녀는 일이 벌어지게 한다. 그것은 선물이자, 우연한 사건이다(185). 무슨 일이 일어날까? 이 질문이 유지되는 한 선물은 선물로 남을 수 있다. 그리고 정말 무슨 일이 일어난다. 바로 파티에서 셉티머스의 삶이 댈러웨이 부인을 아주 직접적으로 "스치기"때문이다. 셉티머스의 삶은 죽음을 통해 그녀를 스친다. 레이디 브래드쇼[셉티머스의 주치의였던 윌리엄 브래드쇼의 부인]는 그녀에게 이렇게 말한다. "'막 출발하려고 하는데 남편한테서 전화가 왔어요. 아주 슬픈 일이었지요. 한 청년이(방금 윌리엄 경이 댈러웨이 씨께 말씀드린 그 환자지요) 자살을 했답니다. 군대에 있었다더군요.' 아! 클라리사는 생각했다. 내 파티 한복판에 죽음이 있구나라고 생각했다"(279[239]). 파티 한복판에서, 말들이 축적돼 하나의 서사가 됨으로써 어떤 죽음에 대한 이야기를 들려준다. 한 젊은이가 자살을 한다. (단지 죽음에 대한 서사가 아니라) 죽음이 파티 한복판에서, 파티와 같은 삶의 한복판에서 일어난다. 파티의 영혼이 죽음인 것이다. 독자는 이미 이 죽음에 대해 읽었다. 즉, 우리는 그것을 목격했다. 이제 우리는 이 죽음이 일으킨 파장들을 목격한다. 어떻게 그것이 그 자체의 생명을 얻는지, 어떻게 그것이 그 어딘가의 한복판에서 발생하는지 보게 되는 것이다. 댈러웨이 부인에게 이 죽음은 상상 속의 어떤 것, 생각에 의해 생명을 얻게 되는 어떤 것이 된다.

브래드쇼 부부는 대체 무슨 작정으로 파티에 와서 죽음을 이야기하는 걸까? 한 청년이 자살을 했다. 그리고 그들은 그녀의 파티에 와서 그 얘기를 했다 ─ 브래드쇼 부부가, 죽음을 이야기했다. 청년이 자살했다고 ─ 한데 어떻게 죽었지? 별안간 사고 소식을 들으면 항상 그녀의 몸이 가장 먼저 그 일을 겪곤 했다. 옷에 불이 붙고 몸이 타오르는 것이다. 그는 창문에서 몸을 던졌다. 땅이 휙 치솟는가 싶더니, 얼결에 그의 몸은 녹슨 철책에 꿰뚫려 상처가 난다. 머릿속이 쿵, 쿵, 쿵 울리고, 그러고는 의식 불명의 암흑. 그 모든 광경이 눈에 선했다. 그런데 그는 대체 왜 그랬을까? 브래드쇼 부부는 하필 그녀의 파티에 와서 그 얘기를 하다니!

언젠가 서퍼타인 연못에 1실링짜리 동전을 던진 적이 있었다. 그밖에는 아무것도 내던진 적이 없었다. 하지만 그는 자기 몸을 내던진 것이다. 우리는 여전히 살아가겠지(그녀도 다시 가봐야 했다. 방들은 여전히 북적이고, 손님들은 계속해서 오고 있었다). 우리는 (온종일 그녀는 부어턴과 피터와 샐리를 생각했다) 늙어 갈 거야. 중요한 단 한 가지, 그녀의 삶에서는 그 한 가지가 쓸데없는 일들에 둘러싸여 가려지고 흐려져서, 날마다 조금씩 부패와 거짓과 잡담 속에 녹아 사라져 갔다. 바로 그것을 그는 지킨 것이었다. 죽음은 도전이었다. 죽음은 소통의 시도였다. 사람들은 그 중심이 왠지 자신들을 비켜 가므로 점점 더 거기에 도달할 수가 없다고 느낀다. 가까웠던 것이 멀어지고, 황홀감은 시들고, 혼자 남게 되는 것이다. 그럴 때 죽음은 팔을 벌려 우리를 껴안는다(280-81[239-40]).

셉티머스의 죽음은 댈러웨이 부인이 파티로부터 주의를 돌리게 하는 질문이 된다. 그녀는 그의 죽음에 주의를 기울이고, 그것에 대해 궁금해 한다. 그녀는 죽음의 장소에 있지 않았고 있을 수도 없었지만, 회고적 증인이 된다. 그 흔들림, 즉 그 소리들. 그 쿵 쿵 쿵, 치솟는 땅, 녹슨 철책. 그의 죽음은 물질이 되고, 그녀의 생각을 통해 살을 가진다. 그의 죽음은 선언한다. 슬픔은 견딜 수 없는 것이 될 수 있을 뿐만 아니라, 우리가 그것을 꼭 견뎌 내야만 하는 건 아니라는 것도, 그것을 내팽개칠 수 있다는 것도 말이다. 그리고 이 순간, 즉 죽음이 파티 같은 삶에 끼어들 때, 삶이 수다가 될 때, 삶이 계속될 때, 사람들이 "여전히 살아가고"오고 가며, "손님들이 계속해서 올"때, 죽음은 그런 삶 속에서 끈질기게 계속되는 고통을 구현하게 된다.

댈러웨이 부인의 이야기에게서 놀라운 점은 고통이 가장자리로부터 그녀의 의식 속으로 들어가는 방식에 있다. 이는 다른 사람, 즉 침입자, 파티에 초대받지 못한 사람의 도착을 통해 이루어진다. 삶의 수다가 갖는 공허함을 드러내는 것은 다름 아닌 침입자의 고통이다. 고통은 자의식 — 자신의 고통에 대한 의식 — 을 통해서가 아니라, 의식의 고조, 즉 그곳에 소속돼 있지 않은 사람의 고통이 분위기를 방해하도록 허용하는, 세상에 대한 의식을 통해 들어온다. 불행은 그것이 익숙한 느낌일 때조차, 낯선 방문객처럼 도착해 익숙함을 방해하거나 익숙함 속에 있는 불편한 요소를 드러낸다.

이런 식으로 사회적 의식의 가장자리로부터 고통이 도착하는 과정은 우리에게 고통을 의식하는 것이 얼마나 어려운지, 또는 겉보기에 "별 거 아닌" 불편한 상실감이나 불만의 느낌을 누군가의 삶의 불행**으로** 인식하지 않으려는 우리 자신의 저항감에 대해 가르쳐 준다. 파티는 누군가가 사라진 상황에서도 계속 진행돼야 한다는, 계속 바빠야 한다는 욕구를 드러낸다. 바빠야 한다는 바로 그 욕구 속에서 너무나 많은 슬픔이 드러난다. 비탄에 잠겨서는 안 된다는 욕구 속에서 너무나 많은 비탄이 표출된다. 행복한 삶을 살아야 하는데 불행한 삶을 살고 있을 때, 충만해야 하는데 비어 있다고 느낄 때, 슬픔과 실망을 인식하는 것만 해도 고된 일이다. 우리가 자기 삶에 대한 어떤 관념을 가지고 그에 따라 살았을 때, 그 관념을 포기하기는 어려운 일이다. 상실을 인식한다는 것은 희망을 가득 채움으로써 미뤄 온 슬픔을 기꺼이 경험하겠다는 것이다.[21]

페미니즘을 계승한다는 것은 슬픔을 계승한다는 뜻일 수 있다. 젠더를 가능성의 제약으로 의식하게 되는 것도 슬픈 일이지만, 이런 제약이 얼마나 불필요한 것인지 의식하게 되는 것 역시 슬픈 일이다. 어쨌든 『댈러웨이 부인』은 우리에게 계승돼 여기저기로 전해지며 다양한 문화적 형태로 발전했다.[22] 영화 〈디 아워스〉(2002, 스티븐 달드리 감독)를 예로 들어 보자. 이 영화는 마이클 커닝햄의 소설 『디 아워스』(1998)를 기반으로 한 것으로 제목은 울프가 『댈러웨이 부인』에 붙였던 애초의 가제에서 따온 것이다. 〈디 아워스〉는 세대를 달리하는 세 명의 여성들을 나란히 놓고 각자의 단 하루의 삶을 따라간다. 버지니아 울프(니콜 키드먼)의 단 하루, 1950년대를 살고 있는 불행한 가정주부 로라 브라운(줄리안 무어)이 케이크를 굽고 『댈러웨이 부인』을 읽는 단 하루, 그리고 전 애인이자 에이즈로 죽어 가는 친구 리처드(에드 해리스)를 위해 댈러웨이 부인처럼 파티를 준비하는 클라리사 보건(메릴 스트립)의 단 하루에 대한 픽션화된 설명인 것이다.

〈디 아워스〉는 다양한 방식으로 소설 『댈러웨이 부인』을 계승한다. 우리에게 계승된 건, 그 책의 잃어버린 이름만이 아니라, 그 책 자체다. 〈디 아워스〉는 또한 단 하루를 통해 전체 삶을 그려 냄으로써 그 정향, 그 시간의 방향성을 따르고 있다는 점에서 『댈러웨이 부인』을 모방하고 있다. 영화는 각 세대를 댈러웨이 부인의 형상에 결속시키는 제스처들에 정성을 들인다. 예를 들어, 클라리사는 파티를 위한 꽃을 사겠다고 말하면서 하루를 시작한다. 일상의 제스처들이나 해야 할 일들이 일종의 유산인 것이다.

내가 특별히 초점을 맞추고 싶은 것은 1950년대의 불행한 가정주부 로라 브라운이다. 그녀는 『댈러웨이 부인』을 읽고 있고, 우리는 영화가 불러내는 버지니아 울프의 목소리를 듣는다. 그 목소리는 시간을 따라 여행하면서, 가버리지 않은 역사의 흔적, 머물러 있는 과거의 흔적이 된 목소리다. 로라는 책 읽기를 갈망한다. 그녀는 책을 어루만진다. 그녀는 책과 침대에 머물고 싶어 한다. 그녀는 계속 책을 읽고 싶어 하고, 이는 갈수록 더 심해진다. 책에 대한 그녀의 욕망은 자신의 삶에 있고 싶지 않다는 욕망, 그 시간과 그 리듬으로부터 유예되고 싶은 욕망이기도 하다. 그녀는 남편과 아이로부터 떨어져 책과 함께하고 싶은 것이다.

그날은 어느 하루, 단 하루이다. 그날은 남편의 생일이다. 하지만 로라는 책과 함께 침대에 있고 싶다. 우리는 그녀가 버지니아와 함께 침대에 있고 싶어 하는 거라고 상상한다. 남편이 출근한 후 친구 키티가 와서는 그 책에 대해 묻는다. 로라는 마치 댈러웨이 부인과 공존하는 것처럼, 같은 공간, 같은 세계를 공유하는 것처럼 말한다. "워낙 당당해서 모두 그녀가 괜찮다고 생각하지. 하지만 실은 아니었어." 당당하다는 것은 행복이 정말로 존재한다고 세상을 확신시키는 것, 존재하는 것에 대해 행복한 체하는 것이다. 우리는 실제로 괜찮지 않을 때에도 괜찮다는 믿음을 유지하기 위해 노력한다. 『댈러웨이 부인』의 이야기는 로라 자신의 현재, 그녀를 둘러싸고 있는 것, 그녀의 생활 세계에 대해 로라 자신이 그려 내는 이야기가 된다. 그녀는 고통을 통해, 자신의 슬픔을 공유함으로써 댈러웨이 부인과 자신을 동일시한다. 그 슬픔은 드러나지 않는 슬픔이다.

Feminist Killjoys

그녀는 마치 이렇게 말하는 듯하다. 당신처럼 나도 괜찮지 않아요, 당신처럼 나도 겉으로만 괜찮아 보이는 삶을 살고 있어요. 그 겉모습 또한 사라지겠죠.

가정의 행복이 행복을 만들어 내지 못하면 무슨 일이 일어날까? 로라는 케이크를 구우려 한다. 그녀는 계란을 깨뜨린다. 계란을 깨뜨리는 행동은 영화 전체를 아우르는 제스처로, 각 세대 여성들의 가사 노동을 연결하는 역할을 한다. 케이크를 굽는 것은 행복한 노력, 사랑의 노동이어야 한다. 하지만 영화는 계란을 깨는 바로 그 행동을 맴도는 억압감을 드러낸다. 1장에서 지적했듯이 행복이 그 자체의 지평, 좋아하는 것들의 지평을 만들어 낼 때, 당신은 정작 당신이 좋아하지 않는 것들, 공허한 형태로 당신을 사로잡는 약속들에 둘러싸일 수 있다. 그런 대상들은 당신을 행복하게 해주지 않을 뿐만 아니라, 당신이 행복해지지 못했다는 실패를 상기시킨다. 그것들은 실망감을 나타낸다. 계란을 깨뜨려 넣으려는 그릇이 당신을 기다린다. 그 기다림의 압력을 당신은 느낀다. 빈 그릇이 비난처럼 느껴진다. 페미니스트 아카이브들은 집안의 대상들, 행복 대상들이 이질적인 것, 심지어 위협적인 것이 되는 가정적 장면들로 가득하다.

〈디 아워스〉에서 아주 가슴 아픈 장면 중 하나는, 로라의 가족이 식탁 앞에 앉아 마침내 로라가 구워 낸 케이크로 파티를 열며 행복의 약속을 환기하는 장면이다. 로라의 남편은 아이에게 엄마와 어떻게 만났는지 이야기하며 이렇게 말한다. "아빠 엄마를 이런 집으로 데려오는 상상을 하곤 했단다. 바로 이런 삶으로 말이야. 그런 행복에 대한 생각, 이 여자에 대한 생각, 이런 삶에 대한 생각으로 버틸 수 있었단다. 아빠 우리 행복에 대해 다 생각이 있었어." 그가 말하는 동안 로라의 눈에는 눈물이 고인다. 행복에 대한 그의 생각, 그를 계속 움직이게 한 것, 그리고 그것이 그녀를 위해 만들어 낸 세계에 슬퍼하는 것이다. 로라는 영화 말미에서 클라리사에게 자신이 남편과 아이를 어떻게 떠나게 되었는지 설명한다. "그걸 후회한다고 말할 수 있다면 좋겠죠. 좀 후련할 거예요. 하지만 후회한들 무슨 의미가 있겠어요. 그럴 수밖에 없었는데. 거기까지가 딱 견딜 수 있는 만큼이었죠. 거기까지가. 아무도 날 용서 못 하겠죠. 하지만 그건 죽음이었어요. 난 삶을 택한 거고." "우리의 행복에 대한 생각"을 전제로 한 삶이 로라에게는 견딜 수 없는 삶이었던 것이다. 그런 행복은 죽음과 같았다. 그녀는 행복을 위해 그 삶을 떠난 것이 아니다. 삶을 위해 이 행복을 떠난 것이다.

다른 종류의 행복, 그녀만의 행복을 위해 그의 행복을 떠난 것이 아니냐고 말할 수도 있을 것이다. 페미니즘의 창의성, 새로운 지평을 생성할 수 있는 페미니즘의 잠재력이 대안적 행복 관념을 제공해 준다고 할 수는 없을까? 아마도 로라의 슬픔이 드러내는 것은, 그녀의 남편이 그녀를 위해 마련해 둔 생각으로부터 분리하기가 너무나 어려워진 행복의 역사에 행복이 얼마나 흠뻑 젖어 있는지일 것이다. 로라에게 행복을 떠난다는 것은 모든 것을 버려두고 떠난다는 것이다. 그것은 뒤에 남겨진 사람들을 불행하게 하는 일이다. 이 불행은 아이에게 계승되는데, 그 아이가 바로, 영화의 끝에서 밝혀지듯이, 리처드이다. 〈디 아워스〉에서 리처드를 돌보고 그의 불행에 주의를 기울이는 사람, 로라가 산산조각 낸 행복의 조각들을 주워 모아야 하는 사람은 바로 클라리사다. (댈러웨이 부인처럼) 친구를 위해 파티를 열고, (댈러웨이 부인처럼) 자신의 파티가 변변치 않다고 걱정하는 클라리사 말이다. 클라리사는 (댈러웨이 부인처럼) 슬퍼하지

<디 아워스>에서 로라는 둘째가 태어나자마자 가족을 뒤로하고 죽음과도 같은 "행복"을 떠난다. 영화
는 마지막에서 리처드의 어머니가 실은 로라였음을 드러내면서 그녀를 아들의 불행, 비극의 원인으로
만든다.

않으려고 처절하게 노력한다. 리처드의 시 부문 캐루더상 수상 축하를 빌미로 파티를 열어 임박한 그의 죽음이 주는 슬픔에서 벗어나려고, 비탄에 휩싸이지 않으려고 하는 것이다.

영화는 행복 관념을 견딜 수 없어 하던 로라가 초래한 불행을 극적으로 묘사하면서 그녀가 겪는 곤경에 대한 공감을 철회하는 듯하다. 나는 그렇다고 생각한다. 이 공감의 철회를 보면서 우리는 다음과 같은 점을 알 수 있다. 누군가 행복을 버리고 떠나서 남은 사람들이 불행해진 게 틀림없다면, 그녀는 공감 받기를 거부한 것임에 틀림없다. 만약 그녀가 보답의 의무에서 벗어나려 한다면 받은 감정을 같은 감정으로(행복에 대해서는 행복으로, 사랑에 대해서는 사랑으로) 되돌려 줘서는 안 된다. 다시 말해, 행복을 포기한다는 것은 공감하지 않게 된다는 것이다. 로라의 행동이 극단적인 것으로만, 심지어 폭력으로, 회복될 수 없는 고통의 원인으로만 서술 가능하다는 사실은 행복 관념을 포기하는 것이 얼마나 어려운지를 잘 보여 준다. 이는 행복 관념이 타인의 행복을 보살피는 충동과도 밀접히 연결돼 있기 때문이다. 불행을 초래할까 두려워, 공감 받지 못할까 두려워, 매정한 사람으로 남을까 두려워 불행한 상황에 머무는 사람들이 많다는 걸 우리는 잘 알고 있다.

삶을 위해 행복을 떠나기는 어려운 일이다. 행복 관념에 따라 살아가면서 상실한 것들을 의식하는 것과 삶을 위해 행복을 떠나는 것 사이에는 항상 간극이 있다. 이 간극에서 일이 벌어지고, 삶을 살기도 하고, 상실하기도 한다. 젠더를 가능성의 상실로 인식하는 데는 슬픔이 있을 뿐만 아니라, 그런 상실을 인식한다고 해서 반드시 상황이 개선될 수 있는 게 아니라는 깨달음에도 슬픔이 있다.[23] 결국 〈디 아워스〉에서 클라리사는

『댈러웨이 부인』의 클라리사와 마찬가지로 리처드의 행복을 보살피며 자신의 시간을 보낸다. 그래서 샐리와의 관계가 힘들어지지만, 그녀는 여기에 신경을 쓰지 못한다.[24] 아마도 영화는 클라리사의 불행이 로라가 두고 간 아이 리처드 때문이라기보다, 그녀가 댈러웨이 부인의 유산은 계승하면서도 로라, 그러니까 로라의 반항적 행동은 계승하지 못한 실패 때문이라고 가르쳐 주는 듯하다.[25] 끝에 가서 로라에게 공감하는 이는 클라리사의 딸이다. 이 세대 간의 공감에서 우리는 다음과 같은 점을 배울 수 있을지 모른다. 페미니즘의 유산을 재생산하는 데는 한 세대 이상이 걸릴지도 모르고, 그로부터 우리는 공적으로 공감을 얻지 못한 채 기억돼 온 이들을 향한 공감(아마도 정서 이방인들을 위한 공감 혹은 이질적인 공감)을 얻을 수도 있다는 걸 말이다.

삶을 위해 행복을 떠난다는 것은 가능성을 알아차리는 것이다. "알아차리기"라는 페미니즘 개념은 페미니즘의 제2의 물결에서 행복한 가정주부를 비판할 때에도 아주 중요했고, 이는 어떤 차원에서는 페미니즘적 희망을 행복에 두는 것 같기도 하다. 예를 들어, 『여성성의 신화』에서 프리단은 일부 여성들의 경우 가정주부로서 행복할 수 있다고 인정한다. 이렇게 말하면서도 그녀는 여성을 행복하게 만드는 것이 페미니즘의 핵심은 아니라고 말한다. 그녀는 이렇게 주장한다. "분명 미국에는 현재 가정주부로 행복해 하는 여성들이 많이 있고, 또 더러는 가정주부 역할에 자신의 능력을 충분히 활용하는 여성들도 있다. 그러나 행복과 충분히 활용되면서 살아 있음이 똑같은 것은 아니다"(Friedan 1965: 223-24[448]). 여기서 살아 있음 개념은 행복에 대한 대안적 사회적 가치로 제시되고 있다. 프리단은 행복한 가정주부 이미지에 맞출 수 있는 여성들은 이런 가정주부 역할에 잘 적응해 희생이라는 의식 없이 "스스로를 발견"할 다양한 기회를 포기해 버린 여성들이라고 주장한다(310). 이런 주장 뒤에는 적응 개념에 대한 비판이 존재한다. 행복이 이미 형성된 세상에 당신의 신체를 적응시키라고 요구하는 방식에 대한 비판인 것이다. 우리가 이미 주어진 것과 같은 형태를 취하면(이는 이 형태를 취할 수 있는지에 달려 있다) 우리는 편안하게 기존의 올바른 형태를 부여받는 경험을 하게 된다. 샬롯 퍼킨스 길먼이 주장하듯이, "편안함과 행복은 장기간에 걸친 적응의 문제일 가능성이 크다. 우리는 **익숙한 것을 좋아한다**"(Gilman 1903/2002: 8, 강조는 추가). 이런 적응 뒤에는 다른 가능한 삶의 방식의 상실이 있으며, 잘 적응된 상태를 유지하려면 이런 상실은 애도하지 않은 채로 둬야 한다. 그런 상실을 인식하는 것조차 애도다. 그래서 인식을 피하는 것이 더 쉬운 것이다. 페미니스트 주체들은 잘 적응하기를 거부하면서 그런 상실들을 애도할 뿐 아니라, 그런 애도 속에서 삶의 다른 가능성들을 열어젖힌다. 그리고 그런 열림들은 세대를 넘어 계승된다.

의식과 인종차별

페미니스트 아카이브는 우리에게 불행에 대해 그리고 그것이 할 수 있는 것에 대해 가르쳐 준다. 페미니즘은 한편으로는 행복한 가정주부 형상이 은폐하고 재생산하는 고통의 집단적 성격에 대한 이야기를 만들어 냄으로써(이런 것을 의식화라고 할 수 있다), 다른 한편으로는 책들을 전달함으로써 불행의 사회성을 다룬다. 책들의 순환을 통해 불행이 계승된다고

Feminist Killjoys

해서 반드시 똑같은 것이 계승되는 것은 아니다. 페미니즘이 단순히 『댈러웨이 부인』 같은 책들, 젠더를 상실로 서술하면서 세계에 대한 대안적 의식 형태들을 제공하는 그런 책들의 유산을 둘러싸고 응집되는 것만은 아니다. 만약 우리가 페미니스트 의식을 젠더를 가능성의 제한으로 보는 의식 형태로 본다면, 이는 우리의 페미니즘 관념에서 다른 종류의 정치의식들을 배제하는 셈이 될 것이다. 무엇보다 흑인 페미니스트들은 정치적 신화로서의 행복이 어떤 일들을 하는지 할 말이 많았다. 그들은 행복을 약속해 주는 것을 가졌기에 행복해야 하는 사람들의 관점에서가 아니라 이미 불행하다고, 삶을 좋은 것으로 만들 자질과 속성이 결핍돼 있다고 상상되는 사람들의 관점에서 글을 써왔다.

토니 모리슨의 『가장 푸른 눈』을 생각해 보자. 이 역시 행복한 가족 관념을 비판하고 있긴 하지만, 불행한 가정주부 소설들과는 아주 다르게 불행을 설명한다. 『가장 푸른 눈』은 행복한 가족에 사형 선고를 내리면서 그에 대한 비판을 시작한다. "여기 집이 있습니다. 초록색과 흰색으로 칠한 집입니다. 문은 빨간색입니다. 아주 예쁩니다. 여기 가족이 있습니다. 어머니, 아버지, 딕, 그리고 제인이 초록색과 흰색으로 칠한 집에서 살고 있습니다. 그들은 무척 행복합니다"(Morrison 1970/1979: 1[9]).* 이와 같은 문장에서 마침표를 제거하고, [또 띄어쓰기를 없애] "여기집이있습니다"hereisthehouseitis(2)와 같은 형태가 될 때까지 반복함으로써 동화책 속 이야기는 넌센스, 아무 의미도 없이 그냥 지껄이는 말이 된다. "행복은

---

* 모리슨은 1950년대까지 미국 초등학교 1학년생들의 읽기 교재로 사용됐던 『딕과 제인』의 이야기를 가져와 비틀고 있다.

'집 안에' 있다"처럼 글자 그대로 해석돼 온 행복의 약속을 교란시키기 위해서는 의미가 통하게 하는 기술들을 교란시켜야 하는 것이다.

소설은 사회적 이상에서 벗어난 가족, 동화책에 나오는 "그들은 무척 행복합니다"가 될 수 없는 가족의 이야기를 전한다. 이 가족은 백인도, 중산층도 아니다. 여기서 "무엇이 아니다"라는 말은 불행하다는 뜻이다. 불행은 일종의 결핍이다. 이 소설에서 가족은 결핍으로, 좋고 행복한 삶을 위한 자질이나 속성의 결여로 서술된다. 백인성과 미·덕의 융합이 행복 담론과 연결돼 있음을 보여 주는 이 소설의 묘사는 정말 강력하다. 즉, 행복한 사람들은 푸른 눈을 가진 자들이고, 푸른 눈을 가진 자들은 아름다운 사람들이고, 아름다운 사람들은 좋은 사람들이고, 좋은 사람들은 행복한 사람들이 된다. "가족이 아닌 가족"인 브리드러브 가족은 추한 가족이다. 그들의 추함은 마치 저주와 같다. "사람들은 그들을 보고 왜 그렇게 추하게 생겼는지 궁금해 한다. 자세히 살펴봐도 원인을 찾을 수 없다"(28[52]). 어떤 이들은 태어날 때부터 행복 대본에서 이탈해 있다. 마치 "주인이 '너희는 추한 족속이다'라고 말이라도 한"(28[52]) 듯이 푸른 눈을 갖지 못함으로써 어떤 이들은 불행을 계승하는 것이다. 주인을 불러낸다는 것은 노예제의 역사를 불러내는 것이다. 불행은 역사적 폭력의 유산이다.

소설의 이야기는 브리드러브 가족에게 발생한 일, 무엇이 아님에 따라오는 폭력, 절망, 비참에 대한 이야기다. 소설의 화자는 계속 바뀌는데, 처음에는 클로디아와 프리다 자매로 시작해, 다음에는 브리드러브 가족, 즉 어머니 폴린, 아버지 촐리, 그리고 딸 피콜라로 전환된다. 어떤 면에서 이 소설은 아버지에게 강간당하고 폭력으로 잉태된, 원치 않는 흑인 아이

Feminist Killjoys

를 잃은 피콜라에게 계승된 불행에 관한 이야기다. 우리는 클로디아의 관점에서 쓰인 첫 문단에서 피콜라의 불행을 처음 목격한다. "피콜라의 아기가 건강하게 태어나기만을 너무나 깊이 걱정하고 있었던 우리는 우리가 걸어 놓은 마법 이외에는 아무것도 생각할 수 없었다. 우리가 씨앗을 심고 주문만 제대로 외우면, 그 씨앗들은 꽃을 피울 것이고, 모든 일이 순조로울 것이라 생각했던 것이다. 언니와 내가 씨앗에서 초록색 싹이 나오지 않을 것임을 인정하기까지는 오랜 시간이 걸렸다. 일단 그 사실을 알고 나자, 우리는 죄책감을 덜기 위해 잘못을 서로에게 미루며 싸웠다. 여러 해 동안 나는 언니가 옳았다고, 그러니까 내 잘못이라고 생각했다. 내가 씨앗을 너무 깊이 심었다고 말이다. 우리 중 누구도 그 땅이 불모지라는 생각은 하지 못했다"(3[12]). 나는 행복을 경작 기술로 묘사한 바 있다. 즉, 행복이란 "올바른 방식으로" 주체를 경작해 주체들이 번성하게 하는 기술이다. 위 묘사에서 정말로 강력한 것은 번성하지 못함이 단순히 돌봄이나 정향의 실패가 아니라 싹을 내지 못하는 땅의 실패라는 묘사다. 누군가에게는 땅이 불모지다. 생명이 번성할 수 있는 토양을 주지 못하는 불모지인 것이다. 그 불모지는 백인성의 토대를, 어떤 사람에게는 생명을 주고 다른 사람들에게는 주지 않는, 삶의 가능성의 제한으로 제공한다.

우리의 첫 번째 화자, 클로디아는 이 땅이 불모지일 수 있음을 눈치챈다. 클로디아는 자신에게 어떤 특정한 방식의 사랑을 강요하는 세계에 분노를 표출한다. "그런 느낌은 크리스마스 때 인형 선물을 받으면서 생기기 시작했다. 크고 특별하고 사랑받는 선물은 늘 푸른 눈을 가진 커다란 아기 인형이었다. 어른들이 혀를 차는 소리를 내는 걸 보니 내가 그 인형을 가장 갖고 싶어 한다고 생각하는 것 같았다. … 내게 큰 기쁨을 줄 것으로 기대를 모았던 그 인형들은 완전 반대의 효과를 냈다. … 들창코를 따라 올라가서 유리 같은 푸른 눈알을 찔러 보고, 노란 머리칼을 잡아당겨 보았다. 나는 그 인형을 좋아할 수 없었지만 온 세상이 사랑스럽다고 하는 이유가 무엇인지 알아내기 위해 찬찬히 살펴보기로 했다. … 나는 하얀 아기 인형을 망가뜨렸다"(13-15[29-32]). 올바른 것들을 향해 올바른 방식으로 쾌락을 경험하지 못하면서 그녀는 인형을 망가뜨렸고, 그녀의 증오와 분노의 대상은 백인 아기 인형에서 백인 여자애들로 바뀐다. 사랑받는 것을 미워하게 되면서 사랑받는 것들로부터 자신이 소외되었음을 깨닫게 되는 것이다.[26]

반대로, 피콜라는, 행복하고 싶어서, 행복을 준다고 간주되는 것, 즉 가장 푸른 눈을 원한다. "몇 시간이고 거울을 들여다보며 그녀는 그 추함의 비밀을, 선생님들이나 반 친구들이나 할 것 없이 똑같이 그녀를 무시하고 경멸하게 만드는 그 추함의 비밀을 알아내려 노력했다. … 얼마 전부터 피콜라에겐 이런 생각이 떠올랐다. 만약 자신의 눈이, 세상을 보고 광경을 담는 그 눈이 — 만약 그녀의 그 눈이 달랐다면, 그러니까 아름다웠다면, 자신은 전혀 다른 존재가 되었을 거라고 말이다"(34[59-60]). 다음 단락은 동화책 속의 가족으로 돌아간다. "**예쁜 눈. 예쁜 푸른 눈. 크고 푸른 예쁜 눈. 달려라, 지프, 달려라. 지프가 달린다. 앨리스가 달린다. 앨리스는 푸른 눈을 가지고 있다. 제리는 푸른 눈을 가지고 있다. 제리가 달린다. 앨리스가 달린다. 푸른 눈을 가진 그들이 달린다. 네 개의 푸른 눈**"(34[60]). 푸른 눈에 대한 욕망은 백인이 아님이 아니고 싶은 욕망이다. 하지만 이중 부정은 긍정이 되지 못한다.

이 소설은 암울하다. 불행의 결과가 더한 불행일 수 있음을 보여 준

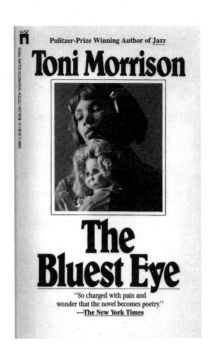

워싱턴스퀘어 출판사에서 출간된 1992년판 『가장 푸른 눈』. 소설에서 클로디아의 집에 세 들어 살게 된 브리드러브 가의 딸 피콜라는 셜리 템플처럼 푸른 눈동자를 갖는 게 소원이다. 백인들의 미적 기준을 내면화하면서 자기혐오에 빠지게 된 피콜라는 자신의 불행이 추한 외모 때문이라고 생각한다.

2장 분위기 깨는 페미니스트

다는 점에서 그렇다.[27] 불행을 의식한다는 것은 "무엇이 아님" 혹은 "무엇이 없음"을 의식하는 것, 행복의 자질과 속성이 결여돼 있음을 의식하는 것이다. 행복하지 않다는 것은 백인성의 세계, 하얀 신체들을 중심으로 응집해 있는 세계에서, 다른 사람들의 눈에 그렇지 않다는 것이다. "무엇이 아님"에 대한 의식은 자기소외를 수반한다. 스스로를 이방인으로 인식하게 되는 것이다. 만약 당신이 나타나기만 하면 분위기가 흐려진다면 당신은 예민해질 수밖에 없다. 자신을 이방인으로 인식한다는 것은 당신을 향한 폭력을 의식하는 것이다. 오드리 로드는 이방인이라는 의식이 어떻게 무작위적으로 보이는 사건들을 인종차별이라고 소급해서 재명명하게 하는지를 다음과 같이 극적으로 보여 준다.

다양한 인종들이 섞여 사는 이행 지대에서는 늘 그러하듯이, 거리에는 긴 긴장감이 가득했다. 아주 어릴 적 나는 특별한 소리, 쉰 목소리 같이 날카롭고 목 뒷부분에서 나오는 거친 소리에 몸을 움츠렸던 기억이 난다. 왜냐하면 그것은 보통 순식간에 내 외투나 구두 위로 회색빛 더러운 침 덩어리가 떨어질 것이라는 뜻이었기 때문이다. 엄마는 항상 지갑에 넣고 다니던 작은 신문지 조각으로 그것을 닦았다. 때때로 엄마는 어디를 가든 바람에 침을 뱉지 않을 정도의 상식도 없고 예의도 없는 하층계급 사람들에 대해 호들갑을 떨면서 이 굴욕이 전적으로 무작위적이라는 인상을 내게 심어 주었다. 나는 전혀 엄마를 의심하지 않았다. 몇 년이 지나 대화를 하다 엄마에게 이렇게 말하기 전까지는 말이다. "사람들이 예전만큼 바람에 침 안 뱉는 거 눈치챘어?" 엄마의 표정을 보고 다시는 결코 입에 올려서는 안 되는, 비밀스러운 고통의 장소 하나를 내가 건드렸음을 알았다. 하지만 그건 내가 어릴 적 엄마의 너무나도 전형적인 모습이었다. 엄마는 백인들이 당신 자식에게 흑인이라는 이유로 침 뱉는 것을 막을 수 없다면, 그게 그런 것이 아니고 다른 거라고 우기는 그런 사람이었다(Lorde 1982: 17-18).

사건이 하나 발생한다. 그리고 반복된다. 폭력이 백인의 몸에서 흑인 아이에게로 향하고, 흑인 아이는 그 소리로부터 몸을 움츠리면서 폭력을 받아 낸다. 그러나 어머니는 차마 인종차별이라는 말을 하지 못하고 폭력이 무작위적인 것이라는 인상을 만들어 낸다. 인종차별은 견디기 어려운 고통이다. 인종차별에 대한 의식은 회고적으로 이루어지며, 그 타이밍이 정말로 중요하다. 당신은 고통을 견디는 방법의 하나로서 인종차별을 보지 않는 법을 배운다. 인종차별을 보려면, 우리가 보고 배운 방식으로 세상을 봐서는 안 된다. 그 세상은 불행의 원인을 덮어 버림으로써 불행을 덮어 버리는 세상이다. 당신은 기꺼이 비밀스러운 고통의 장소들 안으로 들어가는 모험을 감행해야 한다.

고통을 "덮어 버리는" — 고통이 사라지리라는 희망 속에서 고통의 원인들을 명명하지 않는 — 어떤 형태들은 사랑하는 사람들이 상처 입지 않게 하거나, 우리 스스로가 상처 받지 않게 하려는 것으로, 보호의 한 형태로 의도된 것이다. 행복이 "덮어 버리는" 방식을 제공해 준다 해도, 늘 우리를 상처로부터 보호해 줄 수 있는 건 아니다. 그것은 또한 상처의 원인을 숨기거나 다른 사람들을 **자기 상처의 원인**으로 만들어 버리는 역할을 할 수도 있다. 『암 일지』에서 오드리 로드는 행복의 정치학을 강력하게 비판한다. 그녀는 유방암을 경험한 흑인 레즈비언 페미니스트로서 글을 쓴다. 로드는 "~로서의 글쓰기"가 가진 힘을 결코 부인하지 않지만,

그렇다고 그런 글쓰기가 경험을 전부 담을 수 있다고도 생각하지 않는다. 암을 불행이나 생존의 문제로 돌리거나 행복하고 낙천적인 마음으로 대처하라는 의료 담론 앞에서 그녀는 이렇게 말한다. "상황의 긍정적 측면을 바라보라는 것은 삶의 어떤 현실들을 모호하게 하려고 사용하는 완곡어법이다. 그런 현실들을 드러내 놓고 숙고하면 현상 유지에 위험하거나 위협적인 일이 될 수 있기 때문이다"(Lorde 1997: 76). 긍정적 측면을 바라봄으로써 숨기거나 은폐하는 것은 있는 그대로의 세계를 위협할지 모르는 것들을 회피하는 것이다. 로드는 이런 관찰로부터 진실을 가리는 행복에 대한 더 폭넓은 비판으로 나아간다. "자 이제 살 만한 땅의 더 건강한 미래, 좋은 음식, 깨끗한 공기보다 '즐거움'을 추구해 봅시다! 마치 행복만이 이윤을 향한 광기의 결과에서 우리를 보호해 줄 수 있다는 듯 말입니다"(76). 우리의 제일 책무는 자신의 행복을 위하는 것이라는 관념에 정치적 투쟁을 통해 저항해야 한다고 로드는 말한다. 이 말은 우리의 저항을 행복에 대한 책임 방기로 보는 관념에 저항한다는 의미다. "방사선 치료, 인종차별, 여성 학살, 우리 먹거리에 침투한 화학물질들, 환경오염, 우리 젊은이들의 약물 남용과 정신적 파멸에 맞선 내 싸움이 정말로 행복해야만 하는 내 자신의 가장 중요한 책임을 방기한 것이란 말인가?"(77)[28] 나는 그녀가 이 질문에 대한 해답을 이미 우리에게 주었다고 생각한다.

이제 우리는 행복에 대한 주장들을 비판할 때 허위의식 모델을 어떻게 바로잡을 수 있는지 알 수 있다. 우리는 "당신은 틀렸소. 당신은 행복하지 않소. 당신은 거짓 믿음을 가지고 있기 때문에 그렇다고 생각할 뿐이오"라고 말하기보다는, 세상에 대한 우리의 의식에 뭔가 거짓된 것이 있소, 우리는 눈앞에서 벌어지는 일들을 보지 못하도록, 의식하지 못하

Feminist Killjoys

도록 배워 왔소,라고 말해야 할 것이다. 행복은 말하자면 덮개를 제공한다. 세계를 조화로운 것으로 보는 관점, 세계관에 맞지 않는 것, 반대하는 것은 덮어 버리는 방법인 것이다. 개개인이 허위의식에 시달리는 것이 아니라, 어떤 특정한 방식으로 사물을 보는 법 혹은 보지 않는 법을 배우면서 우리는 특정한 허위의식을 계승한다.[29]

　의식화 — 덮어 버리기에 대한 거부 — 는 일종의 정치적 투쟁이다. 나는 인종차별에 대한 의식화 작업과 그 작업이 우리가 이 세상을 살아가고 인식하는 방식에 어떤 영향을 미치는지에 대해 생각해 왔다. 그것은 힘든 작업이다. 정말 그렇다. 나는 한 흑인 페미니스트 동료와 인종차별에 대해 이야기하고 있었다. 우리는 인종차별에 대해, 그 관념을 전혀 다룰 줄 모르는 사람들과의 일상적 마주침 속에서 어떻게 그것을 깨닫게 되는지 서로 고개를 끄덕이며 이야기했다. 그녀가 말했다. 그 사람들이 늘 말하는 게 그거예요, 늘 모든 걸 인종차별로 환원해 버린다고요. 인종차별은 당신의 피해망상이 되는 것이다. 물론, 그 말은 인종차별이 당신이 말하는 그런 식으로는 존재하지 않는다고 말하는 방법이다. 마치 우리가 배제된 느낌을 설명하기 위해 인종차별을 발명해 내기라도 한 것처럼, 마치 어떤 장소에 가지 못하는 책임을 인종차별주의에 덮어씌우기라도 하려는 것처럼 말하는 것이다. 인종차별이 존재하지 않는다고 말하는 건 인종차별이다. 우리는 이미 이 사실을 잘 알고 있다.

　그러나 내가 더 생각해 보고 싶은 것은 피해망상과, 나쁜 느낌을 가질 만한 타당한 이유들이다. 아마도 문제는 이 피해망상에 합리적 근거가 있음을 내가 알고 있음에도 불구하고 내 스스로가 정말 피해망상인 듯한 느낌이 든다는 점이다. 나는 분명 벌어지고 있고 또 벌어질 수 있는 일들에 대해 일종의 피해망상적 불안을 느낀다. x라는 일이 일어날 때, 그것이 인종차별의 문제인지, 인종차별의 결과인지 나는 결코 확신하지 못한다. 내가 결코 확신하지 못하기 때문에, x는 인종차별에 관한 것일 가능성이 있는 것, 당신이 몸담고 있는 세계에 당신이 어떤 방식으로 몸담고 있는지를 설명해 주는 것으로 경험된다. 인종차별은 피해망상을 만든다. 그것이 바로 인종차별이 하는 일이다. 백인성은 피해망상 판타지(피해망상은 "실제로는" 존재하지 않는다)에 의해서, 그리고 피해망상 판타지의 효과에 의해서 재생산되고 그것이 우리를 피해망상적으로 만든다. 우리가 그렇게 느낌으로써 피해망상은 진실이 된다. 그리고 그 진실을 외칠 때 아픈 것은 우리다. 어떤 사람들은 인종차별에 반대하는 투쟁을 담벼락에 머리 치기라고 말한다. 담벼락은 그 자리에서 변함이 없기 때문에 상처를 입는 것은 바로 당신이다.

안드레아 레비의 『레몬 열매』(Levy 1999)는 인종차별을 의식하게 되면 얼마나 다른 세계에 놓이게 되는지를 문학적으로 가장 잘 그려 낸 작품 중 하나다. 소설은 자메이카 출신 이주자 부모를 둔 영국의 흑인 소녀 페이스 잭슨의 이야기다. 그녀는 자기 일을 하면서 자기 삶을 잘 꾸려 가고 있었다. 그녀는 집을 나와 백인 친구들과 함께 사는 셰어하우스에 들어간다. 부모는 딸의 선택을 존중했다. "'아, 페이스, 우리가 뭘 어쩌겠니? 네 자신이 원하는 길을 가렴.' 부모님은 오래전 이미 마음을 정하셨다. '네 자신이 원하는 길'"(19)에 대해 말이다. 나는 4장에서 "네 자신이 원하는 길"을 가도록 허락된 이민 가정 자녀들에 대해 다시 살펴볼 것이다. 이 장면 이후에는 흑인성을 경험하는 소녀에 대한 강렬한 묘사가 이어진다. 그것은 그녀의 의식에 충격을 주어 그녀를 다른 세계에 위치시킨다.

Feminist Killjoys

이번에도 어떤 사건이 있다. 무슨 일이 벌어진다. 페이스와 사이먼(그녀와 집을 같이 쓰는 친구)은 흑인 여성이 난폭하게 폭행당하는 광경을 목격한다. 사이먼은 가해자들을 쫓아가고, 그들은 잡힌다. 사건이란 당신을 곤경에 빠뜨리고 휩쓰는 것이다. 우리는 페이스의 눈을 통해 다음과 같이 사건을 목격한다. "흑인 여성이 서점의 문간에 서있었다. 그녀는 깜짝 놀란 듯한 눈을 하고 있었지만, 침착해 보였다. 마치 방금 도박에서 돈을 땄지만 믿을 수 없다는 듯한 표정이었다. 그런데 그녀의 얼굴 한쪽에서는 피가, 걸쭉하고 선명한 붉은 피가 줄줄 흘러내리고 있었다. 나는 그녀 앞에 서서 '괜찮으세요?' 하고 물었고, 그녀는 바닥에 고꾸라졌다. 순간 내 자신이 바보처럼 느껴졌다"(150). 그들은 집으로 돌아가 사건을 이야기한다.

이야기는 일종의 드라마를 만들어 낸다. 여기서 사이먼은 단순히 목격자나 관계자만이 아니라 구세주도 되고 영웅도 되고, 심지어는 피해자까지 되어 버린다. 같이 사는 친구들이 그 주위로 모여든다. 마치 이 사건이 그에게 일어난 일인 양, 마치 그 사건이 사건인 것은 그것이 그에게 미친 영향 때문인 것처럼 말이다. "담배를 입으로 가져가는 사이먼의 손이 떨렸다 ― 그는 담배를 제대로 들지도 못했다. 매리언은 자기 손으로 사이먼의 손을 잡아 주었다. '놀랬구나. 달달한 차가 필요하겠어.' 그녀는 사이먼의 얼굴을 자세히 들여다보며 말했다. '믹, 주전자 좀 올려 줘.'"(156) 페이스는 친구들이 사이먼의 주변에 모여들면서 그 흑인 여성은 [그의 이야기 속에서] 사라져 버리는 것을 지켜본다. 그런 모임 사이에 그녀가 끼어든다. "나는 두 번이나 이야기를 끊었다. '그 여자는 흑인이었어'라고 내가 말했다. 사이먼이 그녀를 그냥 그곳에서 일하던 여자라고 말했을 때다. 두 번이나 나는 그녀가 나처럼 흑인이라고 말해야 했다. 그리고 두 번 모두 사이먼과 믹은 날 쳐다보며 고개를 끄덕였다"(156). 페이스는 상처 입은 흑인 여성과 자신을 동일시한다. 그녀가 흑인이라고 말한다. 그녀가 **자기처럼 흑인**이라고 말한다. 정치적 동일시의 핵심은 이렇게 다른 사람의 상처를 인식하는 데 달려 있다.

하지만 그들은 자기들끼리 이야기를 계속한다. 마치 그녀의 흑인성이 지나쳐도 괜찮은 사소한 사실에 불과한 듯 말이다. 그들은 사이먼을 두고 키득거리며 법석을 떤다. 사건은 드라마로 넘쳐 난다. 페이스는 더 이상 견딜 수 없어진다. 그 사건의 폭력이, 흑인 여성을 향함으로써 힘을 얻은 폭력이 간과됨을 견딜 수 없어진 것이다. "그때 난 내 찻잔을 테이블에 천천히 엎어 버렸다. '모두 입 좀 다물래? 제발 그 입 좀 다물어. 이건 웃긴 일이 아니라고!' 그러자 그들은 말을 멈췄다. 완벽한 침묵이 흘렀다. 그들은 내가 집을 나가는 것을 빤히 쳐다보았다"(158). 인종차별에 대해 말하고 인종차별에 이름을 붙이고 인종차별을 의식하게 되면서, 페이스는 다른 세계에, 흑인성이 간과될 수 없는 세계에 위치하게 된다. 흑인 여성은 들어 달라고 소리를 지른다. 그리고 소리를 지름으로써, 그 흑인 여성은 나쁜 느낌을 일으키는 원인이 된다. 그래서 떠나야 하는 사람은 그녀다. 돌아온다 해도 이미 늦었다. 그녀는 친구들을 쳐다볼 수가 없다. 거울에 비친 자신의 모습을 견딜 수가 없다. 마치 거울이 그녀에게 비춰 준 것, 이제야 볼 수 있게 된 자신의 검은 얼굴을 더 이상 견딜 수 없는 것처럼 말이다. 어떻게 자신이 자신의 도착에 의해 흔들리고 방해받을 수 있을까? 익숙한 것은 그것에 몸담고 있는 사람들에게는 희미해진다. 익숙한 것은 거기서 멀어져야 당신에게 그 모습을 드러낸다. 익숙한 것은 당신의 멀어짐이 보여야 그 모습을 드러내는 것이다. 프란츠 파농이 『검은 피부, 하얀 가면』(Fanon 1952/1986)에서 그토록 강력히 보여 주었듯이, 익숙한 것에 몸담을 수 있는 사람들이 당신을 보는 대로 당신이 스스로를 바라보게 되는 것은 그들이 익숙한 것의 그 형식 속에 묻혀 있기 때문이다.

이후에는 페이스가 고향으로 가는 이야기가 이어진다. 그녀는 결코 가본 적이 없는 고향, 부모님의 고향인 자메이카로 돌아간다. 어떤 점에서 이 소설의 플롯은 단순하다. 마치 고향으로 가는 것, 뿌리를 발견하는 것이 해결책이 될 수 있다는 듯 진행된다. 이 소설은 그렇게도 읽힐 수 있다—하지만 그건 내가 읽으려는 방식이 아니다. 인종차별을 의식한다는 것은 백인성을 향해 있는 세상에서 내 자리가 없음을 의식하는 것이 된다. 페이스에게 자기 자리를 찾는다는 건 부모의 도착에 대해 배우는 것이다. 그들이 어디에서 왔는지, 그녀가 어떻게 존재하게 되었는지, 자리 상실이 어떻게 상속되는지에 대해 알게 되는 것이다. 이는 그녀가 행복해지는 이야기가 아니다. 이는 간과되기에 대한 저항으로서 흑인이 되는 이야기다. 여기서 흑인이 된다는 것은 가족 관계를 회복하고 가족의 이야기를 듣는다는 뜻이다. 백인 페미니스트 의식 소설들은 가족-으로부터의-자유, 가족의 의무와 관련된 편협한 대본으로부터의 자유에 대한 이야기인 경우가 많다. [이에 반해] 흑인 페미니스트 의식 소설들은 가족-으로의-자유에 대한 이야기일 수 있다. 왜냐하면 추방과 박탈의 역사를 거치며 상실된 것이 바로 가족이기 때문이다.

그러므로 페미니스트 의식은 공손한 말들과 사랑의 언어들 아래 감춰져 있는 폭력과 권력에 대한 의식이다. 단지 가능성을 제한하는 장소로서의 젠더에 대한 의식이기만 한 것이 아니다. 우리는 이로부터 아주 많은 것을, 너무 많은 것을 배울 수 있다. 행복의 기호들이 감추고 있는 것을 알아차리는 법을 배울 수 있다. 당신이 뭔가를 알아차리는 것, 그것만으로도 불행이 야기될 수 있다. 만약 당신이 뭔가를 알아차리는 것만으로도 불행이 야기된다면, 당신은 당신이 몸담은 세계가 당신이 생각했던 그 세계가 아님을 깨닫게 될 것이다. 페미니즘이 세계로부터의 소외가 되면, 결국 이는 자기소외의 순간들을 수반한다. 우리의 페미니스트 아카이브는 불행의 아카이브다. 비록 불행의 가닥들로만 우리 이야기를 전부 짤 수는 없지만 말이다.

페미니스트 정치학이 어떻게 분위기 깨는 일을 수반하는지 인식해야 한다고 하는 나의 요청은 페미니즘의 역사로, 즉 행복에 맞서 투쟁해 온 이들의 역사로 돌아가자는 요청이기도 하다. 그래서 더 긍정적인 페미니즘에 대한 요즘의 요청이 어떤 의미인지 난 잘 모르겠다.[30] 로지 브라이도티는 부정성에 초점을 맞추는 것이 페미니즘 내부의 문제가 되었다고 말한다. 그녀는 암울함을 다소 암울하게 읽어 낸다. "나는 욕망을 더 즐겁고 역량을 강화하는 것으로 개념화하고 싶고, 우울이 아닌 긍정성을 전면에 내세우는 정치경제를 적극적으로 열망한다"(Braidotti 2002: 57[116]). 그녀는 부정성보다는 **외려** 긍정성을 요청하는데, 이는 명백히 행복으로의 전회다. 그녀는 이렇게 주장한다. "나는 행복이 정치적 문제라고 생각한다. 웰빙, 자신감, 역량 강화가 정치적 문제인 것처럼 말이다. 이것들은 근본적으로 윤리적인 관심사들이다. … 페미니즘 운동은 역사적으로 이런 것들을 사회적·정치적 의제의 중심에 배치시키는 역할을 해왔다. 다시 말해, 행복을 근본적인 인간의 권리로 그리고 더 나아가 정치적 문제로 보게 한 것이다"(Braidotti 2006a: 230[401]). 내 바람은 인권으로서의 행복,

정치학에 적합한 언어로서의 행복에 대한 페미니즘적 비판을 재활성화하는 데 있다.

행복에 대한 비판을 재활성화하려면 기꺼이 불행에 근접해 있어야 한다. 페미니스트 의식에는 우리의 불행을 증가시킬 수도 있는, 혹은 최소한 그런 인상을 만들어 내는, 불행에 대한 의식이 포함돼 있다고 나는 생각한다. 행복은 부분적으로는 불행의 원인을 덮어 버림으로써 불행을 덮어 버리는 역할을 할 수 있다. 그래서 덮기를 거부하면 불행이 출현하게 된다. 이런 의식화 과정은 단순히 불행을 의식하게 되는 것일 뿐만 아니라 불행을 이해하는 더 나은 방법을 (다른 사람들과 더불어) 성취하는 것이기도 하다. 우리는 불행이 구조화돼 있음을, 우리에게 일어나는 일은 다른 사람에게 일어나는 일과 어떤 식으로든 연결돼 있음을 알 수 있게 된다. 사람들은 우리를 불행의 원인이라고 간주해 왔지만 사실 우리는 불행의 원인이 아닐 뿐만 아니라 그렇게 불행의 원인**으로** 간주돼 온 결과물임을 알 수 있다. 우리는 성난 흑인 여성 되기 혹은 분위기 깨는 페미니스트 되기에 대해 떠들 수 있다. 우리는 이런 형상들을 다시 우리 것으로 가져올 수 있다. 우리는 저녁 식탁이나 세미나에서 혹은 회의에서 우리가 나눈 대화들에 대해 떠들 수 있다. 우리가 익숙하게 그런 장소에 몸담고 있었음을 깨닫고 웃을 수 있다. 우리가 비록 같은 곳에 몸담지 않는다 해도(실제로 우리는 그렇다) 행복으로부터의 소외를 인식하면서 연대할 수 있다. 심지어 분위기[즐거움]를 깨는 데는 즐거움이 있을 수 있다. 분위기를 깨는 것, 이것이 바로 우리가 해야 할 일이고 하고 있는 일이다.

3장

불행한 퀴어

"거기 좋은 이야기가 있을지도 모르겠군요." 딕이 말했다. "하지만 … 동성애를 매력적으로 만들어서는 안 됩니다. 행복한 결말은 안 됩니다.…" 그러니까 내 여주인공이 실은 퀴어가 아니라고 결론 내야 한다는 말이군요. … "바로 그겁니다. 그리고 그녀가 사귀던 사람은 아프거나 미친 거구요." 빈 패커

이런 대화를 거쳐 1952년에 처음 발표된 최초의 레즈비언 베스트셀러 대중소설 『스프링 파이어』의 저자 빈 패커[본명은 마리제인 미커Marijane Meaker]와 출판사는 합의에 이른다. 이 소설은 "동성애를 매력적으로 만들" 그런 행복한 결말은 안 된다는 조건에서만 출판이 가능하다고 말이다(Packer 1952/2004: vi). 이 시기 퀴어 소설에서는 등장인물이 퀴어인 한 행복해질 수 없었다. 그런 선물은 퀴어를 "좋아" 보이게 하고, 퀴어로 사는 삶이 사회적으로 가치 있다고 "홍보"하는 것으로, 즉 독자를 퀴어로 만들려는 시도로 읽힐 수 있었기 때문이다.[1]

그렇게 해서, 좀 역설적이게도, 불행한 결말은 정치적 선물이 된다. 즉, 불행한 결말 덕분에 퀴어 소설이 출판될 수 있었다.[2] 불행한 결말은 검열의 결과이긴 하지만, 검열을 극복할 수 있는 수단이기도 했다. 2004년에 출간된 『스프링 파이어』 2판 서문에서 빈 패커는 결말을 타협한 것을 후회한다고 분명히 밝힌다. 하지만 그녀는 또한 이렇게 덧붙인다. 아무리 그 불행한 결말이 "우체국[우편검열국-옮긴이]의 검열을 통과하기 위한 것이었다 해도, 동성애자 독자들은 그런 결말을 전혀 믿지 않았을 것

Unhappy Queers

이다. 어찌됐건 그들은 그다지 개의치 않았을 것이다. 왜냐하면 우리에 관한 새 책이 나왔다는 게 더 중요했기 때문이다"(vii). 불행한 결말은 검열을 충족시킨 동시에 게이·레즈비언 독자에게도 만족을 준다. 우리가 불행한 결말을 문자 그대로 받아들여 레즈비언·게이들은 이성애자가 straight 되어야 하거나, 아니면 죽거나 미쳐 버려야 한다는 "증거"로 "믿을" 필요는 없기 때문이다. 중요한 것은 "우리에 관한 새 책"의 존재였다.

여기서 우리는 퀴어 아카이브에서 불행한 결말을 읽는다는 것이 미묘하고 복잡한 문제임을 알 수 있다. 문자 그대로 읽으면, 행복한 결말과 불행한 결말의 구분 자체가 좋은 삶과 나쁜 삶을 도덕적으로 구분하는 "역할을 한다." 불행한 퀴어 아카이브(이것이 유일한 퀴어 아카이브는 아니다)를 읽을 때 우리는 이런 직역주의에 저항해야 한다. 행복한 것과 좋은 것의 필연적인 일치를, 나아가 좋은 것 자체의 도덕적 투명성을 적극적으로 의심해야 하는 것이다. 불행한 결말을 퀴어의 삶에 대한 도덕적 승인을 보류하는 기호로 읽기보다, 불행이 이 아카이브 내부와 주변에서 어떻게 순환하는지 그리고 **그것이 우리에게 무엇을 하게 하는지** 생각해 봐야 한다.

이 장에서 내 목표는, 불행한 퀴어를 퀴어 계보의 결정적 측면으로 생각해 보는 것이다. 헤더 러브의 주장대로, "우리에게는 지난 세기 동안 퀴어 존재에서 그렇게나 중심적이었던 부정적이고 수치스럽고 힘들었던 느낌들을 간과하지 않는 퀴어 정서의 계보가 필요하다"(Love 2007: 127). 이브 코소프스키 세지윅(Sedgwick 2003), 엘스페스 프로빈(Probyn 2005), 샐리 먼트(Munt 2007) 같은 학자들은 퀴어 정치학에서 수치심의 잠재력을 강력히 옹호한다. 나는 불행을 긍정하는 것 혹은 적어도 불행을 간과하지 않는 것이 무엇을 의미할 수 있는지 생각해 보려 한다. 불행은 개개의 등장인물들 — 괴로워하는 화자에서 비탄에 잠긴 연인들까지 — 이 내면에 담고 있는 느낌으로 나타날 수도 있고, 특별한 방향이나 목표, 목적 없이 주변을 맴도는 분위기, 앞 장에서『댈러웨이 부인』을 통해 살펴보았듯이, 각자의 관점에 느슨하게만 붙어 있는 분위기로 나타날 수 있다. 불행은 어떤 특정한 방향으로 인도되는 느낌을 수반할 수 있고, 심지어 그 방향에 서사를 부여할 수도 있다. 우리는 퀴어 소설이 어떻게 불행을 귀속시키고 위치시키는지, 그리고 그것이 단순히 행복한 퀴어라는 대안적 이미지에 희망을 두기보다 퀴어의 불행을 어떻게 다르게 설명하는지 질문해 볼 수 있다.

불행에 대한 퀴어 정치학을 탐색하면서 나는 잘 알려진 고전 소설『고독의 우물』에 의지한다. 리사 워커에 따르면 "『고독의 우물』의 **대표** 레즈비언 소설로서의 위상은 현존하는 **가장 우울한** 레즈비언 소설로서의 명성과 불가분의 관계에 있다"(Walker 2001: 21).『고독의 우물』은 "동성애자들, 특히 레즈비언들에게 연민과 자기-연민, 그리고 두려움으로 얼룩진 수수께끼 같은 이미지"를 부여한 "저주의 서사"로도 일컬어져 왔다(Stimpson 1988: 101). 그 책은 독자들을 슬프고 비참하게 만든다고, 심지어 퀴어 불행을 야기한다고 비판 받아 왔다. 나는 그런 비판을 일축해 버리진 않을 것이다. 그런 비판들도 우리가 공유하는 아카이브의 일부이기 때문이다. 사실, 이 아카이브가 작동하는 것은 불행**에 대한** 불행의 표현 바로 그것 때문이다. 부정적인 정서의 줄기들이 우리가 공유하고 있는 유산과 엮이게 되는 것이다. 물론 우리는 불행을 다른 방식으로 계승할 수 있다. 나는『고독의 우물』과 같은 소설들을 불행한 퀴어 계보의 일부분으로 읽어 보고자 한다. 그 계보에는 행복한 퀴어에 대한 사회적 희망에

Unhappy Queers

입각한 것처럼 보이는 영화 〈이 벽들이 말할 수 있다면 2〉도 포함된다. 나는 또한 『루비프루트 정글』과 『베이비지』 두 소설을 통해 행복한 퀴어가 되면 불행의 원인이 어떻게 달리 보이는지 생각해 보려 한다.

단지 행복하기를

나는 행복의 약속이 우리를 좋은 삶을 위해서 필요하다고 간주되는 어떤 대상들로 인도한다고 했다. 다시 말해, 좋은 삶은 대상의 근접성을 통해 상상된다. 분명 행복의 정서적 레퍼토리는 우리에게 어떤 특정한 종류의 삶, 어떤 것들을 소유하고 어떤 것들을 행하는 그런 삶의 이미지를 떠올리게 한다. 분명 좋은 삶의 이미지와 이성애적 행동은 분리하기 어렵다. 이는 낭만적 사랑과 부부 생활, 그리고 가정적 사생활의 이상화를 통해 역사적으로 특권화되어 왔다. 벌란트는 사생활의 영역들 내에 존재하는 "어렴풋한 행복의 판타지"를 너무나 잘 묘사한다(Berlant 2000: 36). 감정적 공간, 즉 감정의 공간에서 인정받는 형태의 사랑을 하는 사람들의 헌법적 권리는 보장되며, 이는 편안함과 온기를 준다. 가정의 행복 속 행복은 확실히 우리를 어디론가 데려간다.

대중문화에서 이성애적 행복이 과대 대표되고 있음도 분명하다. 대체로 이성애적 행복을 적절히 성취하기까지 여러 위협과 장애가 불안하게 반복된다. 이성애적 사랑이란 행복한 결말의 가능성, 삶의 목표, 삶에 방향과 목적을 주는 것, 이야기를 이끌어 가는 것이 된다. 행복한 이성애의 재생산에서 서사 그 자체만을 따로 분리해 내기는 어렵다. 줄리 에이브러햄이 지적하듯이, "문학의 욕망"은 단순히 "욕망의 픽션"이 아니라 "이성애적 욕망의 픽션"(Abraham 1996: 3)에 기대고 있다.

앞 장에서 나는 행복 대본들을 젠더화된 대본으로 성찰하면서 그런 대본을 따름으로써 주체는 어떻게 이성애를 지향하게 되는지 살펴보았다. 예를 들어, 소녀는 "좋은 남자"의 행복에서 자신의 행복을 찾음으로써 여자가 돼야 한다. 행복 대본은 이미 도열해 있는 줄[선]에 신체를 맞추는 방법, 즉 똑바르게[이성애자로] 만드는 장치로 볼 수 있다. 축적되면 선이 될 수 있는 점은 수행적 역할을 할 수 있다. 즉, 선 위의 점 하나가 줄 맞춰 서있으라는 요구가 될 수 있는 것이다. 그 줄에서 이탈하면 불행해질 거라는 위협을 받는다. 이탈한 자가 겪는 불행은 도착적 약속(이걸 해야 저걸 얻을 수 있어!)이자 위협이나 다름없는 약속(그러니 그건 하지 말라고!)으로서 강력한 역할을 한다. 행복 대본은 우리가 대본을 따르지 않거나 거부할 때에도, 심지어 욕망이 그 선에서 이탈할 때에도 강력한 힘을 발휘한다. 이런 방식으로 대본은 어떤 진실을 말한다. 이탈하면 불행해진다는 진실 말이다. 행복 대본은 이탈의 불행한 결과를 적나라하게 드러냄으로써 우리가 그런 결과를 피하도록 한다. "전체 세계"가 올바른 길, 올바른 것들로 인도된 주체들에게 달려 있는 것처럼 보인다. 이탈이란 늘 한 세계를 걸고 감행하는 일이다(당신이 건 그 세계를 늘 잃게 되는 건 아니지만 말이다). 퀴어와 페미니스트들의 역사는 이탈의 결과를 기꺼이 걸고 감행한 자들의 역사다.

행복은 주체들이 자신의 욕망을 말하는 방식일 뿐만 아니라 또한 타인과 주고받고 싶어 하는 것이기도 하다. 행복은 상호 열망을 주고받는 형식(네가 잘되니 내가 다 행복하네. 네가 행복하면 좋겠어. 네가 행복하면 나도 행복해)이자, 바로 그 상호성의 언어로 강압을 실행하고 감추는 형식이기도 해서, 내가 행복하려면 상대가 행복해야 할 뿐만 아니라 그 사람이 기꺼이 똑같은 것들에서 행복을 느끼려 해야 한다.

행복을 말할 때, 행복을 언어로 표현할 때, 우리는 분명 무언가를 한다. **네가 행복하다면 나도 행복해**라는 말을 예로 들어 보자. 그런 진술은 어떤 대상에 대한 평가를 공유하는 방식의 하나로 이뤄질 수 있다. 당신이 이것에 대해 행복하다면 나도 이것에 대해 행복하다고 말하는 것일 수 있는 것이다. 이 진술에서 대상이 꼭 "나"와 "당신" 사이를 매개해야 하는 것은 아니다. "당신"이 대상, 즉 내 행복이 달려 있는 무엇이 될 수 있다. 이 말은 이렇게 번역될 수도 있다. **네가 행복해야 내가 행복하지.** 당신이 행복해야만 내가 행복할 수 있다면, 당신이 불행하면 나도 불행할 것이다. **네가 그러면 나도 불행해.** 만약 나는 행복한데 당신은 불행하다면, 나는 더 이상 행복하지 않을 것이다. **네 불행이 내 행복을 위협해.** 만약 내 행복이 당신의 행복에 달려 있다면, 당신은 내 행복을 결정할 힘을 가지고 있는 것이다. 그래서 아마도 당신은 내 행복을 보호하기 위해 당신의 불행을 감춰야 한다고 느낄 수도 있다. **넌 날 위해 행복해야 할 의무가 있어.**

그런 발화 행위들이 늘 이런 식으로 번역된다는 말은 아니다. 하지만 우리는 욕망과 의무 사이의 신속한 전환에 주목해야 한다. 다른 사람의 행복을 바라는 바로 그 욕망이 우리를 위해 반드시 행복해야 한다는 의미가 될 수 있는 것이다. 다른 사람을 사랑해서 그 사람의 행복을 바랄 경우, 사랑은 그 다른 사람을 위해 행복해야 할 의무로 경험될 수 있다.[3] 행복과 사랑의 관계를 더 자세히 살펴보자. 로버트 하인라인은 사랑을 "다른 사람의 행복이 당신의 행복에 필수적이 되는 상황"(Lucas 2006: 74에서 재인용)

으로 정의한다.[4] 라이프니츠도 사랑을 정의할 때 행복을 필수 불가결한 요소로 본다. "사랑은 사랑하는 대상이 완전하고, 잘 지내고, 행복할 때 쾌락을 얻게 되어 있다"(Leibniz 1765/1981: 163).[5] 앞 장에서 나는 내가 조건 부 행복이라고 부른 것의 몇 가지 결과를 살펴보았다. 이제 행복이 사랑 의 조건이 된다는 게 무슨 의미인지 좀 더 면밀히 생각해 보자.

우리는 타자의 행복을 바랄 수도 있고, 타자에게 행복을 주고 싶을 수도 있고, 타자의 행복의 원인이 되고 싶을 수도 있다. 또 이 모든 것들을 한꺼번에 바랄 수도 있다. 이런 바람들에 따라오는 것은 무엇인가? 흥미 로운 것은 사랑하는 사람의 행복을 바라면서 종종 "단지"just라는 기표를 붙이며 주저한다는 사실이다. "내가 바라는 건 단지 네 행복이야." "단지" 행복을 바란다는 것은 무슨 의미인가? 부모가 아이에게 이렇게 말할 때 이는 무슨 의미인가? "단지"가 드러내는 것, 행복을 바라는 것은 아이에 게 더 많은 것을 요구할 수 있지만 다른 건 바라지 않겠다는 것처럼 구는 것일 수 있다. 어떤 면에서는 아이의 행복에 대한 욕망이 특정한 종류의 자 유를 주는 듯하다. 마치 "네가 이렇게 되거나 저렇게 하기를 바라는 게 아 니야. 단지 널 행복하게 하는 것이라면 '무엇이든' 되거나 하기를 바랄 뿐 이야"라고 말하는 듯하다. 이때 "무엇이든"이라는 말이 그 "무엇"의 의무 에서 우리를 해방시켜 준다고도 말할 수 있다. 마치 아이의 행복에 대한 욕 망은 결정의 내용에 어느 정도 무관심해도 되는 자유를 주는 듯하다.[6]

퀴어 아동을 다룬 심리극을 예로 들어 보자. 퀴어 아동은 많은 부모 에게 불행의 대상이다. 자식이 커밍아웃할 때 일부 부모의 반응을 보면 아이가 퀴어이기 때문에 불행하다고 표현하기보다는 아이가 불행해서 불행하다고 표현한다.[7] 레즈비언·게이 해방에 관한 고전『회귀 불가』에 나오는, 자녀의 커밍아웃에 대한 부모의 전형적인 반응 중 하나는 이런 것이다. "난 단지 네가 행복하길 바랄 뿐이란다, 얘야. 근데 그건 너무 불행한 삶이구나"(Goodman et al. 1983: 17). 퀴어 소설에는 퀴어인 자식이 불행한 삶을 살지 않을까 두려워하는 부모들의 발화가 가득하다.[8] 낸시 가든이 쓴 레즈비언 소설 『내 마음의 애니』에 나오는 다음 대화를 보자.

> 아빠가 말했다. "리사, 내가 말했지. 아빠는 널 언제나 지지한다고. 지금은 우리 둘 다 너무 흥분해서 이 얘기를 더 하기 그러니 엄마랑 점심 먹으러 나가자꾸나. 하지만 얘야, 이렇게 말하는 게 멋있지 않다는 것은 안다만 — 글쎄, 아빠는 엄마도, 너도, 채드도 너무 사랑해서 이 말은 꼭 해야겠다. 아빠는 레즈비언들이 행복할 수 있다고는 생각해 본 적이 없단다 — 우선은, 아이도 가질 수 없고, 진짜 가족적 삶이 아니잖니. 리사, 넌 진짜 훌륭한 건축가가 될 수 있어 — 하지만 아빠는 네가 다른 쪽으로도 행복했으면 좋겠다. 엄마처럼 남편도 있고 애도 키우면서. 넌 둘 다 할 수 있잖니." … **난 행복해요. 난 애니면 돼요. 애니랑 내 일, 그게 내가 필요한 전부예요. 애니도 행복해요 — 우리 둘 다 이 일이 생기기 전까지는 그랬어요.** 난 눈빛으로 아빠에게 이 말을 전하려 애썼다(Garden 1982, 191[257-58]).

이런 발화의 기능은 강력하다. 부모는 불행할 수밖에 없는 미래를 상상하며 이에 동일시된다. 아이가 상실하게 될 것에 대한 비탄에 잠겨 동일시하는 이런 모습을 보며 우리는 퀴어로서의 삶이 이미 불행한 삶, 당신을 행복하게 할 "것들"이 없는 삶, 어떤 것들, 즉 "남편과 자식"이 없어 우울한 삶으로 구축돼 있음을 알 수 있다. 여기서 사랑은 아이가 그런 것들을 포기하지 않았으면 하는 것이다. 당신은 아이가 이런 것들을 포기하지 않음으로써 행복하기를 바란다. 따라서 아이가 행복하기를 바란다는 욕망은 무관심과는 거리가 멀다. "난 단지 네가 행복하기를 바랄 뿐이다"라는 말은 그것이 무관심하다고 상상하는 바로 그 지점에서 무언가를 지시하고 있다.

딸은 오직 눈으로만 말할 수 있다. 그녀는 눈을 통해 행복과 불행에 대한 대안적 이야기를 하려 한다. 이런 답변 속에서 그녀는 분명 자신이 행복하다고 말한다. 그녀는 "애니**면**" 된다. **이** 관계 때문에 그리고 그로 인해 살게 될 **이** 삶이 그녀는 행복하다고 말한다. 입 밖으로 내지 못한 대답의 힘은 **전까지**라는 단어에 담겨 있다. 이 일이 일어나기 "전까지" 행복했다고 말할 때 "전까지"는 아버지가 반대하는 순간을 나타낸다. 불행한 퀴어란 이 시점에서 불행하다고 판단된 퀴어다. 불행하다는 판단은 퀴어 관계의 사회적 가능성을 인정하는 데 실패하면서, 즉 퀴어 사랑을 인정하는 데 실패하면서, 불행을 만들어 낸다. 아버지의 발화 행위가 불행이라는 정서 상태 그 자체를 만들어 내고 있는 것인데, 이는 딸의 결정에 따라올 필연적 결과로 따라올 것이라고 상상한 바로 그 상태다. "이 일"이 발생하자 불행이 정말 뒤따라온다.

가족 안에서의 사회적 투쟁은 보통 불행의 원인을 둘러싼 투쟁이다. 아버지가 불행한 것은 딸이 퀴어이면 불행해질 것이라고 생각하기 때문이다. 딸은 자신이 퀴어인 것에 대해 아버지가 불행을 느끼기 때문에 불행하다. 아버지는 딸이 퀴어이기 때문에 불행해질 거라는 자신의 입장이 참임을 나타내는 증거로 딸의 불행을 이야기한다. 행복한 퀴어라 하더라도 이 시점에서는 불행해질 것이다. 분명한 건, 퀴어인 아이는 불행하다는 주장을 관철해야만 가족이 계속 행복 대상이, 행복을 야기하리라 기대되는 것이 될 수 있다는 사실이다.

"난 단지 네가 행복하기를 바란다"라는 발화 행위는 커밍아웃 이야기에서 관용이나 수용의 형태로 이용될 수도 있다. 『내 마음의 애니』와 대조적인 예는 〈엘 워드〉의 시즌1과 시즌2에서 부모에게 커밍아웃하는 데이나의 이야기에서 볼 수 있다. 처음에 데이나의 어머니 샤론 페어뱅크스는 그런 생각 자체를 받아들일 수 없어 딸이 이성애자가 되도록 설득하려 한다.[9] 하지만 결국은 딸과 그녀의 파트너 토냐가 서로 사랑한다고 말하자 어머니는 좀 더 수용하는 자세가 되어 이렇게 말한다. "네가 사랑을 찾았다는 걸 알겠구나. 네가 행복하기만 하다면 그 사랑이 어떤 형태인지는 중요하지 않겠지."

어떤 것이 중요하지 않다는 말은 항상 역설적이다. 만약 당신이 어떤 것이 중요하지 않다고 말해야 한다면, 그 말은 보통 그것이 중요하다는 뜻을 내포하고 있다. 만약 어떤 것이 중요하다고 인정함으로써 중요한 차이가 중요하지 않은 차이가 된다는 보장만 있다면, 당신은 그것을 인정해 줄 수도 있을 것이다. 퀴어 사랑은 그런 사랑도 사랑이라고 인정받을 수 있을 때에만, 그럼으로써 그 사랑이 행복을 보장해 줄 수 있을 때에만 인정받을 수 있다. 앞에서 이미 보여 준 것처럼, 어떤 것들은 다른 것들보다 더 행복 원인으로 간주된다. 이 경우, 사랑하는 두 사람은 부모에게 자신들의 결혼을 축복해 달라고 하고 있다. 퀴어 사랑의 이성애적 방식인 것이다. 퀴어들이 인정받기 위해 유사한 행복의 기호들을 가져야 할 경우, 퀴어성의 기호들은 최소화돼야 한다.[10]

물론 퀴어의 삶이 불행할 수밖에 없다는 가정에 대한 대답으로, 그리고 그에 대한 대응으로 우리는 퀴어 행복에 대해 이야기할 필요가 있다.[11] 마트 크롤리의 연극 〈보이즈 인 더 밴드〉(1968)에 나오는 다음과 같은 마이클의 비극적 대사가 담고 있는 폭력을 되새기는 것만으로도 우리가 그래야 할 이유는 충분하다. "이 세상에 행복한 게이 있으면 나와 보라 그래. 아마 송장이 된 게이밖에 없을 걸"(Sanderson 1999: 141-42 재인용). 하지만 그럼에도 그리고 어쩌면 아마도 같은 이유로, 우리는 퀴어 불행에 대해 이야기하는 것이 왜 중요한지 이해할 수 있다. 퀴어 불행은 인정받지 못한 고통이다. 그것은 인정의 조건일 수도 있다. 그것은 당신의 삶이 불행하다는 인식을 반박하기 위해 필요한 작업일 수 있다. 즉, 당신이 불행하지 않음을 보여 주려면 행복해야 한다는 바로 그 압력이 분명 불행을 만들어 낼 수 있기 때문이다.

불행 유발하기

세상에 도착한다는 것은 그 세상을 계승한다는 것이다. 가족은 이런 계승이 이루어지는 지점으로, 아이에게 근접한 것들을 형성해 준다(Ahmed 2006 참조). 퀴어인 아이는 가계를 재생산해 가족을 계승하는 일을 할 수 없다. 이런 실패는 정서적인 것이다. 당신은 불행-원인이 되는 것이다. 내가 서론에서 지적했던 것처럼, "불행"이라는 말은 처음에 슬픔이나 비참을 느끼는 사람보다는 불운이나 문제를 일으키는 사람을 가리키는 말이었다. 불행을 야기하는 것과 불행하다고 간주되는 것 사이의 전환이 아주 신속하다는 점에서 우리는 뭔가를 배울 수 있고 배워야 한다.

Unhappy Queers

당신에게 불행의 원인이라는 속성이 부여되었기 **때문에** 당신은 불행해질 수 있다. 프로이트가 자신의 여성 환자에게서 동성애 사례를 읽어낸 방식은 이 점을 극적으로 보여 준다. 이 사례에서 눈에 띄는 점은, 이 사례 속 여성이 자신의 섹슈얼리티에 대해 "행복"해 하는 것으로 나타난다는 것이다. "그녀는 빨리 동성애로부터 벗어나고 싶다는 말로 날 속이려 하지 않았다"(Freud 1920/1955: 153[355]). 반대로, 프로이트의 표현에 따르면, "그녀는 사랑하는 데 있어 다른 어떤 방법도 생각할 수 없었다"(153[355]). 이 동성애자 여성은 프로이트에게 치료에 대한 욕망을 드러내지만, 이는 자신의 성적 정향의 방향을 바꾸고 싶어서가 아니라 부모의 불행의 원인이 되고 싶지 않아서다. 그녀의 성적 지향에 대해 부모가 느끼는 불행 때문에 그녀도 불행해진 것이다.

사라 슐만의 소설 『감정이입』은 프로이트의 사례에서 가져온 비문으로 시작한다. 소설에서 안나는 심리치료사를 찾아가 이렇게 말한다. "선생님, 이제 전 행복한 사람이 되었습니다. 전 이대로의 **제** 삶이 좋아요"(Schulman 1992/2006: 52). 안나는 이대로의 자기 삶에 불만이 없다. 여자인데 여자를 원해서 불행한 것이 아니다. 대신 자신을 불행하게 하는 것은 "구조에 관한 관념들"이라고 그녀는 말한다. 의사는 그녀가 감정이입 때문에 고통스러워한다고 결론 내린다(52). 감정이입이란 고통스러운 것이다. 다른 사람들의 불행 때문에 자신이 불행해지기 때문이다. 다른 사람들의 감정에 꼭 휩쓸릴 필요는 없지만 당신은 자기 삶에서 선택한 것에 대해 그들이 언짢아하는 것("구조에 대한 관념들")을 견디며 살아야 한다. 그런 언짢음은 올바른 생각들에 따라 살지 않는 사람들을 향한 것이다. 그들이 당신을 언짢아하는 이유는 당신이 그들이 원하는 그런 모습이 아니기 때문이다. 당신은 다른 사람들이 원하는 모습이 아니라서 불행해질 수 있다. 심지어 다른 사람이 당신이 그랬으면 하고 원하는 모습을 당신이 원하지 않는다 해도 그렇다.

이 세상에 도착한 것 자체가 불행의 원인이라면 정말 힘들 것이다. 퀴어에 대한 슬픈 책이라 하면 우리는 얼마든지 들 수 있고, 그 책들이 우리에게 보여 주려 하는 것도 바로 이런 것이다. 래드클리프 홀의 『고독의 우물』을 살펴보자. 이 소설은 스티븐 고든의 이야기다. 그는 소설에서 내내 인버트invert[자신의 생물학적 성과 다른 성역할을 하는 동성애자]로 나오는데, 그의 삶은 인버전[성역할 전환 동성애]inversion에서 가능한 유일한 플롯처럼 보이는 "비극적이고 비참한 결말"로 치닫는다(Hall 1928/1982: 411[2권 343]).[12] 소설 전반에 걸쳐 스티븐은 일련의 비극적이고 실패할 수밖에 없는 운명적 연애들을 거치며, "아이이자 친구이며 연인"인 메리 르웰린과의 관계도 끝을 낸다(303[2권 163]). 소설은 우리에게 행복한 결말을 주지 않는데, 아마도 이것이 이 작품의 핵심인 듯하다. 스티븐은 그들의 사랑이라는 부담에서 메리를 놓아주기 위해 그녀를 포기한다. 스티븐은 메리에게 이렇게 고백하는 걸 상상한다. "난 신이 이마에 표식을 남긴 사람이야. 카인처럼 오점과 표식이 있어. 만약 네가 내게 온다면 메리, 세상은 널 혐오하고, 박해하고, 불결하다고 할 거야. 우리가 죽을 때까지, 그리고 죽음을 넘어서까지 진심으로 사랑하더라도 세상은 우리를 불결하다고 할 거야"(303[2권 165]).

소설은 스티븐과 메리가 알렉스 바라는 술집에 도착하면서 전환점을 맞는다. 그곳은 인버트들과 퍼버트들로 이루어진 "비참한 군대"[2권 312]가 상주하는 공간이다. 스티븐에게 "점잖고 학식 있는 유대인"[2권 315]

아돌프 블랑이 다가온다. 그는 그녀에게 이렇게 말한다. "이 작은 공간은 오늘 밤 그리고 매일 밤 무수한 비참과 무수한 절망으로 가득합니다. 저 벽들은 그걸 다 담아 두기에는 너무 비좁아 보여요. … 저기 저 바깥세상에는 소위 말해 의롭고 바르다는 자들이 행복한 잠을 자고 있습니다. 그들이 잠에서 깨어난다면, 그것은 결코 자기 잘못도 아닌데, 태어난 날부터 분리되어 그 어떤 공감도 이해도 받아 본 적 없는 사람들을 박해하기 위해서일 겁니다. 그들은 무심해요. 잠들어 있는, 행복한 저들 말입니다"(395[2권 316]). 이 놀라운 구절에서 책의 주변 인물 아돌프 블랑이 알렉스 바의 "군중을 헤치고" 다가와 하는 말에는 바로 내가 이 소설의 핵심이라 말하고 싶은 것이 담겨 있다. 즉, 이성애 세계의 행복은 일종의 불의라는 것이다. 그의 말인즉슨, 이성애적 행복은 그들이 가진 차이가 이미 결핍으로 간주되는 사람들에 대한 무심한 배제에 기반을 둔 것으로, 사회적으로 그릇된 것이다. 이탈자의 불행은 곧 정의를 요구하는 외침이 된다.

슬픈 책에는 정말로 "너무한" 순간들이 있기 마련이다. 우리의 몸이, 우리의 삶이, 이 세상이 견딜 수 없어지는 순간 말이다. 견딜 만한 삶과 견딜 수 없는 삶에 대해 생각해 봄으로써 우리는 주디스 버틀러(Butler 2004)의 살 만한 삶과 도저히 살 수 없는 삶의 개념을 다른 각도에서 볼 수 있다. 견딜 만한 삶은 지탱할 수 있는 삶, 인내하라고 요구받는 것들 앞에서도 그 형태나 방향을 유지할 수 있는 삶이다. 이때 견딘다는 것은 역량일 수 있다. 즉, 견딜 만한 삶이란 우리가 견딜 수 있는 삶이다. 견딜 만한 삶은, 살 만함이 고통과의 관계, 삶이 인내해야 하는 "무엇"과의 관계에 달려 있음을 암시한다. 견딜 만한 삶이란 인내해야 하는 그 무엇이 그 삶을, 있는 그대로의 그 존재 자체의 측면에서나 그 목적·방향·목표의 의미에서나, 위협하지 않는 삶이다. 견딜 만한 삶이란 인내하면서도 그 견딤[방향, 태도]bearings을 유지할 수 있는 삶이다. 견딜 수 없는 삶이란 참아 낼 수 없고, 인내할 수 없고, 떠받칠 수 없고, 붙잡고 있을 수 없는 삶이다. 견딜 수 없는 삶은, 견뎌야 할 것이 "너무 지나쳐서" "부서지고" "산산조각 난다." 여기서 주목해야 할 것은, 견딜 수 있음의 조건이 (견뎌야 하는 대상을 포함하고 있지만) 대상에만 관련되는 것도 아니고, (그 견딤을 수행하고 있는 사람을 포함하고 있지만) 주체에만 관련된 것도 아니라는 사실이다. 도저히 견딜 수 없는 삶의 조건은 주체와 ("상황"을 분명하게 만드는) 세계 사이의 **어딘가**에서 형성된다. 때론 뭔가가 견딜 수 없을 만큼 "너무한" 순간이 찾아온다. 여기서 그 "너무함"은 오랜 관계의 역사의 붕괴, 견딜 수 있는 만큼 고통을 지탱해 준 그 인내의 붕괴로 경험된다. "그것"이 너무함에 도달하는 순간, 상황은 붕괴하고, 당신은 한계점에 도달하는 것이다.

어느 지점에서, 스티븐과 메리는 친구로 지내던 한 여성에게서 거부당한다. 그녀는 자신과 딸의 평판을 지키기 위해 이들과 절교한다. 그녀는 그들에게 편지를 보내 "절교"할 수밖에 없다고 선언하면서 계획과 달리 크리스마스에 자기 집에 오지 말아 달라고 요청한다(374[2권 283]). 자기 가족의 행복을 지키기 위해 자신의 평판을 "더럽힐" 수 있는 사람들과 가까이하기를 거부한 것이다. 불행의 원인이라는 속성이 이미 부여된 사람들, 그들이 야기하리라 간주되는 불행을 상징하고 있거나 이미 불행 그 자체가 되어 버린 사람들은 거부돼야 한다. 그들은 더 이상 가족 식탁에서 환영받지 못하고, 가족 행사에 함께할 수가 없다.

이 사례로부터 우리는 느낌들의 세계에서 이루어지는 자기-규제 속에서 전염이라는 관념이 어떻게 환기될 수 있는지 볼 수 있다.[13] 우리는 불행에 감염되리라는 두려움에서 누군가와 가까이하기를 거부할 수도 있고, 행복에 감염되리라는 희망에서 누군가와 가까워지려 할 수도 있다. 어떤 행복의 정서적 지형이 모양을 갖추게 되는 것이다.[14] 불행은 주변으로 밀려나는데, 이는 불행이 거한다고 간주되는 어떤 신체들이 행복을 위협하지 않도록 주변으로 밀려남을 의미한다.

행복을 지킨다는 명목으로 거부당함으로써 당신은 당신에게 귀속된 느낌들을 경험하게 된다. 이 거부로부터 느끼게 되는 고통에서 소설은 임계점에 이른다. "스티븐은 여태까지 자신의 존재 자체로 인해 떠안았던 그 어떤 고통도, 지금 자신이 메리의 흐느끼는 소리를 듣고, 그녀가 상처받고 완전히 짓밟혀서, 자신들의 사랑 때문에 치욕을 당하고 초라해져 결국은 그 어떤 자존도 보호도 찾을 수 없게 된 모습을 바라보며 견뎌야 하는 참을 수 없는 고통에 비하면 아무것도 아닌 것 같았다"(375[2권 284]). 스티븐은 사랑하는 사람의 얼굴에서 목격한 불행을 견딜 수가 없다. 퀴어들이 불행해지는 것은 세상이 퀴어의 사랑에 불행해 하기 때문이고, 그 사랑이 그들이 사랑하는 사람들, 함께 사는 타인들에게 불행-원인이기 때문이다. 퀴어들이 애초부터 슬프거나 비참한 느낌을 갖는 것은 아니다. 퀴어 불행이 출발점이 아닌 것이다. 어떤 주체들이 슬프거나 비참해 보이거나 슬퍼지거나 비참해지는 것은, 그들에게는 행복을 유발하는 그것이 없다고, 그것이 없어서 불행을 유발한다고 여겨지기 때문이다.

그런 세계를 설명하면서 우리는 퀴어**로서의** 행복을 퀴어에게 주는 것이 왜 어려운지 알 수 있다. 어떤 종류의 결말이 가능할까? 내 주장은 소설이 우리에게 두 가지 결말을 제공하고 있다는 것이다. 첫 번째 결말은 제이미와 바버라의 경험에서 그려진다. 그들은 스티븐과 메리 "같은" 인버트 커플이다. 그들의 결말은 불행한 퀴어에게 가능한 결말 중 하나다. "그러고는 한순간에 눈물샘이 터지면서, 그녀는 미친 사람처럼 흐느꼈다. 바버라의 힘을 빼앗고 그녀의 정신을 서서히 무너뜨린 역경과 망명의 삶을 탄식하면서. 고향 하이랜드를 떠나올 수밖에 없었던 가혹한 운명의 섭리를 탄식하면서. 여전히 사랑하면서도 지켜볼 수밖에 없는 사람들에게는 죽음과도 같은 그 끔찍한 일을 탄식하면서. 하지만 이 이별의 격렬한 고통도 훨씬 더 미묘한 비통함에 비하면 아무것도 아닌 듯했다. '난 그녀의 이름에 먹칠을 하지 않고서는 애도도 할 수가 없어 — 고향으로 돌아가 그녀를 애도할 수가 없다고.' 제이미는 울부짖었다"(407[2권 336-37]). 바버라의 죽음은 인버트들의 운명과도 같은 역경의 삶의 결과로 서술된다. 역경과 망명의 삶은 힘과 정신을 허약하게 한다. 그것은 매일매일 서서히 죽어 가는 삶이다. 우리의 불행한 퀴어 아카이브에서 큰 공명을 불러일으켰던 장면에서 연인의 죽음으로 인한 고통을 더 강렬하게 하는 것은 애도의 불가능성이다. 이는 너무나 지나치게 익숙한 장면이다. 그러나 그렇다고 해도 그 장면의 고통을 기술하는 걸 멈춰서는 안 된다. 제이미는 바버라와 함께 고향으로 돌아갈 수 없다. 그녀는 고향에서 사랑하는 사람의 죽음을 슬퍼할 수 없다. 그러면 더 많은 불행이 초래되기 때문이다. 인버트들에게 삶과 사랑을 인정받지 못한다는 게 얼마나 잔인한 일인지를 가장 잘 보여 주는 게 바로 이런 연인의 죽음의 애도 불가능성이다. 바버라의 죽음에 절망하고, 그녀의 죽음을 애도할 수 없음에 절망한 제이미는 자살한다. "스티븐은 바버라와 제이미를 비극적이고 비참한 결말로 이끈 그 터무니없는 정의를 욕하면서 그들과 함께했던 그 애달픈 마지막 날들을 거듭 곱씹어 보곤 했다. 분노로 그녀는 주먹을 불끈 움켜쥐곤 했다. 이 박해는 언제까지 계속될까?"(411[2권 343]). 스티븐에게 이 "비극적이고 비참한" 결말을 목격하는 것은 곧 불의에 대해 개인이 지불하는 대가를 목격하는 것이다. 그리고 이는 그녀와 메리에게 다가올 결말을 목격하는 것이기도 하다. 그들 역시 자신들의 사랑이 가져올 삶도 죽음도 견뎌 내지 못할 테니 말이다.

이 "비극적이고 비참한 결말"을 우리는 소설의 첫 번째 서사적 결말로, 다시 쓰여야 할 결말로 읽을 수 있다. 이 장면은 이전에 알렉스 바에서 있었던 아돌프와의 마주침을 생각나게 하는데, 이때 스티븐은 이렇게 말한다. "이런 데 오면 정말 슬프고 굴욕감이 듭니다. 어떤 진정한 성공이나 성취를 이루기에는 장애가 너무 크다고 느껴지거든요. 그렇게 많은 사람들이 실패한 곳에서 누가 성공을 꿈꿀 수 있겠어요? **아마도 이게 끝이겠죠**"(395[2권 317], 강조는 추가). 이에 아돌프는 이렇게 말한다. "그건 틀린 생각이에요. 무척 잘못 생각하고 있군요 ― **이건 시작에 불과합니다**. 많은 이들이 죽어 가고 있고, 많은 이들이 자기 몸과 영혼을 버리고 있지만, 신의 정의를 죽일 순 없어요. 심지어 영원한 영혼도 죽일 수 없잖아요. 바로 그런 수모로부터 그 영혼이 일어나 세상에 연민과 정의를 요구하게 될 겁니다"(396[2권 317-18], 강조는 추가). 소설의 두 번째 결말은, 완벽하지는 않지만 첫 번째 결말과는 다른 대안적인 결말을 쓰겠다는 시도, "비극적이고 비참"하지만(현재 분명 그러하고 또 앞으로도 그렇겠지만), 동시에 바로 그 비참함의 묘사가 새로운 시작을 제시해 주는 그런 결말을 발견하려는 용감한 시도를 보여 준다.

3장 불행한 퀴어

두 번째 결말에서 스티븐은 겉으로는 메리를 마틴에게 주는 것처럼 해서 메리를 포기한다. 일부 독자는 이 결말을 보고 이 소설이 여성 동성애에 행복의 희망을 두지 않는다고 생각한다. 예를 들어, 제이 프로서는 이렇게 주장한다. "메리가 스티븐에게 헌신했음에도 불구하고 스티븐이 메리를 마틴 할람에게 넘겨주는 것은, 인버트가 레즈비어니즘을 옹호하는 형상 — 유인물이나 구성물 — 이 아니라 정확히 그것을 거부하는 역할을 한다는 것을 보여 준다. 메리를 무시해 버림으로써(이는 동시에 메리를 마틴에게 넘겨주는 것이기도 하다) 스티븐은 남성 이성애자와 자신의 동일시를 긍정하게 되는 것이다"(Prosser 1998: 166). 나는 스티븐의 제스처가 긍정하고 있는 바를 아주 다르게 읽으려 한다. 프로서가 말하는 대로 과연 스티븐은 메리를 마틴에게 넘겨준 것일까? 나는 대안적 선물 경제가 위태로운 상황임을 지적하고 싶다. 다음 구절을 살펴보자. "메리 루엘린에게 부족했던 것이 무엇인지, 마틴이 떠나면 그녀의 떨리는 손아귀에서 빠져나가 결코 되돌아오지 않을 것이 무엇인지 지금 이 순간처럼 분명히 볼 수 있었던 적은 없었다. 그것은 바로 아이들, 세상이 존중하는 가정, 세상이 신성시하는 애정의 결속, 세상의 박해에서 벗어나 얻을 수 있는 평화와 축복받은 안전이었다. 그러자 갑자기 스티븐에게 마틴은 사랑을 구걸하는 걸인인 자신이 결코 제공할 수 없는 그 모든 값진 선물들을 쥐고 있는 존재, 헤아릴 수도 없는 풍요를 부여받은 존재로 보였다. **그녀가 사랑하는 메리에게 줄 수 있는 유일한 선물은 바로 마틴이라는 선물이었다**"(438-39[2권 388-89], 강조는 추가). 스티븐은 메리를 마틴에게 준 것이 아니었다. **그녀는 마틴을 메리에게 준 것이다.** 그녀는 자신이 줄 수 없는 행복 접근권을 메리에게 주기 위해 마틴을 메리에게 준다. 이 선물은 사랑의 실패가 아니라 사랑의 한 형태다. 스티븐이 메리의 행복 원인이 될 수 없는 건, 바로 세상이 그들의 사랑을 불행해 하기 때문이다.

퀴어성이 비참한 것으로 읽히는 세상임을 고려한다면, 우리는 행복하게 해주거나 그렇게 해주고 싶어 해야 사랑이라는 관념이 퀴어 정치학에서 어떤 문제를 갖는지 볼 수 있다. 퀴어 연인은 만약 사랑하는 사람이 이성애 세상의 거부를 견디지 못한다면 그를 행복하게 해줄 수 없다. 우리는 물론 세상이 자신들의 사랑을 반기지 않아도 사랑을 통해 다른 퀴어들을 행복하게 해주었던 퀴어들의 대항 역사를 들먹일 수도 있을 것이다. 그러나 행복이 이성애적 조건에 딸려 오는 경향이 있음을 고려한다면, 사랑에 관한 퀴어적 정의가 사랑을 행복으로부터 분리하고 싶어 할지 상당히 의문이다. 그래서 나는 시몬 베유의 다음과 같은 사랑에 대한 정의를 퀴어적 정의로 제시하려 한다. "행복한 사람에게 사랑이란 행복하지 않은 연인의 고통을 나누려는 소망이다. 불행한 사람에게 사랑이란 연인이 행복하다는 사실을 아는 것만으로도 기뻐하는 것이다. 그 행복을 공유하지 않아도 되고, 심지어는 그러기를 소망하지도 않는다"(Weil 1952/2002: 63[107]). 퀴어의 사랑에 행복이 포함되려면 그런 행복은 서로 공유하는 것이 **아니라고** 주장함으로써만 가능한 것이다.

스티븐이 메리의 행복을 공유하겠다는 의도에서 그런 것은 아니지만, 그녀가 마틴이라는 어색한 선물을 하게 된 것은 메리의 행복에 대한 욕망 때문이다. 소설에서 우리는 메리가 이 선물을 받았는지 알 수 없다. 클레어 헤밍스가 지적하듯, 메리에 대한 결말은 우리에게 주어지지 않는다(Hemmings 2001: 194). 아마도 핵심은, 에스더 뉴턴이 메리의 "진짜 이야기는 아직 쓰이지 않았다"라고 잘 묘사하고 있듯이, 메리의 행복은 쓰일 수 없다는 것이다(Newton 2000: 188).[15] 오히려 메리에게 스티븐의 이런 제 스처는 죽음과도 같은 것으로 다가온다. "안개가 내려앉았다. 짙은 검은 안개가. 누군가 소녀를 밀어낸다. 아무 말도 없이. 메리의 기괴한queer 목 소리가 어둠을 뚫고 나왔다. 그 짙은 검은 안개에 휩싸여 간간이 한마디씩 흘러나오는 목소리로. '내 평생 주었건만 … 당신이 망쳐 버렸어 … 난 당신 을 사랑했는데 … 잔인해. 오, 정말 잔인해! 당신은 말할 수 없이 잔인해….' 그러고는 거칠고 애절하게 흐느끼는 소리가 들렸다"(445[2권 398-99]). 바로 이 순간 마틴이 도착한다. 하지만 그것은 스티븐이 그러라고 했기 때문이 다. 결말 너머를 상상해 보자면, 메리는 스티븐의 선물을 거절했을 수도 있다. 스티븐의 제스처에서 폭력은, 그런 행동을 낳은 견딜 수 없음을 오 인한 것, 즉 메리가 견딜 수 없어 한다고 생각했다는 데 있을 것이다. 사랑 하는 이의 얼굴에 나타난 박해의 고통과 불행을 차마 볼 수 없었던 사람은 바로 스티븐이다. 그것은 메리가 아니라 스티븐에게 "너무한" 것이었다. 아니면 우리는 이렇게도 말할 수 있을 것이다. 만약 소설이 인버트들의 신체가 아닌 인버전의 벽 안에 그 폭력과 비참을 위치시킨다면, 그때 "너 무함"은 오히려 공통의 기반이 될 거라고 말이다.

아마도 결말의 불의는 메리의 행복이 [그녀가 마틴에게] 넘겨지는 데 달려 있다는 가정에 있을 것이다. 아니면 이 결말은 메리를 포기함으로써 행복을 단념하는 것일까? 이 대안적 결말은 불행을 행복으로 전환시키는 게 아니라 불행을 가지고 뭔가 다른 것을 한다. 바버라와 제이미의 일로 비탄에 빠져 스티븐은 수치심을 재기술한다. 소설의 앞부분에서처럼 잘 못된 신체에 몸담고 있는 정서적 상황이 수치스럽다고 기술하는 게 아니 라, 세상에서 자신의 불행한 상황을 공유하는 사람들과 동일시하지 못하고 연대를 선언하지 못한 실패를 수치스럽다고 기술하는 것이다. "자기 존재를 드러내는 걸 수치스러워 하는 자들, 평화로운 생존을 위해 은신하는 자들에 관해 말하자면, 그녀는 그런 자들을 머리만 발달한 놈들이라며 철저히 경멸했다. 그들은 자기 자신과 동료들을 배반한 자들이라고 그녀는 주장했다"(413[2권 346]). 수치스러운 것은 "평화로운 생존을 위해" 행복한 이성애 아래 숨어 있는 바로 그 행위다. 왜냐하면 그것은 모두가 공유하고 있는 고통의 끈을 인정하지 않겠다는 것이기 때문이다.

스티븐은 행복을 단념하는 순간, 인버전의 기호들을 공유하고 있는 사람들과 연결된 불행의 끈을 느낀다. 스티븐은 다른 인버트들이 고통스러워하는 목소리를 듣는다. 그리고 그들은 그녀의 이름을 부른다. "'스티븐, 스티븐!' 산 자와 죽은 자, 그리고 아직 태어나지 않은 자 모두가 그녀를 불렀다. 처음에는 나직이 부르다가 점점 그 소리는 더 커졌다. 아, 그리고 알렉스 바의 길 잃은 형제들, 끔찍한 그들이 나타났다. 그들 또한 그녀를 부르고 있었다. '스티븐! 스티븐, 네 주님한테 물어봐 줘. 왜 우리를 저버렸냐고!' 그녀는 겁에 질린, 우울한 눈을 한 인버트들의 원망하는 듯한 망가진 얼굴을 볼 수 있었다 ― 연민이나 이해심 같은 건 찾아볼 수 없는 세상을 너무나 오랫동안 지켜보기만 했던 그 눈들을 말이다"(446[2권 400]). 그녀의 불행은 퀴어 동질감을 만들어 낸다. 이는 단순히 불행만이 아니라 사회와 가족의 불행의 원인이 되는 것과 같은 불행한 결과도 공유하는 것이다. 알렉스 바에 돌아와 인버트들의 눈이 하는 말을 인식하게 된 스티븐은 (제이미처럼) 자신의 삶을 포기하는give up 게 아니라 비참한 군대에 줄give 수 있게 된다.

고통의 불꽃, 고통의 타오르는 불꽃 — **그들의 고통, 그녀의 고통, 그 모든** **고통**이 뭉쳐져 하나의 엄청난 고뇌가 되었다. 쏘아 올린 고통의 불꽃이 폭발해 맹렬히 영혼 위로 쏟아져 내렸다 — **그녀의 고통, 그들의 고통** … 알렉스 바의 그 모든 비참들. 그리고 수없이 많은 타인들의 함성과 아우성 — 그들은 싸우고, 짓밟고, 그녀를 굴복시켰다. **그녀를 통해 또렷이 드러난 그 광기 속에서** 그들은 그녀를 찢어발기며 굴복시키고 있었다. 이제 그들은 그녀의 퇴로를 차단하면서 도처에 있었다. 그 어떤 빗장도 창살도 그녀를 보호해 주지 못했다. 그들 앞에서 벽들이 무너져 내렸다. 그들의 고통에 찬 울음소리에 **벽들이 무너져 내렸다.** "우리가 가고 있어, 스티븐 — 가는 중이야, 우리는 부대야* — 어디 감히 우리를 끊는다고!" 그녀는 팔을 휘둘러 그들을 물리치려 했지만, 그들은 점점 더 가까이 다가왔다. "어디 감히 우리를 끊는다고!" 그들이 그녀를 사로잡았다. **그녀의 메마른 자궁이 열매를 맺었다** — 그녀의 자궁은 무시무시한 불임의 부담으로 아팠다. 구원에 대한 권리를 달라고 헛되이 떠들어 댈, 사납지만 무력한 아이들로 아팠다 (447[2권 401], 강조는 추가).

샐리 문트(Munt 2001: 200)도 지적했듯이, 이 부분은 종교적 함의가 분명한, 아주 특별한 구절이다. 내가 주목하는 부분은 "그들의 고통, 그녀의

---

* "our name is legion"이라는 이 표현은 『마가복음』 5장 9절에서 온 것이다. 예수가 귀신 들린 자에게 이름을 묻자 그는 "내 이름은 군대legion니 우리가 많음이다"라고 대답하는 구절이다. 여기서 legion은 로마 군대의 단위로, 귀신이 하나가 아닌, 군대처럼 무리로 존재한다는 뜻이다.

고통"이 "그녀의 고통, 그들의 고통"으로 바뀌는 대목이다. 이 구절은 고통의 이야기들을 하나로 엮어 낸다. 그녀는 이 고통을 체화하고, 그것을 말하고, 그것을 표현한다.[16] 이 순간, 그녀가 가장 혼자 있는 듯한 이 순간, 그녀는 또한 다른 사람들과 가장 연결돼 있다. 그리고 바로 이 순간, 이 광기의 순간 "벽들이 무너져 내렸다." 이것은 혁명을 떠올리게 하는 이미지다. 비참을 가두고 있는 벽들이 무너져 내린다. 행복한 사람들, 잠들어 있는 사람들, 생각할 생각을 하지 않는 사람들이 지하의 비참에 의존하는 한, 이런 집-허물기는 무기를 들라는 요청일 뿐만 아니라 행복의 토대 자체를 교란시켜야 한다는 요청이다. 사실, 혁명의 순간은 새로운 형태의 재생산이 이루어지는, 다시 말해 다른 종류의 삶의 형태(아마도 퀴어적 삶의 형태)가 재생산되는 순간이다. 퀴어 불행은 다소 일탈적인 형태의 생식력을 제공한다.

이 소설의 대안적 결말은 비참과 불행을 혁명으로 전환시킨다. 즉, 스티븐은 단순히 메리를 포기함으로써가 아니라 세상에 반기를 듦으로써, 이 세상에서 자신들을 위한 유일한 종착점이라고 생각하고 있던 것을 거부한다. 이 소설의 불행한 결말에 생기를 불어넣는 것은 무엇보다 혁명 —비참을 거쳐 무기를 들게 되는—의 약속이다. 소설은 그 결말의 불행을 이성애straight 세상 안에서 사는 행복에 내포된 폭력의 결과로 설명할 뿐만 아니라, 퀴어들을 위한 행복의 약속을 저 세계를 유지하는 구조들 —벽들—에 저항하는 혁명에 위치시킨다.

『고독의 우물』은 불행한 퀴어 역사들, "역사 기록에 출몰하는, 늙고 서글픈 퀸들과 오랫동안 고통 받아 온 다이크들"(Love 2007: 32)에 대해 알려 준다. 이 소설은 또한 현재를 설명하는 데도 도움이 된다. 우리는 『고독의 우물』과 영화 〈길 잃은 천사들〉(2001)을 대조해 볼 수 있다. 레아 풀이 감독한 이 영화는 수잔 스완의 소설 『버스의 여장부들』(Swan 1993)에 (아주 느슨하게) 기반을 두고 있다. 침울하고 슬프고 불편한 이 영화는 피할 수 없는 비극적 결말로, 누구도(혹은 그 어떤 것으로도) 바꿀 수 없어 보이는 결말로 돌진한다(부분적으로는 『고독의 우물』처럼 퀴어의 운명을 "숙명론"과 연결짓는 게 핵심인 것처럼 보인다). 영화는 캐나다의 여자 기숙학교를 배경으로 폴리(파이퍼 페라보)와 토리(제시카 파레)라는 두 소녀의 열렬한 연애를 따라간다. 우리는 어머니가 죽은 후 이 학교에 들어와 폴리·토리와 같은 방을 쓰게 된 마우스(미샤 바튼)의 눈을 통해 그들의 사랑을 목격한다. 영화는 처음부터 "길 잃은 소녀들"의 이야기로 제시된다. 예를 들어, 마우스가 폴리와 토리와 친구가 되었을 때, 폴리는 "이제 너도 길 잃은 소녀야. 우리 클럽에 온 걸 환영해"라고 말한다.

영화에서 가장 충격적인 장면은 세 소녀들이 각자의 어머니에게 상상의 편지를 쓰는 장면이다. 폴리는 자신도 모르는 어머니, 자신을 입양 보내 버린 어머니에게 쓴다. 마우스는 죽은 어머니, 억지로 떠올려야 겨우 얼굴이 생각나는 어머니에게 쓴다. 토리는 살아 있는 어머니, 늘 있는 어머니에게 쓴다. 이 장면에서 소녀들은 각자 자신의 어머니와 행복을 나눌 수 없다는 불가능성을 목격한다. 이들은 차례대로 다른 소녀들의 상실과 배반의 이야기를 듣고 울음을 터뜨린다. 제일 마음 아픈 편지, 어떻게 보면 결말의 불행을 예고하는 편지는 토리가 쓴 편지다. 그중에서 유일하게 어머니와 가까이 있을 수 있는 토리는 이렇게 쓴다. "엄마에게, 난 엄마가 싫어. 이유는 여러 가지지만 가장 최근 일은 그거야. 왜 엄마가 부활절 때 역겨운 엄마 친구들 앞에서 내 이빨에 대해 끝도 없이 떠들어 댔잖

아. 엄마는 내가 자기처럼 완벽한 2세가 되기를 원하지. 자선 파티나 열고, 어떤 은행가 애인이나 사귀면서 말이야. 하지만 여기서 진실은, 내가 초콜릿처럼 당신에게 중독됐다는 거야. 난 늘 엄마 주변을 맴돌고 싶은가봐. 멍청한 강아지처럼. 그러면 엄마는 계속 그 목소리로 내 이빨에 대해 떠들어 대겠지. 어떨 땐 엄마가 죽어 버렸으면 좋겠어." 이 강렬하고 양가적이고 열렬한 애착의 표현은 영화를 관통한다. 폴리와 마우스의 얼굴에 어린 충격에도 잘 드러나듯이, 이는 충격적인 편지다. 엄마가 원하는 딸이 될 수 없는 딸, 엄마처럼 될 수 없는 딸, 심지어 엄마를 참을 수 없는 딸, 이 딸은 엄마를 포기할 수 없고 엄마와 같이 있을 수 있는 가능성도 포기할 수 없다. 자신이 될 수 없는 모습을 원하는 엄마와 함께 있고 싶은 이 욕망은 일종의 죽음 소망death wish이다.

영화의 절정은 토리의 동생이 토리와 폴리가 함께 침대에 누워 있는 현장을 발견한 순간이다. 토리에게는 폴리와 함께 있는 모습을 "들킨" 것이 자신의 세상이 산산조각 나리라는 위협이 된다. 그것은 "너무한" 일이다. 폴리가 토리를 위로하려 하자 토리는 말한다. "갠 히스테리를 부릴 거야. 바로 엄마 아빠한테 가서 말해 버릴 거라고." 여기부터가 결말의 시작이다. 어머니를 행복하게 할 자신의 능력을 지키기 위해 토리는 자신이 "정말로" 이성애자임을 증명하고 폴리를 포기해야 한다. 동생이 언니에게 레즈비언이 아닌 거 정말이냐고 묻자 토리는 이렇게 말한다. "앨리, 난 남자가 좋아. 오히려 너무 밝혀서 탈이지." 그녀는 이성애자처럼straight 말함으로써 — 남자 얘기를 통해 여동생과 돈독해지면서 — 이성애자straight가 된다. 이성애자들의 세상을 지향한다는 것은 곧 퀴어 대상을 외면하며 사는 것이다. 토리에게 "이성애로의 전환"은 주디스 버틀러가 『권력의 정신적 삶』(1997)에서 기술한 것처럼 우울증적이다. 그것은 퀴어 대상의 선택으로부터 돌아섬을 의미하며, 이는 슬픔이 완전히 덮이기 전에 슬픔으로 등록된다. 그녀는 필사적으로 다소 조악하게, 퀴어 되기에 대한 방어로서 그리고 퀴어가 됨으로써 실패하는 것을 막는 방식으로서, 이성애를 수행한다. 이성애자로서 행동하는 것은 퀴어 사랑을 포기함으로써 실패하지 않으려는 시도다.[17]

토리가 보기에, 폴리와의 관계는 불행을 야기할 것이다. 그러면 엄마의 불행을 야기할 테니 말이다. 엄마가 행복해야만 자신이 행복할 수 있는 거라면(이전 장의 논의로 돌아가 생각해 보자면, 만약 그녀가 소피가 돼야 한다면), 그녀는 폴리를 포기해야 한다. 그러니 퀴어 되기가 토리에게는 견딜 수 없는 것이다. 그것은 가족 사랑의 가능성, 가족 행복을 가져오는 원인이 될 가능성, 가족의 사랑이 가져오리라 약속한 것, 그것이 무엇이든 그것을 가져올 가능성 그 자체의 상실을 의미한다. 그녀는 나중에 마우스에게 말한다. "네가 우리 엄마 아빠를 몰라서 그래. 정말 완전 이성애자straight야. 우리 엄마는 나랑 말도 안 섞을 거야. **난 부모를 잃는 건 감당 못해.** 내가 폴리를 사랑하는 거 너도 알지.* 나한텐 **예정된** 삶이 있어. **엄마와 아빠가 나한테 걸고 있는 기대가 있고.** 비록 그게 날 죽이고 있다 해도, 폴리와는 정말 절대로 함께할 수 없어. 절대, 다시는." 토리가 보기에 결말은 둘 중

---

* "폴리는 세상에서 제일 소중한 친구이고, 아마 평생 그렇게 사랑할 사람은 못 만날 거야. 클레오파트라가 그랬던 것처럼. 지금 폴리를 생각하면, 숨이 막혀. 내가 이 세상에서 숨을 쉬고 있지 않은 것 같다고. 그래도" 라는 대사가 생략돼 있다.

Unhappy Queers

하나인데, 둘 다 일종의 죽음이다. 하나는, 폴리에 대한 사랑을 지키며 가족과 자신에게 "예정된" 삶, 부모가 그녀에게 기대하는 삶을 포기하는 것이다. 다른 하나는, 폴리를 포기하는 것이다. 비록 그것이 스스로를 "죽이는" 결말이어도 말이다. 그녀는 폴리를 사랑하지만 이 삶을 포기하는 대신 폴리를 포기한다. 토리는 부모님이 그녀에게 기대하는 삶을 살지 않는다는 생각을 견딜 수 없다. 토리가 퀴어가 된다는 것은 역사에서, 그녀의 집에서, 형제·부모에게서, 그리고 그녀 자신이나 다른 사람들이 상상해온 그녀의 삶에서 자신의 자리를 위험에 빠뜨리는 짓이다. 비록 그 삶의 내용이 그녀가 바라던 게 아니라 해도 말이다.

폴리에게는 토리의 상실이 일종의 죽음이다. 영화의 후반부에서는 주로 그녀가 자신의 사랑을 빼앗은 세계에 대한 소외된, 절망적인, 격렬한 분노로 추락하는 모습이 그려지는데, 이는 마우스의 목소리로 "어둠"과 "광기"로 추락하는 모습으로 서술된다. 그녀는 맹금류 독수리와 친구가 된다. 비극적 결말에서 우리는 폴리가 독수리와 함께 마치 "날아가듯" 학교 지붕에서 뛰어내리는 것을 본다. 그녀의 하강이 상승이 되는 것은 바로 이 순간이다. 우리의 눈은 그녀의 하강을 쫓을 수 없다. 그녀는 하강하지 않기 때문이다. 카메라는 위로 올라가면서 상승만 보여 준다. 그녀와 새는 교사와 여학생들 머리 위로 올라가고 그들은 그 장면을 멍하니 공포에 질려 믿지 못하겠다는 듯 지켜본다.

결말에서 그녀는 죽음과 더불어 날아오른다. 우리는 종착점에 도달하지 않는다 ─ 그것이 적어도 부분적으로는 핵심이다. 폴리는 혼자 "멀리 날아"가지 않는다. 그녀는 친구, 그러니까 그녀가 구해 준 부상당한 야생 새와 함께 날아간다. 그녀는 말한다. "우리 여기서부터 멀리 날아

보자. 함께 나는 거야." 이런 [동물과의] 함께함은 퀴어 공동체에 대한 약속과는 거리가 멀어 보일 수도 있지만, 우리가 생각하는 것보다 더 많은 것을 약속해 주는 것일 수 있다.[18] 이 결말에서 폴리는 새가 되고, 새는 폴리가 된다. 교정 위로 넓게 펼쳐진 하늘은 다른 세상에 대한 약속을 상징하는 동시에 그들 뒤에 남은 세상의 비참한 공허를 상징한다. 『고독의 우물』과 〈길 잃은 천사들〉에서, 불행한 결말은 단지 거기서 끝나지 않는다. 우리는 불행 그 자체로 끝나지 않는 것이다. 행복한 이성애가 치러야 할 대가에 대한 묘사는 사회적 비평 작업을 수반한다. 이는 이런 행복 대본에 맞선 집단적 저항, 아니면 최소한 그 요구에 내포된 폭력으로부터의 비상을 수반하는 것이다.

20세기 초 소설 『고독의 우물』과 21세기 영화 〈길 잃은 천사들〉을 함께 읽는 것이 그럴듯해 보인다는 사실은 불행한 결말의 정치학을 보여 준다. 그것은 이 "행복한 사람들"의 세상에서 퀴어로 살아간다는 게 아직도 얼마나 견디기 힘든 일인지를 나타내는 끈질긴 기호다. 우리는 또한 우리의 희망을 단순히 행복한 퀴어 같은 대안적 형상에 걸기보다는, 불행한 퀴어들을 포괄하는 것이 중요하다는 걸 알 수 있다. 불행한 퀴어는 퀴어들을 불행하다고 보는 세상과 불화한다. 행복한 퀴어를 진작할 때 우리는 이 세계의 불행을 보지 못할 위험이 있다. **우린 이런 세상과 계속 불화해야 한다.**

〈길 잃은 천사들〉에 대한 반응들을 보면 퀴어 행복을 고취할 때의 위험성을 알 수 있다. 몇몇 비평가는 이 영화가 구식이라고 말한다. 예를 들어, 신시아 푸치스는 "타임워프"라고까지 했다.[19] 이제는 퀴어가 퀴어임을 밝힐 수 있고, 인정받을 수 있고, 행복할 수 있다는 것이다. 퀴어로

<길 잃은 천사들>의 마지막 장면. 토리의 변심과 이별을 견디지 못한 폴리는 스스로를 점점 세상으로부터 소외시키고, 결국 자신이 돌보던 독수리와 함께 지붕 위로 올라가 날아오른다.

3장 불행한 퀴어

서의 삶을 살기로 한 우리 같은 사람들은 인정이란 게 아슬아슬한 조건부이거나 — 올바른 퀴어가 되기 위해서는 올바른 곳에서 행복을 찾아야 한다(도착적 욕망을 지니고도 똑바른straight 열망을 가져야 하는 것이다) — 그렇지 않으면 아예 인정받지 못하거나 둘 중 하나라는 걸 잘 알고 있다. 보통 인정받지 못할 때에도 인정이 필요 없는 사람들은 눈치챌 수 없는 곳에서 이런 일이 발생하기 때문에 이미 인정을 해주었다는 착각이 유지된다(그래서 인정받지 못했다고 말하는 사람은 편집증자가 된다). 사실, 동성의 대상 선택이 인정받았고 그런대로 용인되고 있다는(예를 들어, 시민 동반자 관계*는 퀴어의 시민권 획득을 의미한다는) 착각은 여전히 지속되고 있는 차별과 불인정, 폭력의 현실을 은폐할 뿐만 아니라 우리가 공손한 이성애적straight 기호들에 가까워지기를 요구한다. 그러니 정말 우리는 이런 세상과 계속 불화해야 한다.

퀴어에 대한 인정은 용인에 대한 희망이나 약속으로 이야기되는데, 이때 용인**받기** 위해서는 반드시 무엇이 용인할 만한 것**인지** 이미 결정돼 있는 세상에서 용인받을 만한 것이 **돼야** 한다. 인정은 이성애 세계로부터

---

* 동성 결혼 허용 요구에 대한 정치적 응답으로 탄생한 제도로, 2004년, 영국에서는 시민동반자관계법이 도입돼 동성 간 관계에 대해서도 결혼과 비슷한 법적 권리를 보장하게 됐다. 영국은 2013년 동성 결혼의 허용 이후 2018년, 동성 커플에게만 시민 동반자 관계를 인정하는 것은 차별이라는 대법원 판결이 내려져, 모두가 결혼과 시민 동반자 관계 중 하나를 선택할 수 있게 됐다. 국내에서는 2014년, 진선미 의원에 의해 생활동반자법이 발의된 바 있다. 시민 결합civil union, 상호수혜관계reciprocal beneficiary relationships, 시민연대계약civil solidarity pacts 등 나라별로 다양한 명칭과 제도가 존재한다.

퀴어들에게 주어지는 선물이 되고, 이는 퀴어들의 노고와 투쟁(Schulman 1998: 102 참조), 그리고 퀴어 운동으로 생성된 생활 세계들을 감춘다. 그런 인정은 이성애적straight 환대의 형태와 같아서, 결국 행복한 퀴어를 남의 집에 방문한 손님으로 만들고 그들의 지속적인 선의에 의지하게 한다. 그런 세상에서 당신은 당신에게 주어진 이런저런 것들에 감사해야 한다. 손님은 최상의 행동거지를 보여 줄 도덕적 의무가 있으며, 이런 의무의 이행을 거부하면 공존할 권리도 위협받는다. 행복한 퀴어, 즉 예의를 갖추고 식탁에 제대로 앉아 있을 줄 아는 퀴어는 무례한 세계에 자리 잡는 전략적 형식 가운데 하나일 순 있다. 하지만 전략적 자리 잡기는 현상 유지를 의미할 수 있다. 아니면 자리를 잡으려는 노력 속에서 바뀌지 않는 건 우리일 수도 있다. 퀴어 운동은 식탁이 바뀌기를 희망하면서 "식탁에 자리 하나"를 더 만드는 일이다(Ahmed 2006: 174). 불행 혁명을 위해서는 집 허물기가 필요할 수 있다. 더 많은 관계, 더 많은 집, 더 많은 식탁의 합법화가 아니라 어떤 신체는 "집에 받아들이고" 어떤 신체는 받아들이지 않는 세계의 불법화가 필요한 것이다. 불행한 퀴어들의 정치적 에너지는 집에 있지 않음에 달려 있을 수도 있다.

행복한 퀴어들

물론, 퀴어 아카이브를 불행한 것으로 기술한다고 해서 그 아카이브가 불행으로 축소되는 것은 아니다. 불행을 이야기한다는 것 자체가 긍정적인 것일 수 있다. 그것은 다른 세계를 향한 제스처일 수 있기 때문이다. 비록 우리에게 비참의 벽들이 무너진 후에 존재하게 될 세계에 대한 전망이 없다 해도 말이다. 나는 영화 〈이 벽들이 말할 수 있다면 2〉(2000)에서 서사가 불행·죽음·상실에서 행복·희망·삶으로 어떻게 전환되는지 살펴보고자 한다. 퀴어에게 행복이란 무엇일까? 섹슈얼리티·욕망·신체 조직의 혁명적 변화를 포함하는 걸까, 아니면 단순히 열심히 노력해서 똑같은 세상, "행복한 사람들"의 세상의 일부가 되기만 하면 되는 걸까?

하지만 영화의 이야기는 단지 퀴어 행복을 향한 진보에 대한 이야기가 아니다. 이 영화는 사실상 세 편의 단편들을 모아 놓은 것이고, 감독도 배우도 각기 다르다. 각각의 영화는 각기 다른 세대의 이야기를 다루면서 시간적으로 "앞으로" ─ 1961년(제인 앤더슨 감독)에서 1972년(마사 쿨리지 감독)으로, 그리고 2000년(앤 헤이시 감독)으로 ─ 나아간다. 각 세대가 공유하는 공통 기반은 집이다. 벽들이 말할 수 있다면 집의 이야기를 들려줄 것이다. 『고독의 우물』을 반추해 보면, "벽"이 가진 모티브로서의 중요성을 알 수 있다. 벽은 공간을 만들어 내고, 안과 밖을 가르는 테두리가 된다. 또 벽은 사물을 지탱함으로써 담아내고, 거주의 무게를 견딘다. 『고독의 우물』에서 비참을 담은 벽들은 결말의 혁명을 통해 무너진다. 영화에서 벽들은 무언가를 담는 장치지만, 그것이 "무엇"을 담는가는 시간의 경과에 달려 있고 서로 다른 신체들의 오고 감에 따라 형성된다. 우리는 집에 있고 이런저런 일들이 벌어진다.

〈이 벽들이 말할 수 있다면 2〉에서 사건 대부분은 집 안에서 일어난다. 하지만 영화 속 세 단편을 연결해 하나의 영화가 되도록 만들어 주는 것은 페미니스트들과 레즈비언·게이들의 시위 영상이다. 각각에서 극적 사건들이 벌어지는 곳은 사적인 공간이나 퀴어바 같은 준-공적 공간들

<이 벽들이 말할 수 있다면 2>는 한 집을 배경으로 세 세대에 걸친 레즈비언 커플 이야기가 옴니버스식으로 펼쳐진다. 왼쪽부터 첫 번째 단편의 주인공 이디스(바네사 레드그레이브), 두 번째 단편의 주인공 에이미(클로에 세비니), 그리고 마지막 단편의 주인공 칼(엘런 드제너러스).

이지만, 영화를 하나로 묶어 주는 것은 운동의 공적 공간, 즉 거리다. 영화의 첫 장면에서 이런 서로 다른 시간성(이는 세대별로 구현된다)은 프레임화되어 병렬적으로 배치된다. [셋으로 나뉜 화면에서] 왼쪽에는 행복한 가정주부의 이미지들이 펼쳐진다(2장 참조). 중간에는 페미니스트들의 거리 시위를 담은 영상이 펼쳐진다. 오른쪽에는 행복한 퀴어 커플의 이미지들이 펼쳐진다. 여성운동과 퀴어 운동은 매개점이다. 즉, 행복한 이성애(퀴어들에게는 불행의 조건을 만들어 내는)에서 벗어나 퀴어 행복에 도달하려면 일어나야만 하는 "무엇"인 것이다. 퀴어 운동은 불행한 퀴어를 행복한 퀴어로 바꿔 주는 것으로 상상된다.[20] 영화는 아카이브에 크게 의존한다. 퀴어 행복의 역사가 영화의 짜임 속에서 생생히 살아나고 역사로서 우리에게 주어진다. 그것은 고통의 역사만이 아니라 투쟁과 노고의 역사, 단결과 사랑의 역사이기도 하다. 하지만 종국에 퀴어 행복은 어떻게 상상되고 있을까? 이런 시간적·공간적 사건 배열을 통해 불행한 퀴어가 행복한 퀴어로 바뀐다는 건 무슨 의미일까? 여기서 나는 첫 번째 단편과 마지막 단편 사이의 관계에 초점을 맞추어 행복과 불행이 두 단편 내부와 그 사이에 어떤 식으로 분배돼 있는지 살펴보려 한다.

첫 번째 단편은 레즈비언 커플인 이디스(바네사 레드그레이브)와 애비(마리안 셀데스)의 이야기로, 애비가 죽고 나서 벌어진 일을 다룬다. 영화의 도입부에서 새를 사랑하는 애비는 새집 안의 새들을 돌봐 주러 나무에 올라가고 이디스는 부엌에 있다. 영화는 두 사람의 평온한 친밀감으로, 그들이 공유하는 일상적인 가정생활의 세계로 시작한다. 하지만 애비가 미끄러져 나무에서 떨어지면서 모든 것이 산산 조각난다. 그 다음에는 아마도 인정받지 못한 슬픔에 대해 내가 본 가장 감동적인 이야기 중 하나가 펼쳐진다. 이는 『고독의 우물』의 트라우마를, 제이미가 사랑하는 사람을 애도할 수 없었던 장면을 떠올리게 한다. 이 영화의 많은 부분에서 카메라는 이디스의 얼굴에서 머뭇거린다. 이디스의 얼굴은 무표정하기도 하고 너무 많은 표정이 담겨 있기도 하다. 마치 그녀가 견뎌야 하는 것이 너무 심해 말로 할 수 없다는 듯 혹은 말이 그 힘을 충분히 나타낼 수 없다는 듯 말이다. 이 단편은 비밀스러운, "밖으로 표현"할 수 없는 애착의 의미를 탐색한다. 어떻게 상실 자체가 비밀이 되는지, 혼자 견뎌야 하는 실존적 고통이, 카메라의 목격하는 "눈"으로부터도 분리돼야 하는 고통이 되는지 탐색한다. 이디스의 눈은 "퉁퉁 부어 있다." 하지만 그녀는 자신의 비탄은 말하지 않는다. 애비에 대해, 애비가 살았던 삶에 대해서만 말한다.

추락 이후의 장면은 병원 대기실이다. 이디스가 대기 중이다. 또 다른 여성이 도착한다. 눈에 띄게 냉정을 잃은 그녀는 이렇게 말한다. "그들이 막 남편을 데리고 들어갔어요. 심장마비였어요." 이디스는 그녀를 위로한다. 그 위로는 되돌아오지 않는다. 이디스가 왜 자신이 병원에 왔는지 설명하자—"내 친구가 나무에서 떨어졌어요. 뇌졸중인 듯해요"—그녀는 이렇게 묻는다. "남편은 아직 살아 있나요?" "남편은 없어요." 이디스가 답하자 그 여자는 말한다. "운이 좋군요. 남편을 잃는 마음의 상처는 안 겪을 테니 말예요." 이 상실의 표현에서 이성애는 상실을 소유하는 형식이 된다. 이성애의 역사는 상처 입은 마음들의 역사 혹은 그냥 마음들의 역사라고까지 할 수 있다. 마음을 가지고 있다고 인정받는다는 것은 상처 받을 수 있다고 인정받는 것이다.[21] 그렇게 인정을 받으면 돌봄과 위로와 지지가 주어진다. 인정받지 못하면, 아무리 비탄에 빠져 있다 해도 다른 이의 다정한 배려조차 받을 수 없다.

그렇게 이디스는 기다린다. 피가 마르는 듯한 기다림의 시간이 느껴진다. 한순간 한순간이 지나간다. 우리는 그녀와 함께 기다린다. 시간은 그녀의 상실 주변을 질척거리며 맴돌고, 영화의 분위기는 견딜 수 없이 슬퍼진다. 병원 직원에게 애비를 볼 수 있는지 묻자 "가족만 면회가 가능해요"라는 답변이 돌아온다. 그녀는 "친밀한 사람들"의 범위에서 배제된다. 이디스는 친척도 아니고 가족도 아니다. "환자분과 무슨 관계인가요?" 간호사가 묻자 이디스는 답한다. "친구입니다. 아주 친한 친구요." 그들에게선 또 다른 질문이 돌아올 뿐이다. "환자분에게 가족이 있나요?" 그 호칭의 무게에 친구는 사라진다. 가족 관계만이 우리를 묶어 주는 유일한 관계로 인정된다는 건 애비가 홀로 죽는다는 뜻이다. 이디스는 밤새 홀로 기다린다는 뜻이다. 그들의 관계는 우정의 기호 아래 숨겨져 있다. 우정은 느슨한 관계, 구속력이 없는 관계, 생사의 문제를 견뎌 내지 못하는 관계다. 친구와 가족을 구별하는 권력은 법에 있다. 마치 가족만 중요하고 다른 관계는 실제가 아니거나 단순히 존재하지 않는 것처럼 간주된다. 퀴어 관계가 인정되지 않기 때문에 슬픔도 인정받지 못할 때, 당신은 "친지가 아닌" 관계없는 사람, 아무것도 아닌 사람이 된다. 당신은 홀로 비탄에 잠겨 있다. 당신은 기다리고만 있다.

이 단편의 나머지 후반부는 애비의 조카 테드(폴 지아매티), 그의 아내 앨리스(엘리자베스 퍼킨스), 그리고 그의 딸 매기(말리 맥런)가 장례식을 위해 [이디스와 애비가 함께 살던 집] 방문하는 모습이 그려진다. 그들이 오기 전에 이디스는 집에서 자신과 애비의 관계를 나타내는 흔적들을 없앤다. 벽에 붙은 사진들을 떼어 내면서 생긴, 주변 벽지 색깔보다 옅은 액자 자

<이 벽들이 말할 수 있다면 2>에서 이디스의 상실은 그 어디서도 상실로 인정받지 못한다.

3장 불행한 퀴어

국이 그 부재의 흔적을 드러낸다. 집은 친밀성의 영역으로 형상화된다. 벽들이 자잘한 것들로 복잡하게 채워지면서, 그들의 사랑이 문자 그대로 벽들을 차지한다. 집은 재산이 아니라, 기념품, 카드, 사진 등이 점점 확장하는 공간으로 재현된다. 퀴어 친밀함이 벽에 자국을 남긴다. 이디스가 치워 버린 것은 바로 그 행복 대상들이다. 그들의 사랑을 체화한 대상들, 그들의 지평을 창조한 대상들이다. 이 대상들은 그들의 비밀을 드러내는 것들이다. 퀴어적 이탈들을 견디지 못하는 세상에서 퀴어가 자신들의 행복을 체화한 대상들로 주변을 장식한다면, 이 행복은 불안정한 것, 심지어 위험한 것이 될 것이다. 그들의 행복이 지평을 만든다 해도 그것은 다른 사람들과 공유할 수 있는 것이 아니다. 퀴어 친밀함의 기호들을 제거하자 집은 다시 텅 빈 공간이 된다. 마치 벽들도 기다림이 필요하다는 듯 말이다.

애비의 "가족" ― 조카 테드, 그의 아내 앨리스, 그리고 그들의 딸 매기 ― 이 도착하자, 집은 퀴어 친밀함의 영역에서 재산으로 변신한다. 그 집은 애비의 이름으로 돼 있고 유언은 없다. 집과 물건이 "그들의 것"이 된다. 그들은 도착해서는 마치 이디스가 손님인 듯, 집이 자신들의 것인 양 한다. 그래서 이디스가 애비와 같이 주택 담보 대출을 갚았다고 말하자 테드는 이렇게 답한다. "여기 계셔도 문제는 없을 것 같아요. 일종의 임대 상황으로 하면 될 것 같아요." 이디스가 집에 계속 머무른다는 게 테드의 환대를 받아들이냐 마느냐의 문제가 된다. 그에겐 집을 주고받을 힘이 있다. 애비와 이디스의 행복한 친밀성을 담고 있는 대상들은 빼앗긴다. 그것들이 재산, 즉 가져갈 **수 있는** 것이 되었기 때문이다. "애비 고모 건 뭔가요?"라는 말은 곧 "우리 건 뭔가요?"라고 묻는 것이다.

이 상황의 극적 전개는 대상들을 통해 이루어진다. 대상들은 이디스의 삶과, 애비와 함께했던 그녀의 삶을 담고 있다. 하지만 애비의 친척들에게 그것들은 소유와 상속의 대상이다. 특히 애비가 가장 애지중지하던 새 모양 도자기들은 가족이란 무엇인가, 가족은 무슨 가치가 있는가를 둘러싼 다툼의 장이 된다. 앨리스가 이디스에게 "아름답군요"라고 말하면서 새 하나를 집어 들자, 이디스는 "제가 애비에게 선물로 줬지요. 멋지죠"라고 말한다. 이디스와 앨리스 사이의 다음 대화에서 우리는 상실을 부분적으로만 인정함으로써 그 상실을 저평가하고 상실의 인정이 가지는 힘을 무효화하는 걸 볼 수 있다. "그렇게 좋은 친구를 잃다니 정말 슬프시겠어요." 이디스는 어색하게 답한다. "네, 그렇죠." 이 순간 이디스의 표정은 멍해지고 두 눈에는 눈물이 반짝인다. 그녀는 덮어 둔다. 긍정의 대답인 "네, 그렇죠"는 상실의 부인, 상실의 진실을 비밀로 묻어 두는 방법이 되는 것이다.

이디스가 무너진 것은 바로 이 순간이다. **이 말에** 대해 이디스가 네, 라고 했기 때문에 앨리스는 이렇게 말한다. "당신도 그녀를 기억할 만한 뭔가를 가져야 한다는 생각이 들어요. 이 새들 중 하나를 선택해서 유품으로 간직하시면 좋겠어요." 애비에 대한 그녀의 사랑과 애비의 사랑을 상징하는 이 대상들을 돌려받는 바로 그 제스처를 통해 이디스는 이 대상들을 빼앗긴다. 대상들은 선물이 되고 유품이 되어 버린다. 마치 그렇게 돌려준 데 대해 그녀가 감사라도 해야 할 것처럼 되어 버린 것이다. 새들은 소유물로서 가족에 통합된다. "아시다시피 그런 것들은 진짜 가족의 일부잖아요. … 때가 되면 매기가 달라고 하겠죠." 애비가 가장 사랑했던 대상들, 애비의 일부였던 것들이 테드 가족의 동질감의 대상이 된다. 그 대상들은 가족임을 나타내는 것, 상속이 가능한 것, 대대손손 물려줄 수 있는 것, 가족에 가족으로서의 형식을 부여해 주기 위해 재조립될 수 있는 그런 것이 된다. "너무한 것"은 바로 이 상실, 사랑하는 사람이 사랑했던 것의 상실, 사랑하는 사람을 행복하게 해주었던 것의 상실이다.

이디스가 무너질 때 그녀의 고통을 목격하고 그것을 알아차리는 사람은 어린아이 매기다. 매기는 이디스에게 손수건 — 애비의 손수건 — 을 건네며 가져도 된다고 말한다. "꼬마 아가씨, 내가 무엇을 가질 수 있고 없고를 정하는 건 네 역할이 아니란다. 네가 무엇을 가질 수 있는지 말해 주는 게 네 부모 역할이 아닌 것처럼 말이지." 이디스는 말한다. 이에 매기는 "미안해요"라고 답한다. 바로 그 한순간이 공감의 순간이다. 앞 장에서 말했듯 그것이 아무리 작고 깨지기 쉬운 낯선 공감이어도 말이다. 공감을 받았기 때문에 이디스는 처음으로 애비의 다정한 면모에 대해 말해 준다. 애비가 "얼마나 어떤 것도 고통받는 걸 견디지 못했는지"에 대해, 애비가 돌보던 새들, 둥지에서 떨어진 새들에 대해 말이다. 새들은 퀴어 동질감의 대상이 된다. 다른 약속을 체화한 대상, 벽의 안전과 보호가 없는 집 없는 존재들의 돌봄이라는 약속을 체화한 대상이 되는 것이다. 이런 이야기를 해줌으로써 이디스는 매기에게 다른 종류의 유산을 주는 셈이다. 자신의 고모에 대한 이야기를 들은 매기는 땅에서 찌르레기 알을 발견하고는 그것을 이디스에게 가져온다. 이디스는 그것을 나중에 새집으로 돌려보낸다. 이런 선물의 순환은 더 많은 것을 약속한다. 그들이 떠날 때 이디스와 소녀는 악수를 한다. 마치 고통의 한가운데서 새로운 연결고리가 만들어질 수 있는 것처럼, 견뎌야 하는 고통 혹은 고통으로 견뎌야 하는 것들을 경감시키는 토대를 만들어 내면서 말이다.

Unhappy Queers

이 단편이 우리에게 보여 주는 것은 인정받지 못하는 데 따른 고통이다. 실제로 이 영화의 불행이 우리에게 상기시켜 주는 것은, 인정을 향한 욕망이 반드시 좋은 삶에 대한 접근권을 갖는 문제는 아니라는 것이다. 심지어 그것은 꼭 무언가에 대한 열망도 아니다. 오히려 견딜 수 없는 것, 인내할 수 없는 것의 경험에서 나오는 것이다. 견딜 만한 삶에 대한 욕망은, 고통을 겪더라도, 견디는 태도bearings를 상실할 만한 고통, 집을 빼앗기는 고통은 겪지 않는 삶에 대한 욕망이다. 『고독의 우물』에서의 고통이 집을 허무는 기획으로 상상된 혁명적 미래를 수반한다면, 영화에서는 집에서 시작해, 그 집에서 퀴어로서 산다는 것이 얼마나 불안정한지, 퀴어들이 어떻게 내쫓길 수 있는지(혁명적 행위 속에서 기꺼이 그러는 게 아니라, 그들의 의지에 반해서), 그리고 집을 빼앗기는 것이 얼마나 불행한지 보여 준다.

〈이 벽들이 말할 수 있다면 2〉의 마지막 단편은 또 다른 레즈비언 커플, 프랜(샤론 스톤)과 칼(엘렌 드 제너러스)의 이야기이다. 그들은 영화에서 대부분의 시간을 "집에서 지낸다." 플롯은 간단하다. 그들은 가족을 이루고 싶고 아이를 갖고자 한다. 이야기는 유머러스하고 장난스럽다 ―그들은 정자 기증자를 선택하는 과정에서 이런저런 장애를 만나고 혼란을 겪는다. 사운드트랙은 〈여자들은 스스로 잘해〉Women Doing It for Themselves 와 〈축하〉Celebration 같은 노래들을 포함한 밝고 경쾌한 분위기다.

이 단편을 통해 우래는 견딜 만한 삶에 대한 욕망에서 좋은 삶에 대한 욕망으로, 죽음에서 삶으로, 불인정에서 인정으로, 불행한 퀴어에서 행복한 퀴어로 옮겨 간다. 사회적으로 행복한 퀴어를 약속한다는 것은 무엇인가? 행복한 퀴어는 무엇을 하는가? 그녀는 무엇에 몰두하는가? 영화의 한 장면에서 프랜과 칼은 놀이터에 있는 아이들을 갈망하는 시선으로 바라본다. 영화는 두 가지 욕망으로 구성돼 있는데, 하나는 아이를 갖고 싶다는 욕망이고, 다른 하나는 놀이터의 다른 엄마들과 함께 있고 싶다는 욕망이다. 여기서 놀이터는 행복의 토대로 중층결정돼 있다. 그것은 "거기 있고 싶다"는 욕망, "행복한 사람들"의 세상이 기반한 토대 위에 있고 싶다는 욕망이다. 다른 말로 하면, 퀴어의 재생산에 대한 욕망은 가족을 이루려는 욕망만이 아니라 다른 가족들처럼 되고 싶다는 욕망, 그들이 가진 것을 자신들도 갖고 싶다는 욕망으로 이미 구조화돼 있다.

그 욕망은 상당 부분 남부끄럽지 않은 재생산에 대한 욕망이다. 한 장면에서, 프랜과 칼은 어떤 정자를 선택할 것인지 고민하는데, 그 장면은 남부끄럽지 않은 기증자를 찾고 싶은 욕망을 둘러싸고 조직된 일종의 소비자 선택으로 재현된다. 그들은 "좋은 정자"를 찾고 있고, 그것은 기증자의 가족력을 통해 가늠할 수 있다. 가족에 대한 퀴어 욕망은 여기서 좋은 가계를 재생산하겠다는 욕망 바로 그것을 향해 있다.

어떤 정자를 고를지 논의하면서 프랜은 이렇게 말한다. "소수민족 애를 가지는 건 어떨까. 소수민족 아가들은 너무 예쁘잖아." 이에 칼은 단호하게 말한다. "난 애가 조금은 날 닮았으면 좋겠어." 여기서 강력하게 작동하는 것은 백인성이다. 거기에는 소수민족 타자에 대한 욕망도 있고(걔들은 "너무 예쁘잖아"), 동일자에 대한 욕망도 있다. 닮았다는 말은 아이가 백인처럼 보인다는 의미일 것이다. 그들은 가족을 이루기를 바란다. 한 가족처럼 보인다는 건 서로 닮았다는 것이고, 백인으로 보인다는 것이다. 이 욕망은 단지 여느 가족들처럼 가족을 이루고자 하는 욕망이 아니다. 그것은 그 가문만이 가진 외모를 갖춤으로써 가족으로 인정받고자 하

<이 벽들이 말할 수 있다면 2>에서 마지막 단편의 주인공 커플 프랜(좌)과 칼(우)은 인공수정을 통해 아이를 가지려 노력한다. 여기서 퀴어 행복은 이성애적 가족 형태에 가까운 것으로 상상된다.

는 욕망인 것이다. 여기서 행복은 특정한 의미에서의 닮음, 즉 동화 서사를 포함하는 것처럼 보인다. 나는 앞에서 퀴어가 인정받을 수 있느냐가 행복에 달려 있다면, 그들은 퀴어성의 기호를 최소화해야 할 수도 있다고 지적한 바 있다. 우리는 또한 이렇게 질문해 볼 수도 있다. 퀴어 행복은 이미 행복-원인으로 상정된 사회적 형식들(가족, 결혼, 계급 상승, 백인성)에 점점 가까워지는 것을 의미하는 걸까? 물론 이것이 암시하는 바는, 퀴어 행복의 촉진이 다른 퀴어들은 참여할 수 없는 사회적 형식들의 촉진일 수 있다는 것이다.

영화에는 불행한 언어(즉, 상처 받았다는 감각, 부당하다는 느낌을 불러일으키는 언어)가 사용된 순간이 두 번 있다. 첫 번째 순간은 프랜과 칼이 남자 없이는 임신이 불가능하다는 사실에 대해 느끼는 분노와 관련돼 있다. 그들은 자기들 둘이서는 임신할 수 없다는 사실을 누가 더 싫어하는지 이야기한다. "내가 너랑 사랑에 빠졌을 때 난 내 인생에서, 아니면 적어도 침실에서 절대 다른 남자를 원하지 않을 거라고 결심했어. 이제 임신을 하려면 침실에 다른 남자를 들여야 하고 또는 적어도 남자의 일부가 있어야 하는데 **그건 공평하지 않잖아. 난 그게 더 싫어.**" 여기서 사회적 배제는 이성애적 재생산의 세계에서의 배제로 축소된다. 여자들이 서로를 임신시킬 수 없다는 사실이 공평하지 않은 것이다. 두 번째 순간은 자신들의 아이가 살게 될 삶에 대해 곰곰이 생각해 볼 때이다. 프랜은 묻는다. "우리가 이런 세상에 아이를 데려오고 싶어 하는 게 이기적인 걸까? 그러니까 그 모든 광기와 폭력 말고라도, 우리 아이라서 겪어야 할 일들, 놀림감이 되고 우리를 옹호해야 할 일들 말이야." 칼은 답한다. "그럴 수도 있지. 하지만 애들은 다 놀림당하면서 크는 거야. 어린 시절이란 게 다 그런

Unhappy Queers

거 아냐? 그리고 우리 애가 차별이 뭔지 알 만큼 컸을 즈음에는 세상이 조금은 달라져 있겠지."

프랜과 칼은 자신들의 아이의 미래를 상상함으로써 미래를 상상한다. 상처 받을 가능성은 미래로 옮겨진다. 미래 자체가 피해나 다른 상처의 기호들을 극복해 줄 약속이 된다. 이 대화에서 차별은 현재의 일부분으로 일어날 수 있는 일상적인 일(모든 종류의 차이에 두루 걸쳐 일어날 수 있는 그다지 차별적이지 않은 놀림의 일종)로 상상되는 동시에 미래에는 극복될지도 모르는, 심지어 극복할 수도 있는 어떤 것으로 상상된다. 다시 말해, 차별에 대한 불안한 생각이 퀴어 행복을 방해하지 못한다. 행복한 퀴어는 사회적 희망의 한 형식이자 "우리가 얼마나 멀리 왔는지"를 나타내는 기호이다. 차별이 극복된 세상에 대한 희망이다. 이 희망이 담고 있는 위험은 그것이 **마치** 세상에 차별이 존재하지 않는다는 듯 재상상한다는 데 있다. 마치 새 생명을 가지면 그 아이가 이 세상에 도착할 즈음엔 세상이 견딜 만한 것이 될 것처럼 말이다. 그들이 상상하는 미래 속에서 아이는 자신들의 사랑의 결실일 뿐만 아니라 목격자가 된다. "자기야, 생각해 봐. 내가 하고 싶은 건 오직 당신을 사랑하는 거야. 당신을 사랑하고 우리 아이를 사랑하고 그 아이가 이 사랑을 목격하게 하는 거 … 전부 사랑에서 오는 건데, 어떻게 그게 잘못일 수 있겠어?" 퀴어 사랑은 그 특유의 행복의 약속을 제안한다.

영화의 결말은 행복하다. 그들은 임신에 성공한다. 신나서 욕실을 돌아다니며 춤을 추는 그들에게는 아이의 약속이 행복의 약속이 된다. 영화는 이 약속으로, 새 생명에 대한 이 약속으로, 생식력이라는 다소 평범해 보이는 퀴어 행복으로 끝이 난다. 물론, 이 평범한 생식력에는 노력이 필요하다. "그냥" 임신이 되는 건 아니기 때문이다. 인공수정 기술뿐만 아니라 가족을 만든다는 것이 어떤 의미인지에 대한 적극적인 협상이 있어야 한다. 가족은 어떤 선 위에 위치한(당연히 그 자리를 점하고 있는) 하나의 점이라기보다는 결정decision(위기crisis를 뜻하는 그 본래 의미에서의)*이다. 퀴어는 매우 특수한 방식으로 "아기를 만들어야" 한다.

그렇다면 이 행복한 퀴어 재생산의 이미지에서 재생산되고 있는 것은 무엇일까? 결국, 퀴어 행복이 아기를 만드는 데 성공한다 해도 그 아기들의 도착 조건이 전적으로 평범한 것은 아니다. 아기에게는 이탈의 지점들이 세상에 거주하는 방식의 하나로서 계승된다. 만약 퀴어 가족이 뭔가를 약속해 줄 수 있다면, 그것은 거주 공간인데, 거기서 원래 집에 있던 (최소한의 몇몇) 이탈의 기호들은 그대로 남아 있을 수밖에 없기 때문이다. 〈이 벽들이 말할 수 있다면 2〉의 이 마지막 단편은 퀴어 행복을 가족 형태에 근접한 것으로, 가족의 소유물로서 축적되는 "것들"에 대한 접근권을 갖는 것으로 상상하고 있다고 볼 수 있다. 아니면 우리는 이 단편이 다른 종류의 행복을 만들어 낸 것이라고 해석해 볼 수도 있다. 이때 행복의 약속은 똑바른straight 선 위의 한 점으로 위치해 있지 않아서, 가족과 같이 사는 삶이 오히려 안전한 거주를 보장해 주는 집의 친숙한 벽들을 낯설어 보이게 할 수 있다.

---

* crisis는 '분할하다, 결정하다, 판단하다'라는 뜻의 그리스어 Krinein에서 왔다. 그리스에서 Krisis는 의학 용어로 사용됐는데, 질병의 경과에서 결정적 지점, 즉 회복될 것인지 아니면 죽음을 맞이할 것인지를 결정하는 전환점을 의미했다.

영화가 보여 주는 것은 인정받지 못한 슬픔에서 인정받을 수 있는 행복으로 가는 데 필요한 운동이다. 그렇다면 우리의 질문은 이런 것이 돼야 할 것이다. 우리는 행복한 이성애의 형태들과 가까워지지 않으면서도 인정을 위한 투쟁, 퀴어들이 견딜 만한 세상을 만드는 투쟁을 지속할 수 있는가? 재생산의 욕망, 다른 가족들처럼 되려는 욕망에 의해 조직된 것이 아닌, "같아짐"으로써 행복을 약속받는 것이 아닌, 어떤 다른 대안적 친족 이야기가 가능할까? 행복한 퀴어 결말은 불행한 퀴어의 정치적 힘과 에너지를 무효화할 수밖에 없는 것일까?

영화가 고통을 그냥 "이렇게" 마무리해 버린 데 실망했다고 해서 이 문제에 대한 생각을 멈춰서는 안 된다. 엘렌과 샤론이 함께 춤추는 이미지가 만족스럽지 않아도 영화는 행복을 향한 퀴어적 욕망을, 그 형태가 어떠하든, 부정적인 퀴어 정서와 퀴어 운동의 오랜 계보 안에 자리매김하게 해준다. 영화는 행복한 동성애 정상성homonormativity이라는 다소 암울한 전망으로 끝난다.[22] 하지만 영화는 우리 자신이 동성애 정상성을 단순히 동화의 기호로만 혹은 동화의 유일한 기호로만 보고 있는 것은 아닌지 되묻게 한다. 어쨌든 우리가 여기까지 올 수 있었던 것은 견딜 만한 삶을 위한 투쟁 덕분이다. 다른 말로 하자면, 만약 우리가 이 영화를 진보의 서사로 (종착지에 도달하는 것이 핵심인 양) 읽지 않으면, 긍정적인 느낌들과 부정적인 느낌들이 함께 모여, 앤 스벳코비치의 말을 이용하자면, "느낌들의 아카이브"(Cvetkovich 2003)를 만들어 낼 수 있다.

퀴어들은 이성애성straightness의 기호들에 근접한 대가로 행복을 받을 수도 있다. 혹은 인생 경로에서 어떤 특정 지점들로 우리를 인도해 주는 희망이 없다면 행복을 희망하기 어려울 수도 있다. 설사 이런 지점들 가운데 어떤 것들은 우리를 경로에서 벗어나게 하는 것처럼 보여도 말이다. 하지만 퀴어 아카이브들은 더욱 도착적인 욕망들로, "잘못된 방식"으로 욕망하고 자신의 욕망을 따르기 위해 좋은 삶에 가닿기를 기꺼이 포기하고자 하는 신체들로 가득하다. 퀴어는 잘못된 대상에 행복의 희망을 둠으로써 정서적으로 이방인이 될 수 있다. 또 관습적인 행복의 길 때문에 불행해짐으로써 정서적으로 이방인이 될 수 있다. 여기서 불행은 당신의 행복이 다른 사람을 불행하게 한 결과일 수 있다. 이 절에서는 행복하게 퀴어 되기(행복한 퀴어가 되는 것이 아니라)가 꼭 전통적 범주에서 빌려 온 행복 이미지를 촉진하는 것은 아님을 생각해 보기 위해 "나쁜 대상 선택"에 의한 퀴어 행복에 초점을 맞추려 한다. 엘리자베스 프리먼이 말하듯 우리의 아카이브는 "제도적 형태에 들어가지" 않는 "역사적으로 특정한 쾌락 형태들"을 보여 준다(Freeman 2005: 66). 행복하게 퀴어 되기는 행복하게 불행의 원인이 된다는 의미일 수도 있고(불행을 야기함으로써 행복해지지는 않는다 해도 적어도 불행의 원인이 되는 데는 동의한다는 의미에서), 우리가 행복 대본에 있는 이성애의 선을 넘어간다 해도 그곳에서 행복하다는 의미일 수도 있다.

　행복하게 퀴어 되기에 대해 더 생각해 보기 위해 우선 1973년에 처음 발표된 리타 메이 브라운의 소설 『루비프루트 정글』에 대한 고찰에서 시작해 보자. 몰리 볼트의 이야기인 이 소설은 내가 읽은 최초의 레즈비언 서적들 가운데 하나로 내겐 정말 행복 대상이다. 이 책을 좋아하는 이유 중 하나는 몰리를 사랑해서다. 그녀의 맹렬함, 반항끼, 기꺼이 문제에 휘말려 보겠다는 의욕이 좋다. 몰리 볼트는 조지 엘리엇의『플로스 강의 물방앗간』에 나오는 매기 털리버와 나란히, 2장에서 설명했던 여성 트러블 메이커의 계보에 들어간다.

주디스 버틀러는 우리가 동일시를 욕망과 구분하는 관습적인 경로(소녀가 된다는 건 소년을 원한다는 뜻이며, 소년이 된다는 건 소녀를 원한다는 뜻이다)를 따르지 않을 때 발생하는 젠더 트러블과 우리가 젠더를 문제시하는 방식에 대해 가르쳐 주었다(Butler 1990). 2장에서 나는 문제를 정서 정치로 생각해 볼 수 있다고 이야기한 바 있다. 예를 들어, 이탈은 문제에 휘말린다는 뜻일 뿐만 아니라, 사물에 질서를 부여하는 좋은 삶을 산다는 것이 어떤 의미인지에 대한 기존의 개념들을 문제 삼는다는 뜻이기도 하다. 문제를 일으키면 결과가 나타난다. 트러블 메이커는 처벌받고 제자리로 되돌려진다.『루비프루트 정글』같은 책들이 강렬한 것은 **제자리로 되돌려지기에 대한 거부**를 이야기하고 있기 때문이다. 사건이 시작되는 장면에서 몰리는 정말로 문제에 휘말린다. 사업가 기질을 타고난 그녀는 학생들에게서 돈을 받고 브록허스트 데트윌러의 할례 받지 않은 음경을 보여 준다. 어머니 캐리가 몹시 화를 내며 꾸짖을 때도 몰리는 속으로 이렇게 생각한다. "그래서 어쩌라고, 후레자식인 게 뭐 어때서. 상관없어. 겁주려는 거겠지. 엄만 항상 나한테 겁대가리를 심어 주려 하잖아. 후레자식이고 뭐고가 그렇게 중요한 사람이면, 엄마든 누구든 뒈져 버리라고 해"(Brown 1973: 8[22]). 몰리는 반항하는 주체, 권위를 거부하겠다는 의지와 능력을 가진 주체, 타인에 의해 쉽게 무너지지 않는 주체의 에너지와 활력을 구현한다.

소설은 몰리의 마음을 돌려 그녀의 다루기 힘든 욕망을 제자리로 되돌리려는 수많은 시도들을 그려 낸다. 셰릴 슈피겔글라스라는 여자애는 몰리에게 이렇게 말한다. "두고 봐. 남자애들이 하는 걸 너도 다 할 수 있을 거라고 착각하지 마. 넌 얄짤 없이 간호사밖엔 안 돼. 머리는 상관없어. 문제는 머리가 아니야. 네가 남자냐 여자냐가 문제지"(31[52]). 몰리는 폭력적으로 반응한다. "나는 그 애를 있는 힘껏 한 대 쳤다. 셜리 템플 슈피겔글라스 따위, 아니 그 누구도 내가 의사가 될 수 없다고 말할 수 없다"(31[53]). 몰리의 분노는 『가장 푸른 눈』에 나오는 클로디아의 분노를 떠올리게 한다. 클로디아의 분노도 훌륭한 백인 부르주아 여성성의 상징인 셜리 템플을 향한다.[23] 자신이 여자라서 뭔가를 할 수 없다는 말을 들은 몰리는 복종이나 순종 혹은 불행에 대한 두려움을 가지기는커녕 오히려 더 심한 반항적 행동을 한다. 좋은 백인 여자아이들에 대한 분노가 몰리를, 클로디아처럼, 정서적으로 이방인이 되게 하는 것이다.

문제가 된다는 것은 특정 행위 규범이나 행위하고자 하는 열망을 문제에 빠뜨린다는 것이다. 한 사건에서 몰리는 엄마와 갈등을 겪는다. "모두가 내 못된 짓거리로 각색된 캐리의 얘기만 들었고, 난 입을 열어 반박하기도 힘들었다. 캐리는 날 온 식구들 앞에서 창피 줄 수 있을 거라고 생각한 모양인데, 나는 방으로 척척 걸어 들어가면서 고개를 빳빳이 쳐들고 그녀를 쳐다보았을 뿐이다. 어떻게 해도 날 이길 순 없을 걸. 전부 날 미워하게 만들어 보라지. 내가 콧방귀라도 뀔 것 같아? 절대 아니거든"(39[63]). 스스로 반박하기도 전에 수치를 준다고 해서 수치심을 경험하는 건 아니다. 이런 퀴어 자부심queer pride의 순간은 다른 사람이 당신을 수치스러워하는 것을 본다 해도 내가 수치심을 느끼기를 거부하는 순간이다.

몰리는 여자애들을 원하는 여자애다. 이 책은 그녀가 여자애를 원하고 자신이 원하는 여자애들을 얻는 이야기다. 얼마나 많은 여자들과 잤느냐는 질문에 그녀는 이렇게 답한다. "몇백 명은 될 걸요. 난 마성의 레즈비언이니까요."(200[280]). 『루비프루트 정글』은 사람들이 행복의 범주 바깥으로 데려가고 곤경에 빠뜨림에도 불구하고 자신의 욕망을 포기하기를 거부하는 퀴어 소녀의 이야기를 들려준다.

행복하게 퀴어인 이 퀴어는 퀴어 사랑을 못마땅해 하는 세계를 계속 마주하지만, 그 마주침에 의해 불행해지기를 거부한다. 나는 행복한 퀴어를 촉진하면 이 세상에 존재하는 불행을 못 보게 될 위험이 있다고 주장한 바 있다. 행복하게 퀴어 되기는 그 불행 또한 인식할 수 있다. 행복하게 퀴어 되기는 행복한 정상성의 촉진에 의해 감춰져 있던 불행을 인식하는 것이 될 수 있다. 우리의 못 말리는 여주인공 몰리는 우리에게 이것을 가르쳐 준다. 몰리의 레즈비언 행동이 플로리다 대학의 학생처장에게 보고돼 불려 간 장면에서 처장은 그녀에게 여학생들과 무슨 문제가 있는 건지 묻는다.

"마니 처장님, 저는 여자애들과 관계 맺는 데 아무 문제가 없고요, 룸메이트를 사랑하고 있습니다. 그 애는 날 행복하게 해줘요.

갈색 펜슬로 티 나게 그린 그녀의 숱 많은 붉은 눈썹이 치켜 올라갔다. "페이 레이더 학생과의 이 관계는, 음—친밀한 관계인가?"

"섹스하는 사이죠, 그게 궁금하신 거라면요."

그 말에 그녀의 자궁이 무너져 내린 것 같았다. 그녀는 앞으로 몸을 들이밀며 빠른 속도로 내뱉었다. "좀 비정상이라고 생각하지 않아? 그것 때문에 괴롭지 않니? 결국에는 정상이 아니잖아."

"이 세상 사람들에게는 행복한 게 정상이 아니겠죠. 저는 행복합니다"(127 [181-82]).

몰리는 다른 사람들이 자신을 불편해 한다고 해서 불편해 하기보다 자신의 행복이 비정상이라고 선언함으로써 궁극의 반항 행위를 수행한다. 행복하게 퀴어 되기는 정상이라고 간주되는 것의 불행을 탐색하는 것이다. 그것은 마치 퀴어들이, 자신이 원하는 것을 행함으로써, 다른 사람들의 행복을 위해 개인적 욕망을 희생해야 하는 불행을 그 비뚤어지고 뒤틀린 도착성 속에서 폭로하는 듯하다.[24]

그녀의 넘치는 매력과 퀴어 생활 세계에 대한 전파성 강한 열정에도 불구하고 몰리의 경험은 자기 길을 개척하고 원하는 것을 얻을 수 있게 된다는 의미에서의 그런 행복한 경험은 아니다. 사실, 소설에서 그녀는 이성애 세계의 인정을 넘어서 퀴어 욕망을 따를 때 따라오는 결과를 견딜 수 없어 하는, 이루어지지 못한 사랑들로부터 끊임없이 차별과 폭력, 거부를 경험한다. 이런 경험에도 그녀는 쉽게 무너지지 않는다. 물론 우리는 몰리의 허구적 삶에서 어떤 도덕적 명령을 창출해 낼 수 있다는 듯 그녀 같은 캐릭터를 훌륭한 본보기로 삼는 일은 피해야 한다. 하지만 우리는 퀴어의 삶과 사랑에 불만인 세상 앞에서 행복하게 퀴어인 등장인물에 대해 읽음으로써 힘을 얻고 희망을 가질 수 있다. 심지어 소설의 결말이 행복하지 않아도 말이다. 몰리는 그녀의 차이를 구경거리로 만드는 곳 외에는 영화계에서 어떤 일자리도 제안 받지 못한다. 예를 들어, 한 "유명인사"는 몰리에게 "자신의 다음 영화에서 자웅동체로 분장해 줄 순 없는지 묻는다"(245[343]). 그리고 그녀의 반 친구 중 한 명은 "CBS에 바로" 채용됐지만 그녀는 "채용이 완료되었습니다"라는 설명만 듣는다(245[344]). 몰리는 그녀에게 열려 있지 않은 것에서 배울 수밖에 없다. "하나도 놀랍진 않았다. 하지만 실망스럽긴 했다. 내가 눈부신 예외, 성과 계급의 장벽을 타파하는 재능 있는 소수자의 상징이 될 수도 있다는 아주 작은 희망의 가능성을 놓지 않고 있었던 것이다. 몰리 만세. 결국 반에서 최우등을 먹었던 건 아무 소용없는 일이었단 말인가?"(245[344])

하지만 소설은 이렇게 의기소침해 하는 순간으로 끝나지 않는다. 몰리가 소망을 빌면서 끝난다. "이 망할 세상이 내가 나로 있을 수 있게 해 준다면 좋겠다. 그런데 그렇게 안 된다는 것쯤은 알고 있다. 내 영화를 촬영할 수 있었으면 좋겠다. 그게 내가 이룰 수 있는 소망이다. 어떻게든 그 영화들을 다 만들어 낼 거고, 싸우다가 오십 살이 되진 않을 거다. 하지만 그렇게까지 오래 걸리게 된다면, 두고 보시라. 왜냐하면 난 미시시피 강 이편에서 제일 잘나가는 오십 살이 될 테니"(246[345]). 몰리는 자신의 열망 중 어떤 것은 단지 바라기만 한다고 해서 얻을 수 있는 게 아님을 알고 있다. 하지만 그녀는 자신이 소망하는 것을 위해 노력할 수 있다 — 그리고 자신이 노력하기를 소망한다. 그것만이 아니다. 그녀는 그런 소망을 가질 수 없거나 인정받지 못한다 해도 자신이 여전히 무언가를 소망할 수 있음을 인식하고 있다. 그것이 바로 퀴어로서 인내하는 것, 나아가 행복하게 인내하는 것이다.

따라서 투쟁의 기호들을 숨기지 않는, 행복하게 퀴어 되기에 대한 이야기가 가능하다. 행복하게 퀴어한 주체가 화자로 등장하는 좀 더 최근의 소설로는 아바 도워사의 『베이비지』(Dawesar 2005)를 들 수 있다. 인도를 배경으로 한 이 소설은 세 명의 여성을 유혹하는 기백 넘치고 섹시한 십대 아나미카 샤르마의 관점에서 전개된다. 세 명의 여성은 샤르마가 인디아라고 이름 붙여 준 나이 많은 이혼녀, 라니라는 이름의 하녀, 그리고 학교 친구 쉴라이다. 등장인물로서 아나미카는 매우 매력적이다. 모두가 그녀를 욕망하고 그녀로부터 무언가를 원한다. 그래서 독자도 그녀를 욕망하고 그녀와 동일시하도록 부추겨진다. 이 책에는 많은 욕망이 있다.

아나미카가 행복을 위해 자신의 욕망을 포기해야 한다는 것은 잘 드러나지 않는다. 대신에 행복이라는 말이 처음 발화될 때 그것은 다소 퀴어적 성격을 띤다. "'당신을 행복하게 해주고 싶어요'라고 나는 떠나면서 말했다. '너 때문에 정말로 행복해'라고 인디아가 말했다. '아니, 그런 식 말구요. 잠자리에서 말이에요.'"(31) 아나미카는 연인을 행복하게 만들고자 하는 자신의 욕망을 "그런 식"에서 분리한다. "그런 식"이란 다른 사람을 행복하게 해주려면 그녀가 좋은 삶을 살기를 바라는 그런 평범한 방식이다. 아나미카는 인디아를 잠자리에서 행복하게 해주고 싶고 자신이 그녀의 쾌락을 유발하는 원인이 되기를 바란다. 이렇게 다른 사람을 행복하게 해주려는 욕망을 잠자리의 행복으로 제한한다는 것은 중요하다 — 그것은 행복을 좋은 삶의 특정 이미지로 고정하지 않겠다는 것이다.

『베이비지』는 확실히 쾌락의 도착적 잠재력에 대한 것이다. 이 말은 아나미카가 저항할 필요가 없다거나 그녀가 문제에 휘말리지 않는다는 말이 아니다. 문제 상황은 아버지와 퀴어 딸의 관계에 집중돼 있고, 다시한 번 행복을 축으로 해서 돌아간다. 아나미카는 아버지에게 말한다. "아버지는 차를 좋아하고 전 커피를 좋아해요. 저는 물리학자가 되고 싶고 비두르는 군에 지원하려고 하죠. 저는 결혼하고 싶지 않고, 엄마는 결혼하고 싶어 했어요. 어떻게 똑같은 공식이 우리 모두를 행복하게 할 수 있나요?" 아버지는 이에 이렇게 반문한다. "결혼하고 싶지 않다니 그게 무슨 말이니?"(177) 아나미카는 내가 행복 대상 선택의 특이성이라고 부르는 것, 즉 사람들은 각기 다른 것들로 행복해진다는 것을 인식하고 있다. 우리에게는 다양하게 좋아하는 것들과 싫어하는 것들이 있고, 결혼은 여러 행복 대상 선택들 가운데 하나임을 아는 것이다. 결혼을 이렇게 좋아할 수도 있고 아닐 수도 있는 것에 포함시키는 걸 포착한 아버지는 퀴어 욕망을 대화의 흐름을 끊는 질문으로 전환시켜 버린다.

이 대화는 대상 선택들이 동등하지 않음을 보여 준다. 결혼을 하고 안 하고 같은 어떤 선택들은 단순히 각자의 좋고 싫고의 문제로 제시될 수 없다. 왜냐하면 이런 선택들은 우리를 친밀함의 지평 너머로, 그런 좋아하는 것들이 함께 공유되는 친밀함의 지평 너머로 우리를 데려가기 때문이다. 이 소설은 퀴어 주체가 자기만의 방식으로 행복을 누릴 자유가 있다는 퀴어 자유주의를 명료하게 표명하는 것처럼 보일 수 있다. 하지만 이 소설은 결혼과 좋은 삶의 융합이 퀴어적 이탈에 대한 반응으로 유지되고 있음을 보여 줌으로써 그 자유주의의 한계를 일깨운다. 퀴어들이 결혼을 넘어설 수는 있지만, 그 대가로 행복이 약속되는 것은 아니다. 우리는 행복의 약속 없이 살 수 있고, 또 "행복하게" 그럴 수 있다. 하지만 우리는 타인에게 불행-원인이 되었다는 결과를 안고 살아간다. 바로 이런 이유로 동성애자임을 밝히고 살아가는 과정이 계속해서 가능성과 투쟁의 장소가 되는 것이다.

『베이비지』는 미국의 대학과 장학금에 대해 아나미카와 학교 관계자가 논의하는 장면으로 끝이 난다. 이는 어쩌면 좋은 삶을 향한 상당히 전통적인 열망이 아나미카 특유의 자기 미래에 대한 자신감으로 표현되는 순간일지도 모른다. 즉, 예외적 존재가 되는 것, 예외적 삶을 사는 것은 교육이나 여행과 연관된다. 하지만 대화 안에는 다른 종류의 욕망이 드러난다. "'학생을 위해 몇몇 대학 소개 자료들을 준비해 두었어요. 학생이 올해 저 문을 걸어 들어온 델리 출신의 가장 훌륭한 지원자라고 생각해요'라고 말하면서 그녀는 사무실 문을 가리켰다. '감사합니다'라고 나는 대답했다. '같은 성적의 다른 지원자들도 있었지만, 학생의 과외 활동이 제일 눈에 띄더군요.' 나는 수줍게 웃었다. 갑작스럽게 쉴라와 인디아, 라니를 제외한 어떤 과외 활동도 생각나지 않았다. 얼굴이 화끈거렸다"(354). 나는 이 구절이 놀랍다고 생각했다. 이렇게 대화의 중간에 퀴어적 순간이 끼어들었기 때문이다. 수줍은 신체, 화끈거리는 신체는 과거의 퀴어 경험들, 학교 관계자가 그 말을 할 때 염두에 둔 것은 아닌 퀴어 경험을 기억하는 신체다. 어떻게 보면, 소설이 몰두하는 퀴어들의 행복할 자유는 전통적인 계급 상승에 대한 욕망과 상응한다. 이때 좋은 삶이란 올라가는 것 그리고 빠져나가는 것과 연관돼 있다. 그러나 다른 차원에서 보면, 퀴어성은 신체가 다른 종류의 욕망에 의해 방해받는 것을 가능하게 해주는 걸림돌이다. 그런 욕망은 심지어 우리의 열망을 퀴어하게 만들 수 있다.

우리는 견딜 만한 삶을 위한 퀴어 투쟁과 좋은 삶을 향한 열망 가득한 희망 사이의 관계에 대해 더 많이 생각할 필요가 있다. 어쩌면 핵심은 열망 없이는 투쟁하기 어렵고, 열망은 그것에 어떤 형태가 주어지지 않고는 견지하기 어렵다는 것이다. **열망**aspiration의 라틴어 어원이 "숨을 쉬다"breathe임을 기억해 보자. 견딜 만한 삶을 위한 투쟁은 퀴어들이 숨 쉴 공간을 가지기 위한 투쟁이라고 나는 생각한다. 마리 루티의 말대로(Ruti 2006: 19), 숨 쉴 공간을 갖는 것, 자유롭게 숨 쉴 수 있는 것, 그것이 열망이다. 숨쉬기와 더불어 상상력이 온다. 숨쉬기와 더불어 가능성이 온다. 만약 퀴어 정치학이 자유에 관한 것이라면, 그것은 그저 숨 쉴 자유를 의미하는 것일 수 있다.

4장

우울증적 이주자

다문화 사회는 신뢰도가 떨어지고 행복감이 낮은 경향이 있다. ⋯ 사람들은
다른 압력이 있을 때에는 솔직히 같은 인종적으로 동일한 안전지대에 살고
싶어 한다. ⋯ 사람들은 자신과 비슷한 사람들과 함께 있으면 행복하다고
느낀다. 트레버 필립스, 평등·인권위원회 의장, 2006년 영국

다문화주의의 문제는 사람들을 불행하게 하는 데 있다고 트레버 필립스
는 말한다. 아니면 그가 다문화주의에 불행을 야기하는 속성이 있다고
봄으로써 그것을 문제로 만들고 있다고도 할 수 있다. 마치 우리가 다문
화주의 "안"에 있으면 안전지대 "밖"으로 벗어나기라도 하는 것처럼 말
이다. 필립스가 이렇게 언급한 것은 2006년 방영된 영국 BBC 방송의
〈행복 공식〉이라는 프로그램 3화에서다.[1] 이에 따르면, "사람들을 더 행
복하게 만드는" 사회적 기획이란 "사회를 더 응집력 있게" 만드는 기획,
"공동체를 다시 끈끈하게 만드는" 기획을 뜻한다. 여기서 행복은 사람들
을 서로 끈끈하게 만드는 사회적 접착제 같은 것으로 상상되고 있다. 이
렇게 해야 한다는 것은 공동체에 그런 접착력이 없다는 뜻인 동시에 한
때는 그런 접착력이 있었다는 뜻이기도 하다. 프로그램이 이미지화하는
행복 관념에 따르면, 물리적으로나 사회적으로 유동성이 덜한 세상이
행복한 세상이다. 예를 들어, 같이 사는 가장 행복한 방식으로 프로그램
이 그리고 있는 프랑스의 한 작은 마을에서는 세대가 바뀌어도 모두가
"그대로"다. 모든 게 "그대로"인 이런 향수 어린 세계관은 백인성에 대

Melancholic Migrants

한 향수, 백인들이 다른 백인들과 행복하게 함께 사는 공동체에 대한 향수를 포함한다. 이 향수 어린 백인성의 전망은 동시에 인종적 유사성, 즉 동일성의 이미지다. 그런 세계의 상실을 애도할 때, 이주는 불행의 원인으로, "같지 않은" 사람들이 함께 살도록 강제하는 요인으로 서사 안에 들어온다.

다문화주의가 불행의 원인으로 인식된다는 사실을 고려하면, **다문화주의** 자체가 불행한 말이 되어 버린 게 놀라운 일은 아니다. 영국의 인종평등위원회가 출간한 『인종 관계 가이드』 서문에는 이렇게 적혀 있다. "다문화주의는 오늘날의 인종 관계가 가진 복잡한 속성에 대해 더 이상 올바른 해답을 제공해 주지 못하고 있다. 우리가 공유하고 있는 가치와 충성심에 기반을 둔 통합만이 유일한 성공의 길이다."[2] 이 서문의 시작은 이렇다. "통합은 꿈이 아니다. 그것은 생존의 문제다." 보통 어떤 것이 생존의 문제라고 말한다는 것은 생존이 위협받고 있다고 선언하는 것이다. 다문화주의는 국가의 생존에 대한 위협으로 제시된다. 다문화주의는 심지어 죽었다는 선고를 받기도 했다.[3]

그렇다고 다문화주의가 더 이상 국가적 이상과 무관하다는 주장으로 이어지지는 않는다. 예를 들어, 앞서 언급한 BBC 프로그램은 다문화주의를 쉽게 단념해 버리지 않고 "다리 놓기" 모델에 입각해 더 행복한 것으로 만들어야 한다고 말한다.[4] 트레버 필립스는 "아주 다르게 생긴, 그리고 아주 다르다고 생각하는 사람들이 절대 접촉하지도 소통하지도 않으면 생기는 일이 바로 **이것**"이라면서 공동체 간의 갈등이나 폭력 같은 불행한 사례들을 환기한다. 이럴 때 "이것"은 (개인적인 불신에서 공동체들의 갈등과 국제적 테러리즘에 이르기까지) 정확한 이름도 없다. 불행은 다양성 때문이 아니라 그런 다양성을 체화한 사람들이 "접촉하고 소통하는 데"실패했기 때문이라고 해석된다. 필립스는 공동체가 축구 같은 "활동"을 공유함으로써 통합될 수 있다고 말한다. 그런 활동은 "일주일에 단 몇 시간이라 할지라도 우리를 자신의 민족성에서 끄집어내 다른 민족성을 가진 사람들과 연결"해 주기 때문이다. 그는 이렇게 하면 우리가 "그 문제에 균열을 낼 수 있을 것"이라고 말한다.

불행한 다문화주의에서 행복한 다문화주의로의 전환을 위해서는 소통이 요구된다. 행복은 미래에 투사된다. 우리가 소통을 통해 "그 문제에 균열을" 내면 우리는 다양성과 더불어 행복할 수 있다. 축구가 행복한 다문화주의를 생성할 기술이 되는 것은 결코 우연이 아니다.[5] 여기서 제시되는 판타지는 축구가 민족성을 초월할 수 있다는 판타지다. 축구는 국가적 기반을 제공하면서 행복에도 기반을 제공한다. 다문화주의는 이미 국가적 이상으로 확립돼 있는 것들에 대한 충성이 전제돼야 행복이 될 수 있다. 결국 행복은 국가에 대한 충성을 대가로 약속되는 것이며, 여기서 충성이란 국가의 편에서 경기를 뛰느냐를 기준으로 판가름된다.

이 장에서 나는 영국계 아시아인의 경험을 통해 제국의 역사와 행복의 약속 사이의 관계를 분석해 볼 것이다. 우선은 19세기에 제국의 사명이 어떻게 행복의 극대화라는 공리주의적 명령을 통해 합법화되었는지, 제국이 어떻게 행복의 역사로 기억되는지에 대한 고찰로 시작해 본다. 그리고 〈베컴처럼 감아 차기〉와 〈동양은 동양〉이라는 두 영국계 아시아인의 영화에서 불행한 인종차별주의가 다문화주의적 행복으로 전환되는 지점을 살펴보면서 우울증적 이주자의 형상이 어떻게 출현하는지 분석해 볼 것이다. 마지막으로 2세대 딸들의 관점에서 쓴 서사들을 통해 이주

와 인종차별의 경험, 그리고 "이방의 정서" 사이의 관계를 고찰해 보려
한다.

공리주의와 제국

공리주의는 "최대 다수의 최대 행복", 즉 행복을 극대화하라는 윤리적
명령을 담고 있다. 공리주의에 대한 니체의 통렬한 비판은 국가 건설의
한 형식인 이 "최대 다수"에 대한 비판이다. "결국 그들 모두가 바라는 것
은 **영국식** 도덕을 정당화하는 것이다. 그 이유는, 그렇게 하는 것이 인류
또는 '일반적 이익' 또는 '최대 다수의 행복' — 아니 **영국**의 행복에 가장
잘 기여하기 때문이다. 그들은 **영국식** 행복을 추구하는 것이, 그러니까 내
가 보기에는 **안락**과 **유행**을 추구하는 것이 덕을 구현하는 올바른 길이기도
하다는 것을 … 전력을 다해 증명하려 한다"(Nietzsche 1886/1997: 96[290]).
여기서 영국식 도덕에서 영국의 행복으로, 그리고 영국식 행복으로의 전
환은, "최대 다수의 행복"이라는 격률을 통해 도덕적 성격과 국가적 성격
의 융합이 어떻게 이루어지는지를 잘 보여 준다. 니체는 행복을 극대화하
라는 명령이 영국식 도덕의 보편화와 관련된다고 본다. 최대 다수의 행복
이라는 공리주의적 행복은 영국성을 증진하는 기술을 제공한다.

공리주의적 행복에는 분명 이해관계가 있다. 공리주의 사상가들은
결국 영국 제국을 옹호하는 핵심적 역할을 했다. 그렇다고 제국을 정당화
한 공리주의 논리가 단일한 것은 아니었다. H. S. 존스의 지적처럼 "제국
의 문제에는 다양한 공리주의적 접근 방식"(Jones 2005: 82)이 있었다.[6] 제

러미 벤담, 제임스 밀, 헨리 시지윅, 존 스튜어트 밀을 비롯한 공리주의 사상가들은 각기 방식은 달라도 모두 제국의 사명을 지지하면서 행복을 극대화하는 담론에 기대고 있었다(Schultz and Varouxakis 2005 참조). 공리주의는 제국의 상대적 비용과 편익을 "재는" 방법, 가늠하는 방식을 제공했다. 예를 들어, 제임스 밀은 제국이 치르는 비용이 식민 지배국에 돌아가는 이득보다 크다고 주장했다(Jones 2005: 182).[7] 제국에 대한 공리주의적 정당화들은 주로 식민지 주민들이 얻는 이득에 의존했고, 대체로 경제적 근거에 입각했다. 즉, 제국이 최대 행복의 원칙을 충족하려면 제국의 식민지 주민들에게 돌아가는 이득이 식민 지배자가 치르는 비용을 초과해야 한다. 제임스 밀은 바로 정확하게 이런 조건에서 제국이 최대 행복의 원칙을 충족한다고 주장한다.

제국의 공리주의적 정당화는 식민지 통치에만 중요한 것이 아니라 상업적 이익에도 중요했다. 제임스 밀과 그의 아들 존 스튜어트 밀 두 사람 모두 동인도회사에 관여했다는 사실은 잘 알려져 있지만 이를 제대로 이해하고 있는 사람은 적다.[8] 『먼슬리 리뷰』에 실린 한 글에서 동인도회사의 사료편찬가인 존 브루스는 공리주의가 제공한 어휘를 가지고 "인도 땅에서 유럽적 — **영국적** — 인구의 형성"을 정당화하면서도 그것이 본토의 영국인들에게는 "두려움의 대상"일 수 있다고 언급한다(Bruce 1813: 29). 그의 주장에 따르면, 인도인들은 일단의 "박애주의적 인간들"에게 지배받음으로써 다음과 같은 혜택을 얻을 것이기 때문이다. "문명화 속도가 그 어떤 사례에서보다 빨라질 것이다. 유럽의 법, 지식, 관습을 그들의 문 앞에 가져다줄 것이며, 저항할 수 없는 도덕적 압력을 수용할 수밖에 없을 것이다. **따라서 인류의 행복은 엄청나게 증가할 것이다**"(30, 강조는 추가).[9] 제국은 인류 행복의 증진이라는 측면에서 정당화된다. 만약 식민지 지배가 (키플링의 유명한 시처럼) "백인의 짐"*이라 한다면, 이때 이 짐은 "인류의 행복"을 증진할 의무로 이해되고, 이 의무는 박애의 언어로 서술된다. 사람들에 대한 사랑이 행복을 증가시키겠다는 의지가 되는 것이다. 박애란 타인이 겪는 고통이나 삶의 빈곤을 완화하기 위해 제공되는 것이다. 행복을 증가시키겠다는 의지는 동시에 다른 사람들의 고통을 덜어 줘야 한다는 사명이 된다. 이런 박애적 선물은 희생이기도 하다. 다시 말해, 식민지에서 얻는 것보다 치르는 비용이 더 크다고 생각될 경우 보통 행복의 증대가 식민 지배자의 행복에 대한 상대적 비용으로 제시되었던 것이다.

여기서 이런 행복의 선물은 문명화의 측면에서 그려진다. 인간의 행복은 법(법률/정의), 지식(이성), 예의범절(문화, 습관)을 통해 증진된다. 문명은 우선은 "그들의 문 앞"에 가져다준 것으로, 그다음에는 저항할 수 없는 도덕적 압력으로 그려진다. 첫 번째 이미지에서 문명화하는 자는 문이 열리기를 기다리는 손님이다. 두 번째에서는 이와는 대조적으로 힘의 언어가 사용된다. 문명인은 여전히 손님이긴 하지만 입장을 요구하며, 이를 거절할 순 없다. 제국은 선물이지만, 거절할 수 없는 선물, 강요된 선물이다. 제국이 행복을 주는 것으로 이해된다면, 이때 행복은 아마도 이런 선물이 지닌 힘을 부르는 이름일 것이다.

* 키플링이 1899년에 미국의 필리핀 침략을 옹호하며 발표한 시의 제목으로 부제는 '미국과 필리핀제도'였다. 미개한 인종을 올바른 길로 이끄는 것이 백인이 져야 할 짐, 즉 의무라고 역설한다.

문명화 사명은 행복 사명으로 재기술될 수 있다. 행복이 사명이 되려면, 우선은 식민화된 타자가 불행하다고 간주돼야 한다. 제국의 아카이브는 불행의 아카이브라고도 할 수 있다. 식민주의 지식은 타자를 지식의 대상, 발견돼야 할 진실로 볼 뿐만 아니라, 불행한 것으로, 더 행복한 실존 상태에 필요한 자질이나 속성을 결여하고 있는 것으로 본다.[10] 제임스 밀의 『영국령 인도사』는 식민 지배를 정당화하기 위해 원주민 문화를 비참한 것으로 구성한다는 점에서, 이 불행한 식민 아카이브에서 매우 중요한 텍스트다.[11]

밀에게 행복은 문명화를 측정하는 하나의 방법이다. 그는 이렇게 주장한다. "국가의 문명화 정도는 그것이 **공리**를 어느 정도로 추구의 대상으로 삼느냐와 정확히 비례한다. 국가의 능력이 그 자체로는 아무리 비범하다 해도, 경멸스럽거나 해로운 대상에 낭비되고 있다면 그 정도와 정확히 비례해 그 국가를 야만적인 것으로 보고 지배해도 문제가 없다"(Mill 1817/1997: 105). 제국 문화의 행복은 행복 공식에 따라 보장된다. 즉, 행복이 목적인 한 우리는 그 목적을 강요할 수 있다. 행복을 갖지 못한 사람들에게 우리의 목적을 그들의 목적이라고 강요할 수 있는 것이다. 이렇게 되면 야만은 간단히 행복이라는 목적으로부터의 이탈로 명명된다. 공리주의적 행복을 영국식 도덕의 보편화라고 비판한 니체로 돌아가 보면, 우리는 그의 비판이 옳았다고 결론 내릴 수 있다. 즉, 공리주의에 의해 정의된 행복의 목적은 식민 통치의 목적과 일치한다. 행복의 핵심은 그런 일치의 지점에 있다고 할 수 있다. 식민 지배는 타인들을 행복 목적에 따라 살게 만들어야 할 의무로 정당화된다.

『영국령 인도사』는 매우 전략적으로 역사를 배치한다. 예를 들어,

비영국령 인도의 불행을 통해 식민주의의 목적인 행복을 옹호하는 식이다. 이 시리즈 1권에서 밀은 다소 독특한 방식으로 인도에 대한 권위자임을 자처한다. 그가 스스로를 인도에 대한 감정인이라 자칭하는 이유는 인도에 가본 적이 없기 **때문**이다. 밀의 주장에 따르면, 어딘가 가봤을 경우 거기서 받은 인상에 "휘둘려" 판단하게 된다(Mill 1818/1997: xxiii). 그는 인간에게 쾌락을 향한 정향이 있다는 것 자체가 감각은 지식의 믿을 수 없는 원천임을 의미한다고 말한다. "잘 알려져 있듯이, 쾌락은 자신이 옳았다는 사실에 대한 증거로, 사람들이 만족의 근원을 간절히 찾도록 영감을 불어넣는다. 둘째, 잘 알려져 있듯이 혐오는, 대개 자신이 틀렸다는 사실에 대한 증거로, 이처럼 자신과 맞지 않는 대상을 못 본 척하게 만드는, 대부분의 사람들이 따르게 되는 유혹을 낳는다"(xxv). 밀은 만약 당신이 이미 내린 판단과 일치하는 것을 찾는다면, 일치함을 발견하는 데서 쾌락을 경험하리라고 말한다. 밀은 일치함을 찾고자 하는 욕망을 원시적인 물신숭배의 형태에 비유한다. "경험하거나 훈육받기 이전에는, 우리가 보는 모든 움직이는 것에, 혹은 일반적으로 어떤 사건의 원인처럼 보이는 모든 것에 생명을 부여하려는 경향이 상상력 안에 있다. 아이는 자신을 아프게 한 무생물을 때리고 자신에게 만족을 주는 것을 쓰다듬는다. 야만인은 낮의 원인인 태양을 자비로운 신으로 본다"(230). 밀에게 아이와 원주민은 대상에 마술적 속성을 부여한다는 점에서 똑같다. 쾌락을 주는 대상을 좋은 것으로 보는 이런 경향은 교양 없음이나 미성숙을 나타내는 기호가 된다. 공정한 목격자 ─ 문명화된 인간 ─ 는 뒤로 물러서서 이 세상의 움직임을 야기하는 진짜 원인을 찾는다.

이처럼 감각의 관여를 물신숭배적인 것으로 설명하는 것은 행복과 제국에 대한 우리의 분석과는 동떨어진 것처럼 보일 수 있다. 그러나 그렇지 않다. 결국, 밀은 쾌락의 대상과 거리를 두지 못한 원주민들의 실패를 미성숙의 징후로 환기한다. 따라서 이 책의 저술은 그 자체로 행복에 대한 교본, 사물에 휘둘리지 않고 사물을 감상하는 하나의 방법이 된다. 공리주의는 흔히 쾌락을 지향하며 좋음의 더 고차원적 형식인 행복과 쾌락을 구별하지 못한다고 간주되지만,[12] 우리는 이런 위계가 이미 자리 잡고 있으며, 이 구별에 기대고 있음을 알 수 있다. 행복은 뒤로 물러나 무엇이 좋은 것인지 거리를 두고 판단할 수 있는 반면, 쾌락은 대상에 너무 가까이 있어서 쾌락의 원인을 좋음으로 오인할 수 있다. 밀이 보기에 원주민들이 오인 상태에 있는 이유는 자신들의 경향성에 휘둘리고, 쾌락을 주는 대상에 빠져 있기 때문이다. 따라서 애들과 마찬가지로 방향 전환이 필요하다.

밀은 물신숭배를 아이와 원주민의 신체에 위치시키는데, 이로 인해 자신의 책이 행복을 특정 대상에 부여하고 있는 것은 아니라는 인상을 준다. 하지만 1권에서 이후 계속되는 내용은, 인도 문화와 힌두 문화에서 불쾌한―나쁘거나 혐오스럽다고도 할 수 있는―점이 무엇인지에 대한 주장이다. 밀에게 그것들은, 자신의 행복이 좋은 것의 원인이 되는 것과 마찬가지로, 나쁜 대상이 된다. 밀에 의하면, 원주민들은 잘못된 방식으로 잘못된 것들에서 쾌락을 경험할 뿐만 아니라 "무례"하기까지 하다. 이 무례하다는 형용사의 반복적 사용은 오늘날의 독자에게는 기묘하게 느껴질 것이다. 지금의 우리는 공격적으로 말하는 사람을 무례하다고 하기 때문이다. [하지만] 초기 용법에서 무례는 예의범절의 결여뿐만 아니라 저급한 도덕성을 나타내는 기호였다. "아무리 무례하고 무식하다 해도 자

Melancholic Migrants

신의 사유를 글이라는 기록물로 남길 정도로 배운 사람 가운데 어느 누구도 힌두교인의 글에 남겨진 것보다 더 거칠고 혐오스러운 세계의 그림을 그렸던 적은 없다"(267). 밀은 자신이 혐오스럽다고 지각한 것에 혐오를 느낀다. 마치 어떤 것에 영향을 받는 방식 자체가 그것의 진실을 드러낸다는 듯 말이다. 무례는 그 문화의 성격 혹은 특징인 동시에 원시성의 기호, 극복되어야 할 것의 기호가 된다. 실제로 이런 묘사의 절박함 속에 내포돼 있는 것은, 어떤 것을 무례**하다고** 묘사한 데 담긴 무례를 극복할 수 있으리라는 판타지다.

[제임스 밀에 따르면] 예의범절의 문제는 젠더의 문제와 연결된다. "여성들이 처한 상태는 각국의 예의범절에서 가장 눈에 띄는 상황들 가운데 하나다. 일반적으로 여성들은 무례한 사람들 사이에서는 낮은 대접을 받고, 문명화된 사람들 사이에서는 높은 평가를 받는다. 야만인들에게 [남성의-옮긴이] 성적 정념은 다정함이라고는 전혀 없는 잔혹한 충동이어서 그의 규율 없는 본성이 자신보다 약한 모든 생물에게 자신의 힘을 휘두르게 한다. 미개한 나라들의 역사에서 여성은 한결같이 비천한 노예 상태로 나타나며, 문명화되면서 여성들은 서서히 그 상태에서 벗어난다"(309). 제국은 예의범절을 개선하는 도덕적이고 교육적인 기획, 즉 교양화 기획이 되며, 여성들의 "비천한 노예" 상태로부터의 탈출이라는 친숙한 용어로 기술된다. 인도와 관련해서 제임스 밀은 "힌두교인들의 여성에 대한 습관적 경멸보다 더한 것은 없다"(311)라고 주장한다. 여성들은 바로 이 "습관적 경멸"로부터 해방되어야 하는 것이다. 식민지 여성들의 비천한 처지에 대한 집착은 그런 처지로부터 여성을 해방시켜 주는 수단으로서 제국을 정당화하는 데 일조할 수 있다. 이런 집착을 "백인 남자가 황인종 남

232

성에게서 황인종 여성을 구해 주는 것"으로 본 가야트리 스피박의 묘사는 지금도 여전히 놀랄 만큼 정확하다(Spivak 1988: 297[462]).

　제국은 **비천함에서의 해방**으로 정당화된다. 비천함에서의 해방은, 비록 그것이 고통을 야기하더라도, 고통에서의 해방을 의미한다. 그래서 밀은 9권에서 식민주의가 원주민들에게 고통을 준다는 점을 인정하면서도 그것이 인도에 가져다주는 선善이 그런 고통을 넘어선다고 주장한다. "왜냐하면 인도는 자신들의 행정 관리, 군 장성, 지도자들이 이방인으로 대체되는 데서 오는 많은 불이익을 겪었고 또 계속 겪겠지만, 원주민에 의한 실정의 치명적 결과에서 면제받고, 외부의 적으로부터 보호받고, 국내의 안정이 지속되고, 무역이 성장하고, 교양이 증가하고, 그리고 유럽의 예술과 학문, 지성과 문명이 점진적으로 도입되면서 어느 정도는 그 상실을 보상 받아 왔다"(396). 여기에서 식민화되기 이전의 자치는 죽음 소망과 다를 바 없는 것이 된다. 유럽화로 이해되는 교양화와 문명화는 과거의 상실에 대한 보상인 동시에 미래의 비참을 피하는 것으로 제시된다.

　제국을 상대적 행복(고통보다 행복을 더 야기하는)을 실현시키는 행위 주체로 보는 공리주의적 초점화는 에릭 스톡스가 아주 적절히 이름 붙인 "세속적 복음주의", 즉 "전적으로 세속적인 대상들로 전위된 복음주의" (Stokes 1959: 308)에 대한 집착을 의미하는 것이기도 했다. 공리주의자들과 복음주의자들은 자유주의적 동화 정책을 믿었다. 이런 정책은 원주민들의 개종 가능성에 대한 믿음을 전제로 한다는 점에서는 식민 통치 이념의 어떤 부분에 도전하는 측면이 있었다. 스톡스는 공리주의와 복음주의 모두 다음과 같은 개종 서사에 의존한다고 지적한다. "인격의 완전한 변모를 낳는 개종의 과정, '정당화와 신성화'의 과정은 영혼이 그 자체에만 집중해 깨달음을 가로막고 있던 습관의 옷을 벗어 버리는 과정이다"(29). 공리주의자에게 개종은 개인의 해방이었다. 그들은 "개인을 관습의 노예 상태에서 해방"(54)시키고자 했다. **관습**custom이라는 말과 **습관**habit이라는 말은 같은 어원을 공유한다. 그러나 **관습**이라는 말에는 나쁜 습관이라는 뜻도 있다. 예의가 바르지 못할 경우 관습에 의해 억제되어야 하는데, 이때 관습은 관례적인 것customary을 떠오르게 한다. 좋은 습관은 "한낱" 습관적인 것과는 다른 것이다.

식민주의는 인류의 행복을 증진하는 데 필요할 뿐만 아니라 원주민에게 행복해지는 방법을 알려 주기 위해 필요한 것으로 정당화된다. 그들은 관습 혹은 관례적인 것에서 벗어나 "좋은 습관"을 익혀야 한다. 행복이라는 일반적인 목적이 개인이 추구해야 할 특수한 목적으로 전환되는 것이다. 따라서 "개인"의 창조가 식민지 교육과 훈련의 목적이 된다. 이에 따르면, 행복해지려면 개인들이 관습에서 해방되어야 하고 그-자체로-목적이 되어야 한다. 2장에서 지적했듯이, 행복하려면 "방향 전환", 돌려세우는 과정이 필요하다. **타자를 개인으로 전환시킨다는 것은 그들이 식민 지배자의 규범, 가치와 실천을 향하도록 함으로써 돌려세우는 것이다.**

교육에 대한 제임스 밀 자신의 글이 분명히 하고 있듯이, 행복은 이같은 방향 전환에서 핵심적 역할을 한다. 밀은 "교육의 목적"이 "개인을, 최대한, 행복의 도구"(1828: 12)가 되게 하는 것이라고 말한다. 그는 가장 초기의 감각들이 가장 깊은 영향을 미치기 때문에 "교육, 즉 습관을 형성하는 보살핌은, 가능한 감각 발달기와 더불어 시작돼야 한다"(32)라고 주장한다. 아이일 때는 쉽게 외부의 영향을 받기 때문에 이 시기에 어떤 인상을 남겨야 하는 것이다. "전문적인 교육이 해야 할 일은, 아이들을 둘러싼 환경을 잘 마련해 거기에서 받은 인상들이 이런 행복한 결과에 최대한 이바지하도록 하는 것이다"(35)라고 밀은 결론 내린다. 밀이 보기에 원주민이 아이들과 같다면, 그들 역시 올바른 인상을 받도록 교육해야 한다. 교육은 행복이 그 결과가 되도록 환경을 마련하는 것이다.

식민 기획은 이렇게 도덕적 훈련이나 습관화의 형태로 상상된다. 아실 음벰베가 묘사하듯, "식민 지배자는 식민지 주민의 습관을 교육하고, 필요하면 그/녀를 폭력적으로 다루고, 그/녀에게 아이에게 하듯 말하고, 그/녀를 야단치거나 칭찬한다"(Mbembe 2001: 27). 원주민의 교육은 도덕성의 문제, 원주민에게 행복으로 가는 길, 즉 문명화로 가는 길을 가르치는 문제가 되었다. "원주민 스스로가 그/녀의 권리 회복을 숙고할 위치까지 성장시키려면 도덕적 교육이 필요하다"(35). 교육을 받는다는 것은 자신의 권리를 발견할 수 있는 역량을 습득하는 것이다. 행복 추구권과 같은 양도 불가능한inalienable 권리들을 회복한다면(이는 또한 행복을 추구하지 않을 권리 혹은 이 행복 개념을 자신의 목적으로 삼지 않을 권리를 상실하는 것이기도 하다) 당신은 더 이상 권리를 양도한 사람alien이 아니다.

도덕적 교육을 통한 권리의 발견은 원주민이 특정한 예의, 습관, 성향을 지닌 주체가 되는 방법이다. 원주민에게 "좋은 습관"을 가르치는 식민지 교육은, 토머스 배빙턴 머콜레이가 「인도인 교육에 대한 기록」에서 묘사한, "출생과 피부색은 인도인이지만 취향과 견해, 도덕과 지성에서는 영국인"(Macaulay 1835/2003: 237) 같은 새로운 "계급의 사람들"을 창조한다. 결국 개인이 된다는 것은 영국인이 된다는 것을 의미한다. 이런 되기에서 식민화된 타자는, 호미 바바(Bhabha 1994)가 머콜레이의 이 구절을 예리하게 읽어 내며 강렬히 보여 준, "흉내 내는 사람"mimic man이 된다. 행복의 공리주의적 증진은 흉내의 기술을 수반한다. 식민지 엘리트들을 취향, 견해, 도덕과 지성의 측면에서 우리"처럼" 만들라는 명령인 것이다. 식민 지배자를 흉내 내면서 타자는 행복해지는데, 여기서 행복은 행복감을 느낀다는 의미가 아니라 좋은 습관을 획득한다는 의미로, 여기에는 정서적 성향도 포함된다. 즉, 올바른 사물에 의해 올바른 방식으로 영향 받는 방법을 배우는 것이다. 식민 지배자"처럼" 된다는 것은 여전히 식민지 주민의 신체와는 뚜렷이 다른 신체에 몸담는다는 의미다. 바바가 보여 주듯 흉내 내기는 혼종 주체를 생산한다. 즉, **거의 같지만 아주 같지는 않은, 거의 같지만 백인은 아닌 주체다**(Bhabha 1994: 122[180], 128[186]). 식민지 주민을 위한 행복 공식도 그 "거의"라는 망설임에 기대고 있는 것은 아닐까 의문을 품게 된다. **거의 행복하지만 아주 행복하지는 않은, 즉 거의 행복하지만 백인은 아닌 주체 말이다.**

결국 행복이 제국의 행동을 정당화하는 이유가 되는 것은, 그것이 식민지가 존재할 근거를 마련해 줄 뿐만 아니라 그 자체가 제국을 통해 증가할 것이라 가정되기 때문이다. 우리는 이 행복의 역사가 불행한 역사가 되어 버렸을 거라고, 식민지 과거에 대한 수치심과 이 과거의 폭력으로 공리주의 논리를 지지하지 않게 되었을 거라고 기대할 수도 있다. 하지만 나는 현재 영국의 인종 정책이 이런 역사의 직접적 유산일 뿐만 아니라 제국의 역사를 행복의 역사**로** 기억하라는 사회적 의무도 포함하고 있음을 분명히 보여 주려 한다.

행복으로서의 제국에 대한 이런 기억은 심지어 국가 건설의 형식이 되기도 했다. 일국의 신민이 되기 위해서는 제국의 역사에 **대해** 행복을 표현해야 한다. 그런 표현들에서 제국주의는 "행복하게", 상대적 행복의 행위 주체[매개재]로서 기억된다. 트레버 필립스는 「우리에겐 다민족 사회를 위한 교통법규가 필요합니다」We Need a Highway Code for a Muti-Ethnic Society(2005)라는 연설에서 제국주의 역사를 그런 측면에서 환기한다. "우리에겐 영국인이 본래 편견이 아주 심한 사람들은 아님을 보여 주는 역사가 있습니다. 우리는 이곳 섬사람들과는 아주 다른 사람들과 섞이고 어우러지는 제국이라는 것을 창조한 바 있습니다."[13] 여기서 제국은 영국인이 "편견이 아주 심한 사람들은 아닌", 다른 사람들과 "섞이고 어우러질" 수 있다는 증거가 된다. 제국 자체가 행복한 다양성을 지향하는 영국적 성향, 다른 사람들과 섞이고 사랑하고 함께 사는 삶을 향한 성향의 기호가 되는 것이다.

이 장을 열면서 논한 "다문화주의의 위기"라는 맥락에서 보면, 제국의 역사에 **대해** 행복해 해야 할 사회적 의무에는 정서적 힘이 축적돼 있다. 하지만 이 의무는 중립적이지 않다. 주체들이 이 역사와 맺는 관계에 따라 불평등하게 할당되기 때문이다. 이주자들은 점점 더 내가 말하는 행복 의무에 종속되고 있다. 19세기에는 원주민들이 제국의 신민으로 인정받기 위해 (더) 영국적이 되어야 했다면, 현 시대의 맥락에서 국가의 시민으로 인정받기 위해 (더) 영국적이 되어야 하는 사람들은 이주자다. 이제 시민권을 얻기 위해서는 테스트를 통과해야 한다. 이 테스트는 행복 테스트라고도 할 수 있다.

[영국] 내무부가 제작한 이주자를 위한 안내서 『영국 생활: 시민권으로의 여정』(2005b)은 시민권 테스트의 기반이 되고 있다. 이 책에서 알 수

있는 것은 무엇일까? 흥미롭게도 영국성[영국인다움]Britishness 개념은 명시적으로 다양성에 연결되고 있다. 영국적이 되는 것이 다양성을 적극적으로 포용하는 것이며, 여기서 다양성 자체는 국가적 특성이 된다. "우리는 영국의 시민권이 현대 영국에서 살아가는 것이 포함하는 다양성, 즉 배경, 문화, 믿음의 다양성을 적극적으로 포용하기를 원한다"(3). 국가는 행복하게 다양하다고 혹은 그 다양성 때문에 행복하다고 그려진다.[14]

다양성은 제국을 기억하는 방법이기도 하다. 나는 영국 제국의 역사가 어떻게 좋은 품성을 나타내는 기호로 만족스럽게happily 환기되는지 지적한 바 있다. 『영국 생활』에서 제국의 역사는 아주 드물게 언급되며 모든 경우 긍정적 용어로 재현된다.[15] 다음 구절을 보자.

> 아프리카, 인도 아대륙, 그리고 기타 지역들의 많은 토착 민족들에게 영국 제국은 흔히 많은 사람이 자신들의 지배자나 유럽 외 다른 나라의 지배자들 아래서 경험했던 것보다 더 일반적이고 용인할 만하며 공평무사한 법질서 체계를 마련해 주었다. 영어의 확대는 이질적인 부족 지역들을 통합하는 데 일조해 그들은 점차 스스로를 국가로 보게 되었다. 보통 사람들에게는 누가 그들의 지배자인가보다 공중위생, 평화, 교육에 대한 접근권이 더 중요할 수 있다. 제국의 유산 중 하나는, 민족주의가 성장할 당시 자치를 처음 주장했던 사람들 대부분이 자유나 대의제 정부의 이상에 있어 유럽, 특히 영국에 많이 의존하고 있었다는 것이다(32).

영국 제국은 전 세계 토착 민족에게 좋은 것들—법, 통일, 자치, 자유 등 등—을 마련해 준 것으로 환기된다. 여기서 제국의 언어는 선물의 언어다. 제국을 통해 타자들에게는 유럽인, 구체적으로 말하자면 이상적 영국인에 기초한 국민다움의 형식이 주어졌기 때문이다. 이 구절이 이주자를 위한 시민권 테스트의 기반이 되는 책에 등장하고 있다는 사실을 기억하는 것이 중요하다. 영국인이 된다는 것은 행복의 선물인 제국을 받아들이는 것이다. 여기에는 식민 지배의 폭력성을 잊으라는, 즉 기억하지 말라는 암암리의 명령이 포함된다. 이 책은 특히 인도에서의 영국 지배에 대해 언급한다.

> 이행과 이식이 의도대로 정확히 작동하는 일은 거의 없고, 보통은 원망의 대상이 되지만, 인도는 제국주의 시대 본국으로부터 [이식되어-옮긴이] 변형된 것이 분명한 정치제도들 사이에서 점진적으로 국가 정체성이 형성된 흥미로운 사례다. 기독교가 이슬람교와 힌두 신앙을 대체하리라는 원주민들의 두려움은 분명히 과장된 것이었다. 기본적으로 시민 질서에 관심이 있었고 현지의 전통적 방식에 매료되어 그것을 습득한 현장의 영국 행정가들은 복음주의 선교사들에게 협조적이지 않았다. 어느 정도는 연합왕국United Kingdom으로서 가지고 있었던, 서로 다른 민족문화에 대한 영국적 관용이 인도에 대한 영국의 제국적 지배의 성격에 영향을 주었을 수 있다(32).

여기서 근대 인도는 영국의 정치제도를 계승했을 뿐만 아니라 그 제도들을 자신들만의 형식으로 변형했다고 기술된다. 여기서 집착하고 있는 바가 무엇인지는 분명하다. 영국이 소환되는 것은, 영국 행정가들이 "복음주의 선교사"와 달리 현지 전통에 매료돼 그것에 호응했던 "좋은 지배자"였음을 보여 주기 위해서다. 결국 좋은 지배자들은 국가의 성격과

Melancholic Migrants

문화의 특질을 나타내는 기호가 된다("영국적 관용").

이렇게 행복은 사회를 기술하는 기획을 수반할 수 있다. 행복하게 본다는 것은 폭력, 비대칭성, 강제력을 보지 않는다는 것이다. 제국을 행복한 역사로 소환하라고 요구받을 때 우리가 사용하는 용어는 제국을 역사적으로 정당화했던 **바로 그 용어들**이다. 물론, 행복의 말들을 사용한다고 단순히 행복의 감정이 생성되는 것은 아니다. 폴 길로이는 영국이 "자신의 잃어버린 제국을 애도"할 수 없는 탈식민 우울증을 앓고 있으며(Gilroy 2004: 111), 따라서 이제는 제국 역사의 "참상"을 인정할 필요가 있다고 주장한다(108). 아마도 우리가 목격하고 있는 것은 애도할 것이 있음을 인정하지 못하는 실패, 피해의 존재 자체, 제국이 입힌 피해를 믿지 못하는 실패일 것이다. 이런 실패들은 행복 명령을 통해 재생산된다. 식민의 역사를 행복의 역사로 기억해야 할 사회적 의무를 다하기 위해서는 역사에 적응해야 한다. 그리고 그 역사는 적응의 역사다. 잘 적응한다는 것은 식민의 역사에 적응한다는 것이다. 다른 말로 하면, 영국은 수치심에 맞서 스스로를 잘 방어해 왔다는 말이다. 부분적으로는 그런 수치심이 강요돼 왔다는 회고적 판타지가 그런 역할을 담당하고 있는데, 그 결과 국가적 행복과 자부심은 마치 소수화된 느낌인 것처럼 표현된다.[16]

행복이 사회를 묘사하는 강력한 기술을 제공하게 되면, 그것은 마치 애도할 것이 아무것도 없다는 인상을 만들어 낸다. 나중에 우울증과 애도 사이의 구분에 대해 논하겠지만, 프로이트가 애도를 "보통 사랑하는 사람의 상실, 혹은 사랑하는 사람의 자리에 대신 들어선 어떤 추상적인 것, 즉 조국, 자유, 어떤 이상 등의 상실에 대한 반응"(1917/2005: 203[244])이라고 설명했음을 언급해 두는 것이 유용할 것이다. 영국 제국은 역사적 현실이었지만 이상이기도 했다. 제국의 이상은 그것을 정당화하는 도덕적 기획에 가담한다. 제국의 이상은 제국이 행복의 선물이라는 도덕적 이해를 통해 재편성됨으로써 **유지된다.** 우리가 이해해야 할 것은 이런 유지의 결과들이다.

행복할 자유

제국의 역사에서 행복의 역할을 이해하게 될 때 우리는 행복, 국민다움, 시민권 사이의 관계를 생각해 볼 수 있는 렌즈를 얻을 수 있다. 영국에서는 "행복 추구"가 미국의 「독립 선언」(1776)에서처럼 하나의 권리로 명시돼 있지는 않다. 하지만 나는 그럼에도 행복이 시민권의 기술로, 이주자를 국가적 이상에 구속시키는 방법으로 사용되고 있다고 말하고자 한다. 행복**에** 구속된다는 것은 이미 좋은 것으로 확립돼 있는 것에 **의해** 구속되는 것이다. 물론 우리에게는 애초에 그런 좋음들이 어떻게 확립되었는지 설명해 줄 수 있는 접근법이 필요하다. 2장에서 나는 누군가의 행복은 다른 사람의 행복에 따라 조건부로 결정된다는 "조건부 행복"이라는 개념을 도입했다. 또 조건부 말들의 불평등함을 이야기했다. "우선"하는 사람들의 행복이 "우선"하는데, 그런 식으로 누군가는 다른 사람의 행복의 조건을 정의할 권리를 획득하기 때문이다. 시민권은 누구의 행복이 우선인가를 결정하는 기술을 제공한다. 여기서 핵심은 시민**인** 사람들과 시민이 **아직 아닌** 사람들(나는 이들을 "미래 시민"이라 부른다)의 구분이다. "아직 아니"라는 것은 앞으로 올 것에 대한 약속으로 제시되는 것이다. 만약 시민권의 약속이 행복의 약속으로 제시된다면, 당신은 자신이 그런 약속의 수취인이 될 만한 자격이 있는지 보여 줘야 한다.

행복할 자격이 있다는 건 무슨 뜻일까? 어떻게 행복이 영국인이 되는 대가로 약속되는 걸까? 이런 질문들에 답하기 위해 영화 〈베컴처럼 감아 차기〉(2002, 거린더 차다 감독)를 분석해 보고자 한다. 이 영화는 "흥겹고 기분 좋은 코미디"라고 홍보되었고, 영국의 다문화주의에 대한 아주 행복한 그림을 제시한다. 행복은 영화의 서사에서 중요한 역할을 한다. 영화의 기본적 갈등이나 장애물은 아버지가 딸에게 하는 말을 통해 해소되는데, 그 말은 "난 단지 네가 행복하면 좋겠다" 같은 형식을 띤다. 3장에서는 이런 발화 행위의 몇 가지 역설을 논하면서, 단지 행복만을 바란다는 욕망이 타자에게 자유를 주는 듯하면서도 어떻게 행복의 원인으로 이미 합의돼 있는 것을 향해 가도록 지시하는지에 초점을 맞추었다.

〈베컴처럼 감아 차기〉에서 행복 발화의 역할에 대해 생각해 보기 전에 우선 영화의 갈등에 대해, 즉 행복한 결말을 가로막고 있는 장애물에 대해 설명할 필요가 있다. 영화는 영국에 이주한 인도 가정의 세대 간 갈등을 그린다. 딸인 제스(파민더 나그라)는 축구를 잘한다. 행복에 대한 그녀의 생각은 베컴처럼 그것을 감아 차는 것이다.* 그러려면 그녀는 인도

---

* 커브슛(벤딩슛, 회전킥, 바나나킥으로도 불린다)을 의미한다. 당시 최고의 인기를 구가하던 축구 선수 데이비드 베컴의 주특기로, 앞을 가로막은 장애물을 피해 날아가는 장거리 슛이다. 공이 직선으로 날아가지 않고 휘기 때문에 상대로 하여금 그 경로를 예측하지 못하게 하는 효과가 있다. 영화에서 이는 주인공 제스가 자신의 목표를 가로막는 걸림돌들을 해결할 때 구사하는 전략 ─ 거추장스런 규범들을 '깨기'break보다는 '구부리

소녀들이 할 수 있는 것에 대한 규칙을 구부려야 한다. 또한 부모와 딸의 세대 갈등은 서로 다른 문화적 요구 간의 갈등으로 재현된다. 예를 들어, 제스는 이렇게 말한다. "알로 고비[인도식 커리 중 하나] 요리는 누구나 할 수 있지만 누가 베컴처럼 공을 감아 찰 수 있어?" 이는 평범하고 관례적인 "알로 고비 요리하기"와 유명인·개인주의·재능으로 이루어진 대안적 세계를 대조적 위치에 놓는다.

내가 앞 절에서 주장했듯이, 관례적인 것은 창조적인 행위 형식으로 이해되기보다 습관적인 것에 불과한 것과 연관된다. 영화는 이주자가 두 문화 사이에 끼어 경험하는 "문화 충돌" 개념을 구현하고 있는 듯하지만, 두 문화가 "문화"로 재현되는 방식은 같지 않다. 말하자면, 이주자의 문화는 주어져 있는 것, 사로잡혀 있는 뭔가로 나타나는 데 비해, 서구의 문화는 개인주의적인 것, 뭐든 할 수 있는 곳, 원하는 것은 "무엇이든" 될 수 있는 곳, 즉 행복할 자유가 존재하는 곳으로 이해된다. 여기서 스톡스가 세속적 복음주의를 "개인의 관습으로부터의 해방"이라고 설명한 것을 상기해 볼 필요가 있다. 결국 영화에서 벌어지는 투쟁은 개인적 욕망과 관습, 자유와 의무, 행복과 충성 사이의 투쟁으로 볼 수 있다.[17]

"베컴처럼 감아 차기"를 원하는 개인의 이야기는 분명 가족의 관습과 상충하는 욕망에 대한 이야기이다. 어떤 차원에서 보면, 축구를 좋아하는 딸의 욕망에 대한 이야기이자, 그런 욕망이 어떻게 재생산에 대한 가족의 욕망과 갈등을 빚는지에 대한 이야기로 보인다. 제스의 욕망이라는 측면에서 이 이야기를 읽으면 우리는 문화적 차이의 문제를 한쪽으로

는'bend 유연한 방법 — 을 의미한다.

치워 둘 수 있다. 우리는 이 이야기를 딸의 반란으로, 그리고 좋은 삶의 의미를 다시 쓰려는 그녀의 시도에 타당성을 부여하려는 시도로 읽을 수 있다. 제스가 "골을 넣고" 기대되는 곳과 다른 곳에서 행복을 찾는 시도를 우리는 응원한다. 착한 소녀 혹은 행복한 가정주부가 되라는 요구를 거절하고 자신의 자유를 누리는 그녀를 보며 우리는 행복해 할 것이다.[18] 부모의 기대를 뒤로하고 남들이 덜 다닌 길을 선택하면 행복이 따라올 수 있음을 보여 준다고 영화에 찬사를 보낼 수도 있다. 하지만 그런 해석은 부족한 측면이 있다. 영화는 이런 자유로운 이미지의 행복이 우리를 "어디로" 데려가는지에 대한 해석은 제공하지 않기 때문이다.

문화적 차이는 서로 다른 정서들과 연관돼 있다. 움직임과 소리, 웃음이 가득한 축구 경기장의 열린 공간과 제약·요구·갈등으로 가득한 제스의 집 내부가 대비된다. 다시 말해, 이 두 세계에는 동일한 정서적 가치가 부여돼 있지 않다. 축구가 약속하는 행복은 과잉 결정돼 있다. 영화의 서사를 이끌어 가는 건 베컴처럼 되고 싶은 욕망이다. 제스의 판타지로 그려지는 유머러스한 첫 장면에서(제스는 사실 베컴의 포스터로 도배된 방에서 베컴이 출전한 경기를 보고 있다) 그녀는 축구장에서 베컴과 어깨를 나란히 하며 뛰다가 골을 넣는다. 축구는 국기國技이면서 동시에 새로운 정체성 형성의 기회를 의미한다. 이 기회를 통해 제스는 국가적 영웅과 나란히 빈자리를 채움으로써 국가적 희망을 체화할 수 있다. 암암리에 축구의 세계는 자유를 약속한다. 그것은 당신을 행복하게 해줄 뿐만 아니라 골을 넣을 때 환호하는 다른 사람들에게도 행복을 가져다줌으로써 당신이 행복 대상이 되게 한다. 이 국기에 제스가 포함돼 있는 것은 제스의 판타지로 나타나긴 하지만, 그것은 또한 "누구나" 골을 넣으면 환호 받는 곳, 다양성의 기호를 제공하는 "운동장"인 축구에 대한 국가적 판타지이기도 하다.

자신의 다른 세계에서 제스는 좌절과 아픔, 불안을 겪는다. 이와 관련된 장면들은 모두가 집안 내부에서 찍은 장면들이다. 그곳은 제스가 이런저런 것들을 해야 하는 어둡고 비좁은 공간이다. 집에서 제스는 부모가 망신스러워 하는 존재다. 어머니 밤라 부인(샤힌 칸)은 이렇게 말한다. "난 집안 망신시키는 꼴은 눈뜨고 못 본다. 이걸로 끝이야. 축구는 절대 안 돼." 제스에게 이 말은 축구를 몰래 해야 한다는 뜻이다. 그녀를 행복하게 만드는 것이 집안을 망신스럽게 하는 것이 되어 버리고, 이는 [그녀의] 행복의 장애물이 된다. 이 비밀스러운 삶에서 그녀는 새로운 유대와 친분을 쌓는다. 그녀에게 여자팀을 소개해 준 줄스(키이라 나이틀리)와 축구 코치인 조(조나단 리스 마이어스)와 친해지는 것이다(조와는 나중에 사랑에 빠진다). 이 다른 세계, 축구가 약속하는 자유의 세계는 제스를 백인 소녀와 백인 남성과 친하게 만든다. 자유는 백인성에 근접하는 것으로 나타나는 것이다.

제스의 딜레마는 바로 이것이다. 그녀는 어떻게 두 세계에 동시에 존재할 수 있을까? 영화는 언니 핑키(아치 판자비)의 결혼식과 축구 토너먼트 결승전이 같은 시각에 열리게 되면서 절정에 이른다. 제스는 언니의 결혼식에 가야 한다. 이는 축구 경기에 가지 못한다는 뜻이다. 제스가 결혼식에서 그곳이 얼마나 "자기가 있을 곳이 아닌지"를 느끼면서 불행은 드러난다. 그녀가 불행한 건 자신이 원하는 곳에 있지 않기 때문이다. 친구 토니(아밋 차나)가 끼어들어 제스에게 결혼식장을 떠나 축구 경기에 참여하라고 말한다. 하지만 제스는 이렇게 답한다. "안 돼. 다들 얼마나 행

<베컴처럼 감아 차기>에서 제스는 언니의 결혼식과 자신의 축구 결승전 경기 사이에서 선택의 기로
에 놓인다.

4장 우울증적 이주자

복해 하는지 봐. 그 행복을 망치고 싶지 않아." 바로 그 순간 제스는 부모의 행복과 동일시하면서 자신의 불행을 받아들인다. 행복하고자 하는 자신의 욕망을 옆으로 치워 두는 것이다. 하지만 그 말을 엿들은 아버지 밤라 씨(아누팜 커)는 이렇게 말한다. "핑키는 저렇게 행복해 하는데, 넌 아버지 장례식에 온 것 같구나. 언니 결혼식에 그렇게 우거지상으로 있을 거면 가거라. 갔다 와선 네가 행복해 하는 모습을 보고 싶구나." 딸은 아버지의 행복을 바라지만 아버지는 딸이 행복하지 않으면 행복하지 않다. 아버지가 딸을 보내 주는 건, 딸이 행복한 모습을 보고 싶기 때문이다. 아버지는 딸의 불행에 무관심할 수 없다. 나중에 그는 아내에게 이렇게 말한다. "당신이라면 어땠을지 모르겠지만, 난 개가 울상을 하고 있는 걸 견딜 수가 없었다고."

어떤 면에서 보면 딸의 행복을 바라는 이런 아버지의 욕망에는 딸이 "어디로" 가는지에 대한 무관심이 포함돼 있다. 영화의 관점에서 보면, 행복에 대한 욕망은 이 같은 무관심과는 거리가 멀다. 사실 영화는 일정 부분 이 자유라는 선물에 무관심을 "연출"함으로써 작동한다. 결국, 이 순간에 아버지는 영화의 행복한 결말에 맞지 않는 욕망(제스가 축구하는 걸 원하지 않는)에서 행복한 결말에 맞는 욕망(제스가 축구하러 가도록 허락하는)으로 전환하기 때문이다. 중요한 점은, 행복한 결말을 위해서는 각자의 행복 대상이 서로 일치해야 한다는 것이다. (자신들이 원하는 삶을 살아갈 테니) 딸들도 행복하고, (딸들이 행복하니) 부모도 행복하며, (그들이 행복하니) 우리도 행복하다. 좋은 느낌은 이런 일치의 "지점들"을 포함한다. 긍정적인 정서는 세대와 문화 간 균열을 해소하면서 영화를 봉합한다. 제스가 축구 경기에 참여해도 된다는 허락을 받자마자 두 세계는 서로 즐거운 순간을 공유하며 하나가 된다. 두 딸이 보는 행복 대상은 각기 다르지만(축구, 결혼) 우리를 같은 지점에 도달하게 하는 것이다.

이 영화가 노골적으로 드러내는 정치적 메시지는, 딸들이 자유롭게 자기만의 방식대로 행복을 찾아야 한다는 것이다. 아버지는 말한다. "두 딸이 같은 날 행복해졌어. 아빠로서 뭘 더 바라겠나?" 하지만 영화는 두 딸의 좋은 느낌이 자리 잡게 되는 각각의 대상에 동일한 가치를 부여하지 않는다. 제스의 행복은 언니 핑키의 행복과 대조된다. 언니의 행복은 영화 내내 조롱의 대상이 되는데, 이는 그녀의 바람이 더 작은 것이어서가 아니라 그 바람이 지시하는 방향 때문이다. 핑키는 제스에게 왜 "이것"을 원하지 않느냐고 묻는다. 제스는 다른 것을 원한다고 하지 않고 뭔가 "더" 원한다고 말한다. 바로 이 **더**라는 말이 계속 맴돌다 영화의 결말을 결정한다. 결말에서 영화는 상상된 미래를 빠른 속도로 보여 준다(핑키의 임신, 축구팀에 들어간 제스의 사진들, 조와의 사랑, 그리고 줄스와의 우정). 제스가 축구 결승전을 준비하는 장면이 연속되는 와중에 카메라가 갑자기 위를 비추며 비행기를 보여 준다. 디아스포라적 영화들이 흔히 그렇듯, 이 영화 곳곳엔 비행기가 있다. 여기서 비행기는 높이 그리고 멀리 나아가는 것을 의미하는 비상의 기술로서 중요하다. 행복은 "높이 그리고 멀리" 나아감으로써 약속되는 것이다.

"높이 그리고 멀리"는 그들이 뒤로한 세상과 연결된 끈을 나타내는 것이 아니라 세상을 두고 떠나는 방식을 나타낸다. 영화의 초반에 제스와 줄스가 우리를 향해 달려올 때 나오는 노래는 〈계속 올라가〉이다. 그들이 살와르 카미즈[인도 전통 의상 중 하나로 바지(살와르)와 긴 상의(카미즈)로 이루어진 일상복]를 입은 두 인도 여성을 앞지르면서, 이 여성들은 뒤처진다.

"높이 그리고 멀리"라는 공간적 약속은 앞으로 나아감, 인도 문화를 뒤로 하는 것으로 서술된다는 의미다. 제스가 자신의 가족과 문화에 대해 강력한 충성심을 분명히 보여 주고 있음에도 그렇다. 당신의 관습은 당신을 "뒤처지게 한다." 축구를 하고 싶은 욕망, 국기國技에 참여하려는 욕망은 출신 문화를 뒤로하고 높이 올라가는 것으로 읽힌다. 딸들의 행복 대상들을 병치시키면서 영화는 **이 욕망이 더 나은 보답을 준다**고 암시한다.

따라서 행복할 자유는 어떤 방향을 지시한다. 어떤 이미지를 취한다는 것 안에는 자크 라캉이 "주체 내에서 일어나는 변신"(Lacan 2006: 76 [113-14])이라는 말로 표현한 동일시 행위가 담겨 있다. 행복할 자유는 가족과 전통**으로부터의** 자유뿐만 아니라 행복의 약속을 담지한 국가와의 동일시**로의** 자유를 전제로 한다. 국가와 동일시하려면 개인이 돼야 한다. 개인의 신체, 즉 밖으로 나가 위로 올라갈 수 있는 신체를 획득해야 하는 것이다. 행복이 전진하는 방식도 이런 식이다. 마치 프로펠러처럼 행복은 주체가 미래를 포용하고 과거를 뒤로하도록 만드는 것으로 그려진다. 여기서 과거는 관습과 관례적인 것에 연결된다. 다른 말로, 개인이 되면서 당신은 자유라는 감각을 얻는다. 역량, 에너지, 기획을 얻는 것이다. 그리고 다시 이런 역량, 에너지, 기획은 당신의 자유가 가진 좋은 것의 기호가 된다. 개인이 된다는 것은 어떤 이미지를 상정하고 있다. 즉, 행복할 자유를 갖게 된다는 것은 신체를 특정 방향으로 돌려놓는다.

자유의 서사가 가진 "방향 지시적" 본성을 읽어 내면서, 우리는 이 영화가 어떻게 더 폭넓은 공공선 담론과 연결되는지 생각해 볼 필요가 있다. 영화는 제스가 원치 않는 삶을 살도록 압력을 가하는 이민 가정에서 "압력 지점"을 찾아낸다. 그러나 이주자들은 점점 더 통합의 압력에 시달리고 있다. 통합은 다문화주의적 행복의 증진에서 핵심이다. 통합이 "당신의 문화를 뒤로하는 것"이라고 정의되고 있는 건 아니지만(적어도 공식적으로는 그렇지 않다) 그것은 신규 시민 혹은 예비 시민이 이미 주어진 공통의 문화를 "받아들여야" 한다는 요구로서 불평등하게 분배된다. 그러므로 영국의 국기國技[축구]와 자신을 동일시하는 이주자 딸은 이미 하나의 이상이다. 가족의 관습에서 벗어난 딸은 통합의 행복을 나타내는 기호가 된다. 심지어 이주자 가정의 비관습적 딸은 사회적 희망의 관습적 형태를 제공한다.

우울증과 전환

이 영화에서 행복한 결말이 가능한 이유 중 하나는 다문화주의가 이주자들에게 자유를 확장해 줌으로써 그 사회적 약속을 지킬 수 있다고 상상하는 데 있다. 여기에는 조건이 따르는데, 이주자들이 다문화주의의 게임의 규칙을 받아들여야 한다는 것이다. 만약 행복이 조건부로 약속되는 것이라면, 이 조건을 충족하지 못해 치르는 대가는 불행일 것이다. 〈베컴처럼 감아 차기〉는 영국 다문화주의에 대해 행복한 그림을 제시하지만 분명 불행이라는 대가를 환기하고 있기도 하다. 영화의 배경 — 영화가 뒤에 감추고 있는 것이라고도 할 수 있다 — 에는 우울증의 위험 혹은 부담이 존재한다. 여기서 나는 **우울증**이라는 말을 매우 의도적으로 사용한다. 영화가 환기하는 위험은 단순히 나쁜 느낌이 드는 정도가 아니라 그런 느낌에 고착되는 것 혹은 고착된 상태로서의 나쁜 느낌이다.

만약 이 영화가 이주자 주체들의 행복에 대한 것이라면, 그 주체들은 무엇보다 먼저 자신의 고통을 잊어야 한다. 다시 말해, 고착되지 않아야 하는 것이다. 행복할 자유를 얻기 위해, 적어도 어떤 이들은, 고착에서 벗어나려는 도덕적·정서적 노력을 기울여야 한다. 그렇다고 나쁜 느낌이 영화의 배경을 이루는 건 아니다. 영화의 행복한 정서 상태는 거의 방해받지 않는다. 흥겨운 배경 음악들이 우리를 계속 기분 좋게 한다. 우울증의 위험은 아버지가 과거에 겪은 인종차별에 대한 언급으로, 영화의 시간 틀 이전에 일어난 경험으로 제시된다.

우울증과 행복 사이의 이런 전환을 탐구하기 전에 먼저 내가 말하는 우울증이 어떤 의미인지 설명할 필요가 있다. 고전적 참조점은 프로이트의 「애도와 우울증」(1917/2006)이다. 이 에세이에서 프로이트는 애도를 상실한 대상을 슬퍼하는 비교적 건강한 과정으로 설명한다. 이 슬픔의 목적은 대상을 놓아주는 것, 즉 대상을 포기하는 것이다. 주체는 그것을 "극복"해야 자유롭게 새로운 애착 관계를 형성할 수 있다. 이는 다시 말해 일종의 삶으로의 귀환 혹은 계속 살아가게 하는 방식의 하나다. "애도가 자아에게 이제 대상이 죽었다고 선언함으로써 대상을 포기하도록 강요하고 계속 살아가게 하는 것처럼, 우울증에서 일어나는 모든 애증 병존의 양가적 갈등은 대상을 비난하고 경시하고 심지어는 제거함으로써 대상에 대한 리비도의 집착을 느슨하게 한다"(217[264]).

애도와 우울증의 구분은 쉽게 윤리적 명령으로 해석될 수 있다. "놓아주는 것"은 상실에 대한 건강한 관계가 되고, "붙잡고 있는 것"은 병적인 형태가 된다. 후기 연구에서 프로이트는 우울증과 애도 사이의 선명한 구분을 문제시하면서 상실의 체내화를 일반적인 자아 형성 과정의 일부로 간주한다(1923/1960: 23-24[367-69]; Butler 1997 참조). 그럼에도 상실한 대상을 다루는 좋은 방법과 나쁜 방법의 구분은 문화적 진단의 차원에서 여전히 살아 있다. 우울증자를 상실한 대상을 "붙잡고 있는" 사람, 놓아 주지 않는 사람, 대상을 잊음으로써 상실을 극복하지 못하는 사람으로 인식하는 한, 우울증자는 **하나의 형상으로** 나타난다.

내가 제기하고 싶은 핵심 질문은 대상 자체, 즉 우리가 잊거나 잊지 못하는 "그것"의 지위이다. 프로이트의 에세이에서, 슬픔이 무엇을 향하든 한 가지는 확실하다. 그것은 우리가 말하는 상실이, 그 대상이 아무리 불확실하거나 추상적이라 해도, 역사 속의 상실, 역사 속에 주어진 실재하는 상실이라는 점이다. 사랑하는 사람의 죽음을 예로 들어 보자. 누군가가 죽었을 때 그 죽음이 사건이 되려면 그 누군가는 당신이 알고 있는 사람, 당신이 사랑하는 사람이어야 한다.[19] 애도에는 적어도 두 가지 죽음이 연관돼 있다. 즉, 누군가 죽었을 때 그 죽음이 사실이 되려면 죽었다고 선언돼야 한다. 우리가 두 가지 죽음을 모두 경험해야 하는 것은 아니다. 힘든 시기에 시간은 질서 있게 흐르지 않는다. 애도하는 사람에게는 두 번째 죽음이 가장 처음 맞는 죽음이 될 수 있다. 죽음을 사실로 받아들이려면 대상이 죽었다고 인정해야 하기 때문이다. 데이비드 L. 엥과 한신희가 주장하듯, 죽음의 인정이 대상을 죽게 만드는 것이다. 다시 말해, 죽음의 인정은 주체에게는 대상을 죽이는 것과 같다고, 즉 다시 한 번 죽이는 것과 같다고까지 말할 수 있다(Eng and Han 2003: 365).

만약 두 번째 죽음이 가장 처음 맞는 죽음일 경우, 죽음을 위해 누군가가 죽음을 선언해야 한다면, 이때 그 선언은 가짜일 수도 있을까? 누군가 죽었다는 오해를 기반으로 한 애도도 가능하다. 그런 가능성은 희망의 형태로 실현될 수 있다. 즉, 애도자는 그 죽음이 오해로 확인되기를 남몰래 희망할 수 있는데, 이는 죽음의 인정을 미루는, 희망의 한 형태이다. 하지만 이런 불안한 심리 역학을 내가 여기서 살펴보고자 하는 것은 아니다. 나는 상실이 누군가의 상실이라는 형태를 취하지 않을 때 상실을 인정한다는 것이 무슨 의미인지 생각해 보고자 한다. 앞에서 이미 언급했듯이, 프로이트에게 애도는 "사랑하는 사람의 상실 혹은 그 사람의 **자리를 대신한** 어떤 추상적인 것, 즉 조국, 자유, 이상 같은 것의 상실에 대한 반응"(1917/2005: 203[244], 강조는 추가)이다. 만약 이 모델에서 추상적인 것의 상실이 [누군가의 자리를 대신한] 전위라면, 사랑하는 사람의 상실이 진짜 상실로 남을 것이다. 다시 말해, 사랑하는 사람이 사랑의 주된 대상인 한, 사랑하는 사람의 상실이 진짜 상실이라 할 수 있는 것이다(어떤 이상에 대한 사랑은 어떤 사람에 대한 사랑이 전위된 것이라고 바로 상상된다. 예를 들어, 국민이 조국을 사랑한다고 할 때, 조국은 아버지의 자리를 대신한 것이다). 내가, 어떤 관념이나 이상에 대한 사랑 혹은 상실이 더 중요한 사랑 혹은 상실의 전위에 불과하다는 식으로 생각하는 것은 아니다. 내 말은, 추상적인 것의 상실이 사랑하는 것의 상실로 전위되어 상상됨으로써 **상실로서의 확실성을 빌려 온다는** 것이다.

추상적 관념에 대한 사랑을 생각해 보면, 우리는 우리가 애도하고 있는 것을 상실했는지 확실히 알지 못하면서도 그 상실을 분명 애도할 수 있다. 프로이트의 주장에 따르면, "현실성 검사를 통해 사랑하던 대상이 이젠 더 이상 존재하지 않는다는 사실이 드러나면서, 그 대상에 부과되었던 모든 리비도를 철회해야 한다는 요구가 제기된다"(204[245]). 물론 "현실성 검사"가 실제로 "현실을 검사하는 것"이라는 믿음에 집착한다면 정신분석의 교훈 ― 실재는 정신적으로 불안정한 것, 소망의 방향으로부터 쉽게 분리될 수 없는 것이라는 가르침 ― 을 따르지 않는 것이 될 것이다. 대상과의 결속을 끊어 버리는 것 자체가 소망일 수도 있다. 그 대상이 사라져 버렸으면 하는 소망, 우리가 그것의 죽음을 선언할 수 있기를 바라는 소망 말이다. 사랑하는 타자의 죽음에 대한 욕망은 프로이트가 묘사한 양가감정의 고전적 장면이다. 이런 양가감정은 사회적 결속을 끈끈하게 만드는 것의 핵심으로, 그런 죽음을 원했다는, 회복할 수 없는 죄의식의 형태로 나타난다. 그래서 우울증자는 상실의 주체이면서 동시에 욕망의 ― 여기서 욕망은 욕망하는 것의 상실에 대한 욕망이다 ― 주체다.

프로이트의 경우 우울증자는 결코 ― 심지어 상실 그 자체가 신체 위에 그리고 신체에 의해 정서적으로 등록돼 있는 경우에도 ― 무엇을 상실했는지 확신하지 못한다고 보았음을 상기해 볼 때, 우리는 이와 같은 생각들의 의미를 등록해 볼 수 있다. 우리가 상실한 것들은 의식에서 철수한다. 상실의 느낌이 무의식적이라는 말이 아니라, 우리가 그것을 상실했음을 느낄 때조차 무엇을 상실했는지 의식하지 못할 수 있다는 말이다. 우울증자에게 상실의 대상은 사라지고 없다missing. 즉, 그는 자신이 무엇을 상실했는지missing 알지 못한다.

하지만 우리가 다른 사람들이 우울하다고 판단할 경우, 우리는 그들이 무엇을 상실했는지 알아서 그렇게 판단하는 걸까? 혹은 사람들이 상실을 말할 때 무언가를 상실했다는 바로 그 생각 때문에 그들이 우울증에 걸렸다고 판단하는 걸까? 나는 사람들이 우울해 하는 이유가 상실한 대상을 놓아주지 못해서라기보다는, 우울증이 다른 사람들을 "무언가를 상실한" 상태로, 그리고 상실한 것을 놓아주지 못한 상태로 해석하거나 진단하는 방식의 하나라고 생각해 보고 싶다. 타인을 우울하다고 해석하는 것은 그들의 애착을 죽음-소망으로, 이미 죽은 사물에 대한 애착으로 해석하는 것이다. 우울증 진단은 그들이 사랑하는 대상이 죽었다고 선언하는 방식의 하나이다. **그들을 대신해서** 우리가 죽었다고 선언한 대상을 포기하지 않으면, 그들은 우울증적인 것으로 판단된다. 따라서 우울증 진단은 윤리적 명령 혹은 도덕적 의무를 포함한다. 타자는 우리가 죽었다고 선언한 대상을 우리가 선언한 방식으로 죽었다고 선언함으로써 포기해야 하는 것이다.

우리는 여기서 슬픔을 공유하는 정서적 형식에 대해 알 수 있다. 정서 공동체의 일원이 되려면 좋은 것으로 여겨지는 특정 대상, 즉 행복 대상을 향한 정향을 공유해야 할 뿐만 아니라, 상실한 것으로 인정하는 대상 역시 같아야 한다. 정서 공동체가 상실의 대상들을 공유함으로써, 다시 말해 대상을 올바른 방식으로 놓아줌으로써 만들어진다면, 우울증자는 그들이 사랑하는 방식에 있어 정서 이방인이 되는 것이다. 그들의 사랑은 상실을 극복하지 못한 실패가 되고, 이로 인해 계속 잘못된 쪽을 바라보게 되기 때문이다. 따라서 우울증자란, 방향 전환이 필요한 사람, 돌려세워야 하는 사람이다.

우울증은 느낌에 방향을 부여한다. 프로이트에 따르면, 우울증은 자해를 수반한다 — 자아에 의해 상실한 대상이 내사된 결과 상실된 그것을 향했던 공격성이 자신을 향해 되돌아오는 것이다. "우울증은 정신적으로 심하게 고통스러운 우울감, 외부 세계에 대한 관심의 중단, 사랑할 수 있는 능력의 상실, 모든 행동의 억제, 그리고 자신을 비난하고 자신에게 욕설을 퍼부을 정도의 자기 비하감과 급기야는 자신을 누가 처벌해 주었으면 하는 망상적 기대 등을 특징으로 한다"(204[244]). 우울증적 주체들은 자신이 상처 받을 거라고, 그래서 사랑을 하거나 새로운 애착을 형성할 수 없을 거라고 예상한다. 프로이트가 말하듯이 "우울증의 콤플렉스는 마치 아물지 않은 상처와 같이, 사방에서 리비도 집중을 끌어모은다"(212[257]). 우울증자의 아물지 않은 상처가 리비도 집중을 끌어모을 경우, 그것은 리비도를 소진시키기도 한다. 아픈 상태가 계속될 때 리비도는 소진된다. 심지어 우울증자의 형상이 "우리"에게 상처를 준다고도 할 수 있다. 우울증자는 아픈 지점을 건드림으로써 그 지점이 아프다는 것을 계속 상기시킨다. 이런 식으로 우울증적 이주자는 **형상화된다**. 만약 이주자가 아픈 지점이라면, 이때 아픔은 이주자의 탓이 되어 버리는 것이다.[20]

〈베컴처럼 감아 차기〉로 돌아가 보자. 영화는 행복의 약속에 대한 것처럼 보이지만, 중요한 서사적 기능을 하는 것은 상처와 나쁜 느낌이다. 내 관심사는 나쁜 느낌이 어떻게 좋은 느낌으로 전환되는가이다. 이 영화에서 전환 지점은 어디일까? 우리는 여기서 제스 아버지의 두 가지 대사에 초점을 맞춰 볼 수 있다. 첫 번째 대사는 영화 초반에, 두 번째 대사는 마지막에 나온다.

십대 때 나이로비 살 때 난 우리 학교에서 공이 가장 빠른 투수였소. 동아프리카컵 대회에서 우승한 적도 있어. 하지만 이 나라에 오니 말짱 꽝이더군. 클럽 하우스의 그 망할 놈의 백인들이 내 터번을 놀려 대는 통에 나올 수밖에 없었지. … 제스도 결국은 나처럼 실망하게 될 거요.

그 망할 놈의 영국 크리켓 선수들이 클럽하우스에서 나를 개처럼 쫓아낼 때도, 난 항의 한 번 안 했어. 그러기는커녕 크리켓을 때려치웠지. 상처 받은 건 결국 나였어. 하지만 제스가 상처 받는 건 원치 않아. 제스가 이 아빠와 같은 실수를 반복하지는 않았으면 좋겠네. 제스까지 순응하고 감내하는 삶을 살진 않았으면 좋겠어. 난 제스가 싸웠으면 좋겠네. 그리고 이겼으면 해.

첫 번째 대사에서 아버지는 제스가 자기처럼 상처 받지 않도록 **운동을 해서는 안 된다**고 말한다. 두 번째 대사에서는 자기처럼 상처 받지 않도록 **운동을 해야 한다**고 말한다. 두 대사 모두에 딸이 상처 받는 상황을 피하게 하려는 욕망이 담겨 있고, 이 욕망은 딸이 자신이 경험한 상황을 반복해서 경험하지 않기를 욕망한다는 말로 표현된다. 두 번째 대사가 암시하는 것은, 국기[크리켓]를 하지 않겠다는 거부가 이주자의 상처 뒤의 "진실"이라는 것이다. 즉, 상처 받은 건 그 경기를 뛰지 않아서인데, 이는 자기-배제로 해석된다. 제스의 행복을 위해 아버지는 딸이 배제되지 않도록 해줘야 하는데, 영화에서 이는 놓아줌의 한 형태로 서술된다. 이것이 암시하는 바는 딸을 놓아주는 것뿐만 아니라 배제의 "지점"인 자신의 상처, 인종차별을 용인하면서 야기된 불행을 놓아준다는 것이다. 첫 번째 대사에서 아버지는 우울증자로 재현된다. 상처를 놓지 못하고 상실한 대상 자체를 체내화하고 있기 때문이다. 제스를 놓아주지 못하는 것은 우울증의 한 징후로 해석할 수 있다. 자신이 받은 상처에 고집스럽게 애착하는 것이다. "상처 받은 건 결국 나였어"라고 그 스스로도 말하듯 말이다.

우울증적 이주자의 형상은 국기國技에 참여하기를 거부하는 사람으로 나타난다. 상처는 상실한 대상을 붙들고 있는 방식이다. 우리는 아버지가 지닌 자신(혹은 그의 이상적 자아)에 대한 생각이("난 우리 학교에서 공이 가장 빠른 투수였소") 어떻게 인종차별을 겪으면서 위협받는지 똑똑히 볼 수 있다. 인종차별은 이상에 따라 살지 못한 이유가 된다("이 나라에 오니 말짱 꽝이더군"). 우울증적 이주자는 경험이 이유로 전환되는 이 과정에서 하나의 형상으로 나타난다. 이주자의 고통의 이유를 설명해 주는 인종차별(그들이 "내 터번을 놀려 대는 통에 나올 수밖에 없었지")은 상처 받은 장면 자체에 대한 애착을 유지해 주는 역할을 한다. 따라서 나쁜 느낌은 고통을 설명해 주는 대본으로서 인종차별을 붙들고 있는 이주자에게서 비롯된다.

터번의 의미에 대해 생각해 보자. 우리는 터번이 문화, 종교, 고향에 대한 애착을 유지시켜 주는 것이라고 말할 수 있다. 이주자가 국가적 이상을 수용하려면 터번은 포기해야 한다. 그러지 않고 터번을 계속 쓰고 싶다면(국가가 결국 몇몇 형식의 차이는 흡수할 수 있다) 최소한 그는 터번을 국기國旗처럼, 다른 대상들과 공존할 수 있는 행복 대상으로 전환시켜야 한다. 우울증적 이주자는 이런 전환에 실패한다. 그는 단순히 차이(즉, 그를 겉돌게 하는 것)를 붙들고 있는 것이 아니라, 차이 때문에 경험한 불행을 자신의 이력처럼 붙들고 있는 것이다. 다시 말해, 그가 상처를 받은 것은 터번을 가지고 놀림 받은 기억 때문인데, 여기서 터번은 인종차별의 역사와 연결돼 있다. 사랑했던 대상이 인종차별의 기억으로 전환되면서 그것을 계속 간직할 수 있게 되는 것이다.[21]

인종차별 의식은, 다소 반反직관적이지만, 우울증의 한 형식으로 해석해 볼 수 있다. 이 지점이 반직관적인 것은, 우울증은 보통 무의식적 과정, 의식으로 드러날 수 없는 것과 연결돼 있기 때문이다. 인종차별 의식을 우울증적인 것으로 해석할 경우, 그것은 상실한 것을 의식하지 않는

<베컴처럼 감아 차기>에서 아버지는 터번을 썼다는 이유로 영국 크리켓 팀에서 당한 인종차별의 경험을 잊지 못한다.

Melancholic Migrants

방법, 가버린 것을 붙들고 있는 방법으로 상상된다는 의미에서 일종의 허위의식이 된다. 나는 인종차별을 우울증적 이주자가 애착을 **쏟는** 대상, 국기 참가의 거부를 정당화해 주는, 상처에 대한 애착으로도("그 클럽 하우스의 백인놈들") 해석해 볼 수 있다고 말하는 것이다. 이는 상처를 유발하는 상처 서사의 반복을 암시한다. 이주자들이 자신들의 배제를 인종차별이 현재 진행 중임을 나타내는 기호**로서** 읽겠다고 고집할 경우, 이주자들은 스스로를 배제하는 셈이 되는 것이다.[22] 아버지의 트라우마 해소에 함축돼 있는 서사는 이주자들이 자신들의 상실을 설명하기 위해 "인종차별주의를 발명"했다는 것이 아니라, 그것을 잊지 않음으로써 사회적 삶을 지배하는 인종차별주의의 힘을 보존시킨다는 것이다. 따라서 도덕적 과제는 "그것을 잊는 것"이 된다. 마치 당신이 그것을 잊으면 그것이 사라지기라도 하는 것처럼 말이다.

다른 말로 그 과제는 인종차별주의를 뒤로하는[잊는] 것이다. 제스는 **바로 이 과제를 떠안은** 인물이다. 국기[크리켓]에서 배제되었던 아버지의 경험이 축구 경기장에서 제스가 마주친 인종차별주의에서 반복되고(그녀는 "파키"라 불린다), 그녀는 퇴장당하는 불의를 경험한다. [하지만 아버지와 달리] 제스의 분노와 상처는 고착되지 않는다. 그녀는 자신의 고통을 놓아준다. 어떻게 그녀는 그것을 놓아줄 수 있는 걸까? 그녀가 조에게 "그게 어떤 느낌인지 당신은 모를 거예요"라고 말하자 조는 이렇게 대답한다. "난 그게 어떤 느낌인지 잘 알아. 아일랜드 출신이거든." 제스를 국기[축구]에 다시 데려오는 것은 바로 이런 고통과의 동일시 행위이다(이는 마치 이렇게 말하는 것과 같다. "우리 모두 고통을 겪어. 너만이 아니라고").[23] 영화는 인종차별이 상처로 남을지의 여부는 개인의 선택과 역량에 달려 있다고 암시한다. 즉, 우리는 인종차별을 우연히 일어난 일로 놓아줄 수 있는데, 이는 기술에 속하는 능력(당신이 충분히 잘한다면, 그럭저럭 헤쳐 나갈 것이고 심지어 성공할 것이다)일 뿐만 아니라, 인종차별의 상처를 공통의 기반으로 다시 상상하는 공감이라는 재능이기도 하다.

우울증적 이주자의 상처에 대한 집착이 자신의 행복만이 아니라 미래 세대의 행복, 나아가 국가의 행복에도 장애물로 해석되고 있음을 지적하는 것은 중요하다. 이 이주자 형상은 국가적 상상에서 순식간에 "잠재적-테러리스트"로 전환될 수도 있다(Ahmed 2004). 그의 분노와 고통, 비참(이미 가버렸다고 간주되는 것을 놓지 못하는 한, 이는 모두 나쁜 믿음의 형식으로 이해된다)은 "우리의 공포"가 된다. 그런 끔찍한 종말을 피하기 위해 이주자는 국기國技처럼 행운을 가져다줄 수 있는 더 행복한 다른 대상에 애착할 의무가 있다. 영화는 이런 재애착이라는 행운으로 마무리된다. 제스는 프로 축구 선수라는 꿈을 이루기 위해 행복 추구를 근원적 목표로 하는 땅, 미국으로 간다.

제스와 조의 사랑은 또 다른 재애착 지점이다. 이성애는 그 자체로 상처의 극복을 약속해 주는 행복한 복귀의 한 형태다. 여기서 감독은 원래 제스와 줄스를 사랑에 빠지게 할 계획이었다는 걸 지적해 둘 필요가 있다. 레즈비언 플롯을 포기한 이유는 물론 시장성을 높이기 위해서였다.[24] 여기서 우리는 자본의 형태를 한 "호소력"의 중요성과, 행복이 어떤 식으로 도덕 경제로 기능할 수 있는지, 즉 좋은 무언가를 어떻게 재화로 유통될 수 있는 것으로 만드는지를 볼 수 있다. [그렇지만] 〈베컴처럼 감아 차기〉의 이성애적 대본은 퀴어에 근접해 있다. 영화는 레즈비어니즘이라는 여성들의 저항의 가능성을 실험하고 있을 뿐만 아니라(스포츠 브래지어를 한 짧은 머리의 소녀들은 "현재" 레즈비언은 아니지만 "가능성이 있는" 것으로 그려진다), 대안적 욕망들을 담고 있는 토니라는 퀴어 남성 캐릭터를 활용하고 있기도 하다. 가야트리 고피나스에 의하면 영화는 "게이 남성 형상을 '진짜' 퀴어 형상으로서 이번에도 활용함으로써 궁극적으로는 축구를 사랑하는 소녀들이 실은 이성애자임을 관객에게 재확인시켜 준다(Gopinath 2005: 129). 사실상 여성성의 규칙을 휘게 하는 서사가 곧게 펴는straighten 장치와 관련돼 있다고 할 수 있는 것이다. 휘게 한다는 건 직선straight line으로 돌아온다는 걸 전제로 한다. 그 직선이 말하자면 종착점인 것이다. 축구하는 소녀들은 남성 축구 코치에게 인도된다. 저항 서사는 우리가 직선으로 돌아간다는 조건하에서만 직선에서 벗어난 이탈들을 허용한다.

이성애는 또한 인종차별의 상처와 피해의 극복을 약속한다. 인종 간 이성애적 사랑의 용인은 전통적인 화해의 서사다. 마치 사랑만 있으면 과거의 적대를 극복하고 (내가 말하는) 혼종 가족성 ― **유색인과 함께하는 백인, 다른 인종과 함께하는 백인** ― 을 창조할 수 있다는 듯 말이다.[25] 그런 근접성의 판타지는 우리가 더 가까워지기만 한다면 하나가 될 수 있다는 믿음을 전제로 한다.[26] 여기서 근접성은 하나의 약속이 된다. 영화에서 행복은 "유일자"the one의 약속이다. 마치 국가적 주체(즉 국가의 이상적 주체)인 백인 남성에게 사랑을 줘야 우리가 이런 약속에 조금이라도 관여할 수 있을 것처럼 말이다.

영화의 마지막 장면은 크리켓 장면이다. 이는 영화의 첫 장면이기도 하다. 알다시피 크리켓은 영화에서 인종차별이라는 불행과 관련된 불행 대상이다. 타자는 제스의 아버지다. 전경에 위치한 조는 투수다. 조가 카메라 쪽으로 근접하면서 미소 짓는다. 그는 몸을 돌려 공을 던지고 아버지

를 아웃시킨다. 그리고 조는 "축하" 세레모니로, 축구에서 하는 고전적 제
스처인 비행기 흉내를 내며 장난기 어린 장면을 완성한다. 앞에서 이미 지
적했듯이 이 영화에서 비행기는 행복 대상으로, 높이 그리고 멀리 날아오
르는 비상과 관련된다. 비행기를 흉내 냄으로써 조는 나쁜 느낌(불행한 인종
차별)을 좋은 느낌(다문화주의적 행복)으로 전환시키는 행위 주체가 된다. 아
버지가 인종차별에서 받은 상처를 극복하고 다시 크리켓을 하게 하는 사
람이 바로 백인 남성인 것이다. 우울증적 이주자를 다시 국가의 울타리
안으로 데려오는 사람은 백인이다. **그의 신체가 우리의 전환 지점이다.**

이제 〈베컴처럼 감아 차기〉를 〈동양은 동양〉(1999, 데이미언 오도넬 감
독)*과 비교해 보자. 〈동양은 동양〉은 〈베컴처럼 감아 차기〉와 같은 방
식으로 우울증을 행복으로 전환시키지는 않는다. 이 영화 역시 유쾌한 코
미디로 홍보되긴 했지만 정서적 전환을 제공하는 데는 실패하는데, 그것
은 이슬람교도 아버지의 형상에 사로잡혀 있기 때문이다. 이슬람교도 아
버지의 형상은 행복한 다문화주의 이미지에 손쉽게 융합되기 어렵다. 이
두 영화를 비교해 보면, 우울증이 어떻게 특정한 애착에서 시작돼 죽음
소망이 되는지, 그리고 그런 애착과 인종차별에 대한 의식 사이에는 어떤
관계가 있는지 좀 더 폭넓게 이해할 수 있다.

〈동양은 동양〉에서 아버지의 욕망은 자식들을 훌륭한 이슬람교도
로 만드는 데 있는데, 이는 주로 이들을 중매결혼 시키겠다는 욕망으로

---

*   이 영화는 1996년에 초연된, 아유브 칸-딘의 동명의 희곡을 원작으로
한 것이다. 제목은 키플링의 시 「동양과 서양의 노래」의 한 구절("아, 동양
은 동양이고, 서양은 서양이라, 절대 서로 어울릴 수 없을지니")에서 왔다.

<동양은 동양>은 이슬람 전통을 강요하는 아버지 조지 칸(우)과 백인 가톨릭교도인 그의 부인 엘라 (좌), 그리고 자녀들 간의 갈등을 다룬다. 아버지 칸은 자식들에게 중매결혼을 강요하고 가정 폭력도 서슴지 않는 독단적인 모습으로 재현되며, 백인성을 구현하고 있는 엘라는 아이들을 보호하는 좋은 어머니로서 '우월한' 구심점으로 재현된다.

형상화된다.* 이 욕망은 〈베컴처럼 감아 차기〉에서보다 더 폭력적이고 필사적인데, 남매들에게 일종의 상처로 나타난다. 자식들이 아버지나 영국과 맺는 관계는 각기 다양해서 선머슴 같은 딸도 있고, 훌륭한 이슬람교도도 있으며, 동성애자(결혼을 거부하자 아버지는 그가 죽었다고 발표한다), 카사노바, 그리고 아이들 중 유일하게 모두가 행복하기를 바라는 평화주의자도 있다.

이 영화가 "유쾌한" 영화가 아닌 이유 중 하나는, 아버지의 욕망의 불가능성과 폭력성을 보여 주는 데 집중하고 있기 때문이다. 우리는 관객의 웃음을 의도한 것이라 생각되는 장면에서도(아버지는 두 아들을 두 "못생긴 자매"와 결혼시키려 한다) 자식들을 훌륭한 이슬람교도로 만들려는 아버지의 욕망이 애들뿐만 아니라 그 자신에게도 고통을 야기하는 걸 볼 수 있다. 영화는 아버지의 정체성 기획의 필연적 실패와 그것이 가져오는 트라우마적 결과를 보여 준다. 아버지의 바람대로 되는 게 자식들의 바람이 될 수는 없기 때문이다. 영화 말미에서 패배한 아버지는 이렇게 말한다. "난 너희들에게 살기 좋은 곳을 보여 주고 싶었다. 영국인들은 결코 너희를 받아들이지 않을 거야. 이슬람에서는 모든 사람이 평등해. 흑인도 없고 백인도 없어. 그냥 다 이슬람교도들인 거지." 자식들이 이슬람교도가 되었으면 하는 그의 욕망은 인종차별에 대한 그의 의식과 연관돼 있다. 이 연관은 복잡하다. 아버지의 대사에 대한 한 가지 해석은, 인종차별이

---

* 아버지 조지 칸은 동성애자인 장남 나지르가 중매결혼을 거부하자 내쫓아 버리고, 부인 엘라와 당사자들의 반대에도 불구하고 둘째 압둘과 셋째 타리크를 지역 갑부의 두 딸과 결혼시키려 한다.

그 자체로 방어기제가 되는 것이라고, 즉 영국 생활이 약속하는 행복한 다양성을 거부하는 방식이라고 말하는 것이다. 영국이 차이를 수용하지 않는다고 지적하는 이 행위는 이슬람을 사랑의 대상으로 간직하는 그의 태도가 가진 폭력성을 나타내는 징후다. 이슬람에 대한 집착은 공격성의 승화, 혹은 그것을 주인 국가host nation에 투사하는 방식이 된다.

아버지의 폭력은 화해의 틀을 넘어선다. 영화 후반부의 한 트라우마적 장면에서 아버지는 훌륭한 이슬람교도로서 자신과 동질감을 갖고 있는 아들을 때린다. 그의 폭력은 자신을 향한 폭력, 자학이 되는 것이다. 공격성의 그런 내화는 동시에 이슬람교도 주체에 의한 공격성의 방향 전환이기도 하다. 이슬람교도가 된다는 것은 자신의 폭력의 원인이 되는 것이다. 그가 아들을 때리자 아내가 끼어들어 이렇게 말한다. "당신이 그 돼지피 같은 무지로 애들을 하나씩 파괴하는 꼴을 더 이상 보고만 있지는 않겠어요." 이 지점에서 아버지의 폭력성은 폭발해 부인에게로 향한다. "나더러 돼지라고, 망할 년." 여기서 중요한 것은, 그의 폭력이 이슬람교도를 분노하게 하는 발화 행위에 대한 반응이라는 점이다.* 이는 그의 폭력이 분노로 해석될 수 있게 만들기 때문이다. 더 넓은 맥락에서 이슬람교도들의 분노 가능성은 우리의 행복과 우리의 언론의 자유를 위협하는 것으로 간주돼 왔다.[27] 분노를 나타낸다는 것은 상처를 받아 상처를 유발한다는 것이다. 자신의 상처에 사로잡혀 거기에만 집착하는 이주자는 사

---

* 이슬람교에서는 쿠란의 경구에 따라 죽은 동물의 고기, 피, 돼지고기를 금기시하며, 돼지는 특히 부정적 동물로 여겨져 상대를 돼지라 부르는 것은 대단히 모욕적인 표현이다.

266

회적·성적 폭력의 근원이 된다.[28]

(자식들에게 훌륭한 이슬람교도가 되어야 한다고 강요함으로써) 훌륭한 이슬람교도가 되려는 아버지의 욕망은 우울증적으로 나타난다. 그는 자신의 애착이 가버린 대상에 대한 것임을 인정하는 데 실패한다. 이는 모든 사람에게 상처를 주는 "치명적인" 폭력으로 반복되는 실패다. 그는 이미 상실한 대상을 놓아주는 데 실패했을 뿐만 아니라, 그럼으로써 자식들이 행복할 자유까지 가로막게 된다. 아버지는 자식들의 행복에 관심이 없는 것으로 재현된다. 아내는 이렇게 말한다. "아니, 부끄러운 줄 알아야죠, 조지. 애들 행복은 안중에도 없잖아요. 그냥 자기가 얼마나 위대한 사람인지 증명하고 싶을 뿐인 거죠. 당신은 내가 부끄러우니 우리 애들도 부끄러운 거예요." 우울증적 이주자는 가족을 부끄러워한다. 그들이 자신이 원하는 그런 존재가 아니기 때문이다. 한 아들이 "이제 행복하세요, 아버지? 이게 아버지가 원했던 건가요?"라고 묻자 그는 답한다. "아들아, 단지 널 돕고 싶어서란다. 네게 상처를 주려던 건 아니야." "네게 상처를 주려던 건 아니야"라는 말은 〈베컴처럼 감아 차기〉에서 아버지가 한 말 ─ "제스가 상처 받는 건 원치 않아" ─ 과 대조적이다. 이 영화에서 자식들의 상처는 자신의 행복을 희생해 애들의 행복을 욕망할 수 없는 무능력으로 인해 아버지가 했던 행동들 때문인 것으로 분명하게 규정된다. 자식들의 상처에 대한 그의 걱정조차 자신에 대한 걱정, 즉 자식이 받은 것("상처 입음")에 대한 걱정이 아니라 그가 한 일("상처 줌")에 대한 걱정이 된다.

이 영화에서 행복은 미래로만 투사될 수 있다. 우리는 아버지의 의지가 꺾이고 나면, 아이들이 자유롭게 뭐든 자신들이 행복해 할 일을 할 거라 상상할 수 있다. 영화에서 아버지의 전환을 전제로 한 것은 아니지만 하나의 화해 판타지가 제시된다. 아내이자 어머니인 백인 여성이 남편을 옹호하며 그의 폭력에도 불구하고 그에게 충성을 다하는 것이다. 그녀는 이렇게 말한다. "네가 말하는 그 못된 놈이 내 남편이다. 네가 어떻게 생각하든 아버지는 아버지다. 그러니 누구 입에서라도 한마디라도 상스러운 소리가 들리면 가만두지 않겠다." 그녀가 그에게 돌아감으로써 그는 돌아올 수 있게 된다. 영화의 마지막에서 이들은 가볍고 편안하게 친밀한 말들을 주고받는다. "차 한 잔 할래요?"라고 그녀가 묻자 "반잔만 하리다"라고 그가 답한다. 이런 대화는 우리를 화해의 근거인 인종 간 친밀함으로 복귀하게 한다. 이는 제국의 정치경제에 밀접하게 연결돼 있는 영국성이라는 기표, 즉 차의 유통과 소비를 중심으로 돌아가는 복귀이다 (Chatterjee 2001). 가족의 고요한 친밀감은 좋아하는 것들이 하나의 공유된 형식으로서 모일 수 있는 지평을 제공한다. 이 사례에서 우울증적 이주자를 민족국가의 울타리 안에 다시 넣어 주는 것은 백인 여성이다. 그녀의 용서할 수 있는 역량이 그의 행복을 돌보는 것으로 나타난다(비록 그 자신은 행복에 무관심한 상황에서도 그러하다). 그의 행복과 가족의 행복을 돌봄으로써 그녀는 그들이 하나의 지평을 공유할 수 있게 한다. **그녀의 신체가 우리의 전환점인 것이다.**

두 영화 모두 인종차별주의가 가장 뚜렷이 부각되는 것은, 아버지의 해소되지 않은 고통에 대한 기억 **속에서**, 그리고 그것을 이주자가 국가적 행복에 참여하지 못하게 가로막는 장애물로 보는 아버지의 인식**을 통해서**이다. 그래서 우울증적 이주자는 유령 같은 인물이다. 그는 인종차별주의의 불필요한, 상처를 주는 잔여로서 우리 시대 문화에 출몰한다. 제국의 역사가 어떻게 행복의 말들로 서술돼 왔는지를 생각해 보면, 이 형상의 유령성을 이해할 수 있다. 그런 역사의 다른 측면, 더 고통스러운 측면을 기억하는 이주자는 너무 많은 것을 드러내는 위협이 된다. 정치의 임무는 개종[전환]이다. 인종차별이 이주자의 기억과 의식 안에**만** 있는 것이라면, 그들이 그것을 사라지도록 내버려 두기만 해도, 그것이 사라졌다고 선언하기만 해도 인종차별주의는 "사라질" 것이기 때문이다. 그러므로 그런 역사로부터 고개를 돌리는 것은, 행복 쪽을, 당신의 행복을 염려하고 그들의 행복을 공유하도록 허용하는 다른 사람들 쪽을 바라보는 것이 된다. 바로 이런 이유로 가족들 간의 친밀하고 고요한 속삭임조차 화해의 판타지를 제공할 수 있다. 우리가 인종차별에 대해 잊을 수 있다는 판타지, 우리가 그런 상처의 역사를 뒤로할 수 있다는 판타지 말이다.

이방의 정서들

이런 영화들에 대한 내 독해는 2세대의 욕망이 가족의 관습을 거부하는 방식으로 작동하기를 바라는 국가적 욕망 — 자기만의 방식대로 행복할 자유라는 형태를 취하는 욕망 — 에 대한 탐색이다. 〈베컴처럼 감아 차기〉와 〈동양은 동양〉 같은 영화들에서 좋은 이주자 혹은 나쁜 이주자에 대한 집착은 세대별로 다르게 나타난다. 여기서 2세대 자녀들은 자기만의 행복을 욕망하는 자들이다. 국가는 1세대에게서 2세대를 보호하기 위해 개입해야 한다. 1세대들은 과거의 애착을 버리지 못하는 자, 그래서 고통스러워하고 고통을 전파하기만 하는 자로서, 이들의 고통은 쉽게 공포와 분노로 전환되기 때문이다.[29] 국가는 아이들에게 자기 방식대로 행복할 자유를 줄 수 있는 좋은 가족이 된다. 하지만 나는 이 영화들을 국가적 욕망과 관련지어 분석하면서 2세대의 욕망은 고려하지 않았다. 나 스스로가 이슬람교를 믿는 파키스탄 출신 아버지와 기독교를 믿는 영국인 어머니를 둔 다인종 가족의 2세대 딸로서 이 글을 쓰면서도, 관습에 얽매이지 않는 이주자 딸을 순전히 국가의 좋은 대상으로만 해석할 수 있었던 것은 탐색해 봐야 할 일이다.[30] 그녀는 제자리에 있는 것으로 해석됨으로써 그 어디에도 없는 것처럼 보인다.

딸들의 욕망은 무엇일까? 나는 이 절에서 미라 시알과 야스민 하이두 작가의 작품을 살펴보려 한다. 이들은 자신의 어린 시절에 대한 회고록에서 1950, 60년대 인도와 파키스탄에서 이주한 부모를 둔 딸들의 욕망에 언어를 부여하면서도 그런 욕망의 양가성 — 단순히 가족을 향해 있거나 가족을 등지고 있거나가 아닌 — 을 탐색할 수 있도록 해준다. 그들의 책은 셜리 테이트가 "일상의 혼종성"(Tate 2005: 7)이라고 아주 잘 묘사한 것을 우리에게 가르쳐 준다.

미라 시알의 첫 책인 『아니타와 나』(Syal 1996/2004)는 미나라는 소녀를 주인공으로 한 반≠자전적 소설이다. 미나는 톨링턴이라는 탄광촌에서 유일한 펀자브 출신 집안의 딸이다. 책의 표지 설명에는 미나의 바람들이 전면에 부각된다. "그녀가 바라는 건 차파티 앤 달만이 아니라 피시 핑거스 앤 칩스다. 그녀는 끝도 없이 계속되는 펀자브 축제만이 아니라 영국식 크리스마스를 원한다 — 하지만 그 무엇보다 더, 미니스커트와 〈오퍼튜니티 녹스〉Opportunity Knocks[영국 BBC 방송의 오디션 프로그램]를 볼 자유보다 더, 미나가 원하는 것은 거침없는 아니타 러터 패거리들과 함께 톨링턴이라는 노동계급 마을의 뒷골목을 맘껏 배회하는 것이다." 이런 바람들은 단순히 대립적인 것으로 제시되지 않는다. 그녀는 차파티 앤 달 **만이 아니라** 피시 앤 칩스**도** 바란다. 결국 여기서 우리는 선택에 대해 말하고 있는 것이다. 그 선택은 단지 차파티 앤 달만이냐 아니면 차파티 앤 달**과** 피시 앤 칩스냐 사이의 선택이다. 암암리에 부모가 그녀에게 바라는 것은 차파티 앤 달만이다. 이런 욕망의 표현이 함의하고 있는 행복 판타지는 **단지 그것 이상을 향한** 욕망이라는 것이다. 여기서 "단지 그것"은 출신 문화와 관련된 것으로 정의된다.

여기서 성장이 흔히 세대 간 갈등으로 서술된다는 점을 인식하는 것이 중요하다. 아이는 부모의 바람과는 다른 것을 바란다. 행복한 가족 이야기는 바람의 조화로 제시된다. 아이들이 부모가 옳다고 보고 자신의 바람을 부모의 바람에 맞추거나, 부모가 아이의 옳음을 인정하고 자신의 바람을 아이의 바람에 맞추거나 하는 것이다. 어느 쪽으로든(그리고 보통은) 일종의 타협이 형성된다. 바라는 바 안에서 타협이 되면 타협은 행복하다.[31] 이주자 가정을 재현할 때, 세대 사이의 바람들 간의 갈등은 과잉 결정론적이다. 부모의 바람은 출신 문화(당신은 어디에서 왔는가)와 관련돼 있고, 아이들의 바람은 도착 문화(당신은 어디에 있는가)와 관련돼 있다.[32] 하지만 일단 텍스트 안으로 들어가면, 상황이 그렇게 단순하지 않다는 것을 알게 된다.

미나는 좋게 말해 문제아이며, 『아니타와 나』는 분명 내가 이 책에서 탐색하는 여성 트러블 메이커 소설 계보의 일부로 읽을 수 있다. 스스로를 문제로 보는 미나의 자기 동일시가 아니타와의 우정을 견인하는 힘이다. 마치 일탈의 지점들이 그들을 친구로 만들어 주는 것 같다. "아니타는 결코 입양된 사촌 누이들처럼 날 보지 않았다. 그 멋진 초록 눈에는 두려

Melancholic Migrants

1996년에 출간된 청소년 소설 『아니타와 나』는 2002년에 영화화됐다. 미라 시알이 직접 시나리오를 쓴 영화 <아니타와 나>의 당찬 아홉 살 소녀 미나(찬딥 우팔, 좌)는 백인 노동계급 마을의 유일한 이민자 집안 출신으로 정체성의 혼란을 겪으며 백인 사회에 동화되려는 욕망에서 마을의 문제아이자 또래 집단의 우두머리인 금발의 백인 소녀 아니타(애너 브루스터, 우)를 모방하기로 결심한다.

4장 우울증적 이주자

움이나 질책, 움츠림이 전혀 없었고, 또 다른 미친 불량소녀가 겉으로만 순종적인 몸 안에 갇혀 있구나 하는 동질감뿐이었다. 사실 가끔씩 그녀의 눈을 들여다보았을 때, 내가 볼 수 있었던 것, 눈을 뗄 수 없었던 것은 의문을 제기하는 내 모습의 반영이 전부였다"(Syal 1996/2004: 150). 미나가 자신을 "미친 불량소녀"와 동일시[정체화]하는 데에는 반항과의 동질감, 이방의 정서와의 동질감, 올바른 것을 바라지 않겠다는 거절이 담겨 있다. 한번은 거짓말로 곤경에 처했을 때 어머니가 "안에 밥 해놓은 거랑 달이 있으니 손 씻고 와라"라고 말하자, 미나는 이렇게 말한다. "난 진짜 그런 거 싫다고! 내가 원하는 건 피시핑거스야! 튀긴 거! 감자튀김이랑! **난 왜 내가 먹고 싶은 걸 못 먹는 거지?**"(60, 강조는 추가) 서사의 맥락에서 미나의 피시핑거스에 대한 바람의 표출은 불복종의 한 형태, 부모의 바람과는 다른 뭔가를 바람으로써 부모에게 복수하는 방식의 하나라고 할 수 있다.

세대 차이와 문화적 차이 — 취향의 차이로 표현되는 — 는 갈등 상황에서 더 강력하게 동원될 수 있다. 그런 차이들이 필연적으로 갈등을 유발할 수밖에 없다는 게 아니다. 그보다는 갈등의 순간에, 그 순간의 열기 속에서, 그런 차이가 당신이 어찌 해볼 수 있는 뭔가로 "떠오른다"는 것이다.[33] 미나는 거짓말을 해서, 자신의 바람을 들켜서 야단을 맞자 자신이 바라는 것은 **저게** 아니라 **이거**라고 대답한다. 자신의 바람대로 하려는 욕망, 내가 이 책에서 당신을 행복하게 하는 것이라면 무엇이든 할 수 있는 자유로 논한 그 욕망이 그녀를 영국성으로 이끌고 인도에서 멀어지게 함은 분명하다. 만약 피시핑거스를 바라는 것이 바라는 것을 들킨 데 대한 반응이라면, 우리는 이렇게 물을 수 있다. 그녀가 진짜로 바라는 것은 무엇일까?

『아니타와 나』는 개인의 바람이 이야기의 시작은 아님을 가르쳐 준다. 우리가 바라는 것이 무엇인지 우리는 어떻게 알까? 욕망의 불투명성은 교육적이다. 자신이 바라는 것을 한다고 해서 미나가 행복해지는 것은 아니다. 행복은 소설에서 그녀가 상실한 어떤 것으로 명시적으로 그 모습을 드러내며, 이는 그녀의 아버지를 통해서도 나타난다. 아버지는 반복해서 미나가 "얼마나 행복한 애였는지" 말하고 또 말한다. 물론 이제는 잃어버린 행복한 아이를 환기하는 것은 부모가 으레 하는 말이다. 십대가 된 아이의 우울증적 분위기를 대면하면 부모는 흔히 행복을 향수 어린 방식으로 환기한다. 미나의 아버지는 계속 무엇이 문제인지 딸에게 묻는다. "아빠는 목청을 가다듬으며 깊이 숨을 들이마셨다. '미나야, 뭐 걱정거리가 있니?' 난 고개를 저었다. … 아빠는 계속해서 말했다. '넌 늘 아주 … 행복했잖니. 나한테 떠들기도 잘하고. 왜 이제는 그러질 않는 거니?'"(Syal 1996/2004: 147) 이 말을 들은 미나는 "갑작스럽고 어리둥절한"(147) 느낌이 든다. 행복하지 않다는 것은 방향을 잃는 것이다. 아버지는 나중에 그녀에게 이렇게 말한다. "미나야, 난 지금의 네 모습이 싫다. … 내가 보니 넌 다정하고 행복한 아이에서 무례하고 뚱하게 골난 괴물로 변해 버렸구나"(249). 여기서 아버지가 집착하고 있는 게 딸의 행복했던 모습만이 아니라 착한 딸로서의 모습이라는 것에는 의심의 여지가 없다. 뚱하게 골을 낸다는 것은 가족 안에서 자리를 잃는 것이거나 아니면 가족의 불행을 야기하는 원인, 가족의 즐거움을 "방해하는" 자로 자리를 잡는 것이 된다.

여기서 아버지가 딸을 이런 식으로 묘사하는 게 옳다 그르다 이야기할 필요는 없다. 내 관심사는 뭔가를 바라는 존재로서의 아이와 행복에 대한 지각 사이의 관계다. 〈베컴처럼 감아 차기〉에서 제스가 불행한 것은 자신이 바라는 것을 하고 있지 못하기 때문이다. 그럼에도 불구하고 그녀는 부모를 행복하게 해드리고 싶다. 그녀는 자신이 바라는 것을 하도록 허락받고 나서야 행복해지는데, 이것은 아버지가 자신의 고통을 놓아버려야 가능한 일이다. 왜냐하면 그것은 그의 행복뿐만 아니라 딸의 행복에도 방해가 되기 때문이다. 『아니타와 나』에서도 딸은 자신이 바라는 것을 하도록 허락받지 못해 불행하다고 나온다. 하지만 자신이 바라는 것을 얻고 나서도 그녀는 행복해지지 않는다. 아버지는 그녀의 불행을 감지함으로써 어쨌든 그녀의 기분을 알아챈다.

미나가 갖는 느낌들을 반추하면서 이 책은 우리에게 그녀의 욕망의 이력을 제시한다. 그녀는 단순히 행복을 욕망하는 것이 아니다. 그녀는 자신이 행복하지 않기 때문에 자신이 바라는 것을 욕망한다. 그래서 그녀는 자신이 바라기 때문에 바라는 것을 바라는 것이 아니다. 그녀가 백인성을 바란다고 말할 때 우리는 바람의 흥미로운 속성에 대해, 또한 그녀가 자신의 신체를 바라지 않는다는 것에 대해 알게 된다. "내가 아닌 다른 누군가가 되기를 바란 적은 결코 없었다. 좀 더 커서 유명해지기를 바란 것 말고는. 하지만 이제는 어떤 이유에서인지 뱀이 허물을 벗듯이 내 몸을 벗고 다시 태어나고 싶었다. 눈에 띄지 않는 분홍빛 피부로. 나는 거울을 보지 않기 시작했다. 손님들이 만찬에 올 시간이 되면 어머니가 침대 위에 날 위해 놓아두던 인도 옷을 입지 않으려 했고, 사일라 이모가 앞마당에서 펀자브어로 부모님께 큰 소리로 작별 인사를 할 때면 집에 숨어 있었고, 쇼핑을 가면 부모님의 앞이나 뒤에서 조금 떨어져 걸으며 쇼윈도에 비친 내 모습을 보다가 그곳에 여전히 내가 있는 것에 정말 실망했다"(146). 미나는 백인이 되기를, 혹은 백인에 더 가까워지기를 바란다. 거울에 비친 자신의 모습을 견딜 수 없기 때문이다. 백인성을 향한 욕망은 가족과 거리를 두고자 하는 욕망으로 나타난다. 가족은 그녀가 백인이 아니라는 실패를 반영할 뿐이다. 그녀는 아니타의 친구가 되고 싶은 것만이 아니라 아니타가 되고 싶어 한다. 아니타처럼 백인이 되고 싶어 하는 것이다.

이 책은 백인성에 근접할수록 행복이 따른다기보다는 백인성에 근접하고자 하는 욕망에 불행이 있다고 이야기한다. 내가 있을 곳이 아닌 곳에 있는 듯한 느낌, 손님인 듯한 느낌, 다른 사람들의 행복을 공유할 수 없는 느낌의 불행 말이다. 예를 들어, 디왈리*를 지내면서 미나는 다른 사람들이 자신들의 명절을 챙겨 주기를 기다린다. "아침 내내 나는 보통의 축하 인사 정도를 기대하며 마당을 서성거렸다. 모든 사람이 무관심하다니 정말 충격적이었다. 엄마 아빠가 왜 예수 생일을 챙기려 노력했는지 이제야 이해가 됐다"(92). 크리스마스를 기념하고 싶어 한다는 것은 부분적으로는 다른 사람들이 기념하는 것을 기념하고 싶어 하는 것, 즉 행복 대상을 공유하는 것이다. 다른 사람들이 기념하는 것을 기념하는 것은 다른 사람들이 당신의 명절을 인정하지 않고 당신의 행복에 무관심하기 때문이다. 따라서 영국 문화에 참여하고 싶어 하는 욕망은 단순히 동화의 한 형태, 유사해지기를 바라는 것이 아니다. 그보다 그것은 모두가 공유하고 있는 바람 공동체에 참여하고자 하는 바람이다. 『아니타와 나』는 당신은 따르지 않는 방식으로 행복을 바라보는 세상에 속한다는 것이 얼마나 어려운 일인지를 끊임없이 반추한다.

* 힌두교 최대 축제 중 하나. 인도에서는 종교에 상관없이 모두가 축하하는 최대 명절이다.

소설의 결정적 사건 중 하나에서* 미나의 친구들은 한 인도 남자에게 대들며 이렇게 말한다. "샘이 끼어들더니 입가에 교활한 미소를 띠며 말했다. '형씨, 입만 살아 있군. 일면식도 없는 검둥이들에게 다 줘버리라니. 우린 다른 사람 신경 안 써. 여긴 우리 구역이라고. 웬 검둥이들wogs한테 거저 주는 게 아니라고.' 난 마치 배를 한 대 얻어맞은 것 같았다. 다리가 후들거렸고 강렬한 충격에 속이 뒤틀렸다"(193). 이 사건은 자신이 몸담고 있던 세계가 자신은 이용 가능한 세계가 아님을 깨닫는 충격을 준다. 그것은 어떤 특정 방식으로 살면 행복을 주리라 상상했던 세계 안에 자신이 속해 있지 않음을 깨닫는 충격이다. 물론, 샘의 발언이 미나에게 한 말은 아니다. 미나가 "그들" 중 하나이기는 하지만 말이다. 나중에 샘은 이렇게 말한다. "그들이라고 한 건 … 결코 널 말하는 게 아니야, 미나! 그건 다른 사람들을 말한 거야, 네가 아니고!"(313). 미나는 대답한다. "내가 **바로 그** 다른 사람들이야, 샘. 넌 정말로 날 말한 거였어"(314). "내가 바로 그 다른 사람들이야"라는 말의 힘은 동일시의 힘, 당신이 그 다른 사람들 중 하나로 인식되지 않더라도 그에게 가해진 모욕에서 자신을 인식하는 힘이다. 자신을 모욕당한 타자로 보게 될 때 우리는 타자**로서 간주되는** 다른 사람들에 대한 충성을 확언하는 셈이다.

소설은 미나의 할머니[나니매]가 인도에서 오면서 전환점을 맞는다.

* 축제 기간 동안 모금된 돈을 교회 지붕 보수에 쓰자는 의견이 제기되자 아니타의 백인 남자 친구 샘은 혐오 발언을 쏟아 내며 이에 반대하고 순식간에 축제 현장은 얼어붙는다. 뜻밖에 일부 마을 사람들도 이에 동조하는 와중에 발언에 나선 (인도 출신) 앨런 삼촌은 "우리가 모은" 돈이니 투표를 해보자며 토론을 제안하지만 샘은 인종 혐오 발언으로 답한다.

Melancholic Migrants

처음에 미나는 양가감정을 느낀다. "보통 엄마와 아빠는 정말로 정중하고 신중한 이웃이었다. 내가 현관을 내려가며 너무 시끄러우면 늘 조용히 하라고 시켰고, 아빠가 음악을 즐기는 저녁에는 늘 세심하게 창문을 닫았다. 하지만 오늘은 부끄러울 정도로 다른 사람들만큼이나 시끄럽고 흥분해 있었다. 나는 어른들이 그렇게 주변을 개의치 않고 말을 많이 하는 걸 본 적이 없었다. 이유는 모르겠지만 이것이 나니마와 관련돼 있다는 걸 난 알 수 있었다"(204). 하지만 할머니를 이해하면서 미나는 가족의 역사가 단순히 과거사만은 아님을 알게 된다. 자신은 경험해 본 적 없는 장소들에 대한 이야기의 맥락이 들어왔기 때문이다. "하지만 점차 난 나니마의 세계, 오래되고 쓰라린 가족 불화로 이루어진 세계에 익숙해졌다. … 그런 것들은 모두 엄마의 인력거 이야기와 아빠의 불발탄 이야기에 일종의 맥락이 되어 주었다. 부모님이 거의 죽을 뻔한 사건들은 단지 일회성 해프닝이 아니라, 흥분, 드라마, 정념으로 터질 듯한 한 나라의 진행 중인 역사 속에서 일어난 사건이었다. 나는 처음으로 인도를 방문해 그 마술적인 부분을 내 것으로 하고 싶다는 간절한 소망을 갖게 되었다"(210-11).

뒤로한 가족과 나라의 의미를 인식하게 된다는 건 잃어버린 것이 무엇인지를 인식하게 된다는 뜻이다. 여기에는 되찾을 수 없는 어떤 것이 가버렸다는 슬픔이 아니라 되찾을 수 있는 것, 비록 지금은 접근할 수 없지만 아직 가능한 것을 인지하는 흥분을 수반한다. 딸은 자신이 무엇을 놓치고 있는지에 대한 감각을 회복하기 시작한다. 그렇다고 이민이 뭔가의 상실이 아니라는 말은 아니다. 뭔가의 상실은 또한 어떤 것을 발견할 잠재력의 획득을 의미할 수도 있다는 말이다(이는 이민 주체뿐만 아니라 그 전위와 도착을 계승한 사람들에게도 해당되는 말이다). 비록 당신이 발견한 것

이 상실한 것과 똑같은 것은 아닐지라도 말이다.[34]

소설은 미나가 아니타에게 그래머스쿨(대학 입시를 준비하는 7년제 인문계 중등학교)에 가게 될 거라는 내용의 편지를 보내는 것으로 끝이 난다. 앞 장에서 다룬 『베이비지』를 상기시키는 결말이다. "학교에 입학"한다는 것은 새로운 형태의 유동성과 자유에 대한 약속이다. 어떻게 보면, 미나가 뒤로하는 것은 자신이 아니타가 될 수 있다(아니타처럼 백인이 될 수 있다)는 생각만이 아니라 (주로 폭력적이고 인종차별적인 곳으로 재현되는) 백인 노동계급의 생활 세계이기도 하다. 미나에게 상승은 더 나은 삶에 대한 부르주아적 열망으로 확실히 부호화돼 있다. 마치 계급 상승으로 인종차별주의를 뒤로할 수 있는 것처럼 말이다. 〈베컴처럼 감아 차기〉가 개인이 재능을 이용해 인종차별주의의 영향에서 벗어날 수 있다는 판타지로 구성돼 있다면, 『아니타와 나』에서의 판타지는 이주자가 노동계급 문화를 뒤로하고 떠나면 인종차별주의를 넘어설 수 있다는 판타지다.[35]

『아니타와 나』를 좀 더 최근에 나온 야스민 하이의 회고록 『하이 씨의 딸 만들기: 영국인 되기』(Hai 2008)와 비교해 보자. 이 회고록이 중요한 것은 딸이 동화되어 영국인이 되기를 바라는(그러나 이 역시 욕망으로서 양가감정이 없는 것은 아니다) 아버지를 둔 딸의 관점에서 쓰인 것이기 때문이다. 그래서 이 책은 이주 경험에 대한 초기 서사들 중에서도 하니프 쿠레이시의 중편 『광신자 나의 아들』(Kureishi 1994/2008)처럼, 1세대 이주자들이 근본적으로 통합을 꺼린다는 인식에 기초한(그래서 통합은 강요에 의한 것 혹은 2세대가 저항의 형태로 재해석해야 할 것으로 서술된다) 통합 담론의 일반적인 "방향성"에 도전하는 설명에 속한다.[36] 이주자가 쓴 회고록과 소설들은 희망, 공포, 불안, 갈망, 그리고 욕망이 뒤섞여 고국을 떠나는 결정을

Melancholic Migrants

야스민 하이(좌)의 아버지 시예드 삼사물 하이 씨(우)는 인도의 엘리트 지식인으로 공산주의자이 기도 했다. 영국이 철수하고 인도와 파키스탄으로 분리되던 당시 '하나의 이슬람 국가' 개념에 반대한 그는 파키스탄으로 이주해 대학에서 영문학을 가르쳤다. 하지만 파키스탄에서 공산당이 금지되고 탄압이 시작되면서 1960년대 중반, 영국으로 이주한다. 그는 당시 영국에서 노동력 부족으로 받아들인 아시아계 이민자들과는 다른 예외적 이주자였다.

하게 만드는 다양한 방식들, 그리고 새로운 나라에 도착해 친숙해지는 다양한 방식들을 보여 주면서 이주 경험에 질감과 복잡성을 더한다.

야스민의 회고록은 그녀의 아버지가 자신의 이주 경험을 어떻게 설명했는지, 그리고 그의 이주가 얼마나 행복에 대한 욕망에 이끌린 것이었는지 반추하면서 시작된다. 그녀의 아버지는 관습에 얽매이지 않는 반정부 인사이자 공산주의자다. 이런 디테일이 중요한 것은, 통합 담론의 신화 중 하나가 1세대 이주자들이 늘 관습적이라는 것, 자신의 문화를 상실하지 않을까 두려운 나머지 그것에 맹목적으로 집착하며 그것을 중심으로 똘똘 뭉친다는 것이기 때문이다. 야스민은 이렇게 상상한다. "나는 고향에서의 그토록 걸출한 정치적 경력을 춥고 습한 영국에서의 평범한 삶을 위해 포기하다니 참 속상했겠구나 생각했다. 이야기의 재미를 위해 아버지는 정말 속상한 척을 하곤 했지만, 실은 그렇지 않았다. 그는 여기 와서 매우 행복했다. 정말로 아주 행복했다"(8). 이주는 그 자체로 행복의 약속을 담고 있을 수 있다. 행복하게 이주하는 것, 앞으로 갈 곳을 위해 현재 있는 곳을 행복하게 포기하는 것도 가능한 것이다.

야스민의 성장 경험은 제스나 미나의 경험과는 아주 다르다. 야스민의 아버지는 야스민이 훌륭한 파키스탄 소녀가 아니라 훌륭한 영국 소녀가 되기를 원한다. 훌륭한 영국 소녀가 된다는 것은 출신 문화와의 근접성을 수치스럽게 여긴다는 뜻이다. 어떤 장면에서 그녀는 어머니처럼 손으로 밥을 먹는다. 그 자리에 있던 (백인 영국인) 아줌마가 "너 파키니?"라고 묻자 야스민은 당황한다. "난 머리를 저었다. 얼굴이 빨개졌다. 머리가 빙빙 돌기 시작했다. 곁눈질로 아버지가 절망하며 고개를 젓는 모습을 볼 수 있었다. 그는 그 말에 조금도 화를 내지 않았다. 심지어 그녀와 같은 생각을 하고 있음을 알 수 있었다"(52). 그녀는 수치를 당하면서 동화된다. 모욕을 올바른 방식을 취하지 못한 실패를 나타내는 기호로 받아들인 것이다. 그들은 그녀를 예의 바른 영국 소녀로 뒤바꿔 놔야 한다. 그래서 어머니는 딸의 머리를 잘라 준다. "어머니가 거울을 비춰 주자, 완벽한 짧은 단발이 보였다. 내가 읽고 있던 책의 영국인 여주인공 밀리-몰리-맨디와 똑같았다. 나는 제대로 된 영국 소녀처럼 보였다"(54). 영국인이 된다는 것은 거울에 비칠 올바른 이미지를 갖는 것이다.

결국 야스민은 우르두어를 쓰지 말라는 말을 듣는다. "어머니는 계속 우리에게 우르두어로 말씀하셨지만, 자식들은 그녀에게 영어로만 말했다"(60). 우르두어를 쓰지 못한다는 건 상실로 경험된다. 무엇보다 엄마가 영어를 못하기 때문이다. 야스민은 "우르두어를 쓰지 않게 되면서 엄마를 영원히 잃어버렸"음을 깨닫는다(61). 통합이 상실을 인정하는 한 방법이 되는 것이 아니라, 통합에 대한 바로 그 욕망으로 인해 무언가를 상실하게 되는 것이다. 우르두어를 상실하면서 야스민은 어머니를 상실하고, 또한 (단순히 배후로만 존재하는 것은 아닌) 역사와의 연결점을 상실한다.*

아버지는 행복이란 (올바른 방식으로) 영국인이 되면 따라오는 것이라 믿는다. 여기서 영국인이 된다는 것은 교양 있는 사람이 되는 것이다. 욕

---

* 하이 씨는 영국으로 이주 후 중매결혼으로 파키스탄 출신 여성과 결혼해 쉰이 넘어서야 첫 딸 야스민을 얻는다. 야스민의 어머니는 영국으로 이주할 당시 영어는 한마디도 몰랐지만 파키스탄에서는 정치학 석사까지 전공한, 교육 수준이 높은 여성이었다.

망으로서 그것에 양가감정이 없지는 않다. 그가 딸이 되었으면 하고 바라는 영국인상에는 제한이 있다. 즉, 어떤 영국 문화들은 금지된다. 예를 들어, 야스민의 아버지는 〈탑 오브 더 팝스〉[영국 BBC 방송의 음악 순위 프로그램]를 못 보게 한다. "'하지만 아버지,' 나는 이렇게 말하고 싶었다. '친구들은 다 본다고요.' 하지만 반대한다고 무슨 의미가 있겠는가? 아버지는 절대 허락하지 않을 것이다. 그럼에도 아버지의 태도는 날 당황하게 했다. 그는 늘 **현대**적인 것이 좋다고 말하지 않았던가?"(77) 그는 〈그리스〉라는 영화도 "서구의 저급한 쓰레기"라고 하면서 못 보게 한다. 야스민은 아버지가 서구적인(나쁜) 것과 현대적인(좋은) 것을 구별하지만 실은 저급한 것과 고급한 것을 구별하는 것이라고 지적한다. 영국인이 된다는 것은 고급스러운 영국인이 돼야 한다는 윤리적 명령과 연결돼 있다.

이 "되기"는 결코 매끄럽고 쉬운 과정이 아니다. 이야기는 양가감정으로 가득하다. 영국인이 된다는 건 행복하기도 하고 슬프기도 한 일이다. "내가 얼마나 영국인다운가에 대해 행복해 해야 할지 슬퍼해야 할지 나도 몰랐다"(76). 영국인 되기에 대한 대가로 행복이 주어지지 않는 상황은, 되어야만 할 것이 되는 게 불가능하기 때문이라고 서술된다. 야스민은 특정 종교와 무관한 학교, 즉 세속 학교에 들어간다. 세속성은 그것이 중립적인 것이라고 상상되는 한에서 문화적 이상이 될 수 있다. 조례를 위해 모여 앉은 자리에서, 야스민은 그들이 주기도문을 제대로 외우지 못하는 데 충격을 받는다. "아버지가 내게 기독교에 대해 가르쳐 준 것은 소외감을 느끼지 말라는 의미에서였을 것이다. 하지만 기독교적 영국에 대해 알게 되면 될수록, 나는 영국이나 영국인들의 삶의 방식에서 내가 결코 일부가 될 수 없는 뭔가가 있다는 걸 점점 더 깨닫게 되었다. 마치 내가 평행 세계에 살고 있는 것 같았다"(68). 백인성에 근접할수록 소외의 지점이 만들어지는 것이다.

"평행 세계"라는 말을 씀으로써 야스민은 영국적 맥락에서 분리의 유령을 불러낸다. 여기서 섞이지 않고 어울리지 않는 공동체는 말할 것도 없이 소수자 공동체로 간주된다. "만약 다양한 공동체들이, 캔틀이 말하듯, 어떤 지점에서도 스치지 않는 평행한 삶을 살아간다면 우리는 진정한 다문화 사회라고 주장할 수 없을 것이다."[37] 평행선은 통합을 거부하는 이주자들이 만들어 낸 것이 아니라, 중립적이고 열려 있다고 상상된 공간에서 특정 신체들만을 규범으로 받아들이는 방식에 의해 만들어지는 것이다. 평행 세계에서 살아간다는 것은 그 세계의 선들, 선들로 가시화되지도 않은 그 선들을 따라갈 수 없음을 의미한다. 보이지 않는 선들은 삶의 형식이라고 할 수 있다. 정서적으로 이방인이 된다는 것은 그런 형식들에 몸담을 수 없다는 뜻이다.

야스민의 바람은 정말로 아버지의 바람과 같다. 그녀는 다른 소녀들처럼 되기를, 학교 공동체의 일원이 되기를, 그들처럼 영국인이 되기를 바란다. 하지만 그녀는 그들이 가진 것을 가질 수 없다. 그녀는 자신이 바라는 대로 될 수 없다. 어느 날 그녀는 다른 아시아계 소녀 룰루와 누가 영국 음식을 더 많이 먹는가를 가지고 말다툼을 하게 된다. 룰루는 야스민을 카레-중독자라 부르고 야스민은 오렌지 주스를 그녀에게 부어 버린다 (86-87). 야스민은 문제를 일으키고, 문제아가 된다. 그녀는 그것을 불편함으로, 행복할 역량의 상실로 경험한다. "학교생활은 곧 정상화되었다. **나는 행복해야 했지만, 그렇지 않았다.** 뭔가가 변해 버렸다. 내가 룰루보다 덜 영국적임이 드러났다는 것이 아니다. 어떤 이유에선지 그건 더 이상 신경 쓰이지 않았다. 바로 그때부터, 내가 무엇을 하든 어디를 가든, 내 자신이 얼마나 겉돌고 있는지 알게 되었다. 전에는 그걸 몰랐다는 말이 아니다. 하지만 전에는 약간의 지식과 의지만 있으면 어디든 섞일 수 있다고 믿었다. 이제는 더 이상 그런 생각이 들지 않았다"(89, 강조는 추가).

행복에서 소외된다는 것은 당신이 겉도는 사람임을 인정하는 것일 뿐만 아니라, 제 힘으로는 그 자리에 섞일 수 없다는 것을, 스스로를 "어디든" 섞이게 할 수는 없다는 것을 인정하는 것이기도 하다. 그런 인정은 당신이 하고자 하는 것, 되고자 하는 것은 무엇이든 할 수 있고 될 수 있다는 믿음을 전제로 한, 개인의 추상적 잠재력으로부터의 소외를 수반한다. 그런 자기-신념이 없다면 행복은 그가 있는 "곳"에서 물러나는 것처럼 보일 것이다. 마치 "무엇이든"의 상실 안에는 "어디든"의 상실도 포함되는 것처럼 말이다. 우리는 행복할 자유란, 비록 판타지라 할지라도, 소수만이 있을 수 있는 "어딘가"를 환기하는 것임을 상기하게 된다. 야스민이 자기 모습 그대로 그곳에 있다는 것은 이 행복의 "무엇이든"으로부터 소외된다는 뜻이다.

회고록은 착한 이주자 딸(그녀는 영국인이 되기를 원하기 때문에 국가에게는 착한 존재다)이 영국성에 대해 불편한 감정을 느끼게 되는 이야기, 그것이 제공하는 행복의 약속을 공허한 것으로 경험하게 되는 이야기이다. 그 약속의 공허함을 목격하면서 야스민은 화가 난다. 관습에 얽매이지 않는, 이주자 가정의 딸이라 해도 결국 국가적 희망에 대한 근접성을 상실할 수 있다. "텔레비전에서는 마치 우리가 좋은 직업을 가지고 있고 사회적 활동도 활발히 하는 것처럼 보였지만, 영국 생활의 무언가가 늘 우리 마음을 시끄럽게 했다. 우리는 둘 다 인종이 우리의 불안에 큰 역할을 하고 있다는 걸 알고 있었다. … 우리는 늘 인종과 정체성 문제에 발끈하면서 사람들이 아무리 인종적으로 관용적인 환경이라 떠들어 대도 편안할 수 없었다. 그 분노는 우리의 창조적 정념에 불을 지피는 동력이기도 했지만, 때로는 그냥 너무 소모적으로 느껴졌다"(267). 관용은 그 특유의 행복의 약속을 제공한다. 마치 세계가 당신에게 열려 있다는 듯, 마치 당신이 지금 있는 그 세계에서 당신의 바람대로 할 수 있다는 듯 말이다. 그 세계에 살고 있는 당신의 경험은 이런 개방성이 판타지에 불과함을 폭로한다. 약속과 발생하는 일 사이의 간극이 분노로 채워진다. 그 분노는 때로는 창조적이고, 때로는 그렇지 않다.

그리고 물론 사건들이 발생한다. 우리는 야스민을 따라가며 그녀가 2001년의 9·11테러, 테러와의 전쟁, 미국의 주도 아래 이뤄진 아프가니스탄 침공 등에 어떻게 반응하는지 보게 된다. 반응한다는 것이 반드시 같은 반응을 보인다는 말은 아니다. "'믿을 수가 없네.' 침공에 대한 지지도에 놀라서 난 제이에게 이렇게 말했다. 내 기억에 내가 공적 분위기와 그렇게 놀랄 정도로 맞지 않다고 느낀 것은 처음이었다. 그곳은 내가 있고 싶은 곳이 아니었다"(287). 영국인이 되고 싶던 아이는 그 약속이 공허하다는 것을 아는 어른이 된다. "9·11 이후 난 늘 내 정체성의 이슬람적인 부분을 놓고 고뇌해야 했다. 하지만 이제 내 영국성도 똑같이 문제적임을 깨달았다. 영국인인 것이 늘 자랑스러웠지만, 정치가들과 미디어가 지금 그들의 가짜 정의定義를 우리의 목구멍 속으로 밀어 넣는—그 과정에서 표면적으로는 계몽주의의 원리를 환기시키는—방식은 내 생애 그어느 때보다 날 덜 영국적인 존재로 느끼게 했다"(329). 야스민은 세상으로부터 어떤 식으로 영향을 받는지를 보여 줌으로써 소외된다는 게 어떤 느낌인지를 너무나 잘 묘사하고 있다. 여기서 정서 이방인이 되는 것은 이방의 정서들을 경험하는 것 — 공적 분위기와 맞지 않는 것, 어떤 사건에 다른 사람들이 반응하는 그런 방식으로 내가 느끼지 않는 것 — 이다.

이 책은 착한 이주자인 야스민의 아버지에 대한 애도이기도 하다. 그는 국가가 그에게 원하는 대로 원하고, 그 꿈에 따라 거기 통합되어 살다 죽은 착한 이주자다. 딸은 아버지의 무덤으로 돌아가 그의 욕망에 대해, 그 꿈의 실패에 대해 쓴다. "아버지는 내가 영국에서 — 유니언잭, 쇄도하는 대처 수상의 연설들, 파키스탄인에 대한 린치들, 그리고 이후의 충성심 테스트 요구와 함께 — 성장하면서 내 '다른' 자아를 포용하는 것이 왜 그렇게 중요했는지 결코 이해하지 못했다. 내 문화적 유산에 가까이 가면 아버지가 돌아가신 후 어머니와 다시 연결되는 것도 가능하지 않을까. 한 부모를 잃었는데, 다른 부모까지 잃어버리는 건 견딜 수 없었다"(332-33).* 이는 현재 살아남아 있는 것과의 교감을 유지하는 한 방법으로서 기억을 붙들고 있는 것이 윤리적으로 얼마나 중요한지 보여 준다. 이 회고록은 우리가 현재 인종 정치에서 우울증적 이주자의 형상을 활용할 때 뭔가 중요한 것을 놓치고 있음을 깨닫게 해준다. 바로 동화에 대한 욕망, 과거를 흘려보내고 싶은 욕망은 꼭 되돌아와 국가를 괴롭힌다는 것이다. 행복의 약속이 공허함을 증언해 줄 수 있는 사람은 다름 아닌 통합

---

* 하이 씨는 68세에 심장마비로 쓰러져 사망한다. 영어에 능통하지 못했던 야스민의 어머니는 당시 열여섯 살이었던 야스민의 교육을 위해 재봉일을 시작한다. 회고록의 마지막에서 야스민은 세속적 성공과 결혼 후 아버지가 죽은 지 20년 만에 처음으로 다시 아버지의 무덤을 찾는다.

Melancholic Migrants

을 원했던 이주자이기 때문이다.[38]

하지만 통합은 여전히 국가적 이상, 국가적 행복을 상상하는 한 방법으로 남아 있다. 장래 시민이 될 이주자들은 그래서 점점 더 행복 의무 — 지금의 인종차별에 대해 말하지 않고, 과거 식민지 역사의 불행에 대해 말하지 않고, 다문화 국가의 다양성과는 도저히 조정 불가능한 애착에 대해 말하지 않을 — 에 구속된다. 이주자들에게 행복 의무란 당신의 도착到着을 좋은 것으로 이야기하는 것, 즉 당신의 도착에 대해 좋은 점만 이야기한다는 뜻이다. 행복 의무란 좋은 것을 말할 긍정적 의무인 동시에 좋지 않은 것에 대해서는 말하지 않을 의무, 불행의 경험에 대해서는 말하지 않을 부정적 의무이기도 하다. 그것은 마치 **인종차별의 고통을 이해하는 한 방편으로 인종차별의 기억들을 잊어버림**으로써 인종차별의 고통을 잊어야 한다는 것과 같다. 당신을 향한 폭력에 상처 받지 않을 의무, 심지어는 그 폭력을 눈치채서도 안 될 의무, 폭력이 당신을 스쳐 지나간 것처럼 그것을 지나가게 할 의무가 있는 것이다. 인종차별의 역사를 의식하고 그것에 대해 입을 열 경우, 인종차별을 의식한 경우와 마찬가지로, 정서 이방인이 된다. 정서 이방인은 이방의 정서를 가지고 뭔가를 할 수 있는 사람, 우리가 해야 하는 그런 일들을 하는 사람이다.

동시에 행복 의무에 대한 내 비판에는 다소 희망적인 측면이 있다. 나는 정서 공동체란 좋은 것으로 여겨지는 특정한 것들을 향한 정향을 공유함으로써 형성된다고 앞에서 지적한 바 있다. 이민의 경험이 분명하게 보여 주는 점은 우리가 늘 하나 이상의 공동체를 차지하고 있다는 것이다. 우리가 하나 이상의 공동체를 차지할 가능성이 구조적이라면, 하나의 공동체라 하더라도 하나 이상의 경험을 포함할 수밖에 없다. 하나 이상의 것에 대한 애착을 의식하는 우리 같은 사람들에게 그런 상태는 서로에게 대립되는 것들을 원하는 곤란한 상황으로 보일 수 있다. "하나 이상"의 충성의 형식들을 대립적인 것으로 제시하는 고전적 테스트로는 크리켓 테스트를 들 수 있다. 그것은 시민권 테스트이기도 하며, 행복 테스트이기도 한데, 예를 들면 이런 것이다. 만약 영국 팀이 당신의 모국과 경기를 하면 당신은 누구를 응원하겠는가? 이 테스트는 당신에게 선택권을 주고, 당신의 행복 선택이 당신의 진정한 정체성을 드러낸다고 가정한다. 일종의 커밍아웃 스토리가 되는 것이다. 만약 영국이 승리했는데 행복하다면 영국인이 되는 것이고, 다른 팀이 승리해서 행복하다면 영국인이 아닌 다른 존재가 되는 것이다.

이런 정체성 테스트에 대해 우리는 이렇게 응수할 수 있다. 즉, 그릇된 것에서 행복을 느낀다고 해서(말하자면, 파키스탄 크리켓 팀이 영국을 이겨 행복하다고 해서) 영국을 **다른 방식으로** 지지하지 않거나 사랑하지 않는 것은 아니라고 말이다. 이주자의 눈을 통해 문화에 대해 생각해 보면, 행복과 정체성에 대해 다르게 생각할 수 있다. 만약 이주를 문화에서 어쩌다 발생한 일이 아니라 계속해서 펼쳐진 역사의 일부로 인식할 경우, 문화는 시간에 따라 다르게 펼쳐지는 것이 될 것이다. 만약 문화가 펼쳐져 있는 무엇이라면, 뭔가를 공유하기 위해 꼭 같은 길로 갈 필요는 없을 것이다. 우리는 함께한다는 감각을 좀 더 느슨하게 구축할 수도 있을 것이고, 그럴 경우 행복에 대한 우리의 희망을 같은 사물에 둘 필요는 없을 것이다.

물론, 그런 느슨한 국가 소속 모델은 자유주의적 다문화주의의 용어들로 기술되기 쉬우며, 이 경우 특이한 차이들이 국가적 차원에서 허용될 것이다. [하지만] 우리는 행복 대상 선택을 다양화하는 것 이상의 일을 해

Melancholic Migrants

야 한다. 결국, 국가적 소속을 둘러싼 정치적 투쟁이 일어나는 것은 특정 행복 대상들이 과도하게 타협적으로 보이기 ─ 다시 말해 누가 혹은 무엇이 국가적 주체인지에 대한 관념을 내주는 것으로 보이기 ─ 때문이다. 어떤 행복 대상 ─ 터번이나 부르카 같은 ─ 이 국가적 불행의 원인이 되는 것은, 그것이 국가의 행복 대상들과 나란히 존재할 수 없기 때문만이 아니라 불행한 역사로 흠뻑 젖어 있기 때문이다. 즉, 그것은 행복이라는 기호 아래 지워진 제국의 역사인 것이다. 대상은 그것이 행복에 대한 소망으로 사라지게 할 수 없는 역사들의 지속성을 체화하고 있을 경우 불행해진다. 불행을 인식한다는 것은 행복이 다양화된다 해도 정치적 기억 (즉, 국가적 시간에서의 현재)에서 적대는 제거되지 않음을, 그리고 제거될 수 없음을 탐색하는 것이다. 우리는 어떤 역사들은 뒤로하는 것이 불가능함을 인식해야 한다. 이런 역사들은 끈질기게 지속된다. 그리고 우리는 그런 역사의 지속성과 함께하는 우리의 불행을 끈질기게 말해야 한다.

4장 우울증적 이주자

5장

행복한 미래

Happy Futures

성취한 결과들을 끊임없이 다른 것으로 대체할 필요 없이 즐길 줄 아는 현명한 사람은 고난의 시기에 그 속에서 생에 대한 애착을 발견한다. 하지만 자신의 모든 희망을 늘 미래에 걸고 그것만 바라보며 사는 사람은 과거에서는 현재의 고통에 대한 위안을 전혀 찾지 못하는데, 이는 그에게 과거는 허둥지둥 걸어온 단계들에 불과하기 때문이다. 그를 맹목적으로 만드는 것은 늘 이제까지 놓친 행복보다 더한 무언가를 찾고자 하는 기대이다. 그는 결국 가던 길을 멈춰 서지 않으면 안 된다. 이제 자신의 과거에서도 미래에서도 그가 바라볼 대상을 상실해 버렸기 때문이다. 에밀 뒤르켐

미래에 희망을 건다는 것은 행복을 우리 앞에 놓여 있는 어떤 것으로 상상한다는 것이다. 뒤르켐이 보기에, 미래에 애착하게 될 경우 우리는 뭔가를 놓치게 되고, 과거와 현재를 다른 어딘가에 닿기 위해 서둘러 지나야 하는 것, 벗어나야 하는 것, 급히 통과해야 하는 것 말고는 다른 것으로 경험할 수 없게 된다. 행복이 우리 앞에 있을 때, 우리는 심지어 길을 가다 방향을 틀 수도 있다. 이 책에서 내내 초점을 맞춘 것은 현재가 펼쳐지는 와중에도 힐끗거리게 되는 행복의 미래성, 즉 행복이 우리에게 약속을 제시하는 방식에 대한 것이기도 했다. 행복을 향한 욕망은 행복 대상을 앞으로 보내고, 그 흔적을 따라 길이 형성된다. 마치 그 길을 따라가면 행복을 발견할 수 있을 것처럼 말이다.

그렇다고 행복이 미래와 같다거나 혼동된다는 의미는 아니다. 결국

행복과 거리가 먼 미래를 상상하는 건 언제나 가능하다. 예를 들어, 우리가 행복의 가능성을 상실했다는 느낌이 들거나, 어디선가 행복을 발견할 수 있을 거라는 희망을 잃어버린 것 같다면, 미래는 그런 가능성의 상실을 나타낼 것이다. 마찬가지로 행복 또한 지나가 버린 것, 한때 우리가 가졌던 것, 어딘가에 도착하면서 상실한 것, 심지어 다른 사람들이 어디선가 얻을 수 있도록 우리가 포기한 것으로 상상될 수 있다. 향수를 불러일으키는 형태의 행복과 약속의 형태를 띠는 행복은, 우리가 그것을 현재 이곳이 아닌 다른 어딘가에 있다고 상상하는 한 같은 지평에 속한다. 그리고 현재 행복이 존재한다 해도, 그것은 불안한 것, 시간의 흐름 속에서 상실할 수 있는 것이 되면서 멀어질 수 있다. 현재 행복이 존재한다 해도 우리는 방어적이 되어 행복에 위협이 되는 것(혹은 사람)으로부터 (두려운 마음에) 멀어질 수 있다.

하지만 우리가 더 행복한 미래, 즉 행복의 미래에 대한 애착을 쉽게 포기해 버릴 수 있을까? 가장 큰 목소리로 미래에 대한 긍정을 거부한 사람들, 긍정 정치학으로 미래를 포용하기를 거부한 사람들은 퀴어 이론가들이다. 리 에델만은 『미래는 없다: 퀴어 이론과 죽음 충동』이라는 도발적인 제목의 책에서 다음과 같이 쓴다. "부정성을 퀴어에 귀속시키는 것을 자유주의 담론에 입각해 거부하기보다는, 그것을 인정하고 심지어는 받아들이는 것을 고려해 보는 게 더 나을 것이다. 이는 어떤 더 완벽한 사회질서를 구축하겠다는 희망에서가 아니라(어떤 질서에서도 똑같이 퀴어의 부정성이 야기될 수 있으므로 그런 희망은 결국 미래주의의 속박을 재생산하기만 할 것이다), 희망 자체를 긍정으로 보는 주장을 거부하기 위해서다. 왜냐하면 이런 주장은 항상 질서의 거부를 생각할 수도 없는 것, 무책임한 것, 비인간적인 것으로 거부하며 그것을 긍정하기 때문이다"(Edelman 2004: 4). 에델만에게 퀴어 이론은 희망 없음[절망]이어야 하고, "미래 없음"no future이어야 한다. 이는 즉 미래에 대해 "노"no라고 말하는 것이다.[1] 어떤 질서를 긍정한다는 것은 사고보다 앞서서 사고 가능한 것이 무엇인지를 정의하고 규제하는 것일 수 있기 때문이다.

에델만의 논쟁적 주장에 답하면서 내가 진지하게 다뤄 보고자 하는 문제는 모든 형태의 정치적 희망, 모든 형태의 유토피아주의와 낙관주의, "어떤 더 완벽한 질서"에 대한 모든 꿈이 미래주의의 논리를 수행하는 것이라 할 수 있는지, 그리고 그렇게 볼 경우 이런 미래를 계승할 수 없는 사람들에게 부정성을 위치시키게 되는 것은 아닌지 하는 것이다. 하지만 에델만은 여전히 긍정을 거부하는 행위 안에서 여전히 무언가를 긍정하고 있다. 내게는 에델만의 논쟁적 주장에서 오히려 낙관적이고 희망적인 점이 보이는데, 여기서 희망은 부정적인 것에 몸담음으로써 열리는 가능성에 기대고 있다. 마이클 스네디커는 퀴어의 부정성 포용이 "낙관적 동기에 기인했을 수도"(Snediker 2009: 15) 있다고 주장한다. 스네디커는 "퀴어 낙관주의"를 옹호하면서 그것이 일반적인 종류의 낙관주의와는 다를 것이라고 말한다. 스네디커에게 "퀴어 낙관주의가 그런 행복이 어떤 모습일지, 어떻게 느껴질지 보장해 줄 순 없다. 그것이 에메랄드 도시로 가는 길을 약속해 주는 것은 아니지만『퀴어 낙관주의』는 새로운 비평적 탐색의 영토를 수반하며, 이런 탐색은 그 자체로 지복이다"(30). 퀴어 낙관주의자들에게 행복은 흥미로운 것이다. 스네디커는 행복을 규범적이라고 상정하기보다 "이론적으로 동원 가능한 것, 개념적으로 어려운 것"으로 상상할 수 있다고 주장한다. 그는 이렇게 묻는다. "행복이 단지 스스

로 느끼는 감정이 아니라 흥미로운 것이라면 어떻게 될까?"(30)

난 동의한다. 행복은 흥미롭다. **행복**이라는 말은 다루면 다룰수록 더욱더 내 흥미를 끈다. 퀴어 비관주의는 여전히 이방의 정서로서 중요하다. 아이의 형상이나 재생산과 생존에 관한 여타의 비유들을 중심으로 행복에 대한 희망을 조직하기를 거부하는 퀴어 정치학은 이미 현재로부터 소외돼 있다. 퀴어 비관주의는 특정한 종류의 낙관주의에 **대한** 비관주의라는 점, 올바른 방식으로 "올바른 것들"에 대해 낙관적이기를 거부한다는 점이 중요하다.[2] 정치적 부정성의 어떤 형식들은 고집이나 고착으로 읽힌다. 인종차별을 지금도 진행 중인 일로 알아차리는 바로 그 행위가 이미 지나간 것에 집착하는 행위로 읽히는 우울증적 이주자 형상을 두고 우리는 이런 역학에 대해 이야기한 바 있다. 실제로도 현재의 불의를 깨닫는 행위는 낙관의 강탈로, 즐거움의 살해로, 특정 역사를 극복하거나 뒤로하지 못하는 실패로 읽힌다. 퀴어 비관주의는 이방의 정서로서는 흥미롭지만, 비관적이 되는 것이 원칙의 문제가 된다면 비관주의 그 자체에 낙관적이 될 위험이 있다.

퀴어의 부정성 긍정이 단지 부정적인 것만은 아니라는 스네디커의 지적은 옳다. 부정적인 것의 포용, 즉 노no에 예스yes라고 말하기가 순전히 부정적이기만 한 자세는 아니다. 부정을 긍정하는 것도 여전히 긍정이며, 그렇게 함으로써 어떤 예스는 퀴어 정치학의 온당한 기표로, 예스가 아닌 것에 대한 예스로 재수립될 수 있다(Ahmed 2006: 175 참조). 나는 이런 움직임을 "반대를 찬성하기"being for being against라고 부르고 싶다. 부정의 긍정에 대해 나는 반대급부로 긍정을 긍정하거나 부정하는 것이 아니라, 긍정 혹은 부정의 대상에 대한 다른 방향 설정이 필요하다고 생각한다.

긍정적 혹은 부정적 정서들을 긍정하기보다는, 그것들이 어떻게 분배되는지, 그리고 이런 분배가 얼마나 교육적인지를 읽어 내는 것이 이 책에서 내가 할 일이다 ─ 우리는 정서의 분배 방식을 읽어 냄으로써 정서에 대해 배울 수 있다. 이 장에서는 소위 "혁명 의식"을 성취함으로써 정서의 재분배가 어떻게 가능한지, 이런 재분배에 얼마나 시간이 걸리는지, 그리고 그런 재분배가 시간에 대한 우리의 관계를 어떤 식으로 활성화하는지 생각해 보려 한다. 루카치가 『역사와 계급의식』(1971)에서 가르쳐 주었듯이, 정치적 의식의 형식들은 성취되어야 한다. 중요한 것은, 그런 성취를 개인화하지 않고 계급적·인종적·젠더화된 억압의 형식들을 의식하게 되는 과정에서의 집단적 노고의 역할을 인정하는 것인데, 이는 불가피하게 현재로부터의 소외를 수반한다.

있는 그대로의 세상을 비판하고 세상이 달라질 수 있다는 믿음을 출발점으로 하는 정치의 형식 내에서 우리는 희망과 절망, 낙관과 비관이 기묘하게 왜곡되고 혼합되는 모습을 살펴봐야 한다. 나는 디스토피아 형식들을 통해 이를 살펴보려 하는데, 여기에는 내가 **행복 디스토피아**라고 부르는 것도 포함된다. 왜 디스토피아인가? 왜 유토피아가 아닌가? 유토피아가 더 명시적으로 행복한 미래에 대한 전망에 기댄 형식이 아닌가? 물론 유토피아들이 행복한 미래로 환원될 수는 없다. 장 보드리야르가 주장하듯이, "유토피아가 기록하는 것은 미래가 아니다. 그것은 언제나 바로 지금에서 나온 것, 오늘의 질서가 놓치고 있는 것이다"(Baudrillard 2001/2006: 62). 프레드릭 제임슨은 유토피아가 우리에게 지금-이후의-삶에 대한 이미지를 제시하지 않는다고 말하며 이에 동의한다. "이런 이유로 적극적인 기대를 가지고 마치 그것이 행복한 세계에 대한 전망을 제시한다는 듯 유토피아에 접근하는 것은 잘못이다"(Jameson 2005: 12). 유토피아적 형식은 대안의 가능성에 대한 증언이며, 그것의 부정적 비판의 양식 바로 그 안에 희망이 담겨 있다. 제임슨은 "유토피아 형식 자체가 그 어떤 대안도 가능하지 않다는 우리가 보편적으로 가지고 있는 이데올로기적 확신에 대한 대답이다"(232)라고 주장한다. 유토피아 형식이 대안을 가능하게 하지는 못할 수 있지만, 그것의 목적은 대안이란 없다는 믿음을 불가능하게 만드는 데 있다.

제임슨이 가장 강력하게 주장하는 바는 미래에 대한 우리의 정서적 관계가 재정향돼야 한다는 것이다. 그는 "미래의 상실에 대한 불안을 발전시켜야 한다"(233)라고 주장한다. 이 장에서 나는 디스토피아의 형식들을 분석해 보려 한다. 특히 미래가 우리가 이미 상실한 무언가일 수 있다는 가능성을 그 출발점으로 삼는 디스토피아들을 살펴볼 것이다. 이는 단지 불행한 미래에 대한 전망이 아니라, 미래가 전혀 없을 가능성에 대한 전망이다. 여기서 미래가 없다는 것은 단지 불행하다는 의미가 아니라(불행도 주체가 생존해 있어야 가능할 테니 말이다) 우연발생도, 기회도, 가능성도 전혀 없음을 의미한다. 나는 P. D. 제임스의 소설(James 1993)에 기반을 둔 영화 〈칠드런 오브 맨〉(2006, 알폰소 쿠아론 감독)에 나타난 미래에 대한 정서적 정향을 분석하면서, 낙관주의와 비관주의와 관련된, 철학의 고전적 표현들(쇼펜하우어와 라이프니츠)을 재해석해 보려 한다. 영화는 우리가 미래의 상실에 대해 충분히 염려하고 있지 않다는 믿음을 기반으로, 그저 미래가 상실될 가능성이 있음을 보여 주는 데 그치지 않고, 우리가 미래의 상실 가능성에 대해 고려하지 않으면 미래를 상실하게 될 것임을 보여 준다. 나는 이 영화를 통해 미래가 상실의 시간이 될 수 있음을 인정할 경우 정치적 투쟁이 어떻게 미래와의 투쟁, 행복을 둘러싼 투쟁이 될 수 있는지에 대해 좀 더 생각해 보고자 한다.

이 영화가 전망하는 디스토피아는 전 지구적 불임 상태다. 여기서 미래 없음은 아이 없음을 의미한다. 리 에델만이 제대로 지적하고 있듯이, 이 영화는 제임스의 소설과 마찬가지로 아이의 탄생이라는 비범한 사건에 구원의 희망을 둠으로써 재생산적 미래주의에 의존하는 것처럼 보인다.[3] 하지만 우리가 이 영화를 이렇게만 해석할 경우, 영화의 다소 어색한 시간성에 대해 뭔가를 놓칠 수 있다. 이 영화는 분명 미래가 현재의 문제로서 펼쳐지는 사건을 다룬다. 이 영화의 출시 당시 DVD에는 슬라보예 지젝과 사스키아 사센을 비롯한 저명한 학자들과의 인터뷰가 포함돼 있었다. 여기서 그들은 절망과 희망, 유토피아와 공포와 관련한 우리 시대의 정치에 초점을 맞추면서, 특히 이민과 안보, 환경 재난의 정치를 언급한다. 영화의 주인공은 습관적 비관주의자 테오(클라이브 오웬)다. 그의 삶은 끔찍하고 그는 그 어떤 것에도 무신경한데, 이는 바로 미래 없는 세상의 정서적 상황 그 자체를 보여 준다. 하지만 테오는 무언가를 신경 써야 하는 상태에 휘말린다. 전처이자 현재 혁명 집단 피쉬파의 일원으로 활동 중인 줄리안(줄리안 무어)이 그를 끌어들인다. 그들은 키이(클레어-호프 애쉬티)라는 이름의 난민 소녀가 임신한 것을 알게 되고, 테오는 키이가 유토피아적 기획인 "휴먼 프로젝트"에 들어갈 수 있도록 그녀를 **내일**이라는 이름의 배에 태워야 한다. 영화는 그들의 여정에 대한 이야기다. 영화에서 악몽은 정의롭지 못한 현재라는 명백히 정치적인 전망에 입각해 있다. 그 세계는 외국인과 난민들이 이방인으로 간주되고 또 그렇게 취급되는 세계이며, 환경오염을 논하면서 타자들을 오염 물질로 취급하는 세계다. 나는 이 영화를 해석하면서 "내일"을 위한 투쟁에서 절망과 희망은 어떤 역할을 하는지, 그리고 "오늘"이 너무나 절망적으로 보일 때 내일을 위해 싸운다는 것은 어떤 의미인지 살펴보려 한다.

소외와 혁명 의식

나는 이 책에서 "정서 이방인"에 대해 이야기하고 있다. 정서 이방인들은 그들이 세상에 의해 영향을 받는 방식 혹은 그들이 다른 세상 사람들에게 영향을 미치는 방식 때문에 소외되는 사람들이다. 여기서 소외는 어떻게 혁명 의식의 가능성과 연결되는 걸까? 오늘날 혁명 의식에 대해 말하는 것이 과연 가능하긴 한 걸까? 물론 역사 자체가 정치혁명이라는 개념을 불가능하게 만들었다는 주장은 끊임없이 반복돼 왔다. 대안적 미래를 약속했던 공산주의의 실패는 전 지구적 자본주의 말고는 다른 어떤 미래도 불가능하다는 증거로 해석돼 왔다. 하지만 이는 너무 안일한 주장이다. [전 지구적 자본주의 말고는] 대안이 없다고 하기엔 전 세계 사람들에게 좋은 삶을 약속한 전 지구적 자본주의의 실패를 보여 주는 증거가 너무 많기 때문이다. 우리는 전 지구적 자본주의에 대한 대안이라는 관념 자체가 어리석음으로 이해되는 방식에서 많은 것을 알 수 있다.[4] 데이비드 그레이버는 자신의 무정부주의적 현상학적 인류학에서 다음과 같이 말한다. "약간이라도 창조적이고 소외되지 않는 경험 같은 것을 마주하면, 그것은 마치 국가적 재난 시기의 탈취제 광고만큼이나 생뚱맞아 보인다"(Graeber 2007: 410[620]). 대안들에 부여된 어리석고 생뚱맞아 보이는 속성이 우리에게 가르쳐 주는 것은 대안들의 속성 그 자체가 아니라, 불가피성 속에 스스로를 가둬 둠으로써만 생존 가능한 시스템의 대안을 상상한다는 게 얼마나 위협적일 수 있는지이다.

여기서 중요하게 지적해 둬야 할 것은, 의식이 바뀐다고 사람들이 갑자기 혁명가로 변신하는 것은 아니라는 것이다—그런 진술은 일종의 이상주의로서, 마르크스주의적 유산의 긴급성을 부인하는 것이 될 것이다. 내가 이야기하고 싶은 것은 의식의 실패, 즉 세상에 대한 허위의식이 어떻게 다른 가능한 세상들을 막는 장애물이 되는지, 허위의식이 어떻게 가능한 것들을 불가능하게 만드는 장애물이 되어 가능한 것들이 경험되고 상상되기도 전에 상실되게 하는 것인지이다. 여기서 중요하게 지적해 둬야 할 것은, 허위의식은 마르크스가 사용한 용어가 아니라는 것이다. 조셉 맥카니가 지적하듯 "허위의식"에 대한 최초의 문서화된 언급은 엥겔스가 쓴 편지에 등장한다. "이데올로기는 이른바 사상가가 의식적으로 수행하는 과정이긴 하지만, 그 의식은 허위의식입니다. 그를 움직이게 하는 진정한 추동력을 그 자신은 모르고 있습니다. 그렇지 않다면 그것은 결코 이데올로기적 과정이 아닐 것입니다. 따라서 그는 허위의 혹은 외견상의 추동력을 상상합니다"(McCarney 2005: n.p.에서 재인용[553]). 여기서 허위의식은 부르주아가 자신의 동기를 모른다는 것, 자신의 믿음과 자신의 이해관계가 우연히 일치함을 알지 못하는 상황을 기술하기 위해 사용되고 있다. 의식적인 믿음들은 이데올로기다. 사람들은 의식으로부터 그런 믿음의 이해관계적 성격을 탈각함으로써 이해관계를 유지한다. 우리는 "허위의식" 관념이 이제는 더 이상 가능하지 않은 허위/진실의 이분법에 의존하고 있다고 생각하는데, 이 생각은 너무 지배적이어서 "허위의식"이라는 말 자체가 구시대적인 말처럼 들릴 정도다. 하지만 내가 2장에서 지적했듯이, 의식을 개인 주체에 속한 것으로 볼 필요가 없다면, 이 개념을 다시 살려 낼 근거가 있다. 의식이란 주체들의 도착보다 선행하는 기만들이 공유를 통해 사회적인 것을 배열하는 방식에 대한 것일 수 있다. 루카치가 잘 기술하고 있듯이 "부르주아 사회의 본성에 드리운 베일은 부르주아지 자신의 생존을 위해 없어서는 안 되는 것이다"(Lukács 1971: 66[154]). 그 베일은 질서의 재생산을 은폐함으로써 사회질서를 재생산한다.

핵심은 진실과 허위의 구분이라기보다는 진실의 재생산에서 허위가 담당하는 역할이다. 다른 말로, 의식이 허위인 이유는 그것이 스스로와 결코 일치하지 않기 때문인데, 이런 상태가 이해할 수 있는 것 혹은 참인 것의 지평을 규정하면서 특정 질서의 재생산을 가능케 한다. 따라서 재생산은 이런 불일치에 대한 인식의 실패에 기대고 있다고 할 수 있다. 질서를 의식하게 된다는 것은 진짜 의식, 즉 진실에 대한 의식을 획득한다는 의미에서 자신과의 일치를 의미하는 게 아니다. 혁명가란 단순히 일치의 실패를 목격한 사람이라 할 수도 있다. 베일이 벗겨진다고 진실이 드러나는 것은 아니다. 베일이 벗겨진다 해도 모든 게 다 드러나는 것은 아니고 그 폭로에는 결함이 있을 수밖에 없다.[5]

의식의 불일치를 인정하는 것은 그것의 허위성을 의식하게 되었음을, 그리고 사회적 믿음이 가지는 이해관계적 본성을 의식하게 되었음을 말하는 또 다른 방법이다. 이런 인정의 형식들은 소외와 어떻게 연결되는가? 소외에 대한 마르크스의 초기 저작으로 돌아가 보자. 마르크스는 헤겔을 따라 인간의 실천을 이해할 수 있게 해주는 열쇠를 노동으로 본다. 더크 J. 스트루이크는 『1844년의 경제학-철학 수고』에 붙인 서문에서 노동과정이란 "인간이라는 살아 있는 구체적인 실체가 숨 쉬고 먹고 사랑하고 아파하는 일상의 실천 속에서 자기 존재를 창조해 가는 과정"(Struik 1964: 41)임을 설명한다. 인간은 감각적이고 세속적이다. 인간의 욕구는 환경과의 상호작용을 필요로 한다. 환경은 거주 공간(먹을 음식, 숨 쉴 공기) 이상의 것뿐만 아니라 우리를 한 존재로 거듭나게 해줄 타인과의 소통을 제공해 주기 때문이다. 인간은 "실재하는 감각적 존재로서의 **고통받는** 존재일 수밖에 없다 — 그리고 그는 자신의 고통을 느끼기 때문에 **정념을 지닌** 존재다. 정념은 그 대상에 정력적으로 열중하는 인간의 필수적 힘이다"(Marx 1844/1964: 182).

노동자는 자신의 에너지를 노동 대상에 부여하지만 그 대상은 그들의 손을 떠나 상품이 된다는 점에서 자신이 만드는 것으로부터 소외돼 있다. "노동자는 자신의 생명을 대상 속으로 불어넣는다. 그러나 그 생명은 이제 더 이상 그가 아닌 대상에 귀속된다"(106[86]). 마르크스는 노동자들이 자신으로부터 소외되는 이 과정이 "대상의 상실"이면서 동시에 "대상에 대한 속박"(106)이라고 말한다. 다른 말로, 노동자들은 상실한 대상에 매여 있다. 즉, 자본주의 자체가 우울증에 기대고 있는 것이다. 노동자는 "만족을 느끼지 못하고 불행하다"(110[89]). 마르크스는 노동자를 일종의 **"살아 있는** 자본"[105]이며 그래서 **"욕구를 가진** 자본"(120)이라고 말한다. 살아 있는 자본이 되는 것은 일종의 "불운"(120)이다. 노동의 전유는 노동자를 고통스럽게 한다. 노동자는 일을 하면 할수록, 생산을 하면 할수록, 더 고통받는다. 소외란 자기 노동의 생산물로부터의 소외 — 일종의 자기소외 — 인 동시에 노동자가 세상에 몸담는 방식을 형성하는 감정-구조, 즉 고통의 형식이다. 노동자는 자신이 창조한 세계가 곧 자신의 연장임에도 불구하고 그것을 전유당함으로써 자신과의 연계를 상실하고 고통받는다.

소외를 의식하기 위해서는 고통을 인식해야 할 뿐만 아니라 그 고통의 원인을 인식해야 한다. 소외를 의식하게 된다는 것은 자신의 존재가 어떻게 강탈되었는지 의식하게 된다는 것이다. 단순히 세상에서 소외되었다는 것이 아니라, 소외가 어떻게 이미 세상에 존재하고 있는지를 의식하게 되는 것이다. 어떤 이들은 자신의 소외로부터 소외될 수도 있다. 이 "이중의 소외"는 반식민주의 혁명 의식들을 생각해 보면 알 수 있다. 프란츠 파농의 고전 『대지의 저주받은 사람들』(Fanon 1961/2001)을 살펴보자. 파농은 원주민들이 어떻게 무기를 들어 식민 지배자들에게 대항하게 되는지, 식민 지배자의 세계에 저항하게 되는지 설명한다. 그런 행위는 어떻게 가능할까? 파농이 보기에, 이는 오직 의식을 통해서만 가능하다. 원주민들은 무기를 들 수 있기 전에 먼저 식민 지배자의 세계를 이질적인 세계로 의식해야 한다. 그렇다고 식민 지배자들을 이질적 존재 혹은 외국인 혹은 사기꾼으로 의식하게 된다는 게 아니다. 그보다는 원주민 자신의 소외를 "꿰뚫어 본다"는 뜻으로, 인식 불가능했던 진실에 대한 자각을 말한다. "그리하여 원주민은 자신의 생명, 자신의 호흡, 자신의 심장박동이 유럽에서 온 자들과 똑같다는 사실을 새삼 깨닫는다. 그는 정착자들의 피부가 원주민의 피부보다 더 귀중하지 않다는 것을 알게 된다. 이런 깨달음은 **근본적으로 세계를 뒤흔들 수밖에 없다**"(35[58], 강조는 추가). 원주민의 소외는 종속적 자리를 받아들이게 했던 소외로부터의 소외다. 그것은 세계를 "뒤흔든다." 원주민은 이 두 번째 소외에서 과거 자신의 생각과 달리 스스로가 이방인이 아니라는 것을 알아차린다. 그리고 이런 의식은 자신의 살아 있는 신체가 식민 지배자의 신체보다 더 살아 있는 것도 덜 살아 있는 것도 아니라는 바로 그 깨달음으로 이끈다. 그는 자신의 삶이 강탈당하고 있었음을 알게 된다. 그는 삶으로 돌아섬으로써 삶의 강탈을 알아차린다. 숨 쉬는 신체는 이방인이 되기를 거부한다. 결과적으로 이는 자신의 삶을 강탈한 사람들에게 저항하는 행위를 요구한다.

내가 앞 장에서 논한 것처럼 식민 지배가 공리주의적 행복 담론을 통해 정당화되면, 원주민은 단지 삶에서만이 아니라 좋은 삶에서도 소외된다. 원주민의 폭력은 **바로 이 좋은 것에 대한 호소에 대한 대응이다.** "서구 문화에 대한 이야기를 들으면 원주민은 칼을 뽑거나 적어도 손닿는 곳에 칼이 있는지 확인한다"(33[57]). 원주민은 "서구 문화"라는 말의 폭력을 친절이라는 베일을 쓰고 유연해진 폭력의 일종으로 받아들여 이 폭력에 **이에는 이로** 대응하는 것이다. 혁명의 폭력은 점령자들만이 아니라, 타자성을 상대적 근접성[유사한 것]으로 만들어 길들이는 가치와 예절에도 저항하는 폭력이어야 한다. 그런 역사의 폭력을 무화하기 위해 원주민은 그 폭력을 폭로해야 하고, 스스로를 그에 저항하도록 변화시켜야 한다. "하지만 그 폭력의 분위기, 피부 바로 밑에 있는 그 폭력으로 돌아가 보자. 우리는 폭력이 성숙되는 과정에서 수많은 고삐들이 그것을 제어해 다른 출구로 끌고 가려는 것을 보았다. 그러나 식민 정부가 종족 간 혹은 지역 간 분쟁과 같은 방식으로 그것에 부과하는 변형에도 불구하고, 그 폭력은 결국 원래의 갈 길을 찾아낸다. 그리하여 원주민은 자신의 적을 구분하고, **자신의 모든 불운을 인식하며,** 증오와 분노에서 비롯된 모든 힘을 이 새로운 배출구로 터뜨린다(55-56[83], 강조는 추가). 대지의 저주받은 사람들은 대지의 저주받음을 폭로한다. 저주받은 사람들은 자신들의 분노와 혐오를 그들을 저주받았다고 보는 세상에 돌린다. 저주받음의 인정 자체가 혁명적이다. 그것은 저주받음이 특정 방식으로 존재함으로써 나타날 수밖에 없는 불가피한 결과가 아니라 식민 지배자들의 지배와 폭력의 효과임을 깨닫는 것이다. 불운과 불행은 야기된 것이다. 고통을 깨닫는 것 — 자신이 **이방인으로 만들어졌음을** 깨닫는 것, 또 자신이 원래 그런 존재가 아님을 깨닫는 것 — 은 여기서 그 원인을 깨닫는 것이다. 결국 고통의 원인을 깨달음으로써 고통을 깨닫게 되는 게 혁명의 원인 중 하나다. [그에 반해] 허위의식은 정서적 상황(노동자들과 원주민들이 겪는)은 지속시키지만 그 원인을 오인해 그 원인이 고통의 "원인"이 되게 만든다.

혁명 의식이 세상과 맞지 않는다는 느낌 혹은 세상이 이질적이라는 느낌 같은 것을 의미하는 건 우연이 아니다. 당신은 주어진 세계 — 좋은 습관과 예절로 이루어진 세계, 복종과 선의를 다하면 안락함을 약속하는 세계 — 로부터 멀어진다. 느낌의 구조로서 소외는 불타오르듯 강렬하게 현존한다. 그것은 당신을 소외시키는 타인들 앞에서 일어나는 느낌으로, 마치 당신을 억누르는 동시에 멀어지게 하는 힘처럼 느껴질 수 있다. 당신은 자세를 바꾸고, 머리를 숙이고, 땀을 흘리고, 초조하고 불안하다. 모든 것이 당신을 짓누른다. 세상 전체와 싸우는 것 같고, 세상도 당신에게서 등을 돌린 것처럼 느껴진다. 더 이상 잘 적응된 상태가 아니다. 세상에 적응할 수가 없다. 혁명가는 이런 특정한 의미에서 정서 이방인이다. 당신은 몰입할 수가 없다. 당신은 스트레스를 받는다. 당신이 세상에 저항할 때는 당신이 경험하는 세상도 저항의 형태로 다가오는 것이다.

이 책의 서론에서 이야기했듯이, 긍정 심리학에서 몰입flow 경험은 최고로 긍정적인 심리 상태다. 스트레스를 받는 주체의 경우, 그는 시간밖에 있으므로 그 존재도 "없다." 샤를로테 블로크가 이야기하듯, "스트레스 경험에 대한 사람들의 설명에서 나타나는 일반적인 특징은, 시간 속에 있음이 문제시되고, 현실이 저항으로 느껴지고, 타인들이 장벽으로 경험되며, 당연하게 생각했던 체화된 존재로서 내가 겪는 경험이 문제시된다는 것이다"(Bloch 2002: 107). 그래서 블로크는 "몰입이 애쓰지 않음, 흐르는 듯한 우아함 같은 특성들을 함축한다면, 스트레스는 긴장과 저항 같은 특성들을 함축한다"(101)라고 말한다. 혁명과 정서를 [이와 견주어] 생각해 보면, 몰입과 스트레스가 분배돼 있고 또 재분배될 수 있는 것임을 알 수 있다. 우리가 몰입했던 세계, 유연하고 손쉬운 것으로 경험했던 세계도 그것이 하나의 세계였음을 의식할 경우 스트레스로 다가올 수 있다. 실제로 혁명 의식은 기꺼이 스트레스도 감수하겠다는 의욕, 기꺼이 현재를 내 피부 아래[내게 거슬리는 것으로] 두겠다는 의욕으로서만 가능하다. 반란이란 [거슬리는 현재를] "피부에서 도려내는" 경험이다.

만약 혁명적 행위가 스트레스를 받겠다는 의지를 필요로 한다면, 그것은 또한 마르쿠제가 말하는 "이 사회의 악행들을 쉽게 받아들이게 하는 **행복 의식**"(Marcuse 1964/2002: 79[123])의 거부를 수반한다. 물론 중요한 점은, 불행한 혁명가 같은 영웅적 모델, 그의 고통이 세상에 선물이 되는 그런 영웅적 모델을 만들어 내서는 안 된다는 것이다. 우리는 아무것도 하지 않는 방법의 하나로 불행[불만]을 선택할 수도 있다. 즉, 하나의 믿음으로서의 불행은 어느 정도 무관심하게 대상들 사이를 떠돌면서 현재를 붙들고 있는 한 방법이 될 수 있다(모든 게 다 불만이라는 것은, 어떤 한 가지를 기대하고 있어서 그것이 일어나기 전까지는 불행하다는 것이다).[6] 여기서 〈칠드런 오브 맨〉으로 돌아가 보자. 이 영화가 보여 주는 혁명가들인 피쉬파의 이미지는 어떤 특정한 진실에 "집착하는" 비이성적 주체들이다. 영화에서 "영국에서 모든 이주자들의 평등한 권리가 인정될 때까지 정부와 싸울 것"을 모토로 하는 피쉬파 혁명가들은 명분은 정당해 보이지만 "무의미한 폭력" 행위를 일삼는 것으로 나타난다. 마치 싸움 자체가 목적이 된 듯한 상황, 결국 자신들의 목표를 거스르고 있는 것처럼 보이는 것이다.

이에 대해서는 이야기할 게 많다. 한편으로, 우리는 활동가를 테러리스트로, 즉 폭력 자체가 명분이 된 상태로 폭력에 고착된 사람으로 보는 고정관념에 의문을 제기할 수 있다. 다른 한편으로는, 혁명의 폭력성에 대한 묘사 속에 어떤 진실이 있음을 알아차릴 수 있다. 반란의 폭력은 그것을 야기한 폭력을 "반복"한다. 이 영화의 보수성은 바로 이런 반복이 필연적으로 명분을 상실하게 한다고 보는 데 있다.

분노한 혁명가나 활동가의 형상은 우리에게 중요한 시사점을 준다. 대안적 미래를 위해 싸우는 사람들이 무의미한 폭력 행위를 저지르는 것처럼 비춰짐으로써 **혁명이 왜 일어났는지에 대해서는 눈감게 된다**는 것이다. 우리는 누구를 혹은 무엇을 폭력의 기원으로 보이게 하는지 바로 그 정치학을 고려해야 한다. 혁명가들은 폭력을 폭로한다. 하지만 그들이 폭로하는 폭력은 폭력으로 인정되지 않는다. 구조적 폭력은 베일로 감춰진 폭력이다. 레이먼드 윌리엄스가 『현대 비극론』에서 주장하듯, "중요한 것은, 폭력과 무질서가 행위인 동시에 제도이기도 하다는 점이다. 혁명적 변화를 겪을 때 우리는 보통 이 점을 매우 분명하게 볼 수 있다. 이제는 죽어 버린 낡은 제도들의 본 모습이 실제로는 조직적 폭력이며 무질서였음이 드러나는 것이다. 그런 모습에서 우리는 혁명이 일어난 원인을 볼 수 있다"(Williams 2006: 91[94]; Arendt 1961/1973: 35도 보라).[7] 폭력을 폭로하는 행위가 폭력의 기원으로 해석될 경우, 폭로의 대상이 되었던 폭력은 드러나지 않게 된다.

영화는 분명 우리에게 대안적 혁명가 모델을 제공하고 있다. 하지만 그는 "잃어버린[실패한] 명분"을 추구하는 사람, 자기 명분을 잃어버린 사람으로 그려진다. 명분을 잃어버린 혁명가는 사실 혁명가가 아니다.[8] 그게 바로 우리의 주인공 테오의 모습이다. 그는 "한때 활동가"였으나 지금은 환멸을 느끼고 냉소하며, 슬프고 우울하고 무감각한 상태에 빠져 있는 사람이다. 그런 나쁜 느낌이 일종의 느낌-없음 혹은 아무것도 느끼지 못함의 상태가 된다는 것이 우리에게 말해 주는 바는, 나쁜 느낌은 우리가 아무것도 느끼지 못할 때까지 우리 주변을 맴돌며 서성이고 짓누른다는 것이다.

영화에서 테오는 일종의 정서 이방인이다. 영화가 시작하고 처음 들리는 소리는 그날의 뉴스를 전하는 BBC 진행자의 틀에 박힌 목소리다. 이야기는 거의 지금 우리가 듣는 뉴스와 흡사하다. "이슬람 공동체가 군의 모스크 점령 종식을 요구하고 있습니다." "국토조약이 비준되었습니다. 8년 후에도 영국 국경은 봉쇄 상태를 유지하기로 했습니다. 불법 체류자의 국외 추방도 계속될 전망입니다." 그러고는 그날의 톱뉴스가 전해진다. "오늘 아침 주요 뉴스입니다. 지구상에서 최연소자였던 베이비 디아고의 죽음으로 전 세계가 충격에 빠졌습니다." 한 개인의 죽음이 톱뉴스를 장식한다. 집단적 고충보다는 한 개인의 비극이 더 중요한 것이다. 시작 장면은 카페 안인데, 일단의 사람들이 모두 고개를 들고 텔레비전 화면을 쳐다보며 애도한다. 슬픔에 젖어 여기저기서 훌쩍거리는 소리가 들린다. 집단이 모두 한 방향을 공유하며 응집한다. 하나의 상실 대상,

세계 최연소자의 상실에 대한 그들의 슬픔은 미래의 상실을 모두가 공유하고 있음을 나타낸다. 테오는 카페 안의 사람들을 헤치고 들어와 뉴스 화면은 올려다보지도 않고 커피를 주문해서는 나가 버린다.

테오는 상실한 대상을 향한 슬픔의 공유를 거부함으로써 집단으로부터 소외돼 있다. 여기서 상실한 대상은 인류가 슬퍼하는 진짜 원인인 생식력의 상실을 나타내는 징후이자 암시로서 기능하는 대상이다. 카페를 나와 그는 일터로 간다. 사무실은 [칸막이가 모두 투명 유리로 된] 개방형 사무실이다. 일하는 사람들이 각기 자기 컴퓨터 화면 앞에 앉아 있다. 이 지점에서 우리는 마르크스를 떠올릴 수 있다. 노동자의 소외는 개방형 사무실의 반사회성 속에서 너무나 잘 드러난다. 여기서 노동자들은 서로 단절돼 있다. 이는 공간을 공유한다는 착각에 의해 유지되는 폭력이다. 그들은 각자의 컴퓨터 화면에 펼쳐지는 디아고의 죽음과 관련한 보도를 시청하고 있다. 마치 모두가 같은 것을 공유하고 있는 듯하다. 뉴스에서는 이렇게 읊조린다. "한평생 디아고는 인류가 감내해 온 불임의 역사와 그것이 지금 이 세계에 낳은 결과를 상기시켜 주는 비극적 존재였습니다." 테오는 이 지점에서 일어나 상관에게 가서 이렇게 말한다. "제가 디아고의 죽음으로 받은 충격이 생각보다 큰 것 같아요." 조퇴를 위해 [다른 사람들이 느끼는 공통의] 정서를 자기 이야기인 것처럼 이용하는 것이다. 그는 사무실을 빠져 나와 친구 재스퍼(마이클 케인)를 찾아간다. 사람들이 공유하고 있는 슬픔의 표현에서 소외돼 있는 테오는 재스퍼에게 이렇게 말한다. "다들 울고 짜고 하는데, 정말 최악이었어요. 베이비 디아고라니. 맙소사, 걔는 망나니였어요."

정서 이방인이라고 해서 반드시 같은 사건에 다른 정서로 반응하는

310

(다른 사람의 행복에 불행을 느끼는 등) 건 아니다. 오히려 정서 이방인은 같은 정서를 다른 대상, 사람들이 "그릇된 대상"이라고 판단하는 대상들과의 관계 속에서 경험하는 사람이라 할 수 있다. 테오는 가혹한 디스토피아적 전망을 담고 있는 이 영화에 감도는 나쁜 느낌을 공유한다. 하지만 테오의 언짢은 감정unhappiness은 올바른 방향, 즉 디아고와 인류의 재생산 실패 쪽을 향하지 않는다. 그는 그냥 기분이 엿 같다. 재스퍼에게 그는 이렇게 말한다. "매일 매일이 똑같아요. 엿 같은 기분으로 일어나 엿 같은 기분으로 출근하는 거죠." 테오에게는 원인 모를 슬픔이 있다. 뭐든 다 슬프다. 지금 계속되는 삶이 아닌 다른 삶을 살아갈 가능성에 대한 전반적인 절망이다. 영화는 이 절망의 원인을 찾는다. 결국 그것이 다시 그를 움직이게 한다.

이 대화에서 테오와 재스퍼는 "휴먼 프로젝트"에 대해 이야기한다. 이야기는 그것이 뭔가 대안적인 미래, 인류를 지속시킬 공동체라는 소문으로 시작한다. 테오는 믿지 않는다. 재스퍼는 농담을 한다. 테오는 이렇게 답한다. "휴먼 프로젝트라니. 왜 사람들은 그런 헛소리를 믿을까요. … 불임 치료제를 발견한다 해도 늦었어요. 너무 늦었어. 이미 세상은 엿 같이 되어 버렸으니까요. 저기 그 불임이니 하는 것이 시작되기도 전에 이미 늦어 버렸어요. 제기랄." 그것은 "너무 늦었을" 뿐만 아니라 심지어 그 일이 일어나기 전에도 "너무 늦었다." 이 말은 할 것이 하나도 없다는 뜻인 동시에 할 수 있었던 것이 하나도 없었다는 뜻이다. **지금은** 너무 늦었고, **전에도** 할 것은 하나도 없었다. 이 "너무 늦음"은 희망을 비판하면서 동시에 무언가 할 수 있었을 가능성을 회고적으로 불신한다. 희망할 만한 어떤 희망도 결코 없었다는 말이다.

Happy Futures

테오는 이 지점에서도 정서 이방인이다. 왜냐하면 재스퍼는 농담을 하고 있었기 때문이다. "이보게, 그냥 농담인데 초를 치네." 테오는 답한다. "아하, 미안해요. 계속 해봐요." 이 장면은 감정적 매듭의 폭발을 보여 준다. 부정적 정서가 쏟아져 나오자마자 가까이 있는 사람이나 물건을 향하게 되는 것이다. 당신은 주변을 계속 맴돌던 것을 향해 갑자기 감정을 폭발시키게 된다. "휴먼 프로젝트"라는 말 한마디가 이런 반응을 일으키고, 그 분노와 노여움이 대화의 흐름을 방해한 것이다. 불행한 주체에게는, 불행을 야기한 원인보다는 뭔가에 대한 약속이 분노를 일으킨다. 절망에 빠진 사람들에게는, 대안의 가능성이 분노를 일으킬 뿐만 아니라 상처를 준다. 왜냐하면 그것이 상처를 없앨지도 모르고, 상처를 단순히 "없어져 버릴" 수 있는 감정으로 폄하할 수도 있기 때문이다.

이 영화의 에너지는 테오의 비참이 방향을 바꿔 어떤 목적을 향하게 되는 데 있다. 그 목적은 테오의 고통을 덜어 주는 건 아니지만 그를 다른 가능한 세계 쪽으로 돌려세운다. 다음 절에서는 낙관주의와 희망이 이런 방향 전환에 어떻게 참여하는지 살펴보려 한다. 낙관주의와 희망이 늘 좋은 것이라고 혹은 혁명가들에게 필요한 도구라고 주장하려는 것은 아니다. 방향이 바뀐다는 것이 늘 행위를 **향해** 돌아섬을 의미하는 것은 아니지만, 우리가 어떻게 다른 사람들의 행위에 **의해** 돌아서는지에 대한 것일 수는 있다.

혁명가가 되려면 혁명의 가능성에 대한 믿음이 있어야 할 것이다. 혁명가가 되려면 혁명이 필요하다는 믿음도 있어야 할 것이다. 다시 말해, 현재 존재하는 것이 우리가 반란을 일으켜야 할 대상이라는 데 동의해야 하는 것이다. 혁명가는 현재에 대해서는 비관을, 미래에 대해서는 낙관을 가져야 할 것이다. 그렇다고 해서 혁명적 행위가 현재나 미래에 대해 올바른 정향을 획득한 주체에 달려 있음을 의미하는 것은 아니다.

흔히 우리는 낙관주의와 비관주의를 일종의 심리적 기질로, 즉 동일한 것에 대해 다른 관점이나 전망을 갖는 것이라고 생각한다. 당신은 낙관주의적 경향을 가질 수도 있고 비관주의적 경향을 가질 수도 있다. 당신은 사물의 "긍정적 측면"을 보는 경향이 있을 수도 있고 아닐 수도 있다. 낙관주의·비관주의를 이렇게 어느 면을 바라보느냐의 문제로 보는 고전적 표현은 "이 잔은 반이 차있는가? 아니면 반이 비어 있는가?"라는 질문에서 찾을 수 있다. 이는 지각의 문제, 즉 잔을 비어 있음과 차있음과 관련해 우리가 어떻게 지각하느냐의 문제다. 물론 우리는 **선험적으로** 유리잔은 반이 차있는 동시에 반이 비어 있다고 말할 수 있다(반이 차있기에 반이 비어 있는 것이고, 반이 비어 있기에 반이 차있는 것이다 ─ 이 진술은 **반**이라는 단어의 의미 덕분에 진실이 된다). 낙관주의자와 비관주의자는 잔을 서로 다르게 본다. 즉, 낙관주의자는 반이 차있다고 보고("아, 마실 게 더 있네!"), 비관주의자는 반이 비어 있다고 보는 것이다("아, 벌써 이만큼이나 마셔 버렸네!"). 낙관주의와 비관주의는 진실에 대한 관계라기보다는(잔은 반이 차있으면 반이 비어 있는 것이기도 하고, 반이 비어 있으면 반이 차있는 것이기도 하다),

그것이 우리에게 어떤 영향을 미치는가의 관점에서 대상을 지각하는 방법이자, 그것이 우리에게 무엇을 제공할 수 있는가의 관점에서 봤을 때 대상에 대해 갖는 정향이다.

하지만 물론 얘기가 그렇게 단순하지는 않다. 잔에 들어 있는 것을 정말 좋아하지 않는데 마셔야 한다고 생각해 보자. 그러면 잔이 다르게 보일 것이다. 잔에 들어 있는 것에 대해 낙관적 정향을 가지고 있다면 당신은 잔이 반이나 비어 있다고 말할 것이다("아, 벌써 이만큼이나 마셔 버렸네!" 혹은 "아, 마실 게 이거밖에 안 남았네"). 원하지 않는 것을 마셔야 할 경우 비관주의자는 잔이 반이나 차있다고 볼 것이다("아, 내가 저만큼밖에 못 마셨네!" "아, 마셔야 할 게 더 있네!").

따라서 비관주의와 낙관주의는 단순히 같은 사물을 다르게 바라보는 두 가지 방식이 아니다. 사물에 대한 우리의 정향, 우리가 그 사물을 행복의 원인으로 보는지 아니면 불행의 원인으로 보는지가 그것이 미래에 우리에게 무엇을 줄지 혹은 주지 않을지에 대한 우리의 판단을 결정한다. 낙관주의와 비관주의는 결국 현재 우리가 마주치는 것들에 대한 평가(어떤 것이 좋다 혹은 나쁘다, 행복 혹은 불행을 야기한다)인 동시에 미래 지향적이다. 한편으로, 낙관주의와 비관주의는 점유의 기호들을 가지고 대상이 차있는지 비어 있는지를 파악하는 방식이다(어떤 것이 그 대상을 이미 점유하고 있다고 봐야 그 절반이 가치로서 측정될 수 있는 것이다). 다른 한편으로, 낙관주의와 비관주의는 대상이 가리키는 어딘가, 즉 미래의 잠재력 혹은 가능성을 파악하는 방식이다(내가 마실 것이 얼마나 많이 혹은 적게 남아 있는가). 그런 정향들은 가치 평가적인 동시에 선행적이다. 즉, 그것은 비어 있음 혹은 차있음이라는 미래를 향한 정향이며, 여기서 비어 있음과 차있음에는 이미 정서적 가치가 부여돼 있다(그것은 항상 뭔가의 비어 있음 혹은 차있음이다). 이렇게 볼 때, 낙관주의와 비관주의는 둘 다 약속의 시간성과 관련돼 있다. 즉, 둘 다 미래를 그것이 가져다주겠다고 약속하는 것이 무엇인지의 관점에서, 현재의 잔에 마실 것이 남아 있는지 아닌지의 관점에서 보는 것이다.

이제 비관주의를 대표하는 20세기 철학자 알프레드 쇼펜하우어로 관심을 돌려보자. 그의 작업에서 가장 흥미로운 측면 중 하나는 인간의 욕망을 결핍, 즉 채워질 수 없는 일종의 비어 있음으로 읽는 성향이다(정신분석의 욕망 모델이 쇼펜하우어에게서 얼마나 많은 것을 물려받았는지 알 수 있다). 쇼펜하우어가 보기에 인간 존재는 비어 있으며, 이는 행복의 약속도 비어 있음을 의미한다. "세상에서 만족감을 주는 그 어떤 것도 인간의 갈망을 잠재울 수 없으며, 그 무한한 열망에 목표를 설정할 수 없고, 그 가슴의 무한한 심연을 채울 수 없다"(Schopenhauer 1818/1883: 382). 행복의 약속은 **그것이 약속한 바를 지키지 않는다.** "그것이 [행복을] 약속했다 해도, 약속한 바는 지켜지지 않을 것이다. 약속한 바가 지켜진다 해도 욕망했던 사물이 얼마나 욕망할 가치가 없는지를 보여 줄 뿐이다"(382-83). 행복을 주리라 기대하는 사물을 가지자마자 우리는 불만족스러워진다. 쇼펜하우어가 보기에 행복은 현재에 존재하지 않을 수밖에 없다. "저 멀리 존재하는 매혹적인 것이 낙원을 보여 주는 것은 우리가 스스로 그것이 우리를 기만하도록 허락했기 때문이다. 하지만 그것은 시각적 환영처럼 사라지고 만다. 따라서 행복은 늘 미래에 아니면 과거에 있으며, 현재는 햇빛 쨍쨍한 들판 위에서 바람이 몰고 가는 작은 검은 구름과 같다. 구름의 앞과 뒤는 밝음뿐이고, 오직 그 자체만 늘 그림자를 드리운다"(383):

Happy Futures

우리는 여기서 쇼펜하우어의 비관주의가 행복을 불행의 원인으로 예상하고 있음을 확실히 알 수 있다. 행복의 비어 있음은 노골적으로 쾌락의 부정성과 연결된다. 그는 이렇게 주장한다. "우리는 고통은 느끼지만 고통 없음은 느끼지 못한다. 근심은 느끼지만 근심 없음은 느끼지 못한다. 두려움은 느끼지만 안전함은 느끼지 못한다"(384). 결국 "실제로[긍정적으로] 느낄 수 있는 것은 고통과 결핍뿐이다"(384).9 그렇다면 쾌락이란 단지 느낌이 없는 상태인 걸까? 이전 연구에서 나는 안락함이 느낌 없음nonfeeling이라고 보았다. 우리는 보통 안락함을 상실할 때까지는 그것을 알아채지 못한다(Ahmed 2004: 147-48; Ahmed 2006: 134-35). 편안해지려고, 즉 불편하지 않은 상태가 되려고 편안함의 느낌을 애써 의식할 수도 있겠지만 그 편안함도 시간이 지나면 결국 의식할 수 없게 될 것이다. 그러나 눈에 보이고 안 보이고가 단순히 나쁜 느낌, 좋은 느낌의 문제는 아닐 것이다. 어떤 시점이 돼서야 의식하게 되는 배경처럼 존재하는 불편함도 있을 것이다(뭔가에 정말 열심히 집중하다 발이 아프다는 걸 깨달을 때 그 갑작스러운 느낌은 처음 도착의 징후가 유보되었기 때문이다). 다시 말해, 정서가 강화되고 나서야 의식하게 되는 것이다. 어떤 정서는 배경을 맴돌 수 있다. 우리의 정서적 상황, 우리의 "주변부", 배경처럼 존재하다 강도가 세지면서 의식하게 되는 것이다. 짜증이 좋은 예다. 잔뜩 짜증이 나서는 주변을 서성이고 있는 상황을 가정해 보자. 그런데 그때 어떤 일이 발생해 자신이 짜증이 나 있는 상태임을 의식하게 되면 당신은 짜증을 그 일 탓으로 돌리게 될 것이다(그런 식으로 느낌을 의식하고 그 결과로 그 느낌의 원인을 찾는 것이다). 느낌을 무엇의 탓으로 돌림으로써 우리는 그 느낌을 어딘가로 향하도록, 그 느낌이 어딘가를 "가리키도록" 할 수 있다. 당신은 마치 x 가

짜증의 원인인 것처럼 x에 짜증을 낸다. 비록 x가 짜증과 아무 관계가 없고 단지 당신이 짜증을 인식하는 그 순간 만나게 된 사람 혹은 사물에 불과한데도 말이다. 이렇게 짜증이 배경처럼 존재하다 어딘가로 향하게 되는 상황은 〈칠드런 오브 맨〉이 택하고 있는 정서적 풍경과 흡사하다.

또 하나의 사례는 기분 좋음이다. 당신은 혼자서 콧노래를 흥얼거릴 정도로 기분이 좋은 상태다. 그리고 어떤 일이 발생한다. 그러자 당신은 기분 좋음을 깨닫고 그것을 바로 그 일 탓이라 생각한다(여기에는 보통 **아 그래 그런 일이 있었지** 하는 기억이 연관된다). 기분이 좋다는 것을 깨달으면 당신은 현재의 그 느낌을 어딘가로 향하게 할 수 있다. 마치 그것이 지나가는 사람들 때문인 양 그들에게 웃어 보일 수도 있을 텐데, 그러면 그들은 당신을 멍하니 바라볼 것이다. 내 주장은 나쁜 느낌만 느낄 수 있고 좋은 느낌은 느낄 수 없다는 게 아니다. 좋은 느낌이든 나쁜 느낌이든 강화의 과정을 거쳐야만 의식될 수 있다는 것이다. 우리가 느낄 수 있는 것은 이렇게 강화된 느낌 그 자체로 이는 무언가의 탓으로 돌려지거나 방향 지어진다. 느낌의 깨달음 바로 그것이 느낌을 생성하는 것이다. 이는 일단 우리가 느낌을 깨닫게 되면, 우리는 그 느낌을 어떤 대상에 부여하며, 바로 그것이 그 느낌의 형식을 변화시킨다는 뜻이다.

행복은 그것이 깨달은 느낌에 형식을 부여한다. 쇼펜하우어의 작업은 이 형식에 대한 비판, **그 형식 속의** 낙관에 대한 비판이다. 그는 다소 건조하게 이렇게 말한다. "이 종족이 어떤 유토피아로 이주해 살게 되었다고 상상해 보자. 그곳은 모든 것이 저절로 자라고, 구운 칠면조가 날아다니고, 연인들이 지체 없이 서로를 찾아내 아무런 난관도 없이 관계를 유지하는 곳이다. 그런 곳에서 어떤 사람들은 권태로 죽거나 목을 맬 것이고, 어떤 이들은 서로 싸우고 죽이면서 자연이 내린 고통보다 더한 고통을 스스로 만들어 낼 것이다"(Schopenhauer 1850/2004: 5-6). 행복이 나쁜 느낌을 극복하리라는 기대 바로 그것이 행복이 불행을 야기하는 방법이다. 크리스토퍼 제너웨이는 쇼펜하우어의 비관주의를 설명하면서 이렇게 지적한다. "낙관주의의 사악함 중 하나는 행복에 대한 이런 거짓된 믿음을 고취해 불행을 야기한다는 점이다. 이런 믿음의 결과는 고통과 환멸이다"(Janaway 1999: 324).

따라서 비관주의는 현대 세계에서 우리에게 계승된 낙관주의에 대한, 낙관주의가 어떻게 중립성과 혼동돼 왔는지에 대한 비판을 제공할 수 있다. 조슈아 포아 딘스태그가 주장하듯, "그악스레 낙관적인 세계에서는 행복의 **약속을** 포기하는 것만으로도 충분히 비관주의자로 간주된다"(Dienstag 2006: xi). 우리는 잔이 쾌락 요인으로 반쯤 차있다고 보도록 부추겨진다. 더 나은 방식으로 보면 더 나은 것을 보게 되리라 가정하는 것이다.

세계가 잔이라고 생각해 보자. 정치가 세상의 자원을 비어 있음보다 차있음의 관점에서 바라보면서 고갈된 것을 인정하기보다 우리가 소비할 수 있는 게 뭐가 남았는지에서 기쁨을 찾는 한, 낙관주의자가 정치적 중립성의 장을 차지하고 있는 상황은 변치 않을 것이다. 과도한 개발로 세계가 비어 가고 있다고 지적하면 미래의 즐거움을 방해하는, 분위기 깨는 자가 되는 것이다. 비관주의자는 반이 차있다는 약속을 믿으려 하지 않는다. 그렇다고 우리가 늘 잔이 반이 비어 있다고 봐야 한다는 뜻은 아니다. 나중에 이야기하겠지만, 여기서 핵심은, 비어 있느냐 차있느냐가 핵심이 아니라는 것이다. 우리는 낙관주의와 비관주의 모두 어느 방향으로든 갈 수 있다고 볼 수 있다. 즉, 비관주의나 낙관주의나 올바른 방식과 그릇된 방식이 있으며, 여기서 옳고 그름은 대상의 가용성, 잠재력에 대한 평가에 따라 결정된다.

우리가 행복과 불행을 유발하는 정향의 형식으로 낙관주의와 비관주의 사이에서 하나를 선택할 필요는 없다. 고전적 낙관주의자 라이프니츠를 보면, 낙관주의가 반드시 더 좋은 것에만 초점을 맞추는 것은 아님을 알 수 있다. 라이프니츠의 낙관주의는 가능한 것을 "가능하게" 하는 신의 완벽함에 대한 믿음을 포함한다. 많은 세계가 가능하다는 점에서 자유가 존재한다. 하지만 존재하게 되는 것은 특정한 것들뿐이다. 이렇게 존재하게 된 것들은 최선의 것임에 틀림없다. 신은 완벽하기 때문이다. "신은 완벽하기에 가장 완벽한 것을 선택하는 데 결코 실패할 수 없다"(Leibniz 1714/1965: 128).

하지만 그도 지적하듯이, 그런 주장은 경험에 반한다. "왜냐하면 가장 훌륭한 사람들이 흔히 최악의 삶을 살기 때문이다"(91). 존재하는 것은 최선의 것이라기보다는 "혼란스러운 카오스"로 보인다. 라이프니츠에게 이런 카오스는 특정 좋음과 나쁨들에 너무 가까이 다가간 결과로, 거짓된 인상일 뿐이다. 뒤로 물러서면 카오스 안의 질서를 볼 수 있다. "하지만 더 가까이에서 살펴보면 반대로 말할 수 있다. 우리가 제시해 온 바로 그 이유들에 의해, 모든 사물이, 특히 정신이 가능한 최대의 완벽함을 얻게 된다는 점은 선험적으로 확실하다"(91). 라이프니츠는 나쁜 느낌들 — 고통, 근심 등등 — 이 쾌락의 강도를 증가시키고 심지어는 그것을 가능하게 한다고 주장한다. "관객들은 무슨 일이 일어날지 근심하지만, 잠시 뒤 모든 것이 다시 질서를 찾게 되면, 그의 쾌락은 훨씬 더 강렬해질

Happy Futures

것이다"(92). 라이프니츠에게 나쁜 느낌은 **쾌락을 강렬하게 만들며**, 그래서 고통 없는 쾌락은 즐겁지 않다. "쓰디쓴 음식을 맛보지 않은 사람은 달콤한 것을 먹을 자격이 없으며, 그 맛을 알지도 못할 것이다. 늘 한결같은 상태는 같은 강도로 지속될 수 없으며 즐거움 대신 싫증과 지루함이 생기는 것, 이것이 바로 쾌락의 법칙이다"(92). 그는 쾌락의 법칙을 확장해 이렇게 주장한다. 좋은 사람이라면 나쁜 것들도 "더 큰 이점"으로 변화시킬 수 있듯이 "고통은 더 큰 완벽함으로 가는 지름길로, 좋은 결과를 가져오는 임시적 악이라고 일반적으로 말할 수 있다"(93). 라이프니츠가 보기에, 나쁜 것들의 핵심은 그것이 분명 더 좋아질 것이라는 데 있다. 낙관주의는 나쁜 느낌을 해석하는 하나의 방법이기도 한데, 이에 따르면 나쁜 느낌의 핵심은 진보다. 고통이 나타나는 것은 결국 더 높은 쾌락을 위해서인 것이다.

우리는 쇼펜하우어와 라이프니츠를 비교해 가며 읽어 볼 수 있을 것이다. 이는 가능하며 꼭 필요한 작업이기도 하다. 둘 다 느낌의 전환에 대해 말하지만 전환의 방향을 반대로 보고 있기 때문이다. 쇼펜하우어가 보기에 좋은 느낌의 약속은 나쁜 느낌(실망, 비어 있음)으로 전환되고, 라이프니츠가 보기에 나쁜 느낌(고통, 불운)은 좋은 느낌(진보, 더 높은 쾌락)으로 전환된다. 둘 다 긍정적 정서에서 부정적 정서로의 전환(혹은 그 반대)이 가득함 혹은 비어 있음을 가리킨다고 본다. 비관적이라는 것은, 불행을 인간 행위의 종착점, 모든 행복의 약속이 우리를 이끄는 곳으로 보고 그것에 전념하는 것이다. 낙관적이라는 것은, 행복을 인간 행위의 종착점, 모든 나쁜 느낌의 경험이 우리를 이끄는 곳으로 보고 그것에 전념하는 것이다. 낙관주의와 비관주의는 대상을 바라보는 방식으로, 양가감정이나 모순을 인식하고 있다 해도, 인간 행위의 핵심, 인간 행위가 지시하는 바가 좋은 느낌 혹은 나쁜 느낌이라 생각하는 것이다.[10] 아마도 더 도착적으로 해석해 본다면, 정서가 담고 있는 양가성이 어떤 지점을 가리키는 것으로 보는 것을 거부하는 것이 될 것이다. 핵심은 어떤 미래 지평을 가리키는 것은 무의미하다는 것이다. 느낌은 항상 어느 한 지점을 가리키는 것이 아니기 때문에 도착적일 수 있다.

그렇다면 우리는 〈칠드런 오브 맨〉에 나오는 비관주의와 낙관주의 사이의 전환을 어떻게 읽을 수 있을까? 이런 전환의 지점들은 도착倒錯의 지점들이기도 한 것인가? 이미 언급했듯이 영화는 나쁜 느낌을 표출하는 테오에서 시작한다. 그의 비관주의는 미래가 존재한다는 가능성에 대한 비관주의, 가능성의 가능성에 대한 비관주의다. 우리는 대안에 대한 믿음이 현재의 공포로부터 스스로를 방어하는 판타지는 아닌지 추궁해 볼 수 있다. 늘 바로 저 "지평 너머" 어느 지점에 닿기만 하면 상황이 "좋아지는 일만 남았다"라는 믿음은 우리 앞에 존재하는 고통스러운 세상만사를 회피하는 방법일 수 있다. 하지만 다른 세상의 가능성에 대한 불신도 고통을 막으려는 정신적 방어일 수 있다. 우리 모두가 너무 잘 알고 있듯이, 무엇이 가능하다고 믿는 것은 잘못될 위험, 실망할 위험을 무릅쓰는 것이기 때문이다. 어떤 것이 발생할 가능성 자체를 거부하는 것보다 더 실망을 잘 피할 수 있는 방법이 뭐가 있겠는가? 우리 대부분은 아마도 생존 전략으로서의 비관주의를 경험해 봤을 것이다. "그것을 향해 달려들"면서도 희망을 회피함으로써, 원하는 것을 이룰 희망이 없다고 지레 마음을 다잡음으로써 실망에 대비했던 그런 순간들 말이다.[11]

비관주의는 여기서 실망에 대비하는 방법으로, 반복을 통해 그 힘이 축적되는 일종의 습관이다. 비관주의는 가능성으로부터 스스로를 방어함으로써 세상을 살아가는 하나의 방식을 제공해 줄 수 있다. 다른 말로, 실망에 대비하는 행위들이 주체 형성의 양식으로 기능할 수 있는 것이다. 만성적 냉소주의자는 실망의 가능성을 가장 열심히 방어하는 사람이다. 그는 나쁜 일이 일어나기도 전에 실망하는 경험을 즐기거나 다른 사람들의 실망에 대해서도 그런 실망에 미리 대비하지 못해 생긴 실패의 기호라 여기며 즐긴다. 불신의 냉소주의는 우발성, 즉 우연한 일의 "우연발생"에 의해 열린 가능성에 대한 방어로도 볼 수 있고, 희망 없어 보이는 상황에 대한 합리적 반응으로도 볼 수 있다.

하지만 테오의 세계가 아무리 엿 같을지라도, 거기에는 비관주의 정신에 입각해 발화된 "너무 늦었어"라는 기표를 넘어서는 고통의 형태들이 존재한다. 그가 슬픔으로 무너지는 단 한 지점이 있는데, 그것은 바로 줄리안이 죽었을 때다. 그의 몸이 그것을 보여 준다. 그는 땅으로 주저앉는다. 슬픔으로 무너진다. 영화에서 이 지점을 기점으로 그의 나쁜 느낌은 무엇을 안 하는 방식, 아니라 무엇을 하는 방식, 특정한 방식으로 이 세상에서 존재하는 방식이 된다. 사실 우리가 그의 슬픔의 원인을 알게 되는 것은 다른 사람들의 증언을 통해서다. 그는 아들 딜런을 잃었다. 이 같은 상실의 원인은 강력하다. 비관주의는 고통의 표현일 뿐만 아니라 고통에 대한 방어막일 수 있다. 마치 "여기가 아파" "저기가 아파"라고 말함으로써 그 아픔이 자신을 비껴가도록 만들듯이, 세상이 엿 같아, 내 삶도 엿 같아,라고 말함으로써 고통의 원인(이 경우 아이의 상실)을 덮는 것이다. 표현되지 않는 슬픔의 대상인 아이의 중요성에 대해서는 나중에 적절한 때 다시 다룰 것이다. 내가 흥미롭다고 생각한 것은 비관주의가 주체 형성의 양식으로서 어떻게 고통을 피하는 데 고통을 이용할 수 있는가이다. 올리버 베넷은 "문화적 비관주의"에 대해 숙고하면서 이 점을 지적한다. 그는 비관주의를 "우울과 근심 자체에 대한 방어로서, 그렇지 않으면 자아로 향할 부정성을 외부 세계에 투사하는 것"(Bennett 2001: 183)으로 읽는다. 앞으로 다가올 것이 아무것도 아니라고 예상함으로써 비관주의는 아무것도 없기를 바라는 이 욕망 안에 위태로운 뭔가를 감춘다. 유쾌한 낙관주의자들이 긍정적 측면을 보면서, 보는 곳마다 비어 있음 대신 차있음을 보면서 고통을 간과하듯, 비관주의자들은 어떤 일이 일어나기도 전에, 엿 같은 일이 발생하기도 전에, 비어 있음을 이미 거기 있는 것으로 봄으로써, 이 비어 있음이라는 해로운 내용물을 비워 낼 수 있는 것이다.

물론, 영화는 테오가 자기만의 절망을, 자신의 무위를 지혜라고 자조하도록 만드는, 자기만의 "너무 늦었어"를 붙들고 있도록 허용하지 않는다. 테오는 행동한다. 뭐, 그렇다고 볼 수 있다. 영화에서 테오는 도덕적 목적의식과 비전을 가진 행위 주체는 아니다. 영화에서 그는 뭔가를 주도하는 주체가 아니다. 대신 상황이 그에게 발생한다. 테오를 동료 활동가로 호명하는 것은 줄리안이다. 그녀는 한 불법 체류 여성이 이 나라를 빠져 나갈 수 있도록 해줄 허가증을 구해 달라고 요청한다. 그는 이 요청에는 동조하지만, 그 호명의 주체가 되는 건 거부한다. "키이가 예전의 테오를 못 봐서 그래. 그땐 진짜 활동가였지"라는 줄리안의 말에 그는 이렇게 답한다. "활동가는 너였지. 난 당신 꼬시러 따라다녔지." 그는 활동가로서의 정체성을 부인한다. 그럼에도 일어나는 상황을 따라간다. 그는 상황에 휩쓸리고 일이 발생한다. 줄리안이 살해당하고, 테오는 도망자 소녀가 임신했음을 알게 된다. 친구 재스퍼가 나중에 말하듯, 그것은 "온 세상이 기다려 온 기적"이다.

임신도 그저 발생할 뿐이다. 이에 대한 설명은 전혀 없다. 그것은 기적이며, 이 말의 종교성은 그 특유의 정서적 실재를 가지고 있다. 비관주의는 우연히 발생하는 일들에 대한 적절한 방어막이 아니다. 혹은 비관주의는 기적이 발생하기 전까지만 그 가능성을 막을 수 있다고 말할 수 있을 것이다. 이렇게 볼 때 우리는 가능성을 제대로 막을 수 없다. 대비하는 것조차 불가능하다. 아무리 그 일이 일어나기를 기다린다 해도 말이다. 일은 우연히 발생한다. 우연이 발생하려면 가능하지 않았던 것의 현실화에 대해 긍정하는 대답이 있어야 한다. 테오가 이런 긍정하는 대답을 받아들인다 해서 그의 믿음이나 태도가 비관주의에서 낙관주의로 전환하는 것은 아니다. 대신 그는 아주 실질적인 임무, 그가 해야만 하는 일을 갖게 된다. 임신한 소녀를 **내일**이라는 이름의 배까지 데리고 가서 휴먼 프로젝트에 참여할 수 있게 해야 하는 것이다. 우리는 이미 그가 (대안적 미래라는 유토피아를 가져올) 미래의 가능성을 상징하는 휴먼 프로젝트를 믿지 않는다는 걸, 사실 그런 프로젝트의 가능성이 그에게는 분노와 절망을 강화할 뿐이라는 걸 알고 있다(너무 늦었어, 그전에 세상은 이미 엿 같이 되어 버렸으니까요). 하지만 그는 그녀를 그곳에 데려가야 한다. 그가 그것의 존재를 **믿든 안 믿든** 말이다.

이 영화는 낙관주의적 형식의 믿음("그것은 정말 존재한다고!")이 가능한가에 대한 이야기가 아니다. 비관주의를 지혜의 형식("그건 단지 고통 앞에서 당신을 기분 좋게 하려고 존재하는 거야")으로 이상화하는 것도 아니다. 믿음의 테크놀로지를 넘어선 뭔가가 여기서 드러난다. 테오는 피쉬파가 휴먼 프로젝트와는 직접 접촉해 본 적이 없음을 알게 된다. 그들이 아는

<칠드런 오브 맨>은 아이 없는 미래를 디스토피아로 그린다. 휴먼 프로젝트는 이런 디스토피아를 구원해 줄 대안으로 '소문'으로만 존재하며 테오는 이에 냉소한다. 하지만 그는 그것을 "믿든 안 믿든" 난민 소녀를 그곳에 데려가는 임무를 떠맡는다.

Happy Futures

건 어디서 그 배를 찾을 수 있는지뿐이다. 그것도 변덕스러운 속삭임[소문]을 근거로 한 것이다. 피쉬파의 일원인 미리엄(팸 페리스)은 이렇게 말한다. "루크는 휴먼 프로젝트와 접촉할 방법이 없어. 다른 누구도 마찬가지야. ⋯ 휴먼 프로젝트와의 접촉은 거울로만 이루어져. 줄리안이 우리의 거울이었어." "무슨 말이에요, 거울이라니?" 테오가 묻자 미리엄은 이렇게 설명한다. "거울들 ⋯ 그들이 점조직으로 메시지를 전하는 거야. 그렇게 계속 말이 전해져서 줄리안한테까지 온 거지." 테오는 그들이 존재하지도 않을 수 있는 것을, 그것도 변덕스러운 소문에 의지해서 기꺼이 믿고자 한다는 데 격노한다. "맙소사, 직접 만난 적이 단 한 번도 없단 거요?" 그럼에도 그는 그 변덕스러움에 동조한다. 변덕은 보통 "이랬다저랬다 하는 생각" 혹은 "기묘한 공상"이라고 정의된다. 이는 당신이 어떤 기묘한 것을 믿게 된다는 의미가 아니라, 기꺼이 그 기묘함이 유지되게 한다는 의미다. 당신은 행동한다. 한때는 믿지 않았던 것이 이제는 가능하다고 믿게 되었기 때문이 아니라, 그것을 하도록 요청받았기 때문에 그것을 따라 움직인다. 심지어 그것을 하는 것이 당신의 기대나 믿음과 일치하지 않더라도 말이다. 당신은 일치를 기다리지 않는다.

그렇다면 임신이 미래를 창조하는 게 아니다. 미래를 있게 하는 원인이 임신인 것도 아니다. 그보다 미래는 속삭임을 들을 수 있을 정도로 가까이 가는 노동을 통해 일어나는 일이다. 그것은 언제나 다른 누군가가 들었음에 틀림없는 속삭임이다. 당신은 직접 듣지 못한 호명의 주체가 된다. 그들은 배에 도착한다. 하지만 그것이 행복한 미래 이미지를 제공하지는 않는다. 오히려 도착到着은 전환 지점이고 미래 전환의 가능성을 만들어 낸다. 도착도 시간이 걸리는 일이다. 시간이 지나가는 것이라면, 이

때 무언가가 우연히 발생하는 데 걸리는 시간은 도착倒錯의 시간이다. 시간은 미래를 도착되게 만든다. 1장에서 나는 차이니즈 위스퍼스[속삭임] 게임을 이야기한 바 있다. 이 게임은 전파의 유쾌한 도착성을 이용한 것이라 할 수 있다. 우리는 속삭이는 말들이 이탈하는 걸 보고 웃는데, 결국 마지막에 전달된 말을 보면 애초에 보냈던 말과는 완전히 달라져 있다. 이탈이 게임의 핵심이며 즐거움이다.

희망과 불안

보통 낙관주의나 비관주의를 느낌이라고 말하지는 않는다. 하지만 우리는 분명 낙관적으로 느낄 수도 있고 비관적으로 느낄 수도 있다. 나는 느낌의 시간성 ─ 어떻게 느낌이 현재의 대상을 향하는지, 어떻게 느낌이 과거를 살아 있게 하는지, 어떻게 그것이 이후에 올 것에 대한 기대나 예상을 포함하는지(미래는 늘 다음에 따라오는, 결코 도착하지 않는, 늘 내일이고 내일이기만 한 "그 무엇"이다. 우리에게 미래를 담은 과거가 있었다 해도 그러하다) ─ 을 재고찰하기 위해 희망의 문제로 돌아가 보려 한다. 나는 행복의 약속이란 상황을 전도유망한 것으로 만드는 것이라고 지적한 바 있다. 약속은 늘 그 자체보다 "앞서" 있다. 기대는 우리 앞에 있는, 앞으로 다가올 미래를 향한 정향으로 정서적이다.

고전적 연구들에서 희망은 미래 지향적 감정이라고 기술된다. 예를 들어, 존 로크는 희망을 미래의 즐거움을 상상하면서 아직 좋은 것으로 현존하지 않는 뭔가를 지각하는 감정이라고 말한다. "**희망**이란 자신에게 즐거움을 가져다주는 성향이 있는 사물을 장차 향유하리라는 생각을 하게 될 때 각자가 자신 안에서 발견하는 마음속의 쾌락이다"(Locke 1690/1997: 218[1권 342-43]). 희망은 현재의 느낌(마음속의 쾌락)이지만, 아직은 현존하지 않는 대상을 향해 있다. 물론 과거의 경험에 의지해 희망을 건다 해도 그것은 뭔가가 기쁨을 가져다줄 것이라는 추정 때문이다. 우리가 현재 행복을 경험하고 있다 해도 행복은 미래 지향적인 것이라고 나는 이미 지적한 바 있다. 당신은 행복을 "기대하게" 만드는 대상과의 근접성을 통해 행복을 약속 받는 것이기 때문이다. 사라 프랭클린의 용어를 빌리면, 행복은 "희망 테크놀로지"라고 말할 수 있다(Franklin 1997: 203). 이것저것을 희망하면서 우리는 이것저것이 행복의 원인이라고 보는데, 이는 당신이 미래의 어느 지점에서 도달할 행복이 된다.[12] 지그문트 바우만이 말하듯, 우리는 희망을 가지고 있는 한 행복을 가질 수 있다. **행복하리라는 희망을 상실하지 않는 한 우리는 행복하다"**(Bauman 2008: 15). 만약 행복을 희망한다면, 우리는 이 희망을 보유할 수 있는 한 행복할 수 있다(역설적으로 불행한 상태에서도 우리를 행복하게 해주는 게 행복이다).

희망은 행복이 다가오리라 기대한다. 에른스트 블로흐는 희망을 "미래를 기대하는 의식"이라고 말한다. 현재의 펼쳐짐 속에서 우리는 "아직 오지 않은 것"을 자각한다(Bloch 1938-47/2000: 12-13). 블로흐에게 희망은 **"방향을 지시하는 인지적 행위"**(12)다. 희망은 미래를 향해 방향을 잡는 사려 깊은 방식 혹은 미래를 어떤 길로 가는 것으로 보는 사고를 창조하는 방식이다. 만약 행복이 우리가 희망하는 것이라면, 우리가 이것저것을 희망할 때, 이는 우리가 행복**할 것**이라고 생각한다는 의미가 아니라, 이것저것이 올바른 방식으로 진행되면 행복**할 수도 있다**고 상상한다는 뜻이다. 우리는 결과가 **바로 그것**일 것이라는 가능성에 입각해 결과에 대한 믿음을 어느 정도는 가지고 있다. 만약 미래가 현재 존재하지 않는 것, 늘 우리 앞에 있는 것, "바로 앞에"라는 속삭임 속에 있는 것이라면, 희망을 위해서 우리는 현재 우리가 추구할 것이 무엇인지 가르쳐 주는 상상력, 간절한 소망도 가져야 한다. 희망이란 바라던 가능성의 "현실화"에 대한 소망이자 기대인 것이다.

　이런 이유로 뒤르켐은 희망의 기대 논리가 과거에 대한 일종의 정향을 의미한다고 본다. 이 책의 서문에서 나는 공리주의 담론 속의 낙관주의에 대한 뒤르켐의 비판을 언급한 바 있는데, 사실 뒤르켐은 비관주의에 대한 비판가이기도 했다. 그는 노동 분업에 대한 자신의 고전적 텍스트에서 비관주의자들이 희망을 "계속 나아가겠다"는 의지를 유지시키는 환영으로 설명한다고 말한다. "그들[비관주의자들]에 따르면, 경험의 기만에도 불구하고 우리가 삶에 집착하는 것은 미래가 과거를 보상해 줄 거라는 잘못된 희망 때문이다"(Durkheim 1893/1960: 245[362]). 뒤르켐은 낙관주의가 이런 믿음의 기만 혹은 믿음에 의한 기만과 관련돼 있다는 생각을 거부한다. 그에 따르면, 우리가 희망을 가지는 것은 과거에 입각해 평균적 삶을 계산하기 때문이다. 그런 삶에서 "행복은 분명 불행을 압도한다. 만약 둘의 관계가 그 반대라면, 우리는 사람들이 왜 삶에 그토록 애착을 가지며, 매순간 체험하는 사실들에 의해 감정이 상하면서도 어떻게 삶을 유지하고 있는가를 이해할 수 없을 것이다"(245[362]). 다른 말로 하면, 그는 희망이 존재한다는 것이 자신이 말한 "상대적 은혜"의 증거라고 본다. 하지만 우리 모두 알다시피, 희망을 가진 사람이라고 해서 꼭 운이 좋은 것은 아니다. 뒤르켐은 우리가 운이 좋다 혹은 나쁘다는 생각은 우리가 "불운의 타격"과 "행운의 순간들"을 모두 겪어 봐야 의미를 가질 수 있다고 말한다.

여기서 우리가 역사적으로 보면 뒤르켐이 말한 행운의 상대성을 알 수 있다고 주장할 필요는 없다.[13] 그가 우리에게 보여 주고자 하는 것은, 우리의 역사, 우리의 도착이 행운과 불운의 순간들을 수반하며, 희망이 란 그런 과거의 순간들을 행운의 상대성으로 바라보는 데 있다는 것이다. 우리가 운이 좋은 순간들을 경험했다면, 비록 현재 삶에 운이 없어도 희망(운이 좋다는 느낌)을 가질 수 있다. 끈질기게 지속되는 삶 속에서 희망을 갖기 위해서는 그런 행운의 순간들에 행운**이라는** 정서적 가치를 부여하는 성향이 있어야 할 것이다.

이 장을 시작하면서, 미래에 대해 우리가 불안해해야 한다는 제임슨의 주장을 참조해, 디스토피아적 형식들에 대한 내 관심을 설명한 바 있다. 우리는 희망에 차있기**보다는** 불안해 하는 편이다. 희망이 과거 순간들에 대한 정향이라면, 이는 상실될 수도 있는 미래에 대한 불안을 피하는 방법일 수 있다. 내가 말하고 싶은 것은 불안과 희망이 실제로는 아주 가까이 있다는 사실이다. 희망을 가질 때 우리는 **불안해진다**. 왜냐하면 희망은 어쩌면 일어날 수도 있고 어쩌면 일어나지 않을 수도 있는 것을 원하는 것이기 때문이다. 희망은 "어쩌면"을 욕망하는 것이다. 그런데 만약 그것이 "어쩌면 아닐 수도"의 가능성을 계속 열어 두고 있다면, 그것은 여전히 "어쩌면"일 뿐이다.

이제 〈칠드런 오브 맨〉 같은 디스토피아 영화들을 희망 섞인 불안과 그것의 불안 섞인 희망으로의 전환을 보여 주는 사례로 생각해 보자. 〈칠드런 오브 맨〉은 우리가 미래의 상실에 대해 충분히 불안해 하지 않는다는 믿음을 전제로 한다. 영화는 미래가 상실될 수 있음을 보여 줄 뿐만 아니라(세상은 "폐허가 되었다"), 우리가 미래를 상실할 수 있는 것으로 생각하지 않으면 미래를 상실할 수 있다고 말한다. 재생산 역량의 상실은 미래를 위한 역량 상실을 나타내는 징후다. 과거를 증언할 인간이 아무도 없게 될 것이라는 건 과거가 어떤 미래도 가지지 못할 것이라는 의미다. 테오는 [이런 상황에서 값진 예술품들을 잔뜩 모아 둔] 그의 사촌에게 왜 세계의 보물들을 보존하느라 애쓰냐고 묻는다. "지금부터 백 년 후엔 이런 걸 볼 놈도 없을 텐데 왜 계속하는 거야?" 사촌은 이렇게 대답한다. "알면서 왜 그래. 난 그냥 생각이 없는 거야." 과거를 보존하는 게 곧 미래에 대한 사고 없는 무사고의 상태가 되는 것이다. 그것이 "계속하는" 이유다.

우리 모두가 유한한 존재들이어서 미래가 없음을 고려한다면, 미래에 대한 생각이란 곧 인간에 대한 생각, 즉 마르크스가 말한 "종 존재"[유적존재]에 대한 생각일 것이다. 종이 없다면, 개별 존재란 의미가 없다. 그래서 자기가 하는 일에 대해 "그냥 생각이 없는" 것이다. 물론 우리는 다음 세대가 유일한 핵심이라는 이 인본주의적 논리에 문제를 제기할 수 있다(이를 위해서는 리 에델만이 말한 "재생산적 미래주의"를 다시 살펴봐야 할 것이다). 아니면 여기서 위험에 처해 있는 것은 바로 일상적인 유예 논리의 중단이라고 생각해 볼 수도 있다. 1장에서 살펴본 것처럼, 우리는 행복에 대한 희망을 미래의 어떤 지점으로 유예함으로써 현재의 어려움을 견디는 경향이 있다. "아이가 없다"는 건 단순히 "미래가 없다"는 게 아니라 내 고통을 보상해 줄 미래에 대한 판타지의 상실을 의미한다. 내가 무언가 혹은 누군가를 위해 고생한다는 바로 그 판타지가 위협받는 것이다. 만약 그것이 무엇을 위한 것인지가 이 유예의 생존 논리에서는 나중에 오

Happy Futures

는 것이라면, 그 "나중"의 상실은 "~을 위해"의 상실로 경험될 것이다.

아이들의 부재는 그에게 내 희망을 유예할 수 있는, 그를 위해 현재의 내 고통을 정당화할 수 있는 그 누군가의 부재를 나타내는 기표다. 다른 말로, 아이들은 이 판타지의 무게를 지고 있다. 그렇다고 아이들이 없는 삶은 의미가 없다는 생각이 도전받아서는 안 된다는 말이 아니다. 사실 "자기 자식" 없는 삶을 살아가는 많은 이들은, 아이 없이는 삶이 무의미하다는 말을 듣는 것도, 아이가 꼭 있어야 삶이 의미 있는 건 아니라고 주장하는 것도 지친다. 우리가 아이 없는 삶은 무의미한 삶이라는 이 관념을 어떻게 해석하든, 여기서 표현된 불안은 관념으로서의 미래가 상실되었다는 불안, 그리고 그 상실에 대해 걱정함으로써 미래가 있다는 관념을 회복할 필요가 있다는 불안이다.

절망에서 불안한 희망으로의 전환은 어떻게 일어나는가? 이 이야기에서 전환 지점은 어디인가? 열쇠key를 제공하는 건 키이Kee라는 인물이다. 키이는 임신한 상태다. 우리는 이미 이 사실을 알고 있다. 영화의 기획 — 그것은 곧 테오의 기획이다 — 은 그녀를 **내일**이라고 불리는 배로 데려가는 것이다. 배의 의미에 대해서는 곧 다시 다룰 텐데, 영화에서 "배에 도착하기"는 "미래를 가능하게 하기", 즉 "미래가 존재하도록 만들기"를 뜻한다.

테오의 기획이, 그의 사건에 "휩쓸림"이 어떻게 희망감을 수반하는지 생각해 보자. 이는 테오 자신이 희망을 가지게 된다는 말이 아니다. 오히려 그는 희망 없이 행동한다. 사르트르는 자신의 실존주의가 수용주의[정적주의]라는 비난에 대해 "오래된 경구"를 다시 들먹이며 이렇게 방어한다. "무언가를 꼭 희망해야 무슨 일을 하는 건 아니다"(Sartre 1946/1989: 40[57]). 희망 없이 일한다 해도 당신은 영향을 받는다. 휴먼 프로젝트가 거울들을 통해 소통한다는 것을 상기해 보자. 메시지가 근접한 신체들 간에 전달된다. 그런 방식으로 무언가가 계속 전달되려면 기존의 근접성은 후퇴해야 한다. 그래야 다른 근접성이 창조될 가능성이 생긴다. 아마도 희망은 이런 후퇴에 있지 않을까. 말을 전달하는 속삭임들은 서로를 연결하는 선을 만든다. 희망의 선이란 곧 [서로를 연결하는] 선이 가진 희망을 의미한다. 당신은 신체들 사이를 지나가는 선을 연장한다. 뭐가 뭔지 모른다 해도, 무엇을 전달하는지 모른다 해도, 그 선에 끝이 있는지 모른다 해도 말이다. 사실 선의 끝이 선의 핵심은 아니다. 선의 끝에 도달했다reach the end of the line는 말이 희망을 잃었다[종말·한계에 이르다]는 의미인 것은 결코 우연이 아니다.

어떤 것을 계속 전달하는 것, 즉 전달의 지속이 기획이자 임무인 곳에 희망이 있다. 영화는 하나의 기획 — 다른 사람들을 위해 하는 어떤 일 혹은 다른 사람들과 같이 하는 어떤 일, 일상적인 삶에서 우리를 벗어나게 하는 일 — 을 가져야 활기를 가질 수 있으며 그 활기가 자체의 힘을 가질 수 있음을 보여 준다. 만약 우리에게 기획이나 목적의식이 없다면, 그 목적을 찾는 일이 우리의 목적이 될 수 있다. 하지만 기획을 갖게 되면 어떤 것들은 시야에 들어오지만 다른 것들은 잘 보이지 않을 수 있다. 지젝은 한 인터뷰에서 이 영화의 힘은 배경에서 얼마나 많은 고통이 발생하고 있는지에 있다고 말한다. 고통을 직접 보는 것이 너무 강렬하기 때문에 우리는 간접적으로만, 영화 속 주인공들의 행위 너머로만 그것을 볼 수 있다. 이것이 이 영화의 한계라고도 주장할 수 있다. 영화의 서사가 테오의 "능동화", 즉 가능한 것의 실제화를 향해 전개되면서 고통은 배경에 머물러 있게 되기 때문이다. 테오는 키이를 **내일호**에 데려가려고 분투하느라 이 고통을 보지 못한다. 그래서 우리가 그의 시선으로만 바라보면, 우리의 "능동화" 역시 그 고통에 눈을 감게 만들 것이다. [테오와 같은 시선의] 초점을 얻자마자 고통에 대한 초점은 잃게 될 수 있는 것이다. 하지만 고통에 대한 초점을 잃는다고 해서 고통이 거기 없다는 의미도 아니며, 그것이 우리 행위의 배경으로(우리에게 목적과 방향, 목표를 주는) 존재할 수 없다는 의미도 아니다. 여기서 우리가 제기해야 할 질문은, 고통에 초점을 맞춰야만 고통에 대해 어떤 행동을 할 수 있는 것인지, 즉 행동에 나서기 위해서는 초점을 재조정하는 역량이 있어야 하는지이다.[14] 만약 초점을 조정해 기존의 초점을 버리고 임무 차원에서 가능한 다른 초점을 획득했다면, 우리는 우리가 하는 일이 실제로 무슨 역할을 하는지를 물어야 할 것이다.

영화에서 임무, "해야 할 일"을 가진다는 것은 다소 전통적으로 젠더화·인종화된 형식을 취하고 있다. 백인 남성 시민이 흑인 난민 여성을 구해야 하는데, 그녀는 새로운 생명을 낳아야 하는 부담만이 아니라 종적 존재로서의 인류를 낳아야 하는 부담도 지고 있다. 한 장면에서, 키이는 테오를 마구간(성경의 테마가 노골적으로 드러난다)으로 불러 자신의 임신한 몸을 보여 준다. 처음에는 말문이 막혀 아무 소리도 못 하던 테오는 "임신했잖아"라고 말한다. 마치 진실을 확정하려면 말이 필요하다는 듯, 그는 이 말을 반복한다. 영화에서 흑인 여성은 희망의 기호이자 무언가를 할 이유로서, 그에게 말을 부여하는 수단이 되는데, 이때부터 희망은 형체를 갖춘 기획이 된다. 즉, 그는 그녀를 통해 목적의식을 획득한다. 비록 마지못한 영웅이지만 테오는 그녀를 돕고 그녀를 구하고 그녀를 안내해 그녀가 선의 끝으로 나아가게 한다. 그 끝은 그녀가 배에 도달하는 한 행복하다. 그리고 그것은 우리에게 내일의 가능성을 준다. 그녀는 우리의 희망의 대상이다. 우리는 그녀가 아이를 낳기를 희망한다. 그녀의 희망은 아이를 낳는 것이다. 그녀의 희망에 걸려 있는 우리의 희망은 그녀를 **내일**호에 데려가야 하는 백인 남성에게 달려 있다.

나는 이 영화를 테오의 전환[개심]에 대한 이야기로 읽는다. 그는 〈베컴처럼 감아 차기〉의 조처럼 나쁜 느낌에서 좋은 느낌으로의 전환을 약속하는 인물, 즉 전환점이 아니다. 오히려 전환되는 건 테오다. 그의 절망은 희망으로, 느낌의 부재(우리가 매일의 짜증으로 경험하는 마비 상태, "너무 늦었어, 세상은 엿 같아")는 느낌의 강화로, 무관심 — 말로만 "아무거나 상관없어"라고 하는 — 은 관심[돌봄]으로 전환한다. 누군가를 돌보게 되고, 돌봐 줄 누군가를 갖게 되고, 거기서 생기는 일들을 돌보고, 미래가 있을지 없을지 걱정하게 되는 것이다. 그런 돌봄은 행복의 돌봄에만 국한되지 않는다. 이는, 4장에서 설명했듯이, 돌봄에 특정 형식을 부여하고 돌봄을 받는 사람이 어떤 식으로 되기를 바라는 것이다. 이는 행복 돌봄이라기보다 우연 돌봄hap care이라고 할 수 있다. 즉, 누군가를 돌본다는 것은 그에게 무슨 일이 일어날지 걱정하는 것이다. 우연 돌봄은 돌봄에서 불안을 제거하려 하지 않는다. 심지어 우연에 대한 돌봄care for the hap이라고까지 할 수 있다. 누군가를 돌보는 것보다 더 취약한 것은 없다. 그것은 내가 아닌 존재에 내 에너지를 쏟는 일일 뿐만 아니라 내가 통제할 수 없는 것을 다뤄야 하는 일이기 때문이다. 돌봄이란 불안한 일이다 — 관심 가득하다full of care, 조심스럽다careful는 것은 그들의 미래가 걱정스러워서(미래가 그 존속이 중요한 대상의 허약함 속에 담겨 있기 때문이다) 이런저런 것들에 신

경 쓰는 것이다. 관심을 갖게 된다는 것이 착해지거나 다정해진다는 의미
는 아니다. "돌봄"을 자신의 자아 이상으로 삼고 있는 사람들은 보통 자
신들의 선한 이미지를 보호하기 위해 아주 무뚝뚝하게 행동한다. 돌본다
는 것은 대상을 내버려 두는 게 아니라 자신의 것이 아닌 것에 빠져 자신
을 포기함으로써 대상에 집착하는 것이다.

영화가 테오의 이런 전환에 대한 이야기라면 더 문제적이다. 그렇다
면 영화는 부성에 대한 것이 되기 때문이다(물론 영화의 제목을 볼 때 이는 놀
랄 만한 해석은 아니지만, 제목을 보고도 우리는 보통 놀라지 않을 것이다). 그의 비
관주의의 진짜 원인으로 환기되는 것은 테오가 상실한 아이다. 우리는 그
가 상실한 아이를 재스퍼의 집에 놓인 사진들을 통해 처음 마주친다. 그
중에는 테오가 줄리안과 아이와 셋이 찍은 사진도 있고, 활동가 시절의
행복해 보이는 사진들도 있다. 여자와 아이의 이름은 거론되지 않지만 이
행복한 이미지에는 슬픔이 감돌며, 행복은 이제는 상실되어 더 이상 남아
있지 않은 어떤 것의 이미지로 환원돼 있다. 여기서 슬픔의 이름이 무엇
인지는 밝혀지지 않지만 그 이미지에 담긴 행복 가능성의 상실과 관련돼
있음을 알 수 있다. 가족의 상실은 불행의 원인이 되고, 그러고 나서 그는
무관심하고 무감한 사람이 된다. 불행한 것보다는 영향 받지 않는 게 낫
기 때문이다.

우리가 이 상실에 대해 처음 듣게 되는 건 줄리안을 통해서이다. 그
녀는 이렇게 말한다. "당신을 못 쳐다보겠어. 그 애 눈이 당신을 닮았잖
아." 그의 눈에도 슬픔이 어린다. 여기서 부성은 유전의 슬픔으로서 환기
된다. 아이는 아버지의 눈을 물려받았다. 그래서 아버지를 보는 게 아이
의 상실을 증명하는 게 된다. 이 영화는 아버지가 됨으로써 슬픔을 극복

하는 테오의 이야기로 읽을 수 있다. 그래서 그가 키이를 배로 데려다준 바로 그 지점에서 그녀는 그에게 이렇게 말한다. "딜런. 아기 이름을 딜런으로 할래요. 여자애 이름이기도 하잖아요." 영화는 테오에게 부성으로 보답한다. 이 말이 그가 죽기 전 마지막으로 듣는 말이다.

이렇게 영화는 테오를 무관심에서 돌봄으로 전환시키고 그에게 부성을 선물한다. 이전과 크게 다르지도 않다. 이번엔 여자애라는 것만 제외하면 [죽은 아들과] 이름도 똑같다. 유토피아적 순간이라고 하기에 이는 그리 야심차지 못하다. 테오의 전환을 이렇게 읽으면 희망의 관습들이 얼마나 백인 남성의 아버지 되기에 근거하고 있는지가 보인다. 여기서 그는 새로운 존재의 "아버지"가 될 뿐만 아니라 새로운 종적 존재의 "아버지"가 된다. 우리에게 인간이 될 새로운 기회를 준 것은 테오의 전환이다. 비록 테오는 죽지만 아이는 이름이라는 선물을 통해 죽은 아이를 대체하며 그의 아이가 된다. 영화가 시사하는 바가 미래에 대한 불안이 대안을 가능케 할 수 있기 때문에 돌보는 것이 돌보지 않는 것보다 낫다는 것이라면, 우리에겐 이런 질문이 남는다. 우연히 발생하는 일들을 **정확히 바르게** 돌본다 해도, 그것은 어떻게 우리를 행복에 대한 희망이 이미 담겨 있는 사회적 형식들 쪽으로 향하게 할 수 있는가? 이런 식으로는 좋은 삶에 대한 우리의 서사를 다시 쓰게 할 대안을 제시하지 못한다는 건 시사하는 바가 크다. 대안들을 믿을 수 없다는 게 아니라, 대안들이 얼마나 이미 형성돼 있는 것들, 이미 형태를 갖추고 있는 것들을 쉽게 초월할 수는 없는지를 보여주고 있기 때문이다. 따라서 정치적 투쟁은 불가피하다.[15]

이 절을 결론짓기 위해 〈칠드런 오브 맨〉과 또 하나의 디스토피아 영화 〈아일랜드〉(2005, 마이클 베이 감독)를 대조해 보고자 한다. 이 영화의

영화의 마지막에서 테오는 치명상에도 불구하고 키이와 아이를 내일호에 데려다주는 임무를 완수하려 한다. 안개 속에서 내일호로 보이는 배가 모습을 드러내기 직전, 키이는 아이의 이름을 딜런 — 테오의 죽은 아들 이름 — 으로 하겠다고 말한다. 테오는 그렇게 아버지가 되면서 죽음을 맞는다.

5장 행복한 미래

악몽 역시 멀지 않은 미래에 입각해 있다. 영화는 클론들의 관점에서 전개된다. 이들은 자신들이 클론[복제품]이라는 건 모르지만 환경 재앙에서 살아남은 유일한 인간들이라고 "믿도록 만들어"졌다. 이것이 그들이 믿어야 하는 진실이다. 진실이 되어 버린 그들의 믿음이 그 세계에서 그들의 존재를 지속시켜 준다. 클론들은 예비 부품으로, 영생을 사려는 인간들을 위한 장기 기증자로, 자신의 재생산 미래를 확보하고자 하는 여성을 위한 자궁으로 창조되었다.

영화의 악몽은 생물 복제나 유전학의 진보보다는 인간의 도구화, 즉 종적 존재 자체의 도구화에 있다. 생물 복제는 생명의 도구화의 원인이 아니라 징후로서 중요하다. 클론들은 소외된 노동자, 노예, 해방되어야 할 타자들을 상징한다. 이들이 반란을 일으키려면 자신의 소외를 의식해야 한다. 클론들이 살아가는 조건은 전 지구적 자본주의하의 많은 사람들이 살아가는 조건과 크게 다르지 않다. 그들은 노동을 하지만 자신이 무엇을 창조하는지, 누구를 위해 창조하는지 알지 못한다. 그들의 노동이 그들의 소외를 유지시킨다. 그들이 튜브에 넣는 액체는 새로운 클론을 만드는 데 필요한 액체다. 클론들은 "제품"이라 불린다. 그들은 사고팔기 위해 만들어졌다. 마르크스의 강력한 용어를 사용하면 그들은 "살아 있는 자본"이다. 그들의 삶은 대타자에 의해 최첨단 기술로 관리되고, 철저히 감시되며, 추적·관찰된다. 그들은 의사의 얼굴에서도, 그들이 볼 수 있고 할 수 있는 것을 결정해 주는 수많은 스크린에서도, 대타자를 마주친다.

클론들은 아마 우리일 것이다. 혹은 우리가 "좋은 삶"을 살 수 있도록 고통스럽게 노동하는 타자이다. 그들의 희망 없음은 우리의 미래 희망으로 전환된다. "네가 존재하는 유일한 이유는 모든 사람이 영원히 살고 싫어 하기 때문이야. 새로운 아메리칸 드림이지." 가산 하지가 이야기하듯(Hage 2003), 우리는 희망의 정치경제에서 살고 있으며, 거기서는 희망 자체가 불평등하게 분배돼 있다. 누군가는 다른 사람들보다 희망을 더 많이 가질 뿐만 아니라, 다른 사람들로부터 희망을 빼앗음으로써 자신이 희망을 얻는다. 그리고 이는 동시에 누군가가 희망하는 것을 "소유할" 수 있도록 다른 사람들을 "존재"하게 만드는 정치경제이기도 하다.[16]

중요한 건, 클론들이 고통을 겪지는 않는다는 사실이다. 여기서 불의는 **고통의 부재 속에서, 심지어는 고통을 부재하게 만듦으로써** 작동한다. 영화는 우리에게 낙관주의와 희망과 행복이 어떻게 통제 기술이 될 수 있는지 보여 준다. 클론들은 물론 거짓 기억으로 작동하는 두려움을 통해 제자리를 지키도록 통제된다. 클론 제작을 담당하는 심리학자 메릭 박사(숀 빈)는 이렇게 말한다. "전 지구적 오염이라는 사건에 대한 기억을 공유하게 해서 그들을 통제하고 있는 거죠. 그래서 밖에 나가는 걸 계속 두려워하게 하는 거예요." 또 하나의 통제 기제는 희망이다. "아일랜드가 유일하게 그들에게 희망과 목적을 주는 거죠." 아일랜드는 그들이 희망하는 대상이다. 그들은 아일랜드가 미래에 행복을 가져다주리라 예상한다. 매일매일의 추첨을 통해 작동하는 아일랜드는 외부의 유토피아 세계, "선택된 자들"이 거주하게 되는 곳으로 제시된다. 하지만 선택된 자들이 실제로 이르는 곳은 죽음이다. 그것이 그들이 선택된 진짜 이유다. 그들은 아일랜드로 가는 게 아니라 장기가 적출되어 (하나의 전체가 아닌) 조각 조각의 신체 부위들로 축소된다. 희망의 대상이 사실은 고통·죽음과 한패인 것이다. 클론들은 고통과 죽음을 유발하는 것(아일랜드로 가는 티켓)을 희망하는 것일 뿐만 아니라, 희망이 고통과 죽음을 행복**으로** 완전히 뒤덮어 감추고 있다(아일랜드의 행복이란 곧 수술대 위의 공포다).

실제로 클론들을 행복하게 하는 것은 희망이다. 그들의 환경이 행복을 창조한다. 메릭 박사는 주인공 링컨 식스 에코(이완 맥그리거)에게 말한다. "자네를 행복하게 하는 게 우리 일이네. 모든 게 문제없도록 말이야." 영화는 행복의 약속이 어떻게 모든 것을 제자리에 유지시키는지 보여 주는 교본과도 같다. 행복하고 희망에 찬 주체들은 잘 적응한다. 자신들도 모르게 부과돼 왔던 요구에 적응해 왔기 때문이다. 희망은 보통 무언가를 변화시키는 감정, 세상을 더 살기 좋은 곳으로 만들고자 하는 모든 기획의 열쇠라고 여겨진다. 몇몇 정신분석 문헌에서는 희망을 보수적 감정이라고 말한다. 예를 들어, 안나 포타미아누는 희망을 "극단적으로 고집스러운" 것, 삶의 변화, 상실, 불확실성에 대한 방어막으로 간주한다(Potamianou 1997: 4). 희망은, 주체가 "앞으로 나아가는 것"을 막는, 상실한 대상에 대한 완강한 애착이라고도 할 수 있다. 희망은 심지어 우울증의 한 형태로, 가버린 것을 붙잡고 있는 한 방법으로 기능할 수도 있다(느낌상으로는 그 무언가와 아주 다른 관계를 맺고 있는 것처럼 보이지만 말이다). 우리가 이미 가버린 것을 붙잡고 있는 것인지, 아니면 아직 존재하는 것을 놔버린 것인지 어떻게 알 수 있을까? 어떤 면에서, 모든 감정의 대상들은 그것이 우리에게 줄 수 있는 것에 대한 판타지들이다. 희망은 대상이 우리에게 줄 것에 대한 좋은 판타지다. 아일랜드는 바로 이런 대상이다. 우리는 현존하지 않는 것을 소망하는데, 그것이 그 대상을 소망**으로서** 현존하게 만드는 것이다.

이 영화는 반란에 대한 이야기이기도 하다. 심지어 이 이야기는 클론들의 혁명 대본이라고까지 할 수 있다. 클론 중 하나인 식스 에코가 주인공으로, 당연히 혁명을 이끈다. 그는 행복해지지 못해서 소외된 정서

Happy Futures

이방인이다. 세상에 잘 적응하지도 못하고, 적응도 거부한다. "문제가 뭔가?" 닥터 메릭의 물음에 그는 이렇게 대답한다. "화요일 밤마다 두부를 주잖아요. 그러면 전 궁금증이 생겨요. 모두가 두부를 좋아한다고 누가 결정했지? 아니 왜 하필 두부야? 난 왜 베이컨을 먹을 수 없는 거지? 난 베이컨이 좋은데. 그런데 전 아침에 베이컨도 먹으면 안 돼요. 옷도 그래요. 왜 늘 흰색 옷을 입어야 하죠? 금방 더러워지는데. 색깔 옷을 입어 본 적이 없어요. 전 답을 알고 싶고, 더 많은 것을 원해요. … 아일랜드에 가는 걸 그냥 기다리는 거 말고 그 이상의 것을요." 반란은 현재 존재하는 것이 충분하지 않다고 생각하면서, 주어진 것이 어떻게 주어진 것인지 불안해 하면서, 주어진 것보다 더 많은 것을 바라면서 시작된다.

질문을 한다는 것은 곧 정서적으로 이방인이 되는 것이다. 식스 에코의 불안은 끈적거린다. 그에게는 모든 것이 불안하다. "그런데 왜?"라는 그의 질문은 좋은 느낌을 주는 담요의 온기를 흩트리는 활기 넘치는 힘을 가지고 있다. 닥터 메릭은 그에 대해 이렇게 말한다. "그는 처음으로 여기 환경을 의심한 클론이야. 여기서의 자기 삶 전체를 의심하더군." 그리고 나중에 이렇게 덧붙인다. "우리의 전 시스템은 예측 가능성에 입각해 있네. … 식스 에코는 그것을 약화시키는 한 가지 특징을 보여 줬어. 바로 인간의 호기심 말이야." 보통 궁금증과 호기심은 긍정적 감정으로 간주된다. 이 영화에서 궁금증과 호기심은 좋은 것(자유를 가능하게 하는 조건)으로 제시되지만, 나쁜 감정에 연결돼 있다. 호기심 있는, 궁금해 하는 주체가 바로 기분 나쁜 주체다.

식스 에코는 희망의 지평 밖에 존재하는 것, 자기 집단이 존재하는 목적에 대한 지식을 습득한다. 밖으로 던져졌다고 해서 그가 바로 혁명가

<아일랜드>에서 클론들은 지구가 멸망한 상태이며 건물 밖으로 나가면 살 수 없다는 "진실"이 주입된 상태로 감혀 살아간다. 하지만 "끈적거리는" 불안을 느끼던 링컨 식스 에코는 외부에서 들어온 생명체를 발견하고, 외부 세계에 대한 그의 궁금증은 확신이 된다.

Happy Futures

가 되는 것은 아니다. 다른 클론들을 행복에서 구해 낼 정치적 의지가 그냥 생기는 것은 아니기 때문이다. 그는 먼저 자신의 복제를 주문한 인간을 찾는다. 그가 자신에게 일어난 일을 돌봐 주리라 기대하면서 말이다. 하지만 인간인 그는 자신이 투자한 제품을 돌보는 게 아니라 지키는 걸 원할 뿐임을 알게 된다. 즉, 그는 클론과의 대면으로부터, 클론이 느낌을 가지고 있다는 증거로부터 자신을 지키고 싶어 한다. 식스 에코는 자신을 인간으로 보게 되면서 자신의 존재 뒤에 숨은 불의를, 나아가 자기 존재 자체의 불의를 보게 된다. 자신의 신체가 불의에 연루돼 있음을 대면하면서 그는 반란의 의지를 획득한다.

식스 에코가 이런 목적의식을 획득하는 것은 사랑을 통해서이기도 하다. 그가 사랑하는 조던 투 델타(스칼렛 요한슨)가 아일랜드로 가는 자리를 얻었을 때, 그는 그녀가 죽게 될 것임을 알게 된다. 그는 그녀와 함께 도망쳐 아일랜드가 거짓 약속임을 폭로함으로써 그녀에게 희망을 준다. 두 영화 사이의 대조는 이 지점에서 매우 흥미롭다. 두 영화 모두 한 여성을 구하는 한 남성이 나오지만, 〈아일랜드〉에서 이는 이성애 커플의 로맨스로 구성된다. 〈칠드런 오브 맨〉에서 테오는 줄리안을 상실하면서 목적을 갖게 된다. 사실상 그는 키이를 **내일**호로 데려가는 그녀의 기획을 이어 감으로써 그녀의 자리를 대신한다. 〈아일랜드〉에서는 투 델타를 사랑한다는 사실이 식스 에코로 하여금 일을 책임지게 한다. 사랑하는 이를 구하려는 욕망에서 해방이 시작되는 것이다. 그들의 사랑이 반란의 대본을 쓴다. 어떤 근접성도 클론들 사이에는 금지돼 있지만, 그 둘의 서로에 대한 감정은 그들을 "프로그램으로부터" 분리한다. 이성애 커플의 사랑이 금지돼 있다는 조건은 보통 사회변혁을 가져오는 작인이 된다. 이성애는, 내가 4장에서 논한 것처럼, 마치 그런 사랑이 과거의 상처를 치유할수 있다는 듯, 화해 서사의 기반이 된다. 사랑을 나눈 뒤 투 델타는 속삭인다. "아일랜드는 진짜야. 그건 바로 우리야."

식스 에코와 투 델타는 대안적인 희망을 구현하러 온다. 그들이 도망쳤다 돌아오는 것은 다른 클론들을 해방시키기 위해서다. 영화가 희망없음(절망)을 받아들인다는 게 아니다. 오히려 영화는 [희망이라는] **정서를 지속시키는 전환**에 입각해 있다. 즉, 정서는 대상을 바꿈으로써 지속된다. 거짓 희망(아일랜드)은 진짜 희망(사랑, 해방)으로 전환된다. 전환점이되는 사람, 행복이 보장하던 거짓 희망에서 클론들을 해방시켜 그들에게진짜 희망을 주는 사람은, 클론이든 아니든, 백인 남자다. 영화의 어느 지점에서, 도망한 클론들을 죽이도록 고용된 흑인 남자 알베르 로랑(자이먼혼수)은 마음을 돌려 식스 에코와 투 델타 옆에 해방자로 자리 잡는다. 그는 조던이 자신의 낙인을 만지며 눈물을 흘리는 것을 보고 마음이 움직인다. 자유를 위한 클론들의 투쟁에서 자신의 역사를 보게 된 그는 이렇게말한다. "[반란에 동참한 아버지가 죽자-옮긴이] 나와 내 형제에겐 낙인이 찍혔소. 우리가 인간 이하임을 알고 살라고 그렇게 했지." 낙인은 끈적이는기호다. 그것은 클론들의 투쟁을 흑인들의 해방 투쟁에, 피부 위의 표식을 통해 인간 이하임이 선언된 모든 타자들의 해방 투쟁에 달라붙게 한다. 〈칠드런 오브 맨〉처럼 이 영화도 흑인의 신체를 전환자로 만들기보다 선물의 수혜자로 이용한다. 여기서도 혁명은 백인 남자의 선물이 되는것이다.

〈칠드런 오브 맨〉과 〈아일랜드〉에서처럼 혁명의 희망이 여전히 백인 남성의 아버지 되기나 행위 주체 되기를 근거로 하는 한, 서사는 일어날 수도 있는 혁명을 억누르는 역할을 한다. 그럼에도 디스토피아적 형식 안에서 우리는 서사에 의해 단순히 억눌러지지만은 않는, 다른 일들이 일어날 수 있는 잠재력을 목격할 수 있다. 어떤 사건에 직면할 때 생기는 연대감, 상황을 전복하기 위해 사람들이 서로 만나게 될 때 가능해지는 것은 무엇인지에 대한 감각 같은 걸 우리는 목격할 수 있는 것이다. 참여의 일반적 규칙들이 유보될 때 어떤 일이 발생하는가? 구질서가 폭력으로 드러나고 새로운 세계가 시작되기 직전과 같은 순간에 우리는 무엇을 하는가? 이런 유보의 순간들이 초월의 순간은 아니지만, 우리는 여전히 그런 순간들을 유보할 수 있다. 유보의 순간들은 지젝이 "현재와 미래 사이의 누전"(Žižek 2005: 247)이라고 부른 것을 만들어 내며, 여기서 우리는 "아직 오지 않은 것"이, 올 수 있는 것에 대한 약속이 아니라, 이미 여기 존재하는 듯 행동할 수 있다. 〈칠드런 오브 맨〉에서 그것은 벡스힐에 있는 난민 캠프다. 대부분의 사람들이 가기를 두려워하는 곳, 가장 비참한 자들이 거주하는 곳인 그곳은 가장 위험하면서도 가장 약속이 충만한 곳, 이미 반란이 일어나고 있는 곳이다. 지젝은 이를 "도처에 만연한 숨 막히는 억압 바깥에 존재하는 일종의 해방된 영토"라고 말한다(Žižek 2008b: 25[61]). 그런 장소에서 사회적 삶을 지배하는 규칙들은 유보돼 있다. 즉, 적어도 그 순간에는, 특정 형식에 몸담는다는 것이 무슨 의미인지 아직 결정되지 않은 것이다. 우리는 더 이상 가족은 **이런 거야**, 친구는 **이런 거**지, 연인이라면 **이래야** 해, 삶이란 **이런 거**야 같은 말이 무엇을 의미하는지 확신할 수 없게 된다. 심지어 우리는 인간이라는 게 뭔지, 살아 있다는 게 무슨 의미인지도 확신하지 못한다. **이것**이다 혹은 **이것**을 가지고 있다는 게 무슨 의미인지 모른다면, 그때 우리는 그 의미를 알아내야 하고 연

346

결해야 한다. 혁명이 단지 주체들의 반란만을 요구하는 것은 아닐 것이다. 그것은 술어의 혁명도 요구한다. 그것은 문장의 주어들에 무엇을 부착할 것인가를 둘러싼 혁명이다. 주어는 복수여야 할 것이다. 이때 "우리"는 **이것**에 대해 결정을 내리도록 소환된 존재일 뿐만 아니라 **이런** 결정의 효과로 만들어진 존재이기 때문이다. 우연 공동체들은 그런 유보의 순간에 형성되며, 거기서 "우리"는 함께 던져짐으로써 규합되고, **이것**의 의미들에 의문을 던지면서 목적의식을 획득한다.

불행할 자유

유보의 순간들을 붙잡기 위해 우리는 행복을 유보해야만 할 수도 있다. 행복의 요구에 저항함으로써 우리는 저항할 수 있는 것이다. 그러므로 디스토피아 형식이 행복의 전망들을 악몽으로 제시하는 것은 놀랍지 않다. 올더스 헉슬리의 고전 『멋진 신세계』나 제임스 건의 『조이 메이커』, 어슐러 르 귄의 암시적 단편 「오멜라스를 떠나는 사람들」 같은 디스토피아 소설의 하부 장르를 우리는 "행복 디스토피아"라고까지 부를 수 있다.[17] 이런 책들의 악몽에서 우리는 무엇을 배울 수 있을까?

　『멋진 신세계』에 붙인 헉슬리의 머리글은 과학자들이 "행복의 문제"라고 부르는 것에 대한 인상적인 해석을 보여 준다. 그는 행복의 문제란 "사람들에게 자신의 노예 상태를 사랑하게 만드는"(Huxley 1946/1969: xii[23-24]) 문제라고 말한다. 멋진 신세계는 행복의 세계이며 이곳에서 사람들은 "원하는 바를 얻고, 얻지 못할 대상은 원하지도 않는다"(149[333]).

행복은 당신이 욕망하는 바를 얻고 당신이 얻는 것을 욕망함으로써 상황을 조화롭게 유지시키는 것이다. 가지고 있지 않은 것 그리고 얻을 수 없는 것은 욕망하기를 포기해야 한다. "'자신이 **해야 할** 일을 좋아한다는 것 ─.' 국장이 단호하게 말했다. '그것이야말로 행복과 미덕의 비결이다. 사람들이 불가피한 자신의 사회적 숙명을 좋아하게 만드는 훈련, 모든 조건화 훈련이 목표하는 바가 바로 그것이야.'"(10[48-49]) 행복에 조건화돼 있다는 건 자신의 조건을 좋아한다는 것이다. 행복한 세계는 약에 절어 있다. 기분-좋게 하는 [약인] 소마가 사람들의 기분을 띄워 준다. 행복 대상들의 공유를 통해 합의가 형성되면서 다른 식으로 변용될 수 있는 신체의 잠재력을 덮어 버리는 따뜻한 담요가 만들어지는 것이다.

"희망 디스토피아"라고 볼 수 있는 영화 〈아일랜드〉에서처럼, [『멋진 신세계』의] 혁명가는 행복을 거부하는 사람이다. 이는 단지 행복하지 못하다는 말이 아니라 행복을 원하지 않는다는 뜻이다. 따돌림을 당하는 신세인 심리학자 버나드는 독자에게 반란의 최초 신호, 반란이 진행 중임을 나타내는 신호를 제공한다. "난 차라리 나 자신 그대로 남아 있고 싶어요. … 불쾌하더라도 나 자신 그대로요. 아무리 즐거워진다 해도 다른 누군가가 되고 싶지는 않아요"(59[149]). 만약 "나 자신 그대로이기"가 사회적 교리에 대한 하나의 도전이 된다면, 그것은 한 개인의 신체에 불행을 위치시키는 것처럼 보이기도 한다. 버나드는 "사회 조직체 속의 세포 하나"[151]가 되길 바라지 않는다. 이는 곤충에 대한 두 편의 만화 영화 〈개미〉(1998, 에릭 다넬·팀 존슨 감독)와 〈꿀벌 대소동〉(2007, 스티브 히크너·사이먼 스미스 감독)을 생각나게 한다. 두 영화 모두 주어진 것에 행복해 하지 않음으로써 반항하는 혁명가적 곤충 캐릭터를 중심으로 전개된다. 두 영화에서 [주인공] 곤충이 과격해지는 것은 불행을 거치면서부터다.[18] 주변과 어울리지 못하는 [주인공] 개미와 꿀벌은 불행하고, 호기심이 많고, 바라는 게 많다. 그는 현재 자신이 가질 수 있는 것보다 더 많은 것을 원한다. 결국 이 곤충 주인공들은 이견을 제시한 덕에 자신의 벌집과 서식지를 구한다. 그들의 불행이 사회에 대안을 선물한 셈이 되는 것이다. 불행한 혁명가에 대한 상상은, 한 개인의 신체에 혁명에 대한 희망을 거는 선에서 제한된다.

『멋진 신세계』에서 행복에 대한 대안은 분명 개인의 자유를 전제로 한다. 우선, 이 자유는 자기만의 방식으로 행복할 자유로 표현된다. 레니나가 행복에 대한 욕망을 표현했을 때 버나드는 그녀의 말을 긍정하며 다음과 같이 답한다. "그럼요, '지금은 누구나 다 행복하고말고요.' 우린 애들에게 다섯 살 때부터 그런 소리를 주입하죠. 하지만 레니나, 당신은 뭔가 다른 방법으로 행복할 자유를 누리고 싶지 않나요?"(61[152]) 이 책은 야만인이라는 인물을 통해 **뭔가 다른 방식으로** 행복할 자유라는 이 개념에도 도전한다. 야만인은 행복한 세계에 조건화 훈련이 돼 있지 않은 채로 이 세계로 온다. 그는 이 책의 지혜를 명확히 표현하는 인물이다. "'그렇다면 좋습니다.' 야만인이 도전적으로 말했다. '전 불행해질 권리를 주장하겠어요.'"(163[363]) 행복이 의무가 되어 버린 세계에서 불행은 권리가 된다. 제임스 건이 나중에 쓴 행복 디스토피아 『조이 메이커』에서 반항하는 주체 또한 불행할 권리를 주장한다. "'여기는 자유 국가입니다. 그렇죠?' 번스는 요구했다. '불행을 원한다면 불행할 수 있지요, 그렇지 않나요?' 쾌락주의자는 다음과 같이 답한다. '아니오. … 그 신화는 50년 전에 깨졌어요. 기본적인 자유는 행복할 자유입니다.'"(Gunn 1961: 63)

만약 불행할 자유가 없다면, 행복할 자유는 인간의 자유를 제한한다.[19] 반드시 행복해야 한다는 필연성이 자유라는 가면을 쓰고 있을 때 불행은 자유가 될 수 있다.

『멋진 신세계』와 『조이 메이커』 둘 다 행복에 대한 공리주의적 접근법에 대한 비판으로 해석될 수 있다. 소위 행복의 과학이라 불리는 공리주의는 행복의 극대화가 사회적 선의 척도라 생각한다. 『조이 메이커』 첫 부분은 회의론자인 조쉬의 관점에서 쾌락에 대한 과학이 어떻게 출현했는지 설명한다. "독립선언서에서 관심을 둔 권리는 … 행복 **추구**였다. 그때는 행복이 예술인 시절이었다. 현재 그것은 과학이다. 우리는 너무 오랫동안 행복을 뒤쫓기만 했다. 이제 행복을 잡을 때다.'"(Gunn 1961: 22) 쾌락론은 행복을 전염시키는 것을 행복 의무로 본다. "그들은 다른 사람들을 행복하게 만드는 데서 행복을 찾아야 한다"(37). 건의 소설에서 쾌락론에 대한 공포는 행복이 종착점이 되는 것에 대한 공포다. 이야기는 모든 사람이 배아로 변하는 것으로 끝이 난다. 자궁에서 시작해 자궁에서 끝나는 삶, 출생과 죽음의 구분이 유보된 삶이 가장 행복한 삶인 것이다. 소설은 행복학이 삶을 포기하는 것이나 다름없다고 말한다. 인간은 "직접 삶의 마지막 도피처를 건설해 느리고 행복한 죽음을 위해 그 안으로 후퇴했다"(172).

대조적으로, 어슐러 르 귄의 「오멜라스를 떠나는 사람들」은 더 강력한 고전적 행복 모델인 선과 덕을 갖춘 삶을 비판한다. 오멜라스 사람들이 영위하는 행복한 삶은 의미 있는 삶이다. "그들은 순진하고 행복한 아이들이 아니었다. 물론 그곳의 아이들은 행복했지만 말이다. 그들은 비참하지 않은 삶을 살아가는 성숙하고, 지적이고, 열정적인 어른들이다"(Le

Guin 1973/1987: 278[471]). 그들의 행복은 가치의 기호, 번성하는 삶과 공동체의 기호가 되는 선한 행복이라 볼 수 있다. 그들은 마땅히 행복할 자격이 있다. 하지만 그들의 행복에는 어두운 비밀이 있다. 그것은 한 아이, 지하에 갇혀 있는 한 아이의 비참에 의존하고 있었던 것이다. "아이는 밤이면 살려 달라고 비명을 지르고, 크게 소리 내어 울기도 했지만, 지금은 '으어어, 으어어'하는 신음 소리만 낼 뿐이며 말수도 점차 줄어든다. 너무나 야윈 아이의 장딴지에는 살이라곤 아예 없고, 배는 불룩 튀어나왔다. 아이는 옥수수 가루와 기름 반 그릇으로 하루를 연명한다. 아이는 아무것도 입고 있지 않다. 계속 자신의 배설물 위에 앉아 있는 아이의 엉덩이와 허벅지는 짓무르고 곪은 상처로 가득하다. 오멜라스 사람들은 모두 아이가 그곳에 있다는 사실을 알고 있다. 직접 와서 본 사람도 있고, 단지 그런 아이가 있다는 것만 아는 사람도 있다. 사람들은 아이가 그곳에 있어야만 한다는 사실을 알고 있다. 그 이유를 이해하고 있는 사람들도 있고 그렇지 못한 사람들도 있지만, 자신들의 행복, 이 도시의 아름다움, 사람들 사이의 따뜻한 정, 아이들의 건강, 학자들의 지혜로움, 장인의 기술, 그리고 심지어는 풍성한 수확과 온화한 날씨조차도 전적으로 그 아이의 지독하리만치 비참한 처지에 달려 있다는 사실을 모두 잘 알고 있다"(281-82[477]).

이 이야기는 그런 거래의 불의, 즉 한 아이의 비참한 고통에 의존하는 집단적 행복의 도착倒錯에 대한 것이다. 만약 다수의 행복이 한 사람의 불행으로 가능해진다면, 그 행복은 언제나 잘못된 것이다. 알랭 바디우를 따라 우리는 행복을 허무주의의 한 형태라고 말할 수도 있다. 몇몇 사람만이 고통과 고통의 원인으로부터 보호받을 권리, 한 사람이 얼마나 많은 비참을 견딜 수 있는지를 몇몇 사람이 결정할 수 있는 권리에 입각한 허무주의 말이다(Badiou 1993/2001: 37[50]).[20] 오멜라스에서 세상의 행복은 그 아이의 불행에 대한 무관심을 필수 전제로 한다. 아이의 불행이 도덕의 나침반을 제공하는 것이다.[21] 모든 좋은 디스토피아들과 마찬가지로, 오멜라스는 이 책을 읽는 독자들에게 분명 존재하지 않는 이 이야기 속의 세계에서 우리 세계의 모습을 찾아보라고, 불가능해 보이는 것의 가능성을 찾아보라고 요청한다.

오멜라스에서 우리는 너무 많은 것을 깨달을 수 있다. 우리는 행복의 약속이 얼마나 고통의 국지화에 의존하는지 알 수 있다. 특정한 "우리"가 좋은 삶을 유지할 수 있도록 다른 사람들이 고통 받아야 하는 구조인 것이다. 『고독의 우물』의 암시적 언어로 돌아가 보면, "모두"의 행복은 비참을 벽 안에 가둔다. 행복의 잘못은 그것이 분명 텅 비어 있는 행복의 기호에 몸담을 수 없는 사람들(그 형태대로 살 수 없는 사람들)의 비참을 국지화하고 억제하는 역할을 한다는 데 있다. 그런 행복에서 벗어나기 위해서는 고통에 감화돼야 한다. 감화를 위해 꼭 타인의 고통을 느껴야 하는 것은 아니다. 느낌을 비슷한 느낌으로 되돌려 주는 공감은 거의 아무것도 건드리지 않는 접촉 방식이다. 행복에서 벗어나기 위해 우리는 그저 무관심을 거부하고, 우리 자신이 변용된다 **하더라도**, 기꺼이 불행에 근접해 있겠다는 의욕만 있으면 된다.[22]

불행이 미치는 영향을 기꺼이 받겠다는 정치적 의지는 정치적 자유로서 재구성될 수 있다. 우리는 불행할 자유**로서** 자유를 급진화할 수 있다. 불행할 자유가 비참해지거나 슬퍼지는 것을 의미하는 것은 아니다. 물론 거기에 그런 느낌들을 표현할 자유가 포함돼 있기는 하지만 말이다.

불행할 자유란 불행한 것에 의해 변용될 자유, 다른 사람들을 불행하게 할지 모르는 삶을 살아갈 자유다. 불행할 자유란 행복의 길에서 이탈한 삶을 살아갈 자유다. 그 이탈이 우리를 어디로 데려가든 말이다. 결국 그 것은 이탈 행위에 의해 불행을 야기할 자유를 의미한다.

그렇다고 우리의 목표가 불행을 야기하는 데 있다고 말하는 것은 아 니다. 불행이 우리의 목적인目的因, telos은 아닌 것이다.[23] 그보다는, 우리 가 더 이상 행복을 우리의 목적인으로 상정하지 않는다면, 불행은 길을 막아선 방해물 이상의 것이 될 수 있다는 것이다. 무엇이 길을 막아서고 있는지 더 이상 확신할 수 없다면, "길" 자체가 문제가 된다. 불행할 자유 는 행복을 인간 행동의 합의된 종착점으로 간주하지 않으면서 행동의 목 적에 대해 질문할 수 있게 해줄 새로운 정치적 존재론의 기반을 제공해 줄 수 있다. 우리는 행동의 목적에 동의하지 않는다는 점을 근거로 정치 적으로 행동할 수 있다.

따라서 불행의 원인에 대한 인식은 정치적 대의명분을 제공해 줄 수 있다. 모든 정의의 정치학이 (불행을 일으키는 게 애초 행동의 목적은 아니지만) 불행을 수반하는 것도 이 때문이다. 그만큼 행복은 고통의 은폐와 자신의 행복을 타협하게 하는 것으로부터 눈길을 돌릴 자유를 기반으로 하고 있 으며, 또 그것에 의해 약속된다. 반란이 상처가 될 수 있는 건, 당신이 상 처에 근접하기 때문만이 아니라 불행의 원인을 드러냄으로써 불행을 야 기하기 때문이다. **당신 자신이 당신이 드러내는 불행의 원인이 되는 것이 다.** 불행의 기호 아래 일하고 살아가는 것은 고된 노동이다. 이 책에서 내 내 이야기한 불행의 아카이브들은 불행의 집단성을 반영한다. 그 아카이 브들은 다수의 행복과 한 사람의 불행을 대치시키는 그런 개인주의에 저항한다. 우리는 불행이 집단적인 것, 공유되는 것이라는 점을 인식해야 할 뿐만 아니라 행복에 도전하는 일이 우리 모두가 공유하는 기획이어야 함을 깨달아야 한다. 다수의 불행을 하나로 만드는 것은 정말 어려운 일이기 때문이다.

우리가 무언가를 위해 투쟁할 때에도, 열망의 순간에도, 계승과 재생산 사이의 간극에서 춤을 출 때도 페미니스트 아카이브, 퀴어 아카이브, 반인종주의 아카이브가 집단적인 불행의 직조물들인 것은 바로 이 때문이다. 만약 행복할 권리에 도전하는 것이 곧장 뻗어 있는 똑바른 경로에서 이탈하는 것이라면, 정치 운동이란 그런 이탈을 다른 사람들과 공유하는 것을 말한다. 이탈을 함께 나눌 때 즐거움과 경이, 그리고 희망과 사랑이 있다. 만약 이탈을 공유하는 것이 불행의 원인을 공유하는 것이라면, 즐거움과 경이, 희망과 사랑조차 불행 **없이 살아가는** 방식이 아니라 불행과 **더불어 살아가는** 방식이 된다.

행복에서 이탈한 것을 공유한다는 것은 가능성을 열어 놓는 것이고, 가능성에 눈과 귀를 여는 것이다. 내가 이미 지적했듯이, 만약 행복하지 않다는 것이 존재하지 않는 것과 마찬가지라면, 정치 운동은 불행의 원인, 부정의 기원이라고 상상되는 사람들에게 가능성을 열어 주기 위한 것이기도 하다. 행복하지 않은 사람들 혹은 존재하지 않는 사람들을 위해 가능성을 열어 준다는 것이 그들을 인간이 되게 한다거나 행복하게 만든다는 뜻은 아니다. 정치 운동은 "아님을 아니게" 만드는 것, 아님이 아닌 다른 것이 되게 하는 것이다. 우리는 내재적 유토피아라고 부를 수 있는 것, 벌란트의 말을 빌리자면, "감각적으로 체험된 잠재성"(Berlant 2008b 272)을 지닌 현재 안에 살고 있다. 정치 운동들은 가능성이 인식되기도 전에 이미 부인되거나 실패한 듯 보이는 그때, 무엇이 가능할지 상상한다. 정치 운동들은, 로빈 D. G. 켈리의 강력한 언어를 써서 말하자면, "자유의 꿈들"freedom dreams을 가져온다.[24] 켈리에게 흑인 정치학이 유토피아적인 것은 사람들이 자유를 꿈꾸게 해주기 때문이고, 그들의 상상력을 제한하는 가능성의 제한을 허락하지 않기 때문이다. 또 흑인 정치학은 "상상 속에서만 존재하는 곳이라 해도 갈 수 있을 것"(Kelley 2002: 2)이라는 생각을 전제로 하기 때문에 유토피아적이다. 가능한 것을 상상하면서, 아직 존재하지 않는 것을 상상하면서, 우리는 미래에 예스라고 말한다. 이 예스 안에 미래의 내용이 주어지는 것은 아니다. 미래가 고통의 극복으로 상상되는 것도 아니다. 미래가 행복으로 상상되는 것도 아니다. 미래는 사물들이 현재 상태로 머물러 있지 않을 가능성, 지금 그대로 존재하지 않을 가능성으로 열려 있다. 혁명가들은 꿈을 꿔야 한다. 만약 그들의 상상력이 사물이 유지되는 방식 속에 내재된 불의를 파고든다면, 그들은 지금 그 상태로 살 순 없을 것이다.

반란을 일으킨다는 것은 있던 것을 없게 만드는 것 — 계승된 것을 재생산하지 않는 것이다. 하지만 그렇다고 혁명이 세계에서 의미를 없애는 작업은 아니다. 혁명의 결과 생겨나는 게 텅 빈 면은 아니다. 벽이 무너져도 그 위에 써둔 글귀는 남을 수 있다. 이 장에서 논했던 디스토피아 영화들로 다시 돌아가서 그것들이 다가올 혁명을 상상하는지 혹은 상상하지 않는지 생각해 보자. 〈칠드런 오브 맨〉에도 〈아일랜드〉와 아주 똑같은 방식으로 혁명이 없다. 영화가 암시하는 바는 남은 세계 — 우리의 세계 — 가 파괴됐다는 것(배가 도착할 때 반란은 더 큰 힘을 가진 세력에 의해 분쇄된다), 그리고 새로운 세계가 어딘가에서(남겨진 것들의 폐허 외부에서) 창조될 수도 있다는 정도다. 우리 주인공의 임무는 인류를 해방시키는 게 아니라 한 명의 임신한 소녀를 구하는 것이다.

〈칠드런 오브 맨〉은 **내일**호가 도착하면서 끝난다. 마지막 대사는 테오가 숨을 거둔 후 키이가 하는 말이다. "테오, 배가 왔어요! 테오, 배라고요! 이제 됐어, 우린 이제 안전해. 우린 안전해." 배는 내일의 가능성, 그것의 도착과 더불어 오늘로부터 우리를 구해 줄 내일의 가능성을 뜻한다. 만약 영화가 희망적이라면, 그것은 가능성에 대한 희망, 우리가 미래를 포기해 버리지 않으면 가능한 것에 대한 희망이라고 말할 수 있다. 지젝은 배가 이 영화에서 가장 설득력 있는 정치적 해결책을 제공한다고 말한다. 한 인터뷰에서 그는 배에 대해 이렇게 말한다. "배는 뿌리를 갖고 있지 않아요. 뿌리 없이 여기저기 떠다니죠." 그리고 이렇게 결론 내린다. "여러분은 여러분의 뿌리를 잘라 내야 합니다. 그게 바로 해결책입니다." 하지만 내가 보기에 이런 해석은 일종의 낙관주의로, 배를 너무 빨리 의미로 채워 버린다(배는 쾌락의 원천이 되면서 잠재력으로 가득 차게 된다).[25]

〈아일랜드〉도 배의 은유를 이용하고 있음은 주목할 만하다. 배는 식스 에코의 꿈에 나온다. 그는 심리학자를 위해 그의 꿈에 나오는 배를 그린다. 배의 측면에는 라틴어 단어가 적혀 있다. 하지만 그의 의식에는 라틴어가 이식된 적이 없다. 배가 전복의 신호가 되는 이유는 그것이 꿈일 뿐만 아니라 기억이기 때문이다. 식스 에코는 배를 기억한다. 이는 클론인 그가 고객의 경험을 기억하는 것으로서, 클론이 인간이 되어 간다는 걸 나타내는 신호다. 만약 클론이 인간이 되고 있다면, 그렇다면 그는 인간이 아닌 다른 것이 되고 있거나, 다른 것이 될 수 있는 인간의 가능성을 보여 주는 것이다. 나중에 식스 에코가 자신의 복제를 주문한 인간의 자리를 차지하게 됐을 때, 그는 배를 획득한다. 배는 클론들에게 미래 행복의 원인이었던 아일랜드의 자리를 대신하며, 다른 것이 될 가능성을 나타내는 혁명적 희망이 된다. 배가 기억의 흔적이고 기억으로서 중요한 것이라면, 미래에 대한 희망은 우리가 뒤로한 대상들에 달려 있다고 배는 말하는 셈이다.

우리가 희망을 걸었던 것이 도착했을 때 우리는 어떤 영향을 받게 될지에 대해서도 생각해 보자. 도착한 배는 비어 있을 수도 있고, 무언가로 가득 차있을 수도 있다. 비어 있는지 아니면 가득 차있는지는 도착 전까지 알 수 없다. 따라서 핵심은, 우리의 감정이 향하는 지점이 우리 대의 명분의 대상들은 아니라는 것이다. **내일**호나 라틴어 이름의 배[<아일랜드>에 나오는 레노바티오Renovatio] 같은 행복의 배가 있다고 생각해 보자. 도착하는 배는 미래에 우리에게 행복을 가져다주리라 기대되는 그 배다. [그러나] 우리는 배를 잠재력 가득한 것으로 봄으로써 우리의 행복을 배에서 찾을 수 있다고 생각하기보다는, 행복에 방향[의미]이 없음을 받아들이고 배의 도착을 기다리는 게 나을 수도 있을 것이다. 배는 도착할 수도 있고 도착하지 않을 수도 있다. 배가 도착하든 말든, 우리는 그 도착 지점에 가기 위해 노력한다. 배가 도착했다고 해도 그것이 우리가 희망하는 바를 줄지 안 줄지는 알 수 없다. [이렇게 생각할 경우] 배는 더 이상 행복 대상으로서의 그 자리를 차지하지 못할 것이다. 배가 가득 차있으리라는 전망이 우리 여정의 핵심은 아니게 되는 것이다.

방향성 없는 감정이라 해서 무의미하거나 헛된 것은 아니다. 그건 단지 그 감정을 일으키는 대상으로 여겨지는 것들을 향해 있지 않을 뿐이다. 어쩌면 배가 자유롭게 표류하도록 한다면 혁명적 행복이 가능할 것이다.[26] 그런 행복은 우연에, 우연의 도착에, 어쩌면 사건이 발생할 수 있는 가능성에 열려 있을 것이다. 우리는 뭔가가 발생하기를 기다리고만 있지는 않을 것이다. 기다린다는 건 우연발생이 제거된 유산을 받아들임으로써 우연을 제거하는 것이다. 이런 유산을 거부한다는 것은 일을 발생시키는 것이다. 어떤 일이 일어날 때, 그것은 우연히 일어나기도 하고 우리가 일을 만들기도 한다. 우연한 일은 마주침, 마주침의 우연, 우연 마주침이다. 그런 마주침들은 일이 발생하는 토대를 재창조한다. 토대를 재창조한다는 것은 아직 포기하지 않은 과거에서 이탈하는 것이다. 길을 잃으면, 다른 길이 보일 수 있다. 어쩌면, 우리에게는 미래가 있을 것이다. 자크 데리다의 생각처럼, "앞으로 발생할 것은, 어쩌면, 단지 이것이냐 저것이냐가 아니다. 그것은 마침내 **어쩌면**perhaps에 대한 생각, **어쩌면** 그 자체일 것이다"(Derrida 1997/2005: 29). "어쩌면" 안에 들어 있는 "우연"hap이 "행복"happiness에도 들어 있다는 사실을 상기해 보자. 행복한 미래란 어쩌면의 미래다.

결론

행복, 윤리, 가능성

행복이라는 말은 일을 한다. 그것만큼은 분명하다. 이 책에서 나는 행복이 어떻게 욕망의 대상, 종착점, 목적인, 모든 인간이 지향하는 것으로서의 자기 자리를 유지하는지 생각해 보았다. 대린 맥마흔의 지적대로, 행복은 흔히 "잘 표시된 경로"의 끝에서 닿을 수 있는 것, "최고 선"으로 기술돼 왔고, "여전히 목적인이자 목적으로 남아 있으며, 덕은 그 길을 안내하는 주된 수단이다"(McMahon 2006: 137[195]). 행복은 우리가 지향**하는** 것일 뿐만 아니라(행복의 획득은 곧 우리의 기량, 잠재력의 획득이다), 우리가 지향**해야 하는** 것(잘 사는 법에 대한 도덕적 결정을 안내하는 원칙)이기도 하다. 행복은 말하자면 이중의 목적인을 제공한다. 즉, 삶의 목적이면서 좋은 삶의 목적인 것이다.

행복은 우리가 원하는 것이기도 하고, 우리가 원하는 것을 얻는 방법이기도 하며, 우리가 원하는 것을 얻었다는 기호일 수도 있다. 행복하다고 하면 그건 잘 지낸다는 뜻일 수도 있고, 뭔가를 잘하고 있다는 뜻일 수도 있다. 이는 다른 것에 대한 판단이라 해도 마찬가지다. 심지어 우리가 그 내면에 들어가 본 게 아니라 해도, 또는 내면이 있는 존재라 생각하지 않는다 해도 그렇다. 예를 들어, 화초가 행복하다고 하면 잘 자라고 있다는 뜻이다. 그런 경우 잘 자람과 느낌 사이의 연관 관계는 매우 강력하다. 화초가 행복하다고 말하면서 나는 화초의 기분이 좋다고 상상하며, 이는 그 화초에 대한 내 기분도 좋게 만들고, 심지어는 내가 화초의 기분을 좋게 해준 것으로 상상하게 된다. 마치 행복하다는 말이 정서를 부여한 것처럼, 잘 자람이 온통 느낌인 것처럼 말이다. 행복은 말하는 것만으로도 그것이 생기는 것처럼 보이기도 하고, 최소한 그것이 "존재"하는 듯한 판타지를 심어 준다.

행복이라는 말은 이렇게 의욕과 에너지가 넘친다. 행복은 우리가 열망하는 느낌의 상태 혹은 존재의 상태라는 점에서 흔히 낙관주의와 희망을 담아 발화된다. 마치 행복이라는 말을 하면 행복을 가지게 될 것처럼, 우리의 느낌이 그 말을 따라잡기라도 할 것처럼, 심지어는 그 말에서 우리가 그 느낌을 잡아내기라도 할 것처럼 말이다. 행복을 창조한다는 것은 그 말을 널리 퍼뜨린다는 것일 수도 있다. 행복은 소위 "희망찬 수행성"을 제공한다. 우리는 **행복**이라는 말의 반복이 우리를 행복하게 해주기를 희망한다. **행복**이라는 말이 그 약속을 지켜 주기를 희망하는 것이다.

긍정 심리학 분야는 이런 약속에 입각해 있다. 즉, "난 행복해"와 같은 긍정적 자기-선언을 하면(낙관적으로 생각하는 연습을 계속해서 밝은 면을 보는 것이 습관이나 규칙이 되게 하면) 행복해질 거라는 것이다. 그런 틀에서 보면 우리는 난 행복해,라고 말함으로써 실제 행복한 상태가 될 수 있다. 이 약속에는 일말의 진실이 담겨 있을 수 있다. **행복**이라는 말은 행복한 말이라고까지 할 수 있다. 결국 말은 뭔가를 존재하게 할 수 있다. 말은 일을 할 수 있다. 비록 그것이 무슨 일을 하게 될지 늘 알 수 있는 건 아니지만 말이다. 하지만 그렇다 해도 만약 당신이 반복적으로 "난 행복해"라고 말한다면, 무언가에 대해 스스로 확신을 갖기 위해 노력 중인 것처럼 보일 것이고, 스스로는 확신을 갖고 있다 해도, 확신을 가져야만 한다는 그 필요가 당신이 진짜 확신하고 있지는 못함을 나타내게 된다.[1] 따라서

결론 행복, 윤리, 가능성

내 질문은 우리가 행복이라는 말을 반복함으로써 행복을 생성할 수 있는 가가 아니라 이런 것이다. 행복을 향한 욕망은 애초에 어떤 종류의 욕망 인가? 주체가 행복의 효과를 생성할 책임이 있다거나 그 말을 전파할 의무가 있다는 말은 어떤 의미인가?

행복이라는 말을 반복함으로써 표현되는 것은 바로 행복에 대한 욕망 그 자체다. 욕망은 그 자신의 실패의 증거를 검열하기도 한다. 이럴 경우, 행복을 말한다는 게 꼭 우리 앞에 존재하는 것에 대해 말하는 것은 아니다. 행복이 어떻게 말로 옮겨지는가에 대해 내가 처음 관심을 갖게 된것은 "난 단지 네 행복을 바랄 뿐이야"라는 발화 행위 때문이었다. 우리는 이 말을 들으면 화자가 무언가를 포기하면서 뒤로 물러서 어깨를 으쓱하며 한숨을 쉬는 모습을 상상해 볼 수 있다. "난 단지"에서 "단지"는 원하는 것을 한정하는 수식어이자, 상대가 원하는 것에 동의하지 않음을 명시적으로 드러내지 않으면서도 그것을 알리는 말이다. "단지 행복"에 대한 욕망을 드러내는 진술들은 또 다른 묵언의 발언 상태, 즉 "네가 행복해야 내가 행복해질 것"임을 함의한다. 이 말은 다음과 같이 번역된다. "네가 **저것**을 하면, 넌 불행해질 것이고, 그래서 나도 불행해질 거야." 이런 발화는 불행이 **저것** 뒤에 따라올 것이라고 은밀하게 걱정하면서 **저것**으로 상상되는 바로 그 상태를 만들어 낸다(단지 행복 = 불행). 이것이 바로 내가 "도착적 수행성"이라고 말하는 것이다. 발화 행위는 그것이 원한다고 인정할 수 없는 것 혹은 심지어 원하지 않는다고 말하는 바로 그것을 존재하게 한다(여기서 불행은 당신이 내가 바라는 대로 해야만 행복해질 수 있음을 당신에게 보여 주는 것이다). 행복이 수행적이라 해도 그것이 늘 원하는 바를 분명히 말하는 것은 아니다.

Happiness, Ethics, Possibility

행복을 말하는 것은 분명, 그것이 무슨 형식을 취하든(행복은 형식상 '무엇이든' 될 수 있다), 사회생활의 일부이다. 우리가 매일 주고받는 호혜의 말들, 예의상 하는 말들, 갈등과 적대의 말 등이 행복을 사랑의 대상으로 만들 뿐만 아니라 도구로, 심지어는 무기로 만든다. 그래서 행복이라는 말 자체가 스스로 순환하고, 옮겨 다니고, 늘 어디론가 가고, 언제나 바쁘다busy. 행복은 웅성거리는 말buzzword이라고 할 수 있다. 그것은 쓰이면서 소리를 만들어 낸다. **행복**이라는 말을 들을 때 우리가 듣고 있는 것은 그것이 바삐 움직이는 소리다.

행복이라는 말은 유동적일 뿐만 아니라 잡다하다. 그것은 가볍게 발화될 수 있고 어느 곳에나 나타날 수 있으며, 심지어 어디에나 나타난다. 지야드 마라는 "**행복**이라는 말은 너무 둔하고 흔하다. 계속해서 아무렇게나 사용한 결과 속이 다 비칠 정도로 닳아 버렸다"(Marar 2003: 7[7-8])라고 주장한다. 행복은 우리가 자기 삶의 상황에 대해 어떻게 느끼는지, 무엇을 희망하는지, 우리의 희망이 자신을 위한 것인지 타인을 위한 것인지를 나타내는 말이지만, 우리는 이 말을 단순히 현재의 태도나 느낌, 선호를 나타내는 데 사용할 수도 있다. 우리는 너무나 손쉽고 가볍게, 아무런 불안이나 떨림 없이, 심지어는 별 생각도 없이 이 말을 사용한다. 예를 들어, "만나 뵙게 되어 너무 행복합니다." "그렇다니 행복하네요" "행복한 일이네요"처럼 말이다. 이 말이 유동성이 있다고 해서 그것이 가는 곳마다 충만함을 생성할 수 있다는 건 아니다. 이 말은 사회적 상황을 은폐하고 덮어 버릴 수도 있다. 즉, 행복이라는 말이 늘 그것이 말하는 바를 행하는 것은 아니며, 그것이 아마도 우리가 그 말을 반복해서 사용하는 이유일 것이다. 다르게 말하면, 행복이라는 말은 그 움직일 수 있는 역량으로 인해 더 정서적인 것이 될 수도 있고 덜 정서적인 것이 될 수도 있다. 사실, 행복이라는 말은 자기 선언이나 타인에 대한 평가에서 분리될 경우, 거의 아무것도, 아예 아무것도 말하지 못하고, 배경에서 맴돌기만 할 수 있다.

따라서 행복이 욕망의 대상이라는 자리를 유지한다 해도, 늘 뭔가를 의미하는 것은 아니며, 같은 것을 의미하는 것은 더더욱 아니다. 행복은 비어 있음으로써만 그 자리를 유지할 수 있는, 다시 말해 다양한 것들로 채워져 있어야 그 특성을 유지할 수 있는 그릇이다. 행복의 역사(누군가의 욕망의 대상이 가치가 있는지 없는지 알고 싶은 욕망으로 재사유된)를 헌 옷 가게에 비유한 자크 라캉의 묘사는 여전히 시의적절하다. "그 결과는 많은 면에서 헌 옷 가게에 비견될 수 있는 일종의 상품목록이다. 거기서 우리는 대대로 그리고 지금까지 인간의 열망을 지배해 온 갖가지 판단들이 다양한 모습으로, 심지어 무질서하게 쌓여 있는 것을 발견할 수 있다"(Lacan 1986/1992: 14). 내가 이미 지적했듯이, 행복은 다양한 대상을 담는 그릇container이며, 그 안에는 욕망을 실현시킬 수 있는 형식도 담을contain 수 있다. 행복 대상 선택에 있어서의 각자의 독특한 특성, 서로의 선호를 알아차리는 것이 가져다주는 친밀함 등을 통해 우리는 어떤 지평을 공유하게 된다. 행복의 무질서에는 질서가 있다. 행복 대상들의 다양성은 행복을 선택의 장으로 (이게 좋으세요? 저게 좋으세요? 여긴 무엇이든 있습니다), 자유의 환영으로 창조하는 데 기여한다.

만약 행복의 대상들이 다양하다면, 그 이름 아래 모이는 느낌들 역시 다양할 것이다. 긍정적 감정으로서의 행복은 따스함과 편안함을 나타낼 수도 있고, 짜릿하고 강렬한 기쁨을 나타낼 수도 있다. 또 그것은 밤하

늘에 갑자기 나타났다 사라지고 마는 번개처럼 순간적인 느낌일 수도 있고, 영영 사라져 버린 뭔가를 되새기는 잔잔하고 깊은 한숨일 수도 있다. 행복은 이야기의 시작일 수도 있고 끝일 수도 있으며, 삶의 서사를 가로막으며 어느 한순간 왔다가 사라지고 마는 것일 수도 있다. 행복은 이 모든 것일 수 있고, 그 모든 것이면서 아무것도 아닐 위험도 있다. 만약 행복이 일을 한다면, 그것은 너무 많은 일을 하는 것일까? 행복은 너무 많은 일을 함으로써 아무것도 하지 않는 것일까?

분명 철학 내에도 행복에 대한 충성이 존재한다. 행복에 대한 이야기가 충성에 대한 이야기로 보일 정도로 말이다. 행복은 심지어 철학의 기초적인 동어반복으로도 기능한다. 즉, 좋은 것은 행복하고 행복한 것은 좋다. 존 스튜어트 밀의 행복 모델은 그런 동어반복을 담고 있다. 우리가 욕망하는 건 행복이다. 따라서 무엇을 욕망하든, 우리가 그것을 욕망하는 이유는 그것이 우리에게 행복을 주기 때문이다. 그는 "사람은 진정 행복을 욕망한다"라고 주장하면서 이렇게 지적한다. "사람은 자신의 행복을 증진해 준다고 생각되는 방향으로 다른 사람들이 행동해 주기를 원하고 또 그렇게 하도록 권면한다"(Mill 1863/2001: 28[67]). 그리고 그는 행복은 바람직한[욕망할 만한] 것이라고 말한다. "공리주의 이론은 행복이 바람직하다고, 다시 말해 행복이 하나의 목적으로서 바람직한 유일한 것이라고 주장한다"(35[83]).[2] 우리는 행복을 욕망할 때 욕망할 만한 것을 욕망한다. 도대체 이 공식이 우리에게 조금이라도 말해 주는 것이 있기는 한 것일까?

어떤 면에서 이 공식은 우리에게 아무것도 말해 주지 않음으로써 무언가를 말해 준다. 행복이라는 단어가 없다면, 우리에게 욕망이 가리킬 수 있는 말은 없을 수도 있다. 행복은 우리가 욕망하는 것을 욕망한다는 더 명시적인 동어반복을 피할 수 있도록 해준다. 물론 행복이라는 단어를 들어내고 남은 빈자리에 다른 단어를 쓸 수도 있다. 우리는 x를 욕망할 수도 있고, y를 욕망할 수도 있으며, x나 y의 자리에는 수많은 도착적 조합들이 가능하다. 얼마든지 창조적으로 대상을 선택할 수 있다. [그러나] 그런 조합들이 [행복이라는 말과] 똑같은 마술을 부리지는 못할 것이다. 행복은 우리가 쓸 수 있는 최선의 마술이다. 우리가 x와 y를 욕망할 때에도 그것은 우리의 욕망의 대상이라는 자기 자리를 지킬 수 있기 때문이다. 우리는 x와 y가 줄 예정인 행복에 대해 자신함으로써 x와 y에 대해 자신할 수 있다.

행복은 멈춤점이 된다. 행복은, **왜냐하면**이라는 단어처럼, 우리가 어느 지점에서 멈출 수 있게 해준다. 다음과 같이 아이가 질문하는 경우를, 혹은 내가 '아이처럼' 질문하는 경우를 생각해 보자. 이건 왜 이런 건데요? 그러면 저건 왜 그런데요? 그렇다면 왜…? 말줄임표 자리에는 뭐든 올 수 있다. 이 빈자리는 늘 다른 질문의 가능성을 나타낸다. 그 끝없는 유예는 모든 대답은 질문을 갈구한다는 것을, 대답을 한다는 것은 또 다른 질문의 가능성의 조건을 만들어 내는 것임을 우리에게 상기시켜 준다. 결국 당신은 멈춘다. 멈춰야 한다. 그 시간에 다른 일을 해야 하기 때문에 질문들을 멈추게 하기 위해 멈춰 서야 한다. 그래서 당신은 말한다. "왜냐하면." 왜 왜냐하면인가? 왜냐하면 "왜냐하면"이기 때문이다. "왜냐하면"이 질문에 대한 대답이 되면, 대화는 멈출 수 있다. 행복은 그런 왜냐하면을, "왜냐하면 왜냐하면"을 제공한다. 우리가 뭔가를 욕망하는 것은 행복 때문이다. 행복 때문에 우리는 뭔가를 욕망한다. 우리는 왜 우리가 욕망하는 것을 욕망하는가에 대한 대화를 끝낼 수 있는 방법이 행복이다. 행복은 우리에게 완전한 멈춤을, 대답이 질문이 되는 것을 멈추는 방법을 제공한다.

행복은 우리가 원하는 것임을 혹은 불행은 우리가 원하지 않는 것임을 자명한 것으로 받아들임으로써 우리는 대화를 끝낼 수 있다. 데이비드 흄은 후자에 더 초점을 맞춰 바로 이런 종류의 대화의 멈춤점에 대해 강력한 설명을 제공한다. "어떤 사람에게 **왜 운동을 하느냐** 물어보면 **건강을 유지하고 싶기 때문**이라고 대답할 것이다. **왜 건강을 바라느냐** 물어보면, 그는 곧바로 **아픈 것은 고통스러우니까**라고 대답할 것이다. 질문을 더 밀어붙여서 **왜 고통을 싫어하느냐** 물어보면, 그는 어떤 대답도 하지 못한다. 여기가 바로 궁극적 끝이며, 결코 어떤 다른 대상도 참조되지 않는다"(Hume 1748/1975: 293). 당신은 그 지점에서 전환을 끝낼 수 있으며 여기서 다른 참조점은 요구되지 않는다.

행복을 참조하면 논변을 보충할 때 다른 어떤 것을 참조할 의무도 유보된다. 행복은 우리의 방어책이 된다. 한 사람의 행복을 위해서든 다수의 행복을 위해서든 어떤 것이 행복에 필요하다고 말함으로써 우리는 그 어떤 것도 방어할 수 있다. 어떤 것이 불행의 원인이라고 말함으로써 우리는 그 어떤 것도 공격할 수 있다. 행복은 논변에 무게를 더해 준다. 행복의 편에 있거나 행복에 찬성한다는 것은("찬성하고 있는 것을 찬성하는" 하나의 방식으로서) 선善의 편에 있다는 뜻이다. 4장에서 살펴보았듯이, 행복의 언어는 신속히 선교의 언어로 전환돼 우리가 타인들에게 수여하는 것이 되며, 그 타인은 자신의 것이 아닌 행복을 받은 수취인이 되면서 행복 의무를 갖게 된다.

결론 행복, 윤리, 가능성

어떤 이들은 이를 반박하기 위해 행복에 대한 진술들이 참인지 거짓인지 이야기할 수도 있을 것이다. 예를 들어, 2장에서 살펴봤듯이, 리서치를 통해 페미니즘이 (여성들의 열망을 증가시킴으로써, 전통적 젠더 역할에 도전함으로써) 여성들을 불행하게 만든다는 것을 보여 줄 수 있다. 우리는 어떻게 대응해야 할까? 우리는 이런 리서치에 내포된 똑같은 인식론적 약속을 이용해 대응할 수도 있을 것이다. 페미니즘이 불행을 야기하지 않는다는 증거, 페미니즘이 여성들을 행복하게 만든다는 증거 혹은 페미니즘은 여성들의 행복과 무관하다는 증거를 제시하면서 말이다.

나는 이 방법이 그다지 쉽지는 않을 것이라고 생각한다. 행복은 그 자체가 이미 유동적이기 때문에 유동적인 방어책이다. 꼭 집어 고정하기가 어렵기 때문에 우리는 상관관계, 기대, 대답, 소망 등에 의존한다. 이 책의 서론에서 논한 것처럼, 많은 행복 리서치들이 상관관계를 인과관계로 바꾸면서 진행된다. 행복과 결혼 사이의 상관관계는 결혼이 행복을 야기하므로 우리는 결혼을 장려할 도덕적 의무가 있음을 강조하는 데 이용된다. 행복은 정서적인 것으로 그것을 상실했을 때조차 당신은 그것을 찾을 수 있으며, 그것의 상실은 행복을 야기하는 이것이나 저것의 상실로 설명되는 그런 것이다. 따라서 행복에 대한 주장을 반박할 때 또 다른 행복에 대한 주장으로 맞서려 한다면, 결국 당신은 당신이 반박하려 했던 행복에 대한 주장을 옹호하는 불안정한 기반을 떠나지 못하는 셈이 된다. 우리 주장을 제대로 방어하려면 우리는 행복을 우리의 기반으로 삼아서는 안 되며 행복이 얼마나 불안정한 기반인지를 드러내야 한다. 『제2의 성』에서 시몬 드 보부아르의 주장은 이런 불안정함을 폭로하는 것이라 할 수 있다. "사람들이 으레 처하기를 소망하는 상황을 두고 행복이라 말하기는 항상 쉬운 법이다"(Beauvoir 1949/1997: 28[상권 30]).

하지만 5장의 "방향성 없는 감정들"에 대한 내 결론에도 불구하고, 행복을 떠올리지 않고 삶의 핵심, 삶의 의미, 삶의 가치, 윤리 그리고 잠재성을 생각하기는 정말로 어려워 보인다. 행복에 대한 주장을 비판하기 위해 여전히 행복을 하나의 주장으로서 다뤄야 하는 이유가 바로 이것이다. 행복이 묵직한 이유는 그 의미 때문이 아니라(그것이 단순히 어느 한 지점을 가리키고 있어서가 아니라) 그것이 무언가를 열망하는 그 양식 속에서, 지평선 너머 다른 어딘가의 어느 지점을 환기하기 때문이다. 감정의 기호처럼 작동하는 말들, "감정어"라고 생각할 수 있는 모든 말 가운데 **행복**은 윤리와 너무 밀접하게 연결돼 있어서 가장 많이 언급된다. 어떤 사람들에게는 좋은 삶이 행복한 삶이다. 혹은 덕을 갖춘 사람이 행복한 사람이다. 혹은 가장 좋은 사회가 가장 행복한 사회다. 행복은 그것이 무엇이든 우리가 원하는 것일 뿐만 아니라 좋은 것의 척도다. 그래서 행복은 좋은 것이 이미 성취되었다는 기호가 된다. 우리가 행복이라는 말의 묵직함을 좀 더 온전히 인식하기 위해서는 행복과 윤리의 친밀성을 성찰해 볼 필요가 있다.

행복의 계보

결론에서 나는 니체가 도덕의 계보라고 불렀던 것에 행복이 어떤 식으로 내포돼 있는지 재고함으로써 다소 소박한 행복의 계보를 제시해 보고자 한다. 니체에 따르면, 도덕의 계보가 우리에게 가르쳐 주는 것은, 선과 악이 개념으로서 도착한다는 것, 그리고 그때 어떤 형식을 취한다는 것이다. 선악을 해석하려면, 우리는 단순히 그 형식을 보는 게 아니라 그 도착에 형식을 부여해야 한다. 니체는 뭔가를 긍정하거나 부정하는 도덕의 두 형식으로 귀족의 도덕과 노예의 도덕을 대립시킨다. 그의 도덕의 계보는 긍정과 부정의 역사를 따라가는 것이라고 말할 수 있다.

페미니즘 이론에서 우리가 아마도 더 친숙한 것은 노예의 도덕에 대한 니체의 비평, 즉 원한의 수동성과 상처에 기반을 둔 동일성[정체성] 정치에 대한 비판일 것이다(Brown 1995: 73; Skeggs 2004: 181-87).[3] 니체가 보기에, 노예의 도덕은 외부의 것에 대해 아니오,라고 말하면서 시작하기 때문에, 무언가에 반대함으로써 출현하는 존재, 심지어 그 형상이 반대함 그 자체가 될 수도 있는 존재로서 이런 부정의 제스처 안에 갇힐 수밖에 없다(Nietzsche 1887/1996: 22[43-44]). 노예 반란은 힘을 가진 소수의 권력과 행복에 대한 힘없는 다수의 반작용이다. 그 반란의 도덕 심리에는 원한의 내면화와 복수에 대한 욕망이 포함돼 있다.

니체의 주장에 따르면, 노예의 도덕이 외부 세계에 대해 아니오,라고 말한다면, "귀족적 평가 양식에서 사정은 정반대다. 그것은 자발적으로 행동하고 성장하며, 더 기꺼운 마음으로 기쁨에 차서 스스로를 긍정하기 위해 자신의 대립물을 찾을 뿐이다. 그것의 부정적 개념인 '저급한', '범속한', '나쁜'[열등한]은 철저히 생명과 정념에 젖어 있는 그것의 긍정적 기본 개념 — '우리 고귀한 자들, 우리 선한[월등한] 자들, 우리 아름다운 자들, 우리 행복한 자들! — 에 비하면 파생적으로 태어난, 창백한 대조 개념일 뿐이다"(22[43-44]). 니체에게는 "우리 행복한 자들!"이라고 말하는 이 제스처가 감탄할 만한 제스처이자, 자기-긍정, 무에서 유의 창조이다.

그렇다면 니체는 이 제스처를 긍정함으로써 긍정의 제스처를 반복하는 걸까? 니체의 계보학은 행복 구별짓기가 어떻게 사회적 구별짓기의 물화인지를 보여 준다. 그의 목적이 귀족적 도덕으로의 복귀를 요청하는 데 있는 것은 아니다. 하지만 그는 분명 "우리 행복한 자들"이라는 제스처를 순수하게 창조적인 것으로 묘사함으로써 그것과 동일시하고 있다. 그는 이런 자기-선언들이 나중에야 불행한 자들, 즉 우리가 가진 것을 결여한 혹은 가지지 못한 자들을 만들어 낸다고 말한다. "그리스 귀족이 자신과 하층민들을 구분하기 위해 사용한 거의 모든 말에 거의 자비에 가까운 뉘앙스가 있다는 점을 놓치지 말아야 한다. 일종의 연민, 배려, 인내가 지속적으로 개입해 받아들이기 좋게 된 결과 마침내 평민에게 적용되는 거의 모든 말이 '불행한' '불쌍한'을 의미하는 표현들로 남게 되었다"(23[44]). 니체 자신의 확언(그것이 필수적인 것도, 명백한 것도 아니지만)에 의하면, "우리 행복한 자들"이라는 귀족적 발화 행위에는 부정이 필요하지 않다. 타자들은 말하자면 나중에 생각해 보니 그러하다는 식으로 부정되며, 시간이 흐르면서 연민의 대상이 되고 불쌍해지고 불행해진다. 부정에서 시작한 자들, 아니오라고 말함으로써만 행동할 수 있는 자들이 바로 타자들, 부정된 자들이다.

이 도덕의 계보의 한계는, 행복을 행운에 위치시키는 데 있는 게 아니라(내 생각에 이런 위치는 우리가 행복이 무엇에 대한 것인지를 이해하는 데 도움을 준다), 행운을 창조성과 동일시하는 데 있다. 니체는 운을 "출신 좋은" 자들이 행복과 행위를 동일시할 수 있게 해주는 느낌이라고 말한다. 그는 이렇게 주장한다. "이 모든 것은 힘없는 자들의 차원에서 이해되는 '행복'

과는 현저한 대조를 이룬다. … 그들에게 행복은 본질적으로 마약이나 마취제 같은 것, 안정과 평화, '안식일', 긴장을 풀고 사지를 편안히 하는 것으로, 한마디로, **수동적인 것**으로 나타난다"(23-24[45]). 내가 도전하고자 하는 관념은 바로 이런 관념, 즉 행운으로부터 행복을 선언하는 것이 긍정 행위이며 심지어 능동적 행위라는 관념, 그것이 **아주 시초부터** 부정("비능동적인", "불행한" 자들)을 포함하고 있지 않다는 관념이다. 내 생각에 니체의 계보학이 암시하는 바는 "우리 행복한 자들"이라는 선언이 거의 선언하는 것이 없다는 것이다. 만약 무언가를 선언하고 있다면 그것은 단순히 스스로 행복하다고 자부할 힘을 가진 자들은 스스로 행복하다고(그리고 다른 사람들은 그렇지 않다고) 자부하는 경향이 있음을 드러낼 뿐이다. 이런 선언을 참신하고 창조적인 행위로 묘사하기는 어렵다.

우리는 불운하다고 여겨지는 사람들은 행동하지 않는다는 가정에 도전해 볼 수 있다. (**원한**과 같은) 그들의 불행도 (**마취제**와 같은) 그들의 행복도 수동적이라는 가정에 도전해 볼 수 있다. 이 책에서 나는 불행을 정치적 행위의 한 형식으로 살펴보았다. 아니오,라고 말하는 행위, 상처를 진행 중인 현재로 지적하는 행위는 처음부터 무언가를 긍정한다. 그리고 오히려 내 주장은, 인간의 능동성과 가치를 나타내는 기호로 인정받고 긍정돼 온 행복이 마취제를 포함하고 있으며, 어떤 것에 의해 변용될 수 있는 역량이나 의지의 상실로 재해석될 수 있다는 것이다.

니체는 우리가 **행복의 역사**를 **자기-선언의 계보** 속에서 볼 수 있게 해준다. 이런 계보에서 "우리 행복한 자들"이라고 선언할 수 있는 역량은 그 진술이 참임을 보여 주는 충분한 근거로 간주된다. 행복의 계보학은 운의 역사와 분리될 수 없다고 할 수 있다. 니체로부터 운이 좋은 사람들은 스스로를 행복하다고 선언한다는 것을 배웠다면, 우리는 행복을 **행운의 전위**로 재해석할 수 있다. 내가 첫 장에서 지적했듯이, **행복**happiness이라는 영어 단어의 초기 의미 중 하나는 행운 관념, 즉 운fortunate 혹은 요행lucky 관념과 관련돼 있다. 그러나 행복의 역사는 행복이 단순히 행운을 지시하는 데 그칠 수 있음에 대한 불안을 포함한다. 예를 들어, 스토아학파의 전통에서 우리는 이런 불안을 볼 수 있다. 세네카가 남긴 유명한 말 가운데 이런 게 있다. "행운의 여신은 그녀가 준 것만 앗아 갈 수 있다. 하지만 덕은 그녀가 준 게 아니어서 앗아 갈 수 없다"(Debrabander 2007: 22에서 재인용). 여기서 행운은 우연의 형상, 즉 주어진 것이기에 또한 빼앗길 수도 있는 가능성의 형상으로 의인화된다. 행복이 덕이 되면, 우리는 외적 재화 없이도 행복을 성취할 수 있다. "자연은 행복하게 사는 데 많은 도구가 필요하지 않게끔 해놓았다. 각자는 모두 스스로를 행복하게 만들 수 있다"(Seneca 1997: 6[361]). 사실 행복한 사람은 행운의 손이 미치지 못하는 곳에 있다. "행운에 속지 않는 사람에게 불운은 결코 손해를 입히지 못한다"(7[362]).

행복에서 행운을 배제한다는 건 경험적인 것과 우발적인 것을 배제하는 것과 같은 것일 수 있다. **우리에게 우연히 발생한** 모든 것들, 말하자면 우리가 통제할 수 없는 모든 것들이 행복의 조건에서 배제되는 것이다. 우발성, 행운, 경험적인 것의 공통점은 무엇일까? 그것들은 모두 "우연"the hap의 기호 아래 작동한다. 행복의 역사는 행복에서 우연을 제거한 역사로도 기술될 수 있다. 『도덕감정론』에서 애덤 스미스는 우리의 행복을 게임에서의 승리에 대한 희망이 아닌 게임을 잘하는 데 둬야 한다고 말한다. "만약 우리가 행복을 내기에서 이기는 것에 둔다면, 우리는 그것을 우리 힘도 미치지 않고 우리의 지휘도 벗어나는, 여러 원인들에 의해 좌우되는 것에 두는 셈이다. 그럴 때 우리는 스스로를 영구적인 공포와 불편함, 비통하고 굴욕적인 실망에 빈번히 내맡길 수밖에 없다. 그러나 만약 우리가 행복을 게임 잘하기, 공정하게 게임하기, 현명하고 능숙하게 게임하기, 요컨대 우리 행동의 적정성에 둔다면, 우리는 그것을 적절한 훈련, 교육, 주의력에 의해서 전적으로 우리의 힘과 지휘 아래 두는 것이다. 이때 우리의 행복은 완벽하게 보장되고, 행운의 영역 너머에 존재하게 된다(Smith 1759/2000: 410[606]).

우리는 "행운의 영역 너머의 행복"이라는 서사를 그것이 약속하는 바 — 그것은 우리가 행복을 보장할 수 있다고 약속한다 — 와 관련해 탐색해 볼 수 있다. 행복이 우리의 지휘 아래 있을 때, 그것을 자기 행위의 전거로 삼을 때 우리는 행복을 보장할 수 있다. 행복에 대한 이 같은 환상은 자기-통제에 대한 환상이다. 행복에 대한 희망을 우리의 통제 밖에 있는 것에 두지 않음으로써 우리가 행복을 통제할 수 있을 것처럼 생각하는 것이다. 지혜와 덕을 갖춘 사람은 그의 행복이 자신의 지혜와 덕에 달려 있기 때문에 두려움이나 불안, 실망을 느끼지 않을 것이다. 행복의 계보는 행복이 운 좋은 자들의 자질들 속에서 어떻게 발견되는지 보여 준다. 스미스가 말하듯, 게임을 잘하려면 우리에게는 "적절한 훈련, 교육, 주의력"이 필요하다. 운은, 그것이 **전위되어** 게임을 잘하는 역량, 행복하고 덕을 갖춘 자가 될 능력이 되는 **바로 그 순간에 축적된다.** 운을 다시 행복 안으로 돌려놓는다 해서 운 좋은 사람들이 **진짜** 행복한 사람들이라고 말하려는 건 아니다. 그보다는 행복이 어떻게 운 좋은 사람들로 하여금 자신들의 행운에도 **불구하고** 스스로를 선과 덕, 지혜를 갖춘 존재로 생각하

Happiness, Ethics, Possibility

게 만드는지 보여 주려는 것이다. 이제는 부富에 대해 생각하지 않고 행운에 대해 생각하기는 어렵다. 행복과 행운의 친밀성을 이론화하려면 요행luck과 우연한 기회chance의 형태로 나타나는 행운fortune의 초기 의미로 되돌아가야 한다. 행복은 행운만큼이나 우연히 얻어진 것일 수 있다.

행복, 수동성, 능동성

니체가 제시한 도덕의 계보는 너무 빨리 멈춰 버린 것 같다. 행복의 계보학은 능동성activity과 수동성passivity의 계보학 또한 제시할 필요가 있다.[4] 그런 행복의 계보학은 단순히 선과 악, 더 낮은 선과 더 높은 선 사이의 구별이 어떻게 물화되었는지뿐만 아니라, 그런 구별이 어떻게 능동과 수동의 구별, 작용과 반작용의 구별과 일치하게 되었는지도 탐색해야 한다. 능동과 수동의 구별은 신체로부터 떨어져 힘을 축적한 결과 다른 자질이나 능력의 형태로 다시 몸에 달라붙을 수 있다.

애초에 모든 형태의 정념은 수동적이라고 간주돼 왔다. 실제로 정념passion이란 단어와 수동적passive이란 단어는 모두 고통받다, 라는 뜻의 라틴어 passio를 어근으로 한다. 능동/수동은 아주 단순히 행위와 정념·감정을 구별짓는 역할을 할 수 있다. 하지만 어떤 형식의 감정은 다른 것에 비해 "능동적"이라고 읽힌다. 행복은 부정적인 감정들과 대조를 이루며 능동성의 형식이 된다. 행복하다는 것은 당신의 운명을 능동적으로 결정한다는 뜻이지만, 불행하다는 것은 당신의 운명을 고통스럽게 겪어 낸다는 뜻이다. 이 구별은 점점 더 뚜렷해진다. 어떤 형태의 행복은 다른 것보다 더 능동적이라고 간주된다. 니체의 『차라투스트라는 이렇게 말했다』에서 초인은 가장 즐거운 사람이면서 "가장 행복한 사람"이다. 그의 즐거움은 "농노들이나 누리는 비근한 행복에서 벗어나 있"(Nietzsche 1883-85/1961: 127[174])는 것으로 묘사된다. "저들이 지금까지 떠받들어 온 가치관을 파괴하는" 그는 "파괴자 — 법칙 파괴자 — 이지만 창조자이다"(51[33]).[5] 능동적인 것과 수동적인 것의 구별을 계속해서 정교화하면 능동성과 수동성은 신체의 속성이 된다.[6] 불운한 자는 감정적인 사람들, 고통 받는 사람들이다. 만약 그들이 행복을 느낀다면 그 행복은 마취제처럼 허약하다.

우리는 이런 능동성과 수동성의 특질들이 어떻게 분배되는지에 초점을 맞춤으로써 능동과 수동 사이의 이분법적 대립에 도전할 수 있다. 보통 수동성은 우리가 포기한 이들의 신체에 위치한다. 무언가를 포기한다는 것은 어떤 행위의 특질을 보지 않겠다는 것이다. 내 생각에는, 수동태를 문법적 오류로 보는 설명에도 일종의 포기가 포함돼 있다. 수동태는 보통 "그것이 나타내는 동작이, 그 동작이 향하는 사물에 대한 태도로 취급되는 동사 형태에 적용된다." 우리는 닭이 길을 건넜다고 말해야 한다고 배운다. 길이 닭에 의해 건너졌다고 말해서는 안 된다. 이 경우 길은 아무것도 안 하는데 문장에서 문법적 주어다. 우리는 주어는, 동물 주어라 해도, 행동하는 존재라는 판타지를 유지해야 한다. 닭이 문장의 처음에 와야 하는 것이다.

하지만 길은 이 건너기 사건에서 아무것도 하지 않는 걸까? 길은 공급자다. 즉, 길은 우리가 건널 수 있는 지점, 우리가 한쪽에서 다른 쪽으로 갈 수 있는 지점을 제공한다. 길은 과거 행위들, 지점들을 건너기로 한 결정들의 효과다. 우리는 능동/수동이라는 이분법적 대립에 붙들려 있기

Happiness, Ethics, Possibility

보다는 도전해야 한다. 이는 수동적이라고 간주돼 온 것, 아무것도 하지 않으면서 단지 거기에 있다고 간주돼 온 것이 뭔가를 하고 있음을 보여 줌으로써, 나아가 뭔가를 할 수 있는 가능성의 조건을 마련해 주고 있음을 보여 줌으로써 가능하다. 우리가 해야 할 일은 수동성을 능동성으로 재기술하는(말하자면, 일반화된 행위 영역을 창조하는) 것이 아니라, 수동성이 다른 종류의 행위를 수반하는 것으로 생각하는 것이다.

　이 책의 기획 가운데 하나는 고통을 겪는 것이 일종의 활동임을, 뭔가를 하는 방식임을 보여 주는 것이었다. 고통스럽다는 것은 좋은 것으로 판단돼 왔던 것에 불합치*를 느낀다는 뜻일 수 있다. 이렇게 보면, 고통은 행위 역량을 고양해 줄 수 있는 수용성이다. 행복에서 고통으로의 변화 — 혹은 실망을 통해 행복 관념의 상실을 겪는 것 — 가 갑자기 행동에 뛰어들게 할 수도 있다. 행복은, 니체가 이야기하듯, 당신이 하도록 요청받은 것을 따르는 방식일 수 있다. 그렇다고 불행이 능동적인 것으로 고정되고 그에 대비해 행복이 수동적인 것으로 간주돼야 한다는 말이 아니다. 아니, 그런 게 아니다. 전혀 그렇지가 않다. 우리는 능동적 활동과 수동적 활동을 경험하는 방식의 질적 차이를 설명할 언어를 개발해야 한다. 그러려면 능동과 수동의 구분 자체에, 그런 구분이 존재의 계급 구분을 고정하는 방식에, 행복한 사람과 길을 건너는 닭들을 고통 받는 영혼과 움직이지 못하는 길들과 구분하는 방식에 도전해야 한다.

　　*　박기순은 agreement를 적합성, disagreement를 부적합성으로, 진태원·최원·서관모 등은 합치, 불합치 등으로 옮기고 있다. 이 책에서는 후자를 따랐다.

결론 행복, 윤리, 가능성

능동적인 것과 수동적인 것이 어떻게 자리를 바꿀 수 있는지 보여줌으로써 우리는 행복을 능동적 활동으로, 불행을 수동적 활동으로 보는 구분에 도전할 수 있다. 스피노자에 대한 들뢰즈의 해석을 살펴보자. 들뢰즈에게 스피노자는 니체와 같은 긍정적 지평에 속해 있다. "스피노자의 전면적 투쟁, 슬픔에 기반을 둔 모든 정념에 대한 근본적 고발"은 "에피쿠로스로부터 니체에 이르는 위대한 계보에 그를 위치시킨다"(Deleuze 1970/1998: 72[85]). 슬픈 정념들에 대한 근본적 고발은 철학 내에서 대안적 계보가 된다. 이 계보는 슬픈 정념을 포기하지 않는 사람들과 의견을 달리하는 계보이기도 하다. 그러나 그럼에도 불구하고 우리는 (행복이 늘 정념과 관련해서 정의되는 건 아니지만) 철학자들이 얼마나 일관되게 행복을 좋은 것의 편에 두고 있는지 보았다. 에피쿠로스, 니체, 스피노자가 모두 좋은 것으로서의 행복을 긍정적으로 보고 있다면, 그것은 철학적 유산과 불합치하는 것이 아니라 합치하는 것처럼 보일 것이다.

들뢰즈에게 스피노자의 윤리학은 행동학, 즉 힘[권력]에 대한 기술, 역량에 대한 기술, 신체가 어떻게 다른 신체에 의해 변용되는지에 대한 기술이다. 들뢰즈는 이렇게 묻는다. "만약 내 신체가 이런 식으로, 부분들의 무한성 아래 있는 운동과 정지의 어떤 관계로 이루어져 있다면, 어떤 일이 일어날까요? 두 가지가 발생할 수 있습니다. 저는 제가 좋아하는 것을 먹습니다. 혹은 또 다른 예를 들자면, 제가 무언가를 먹고 독에 감염되어 쓰러집니다. 문자 그대로 말하자면, 전자의 경우 저에게는 좋은 마주침인 것이고, 후자의 경우 나쁜 마주침인 것입니다"(Deleuze 1978: 6). 1장에서 논한 것처럼, 존 로크도 음식을 좋아한다는 것의 의미가 무엇인지 고찰한다. 그는 맛있는 포도를 좋아하는 사례를 들며, "특정 미각에 얼마나 기분 좋게 느껴지느냐"라는 맛의 다양성 모델을 제시한다(Locke 1690/1997: 247 [1권 393]). 들뢰즈에게 나쁜 마주침은 좋아하는 것들의 지평 너머로 우리를 데려간다. 그는 "좋아하는 것을 먹는" 사례 다음에 "좋아하지 않는 것을 먹는" 사례를 이야기하지 않는다. 대신에 그는 다소 극단적이고 극적인 이미지를 만들어 낸다. 나쁜 마주침은 주체가 독에 감염되어 쓰러져 죽는 경우다. "나쁜 마주침"이 죽음으로 재현된다는 사실은 뭔가 시사하는 바가 있다. 좋아하는 것과의 마주침은 생존의 한 형식으로서 회고적 낙관을 성취한다(독에 감염되지 않은 것이다). 내 주장 역시 주체가 좋아하는 것들이 하나의 공유된 형식으로 모인 지평 너머로 우리를 데려가는 근본적인 불합치를 겪을 경우, 그 주체의 생명은 위험해진다는 것이었다.

들뢰즈는 불합치의 불쾌한 효과를 설명하는 것에서 더 나아간다. 불합치가 문제가 되는 것은, 그것이 당신에게 고통을 주기 때문이다. 즉, 불합치는 그 자체로 수동성의 형식으로 구조화돼 있다. 바로 이런 이유로 들뢰즈는 스피노자가 전제군주나 성직자 같은 권력을 가진 자들이 "신민의 슬픔을 필요로 한다"(4)고 보았다고 말한다. 대중들은 고통을 통해 약해져야 한다. 그들은 불합치한 것에 중독돼야 한다. 따라서 내가 만약 불합치를 겪는다면, 위태로운 것은 내 생명이다. 바꿔 말하면, 죽음이란 주체가 자신의 존재를 유지하지 못한 실패라고 할 수 있다. 주체를 완전히 제거한 죽음은 수동성의 위협을 극단화한 것이다.

들뢰즈가 보기에, 좋은 마주침은 행위 역량을 증가시킨다. 즉, 좋은 마주침은 합치가 만들어 낸 기분 좋은 상태라고 말할 수 있다. 그것이 좋은 마주침인지는 "이러저러한 신체와 나 자신의 신체의 합치 관계"(11)에 달려 있다. 나쁜 마주침에서 "이 신체는 내 신체와 합치하지 않는다"(5).

분명 우리에게는 다른 것들보다 잘 합치하는 어떤 것들이 존재한다. 우리가 선호하는 것들은, 이미 우리가 어떤 상태인지 주어져 있는 상황에서, 최소한 우리에게 합치**할 수 있는** 것에 의해 결정될 것이다.

그래도 우리가 어떻게 지금 현재 상태가 된 것인지에 대한 질문은 남는다. 들뢰즈는 "마주침"에 대해 고찰하면서 이러저러한 것이 이러저러한 것을 만나면 어떤 일이 벌어지는지 묻는다. 같은 강의에서 다룬 또 다른 사례를 보자. 나는 "거리를 걷다가" 우연히 피에르와 폴을 만난다. 즉, "피에르와 우연히 마주치"고 "뜻밖에 폴을 보게" 된다(3). 나와 그들의 우연한 마주침은 좋은 마주침일 수도 있고 나쁜 마주침일 수도 있다. 그것이 좋은 마주침인지 나쁜 마주침인지는 내가 피에르와 폴에 의해 어떻게 변용되느냐 — 피에르와 폴이 내게 던져 준 생각에 내가 기쁜가 아니면 기쁘지 않은가 — 에 달려 있다. 나는 이런 마주침이 우연인지 묻고 싶다. 물론, 우리는 우연히 만날 수 있다. 하지만 우리가 우연히 만날 수 있는 것은 둘 다 그 거리를 따라 걷고 있었기 때문이다. 우리는 이미 거리의 행위 주체성을 살펴보았다. 거리는 (닭들과 다른 타자들에게) 건너는 지점뿐만 아니라 만나는 지점도 제공한다. 우연한 마주침조차 행위를 가능하게 하는 어떤 기반에 달려 있는 셈이다. 우리는 우리 행위의 기반이 되는 것 — 가다가 무엇을 발견할지는 모르지만 자기 경로를 찾도록 해주는 길들 — 에 의해 인도된다.

그 마주침이 어떤 식이 되든 간에, 내가 피에르와 폴을 만났을 때 그 만남은 합치하거나 그렇지 않거나 둘 중 하나가 될 것이다. 그렇다면 어떤 마주침이 합치한다는 건 무슨 뜻일까? 어떤 것이 다른 것에 합치된다는 건 어떤 것일까? 행복에 대한 내 분석은 합치가 무엇에 달려 있는지를 설명할 때 대안적으로 사용할 수 있는 어휘를 제공해 준다. 행복에는 강압의 내재성과 합치에 대한 요구가 포함돼 있을 수 있다. 우리는 흔히 강압을 위협, 협박, 압력을 이용해 주체의 복종을 요구하는 외적인 힘이라고 생각한다. 강압을 당한다고 하면 "우리의 의지에 반해" 뭔가를 하도록 강요당하는 상황을 생각하는 것이다. 하지만 강압은 의지의 방향을, **의지하려는 의지**를 형성하는 것이다. 우리의 의지에 합치하는 것이 언제나 의식의 대상으로 접근 가능한 것은 아니다. 『세상의 고통에 대하여』에서 쇼펜하우어가 주장하듯이 "우리는 우리의 의지에 무엇이 합치하는지 절대로 진정으로 알아차리거나 의식하지 못한다"(Schopenhauer 1850/2004: 3). 다른 존재가 우리 의지에 합치할 경우 우리는 그것을 알아차리지 못할 수도 있다. 합치로 인해 마주침을 마주침으로 인지하지 못할 수 있는 것이다. 사물들[상황]의 합치는 우리의 배경으로 존재한다. 이러저러한 신체가 이러저러한 신체를 만나기도 전에 합치가 일어날 수도 있다. 각각의 신체는 합치의 역사를 담고 있으며, 그 모든 역사가 드러나는 것은 아니지만, 그것은 신체를 특정한 방식으로, 의지의 방식으로 기울게 한다.

미각의 사례로 돌아가 보자. 행복 대상의 다양성을 받아들이는 존 로크 같은 철학자조차 미각이 교정 가능하다고 말한다. 1장에서 논한 것처럼, 우리는 좋은 취향을 습득할 수 있다. 습득 가능성은 우리가 될 수 있는 것뿐만 아니라 되어야 하는 것을 포함한 내재성의 영역으로, 이는 주체가 더 잘해야 할 의무로 번역될 수 있다. 쾌락이나 즐거움은 단지 자신에게 합치하는 이러저러한 것을 발견한 결과일 뿐만 아니라, 기쁨을 얻기에 적합한 것을 발견했다는 **이유로** 인정받은 경험의 결과이기도 하다. 당신 주변의 사람들이 당신의 합치에 "합치"[동의]하는 것이다. 결국, 합치는 "기쁘게 하거나 만족하게 하는 행위"뿐만 아니라 "동의하는 행위"를 의미한다. 좋은 마주침은, 5장에서 행복 디스토피아를 고찰하며 살펴보았듯이, 누군가의 조건을 기꺼이 받아들인다는 의미에서 굴복을 수반하기도 한다. 합치는 또한 "감정의 일치"를 의미한다. 감정의 일치가 사회적·정치적 삶의 목적일 때, 그것은 이미 존재하는 것과 일치를 이루라는 요구가 된다. 조화로움은 일치에 대한 요구다. 그래서 권력자들은 국민들이 슬프기보다 행복하기를 바란다는 게 내 주장이다.[7] 우리의 행복을 바라면서 그들은 우리가 슬픔을 인식하지 못하게 막을 수 있는데, 이는 그 슬픔이 행복에 방해가 될 뿐만 아니라 행복에 대한 바람에도 방해가 되기 때문이다.[8]

그래서 우리는 좋은 마주침에 대한 들뢰즈의 사례를 다른 관점에서 해석해 볼 수 있다. 좋은 마주침이란 신체가 자신이 수신한 것과 합치함으로써 제자리에 머물러 있는 상태 또는 **머물 수 있는 장소를 획득한** 상태로 해석될 수 있다. 나쁜 마주침은, 신체가 자신이 수신한 것과 불합치함으로써 어딘가에 놓이기를 거부하는 것으로 해석될 수 있다. 이 책에서 나는 불행을 판단의 한 형태로, 정서적 불합치의 지점으로 보았다. 만약 혁명 행위들, 벽을 허무는 행위들이 행복에 대한 저항으로 이해될 수 있다면, 우리는 또한 그런 행위를 **합치의 대가에 대한 저항**이라고도 말할 수 있다. 동의가 굴복이라면, 좋은 마주침은 굴복을 수반할 수 있다— 꼭 그런 것은 아니고, 그것만도 아니지만 말이다. 능동적이라 생각했던 것이 얼마나 수동적인 것으로 해석될 수 있는지, 수동적인 것이라 생각했던 것이 얼마나 능동적인 것으로 해석될 수 있는지로부터 우리는 많은 것을 배울 수 있다. 능동성과 수동성은 마주침 그 자체를 묘사하는 것이라기보

Happiness, Ethics, Possibility

다는 마주침을 구조화하는 방식이다.[9]

행복에 대한 내 해석은 마주침을 재구조화할 수 있게 해준다. 우리는 분위기 깨는 자의 사회적 위협을 이런 관점에서 다시 쓸 수 있다. 분위기 깨는 자는 서로 합치하거나 합치해야 하는 신체들 사이에 끼어든 자다.[10] 분위기 깨는 자는 유기적 연대를 방해하는 자다. 혹은 연대가 유기적이 되려면 불합치를 마주침을 방해하는 것으로 위치시켜야 한다고도 말할 수 있다. 마주침이 일어나기 전에, 무엇이 불합치하는지에 합의함으로써 연대는 형태를 갖출 수도 있다. 분위기 깨는 자의 사례에서 우리는, 유기적 합치의 본질은 방해하는 것은 "무엇이든" 불합치라고 하면서 국지화하는 데 있음을 알 수 있다. 이 책에서 내 임무는 바로 이 무엇이든에 대한 무관심을 거부하는 것이었다.

만약 윤리학이 불합치할 자유를 보호하는 것이라면, 그것은 단순히 (좋은 마주침 또는 행위 역량을 증가시키는 것으로 이해되는) 긍정에 **대한** 것 혹은 긍정을 **위한** 것일 수 없다. 결국 나는 행복에 대한 내 비평을 "긍정으로의 전회"라고 하는 것까지 포함할 수 있도록 확장하고자 한다. 긍정으로의 전회는 행복으로의 전회로 환원되지 않는다. 이에 대한 많은 문헌이 행복 연구에서 이루어지는 작업과 충돌한다. 이는 좋은 삶, 덕을 갖춘 삶으로서의 행복에 규범적으로 매달리지 않는 철학적 글쓰기로, 스스로를 행복 연구의 특징인 도덕화하는 준거틀과는 대립적인 위치에 놓는다. 이런 노선에서 작업하는 수많은 저자들은 "묵직한" 행복의 언어를 거부하고 그 대신 즐거움의 긍정성에 특권을 준다(Massumi 2002a; Colebrook 2008). 그렇다면 왜 긍정으로의 전회를 행복으로의 전회와 같은 지평에 속하는 것으로 말하는가? 내 이유는 단순하다. 긍정으로의 전회가 똑같이 긍정적 느낌들 — 단순히 "좋은 느낌들"만을 의미하는 건 아니다 — 을 잠재성과 되기의 장소로 보기 때문이다.

긍정으로의 전회는 소위 "긍정의 윤리"를 상정한다. 긍정의 윤리는 들뢰즈의 좋은 마주침의 사례를 좋은 마주침에 대한 요청으로 전환시킨다. 다른 말로, 긍정의 윤리는 신체들이 합치 상태에 있을 때 발생하는 일을 기술하는 데 그치지 않고 좋은 마주침 — "삶에 더 많은 것"을 주는, 어쩌면 비참과 고통보다 더 많은 것을 주는 — 을 요청한다. 브라이언 마수미는 이렇게 지적한다. "이 세계에 대한 당신의 참여는 전 지구적 되기의 일부이기 때문에 윤리적이며, 경험적이고 창조적입니다. 따라서 문제는 그 과정에서 즐거움을 취하는 것입니다. 결국 어디에 이르든 말입니다. 제 생각에는 이 세계에 대한 믿음을 가지는 것의 문제이지 않을까 싶습니다. 이 세계가 지속될 거라는 단순한 희망 말입니다. … 하지만 다시 말하지만 그것은 특정한 내용이나 종착점이 있는 그런 희망은 아닙니다 — 그것은 더 많은 삶에 대한 욕망, 혹은 삶에 더 많은 것을 바라는 욕망입니다"(Massumi 2002a: n.p.[80]). 마수미는 좋은 느낌이 반드시 기분이 좋다는 뜻이 아니라고 조심스럽게 주장한다. 하지만 **즐거움**이라는 단어는 쾌락과 기쁨의 경험을 환기한다. 말들은 끈적거린다. 즉, 말은 우리가 그것을 다르게 사용할 경우에도 [그 말에 붙어 있던] 연상[연관]들을 유지한다. 때로는 즐거움을 좋은 느낌으로, 행위 역량을 증가시키는 것으로 재정의함으로써 우리는 그 말의 힘을 증가시키기도 한다. 느낌이 좋다가 좋은 느낌이 되고, 당신의 행동력을 증가시키는 것이 되기도 하는 것이다.

여기서 마수미는 과정에서 즐거움을 찾는 것에 대해 쓰고 있다. 하지만 즐거움은 또한 이 "삶에 더 많은 것"에 정서적 형태를 부여한다. 긍

Happiness, Ethics, Possibility

정으로의 전회에서, 즐거움은 삶의 잠재성을 열어 주는 것이다. 즐거움을 위해서라는 말은 무슨 뜻일까? 즐거움을 위해서와 행복을 위해서는 다른 것일까? 우리는 행복과 함께 즐거움까지 허물어 버리는 일이 없도록 조심해야 한다. 분명 이 말들이 지시하는 대상에 (어떤 식으로든) 달라붙어 있는 역사는 서로 다르다. **즐거움**은 덜 묵직한 말이다. 그 말은, 그것이 만약 강도로 경험되는 것이라면, 일시적인 느낌 그리고 일시적임에 틀림없는 강도의 느낌을 나타내는 데 사용된다. 하지만 즐거움이 우리가 목표로 해야 하는 것으로서의 행복의 자리에 놓인다면, 그것은 유사한 효과를 낼 수 있다. 예를 들어, 로지 브라이도티는 "즐겁거나 긍정적인 정념과 반작용적인 정서의 초월은 바람직한 양식"(Braidotti 2006a: 157[279])이라고 말한다.[11] 브라이도티의 예지력 넘치는 페미니즘에는 찬탄할 만한 것이 많지만, 즐거움이 바람직한 양식이 된다는 것, 반작용적이라고 가정된 부정적 정념을 초월하는 방식이 된다는 것이 무슨 의미인지는 잘 모르겠다. 브라이도티는 분명 자신의 윤리학에서 아픔과 고통의 중요성을 인식하고 있다. 브라이도티에게는 "고통을 고려하는 게 출발점이긴 하지만 그 과정의 진짜 목적은 아픔이 초래하는 효과, 즉 우리를 무력하게 만드는 수동성의 효과를 극복하는 방법을 찾는 것이다"(84[161]). 우리는 아픔을 가장 잘 설명해 주는 말이 과연 무력하게 만드는 수동성인지(혹은 아픔은 그런 말들로 경험될 뿐인 것인지), 그리고 모든 수동성이 무력하게 만드는 효과가 있는지 질문해 볼 수 있다. 이런 질문을 할 때조차 내 목적은, 좋은 느낌에 대한 이런 긍정에 대응해 아픔이나 다른 나쁜 느낌을 긍정하려는 것이 아니다. 나는 단지 우리가 이러저러한 방식으로 변용되기 전까지는 다양한 정서들이 신체에 무엇을 할지 미리 알 수 없다고 지적해 두고 싶다. 5장에서 이야기했듯이, 변용에는 비뚤어지고 뒤틀린 도착성이 수반된다.

즐거움을 좋은 것과 연관 짓고 아픔을 나쁜 것과 연관 짓는 정서 경제는 너무 성급하게 사물을 특정한 자리에 고정시킨다. 만약 우리가 즐거움을 목표로 삼으면, 아픔을 넘어서는 것이 우리의 목표가 된다. 나쁜 느낌들은 이런 넘어섬을 방해한다. 브라이도티는 이것들을 "블랙홀"(200[351])이라고 부른다. 나는 나쁜 느낌들을 장애 혹은 "방해"가 되는 것이라고 말하기보다, 그런 말들로 이해되는 나쁜 느낌들로부터 **무엇이 따라오는지**를 설명해 보려 했다. 어떤 것들은 다른 것들보다 더 행복의 약속에 걸림돌이 되는 것으로서 나쁜 느낌과 연결돼 있다. 우리는 장애물들로부터, 그리고 그것이 어디에 어떻게 분배되는지로부터 많은 것을 알 수 있다. 그래서 나는 "고통의 원인은 현상에 대한 무작위적 접근"(Braidotti 2006b: 248)이라고 가정하기보다는, 행복의 약속을 거부하는 사람들이 어떻게 나쁜 느낌의 원인이 되어 왔는지, 무엇으로 인해 불행이 특정 형태를 갖게 되었는지를 설명했다. 때로 나쁜 일은 그냥 발생하기도 하고, 운이 없거나 재수가 없을 수도 있지만("잘못된 시간에 잘못된 장소에 있었다"라는 말이 담고 있듯), 아픔의 원인에 대한 우리의 접근이 절대로 무작위로 이루어지는 것은 아니라는 게 내 주장이다.

2장에서 논한 오드리 로드의 작품으로 되돌아가 보자. 그녀가 우리에게 보여 주듯, 폭력이 무작위적이라는 생각은 마주침에서 정말로 위태로운 것을 보지 못하게 한다. 로드의 어머니는 아이를 인종차별의 고통에서 보호하기 위해 침을 뱉은 여자가 그녀, 즉 흑인 아이에게 침을 뱉은 것이 아니라 바람에 대고 침을 뱉은 것이라고 말한다. 이해할 만한 보호의 욕망이지만 보호에는 실패한다. 로드는 작품 내내 우리가 상처 주는 것으로부터 보호받아서는 안 된다고 주장한다. 우리는 단지 상처를 느끼기 위해서가 아니라 무엇이 상처를 야기하는지 알아차리기 위해 작업하고 투쟁해야 한다. 이 말은 알아차리지 않도록 배워 온 것을 탈-배움unlearning 하라는 의미다. 힘과 피해의 관계인 폭력이 어떻게 다른 신체가 아닌 어떤 신체로 향하는지를 비판적으로 이해하려면 이런 작업이 필수적이다. 우리는 레이먼드 윌리엄스(Williams 1977)를 따라 "느낌의 구조"를 탐색할 수도 있을 것이고 또 그래야겠지만, 여기서 나는 "구조의 느낌"도 탐색해야 한다고 말하고 싶다. 느낌을 통해 구조는 우리 피부 밑으로 파고들 수 있다.

물론 고통을 넘어서려는 욕망은 이해할 만한 욕망이며, 힘과 피해의 사회적 관계들을 기술하는 것 이상을 하고자 하는 갈망의 표현일 수 있다.[12] 나는 이 책에서 내내 이런 욕망의 한계를 탐색해 왔다(이것이 이 욕망에 대해 말할 수 있는 전부는 아니다). 회복한다recover는 것은 다시-덮는re-cover 것, 아픔과 고통의 원인을 덮는 것이 될 수 있다. 로지 브라이도티는 "혐오스럽고 참을 수 없는 사건들은 분명 일어나고 있다"라면서도 결론적으로는 "그럼에도 불구하고 윤리학은 그런 사건들을 긍정적 관계 쪽으로 재작업하는 데 있다"(Braidotti 2006a: 208[363])라고 말한다. 그녀에 따르면, "역설적으로, 윤리적 변신의 과정에서 앞장서기 더 좋은 위치에 있는 사람은 이미 약간 무너진 사람들, 아픔과 상처를 겪어 본 사람들이다"(Braidotti 2006b: 249). 고통을 질식시키는 것으로만 본다면, 리더십과 고통 사이의 관계는 역설적이기만 하다. 브라이도티의 올바른 지적에서 우리가 배울 수 있는 바는, 고통으로 무너져 본 사람들이 윤리적 변신의

결론 행복, 윤리, 가능성

행위 주체가 될 수 있다는 점이다.

　우리가 나쁜 느낌에 주의를 기울여야 하는 건, 그것을 극복하기 위해서가 아니라 **가까이 다가오는 것에 의해 우리가 어떻게 변용되는지 알기** 위해서이다. 이는 우리가 원하거나 원치 않는 모든 느낌에 대해 [지금까지와는] 다른 관계를 윤리적 자원으로 성취하게 된다는 뜻이다. 나는 긍정의 윤리가 특정한 형태의 고통에 대해 우리가 관심을 갖는 것 — 그리고 그 관심을 유지하는 것 — 이 **얼마나 어려운지** 과소평가하고 있다고 생각한다. 화해를 위해 고통은 넘어 서려는 욕망, 다른 사람들에게 "고통을 극복하라" 함으로써 "그것을 덮어 버리려는" 의지는 자신의 불행을 고집하는 사람들을 다수의 불행의 원인으로 만든다. 그들이 겪는 고통이 우리의 집단적 실망으로 변모되면 우리는 그런 역사들을 덮어 둘 수만은 없다. 윤리가 고통을 넘어 행복이나 즐거움을 향해 가는 것이 되면, 이런 방식으로 움직이지 않거나 움직일 수 없는 사람들에게 새로운 형태의 고통을 부과하게 된다.

　긍정으로의 전회는, 나쁜 느낌은 후진적이고 보수적이며 좋은 느낌은 선진적이고 진보적이라는 구별을 만들어 낸다. 나쁜 느낌은 과거를 향해 있다고, 주체가 미래를 포용하지 "못하게" 하는 일종의 완고함이라고 간주된다. 좋은 느낌은 계속 움직이면서 미래에 대한 약속을 창조한다고 간주된다. 좋은 느낌은 열려 있고 나쁜 느낌은 닫혀 있다는 이런 가정은 불의의 역사들을 사라지게 한다. 우리가 긍정적이어야 한다는 요구는 그런 역사들을 우울증의 형식으로(마치 이미 사멸한 것을 붙들고 있는 것처럼) 해석함으로써 그것들을 사라지게 한다. 이런 역사들은 사멸하지 않았다. 우리는 지금도 끈질기게 지속되고 있는 것들을 놓아 버리고 있다. 놓아버린다면 그런 역사들은 계속 지금의 그 자리를 지킬 것이다.

이 책에서 내 목적은 나쁜 느낌들이 단순히 반작용적인 것이 아니라는 걸 살펴보는 것이었다. 나쁜 느낌들은 끝나지 않은 역사들에 대한 창조적 반응들이다(Ahmed 2004: 200-202도 참조). 우리에게 불행할 의무가 있다고 말하려는 게 아니다 — 견딜 수 없는 것으로 경험될 수 있는 느낌에서 로맨스나 의무를 만들어 내지 않도록 하는 게 중요하다. 나는 단지 불행을 **극복해야 할 느낌 이상의 것으로** 생각해 보자는 것이다. 불행은 행복의 약속이 지닌 한계에 대한 가르침을 줄 수 있다. 만약 불의가 정말로 불행을 가져온다면, 이야기는 거기서 끝나지 않을 것이다. 불행은 우리의 종착점이 아니다. 오히려 행복 대상들의 전달을 통해 만들어진 생활-세계 밖에서의 경험은 우리를 어딘가로 데려간다. 우리가 행복의 대상들을 졸졸 따라다니지 않는다면, 우리는 행복과 더불어 더 멀리 갈 수 있다.

더 뜻밖의, 더 행복한 행복

우리는 행복과 더불어 어디로 갈 수 있을까? 여기서 행복에 대한 대안적 정의(나쁜 행복에서 구출해 낸 좋은 행복)를 제공하고 싶은 건 아니다. 이는 우리가 행복을 증진해야 한다는 관념을 유지시킬 테니 말이다. 나는 만약 행복이 윤리의 영역 밖으로 나간다면 어떻게 의미를 획득할 수 있을지에 대한 고찰로 결론을 갈음하고 싶다. 행복은 좋음 — 덕을 갖춘 주체나 좋은 삶 — 을 나타내는 기호로 평가돼 왔다.[13] 내가 이미 지적했듯이, 행복은 마치 미래가 이미 결정돼 있다는 듯 가능성을 배제하며, 그래서 위기에 대한 좋은 방어책이 된다. 행복은 의무의 형식으로 이야기될 때에도 자유의 언어를 이용한다. 마치 행복이나 불행이 없기를 바라면, 그 바람이 자유롭게 이루어지기라도 할 것처럼 말이다.

만약 행복이 위기에 대한 방어책이라면, 이 책은 행복이 실패하는 순간들, 주체가 그것을 따르지 않을 때, 누군가가 가고 있는 길이 그녀가 가고 싶지 않은 방향일 때에 주목했다고 할 수 있다. 위기가 닥칠 때 우리는 "이 길이 무슨 길이야?"라는 질문을 던져야 한다. 길이 의문에 부쳐질 때 우리는 가능성을 인식하게 된다. 당신이 살고 있는 삶에서 얼마나 많은 것이 불필요한 것인지 인식하게 되는 것이다. 행복은 가능성에 대한 이런 인식을 막는 방패로 사용될 수 있다. 이 책을 위한 조사를 하면서 놀랐던 점은, 이야기 속에서 "행복을 위해 이 삶을 떠나야지"라는 발화 행위를 통해 위기 국면이 해소되는 경우가 거의 없다는 것이었다. 비록 이런 식의 말하기는 지금도, 앞으로도 계속 가능하겠지만 말이다. 나는 "삶을 위해 행복을 떠남"으로써 어떻게 위기 국면이 해소되는지를 질문함으로써 행복에 대해 너무나 많은 것을 배웠다.

이 책에서 내가 읽은 불행 아카이브들은 윤리가 위기라는 말이 무슨 의미인지 가르쳐 준다. 우리는 어떤 삶을 살다 그 삶을 더 이상 살고 싶지 않다는 걸 깨닫게 될 수 있다. 이때 어떤 삶을 떠나는 행위는 그것이 불행을 야기한다 해도 윤리적 행위가 될 수 있다. 우리는 기꺼이 불행의 원인이 되겠다고 해야 할지 모른다. 그렇다고 불행을 야기하는 것이 윤리적으로 옳다거나 필요한 선이라는 의미는 아니다. 사람에 따라, 옳을 수도 있고 옳지 않을 수도 있다 — 그때그때마다 다르다. 그러므로 우리는 우리가 해야 할 일이 무엇인지 물어야만 한다. 행복이 해답이라도 줄 것처럼 그쪽으로 고개를 돌리지 말고 말이다.

행복을 우리가 옹호해야 할 대상으로 상정하지 않으면, 우리가 옹호하고 있는 그 행복에 대해 질문하기 시작하면, 우리는 삶에 대해 다른 질문을 던질 수 있다. 우리가 삶에서 무엇을 원하는지, 어떤 삶이 되기를 원하는지 물을 수 있다. 가능성은 가능해질 수 있는 가능성으로 인식돼야 한다. 바로 이런 이유로 가능성을 받아들인다는 것은, 헤더 러브가 잘 묘사하고 있듯이, 되돌아가는 것, 심지어는 "거스르는 느낌"(Love 2007)*을 수반한다. 가능성을 받아들이려면 과거로의 회귀, 즉 우리가 상실한 것뿐만 아니라 현재 가지고 있는 것, 포기한 것뿐만 아니라 포기하지 않은 것에 대한 인식이 필요하다. 가능성에 대해 배우는 것은 계보학을 하는 것, 현재의 도착에 대해 질문함으로써 현재를 궁금해 하는 것이다. 그래서 가능성에 대해 배우는 것에는 현재로부터의 일정한 소외가 수반된다. 익숙한 것이 물러나면 다른 일들이 발생할 수 있다. 바로 이런 이유로 정서 이방인들은 창조적일 수 있다. 우리는 그릇된 것들을 바랄 뿐만 아니라, 포기하라고들 하는 가능성을 받아들이고, 이런 바람들을 중심으로 생활 세계를 창조한다. 우리가 행복에서 멀어져야 일이 벌어진다. 우연 발생이 생겨나는 것이다.

그렇다고 불행이 필연적이라고 말하려는 건 아니다. 내 말은, 불행

---

* 러브는 근대적 진보 서사나 퀴어 운동의 진보 서사(차별 철폐 조치 등)에 양가감정을 가지고 부정적인 것들을 탐색하는 퀴어 이론가다. 러브가 말하는 '거슬러 느끼기'feeling backward는 과거의 상처, 수치, 모욕, 상실 등을 뒤돌아보고 탐구한다는 뜻이다.

결론 행복, 윤리, 가능성

은 늘 가능하며, 그래서 행복을 필연으로 보면 그건 불행만 배제하는 게 아니라 가능성도 배제하는 거라는 것이다. 키르케고르가 잘 묘사하고 있듯이, "그렇게 가볍다고들 하는 이런 가능성은 으레 행복과 행운의 가능성으로 간주된다. 그러나 이런 것은 가능성이 아니다. … 가능성에서 모든 것은 똑같이 가능하다. 그렇기 때문에 진정으로 가능성에 의해서 교육받은 사람은 누구나 즐거운 것은 물론이고 무서운 것도 똑같이 파악하고 있다"(Kierkegaard 1844/1980: 156[397-98]).[14] 가능성이란 즐거움은 물론 무서움도 파악하는 것이다. 키르케고르에게 가능성은 평등이 실현되는 장소다.

가능성을 지향하는 태도란 **순간의 우연**happenstance에 주의를 기울이는 태도일 수 있다. 이에 대해 장-뤽 낭시는 이렇게 시적으로 묘사한다. "행복도 불행도 아닌 **우연**이, **우연**에 대한 인식이 존재한다. 좋은 마주침과 나쁜 마주침에 대한 인식, 좋은 대결과 나쁜 대결에 대한 인식, 좋은 우연이나 나쁜 우연이 있을 수 있다는 (끊임없이 갱신되는) 가능성에 대한 인식, 이것이 아닌 다른 것을 선택해야 할 수도 있지만, 무엇보다도 이 선택을 하**면서도** 세계를 구성하는 사건들의 파편화된 결합인 우연에 대한 인식을 지배하지 않을 가능성, 그것을 소유하지 않을 가능성에 대한 인식이 존재한다"(Nancy 1993/1997: 151).[15] 순간의 우연에 대한 인식을 갖는다는 것은 좋은 일과 나쁜 일이 발생할 가능성에 열려 있다는 것이다. 우리는 행복을 가능성으로, 우연에 의해 열려 있는 가능성으로 볼 수 있다. 만약 행복을 가능한 것을 소진하지 않을 가능성으로 생각한다면, 만약 행복의 짐을 가볍게 한다면, 그러면 우리는 상황을 열어 둘 수 있다. 더 이상 행복이 좋은 것, 우리의 목표, 목적으로 상정되지 않는다면, 우리는 다른

Happiness, Ethics, Possibility

가능성들과 나란히 하나의 가능성이 됨으로써 의미를 획득하는, 가능성으로서의 행복을 목격할 수 있다. 행복은 그것의 불안정함 때문에, 삶이 그러하듯, 왔다가도 가는 것이어서, 소중한 것이 될 수 있다.[16]

무엇이 행복을 "행복한" 것으로 만드는가 생각해 보면, 나는 여러 순간들이 떠오른다. 행복의 순간들은 질감을 만들고 공유된 인상들을 만들어 낸다. 이는 가능성 **안에서의** 어떤 가벼운 감각이다. 터무니없이 어떤 것이 떠올라 생기가 되살아났던 순간들, 슬쩍 곁눈으로 보았을 뿐인데 온몸을 통과하는 느낌의 물결이 만들어졌던 순간들, 두 사람이 한 사건을 기억해 내며 웃음을 터뜨렸던 순간을 생각해 보라.[17] 단지 단어 하나만으로도 그런 기억, 어떤 제스처, 어떤 것도 촉발될 수 있다. 댈러웨이 부인의 이름뿐만 아니라 그녀의 슬픔까지 이어받은 클라리사는 〈디 아워스〉에서 [딸에게] 이렇게 말한다. "어느 날 아침이었어. 새벽녘에 잠에서 깼는데, 무슨 좋은 일이 일어날 거 같았어. 그런 느낌 아니? 그래 이제부터 계속 행복할 거야. 이건 시작이고 더 큰 행복이 올 거야. 다 헛된 기대였고 더 이상 아무것도 없었지만, 그 순간 행복했지. 바로 그 순간이 전부였던 거야." 단순히 행복이 무슨 일이 일어날 것 같은 느낌을 준 게 아닐 것이다. 뭔가 일어날 것 같은 느낌, 그 자체가 행복이다. 그래서 행복이 기대로 바뀌면 그 일어날 것 같은 느낌은 사라진다. 행복이 우리가 다른 이에게 약속하는 뭔가가 아닐 때, 우리에게 마땅히 주어지리라 상상하는 것 혹은 우리가 해야만 하는 그것이 아닐 때, 어떤 지점에서부터 축적되리라 기대하는 그런 것이 아닐 때, 다른 일들이 일어날 수 있다. 그래야 행복은 마주침의 가능성에 대한 어떤 개방성을 수반한다.

또한 행복을 가능성으로 재고하게 되면 우리는 잘못된 방향을 향한

결론 행복, 윤리, 가능성

행복도 보살필 수 있다. 나는 3장에서 행복하게 퀴어 되기에 대해 고찰하면서 그릇된 방향의 행복에 대해 살펴보았다. 어떤 형태의 행복은 점들을 축적하지 못해 [우리 모두개] 따라갈 수 있는 선을 만들어 내지 못하기 때문에 가치가 덜하다고 간주된다. 어리석음silliness은 그런 가치 없는 행복의 또 다른 예가 될 수 있다. 어리석음의 어원은 주목할 만하다. 그 말은 원래 축복받은, 행복한, 지복을 의미하는 단어 sael에서 온 것이다. 이는 시간이 지나면서 '축복 받은'이라는 뜻에서부터 '경건한, 순진무구한, 해가 없는, 측은한, 약하고 허약한'으로까지 변화한다. 축복받은 것에서 허약한 것으로의 이런 변화, 어리석음의 계보가 지닌 이런 우울한 성격에서 우리는 뭔가 배울 것이 있다.

어리석은 형태의 행복을 재평가하려는 시도는 영화 〈해피-고-럭키〉(2008, 마이크 리 감독)에서 볼 수 있다. 이 영화는 포피(샐리 호킨스)의 삶을 따라간다. 그녀는 자전거를 타고 런던을 누비고, 룸메이트인 여자 친구 조에(알렉시스 제거먼)와 관습에 얽매이지 않는 여동생 수지(케이트 오플린), 여러 친구들과 즐겁게 놀고, 초등학교에서 자신이 사랑하는 아이들을 가르치고, 운전을 배우고, 교외에서 좀 더 관습적으로 살아가는 여동생 헬렌(캐롤라인 마틴)을 방문한다. 포피는 "태평스러운"happy-go-lucky 인물이다. 그녀는 (적어도 처음에는) 거슬릴 정도로 끈질기게 쾌활한 모습을 보인다. 비참 속에서 홀로 있고 싶어 하는, 대화를 원치 않는 낯선 사람들에게도 끊임없이 재잘거리고, 불쾌한 일이 생겨도 웃고 키득거린다. 그녀의 마주침들은 "부적절한" 행복 표현의 경우 전혀 전염성이 없음을, 어떤 식의 쾌활함의 경우 어느 순간 짜증(행복에 대한 짜증)을 유발할 수 있음을 보여 준다. 처음에 포피는 행복의 대가를, 나쁜 것들을 덮기 위해 끈질기게 행복을 지속시키려는 노력의 대가를 상징하는 것처럼 보인다. 하지만 시간이 흐를수록 영화는 그녀가 주변의 고통에 반응하는 모습을 보여 주며 우리로 하여금 포피와 동일시하도록 한다. 그녀는 괴롭힘을 당하는 학생에게 손을 내민다. 폭력적이고 늘 화가 나있는 인종차별적 운전 강사의 말에 귀 기울인다. 홈리스 남성과도 기이할 정도로 쉽게 대화를 튼다. 이 모든 사례에서 그녀는 고통으로부터 거리 두기를 거부한다. 이 영화는 수동성이 윤리적 역량(우리는 타인들에 의해 변용되는 데, 즉 그들의 영향력을 받아들이는 데 거리낌이 없어야 한다)이 될 수 있음을 보여 준다.

이 영화는 과연 영화 속 포피의 삶을 이상화함으로써 행복을 권장하는 것일까? 마이크 리 감독은 자신이 얼마나 "반-비관론적" 영화를 만들고 싶었는지에 대해 이야기한 적이 있다. 그러나 영화가 포피를 줄곧 따라다니면서 이야기하는 것이 불행에 행복으로 대응해야 한다거나 행복 관념을 고집해야 한다거나 하는 것은 아니다. 그런 관념을 고집한다면 오히려 주변과 동떨어진 삶을 살게 될 것이다. 어쨌든 포피의 삶은 내가 행복 대상들이라고 부르는 것들을 중심으로 형성돼 있지 않다(그녀에게는 자기 집도 없고, 결혼도 하지 않았고, 자식도 없다). 포피는 교외에 사는 여동생 헬렌(이 모든 것을 가지고 있고, 곧 가지게 될 사람)을 보러 간다. 헬렌은 포피에게 언제 책임감 있는 사람이 될 거냐고 물으며 이렇게 말한다. "난 그저 언니가 행복하면 좋겠어. 그게 전부야." 이 말에 포피는 "나 행복해"라고 답한다. 헬렌이 포피에게 이런 식으로 스스로를 묘사할 권리가 있는지 의심스러워하자 포피는 이렇게 설명한다. "난 이게 좋아. 뭐, 때론 힘들지만 그게 인생이잖아. 직장도 괜찮고, 똑똑한 학생들도 있고, 멋진 아파트도 있고, 저기 저 돌봐야 할 룸메이트도 있고, 친구들도 끝내줘. 난 자유로운 지금이 좋아. 난 정말 운이 좋은 것 같아." 헬렌은 삶에 대한 이런 긍정에 언짢은 기색을 내비치면서 포피가 "우쭐대고" 있다고 말한다. 헬렌이 언짢았던 것은 아마도 포피가 행복해서가 아니라, 자신의 행복에 내포된 불행을 드러내 버리고 말았기 때문일 것이다.[18] 여기서 우리는 좋은 삶을 열망하면서, 그런 삶에서 치러야 할 각종 의례들에 매달리면서 옳다고 하는 것들을 함으로써 우리가 포기한 것이 무엇인지 알 수 있다.

어떻게 보면 이 영화의 한계는 해결책으로 심리학에 집착하는 데 있는 것 같다(마치 변화가 단순히 더 나은 태도를 갖는 것의 문제인 것처럼 말이다). 포피는 늘 화가 나 있는 불만 가득한 운전 강사에게 가족에 대해 물으면서, 원초적 장면으로 되돌아가 불행을 설명함으로써 그것을 사라지게 할 수 있는 심리치료사의 역할을 자처한다. 그러면서도 〈해피-고-럭키〉는 행복 관념, 좋은 삶의 관념을 권장하는 것이 어떻게 어떤 자유, 할 수 있다는 어떤 감각을 포기하는 것을 의미하게 되는지 고찰한다. 결국 행복과 운을 믿는 태평스러운 사람은 관습적인 행복한 인물은 아니다. 포피가 자기 삶에 대해 행복해 하는 것은, 행복 대상들을 따라다니지 않았음에도 불구하고가 아니라 행복 대상들을 따라다니지 않기 때문이다. 그녀는 자신의 욕망, 흥미, 호기심이 데려가는 곳은 어디든 간다. 그런 방식으로 삶을 살면 자신의 대상 선택에 창조적이고 독창적이 된다. 사실 이 영화는 여성들의 우정의 지속성을 보여 주고 있다는 점에서 주목할 만하다. 이 우정은 이성애적 미래로 가는 통로나 보충물이 아니라 그것만의 리듬과 우발성을 지닌, 하나의 생활 세계로 그려진다. 이렇게 이 영화는 관습적 형태의 친밀함 바깥에 있는 애착 관계에 가장 큰 가치를 부여한다. 5장의 유토피아적 형식으로서의 배에 대한 논의로 되돌아가 보면, 〈해피-고-

<해피-고-럭키>의 마지막 장면에서 조에는 포피에게 "착한 척하는 걸 그만둬 봐. 모두를 만족시킬 happy 순 없잖아"라고 충고한다. 포피가 폭력적인 운전 강사에게 애써 다정한 태도를 유지하다 결국은 폭행당하고 상처받은 채 돌아왔기 때문이다. 하지만 포피는 여전히 웃으며 말한다. "노력하는 게 죄는 아니잖아. 세상을 웃게 만들래." 포피는 끝까지 자신의 "행운"을 긍정한다.

결론 행복, 윤리, 가능성

럭키〉의 마지막 장면이 조에와 배를 타는 포피로 마무리된다는 점은 주목할 만하다. 이 영화에서 유토피아는 편안하고 기분 좋은 이 둘의 친밀함을 통해 표현된다.

이제 우리는 행복에 대한 비판이 어떻게 긍정의 제스처로 제시될 수 있는지 알 수 있다. 삶에 대한 긍정적 접근을 요청하거나, 윤리로서의 긍정을 요청하려는 것이 아니다. 그보다 우리는 어떤 일이 일어나든 그 일에서 삶의 가능성을 긍정하려 한다. 올바른 방식으로 살아야 한다는 요구에 의해 부정된 가능성을 열어 두려 한다. 어리석음 — 그리고 얄팍하다고 간주되는 그 모든 형태의 행복들 — 은 그래서 유익할 수 있다. 가치 있다고 여기지 않던 것을 가치 있게 여기게 되면서, 그럴 만한 자격이 있다고 간주되지 않던 장소에서 즐거움을 찾으면서, 우리는 가치와 자격의 대가에 대해 배울 수 있다. 영화의 천하태평한 주인공은 의무와 책임의 무게를 느끼지 못하는 것처럼 보인다. 그녀는 깃털처럼 가벼워 보인다. 매사 부주의하고 걱정도 없는 것 같다. 하지만 걱정으로부터의 자유는 걱정할 자유, 우연히 발생하는 것에 대해 그것에 맞서 자신과 자신의 행복을 방어하지 않고 반응할 자유, 세상에 반응할 자유이기도 하다.

내가 여기서 말하고자 하는 것은 행복에 대한 내 비판에 대해 천하태평happy-go-lucky으로 반응하자는 말이 아니다. 그보다 우리는 분위기 깨는 페미니스트, 불행한 퀴어, 우울증적 이주자 형상이 천하태평과 퀴어적 친족성을 가지고 있음을 알 수 있다. 불의에 대한 분노, 불의로 인한 불행은 걱정 없고 어리석다고 간주되는 좋은 느낌들과 연속선상에 있다고도 볼 수 있다. 어리석음을 포용하는 것은 보통 긍정의 윤리 혹은 행복의 윤리에 가담하려 하지 않는 정서들을 포용하는 것이다. "어리석은 대상의 대항 정치학"에 대한 로렌 벌란트의 성찰이 시사하듯(Berlant 1997:12), 우리의 불행 아카이브들은 당연하게도 어리석음과 그 이외의 부적절하게 긍정적인 정서들로 가득하다.[19] 그러므로 5장에서 살펴보았듯이, 불행할 자유는 부적절한 방식으로 행복할 자유를 포함한다. 그런 자유는 행복 하중을 가볍게 할 것이다. 불행할 자유는 그러므로 행복을 제쳐 두지 않을 것이다. 우리의 목적은 우연발생을 행복 안으로 되돌려 놓는 것이다.

우리는 그런 자유를 위해 투쟁해야 한다. 우리는 그런 투쟁의 역사들을 물려받았다. 필연성으로서의 행복에 맞선 투쟁은 가능성으로서의 행복을 위한 투쟁이기도 하다. 나는 이제 행복 운동이 아닌 우연발생 운동으로서의 정치 운동에 대해 생각하려 한다. 그것은 불행한 사람들이 행복한 사람들이 되는 걸 말하는 게 아니다. 그건 결코 아니다. 혁명적 형태의 정치의식은 우리가 불행을 느낄 대상이 정말로 얼마나 많은가에 대한 의식화를 포함한다. 행복에 대한 욕망이 행복 없음을 나타내는 기호들을 덮을 수 있음을 고려한다면, 혁명적 정치학은 불행에 계속 근접해 있기 위해 노력해야 한다. 하지만 그렇다고 우연발생의 정치학이 단순히 불행에 집착하거나 그것을 정치적 명분으로 삼는 것은 아니다. 비참한 사람들의 정의 중 하나가 "불쌍한, 즉 불운한 존재"임을 상기해 보자. 어쩌면 우리는 비참한 자들에게서 불운한 자들을 분리해 낼 수 있을지 모른다. 비참한 자들에게는 우연발생이 가득할 수 있다. **왜냐하면** 그들은 행복의 경로에서 이탈해 있기 때문이다. 왜냐하면 그 간극에서 살고 있기 때문이다. 우연발생으로 가득하다는 말은 뭔가가 발생한다는 것이다. 우연발생의 정치학이란 다른 방식으로 존재할 가능성, 어쩌면perhaps의 가능성을 여는 것이다. 만약 가능성을 여는 것이 불행을 야기한다면, 우연발생의

결론 행복, 윤리, 가능성

정치학은 불행하다고 생각될 것이다. 하지만 꼭 그렇지만은 않다. 우연발생의 정치학은 발생하는 일을 포용하는 동시에, 대안적 방식으로 사건이 발생할 수 있는 세계를 지향한다. 우연발생을 만드는 것은 곧 세계를 만드는 것이다.

Happiness, Ethics, Possibility

감사의 말

먼저 2007년부터 2008년까지 연구년을 보낼 수 있도록 연구비를 지원해 준 예술인문연구회AHRC와 내가 연구년을 떠날 수 있도록 허락해 준 골드스미스 대학 미디어커뮤니케이션학과에 감사의 마음을 전한다. 골드스미스 대학의 동료들과 친구들, 특히 리사 애드킨스, 리사 블랙맨, 개빈 버트, 닉 컬드리, 나탈리 펜턴, 마리암 프레이저, 안젤라 맥로비, 레이첼 무어, 사이먼 오설리번, 비벌리 스케그스, 리처드 스미스와 개러스 스탠튼에게도 고마움을 전하고 싶다. 럿거스 대학의 여성젠더연구학과는 이 책을 완성할 수 있도록 조용하면서도 내게 자극이 되는 장소를 제공해 주었고, 매리 혹스워스는 내가 이곳에서 방문교수로 지낼 수 있게 해 주었다. 뉴욕에 기대하던 바를 그대로 누리며 생활할 수 있게 해준 앤 페레그리니, 야스비르 푸아, 사라 슐만에게도 감사한다. 클레어 헤밍스, 쇼나 헌터, 조너선 킨, 카타리나 란드스트룀, 엘레나 로이지두, 미미 셸러, 일레인 스완은 기꺼이 친구가 되어 주었다. 블랙 브리티시 페미니즘을 함께한 동지들, 수키 알리, 하이디 미르자, 개일 루이스, 앤 피닉스, 너멀 퓨워, 셜리 테이트는 내게는 고향과도 같은 지적 공간을 만들어 주었다. 주디스 버틀러는 오랜 세월 내게 지적 영감을 주었다. 훌륭한 조언과 제안을 해준 켄 위소커, 코트니 버거, 몰리 밸리코프, 프레드 카메니, 그리고 듀크 대학 출판부 편집팀에게도 감사한다. 로렌 벌란트, 스네야 거뉴,

엘스페스 프로빈, 사샤 로즈네일과 테리 스리드골드는 지속적인 지지와 연대를 보여 주었다. 각 장과 여러 논문들에 대해 유용한 피드백을 보내 준 사라 프랭클린, 크리스틴 고튼, 엘레나 로이지두, 헤더 러브, 데이비드 글로버, 알리 라탄시, 로신 라이언-플루드, 사이먼 오설리번과 사라 슐만에게도 감사하고 싶다.

분위기를 망쳐 본 일화와 행복과 관련된 참고문헌들을 알려 주신 분들께도 감사드린다. 운 좋게도 나는 내 연구 결과를 여러 대학 — 브리티시컬럼비아 대학, 칼튼 대학, 신시내티 대학, 뉴욕 시립 대학, 코넬 대학, 유니버시티 칼리지 더블린, 더럼 대학, 에딘버러 대학, 피렌체 대학, 골드스미스 대학, 햄프셔 칼리지, 일리노이 대학, 캔자스 대학, 켄트 대학, 런던 정경대, 맥길 대학, 뉴욕 대학, 오슬로 대학, 퀸 메리 웨스트필드 대학 [현재는 퀸 메리 런던 대학교와 웨스트필드 칼리지로 분리되었다], 럿거스 대학, 캘리포니아 대학 산타크루스, 사우스오스트레일리아 대학, 서섹스 대학, 시러큐스 대학, 투르쿠 대학, 요크 대학(캐나다) — 의 청중들과 공유할 수 있었다.

인정 많은 내 가족, 특히 엄마 모린 피셔와 여동생 타냐 아메드 그리고 타미나 레비에게 고맙다. 내게는 한 몸과 같은 멀카[아메드가 열두 살 때부터 키워 온 말], 그리고 그를 제 몸과 같이 돌봐 준 이본느 존슨·메레디스 존슨에게도 고맙다. 마지막으로 내가 낙관하고 행복할 수 있는 기반이 되어 준 사라 프랭클린에게 고맙다는 말을 전하고 싶다.

Acknowledgement

지금 우리에게 행복은 무엇을 하는가

1

훌륭한 성적, 좋은 직장, 사회적 부와 성공에 따른 명성, 그리고 서로 사랑하는 사람들과의 가정생활은 많은 이들의 삶의 목표이며, 이를 추구하는 것은 이런 삶이 주는 궁극적인 만족감 때문일 것이다. 불안이나 공포가 주는 부정적이고 고통스러운 느낌을 피하고 안정적이고 편안한 상태를 찾는 것은 인간의 본능이라 할 수 있다. 주관적일 수는 있으나 자신이 처한 상태에서 느끼는 만족감이나 안정적이고 편안한 상태를 행복이라고 할 때, 행복한 삶을 거부할 사람은 별로 없을 것이다. 하지만 역설적이게도 우리 주변에는 이런 행복한 삶을 거부하고 타인과 나의 불행을 받아들이는 것처럼 보이는 이들이 있다. 『행복의 약속』의 저자 사라 아메드는 주변 사람들의 행복한 분위기를 깨는 페미니스트, 이성애가 약속하는 행복을 추구하지 않는 퀴어, 이주자들과 소수 인종을 그 예로 들면서 불행을 감수하면서까지 사회적으로 약속된 행복의 자리를 벗어난 이들의 목소리를 대변한다. 이들은 어리석다고 혹은 잘못된 선택을 하고 있다고 꾸짖음을 당하고, 나아가 배제되고 억압받는데, 사라 아메드는 이들을 배제하고 억압하는 일을 바로 행복이 혹은 행복의 약속이 하고 있다는 역설적 논제를 펼쳐 나간다. 행복 담론이 정치적 이데올로기로 작동할 때 그것은 사회적으로 규정된 행복을 누릴 사람과 그렇지 않은 사람을 구분하는 역할을 한다는 것이다.

아메드는 이 책에서 행복은 무엇인가라는 개념을 규정하는 대신 행복이 무엇을 하는지, 즉 행복이 우리를 어떤 대상과 태도로, 어떤 삶의 결과로 이끄는지 보여 준다. 아메드의 분석이 드러내고자 하는 바는 명확하다. 행복이 모두에게 선하게 작동하진 않는다는 것이다. 행복이 작동하는 방식은 다분히 정치적이고 이데올로기적이며, 그 과정에서 억압과 소외의 효과가 나타난다. 아메드는 행복이 누구에게나 좋은 것, 선한 것이 아니었으며 오히려 상실과 낙심의 원인이 되기도 했음을 역사, 문화, 그리고 정서의 측면에서 찾아 들어간다.

아메드가 이 책을 쓸 당시인 2000년대 중반은 그 어느 때보다도 행복 담론과 관련 상품들이 성행하던 시기였다. 10여 년이 지난 지금의 상황은 그때와 달라졌을까? 2020년은 전 지구적인 팬데믹 상황으로 인해 생존이 가장 긴급한 사안이 된 해였다. 우리는 백신과 치료제를 기다리면서 공포를 견디는 방법, 두려움을 극복하는 대안을 찾는 일에 몰두했고, 코로나바이러스는 모두가 함께 싸워야 하는 공공의 적으로 자리했다. 국가는 위기를 해결하기 위해 생계를 지원하는 긴급 자금을 조성하고 공포와 두려움을 피하는 방안들을 내놓았다. 하지만 사상 초유의 위기 상황에서 행복 담론이 더 이상 지배적이지 않게 되었다고 생각하기는 어렵다. 죽음의 공포와 같은 극한 상황에 처해 있을수록 그런 부정적 상황에서 벗어나려는 사람들의 욕구는 더욱 강렬해진다. 안정적이고 편안한 옛 상태가 회복되기를 고대하기 때문에 행복을 향한 열망은 더더욱 고조되고 그 안에서 행복 담론은 한층 강력하게 작동한다.

질병의 위험에서 벗어나 생존이 보장되고 심리적으로 안정된 상태를 지향하는 지금 우리의 상황 속에서 우리는 아메드가 행복의 속성으로 분석한 두 가지 양상을 발견할 수 있다. 하나는 부정적인 상태와 감정에서 벗어나 긍정적인 상태로 향하는 방향성이고, 다른 하나는 미래에 도착할 무엇을 기대하는 믿음이다. 그렇게 보면 지금의 팬데믹 위기 상황에서 행복은 잠시 자리에서 물러났다기보다 다른 양태로 자리하고 있다고 할 수 있다. 예를 들어, 각국은 하루 확진자 수와 사망자 수를 연일 보도하고, 각국의 방역 수칙과 그 결과는 수치로 서열화된다. 높은 서열에 위치한다는 것은 질병의 공포로부터의 거리감, 삶에 대한 안정감을 확보해 주며, 다른 한편으로 자국의 방역 정책에 대한 만족감을 생산해 낸다. 서구의 방역 실패에 견주어 한국의 상대적 방역 성공 — 초기의 발빠른 대응, 전 국민의 협조, 의료진의 희생적 봉사 등 — 은 선진국은 무슨 일에서든 뛰어나다는 판타지를 상쇄시키는 데 일조했으며, '헬조선'이라고 일컬어졌던 팍팍한 삶에 대한 비판도 일견 누그러뜨리는 양상을 보이기도 했다. 더 효과적인 방역을 통해 도래하는 미래, 그 미래가 약속하는 삶은 코로나로 고통 받지 않았던 과거의 삶이다. 이 과정에서 전 국민은 (아마도 전 인류가) 같은 방향을 바라보면서 코로나로 인해 생명을 위협받지 않는 미래를 꿈꾼다. 이때 조건이 부과된다. 팬데믹의 종식은 우리가 이러저러한 것을 지켜야만 도래하며, 그렇지 않을 경우 약속된 미래는 도착하지 않는다. 그런 의미에서 2020년 이후 팬데믹 시기는 행복이 다른 양태로 여전히 중요한 자리를 지키고 있을 뿐 아니라 나아가 위기 상황에서 더 강화되는 약속으로서의 기능을 작동시키고 있음을 잘 보여 주는 시기다.

옮긴이의 말

『행복의 약속』에서 언급되는 행복이 하는 또 하나의 일, 즉 같은 방향을 공유하지 않을 경우 가해지는 폭력도 여전히 작동하고 있었을까? 팬데믹 상황에서 인류는 하나의 방향성을 갖고 그쪽으로 향해 왔다. 아메드에 의하면 이 방향성은 행복이 하는 일 가운데 하나다. 이런저런 것을 하면 이런저런 것을 얻게 될 것이라는 조건이 전제된다. 일견 바람직하고 타당해 보이는 행복의 조건 명제는 이 조건을 충족시키지 못했을 때의 부정적 결과를, 특히 불행을 겸허히 수용하라고 압력을 가한다. 이 방향성 안에서는 특정 행동, 특정 관계만이 좋은 것이라 규정되고 사회는 구성원이 같은 방향을 향하도록 훈련과 교육을 제공하며 개개인들은 이를 따를 때만 온전한 행복을 누릴 수 있다고 배운다. 팬데믹 상황에서 약속된 미래는 질병의 전파를 통제함으로써 가능한 것으로 간주되었다. 이 과정에서 이런 방향성을 공유하지 않거나 위협이 되는 특정 집단, 특정 관계는 강력한 통제를 받았다. 요양원, 정신병원, 감옥 같은 집단 수용 시설이나 격리 시설 등에 수용된 인원들은 코호트 격리라는 이름으로 확진자와 함께 수용돼 있기도 했다. 이들의 행복과 안전은 다수의 행복과 안전을 위해 무시하고 침해해도 괜찮은 것으로 간주되고 있는 것은 아닐까? 다수의 행복을 위해서라면 모든 사람이 같은 방향성을 공유하는 것이 너무 당연해 보이는 위기 상황에서 행복 담론이 작동하는 방식이 사실은 평화로운 일상에서 늘 작동하던 방식이라고 아메드는 『행복의 약속』에서 말한다.

아메드는 자신의 연구를 페미니즘, 퀴어, 반인종주의 연구 선상에 위치시킨다. 또한 이들의 연구가 행복을 위한 연구가 아니라 행복에 맞선 연구였으며 이런 움직임은 지금 우리가 왜 여기에서 행복을 이야기해야 하는지 알려 준다고 말한다. 다시 말해, 행복에 맞서는 사람들이 있다는 것은 누군가가 행복으로 인해 피해를 입거나 고통을 겪고 있음을 의미한다. 실제로 이 책에서는 행복이 약속하는 미래를 거부하는 이들의 예로 분위기 깨는 페미니스트, 불행한 퀴어, 우울증적 이주자를 들고 있는데, 이들에게 사회와 공동체가 행복이라는 형식을 통해 보내는 시선은 냉정할 뿐 아니라 폭력적이다. 게다가 행복이 약속하는 좋은 삶, 바람직한 삶은 사회적으로 더 나은 삶이 있음을 암시하면서 그것을 누릴 수 있는 사람들을 도덕적·사회적으로 구별짓는다. 예를 들어, 가정주부로서의 삶이 가장 안락하고 행복한 삶이라고 믿게 함으로써 가정에서의 여성의 무임금 노동을 정당화하고 사회활동을 제한하는 식이다. 이런 차별에 문제 제기를 하는 사람은 가정의 행복을 방해하는 존재가 된다.

그러므로 행복이 투사하는 시선들을 맞받아치는 과정은 투쟁의 역사가 될 수밖에 없다. 아메드는 행복이 차별을 자연스럽게 은폐하는 지배 기술로 사용되어 온 다양한 역사적 맥락들을 찾아낸다. 최대 다수의 행복을 우선한다는 공리주의, 피식민지인들의 안녕을 제공한다는 식민주의, 미개한 문화의 문명화를 도와준다는 인종차별주의, 그리고 가족 중심과 이성애 중심의 젠더 이데올로기 등이 대표적으로 소개되는 예이다. 아메드는 이런 정치적 이데올로기 내부에서 행복은 무엇을 하고 있는지 보여 준다. 아메드의 분석은 행복을 규정하는 논리가 어떻게 누군가의 행동은 행복한 것으로, 또 다른 누군가의 행동은 불행한 것으로 구분하는 공식을 강화하는지, 그리고 어떻게 성적·인종적·사회적 차별을 공고히 하는지 논증한다. 그런 의미에서 이 책은 행복의 길에서 이탈한 자들의 행복을 다시 쓰는 시도이며, 그들의 불행이 불행으로 기입된 맥락을 분명하게 드러내고자 하는 노력이라 할 수 있다. 이런 논리를 따라 『행복의 약속』은 우리에게 행복을 비판적으로 바라보는 시각을 요청한다.

『행복의 약속』에서 가장 눈에 띄는 논의는 행복이 정서를 어떻게 구분하고 응집시키는지에 대한 것이다. 아메드는 지배 기술로서의 행복 담론이 작동하는 방식을 분석하면서 (로크, 스피노자로부터 들뢰즈까지 이어지는) 정서 이론을 차용한다. 행복하다고 말할 때 우리가 느끼는 정서, 예를 들어 "좋다," "나쁘다" 같은 정서가 대상에 부과되면서 우리를 어떤 방향으로 이끄는지, 그 힘의 세기는 어느 정도인지 찾아간다. 행복이 기쁨을 유발하는 대상과 가까워지고 싶게 하는 지향성을 형성하고 좋지 않은 정서를 만들어 내는 대상과는 멀어지게 한다면, 사회는 바로 이런 행복의 속성을 이용해서, 즉 기쁨을 유발하는 정서와 그렇지 않은 정서를 구분하고 특정 관계나 대상에 특정 정서를 귀속시킴으로써 행복을 정치적 지배 기술로 사용한다는 것이다. 예를 들어, 남성 중심주의, 인종차별주의, 이성애주의에 반하는 대상에는 불편하고 나쁜 정서가 부과되고, 이런 사회질서에 반하는 주장을 하는 사람들은 사회의 불평등과 갈등을 유발하는 말썽꾼, 불편하고 나쁜 정서를 만들어 내는 사람으로 만들어 낸다. 실제로 페미니스트들은 흥을 깨거나 불행을 촉발시키는 사람으로 일컬어지곤 하는데, 이런 방식은 사회적 구조가 만들어 낸 구분과 차별을 페미니스트들 때문에 발생한 것으로 왜곡시켜 보게 한다. 그런 논리에서 페미니스트들은 멀리해야 하는 존재들이 된다.

아메드의 분석은 현재적이면서 미래적이다. 행복에 대한 논의가 활발하거나 그렇지 않을 때에도 행복은 자신의 일을 충실하고 우직하게 수행해 왔고, 앞으로도 그럴 것이기 때문이다. 행복이 하는 일은 축소되거나 사라진 적도 없었다. 행복은 변이되면서 때로는 강력하고 치명적으로 불행 유발자들을 표집, 생산해 내고 있었다고 보는 편이 더 적절할 것이다. 불행을 생산해 낸다고 지목되는 자들이 실제로 불행을 만들어 내는 것인지 혹은 불행을 만드는 사회구조적 갈등을 지목하고 있는 것인지 곰곰이 생각해 볼 필요가 있다.

행복의 약속이 우리에게 가하는 다각적이고 다층적인 영향력을 드러내기 위한 촘촘한 논리와 다의적인 언어유희들로 가득한 이 책을 번역하는 작업은 쉽지 않은 과정이었다. 언어의 덤불숲을 헤치며 옳은 길을 찾고자 수없이 서로의 머리를 맞대었던 역자들만큼이나 이 책에 애정을 가지고 노고를 아끼지 않았던 후마니타스 편집진에 감사의 말을 드린다.

옮긴이를 대표하여

성정혜 씀

옮긴이의 말

미주

서론 왜 하필 지금 행복을 이야기하는가

1 이런 믿음에 대한 표현들은 너무 많아서 어느 하나를 택해 인용하기가 어려울 지경이다. 이 인용문으로 서론을 연 이유는 이 글이 행복이 우리의 목적이라는 일상적이고도 철학적인 관념을 일상의 언어로 기술하고 있기 때문이다. 이 원칙에 대한 가장 인상적인 철학적 표현 중 하나는 17세기 파스칼의 다음과 같은 주장일 것이다. "모든 사람은 행복을 추구한다. 여기에 예외는 없다. 수단은 다양하다 해도 모두가 이 목표를 향해 있다. 전쟁터로 나가는 사람이나 전쟁을 피하려는 사람이나 관점은 달라도 욕망은 동일하다. 이 목적을 제외하면 의지는 한 발자국도 더 나아갈 수 없다. 모든 행동, 모든 사람, 심지어 스스로 목숨을 끊는 사람의 동기도 여기에 있다"(Pascal 1669/1910: 138). 행복의 보편성이 의지를 갖게 하는 동기라는 이 비범한 주장은 행복의 필연적 실패에 대해서도 비범한 논의를 수반하는데, 이는 정확히 심리분석 산업을 예견한다. "그렇다면 이 욕망과 무능력이 우리에게 분명히 보여 주는 것은 무엇인가? 그것은 다름 아니라 인간에게는 한때 진정한 행복이 있었고 현재는 단지 그 흔적과 빈 궤적만 남아 있어서 인간은 자신을 둘러싼 모든 것으로부터 그것들을 헛되이 채우려 노력한다는 것이다. 현재 있는 것에서 얻지 못하는 것을 현재 없는 것에서 찾으면서 말이다. 그러나 이것들은 모두 부적절하다. 무한한 심연은 무한하고 결코 변치 않는 대상, 즉 하나님 그분으로만 채워질 수 있기 때문이다"(138-39).

2 지난 몇 년간 출판된 주요 서적들은 다음과 같다. Layard 2005; McMahon 2006; Nettle 2006; Gilbert 2006; Haidt 2006; Schoch 2006; de Botton 2006. 문화 연구적 관점과 좀 더 폭넓은 인문학적 관점을 참고하려면 내가 편집한 『뉴포메이션』New Formations(2008)에 수록된 행복에 관한 논문들을 보라.

3 행복에 관해 최근에 출판된 대중 심리학 서적, 즉 "~하는 방법"류의 지침서로는 Summers and Watson 2006, Seligman 2003, Holden 1998, Ricard 2007가 있다. 가장 인기 있는 행복 관련 서적 중 하나는 달라이 라마와 하워드 C. 커틀러의 인터뷰를 기반으로 하고 있다(Lama and Cutler 1998).

4 예를 들어, 『인디펜던트 온 선데이』는 2007년 3월 17일자 특별판에 「행복의 비법: 고대인이 열쇠를 쥐고 있는 이유」를 실었다.

5 http://www.happyplanetindex.org 참조. 세계행복조사의 결과는 『행복 연구』라는 학술지에서

논의되고 있다.

6 https://bit.ly/2PHSlqI

7 행복에 관한 데이비드 캐머런의 연설은 다음을 참조. http://news.bbc.co.uk

8 GPI라는 용어를 만들어 낸 것은 1995년, 캘리포니아에 사는 세 명의 연구원들이었다. 400명의 경제학자, 재계 지도자, 전문가들과 더불어 그들은 다음과 같이 이야기했다. "GDP는 오직 시장 활동의 양만을 측정할 뿐 관련된 사회적·생태적 비용을 고려하지 않기 때문에 진정한 번영의 척도로는 부적합하고 부정확하다. 정책 입안자, 경제학자, 언론 및 국제기구는 GDP를 발전의 척도로 사용하기를 중단하고 공개적으로 그 결점을 인정해야 한다. 우리 사회를 안내해 줄 새로운 발전 지표가 시급하게 필요하다. … GPI는 이 방향에서 중요한 한걸음이다." GPI 및 이 용어의 계보에 대한 자세한 내용은 www.gpiatlantic.org 참조.

9 너무 빤한 사실을 드러내 주는 한 연구에 따르면, 실험 대상자들에게 긍정적인 주제에 대해 질문한 후 얼마나 행복하냐고 질문하면, 부정적인 주제에 대해 질문한 후 행복하냐고 물을 때보다 행복도가 더 높게 나타나는 경향이 있다. "자신의 현재 삶에서 긍정적인 측면을 생각하도록 유도된 대상자들은 부정적인 측면을 생각하도록 유도된 대상자들보다 자기 삶에 더 만족하고 행복하다고 이야기했다"(Schwarz and Strack 1991: 28).

10 느낌이 옳고 그름의 척도가 될 때 그런 접근법이 갖는 문제점을 볼 수 있다. 예를 들어, 리처드 레이어드는 뭔가 그릇된 일을 하기 때문에 사람들이 불행해지거나 감정이 상하는 것이라고 주장한다. 레이어드에 따르면 행복학은 "본질적으로" 가난한 자들과 부의 재분배를 지지하는데, 그 이유는 불평등이 불행을 증가시키기 때문이다(Layard 2005: 120-21). 하지만 그의 이런 주장에는 유감스럽게도, 만일 불평등이 불행을 증가시키지 않는다면 불평등에 반대하지 않을 거라는 뜻이 내포돼 있다. 그는 이렇게 말한다. "미국의 노예들은 자유를 원했다. 그 이유는 수입을 더 늘릴 수 있어서가 아니라 노예로 사는 것이 주는 굴욕 때문이었다. 노예제는 그들의 감정을 상하게 했고, 그렇기 때문에 노예제도는 옳지 않은 것이다"(121[170]). 노예제가 그릇된 것인 이유는 사람들의 감정을 상하게 하기 때문이라는 관념은 이런 그릇됨의 모델에서 무엇이 그릇된 것인지 보여 준다. 그것은 사회적 그릇됨을 개인화하고 심리화한다. 사회적 그릇됨과 상처의 관계에 대한 성찰은 내 책 『감정의 문화정치』(2004)의 결론과 고통과 불의의 융합에 대한 벌란트의 중요한 비판(Berlant 2000)을 참조. 특히 주목할 점은, 불의와 상처가 융합돼 생기는 문제 중 하나는, 타인의 감정에 접근할 수 있다고 전제한다는 것이다. 이런 모델에서는 타인에게 말할 수 있는 의식적으로 느껴지는 고통을 수반하지 않는다면, 그 어떤 형태의 그릇됨도 보이지 않게 된다.

11 여기서 내가 말하고자 하는 바는, 이 책을 완성할 즈음에 있었던 "금융 위기"라는 당대의 계기가 행복에 대한 공적·사적 관심을 철회시킨다기보다, 오히려 행복에 관한 문화적 집착(아마도 이는 과거나 지금이나 좋은 삶을 영위하고 있다고 생각하는 사람들이 가진 좋은 삶에 대한 바람 속에 내

포된 불안 같은 것이다)을 증가시킬 수 있다는 의미다.

12 http://www.ppc.sas.upenn.edu 참조.

13 페이 웰던이 여성과 행복에 관한 저서에서 한 말을 인용해 보자. "젠더 평등을 위한 투쟁은 외모에 나쁜 영향을 미친다. 진화를 통해서도 전해지지 못한 정의를 위해 고군분투하면서 어떤 보상도 얻지 못한다면, 그 투쟁은 누구도 행복하게 하지 못한다. 그것은 당신의 턱만 발달시키고, 보톡스로도 가릴 수 없을 이마 주름을 만들며, 뷰티 플래시[안색을 밝게 해주는 화장품]를 아무리 발라도 지울 수 없을 만큼 안색을 탁하게 만든다. 전반적으로 좋은 점이 아무것도 없다"(Weldon 2006: 52). 웰던은 불행 때문에 외모가 상할 것이며 그 불행은 평등을 위한 싸움이 유발한 것이라고 주장한다. 행복하다는 건 외모가 더 좋아 보이는 것이다. 웰던이 보기에 행복하려면, 더 매력적으로 보이려면, 다시 말해 여자가 더 나은 남자를 얻으려면, 평등을 위해 싸워서는 안 된다. 행복은 자기-증진의 기술이다(그녀는 이를 진화적 신체 단련이라고도 한다). 2장에서 살펴보겠지만, 행복과 여성에 대한 리서치는 전통적 여자다움의 형태로 돌아가도록 부추기는 경향이 있다. 행복은 수동성과 연결되는데, 이는 행복을 능동성과 연관 짓는 기존의 방식에 의문을 제기한다. 나는 이 책의 결론에서 행복과 능동성의 일치에 대해 논할 것이다.

14 그렇다고 에우다이모니아에 대한 아리스토텔레스의 접근법이 이런 비판으로 환원될 수 있다는 뜻은 아니다. 나는 단지 현대의 행복보다 고대의 행복을 이상화하는 **태도**에 의문을 제기할 뿐이다. 행복을 덕으로 보는 오랜 아리스토텔레스적 전통에서의 글들은 인생에 대해 덜 배타적인 또는 덜 특정한 개념에 근거한, 대안적 좋은 삶 개념을 제시한다. 예를 들어 매킨타이어는 그의 저서에서 덕은 "후천적인 인간적 자질로 그것의 소유와 실행은 우리가 선을 성취할 수 있도록 해주며, 그것의 결여는 우리가 그와 같은 선을 성취할 수 없도록 효과적으로 가로막는다"라고 설명한다. 매킨타이어의 『무의식: 개념적 분석』(MacIntyre 2004) 개정판 서문도 보라. 여기서 그는 정신분석적 모델들을 비판하며 "합목적론적으로 구조화된 삶"이라는 아리스토텔레스 개념을 옹호한다. 그는, 신경증에 대한 정신분석적 비판은 "인간의 번영이라는 개념과 양립 가능할 뿐만 아니라 그런 개념을 필요로 한다"라고 말한다. 하지만 이어서 인간의 번영을 "[인간] 특유의 잠재력의 실현이 이성에 근거한 활동에서 나타나는 것"이라고 재정의하는데, 이는 그도 여전히 살 만한 가치가 있는 삶을 중시하는 배타적 모델에 의존하고 있음을 보여 준다(34-35). 이와 같은 설명을 제안해 준 데이비드 글로버에게 감사한다.

15 아리스토텔레스는 "관조하는 사람"은 다른 유형의 덕 있는 사람보다 외적인 재화를 덜 필요로 한다고 주장한다(Aristotle 1998: 193[374]). 그가 보기에, 사색하는 철학자에게 외적인 재화는 오히려 사색에 걸림돌이 될 수 있다. 하지만 그럼에도 불구하고 "관조하는 철학자로서는 아니라 하더라도 인간으로 살아가기 위해 그는 외적인 것들을 필요로 하게 될 것이다"(193[374- 375]). 바로 이 지점이 정치경제가 개입되는 지점이다. 철학자 주체의 좋은 삶을 사는 역량의 재생산은,

인간으로서 갖는 특성을 유지하는 것으로, 다른 사람들의 노동에 의존하게 되는 것이다. 그런 노동은 철학자를 부양해 주는 노동으로, 따라서 가구처럼 배경에 머물러 있게 된다. 『퀴어 현상학』(Ahmed 2006)에 있는 후설과 철학이라는 노동, 그리고 가사 노동이라는 "배경"에 대한 나의 해석을 보라.

16 그러나 희망과 유토피아에 관한 호세 에스테반 무뇨스의 연구뿐만 아니라 낙관주의에 관한 벌란트(Berlant 2008a, 2008b)와 마이클 D. 스네디커(Snediker 2009)의 연구에서 볼 수 있듯이, 퀴어 문화 연구 내에서도 긍정적 정서와 감정에 대한 이론화로의 전환이 있었다.

17 여기서 지적해 둬야 할 것은, 내가 **행복**이라는 단어를 추적할 때, 고전어와 현대어를 비롯해 (예를 들어 에우다이모니아, 보뇌르le bonheur, 글뤽glück) 다른 언어에서 영어로 번역된 말을 추적하는 경우도 있다는 점이다. 분명 우리는 번역 과정에서 놓치는 것들이 있을 것이다. 이를테면 각각의 단어들이 어떻게 관련을 맺게 되었는지에 대한 역사를 추적할 순 없게 된다. 그러나 이를 인정한다고 해서 번역이라는 행위가 불가능하다는 건 아니다. 번역어들 속에서 행복이라는 말을 추적해 나갈 때 나는 기존의 관습을 받아들이고 있는 것이기도 하다. 즉, 다른 사람들이 원래의 단어들을 어떻게 이 단어로 번역해 왔는지를 받아들이고 있는 것이다.

18 콜브룩은 이런 구분의 예로서 다음과 같은 행복에 대한 니체의 새로운 철학적 개념화를 든다. "행복은 시간 속에서 자기만의 순간의 특수성이나 구체성을 **능동적으로**-긍정하며 자기 삶을 살아가는 역량 혹은 힘이다"(Colebrook 2002: 19). 그러나 이 "새로운 개념"이라고 하는 것이 기존의 행복 개념들과 별 차이가 없으며, 이 책의 결론에서 이야기하겠지만, 그 개념들 상당수가 "능동성"으로서의 행복 관념에 입각해 있음은 분명해 보인다. 우리는 새로운 것의 언어 속에 존재하는 오래된 것의 유산으로부터 다음과 같은 점을 배울 수 있다. 즉, 철학은 일상으로부터 배우기를 거부할 때 기존의 습관들을 넘어서지 못하고 자신의 습관을 유지할 뿐이다.

19 행복에 대한 중요한 비판을 담을 두 권의 책이 2008년에 나왔는데 둘 다 철학 분야 바깥에서 나온 책들이었다(문학 분야에서 나온 에릭 G. 윌슨의 『멜랑콜리 즐기기』와 사회학자 지그문트 바우만의 『삶의 기술』). (2009년 초 현재 이 글을 쓰고 있는) 나는 행복의 조류가 바뀌고 있는지, 그리고 이 조류가 철학도 바꿀 것인지(철학 속에서 바뀔 것인지) 궁금하다.

20 나는 이 책 전반에 걸쳐, 특히 1장과 결론에서 윤리와 씨름하게 될 것이다. 정치철학적 측면에서, 아감벤이 인간을 "삶에 있어서 행복이 문제가 되는 유일한 존재이자, 치유할 수 없을 정도로 고통스러울 정도로 삶이 행복에 할당돼 있는 유일한 존재"로 정의하고 "그렇지만 이 사실 자체가 곧 삶-의-형태를 정치적 삶으로 구성한다"(Agamben 1996/2000: 4[14])라고 하면서 인간의 정치적 본성을 정의하는 데 있어 행복을 결정적인 것으로 보고 있음을 지적해 두는 것이 유용할 것이다. 행복을 위험에 처해 있는 무언가로 만들면서 아감벤은 행복의 종말을 고하는 것이 아니라 그것을 의문에 부치려 한다. 심지어 이 질문은 고통스럽다. 인간에 관한 질문은 행복에 관한 질문이

Notes

되어, 어떻게 살아야 하는가에 대한 질문, 어떻게 잘 살아야 하는가에 대한 질문이 된다.

21 내가 사용하는 어휘들(전위displacement나 전환conversion 등)만 봐도 정신분석에 대한 내 관심이 내 작업에 얼마나 큰 영향을 미쳤는지 분명히 알 수 있을 것이다. 그러나 이 책이 행복에 관한 정신분석은 분명 아닌데, 내 질문이 주체의 차원에서 제기되고 있는 것은 아니기 때문이다. 내 관심사는 심리적·사회적 장에서의 행복의 분배에 있고, 나는 페미니즘, 반인종주의 및 퀴어 이론뿐만 아니라 현상학과 마르크스주의를 포괄하는 이론적 연구에 매진해 왔다. 이 책에 일종의 산만한 경험주의가 드러난다면, 그것은 내가 세계에 대한 우리의 경험을 그것의 출현 형식에 초점을 맞추어 기술하는 데 관심이 있기 때문이다. 내가 기술의 핵심에 도달하기 전에 고정된 체계를 가진다면 기술의 가능성을 잃고 말 것이다. 정신분석학은 내게 너무 많은 것을 요구한다. 그것은 내가 절충적으로 기대곤 했던 학파이지만 늘 재생산에는 실패한다. 독자들이 행복에 관한 정신분석을 접할 수 있는 책들로는 프로이트의 『문명 속의 불만』(1930/2004)(원래 제안된 제목은 『문명 속의 불행』이었다[McMahon 2006: 442])과 라캉의 『정신분석 윤리』(1986/1992)뿐만 아니라 지젝의 『실재의 사막에 오신 것을 환영합니다』(2002), 『잃어버린 대의를 옹호하며』(2008a)에서의 행복에 대한 비판이 있으며, 조너선 리어는 『행복, 죽음, 그리고 남은 삶』(Lear 2000)에서 아리스토텔레스와 프로이트를 동시에 읽고 있다.

22 마크 T. 코너드가 주장하듯이, 철학에서 "불행에 대한 논의는, 그것을 단순히 행복을 얻지 못한 결과로 보는 것 말고는 거의 없다"(Conard 2007: 53). 물론 예외는 있다. 장-뤽 낭시의 『세계의 의미』는 행복을 그 참조점으로 삼지 않는 불행을 이야기한다. "행복에 대해 말할 수 있는 건 거의 없다. 그것은 의미의 목가적 버전이자, 헐값에 사들인 의미의 내재성이며, 불행의 단순한 부정일 뿐이다"(Nancy 1993/1997: 145). 낭시는 행복이 제공하는 승화를 거부할 뿐만 아니라 불행이야말로 "의미 있는" 것이라고 암시한다. 순간의 우연happenstance에 관한 낭시의 간략한 논의는 이 책의 결론도 참조하라.

23 행복의 시기는 "반명제antithesis가 사라진 시대"로 "역사의 빈 페이지"(Hegel 1837/ 1988: 29)라고 하는 헤겔의 명제와 내 주장 사이의 관계에 대해서는 논평해 둘 필요가 있다. 그의 명제는 역사의 활동은 불행과 부정에 달려 있다는 의미로 보인다. 나는 개념-어concept-word인 행복의 역사에 대해 쓰고 있는 것이다. 즉, 행복은 사고의 지평을 제공한다. 개념-어로서의 행복의 과잉 결정은 행복이 역사 속에서 어떤 식으로 명멸해 왔는지와 무관하지 않다. 나는 역사 속의 행복이 공백이 아니라고, 즉 공백은 행복의 규제력을 관념으로서 유지시키는 판타지라고 주장할 것이다. 다시 말해서 행복의 공백은 투쟁이나 부정성의 부재를 나타내는 표지가 아니다. 행복이 주어져 있을 때 우리는 투쟁이나 부정의 표지를 볼 수 없을 뿐이다. 행복이 공백으로 나타나는 것은 우리가 상황이 "진행되고" 우리가 "잘 지낼 때" 일어나는 일을 우리가 알아차리지 못하도록 배웠기 때문이다. 이 책은 공백의 느낌을 만들어 내는 노동을 비롯해 "잘 지냄"을 나타내는 표지들에 의해

지워진 것을 탐색하는 작업이다.

24 이런 정의들은 모두 『옥스퍼드영어사전』 *Oxford English Dictionary*(OED)에서 가져온 것이다. 이 책에서 이후에 나오는 모든 정의와 어원은 *OED*에서 가져왔다.

1장   행복의 대상

---

1 이 장에서는 정서affect를 "끈적이는" 것으로 보는 접근법을 제시할 것이다. 정서는 달라붙는 것, 관념·가치·대상들 간의 연결을 유지하거나 보존해 주는 것이다. 정서가 그 형식상 끈적임이라는 내 주장은, 그것을 자율적이고 감정emotions과는 구별되는 것으로 보는 마수미의 작업과 대조되는 것이다. 마수미에게 감정은 "성질이 부여된 강도[강렬도]" 혹은 "주관적 만족, 즉 경험의 성질이 사회언어학적으로 고정되고 그 순간부터 개인적인 것으로 정의되는 것"인 반면, 정서는 성질이 부여되지 않은, 서사 저편의 "강도"이다(Massumi 2002b: 28[54]). 나는 정서/감정의 구분이 감정의 역할을 과소평가할 수 있다고 생각한다. 왜냐하면 감정은 단순히 "주관적 만족" 또는 강도의 성질에 관한 것만은 아닌, 강도와 신체적 지향 및 지시의 형태를 **포함**하고 있기 때문이다. 감정은 "나중에 하는 생각"이 아니라 신체가 속한 세계가 그것을 움직이게 하는 방식을 형성한다(Ahmed 2004 참조). 나는 또한 마수미가 정서라고 설명하는 강도도 "성질이 부여돼 있고" 심지어 "엉길" 뿐만 아니라 "지시된다"directed고 생각한다. 이 지시성directedness은 단순히 주체나 내적 느낌 상태에 관한 것이 아니라 사물들이 어떻게 **특정한 방식으로** 응집하는지에 관한 것이다. 속성이 부여된 감정으로부터 정서적 반응을(두렵다는 느낌으로부터 신체의 감각을) 분리할 수는 있지만, 그렇다고 실제로 혹은 일상생활에서 그것들이 분리되는 건 아니다. 사실, 그것들은 연속적이다. 즉, 그것들은 서로에게 미끄러져 들어간다. 그것들은 떨어져 있더라도 달라붙고 응집한다. "공포 정서"는 두렵다는 스스로의 의식적인 인식으로부터 분리될 수 있다(눈 가장자리의 실룩거림은 낯선 사람의 존재를 알리는 신호로, 우리가 누군가를 낯선 사람이라고 알아차리기도 전에 피부에 마음의 동요를 등록한다). 그러나 이는 "공포 정서"가 자율적이라는 뜻이다. 우리가 영향을 받기 전에, 피부에 인상을 남기는 무슨 일이 일어나기 전에, 우리에게 특정 방식으로 영향을 미치는 것들이 이미 그 자리에 존재하는 것이다. 정서를 읽기 위해 우리는 이렇게 "이미 그 자리에 존재하는" 것에 대한, "이미 그 자리에 존재하는" 것이 어떻게 정신적 차원과 사회적 차원을 수반하는지에 대한 더 나은 이해가 필요하다. 이는 "이미 그 자리에 존재하는" 것이 항상 같은 자리는 아니라는 뜻이다. 예를 들어, 실룩거림은 우리가 공포스러운 것이라고 이미 정서적 가치를 부여한 자리에 대해("범죄가 많은 동네"는 우리가 무서움을 느끼리라 예측하는 곳이다) 회고적으로 공포로서 인식되는 감정일 가능성이 크다(또 누군가는 그 몸이 무서움을 느끼게 되는 다른 실룩거림을 기억하고 있을 것이다). "정서의 자율성"에 대한 비평으로는 클레어 헤밍스(Hemmings 2005)와 이모겐 타일러(Tyler 2008)를 참조할 것. 정서/감정의 차이를 "성질이나 종류의 형식적 차이라기보다는 강도 혹은 정

Notes

도의 양태적 차이"로 보면서 대조적인 접근법을 보여 주고 있는 시앤 응가이도 참조할 것(Ngai 2005: 27).

2 감각의 우발성에 대한 분석은 내 책 『감정의 문화정치』 1장을 참조할 것. 쾌락과 고통[통증]은 대상에 의해 유발되는 감각이라고 말할 수 있다(예를 들어, 발에 통증을 감각하는 것은 못이 박혀서일 수 있다). 하지만 나는 흄과 니체를 경유해, 그런 인과관계는 습관적인 연상의 형식들(회고적인 동시에 기대에 입각한)과 관련된 것이라고 주장할 것이다. 그러나 감각이 사물에 의해 유발되는 것이라 치더라도, 인간 경험의 다른 측면과 쉽게 분리될 수 있다는 점을 부정할 수는 없다. 쾌락은 복잡한 느낌으로 간주돼 왔다. 데이비드 페리는 쾌락을 "특정한 종류의 지향적인 특질을 갖는" "느낌의 한 종류"라고 말한다. 다시 말해, 우리는 쾌락을 주는 것들로부터 쾌락을 얻는다(Perry 1967: 98). J. C. B. 고슬링의 쾌락은 "감각이나 느낌과 같이, 우리의 의식의 변형들에 해당하는 것들의 부류에 속한다"(Gosling 1969: 29). 흥미롭게도, 내가 이 책을 쓰면서 찾아낸 철학자 중에서 가장 퀴어한 쾌락의 정의를 제공해 준 철학자는 보통 냉엄한 실용주의자라는 아주 칙칙한 말로 환기되는 제러미 벤담이다. 그는 쾌락을 "흥미로운 지각 작용"이라고 말하면서 "어떤 사람의 기질적 성향[성향의 구부러짐]은 특정 대상으로부터 쾌락이나 고통을 기대하는 경향으로 이해할 수 있다"라고 말한다(Bentham 1789/2007: 49[130-131]). 그러고 나서 그는 만일 "여러 종류의 대상 가운데 어떤 특정 종류의 대상으로부터 더 많은 쾌락을 기대할 것 같은 경우" 그 사람은 "이런저런 기질[구부러짐]을 가지고 있다"라고 할 수 있다고 설명한다(49). 쾌락이라는 것이 우리가 어떤 사물로 향하게 되는 방식이라면, 쾌락은 항상 구부러진다. 벤담에게 쾌락은 사회적 정향을 드러내는 신체적 정향, 즉 특정한 경향을 가진 성향이다. 행복을 쾌락 감각과 근접한 것으로 생각해 봐야 하는 이유는, 이를 통해 행복의 신체적 차원에 계속해서 주의를 기울일 수 있기 때문이다. 나는 신체를 행복 바깥에 두고 싶지 않다.

3 여기서 스피노자는, 변용된다는 것은 심지어 즐겁게 받는다 해도, 수동성의 한 형태로, 그 속에서 형성된 관념은 부적합하거나 혼란스럽다고 보고 있음을 지적해 둬야 한다. 정서는 "정념"[수동적 정서]으로 결국 "우리가 그것에 대해 명석 판명한 관념을 형성하는 순간 더 이상 정념이 아니다[수동적이지 않다]"(Spinoza 1677/2001: 231[292-293]). 그러므로 스피노자의 윤리적 과제는 이성을 통해 정념의 속박에서 자유로워지는 것이다. "삶에서 무엇보다 유익한 것은 가능한 한 지성이나 이성을 완전하게 하는 것이며, 오로지 이것에 인간의 최상의 행복, 즉 지복이 존재한다"(217). 지복을 받는다는 것은 적절한 관념을 가지거나 당신 자신이 품은 관념의 원인이 되는 것이다. 다시 말해, "이성에 따라 인도되는 인간의 궁극적 목적, 즉 그로 하여금 여타의 모든 욕망을 통솔하게끔 하는 최고의 욕망은 그 자신과 그의 인식에 속할 수 있는 모든 것을 타당하게 파악하도록 하는 욕망이다"(217[273-274]). 수동/능동의 구별에 대한 구체적 언급과 함께 스피노자(좀 더 정확히는 들뢰즈의 스피노자)에 대한 더 자세한 논의를 보려면 이 책의 결론을 보라.

4 이 책은 현상학에 기대고 있지만, 그렇다고 행복의 현상학을 제공하는 것은 아니다. 그 이유는 여기서 내가 참조한 지점들이 주로 현상학의 지적 전통 바깥에 있기 때문이다. 만일 혹시 이 책이 행복의 현상학을 보여 준다고 한다면, 그것은 오히려 퀴어 현상학이라고 할 수 있다(Ahmed 2006 참조). 행복의 현상학은 아마도 아직 쓰이지 않았을 것이다. 물론 좀 더 개괄적으로 현상학과 감정을 다루는 문헌들이 많기는 하다(고전적인 글로는 Sartre 1939/2002를, 더 나아가서는 Solomon 2006을 참조할 것). 행복의 현상학은 후설의 후기 작업, 특히 살아 있는 신체Leib, 정서와 가치, 그리고 생활-세계에 대한 접근에 의존하는데, 이는 보통 정적 현상학에서 발생론적 현상학, 그리고 세대간적 현상학으로 넘어가는 그의 전환을 나타낸다(Thompson 2007: 28~36 참조). 내가 여기서 주목하는 점은, 후설의 모델이 우리가 로크의 경험적 심리학("변용"에 의해 사물에 가치가 부여되는)에서 발견한 정서·감정 모델과는 아주 다른 모델을 제공한다는 것이다. 포이커에 따르면, 후설은 "사물에 특정한 가치를 부여하는 것"을 느낌이라고 설명하는 그 어떤 감상주의에 대해서도 비판적일 것이다(Peucker 2007: 312). 포이커는 후설이 모든 도덕적 느낌이 병리적이라는 칸트적 가정을 어떻게 비판하는지 보여 준다. 그에 따르면 후설은 사물들은 이미 가치 속성을 가지고 있다고 주장함으로써 칸트와 감상주의자 사이를 중재한다. "자아는 따라서 가치 속성을 지닌 대상들에 의해 변용된다"(316).

5 데이비드 흄은 『인간 본성에 관한 논고』(Hume 1739~40/1985: 49-55)에서 관념과 인상의 관계를 논하면서, 인상이 더 생생하다고 말한다. 그는 기억과 상상을 연속성과 유사성의 형식 속에서 관념들을 연결 혹은 연관 지으며 "우리의 인상들을 반복하는"(56) 두 가지 능력으로 기술한다. 흄은 우리가 경험적 심리학과 의미 형성의 습관이라고 부르는 것에 대한 풍부한 성찰을 제공해 준다. 흄의 공헌에 대해서는 들뢰즈의 탁월한 분석(Deleuze 1953/1991)을 참조하라. 또한 전위displacement와 압축condensation에 대한 프로이트의 관심과 은유와 환유에 대한 라캉의 관심이 흄의 연상 이론과 얼마나 일치하는지 주목해 보라. 영국의 경험주의와 정신분석은 의외로 생산적 연관성을 잠재한 동료라 할 수 있다.

6 짜증과 기분 좋음과 관련한 이와 같은 논변에 대한 확장된 논의는 이 책 5장 두 번째 절을 참조할 것.

7 느낌으로서의 행복의 불안정한 본성은, 존 스튜어트 밀의 자서전에 나오는 유명한 대목에 아주 잘 나타나 있다. "그대가 행복한지, 행복하지 않은지 스스로에게 물어보라"(Mill 1873/2003: 100[152]). 결국 그가 공리주의에 대한 환멸이라고도 묘사한 불안정성을 인식하도록, 그리고 "행복 아닌 다른 어떤 것"이 "인생의 목적"(100)이 될 필요가 있음을 자각하도록 만든 것은 바로 그 자신의 불행이다. 불안정한 행복에 대한 논의는 이 책의 결론, 미주 16을 참조하라.

8 고전적 전통과 공리주의적 전통은 종종 매우 다른 것으로 재현되지만, 행복의 목적론적 개념을 공유한다. 아리스토텔레스에게 행복은 개인의 종착점으로, 덕을 갖춘 삶을 살았다는 뜻이다. 공

Notes

리주의자에게 행복은 정부의 종착점으로, 최선의 사회를 꾸렸다는 뜻이다.

9 행복의 목적론적 모형이 "다른 모든 것들"을 어떤 식으로 "행복의 수단"으로 만드는지는 존 스튜어트 밀의 공리주의에서 노골적으로 드러난다. 그는 "공리주의 이론에서는 행복이 바람직하다고, 다시 말해 하나의 목적으로서 바람직한 유일한 것이라고 주장한다. 그래서 그 이론에 따르면, 다른 모든 것들은 그 목적을 달성하는 데 도움이 되는 수단으로서만 바람직하다"(Mill 1863/2001: 35[83]). 목적인telos, 즉 목적으로서의 행복이 갖는 중요성에 관해서는 수많은 연구가 존재하지만, 그것이 "다른 모든 것들에" 어떤 의미가 있는지, 즉 다른 좋은 것들이 **행복이라는 목적을 이루기 위한 수단으로서 좋은 것이 된다**는 게 어떤 의미인지에 대해서는 그보다는 관심이 적었다.

10 나는 아리스토텔레스가 행복을 도구적으로 만든다고 말하는 것은 아니다. 행복은 삶의 발생을 관리하기 위해 외부에서 부과된 무언가가 된다는 의미에서의 목적이 아니다. 오히려 아리스토텔레스에게 행복을 성취한다는 것은 자신의 잠재력을 실현하는 것이다. 행복한 사람은 자신의 이상적인 형태를 성취한 사람으로, 생물학적인 의미에서뿐만 아니라 윤리적인 의미에서도 번창한 사람을 말한다. 그저 나는 행복을 삶의 목적으로서 구조적으로 바라본다면 다른 것들은 행복을 성취하는, 즉 당신의 잠재력을 현실화하는 수단이 된다고 말하는 것이다. 아리스토텔레스의 목적론적 생물학 모델과 목적론적 행복 모델의 관계를 좀 더 고찰해 본다면 유용할 것이다. 관련 논의로는 Challenger 1994: 75-76와 Annas 1993: 139를 참조할 것.

11 나는 책 전체에 걸쳐 자유와 행복의 관계를, 특히 행복할 자유가 행복이 어떻게 우리를 삶에서 특정 선택으로 이끄는지를 은폐하는 자유의 판타지라는 걸 살펴볼 것이다. 이 책 5장의 마지막 절에서 나는 불행할 자유라는 대안적 자유를 탐색해 본다.

12 니체는 인과적 사고를 습관의 한 형태라고 주장한 데이비드 흄에 기대고 있다. "원인에서 결과로 이어지는 이와 같은 사고의 전이는 이성에서 비롯되는 것이 아니다. 그것은 전적으로 관습과 경험에 그 기원을 두고 있다"(Hume 1748/1975: 54[87]). 이에 더해 나는 인과성의 부여와 동일시의 관계를 이야기해 보고 싶다. 나와 언니는 항상 교통사고의 원인에 대해 논쟁을 벌이곤 했다. 언니는 느림보 운전자가 사고의 원인이라면서 그들이 빠르게 차를 모는 운전자들을 조급하게 만드니까 그런 거라고 했다. 나는 차를 빨리 모는 운전자들의 그런 성격 때문에 사고가 일어나는 것이라고 했다. 우리가 무엇을 원인으로 보느냐는, 각자의(언니는 빨리 모는 운전자와 나는 느림보 운전자와) 자기 동일시와 관련돼 있는 것이었는데, 이는 결국 각자를 정상성이나 중립성의 영역에 세운 것이기도 했다(나는 언니가 "너무 빠르다"고 생각했고, 언니는 내가 "너무 느리다"고 생각했던 것이다). 또한 인과성을 부여하는 일이 브레이크와 같다는 걸 지적해 둬야겠다. 당신은 인과관계를 만들기 위해 "지금까지"를 되돌아보면서, 스스로가 부정적이라고 평가되는 무언가의 원인이 되지 않도록 필요한 만큼 거슬러 올라가게 된다. 그래서 언니가 보기에는 (나 같은 느림보 운전자들

때문에) 자신이 조급해진 것이 되고, 내가 보기에는 언니의 조급함이 원인이 되었던 것(지켜야 하는 속도보다 더 빨리 가고 싶어 했기 때문)이다.

13 앞으로 살펴보겠지만, 긍정의 경험이 항상 의식적으로만 일어나지 않고 배후에서 일어나는 것도 이 때문이다. 이로써 주체는 가던 길로 계속 가게 되는 것이다.

14 분명히 대상을 행복-원인으로 설명하는 것은 그것들을 행복-수단으로 설명하는 것보다 강한 주장이다. 후자는 특정한 것을 하거나 가지면 행복에 가까워질 수 있지만 이것이 필연적으로 행복을 유발하는 것은 아니다. 대상이 행복-원인이라고 하는 것은 행복이 무언가를 하거나 가짐으로써 나타나는 필연적 결과라고 말하는 것이다. 나는 3장에서 행복-원인이 되고자 하는 욕망에 대해 생각해 봄으로써 내 주장을 확장할 것이다.

15 행복의 약속은 (암묵적이든 명시적이든) 조건을 부과한다. 즉, 당신은 특정 조건을 충족시키는 대가로 행복을 약속받는 것이다. 행복에 어떤 식으로 조건이 붙는지(나는 간단히 조건부 행복이라고 부른다)에 관한 좀 더 확장된 논의는 이 책 2장의 첫 번째 절을 참조할 것.

16 일찍이 『말과 행위』에서 오스틴은 지킬 생각이 없는 약속도 여전히 약속이라고 이야기한 바 있다. 불성실한 약속이라 해도 무효는 아니라는 것이다(Austin 1962/1975: 11[32]). 뒤에서 그는 의도한 바의 실패를 불운으로 설명한다(40[64]). 그래서 약속은 그것이 약속으로 발화됐다 하더라도 약속할 수 **없다**. 결국 약속은 명백히 수행적일 수밖에 없으며, 올바른 조건이 마련되지 않으면 불행해진다. 여기서 지적해 두고 싶은 것은, 이 책에서 나는 행복과 불행을 언어적으로(말이 가진 효과의 측면에서 그 말이 말한 바를 행하는 데 성공하는지 실패하는지뿐만 아니라, 말 속에 있는 것으로서) 생각해 볼 것이라는 점이다. 다시 말해, 행복은 발화 속에서 호명될 때 **활동이 시작된다**.

17 이 지점에서 로크와 칸트를 비교해 보는 것이 유용할 것이다. 로크는, 행복을 본질적으로 좋은 것이라고 강조하고 있음에도 불구하고, 불편을 더욱 강력한 것으로 만드는 경험적 심리학을 제안한다. 칸트는 행복과 좋음 사이의 관계를 거부함에도 불구하고 행복을 실천 법칙의 근간으로, 즉 가장 강력한 것으로 기술한다. 따라서 칸트는 로크보다 더 강력하게 행복을 인간 행동의 원동력으로 보는 주장을 하고 있다. 이 지점이 내가 보기에 라캉이 왜 칸트와 동맹했는지 다소 혼란스러운 이유 중 하나이다(Lacan 2006: 645-70[895-930, 「사드와 함께 칸트를」], Zupančič 2000 참조). 하지만 내가 이해하기로는 그들 모두 윤리는 행복 외부의 것으로 사고되어야 하고, 그래서 어떤 형식주의(의무의 법칙 또는 욕망의 법칙의 측면에서 정의되는)를 필요로 한다는 주장을 공유하고 있긴 하다. 비록 칸트가 도덕법칙을 행복의 차원을 넘어서는 것으로 정의한다 하더라도, 그는 분명 실천 법칙으로서의 행복을 지나치게 강력한 것으로 만듦으로써, 우리가 쾌락원칙을 넘어서지 못하게 한다. 이 책의 결론, 미주 13도 참조할 것.

18 나는 홉스가 『리바이어던』에서 욕망에 대해 정의할 때 신체적 움직임을 강조한 것이 도움이 된다는 걸 발견했다. 그는 ["걷거나 말하거나 때리거나 하는 눈에 보이는 행동이 일어나기 전에 인체

Notes

내에 일어나는 운동의 단서들을 노력"이라 하는데] "노력이 그것을 야기하는 어떤 것을 향해 있을 때" 그것을 욕망이라 정의한다(Hobbes 1651/1968: 119[77]). 나는 정서를 우리가 (정서뿐만 아니라 움직임의 원인으로 간주되는) 대상을 향해 돌아서거나 그로부터 멀어지게 하는 평가라고 본다. 그래서 나는 대상들이 나를 어떻게 변용했는지에 따라 다른 것으로 향하기도 하고 멀어지기도 하며, 여기서 방향 전환은 그 다른 것 때문에 일어난 것이라고 간주된다.

19 나는 여기서 문화 산업의 공허한 약속에 대한 아도르노와 호르크하이머의 비판을 떠올렸다. 그들의 주장에 따르면, "문화 산업은 그것이 끊임없이 약속하는 바에 대해 소비자들을 끊임없이 기만한다. 쾌락에 기댄 약속어음은 그 플롯과 무대를 바꿔 가며 끝없이 연장된다. 여기서 약속은, 사실상 온통 장관으로 구성된, 환영에 불과하다"(Adorno and Horkheimer 1944/1997: 139[211-212]). 어떤 이는 문화 산업 내에 자리한 거짓 약속의 위치 때문에 우리가 온전한 약속(문화 산업이 아닌 곳에 자리하는, 지킬 수 있는 약속)이 존재한다는 판타지를 유지할 수 있는 것은 아닌지 궁금해 할 수도 있을 것이다. 행복의 약속에 대한 내 독해는 약속이란 항상 어떤 의미에서 비어 있음을 시사하면서 이 충만한 판타지에 의문을 제기한다는 것이다. 약속은 결코 지켜질 수 없다. 이미 내보낸 것은 쉽게 거두어들일 수 없기 때문이다.

20 결국 서사는 "방향을 가진다." 서사는 무언가, 즉 결말을 향해 "나아간다." 서사의 형태는 플롯으로 설명될 수 있으며, 시간에 따라 배열된 사건들은 상황이 어떻게 된 건지, 어떻게 한 상황이 또 다른 상황으로 이어지는지를 설명해 준다. 피터 브룩스가 주장하듯이 플롯은 "이야기의 모양을 잡아 주는 것이며 이야기에 의미 있는 특정 방향이나 의도를 부여하는 것"(Brooks 1984: xi[11])이다. 또한 그것은 "형태를 잡아 주는 활동"으로 우리의 "독서를 전진"시킨다(xiii[13]). 브룩스는 플롯을 구성하는 행위를 우리가 텍스트를 통해 우리를 움직이는 욕망의 형태와 연결 짓는다. "서사narratives는 그 플롯을 추진하고 소비하려는 욕망의 동력들을 그려 내는 동시에, 이야기하기 narration가 인간 욕망의 본질적 형태임을 적나라하게 드러낸다. 즉, 듣는 사람을 유혹하고 정복하고자 하는 인간의 기본 욕동으로서의 말하고자 하는 욕구, 결코 그 이름은 말할 수 없지만(결코 핵심에 도달할 수는 없지만) 그 이름을 향한 움직임을 끊임없이 말하고자 하는 욕망의 추진력 속에 그를 휘말리게 하려는 욕구 말이다"(61[105]). 이렇게 추진력 있는 욕망의 언어는 우리에게 아주 구체적인 서사의 움직임을 보여 준다. 그러나 이 점을 잠시 접어 두면, 앞으로 나아가려는 서사의 움직임이 우리에게 도달해야 할 지점을 가리키는 역할을 할 수 있다. 우리가 그 지점에 도달하지 못한다 해도 말이다. 서사를 읽는 것은 도달해야 할 지점의 방향을 읽는 것이다. 행복이 도달점이라면 그것은 계속 유예되어야 한다. D. A. 밀러는 서사와 그것의 불만에 관한 고전적 설명에서 다음과 같이 주장했다. "행복의 서사는 불가피하게 좌절되는데, 이는 불충분함, 불이행, 유예만을 우리가 '듣기' 때문이다. 심지어 서사가 행복을 '준비하는' 경우에도 이와 같은 결여 상태에 머물러 있는데, 이는 서사 그 자체가 없어져야 청산될 수 있다. 따라서 행복의 서사는 일반적으로 서사

의 불행을 예시하는 것으로 생각될 수 있다"(Miller 2002: 272). 행복 서사에 대한 논의는 콜브룩 (Colebrook 2008) 참조. 이 책에서 나는 서사의 결말로서의 행복뿐만 아니라 서사 내에서의 전환 점으로서의 행복에도 관심을 가진다. 특히, "난 단지 네 행복을 바랄 뿐이야" 같은 행복 발화 행위 가 어떤 식으로 서사의 비뚤어짐과 뒤틀림에 결정적 역할을 하는지 살펴볼 것이다.

21 『감정의 문화정치』에서 나는 행복을 기다림의 한 형태로서 살펴보았다. 행복을 통해 무언가 에 대한 우리의 기다림은 의미나 목적을 획득할 수 있으며, 우리가 그것을 인내할 수 있는 것은 행 복이 그 무언가를 지시하고 있기 때문이다(Ahmed 2004: 196-97 참조). 지금 행복을 성취하지 못 할 경우 특정 행동 경로에 대한 집착은 더 연장될 수 있다. 즉, 기다림이 길어질수록 포기해야 할 것도 더 많아지기 때문에, **기다리면 기다릴수록 포기는 더 어려워지는 것이다.** 결국 불행은 행 복을 포기하기 더 어렵게 만드는 것일 수 있다.

22 행복의 우연성과 우발성도 제한될 수 있는 것으로 설명하면서 내가 이야기하고 싶은 것은, 행 복은 어떤 방향을 지시하는 식이 되기 때문에 결국 우리가 특정 장소에서 행복을 찾게 될 거라는 것이다. 그러나 나는 행복이 우발성을 포함하지 않는다고 주장하는 것은 아니다. 비록 어떤 방향 지시를 받았다 할지라도, 우리가 가까이 오는 것에 의해 무슨 일이 일어날지, 어떤 영향을 받을지 항상 알 수 있는 건 아니다. 행복의 우연발생은 분명 중요하다. 우연발생의 정치와 윤리에 대해서 는 이 책의 결론을 참조할 것. 다만, 우리는 우연발생을 제자리로 돌려놓기 전에 그것이 어떻게 행 복에서 제거되었는지 인식할 필요가 있다.

23 이 책의 4장을 참조할 것. 4장에서 나는 타인에게 좋은 습관을 준다는 의미에서의 문명화 사명 을 살펴본다. 나는 이 장에서 원주민의 나쁜 습관이 어떻게 쾌락을 야기하는 대상과 좋은 것에 대 한 그들의 혼란과 동일시되는지에 주목할 것이다. 따라서 좋은 습관은 원시적인 물신숭배와 구 별된다. 소위 문명화된 행복은 물신숭배를 타자에 투사하면서, 그것이 얼마나 행복의 약속을 대 상과의 근접성에 위치시키는지 인식하지 못한다. 비록 그 대상들이 근접성에 대한 주장을 겉으 로는 거부함으로써 가치를 얻는다 해도 말이다.

24 애너스는 또한 습관화 모델에 대한 칸트의 거부에 대해 매우 유용한 논의를 제공한다. 그녀는 칸트가 어떻게 습관 형성을 도덕적 수동성과 동일시하는지, 그래서 얼마나 습관을 형성하면 자 유를 잃을 것이라고 하는지를 보여 준다(Annas 1993: 52). 애너스의 주장에 따르면, 칸트는 습관 화를 전적으로 기계적이라고 가정하기 때문에 덕을 기반으로 한 윤리에서의 활동성, 목적 및 행 위 주체성의 역할을 인정하지 못한다. 내가 이야기하고 싶은 것은, 칸트의 자유와 습관 사이의 대 조로 인해 자유가 판타지로서 유지될 수 있다는 것이다. 도덕적 주체란 자유가 습관이 된 주체인 데, 그 결과 이 자유의 습관적 본성이 시야에서 사라져 버리는 것이다.

25 우리는 여기서 도덕 감정과 행동의 관계에 대한 몇 가지 추론적 질문을 해볼 수 있다. 나쁜 것에 대해 나쁘다고 느끼는 것[가책감]은 이 모델에서 덕을 나타내는 기호다. 그러나 이는 동시에 사람

Notes

들이 해서는 안 된다고 알고 있는 일을 스스로에게 허용하는 방식의 하나일 수도 있다. 어떤 사람들은 뭔가를 할 수 있는 권한을 스스로에게 부여하는 것만으로도 뭔가에 대해 가책을 느낄 수 있다. 따라서 가책은 스스로에 대한 좋은 관념을 유지할 수 있게 해준다(나는 x 를 하는 것을 나쁘다고 느끼거나 죄책감을 느꼈는데, 이는 내가 x 를 하기는 하지만 "정말로" 나쁜 사람은 아님을 보여 준다). 가책[나쁜 느낌]은 도덕적 방임을 낳을 수 있다. 당신은 그것에 대해 가책을 느끼는 한 어떤 것도 할 수 있다! 이런 방식으로 나쁜 느낌을 이용하는 것은 좋은 느낌의 정치학이라는 측면에서 설명할 수 있다. 당신은 x 에 대해 나쁘다고 느끼기 때문에 자신에 대해서는 좋게 느낄 수 있다. 예를 들어, 국가는 인종차별적 역사에 대해 나쁘다고 느끼는 한, 좋은 느낌, 좋은 자아 이상을 유지할 수 있다.

26 우리가 행복해야 할 도덕적 의무가 있다는 관념은 행복의 전염 모델에 의존한다. 우리는 다른 사람들이 **우리들한테서** 전염돼 행복해질 수 있기 때문에, **그들을 위해서** 행복해야 한다. 전염과 의무를 연결한 초기 주장으로는, 1893년에 출판된 대니얼 개리슨 브린턴의 『행복의 추구』참조. 브린턴은 다른 사람들의 행복을 증진하기 위해 우리 자신의 행복을 증진해야 할 도덕적 의무가 있다고 주장한다. "기분은 전염성이 있으며, 좀처럼 즐거워하지 않는 사람은 다른 사람들에게 분위기 깨는 자일 뿐이다. … 그러나 일반적으로 인간은 타인의 쾌락으로는 행복하지 않다. … 우리는 타인을 행복하게 할 성질을 부여받기 전에 스스로 어느 정도 행복을 성취해야 한다. 타인을 행복하게 하는 것은 딱 그 정도에 불과하며 그 이상은 아니다. 우리가 다른 사람들에게 나누어 줄 수 있는 것은 우리가 가진 즐거움의 성질과 강도밖에 없다"(Brinton 12-13)라고 했다. 나는 다음 장에서 즐거운 분위기 깨는 자와 즐거움 없음과의 이런 연관 관계를 살펴볼 것이다. 전염을 의무와 연결시키고 있는 보다 최근 연구로는 그레첸 루빈의 웹 사이트 https://gretchenrubin.com을 참조할 것. 이 사이트는 행복에 관한 그녀의 리서치 결과를 공개하는 웹사이트이다. 그녀의 설명에 따르면 "'감정적 전염'은 우리의 기분이 서로에게 감염되는 심리적 현상이다. 친구가 콘서트 현장에서 너무 기뻐해 모두가 고양되었던 적이 있지 않은가. 두 번째, **자신이** 행복해지는 가장 좋은 방법 중 하나는 **다른 사람들을** 행복하게 하는 것이라는 멋진 진실을 기억하자. **다른 사람들을** 행복하게 하는 가장 좋은 방법 중 하나는 **자신이** 행복해지는 것이다." 내가 여기다 덧붙이고 싶은 것은, 행복 의무가 반드시 전염 모델에 의존하는 건 아니라는 것이다. 우리가 행복해짐으로써 (제안, 영감, 연민을 통해, 도덕적 리더십이나 모범을 보임으로써) 타인의 행복을 증진하거나 더 영향을 미칠 수 있다고 간주되는 한, 우리는 행복 의무를 가진다. 다음 장에서 살펴보겠지만, 행복 의무에는 타인을 행복하게 하기 위해 행복해야 할 의무뿐만 아니라 다른 사람들에게 진 빚을 갚기 위해 행복해야 할 의무가 있다.

27 내 사교적 감정 모델은 상당히 다른데, 왜냐하면 나는 정서를 대상과의 접촉에 의해 이미 방향과 모양이 잡혀 있는 것으로 생각하기 때문이다. 따라서 나는 전환의 한 형태로서의 수용을 강조

한다. 나는 당신의 행복에 따라 아주 다른 방식으로 영향을 받을 수도 있고, 내가 느끼는 것이 당신의 행복일 수도 있는데, 이는 내 기분, 내가 당신과 맺는 관계, 당신이 행복해 하는 것에 대한 내 관점(의식적일 수도 있고 아닐 수도 있다) 등에 달려 있다. 그래서 당신이 행복하다고 해서 내가 반드시 행복하지는 않다. 비록 내가 당신을 사랑하고 당신의 행복을 조건으로 내가 행복하다고 상상해도 그렇다. 이후 세 개 장, 특히 3장의 첫 번째 절에서 사랑과 행복의 복잡한 관계를 살펴볼 것이다.

28 흄은 『도덕 원리에 관한 탐구』에서 행복은 모두가 동의할 만한 것이기 때문에 우리는 타인의 행복에 전염될 가능성이 더 높다고 주장한다. 행복한 사람은 "더 생동감 있는 모습이다. 그의 존재는 더 평화로운 만족감과 즐거움을 우리에게 퍼뜨린다. 그의 느낌과 기분에 동참하면서, 우리의 상상력은 우울하고, 실망하고, 뚱하고, 불안한 기질이 우리에게 보일 때보다 좀 더 동의할 만한 방식으로 변용된다"(Hume 1748/1975: 251). 여기서 흄의 연민 이론은 전염이나 감염에 기대고 있지 않음을 언급해 둬야 한다. 오히려 그는 상상력, 개입 및 재미의 역할(이에 대한 훌륭한 논의로는 Swanton 2000, 특히 162-63 참조)을 강조한다. 데이비드 흄이 정서적 전염을 공감적 행복의 기초로 이용한 것은 확실히 애덤 스미스의 『도덕감정론』과 흥미로운 방식으로 대조를 이룬다. 스미스의 모델에서 공감적 행복은 좀 더 노골적으로 조건부적이다. 행복이 동의할 만하고, 공감할 만하다고 해도, 당신은 그 행복이 적절하고, 또 적절하게 표현되었다고 동의하는 경우에만 타인의 행복에 동참한다. 그는 다음과 같이 설명한다. "다른 한편, 우리는 어느 인물이 한낱 작은 행운에 지나치게 행복해 하거나 기분이 들떠 있을 때에도 불쾌감을 느낀다. **심지어 그의 환희에조차 불쾌감을 느낀다**. 우리는 그것에 동조할 수 없기 때문에 그것을 경솔하고 우둔한 행동이라고 한다"(Smith 1759/2000: 13[101], 강조는 추가). 스미스에게, 공감은 감정이 "관찰자에게는 정당하고 적당하며, 그 대상에 적합한 것인지에"(14[102]) 달려 있다. 따라서 그의 조건부 행복 모델은 자신의 조건부 공감 모델에서 온 것이다. 나는 또한 감정의 공유는 조건부 판단을 포함한다고 주장할 것이다. 우리가 행복의 대상에 동의해야 행복을 공유한다는 게 아니라(이렇게 되면 동의는 이차적인 것이 된다), 타인의 행복을 공유함으로써 우리는 무언가를 향한 방향을 갖게 되는 거라고, 그것은 **이미** 그 대상이 적절하다는 동의라는 것이다. 잘 지낸다는 것은 특정 방향에 동조한다는 것이다.

29 브레넌은 주장의 이런 두 가지 측면 사이에 존재하는 긴장을 설명하면서, 내가 정서를 알아차리고 있는 중이라면 "그 정서에 내가 붙인 생각들은 나만의 것으로 남는다"(7)라고 말한다. 여기서 나타난 느낌과 생각의 구별에 따르면, 느낌은 사회적이고 공유된다 하더라도, 생각은 개인적이고 사적인 것으로 남아 있을 것이다. 내 관심사는 이런 식으로 구별되지 않을 경우, 즉 정서가 다른 사람들과 공유되거나 포착되지 않을 경우, 그리고 생각이 다른 사람들과 공유될 경우 무슨 일이 일어날 것인가에 있다. 예를 들어, 당신과 내게 똑같은 생각이 "떠오를" 수 있지만 그 생각이 미치는 정서적 영향은 다를 수 있다. 이때 그것에 달라붙은 정서는 "우리들만의 것으로 남는다." 기억은 다음과 같이 작동할 수 있다. 예를 들어, 우리가 함께 제3자의 말을 듣고, 누군가를 떠올릴

Notes

수 있지만, 떠올린 사람과 우리의 관계에 따라 그 사람에 관한 우리의 생각은 각자에게 다르게 영향을 미칠 것이다. 이와 같은 사회적 생각과 느낌의 불투명도를 살펴보기 위해 우리는 사회적인 것의 모델에 대해 더 생각해 볼 필요가 있다. 우리는 정서가 서로 공유되거나 전파되는 한 사회적이고 심지어 사교적이라고 가정한다. 그러나 우리는 사회적인 것을 경험으로, 그리고 항상 공유하는 것은 아닌 경험의 대상으로 생각할 필요가 있다. 다시 말하면, 긴장, 적대, 심지어 "동떨어짐"은 사회생활의 실패나 부재의 기호라기보다 그 기본 구조의 일부로 이해될 수 있다. 타인에게 주어지지 않거나 타인이 이용 가능하지 않다는 의미에서 "나만의 것으로 남아 있는" 것은 (비록 정신분석학이 알려 주듯이 "나만의 것으로 남아 있는" 것이 반드시 나 자신에게 주어지거나 나 자신도 이용 가능한 것은 아닐지라도) 우리를 타인들과 연결해 주는 것이 될 수 있다. 나는 2장에서『댈러웨이 부인』을 읽으면서 그런 모델을 보여 준다.

30 물론 행복해야 하고, 그날의 행복의 부담을 져야 하는 사람이 신부라는 사실은 젠더에 관해서, 그리고 우리가 "행복 희망"이라고 부를 수 있는 것의 불균등한 분배에 관해서 중요한 점을 알려 준다. 당연해 보이는 것을 다시 볼 수 있도록 해주는 것이다. 우리가 그날의 행복을 확인하기 위해 신부의 행복을 찾는다면, 여성의 행복 희망은 계속 결혼에 구속된 채로 남을 것이다. 아무리 젠더 대본이 더 유연해진다 해도 말이다. 행복 대본과 젠더 대본의 관계에 대한 자세한 논의는 이 책의 2장을 참조할 것. 또한 혹실드의『감정 노동』이 내 기획에서 갖는 중요성을 밝혀 두고 싶다. 혹실드는 "느낌 규칙"[감정 법칙]과 "감정 노동"의 역할을 강조한다. 느낌 규칙이란 "감정 교환을 지배하는 권리 의식 또는 의무감을 확립함으로써 감정적 일을 안내해 주는 것"이다(Hochschild 1983/2003: 56[81]; Hochschild 2003도 보라). 감정 교환을 지배하는 자격에 관한 인식과 의무감을 형성함으로써 감정노동의 방향을 제시한다. 행복의 약속이 우리를 지시하는 방식에 초점을 맞춘 나의 모델은, 좋은 습관으로서의 행복에 대한 나의 기술에서 볼 수 있는 바와 같이, 그녀의 연구와 중요한 전제를 공유한다. 그러나 나는 감정을 (타인에 의해 시행되고 결국 주체에 의해 체내화됨으로써) 행동을 지배하는 규칙이라는 측면에서 생각하기보다는, 주체가 특정 대상들로 향하게 만드는 긍정·격려·지지와 같은 좀 더 교묘한 과정, 그것이 가치를 유통시키고 축적하는 사회적 재화가 되는 과정, 그렇게 해서 결국 주체를 변화시킬 수 있는 "역량"을 습득하는 과정에 집중할 것이다. 나는 그 차이를 주장에서의 차이라기보다는 강조점의 차이로 설명하려 한다. 혹실드의 모델에 기댄, 경영 기법(조직 관리와 자기 관리 등을 포함한)으로서의 행복에 대한 더 많은 연구들은 행복 연구에 중요한 기여를 할 것이다.

31 정서 이방인은 올바른 방식으로 욕망하지 않는 사람들이다. 앞에서 이미 지적했듯이, 행복에 대한 고전적 개념들은 욕망의 규제를 포함한다. 적절한 욕망은 적절한 대상을 향해 적절한 방법으로 표현돼야 한다. 물론, 욕망은 정확히 규제돼야 하는데, 우리는 보통 올바른 방법으로 욕망하지 못하기 때문이다. 우리가 x를 원하기를 원하는 상황을 생각해 보자. 그러나 무언가를 원하기를 원하

자마자, 저건 내가 진짜 원하는 게 아님을 시인하게 될 것이다. 우리 스스로가 항상 원하기를 원하는 대상을 원하도록 할 수 있는 건 아니다(타인에게 내가 원하는 것을 원하게 하거나 내가 그들이 원하기를 바라는 것을 원하도록 만들 수 없는 것처럼 말이다). 단순히 실망하거나 비참해 하기보다, 정서 이방인은 누군가가 원하기를 원하는 것을 원하기를 포기하고 다른 것을 원해야 할 것이다.

32 행복은 정신적인 삶에서뿐만 아니라 정치적인 삶에서도 재빨리 분노로 전환될 수 있다. 예를 들어, 시민권에 관한 담론은 행복을 자격으로 전환시킨다. 국가가 자신의 행복의 약속을 지키지 못한 실패가 "당연히" 우리의 것으로 여겨지는 행복을 훔친 타자(외국인, 이주자, 망명자)에 대한 분노로 신속하게 전환돼 버리는 것이다. 이 전환은 종종 타자가 우리에게서 좋은 삶을 빼앗아 갔다는 박탈의 언어로 표현된다. 이 도난당한 행복의 서사는 (그들이 오지만 않았어도 우리에게 왔을 것으로서의) 행복의 판타지를 지켜 준다.

33 앞에서 니체를 경유해 주장했듯이, 대상이 느낌 뒤에 처질 수도 있고(예를 들어, 고통을 느끼고 나서 그 대상을 찾는 것으로, 이 대상은 사건 이후에 고통의 원인이 된다), 느낌이 대상 뒤에 처질 수도 있다(일단 우리가 대상과 정서를 연관 지으면, 대상이 정서의 원인이 될 수 있다). 느낌과 대상은 이런 인과 경제에서 자리를 바꿀 수 있다. 뒤처지는 지점은 정서적 중재의 시간성을 알려 준다.

34 전달passing이라는 단어는 물론 죽음을 가리키기도 한다("사망하다"pass away). 결국 전달은 중단을 나타낸다. 즉, 뭔가가 지나간다는 건 그것이 더 이상 존재하지 않게 된다는 것이다. 전달의 순간 그것이 더 이상 존재하지 않게 되는 것이라면, 아마도 전달의 각 순간마다 약간의 죽음이 있을 것이다. 약간의 죽음은 또한 약간의 탄생, 이전까지는 거기 없었던 무언가의 출현이기도 하다.

35 이 게임의 이름은 물론 문제적이다. 로절린드 볼래스터에 따르면, "중국 혐오적인 이름은 유럽에서 중국어 구어를 이해할 수 없고 발음할 수 없는 소리의 조합으로 재현하는, 수세기에 걸친 전통을 가리킨다"(Ballaster 2005: 202-3). 미국에서는 이 게임을 "전화" 게임이라 하는데, 정서의 도착에서 기술이 하는 역할을 상기시켜 준다.

36 물론 전염의 위협은 전파뿐만 아니라 변이에도 있다. 바이러스는 (접촉을 통해) 퍼져 나가면서 자가 재생산을 통해 다른 것이 될 수 있다.

37 향수에는 정서적 전환이 포함돼 있다. 향수는 더 이상 존재하지 않는 행복 대상의 존재를 등록하는 혹은 어떤 것을 존재하지 않는 한에서 행복한 것으로 상상하는 정서 상태다. 잃어버린 것에 대한 상상뿐만 아니라 미래에 대한 투사를 통해 대상은 행복해질 수 있다(그것이 과거 상태 그대로이기만 하다면 우리는 행복한 것이다). 이 책 5장에서 나는 행복과 유토피아주의 간의 관계를 논할 것이다.

38 톨스토이는 『안나 카레니나』를 다음과 같은 유명한 문장으로 시작한다. "행복한 가족은 모두 다 비슷하지만 불행한 가정은 저마다 나름의 이유로 불행한 법이다"(1875-77/1985: 13[13]). 아마

Notes

도 행복한 가족의 유사성은 가족이 얼마나 유사성에 근거하는가와 관련돼 있을 것이다. 만약 모든 게 만족스럽게 행복하게 돌아간다면, 가족은 친숙한 것으로, 배경으로 물러난다.

39 물론 때로 우리는 불안하거나 확신이 없거나 자신감이 부족할 때, 확언의 말, "예"를 기다린다. 이 경우 확언의 말은 우리가 하던 일을 더 큰 자신감을 갖고 포용하도록 해주기 때문에 잘 들린다. 주저하는 주체는 가던 길을 계속 가고는 있다 해도 "예"라는 소리에 속도를 낼 수도 있다.

40 분위기 깨는 자의 이미지에 내포돼 있는 폭력성은 의미심장하다. R. D. 레잉[1927~89, 스코틀랜드 정신과 의사]이 보여 주듯이, 가족 관념을 수호하지 못하는 사람들, 가족과 동일시하지 못하는 사람들은 폭력의 원인으로 재현된다. "우리는 '가족'의 파괴를 살인보다 나쁜 것으로 또는 자살보다 이기적인 것으로 경험할 수 있다"(Laing 1971: 14). 가족과의 단절은 모든 것과의 단절을 감수하는 것이다. "어떤 가족의 경우, 부모가 자녀 때문에 가족의 와해를 허락하지 않는다. 비록 그들이 그것을 원한다 해도 말이다. 왜냐하면 그것이 가족의 해체로 느껴지기 때문인데, 그렇게 되면 종국엔 어떻게 될까?"(13) 가족을 재생산하라는 요구는 결국 그 형식의 취약성을 드러낸다. 가족은 완벽하게 안전하지 **않기** 때문에(가정을 깨는 것은 무질서한 짓으로 상상된다), 사랑과 충성심을 입증하는 활동들을 통해 "그것"을 우리의 행복 대상으로 유지해야 한다는 요구가 존재하는 것이다. 그러지 않을 경우, 가족과 즐거움의 연관을 깸으로써 가족을 깨는 것으로 간주될 위험이 있다.

2장   분위기 깨는 페미니스트

1 그럼에도 불구하고 로빈 배로우가 지적하듯이 행복과 교육이 꼭 같이 가는 것은 아니다. "교육받은 사람이 비참할 수도 있다"(Barrow 1980: 1).

2 그러나 제인 롤런드 마틴이 논한 바와 같이, 여성에 대한 교육 모델과 관련해 『국가』와 『에밀』은 매우 다르다. "따라서 여기서 제기될 수 있는 질문은, 교육에 대한 근본적 가정은 그토록 똑같은 두 철학자가 어떻게 여성의 교육에 대한 설명은 그토록 철저히 다른 모습을 보일 수 있느냐이다"(Martin 1995: 59).

3 나는 특히 『에밀』이 칸트에게 미친 영향에 관심이 있다. 잘 알려져 있다시피, 칸트가 매일 하던 산책을 잊은 단 한 번이 이 책을 읽을 때였다. 『도덕형이상학』의 「윤리학적 교수법」 첫 번째 절에 나오는 「도덕적 문답법의 한 토막」에서, 칸트는 윤리를 어떻게 가르칠 것인가, 고전적 용어로 번역하자면, 덕을 갖추는 법을 가르치는 것에 관해 쓰고 있다. "덕이 (타고나는 것이 아니고) 취득되어야만 한다는 것은, 경험에 의한 인간학적 지식에 의거할 필요도 없이, 덕의 그 개념에 이미 함축돼 있다. … 덕을 **가르칠** 수 있고 **가르쳐야만** 한다는 것은 그것이 타고나는 것이 아니라는 사실로부터 이미 나오는 결론이다. 그러므로 덕 이론은 하나의 **교설**敎說이다"(Kant 1797/1996: 221[VI478, 593]). 사제 간의 대화 스타일은 분명 『에밀』을 따르고 있다. 칸트는 행복의 실천 법칙과 덕의 도

덕 법칙을 구분하고 있다는 점에서, 행복과 덕의 관계를 다르게 설명하는 것처럼 보인다. 그러나 루소와 칸트 모두 덕을 갖춘 주체가 행복을 추구하지는 않지만 자연의 길을 따르거나(루소) 행복을 누릴 만한 값어치를 갖추게 되면(칸트) 그 대가로 행복을 얻을 것이라고 말한다(칸트는 이를 보장하는 게 아니라 희망으로 기술하고 있지만 말이다). 칸트의 「도덕적 문답법의 한 토막」에 대한 더 자세한 논의는 이 책 결론의 미주 13 참조

4 내가 조건부 행복에 대한 이 논변을 처음으로 발전시킨 것은 『에밀』을 읽은 결과임을 밝혀 두고 싶다. 조건부 행복이란 일반적으로 개인이 행복해지기 위해 준비할 필요가 있는 다양한 조건을 스스로 정의하는 과정을 가리킨다. 임상심리학자 앨런 게티스는 "조건부 행복 개념은 실제로 작동하지 않는다"라고 주장하며, 행복에 대한 그런 모델은 항상 새로운 조건이 설정됨에 따라 늘 실망으로 이어질 것임을 보여 주는 조앤 보리센코의 연구를 인용한다. "10파운드를 잃더라도 행복할 수 있다고 얼마나 마음속으로 되뇌었는가? 돈을 더 벌었다고? 이런 일이 발생한다 해도 당신은 행복의 다음 조건으로 넘어가는 것일 뿐이다. 속담에도 나오듯 조건은 당나귀 앞에 매달린 당근과 같다. 당신은 절대 당근에 닿지 못할 것이다"(Gettis 2006: 41). 나는 행복의 조건이 어떤 식으로 다른 사람들의 행복을 포함하는지, 그 결과 우리의 행복은 그들의 행복을 조건으로 할 뿐임을 보여 줌으로써 조건부 행복 관념을 좀 다른 각도에서 바라보고 싶다. 나는 우리가 우리의 행복을 이런 식으로 조건화해야 하는지 아닌지를 평가하기보다는, 다른 사람들의 행복이 우리의 행복의 조건이 될 때 무엇이 따라오는지를 살펴볼 것이다.

5 행복과 타협에 관한 더 진전된 논의는 이 책 4장의 마지막 절 참조

6 우리는 누군가를 행복하게 하기 위해 x에 대한 자신의 견해를 무시하라는 요청을 받을 수 있다. 나는 결혼식의 경우에 특히 그렇다는 것을 알게 되었다. 당신은 결혼식이라는 행복한 행사에 참석해 달라는 요청, 심지어는 지시를 받기도 하는데, 이는 당신이 그들의 경사를 공유함으로써 누군가를 행복하게 할 수 있을 거라는 이유에서다. 비록 결혼식에서 축하받는 결혼이라는 관념에 당신이 행복을 느끼지 않는다는 걸 그들이 알고 있다 해도 말이다. 만약 당신이 다른 사람의 행복에 참여해 달라는 요구를 거절하면, 특히 법, 습관 또는 관습에 따라 그런 행복이 승인받은 경우, 당신은 보통 이기적이라고 평가받는다.

7 『에밀』에 대한 좀 더 최근의 페미니스트 비평이 있긴 하지만, 이런 비평들이 루소의 행복과 젠더에 관한 주장에 특별히 주의를 기울이지는 않고 있다. 예를 들어, 『에밀』에서의 성적 차이에 대한 도이처의 분석(Deutscher 1997) 참조

8 행복을 기술로서 생각할 경우 푸코의 「개인의 정치 기술」을 참고해 볼 수 있을 것이다. 푸코는 제2차 세계대전과 공공복지 및 공중 보건이 역사적으로 동시에 발생한 점에 대한 고찰로 이 논문을 시작하면서 이렇게 주장한다. "생명보험은 죽음 명령과 연결돼 있다"(Foucault 1988: 147). 이어서 그는 치안을 "국가라는 틀 안에서 정부가 사람들을 개인으로 통치할 수 있는 구체적인 기법"

Notes

으로 간주하며, 18세기 초반에 프랑스의 N. 들라마르가 쓴 지침서, 즉 "체계적 백과사전"을 분석한다(156). 푸코는 이 문서가 행복을 "국가의 생존과 발전을 위한 필수 조건"으로서 어떻게 상상하고 있는지 다음과 같이 분석한다. "그것은 단순히 어떤 결과가 아니라 조건이자 도구이다. 국민의 행복은 국력의 요소가 된다"(158). 행복은 통치 기법이 될 수 있다. 즉, 생명보험은 행복 보험이라 할 수 있다. 개인이 자신의 행복과 타인의 행복에 대한 책임을 떠맡을 때, 그들은 이와 같은 기법을 받아들이는 셈이다. 니컬러스 로즈는 이렇게 주장한다. "품행의 규제는 각 개인이 자기 고유의 것으로 가지려 하는 행복과 성취감의 최대화에 복무하면서 자신의 품행을 자유롭게 통치하려는 각 개인의 욕망의 문제가 된다"(Rose 1996: 58-59).

9 따라서 페미니스트 정치에 자신이 개입해 온 역사를 적은 린 시걸의 훌륭한 책 『문제 일으키기: 삶과 정치』(Segal 2007)는 매우 적절한 제목을 택한 것이다.

10 『플로스 강의 물방앗간』은 내가 1988년에 애들레이드 대학에서 들었던 19세기 여성의 글쓰기 수업에서 가장 좋아하는 텍스트 중 하나였다. 이 수업에서 나는 페미니즘 이론을 처음 접했다. 나는 1990년에 이 책의 서사적인 결말에 대한 논문을 썼다. 분위기 깨는 여성 트러블 메이커의 형상에 대해 생각했을 때, 첫 번째로 떠오른 것도 이 책이었다. 이 책을 다시 읽었을 때, 나는 그것이 인물들 간의 대화나 서사 전개 모두 얼마나 명백하게 행복과 관련돼 있는지를 보고 충격을 받았다. 물론 이것이 놀라운 사실은 아니다. 도덕적 성장에 초점을 맞춘 성장소설이라는 장르는 행복 관념과 밀접한 관계에 있을 수밖에 없기 때문이다.

11 루소는 독서의 위험성을 상상과 현실을 구별하지 못하는 여자아이들의 무능력과 연결시킨다. 서사가 암시하는 바에 따르면, 소피가 불행해지는 것은 책 속의 인물과 사랑에 빠졌기 때문이다(440[731-732]). 여기에 내포된 의미는, 여자애들에게는 현실과 판타지를 구별하는 인식론적 기술이 없다는 것이다. 그들은 상상 속에나 나오는 것들에 끌리는 경향이 있다. 그러나 우리는 이 서사를 다르게 읽을 수도 있다. 소피의 불행은 소설 속 주인공에 대한 사랑의 열병 때문일 수도 있지만, 그 열병은 또한 인생이 제공해 줘야 하는 것에 그녀가 실망하는 원인이 된다. 그녀의 구혼자들을 보고 그녀는 어머니에게 "모두가 만족스럽지가 않아요"(439[730])라고 말한다. 여자아이들의 독서는, 그들 자신의 행복보다는 다른 사람들의 행복에 위험한 것이다. 그것은 현실에 만족하기를 거부하게 만들기 때문이다. 따라서 소피가 에밀과의 결혼에 만족하는 행복한 결말을 위해서는 소피가 책을 포기해야 한다. 또 루소 사후에 출간된 『에밀』의 속편[『에밀과 소피』]에서는 두 주인공의 행복이 다시 쓰였음을 지적해 두는 것도 흥미로울 것이다. 소피는 간통을 저지르며(그녀가 범죄[강간]의 피해자임이 암시되기도 한다) 에밀은 그녀와 자식을 포기한다. Rousseau 1783 참조.

12 여기서 나는 소설이 역설적인 방식으로 매기의 해결책을 제시하고 있음을 지적해 둬야겠다. 소설은 그녀가 자신의 의지나 욕망을 완전히 단념해 버리기보다는 **고집스럽게**willfully **자기 의지를 포기**하는 것처럼, **욕망에 따라**desirously **욕망을 포기**하는 것처럼 그린다(Shuttleworth

1984: 104 참조). 매기는 조지 엘리엇이 매우 존경했던 토마스 아 켐피스의 『그리스도를 본받아』 [1418~27년경에 간행된 신앙생활을 위한 영성 서적]를 읽은 후 깨달음을 얻는다(Cooke 1884/2007: 236 참조). 윤리적으로 이상적인 것은, 『그리스도를 본받아』에서 요구되는 것과 같은 종류의 진정한 단념이라는 게 소설의 함의일 수도 있다. 이 에피소드와 『플로스 강의 물방앗간』에 나타난 단념에 대한 좀 더 확장된 논의는 Carroll 1992: 123-39 참조. 또한 지적해 두고 싶은 것은 욕망의 단념을 통해 행복을 얻을 수 있다는 관념은 오랜 역사를 가지고 있다는 것이다. 차이가 있기는 하지만, 에피쿠로스학파의 행복 모델과 스토아학파의 행복 모델은 모두 엄격한 욕망의 제한에 의존한다. 이에 대한 논의는 McMahon 2006: 55-56 참조. 또한 이 책 결론에서 행복과 행운에 대한 내 고찰들을 참조. 우리가 욕망(우리의 자아 바깥에 존재하는 무언가에 대한 욕망)을 포기해야 한다는 관념은 우리가 통제할 수 없는 것에 무관심해질 필요성에 대한 인식과 관련돼 있다. 행복은 자제력과 엮이게 된다. 자제력을 가진다는 것은 자신의 행복을 자신의 통제 아래 존재하는 것에만 의존하도록 만든다는 것이다.

13 인종적 타자에 대한 매기의 동일시는 앞부분에 나오는 일화(그녀는 자신이 동질감을 느끼는 집시들과 같이 있으려고 도망친다)와 일맥상통한다. 집시와의 동질감은 그녀가 가족에 대해서는 동질감을 느끼지 못함을 나타내는 역할을 한다. 집시 형상이 갖는 중요성과 더불어, 빅토리아 시대의 소설들에서의 인종에 대한 훌륭한 논의로는 Meyer(1996) 참조. 분명 여성 문제를 묘사하는 데 인종적 문제를 활용한 것은 트러블 메이커에서 백인성을 비워 버릴 수 있는 전유 행위를 수반한다. 우리는 여기서 한 범주를 어떻게 문제시하느냐에 따라 다른 것들도 문제시할 수 있음을 볼 수 있기도 하다.

14 내가 칸트적 주체라고 하는 것은, 매기의 반대가 칸트와 마찬가지로 의무와 성향 사이에 있기 때문이다. 마치 의무가 없다면 우리에게 성향만 있는 것처럼 말이다. 그러나 여기서 주목해야 할 것은, 매기는 자신의 행복을 위해 남을 희생할 수 없다고 말하고 있다는 점이다. 내가 살펴볼 역설은 행복이 어떻게 타인의 행복을 증진하는 의무**로서** 의무가 되는지이다.

15 행복에 대한 이 책을 쓰면서 나는 의지의 사회성과, 사람들이 너무 많이 혹은 너무 적게, 또는 "잘못된 방식"으로 의지할will 경우 고집쟁이willful라고 묘사되는 방식들을 이론화하는 데 관심을 갖게 됐다. 다시 말해서, 고집쟁이 주체는 자신이 맞지 않음[불합치]disagreement을 분명히 하는 사람이다.

16 리타 펠스키의 『페미니즘 이후의 문학』(Pelski 2003: 1-2[9-10])에 나오는 분위기 깨는 페미니스트에 대한 탁월한 묘사를 보라. 그녀는 남성 문학 평론가들이 페미니즘에 반하는 문학의 가치를 옹호하려는 의도로 쓴 글들에서, 금욕적이거나 억울해 하거나 쩨쩨한 모습으로 희화화된 다양한 페미니스트들의 캐리커처들을 읽어 낸다. 나는 분위기 깨는 페미니스트 형상이 상당히 다양한 맥락에서, 즉 페미니즘이 이의를 제기하고 있는 권력의 형태들을 고수할 필요성을 가진 곳

Notes

이라면 어디에서든 행사될 수 있다고 생각한다.

17 대중문화 내에서 페미니스트들은 정치를 통해 자신들의 실망을 승화시키는 존재로 진단되곤 한다. 페미니스트와 노처녀나 레즈비언 같은 형상들이 공히 실망(이성애의 행복을 성취하지 못한 "실패"에 걸맞은 정서적 결과라고 추정되는)의 위험을 체화하고 있는 존재들로서 동질감을 공유하는 것은 이 때문이다. 우리는 그런 형상화에 내포된 성차별주의와 동성애 혐오에 관한 논의를 결코 멈춰서는 안 된다.

18 나는 "성난 흑인 여성"이라는 아주 눈에 띄는 형상을 모든 유색 여성을 지칭하는 데 사용하고 있다. 단어는 때로는, 특히 번역됐을 경우, 역사의 복잡성을 포착하지 못할 수 있다. 영국에서 "흑인 페미니즘"에 관해 이야기한다는 것은 당연히 모든 유색인 페미니스트들의 연구를 참조한다는 얘기가 될 테지만, 미국에서는 그렇지 않다는 것을 나는 알고 있다. 그러나 "성난 흑인 여성"의 형상은 다양한 맥락에서 쓰이고 있다. 예를 들어, 수네리 토바니는 캐나다의 맥락에서 유색 이주 여성들과의 관련 속에서 이 형상을 언급하고 있고(Thobani 2003: 401), 에일린 모튼-로빈슨은 호주의 맥락에서 원주민 여성들과의 관련 속에서 이 형상을 이야기한다(Moreton-Robinson 2002: 6). 이 형상을 논할 때, 나는 "성난 흑인 여성"이라는 약칭을 유지하고, 그 형상과 우리의 관계를 논할 때는 "유색의"라는 미국적 용어를 받아들였다.

19 여기서 내가 젠더에 의해 제한돼 있는 역량에 희망을 걸고 있는 것처럼 보일 수도 있다. 역량은 단순히 이런저런 것들을 열어젖히는 것의 기쁨에 대한 것만은 아니다. 역량은 또한 타인을 대가로 어떤 것들을 가능하게 만들기도 한다. 비록 우리는 신체가 무엇을 할 수 있는지 아직 모른다 해도, 주어진 시간에 이 신체가 할 수 있는 게 아주 많다는 것만은 알 수 있다. 모든 역량에는 약간의 비참과 상실이 있지만 그렇다고 이것이 역량을 비참하게 만들지는 않는다. 나는 스피노자가 남긴 일종의 약한 유산으로서, [어떤 특정 정서가] 얼마나 많이 "행동할 수 있는 신체의 역량을 여는가"가 정서 연구의 상투어가 되는 모습을 여러 회의에 참석해 지켜보며 매우 놀랐다. 마치 그런 열림이 필연적으로 좋거나, 정치를 위해 합의된 목적인으로 설치되어야 하는 것처럼 말이다. 우리는 항상 물어야 한다. 무엇을 위한 역량과 무엇을 할 역량인가? 방향성의 한 양태로서의 역량에 관한 고찰로는 내 책 『퀴어 현상학』(2006)의 1장을 참조할 것.

20 댈러웨이 부인의 의식의 흐름은 죽음에 대한 의식의 흐름으로 나타난다. "그렇다면 문제가 될까? 그녀는 본드 가를 향해 걸어가며 계속 생각했다. 그녀 자신도 어쩔 수 없이 죽어야 한다는 것이? 이 모든 것은 그녀 없이도 계속될 것임에 틀림없다. 그 점이 한스러운가? 또는 죽으면 모든 것이 완전히 끝이라고 믿는 편이 위로가 될까?"(Woolf 1925/1953: 12[15]). 나는 죽음에 대한 의식에서 젠더에 대한 의식을 연상함으로써 나만의 시각을 제공하고 있다. 결국 클라리사는 리처드 댈러웨이 부인 되기 속에서 "어쩔 수 없이 죽어야 한다."

21 희망을 가지면, 어떤 길을 따라가도 행복을 경험하지 못한다는 인식을 유예할 수 있다. 우리는

432

슬퍼도 "길을 따라" 상황이 나아질 것이라는 희망을 가질 수 있다. 희망을 가지면 가질수록 포기하지 않음으로써 포기하는 것이 더 많아진다. 희망이 없다는 것을 인식하게 되면, 온갖 형태의 지연된 슬픔이 우리를 덮칠 수 있다. 따라서 상실의 인식은 가장 힘든 인식의 형태 중 하나일 수 있다. 그것은 보통 무효화할 준비가 되어 있다는 뜻이다.

22 『댈러웨이 부인』에 대한 송시라 할 수 있는 최근의 또 다른 책은 레이첼 커스크의 『알링턴 파크 여자들의 어느 완벽한 하루』(Cusk 2006)이다. 이 책은 『댈러웨이 부인』과 비슷한 형식을 따르고 있다. 예를 들어, 의식의 여러 지점들, 불행에 대한 예민한 감각이 존재한다. 또 단 하루 동안 일어나는 일을 다루는 것, 파티가 열리고 그 파티에서 다양한 인물들이 만나는 것도 비슷하다.

23 가능성을 깨닫는다고 해서 뭔가가 가능해지진 않는다는 이런 감각은 케이트 쇼팽의 『각성』을 지배하고 있다. 여주인공은 가정의 행복 바깥에 있는 삶을 인식하게 되지만(가정의 행복은 "형언할 수 없는 압박감"으로 재기술된다) 그 삶의 바깥에 있는 것 또한 소유물이 되는 것을 수반한다는 점을 깨달을 뿐이다(Chopin 1899/1993: 6[17]). 당신은 반드시 포기할 필요가 없었다는 것, 그러나 스스로를 포기하지 않고서는 포기했던 것을 되찾을 수 없다는 사실을 잘 알고 있다. 결국 그녀의 각성은 그녀를 죽음으로 이끈다. 그녀의 죽음은 행복으로부터의 해방, 행복 대본을 따라 양보하지는 않겠다는 페미니스트적 거부로 간주될 수 있다. 여성의 글쓰기, 특히 로맨스 장르에서 불행한 결말의 중요성에 대해서는 Radway 1984와 DuPlessis 1985 참조.

24 이 점에 대해서는 사라 슐만에게 빚지고 있다.

25 나는 여기서 리처드에게 계승된 슬픔의 유산이 중요하지 않다고 말하는 게 아니다. 그것은 분명 중요하다. 그의 슬픔에 내포된 불의는 인식될 필요가 있다. 역사적으로 행복의 경로에서 이탈한 여성들(자신이 아무리 불행할지라도 기어코 "가족의 행복"을 지키는 올바른 길을 신경 쓰지 않는 여성들)은 자녀에 대한 접근권을 잃고, 자유를 잃고, 목숨을 잃는 등 값비싼 대가를 치렀다. 그 자녀들이 겪게 되는 불행한 결과는 이 역사의 일부이다. 그런 불행한 결과에 대해 어머니를 비난하는 것은 잘못된 것이다. 페미니스트 비평은 이탈의 불행한 결과를 부정하는 것이 아니라 그런 일이 왜 생겼는지에 대한 더 나은 설명을 제공하는 작업이어야 한다. 리처드의 슬픔에 대해 생각할 때 내가 떠올린 것은, 1952년에 처음 출판된 레즈비언 소설 『캐롤』의 상대적으로 행복한 결말이었다(이 결말에 대한 논의는 이 책 3장의 미주 2를 참조). 이 소설의 결말은 레즈비언 연인 관계인 테레즈와 캐롤이 함께 있게 된다는 점에서(적어도 함께 있을 것처럼 자신들의 삶을 계획한다) 행복하다. 하지만 행복의 대가는 값비싸다. 캐롤은 양육권 소송에서 진다. 이 결말의 틀 너머를 생각해보면, 아마 그들이 남긴 삶의 불행은 그녀의 아이에게 계승될 것이다. 우리가 여기서 또한 기억해야 할 것은, 아이들이 보통 행복한 가족의 외관을 유지하려는 욕망의 부담을 지게 된다는 것이다. 부모가 "애 때문에"라는 명목으로 불행한 관계를 유지할 때, 아이들에게는 보통 불행한 결과가 초래된다. 계승된 불행의 어떤 형식들은 눈에 잘 띄지 않는데, 그것은 그런 불행들이 어디서 어떻게

Notes

행복이 주어져야 하는지에 대한 신화에 반하는 것이기 때문이다.

26 클로디아를 정서 이방인으로 묘사할 때, 나는 그녀가 자신의 소외감을 단순히 고집하고 있다고 말하는 것은 아니다. 그런 고집은 결국 그녀의 삶의 역량을 타협하게 할 수도 있다. 소외에 의해 그렇게 되지 않기 위해서는 타협하는 법, 다시 말해 사람이 어떻게 사는지에 대한 전략적 방법을 배워야 할 것이다. 클로디아의 생존 전략은 사랑이다. "최상의 도피처는 사랑이었다. 그래서 초기의 잔학성이 날조된 증오로, 그리고 그 증오가 거짓된 사랑으로 변하게 되었다. 그것은 셜리 템플에게로 한 걸음 다가서는 것이었다. 한참 후에 청결에서 기쁨을 알게 되었듯이 나는 셜리 템플을 숭배할 수 있게 되었다. 나는 그런 변화가 진보가 아닌 순응에 불과하다는 것을 알고 있었다"(16[33]). 나는 그런 배움은 동일시에는 미치지 못한다고 설명할 것이다. 왜냐하면 그녀는 올바른 것들을 기쁜 것으로 발견하는 법을 배울 수도 있지만, 그런 독학은 개선 없는 조정이라 말할 때, 기쁨의 원인이 가장 기쁜 것이라는 사실에 "정말로" 동의하고 있지도 않고, 스스로 더 기뻐졌다고 생각하지도 않기 때문이다. 어떤 조정은 존재하는 것을 받아들이고 그 존재의 좋음을 믿음으로써 잘 조정되는 것의 문제가 아니다. 조정은 존재를 가능하게 하기 위한, 존재하는 것에 대한 실용적 재정향을 수반할 수 있다. **조정**이라는 말은 익숙해지는 것뿐만 아니라 가까이 가져오는 것을 의미한다. 클로디아의 타협은 그녀를 지식의 주체가 되게 해준다. 그녀가 백인성에 대해 배우게 되는 건―가정적 대상들을 통해 그 계보를 추적함으로써―가까이에 가져온 것을 통해서다. 조정의 근접성에 의해 생성된 희망이 존재한다. 클로디아와 백인성의 복잡한 관계에 대한 훌륭한 논의로는 쳉(Cheng 2001: 18)과 Yancy(2008: 214-16) 참조.

27 결말에서 피콜라에게는 광기를 대가로, 푸른 눈이 주어진다. 이는 그녀가 아이를 가질 가능성을 앗아 간다. 그러나 이런 결말에도 희망은 존재하는데, 이는 클로디아의 전환, 즉 백인 인형에 대한 분노에서 원치 않는 흑인 아기에 대한 돌봄으로의 전환에서 볼 수 있다. "피콜라를 좋아하는 것 이상으로 간절하게, 나는 그 아기가 살기를 바라는 누군가가 필요했다. 모린 필이나 셜리 템플 같은 아이를 좋아하는 사람들에게 심술을 부리기 위해서"(149[223]). 물론 결핍에서 욕망으로 전환한다고 해서 꼭 불행한 삶을 행복한 삶으로 고쳐 쓸 수 있는 것은 아니다. 클로디아는 이를 알고 있다. "이 나라의 흙은 어떤 꽃들에는 맞지 않는다. 어떤 씨앗들에게는 양분을 주지도 않는다. 열매를 맺을 수도 없게 한다. 땅이 그의 의지로 무언가를 죽이면, 우리는 묵인하면서 그 희생자는 살 권리가 없다고 말한다. 물론 잘못된 것이지만 그것은 중요하지 않다. 너무 늦은 것이다. 적어도 내가 사는 마을 변두리에서, 쓰레기와 해바라기들 사이에서는, 그것은 너무나, 너무나, 너무나 늦은 것이다"(164[243]). 행복한 결말을 위해서는, 심지어 가능성을 위해서조차 너무 늦었을 수 있지만 적어도 누군가는 그 아이를 원했다. 원치 않는 것을 원하는 것이 정치적 희망의 순간이다. 아무리 그 시기가 지나갔다 해도 말이다.

28 바버라 에런라이크의 「암의 나라에 오신 것을 환영합니다」(Ehrenreich 2001)에 나오는 암 환

자들이 쾌활해야 한다는 요구에 대한 비판 참조. 에런라이크는 "마치 정신적 고양이 가져다주는 무형의 혜택보다 질병이 주는 혜택이 더 큰 것처럼"(49) "유방암계의 원기 왕성함은, 불행이 사과를 요구할 정도로, 너무나 만연해 있다"(48)라고 말한다. 에런라이크는 이런 쾌활해야 한다는 의무에 이의를 제기하며, 자신의 "분노 정화하기"에 대한 설명을 제공한다.

29 나는 이 책 5장에서 행복과 허위의식에 관한 이 논변을 발전시킨다.

30 긍정의 페미니즘에 대한 훌륭한 비평은 McRobbie(2008) 참조. 또한 이 책의 결론에 나오는 긍정의 윤리에 대한 내 비평 참조

3장   불행한 퀴어

1 행복한 퀴어에 대한 불안은 이성애가 실행되는 데 있어 결정적이다. 예를 들어, 1988년에 도입되어 2003년에 폐지된 영국의 지방정부법 제28조는 지방정부 당국에 의한 동성애의 그 어떤 "조장"promotion도 금지한 바 있었다. 이 조항에서 말한 "조장"에는 "동성애를 조장하거나 유사 가족 관계로 수용할 의도로 쓴 글을 출판하는 일"이 포함돼 있었다. 흥미로운 점은, 아동용 그림책인 『제니는 에릭이랑 마틴이랑 함께 살지요』가 일으킨 도덕적 공황 상태가—1983년 『데일리 메일』은 어느 학교 도서관에 이 책이 소장돼 있다는 기사를 실었다—결국은 이 28조의 제정에까지 이르렀다는 점이다. 이 책은 다음과 같이 시작한다. "제니라는 여자애가 있었습니다. 마틴은 제니의 아버지이고, 에릭은 마틴의 애인이랍니다. 그들은 다 같이 행복하게 살고 있습니다"(Bösche 1983: 1). 여기서 행복은 조장의 한 형태로 해석된다. 즉, 퀴어 가족의 이야기를 "행복한" 이야기라 말하는 것이 동성애를 조장하는 것으로 읽힌 것이다. 행복에 관한 어떤 이야기들의 경우 조장의 형태로 보인다는 사실은, 행복이 특정 생활 방식에(이 경우에는 핵가족 형태에) 있는 것으로 이미 간주되고 있음을 보여 준다. 거기에는 또한 퀴어 가족 형태에는 위험하게 조장될 만한 뭔가가 있다는, 불안 가득한 믿음도 포함돼 있을지 모른다.

2 레즈비언 주인공들이 상대적으로 행복한 결말을 맞는 아주 예외적인 경우로는 퍼트리샤 하이스미스의 『캐롤』(클레어 모건이라는 필명으로 1952년에 처음 출간됐다)이 눈에 띈다. 이 책의 의미에 대한 자신의 성찰을 담은 개정판 후기에서 하이스미스는 다음과 같이 설명한다. "『캐롤』이 흥행에 성공한 이유는 두 주인공에게 행복한 결말을 선사했다는 데 있었다(적어도 그 둘은 미래를 같이하기로 했으니 말이다). 이 책 이전까지 미국 소설들 속에 나오는 동성애자들은 남자든 여자든 손목을 긋거나 수영장에 투신하거나 이성애자로 전환하거나(적힌 대로라면 그렇다) 혼자서 비참하고 소외된 삶을 살다가 망가져서 지옥과 같은 우울증에 빠져 버림으로써 자신의 이탈에 대한 대가를 지불해야 했다"(Highsmith 1952/2004: 261[462]). 그러나 이 행복의 대가는 가혹했다. 즉, 캐롤은 딸의 양육권을 잃는다.

Notes

3 그러므로 행복 의무란 실망스러운 점(x에 의해서도 행복해지지 않는 당신의 실패)을 이야기함으로써 불행을 야기하지 않을 의무가 된다. 예를 들어, 당신이 사랑하는 사람(그 사람의 행복이 당신에게 중요한 사람)과 식사를 하러 외출한 경우를 생각해 보자. 당신은 그녀가 정말로 식사를 즐기기를 바란다. 그녀를 실망시키고 싶지 않은 것이다. 그녀가 실망하면 당신도 실망하게 될 것이다. 그녀는 자신의 실망 가능성에 대한 이런 당신의 불안을 실망해서는 안 된다는 압력으로 경험할 수 있다. 그녀는 당신을 실망시키지 않기 위해 즐거움을 연출해야 할 수도 있다. 사랑하는 사람의 행복에 대한 당신의 욕망은 행복하다는 착각("잘못된 인상")을 만들어 낼 수 있으며, 이는 욕망의 표현이라기보다 부정을 수반하는 것이다. 내가 사랑과 행복의 친밀성에 의문을 제기한다고 해서, 우리가 경험하는 사랑이 사랑하는 타인에게 발생하는 일에 대한 마음 씀이 아니라는 말은 아니다(그 사랑의 형태가, 그들의 행복에 대한 바람이든, 그들에게 좋은 것에 대한 바람이든, 그들이 바라는 바를 얻기를 바라는 마음이든, 그들에게 좋은 일이 생기기를 바라는 마음이든 말이다). 우리는 그런 사랑을 할 수 있고, 또 그런 사랑을 하고 있다. 나는 단지 사랑하는 사람의 행복에 대한 바람으로서의 사랑이 갖는 덜 행복한 효과에 대해 우려를 제기하는 것이다. 물론 다른 사람이 당신의 행복을 바라게 함으로써 당신이 행복할 수도 있다.

4 사랑에 빠지면 자신이 사랑하는 사람의 행복이 자신의 행복에 필수적이라는 이런 원칙은 많이들 하는 이야기이다. 그러나 이 원칙은 항상 참일까? 내가 말하고 싶은 바는, 정신분석적 접근법이 시사하듯이, 이 원칙이 참이기를 바라는 욕망이 있지만, 그렇다고 이 욕망이 그 원칙을 참으로 만들지는 못한다는 것이다. 만일 사랑이 다른 사람의 행복을 욕망하는 것이라면, 사랑하는 주체의 행복은 사랑받는 그 타자의 행복에 달려 있을 것이다. 그와 마찬가지로 사랑은 또한 당신이 사랑하는 사람이 당신에게서 행복을 빼앗아 갈 수 있는 가능성으로 경험될 수도 있다. 이 불안한 행복이 양가적 사회성의 기초를 형성한다고 말할 수도 있을 것이다. 즉, 우리는 그 사람을 사랑하지만, 동시에 나를 사랑에 빠지게 만든 그 사람을 미워할 수 있으며, 그 때문에 우리는 사랑하는 사람에게 발생하는 일에 쉽게 영향을 받는다[그것이 주는 정서적 영향에 취약하다]. 다른 말로 하면, 사랑은 우리의 취약성을 우리 자신의 신체 너머로까지 확장시킨다. 어쩌면 공감fellow-feeling은 사회적 희망의 한 형태일지도 모른다. 우리는 사랑하는 사람들의 행복을 바라고 싶어 한다. 즉, 우리는 우리의 행복 대상이 동일한 것으로 수렴되기를 원한다. 우리가 적대자들의 불행을 소망하는 데서 죄책감을 느낀다 하더라도, 친구의 불행을 소망하는 것보다는 죄책감이 덜할 것이다. 다른 말로 하면, 우리가 당연하게 생각하는, 낯선 자들의 행복에 대한 무관심은 우리가 항상 사랑하는 사람들의 행복을 바란다는, 혹은 우리의 사랑이 그들의 행복을 바란다는 판타지를 유지하는 데 일조할 수 있다.

5 라이프니츠는 (익명의 철학자들과 신학자들을 따라) "욕정"concupiscence("우리에게 쾌락을 주는 것을 향해 품는 욕망이나 느낌")과 "자비"benevolence("무언가가 주는 쾌락이나 행복으로 우리가 쾌

락을 느끼거나 행복해질 때 그것에 대해 갖는 느낌")를 구분한다(Leibniz 1765/1981: 163). 그런 느낌을 다른 사람에게 전달하는 상황을 가정해 보자. 우리는 다른 사람이 내 쾌락이나 행복의 원인이라는 것과 다른 사람의 쾌락이 내 쾌락과 행복의 원인이라는 것을 구분할 것이다. 두 경우 모두, 내 쾌락과 행복이 다른 사람의 쾌락과 행복에 달려 있든 아니든, 다른 것이 내 쾌락이나 행복의 원인이라는 같은 위치를 차지한다. 자비의 담론에 다른 사람의 행복이 포함돼 있다고 해서 반드시 위치의 변화가 일어나는 것은 아니며, 다른 사람은 같은 위치에 그대로일 수도 있다. 이런 정의는 라이프니츠의 『신 인간 지성론』에 나오는데, 여기서 그는 로크와 상상의 대화를 나눈다. 그는 자신이 보기에 『인간 지성론』(1장에서 나는 행복 대상에 관한 내 논지를 발전시키기 위해 이 책을 사용했다)에 나타난 로크의 경험주의가 지닌 약점이 무엇인지 분명히 한다. 이 부분은 쾌락과 고통의 양식에 대한 로크의 설명(162-69)과 상응하는 부분으로, 라이프니츠가 스스로 로크와 상당 부분 의견이 일치한다고 이야기하고 있다는 점은 주목할 만하다.

6 어떤 경우 이 "무엇이든"은 꾸짖음의 표현일 수 있다(아마 엄한 투로 조급하게 사춘기 애들에게 "무엇이든"을 쓸 때 그럴 것이다). 무관심은 신경 씀을 나타낼 수도 있고(난 네가 뭘 하든 신경 쓸 거야), 신경 쓰지 않음을 나타낼 수도 있다(난 네가 하는 짓이나 말에 신경 안 써). 물론, 무관심 indifference에도 차이difference가 있다. 무관심은 판타지일 수도 있다. 그래서 부모는 자녀와 의견은 다르지만 (이런저런 이유로) 자신들의 의견을 분명히 할 수 없을 때 자식의 행복을 "단지 바랄 뿐"이라고 말하는 건지도 모른다. 내 주장은, 말하는 사람이 행복의 조건을 결정하거나 명령할 힘을 가진 위치에 있을 때, 발화 행위가 이런 형태를 취할 가능성이 더 크다는 것이다. 부모의 그런 발화 행위에 주의를 기울이는 비평가는 벨리오티다. 그는 이렇게 주장한다. "부모들은 보통 자신들이 자식들에게 가장 바라는 것은 행복이라고 말한다. 일반적으로 부모들은 자신들이 항상 열려 있고 자식들이 선택하는 길은 받아들인다며 다음과 같이 진부한 자기만족적 언사를 하곤 한다. '내가 애들이 하는 일에 동의하지 않는 건, 나 좋으라고 그러는 게 아니야. 하지만 애들이 행복해 하는 일이라면 틀렸다고 내가 말할 순 없겠지.'"(Belliotti 2004: 1) 이와 같은 발화 행위에 대한 벨리오티의 독해는 자녀의 행복에 대한 부모의 욕망에는 자녀가 하는 일에 대한 암묵적인 비동의가 내포돼 있음을 보여 준다. 따라서 발화 행위가 무관심한 것처럼 보이는 이유는 **그 말이 판단을 보류하고 있기**(개들이 틀렸다고 생각하지만 그걸 말할 수는 없지) 때문이다.

7 분 친 푸아는 『아이슬란드적 삶: 퀴어적 경험들』에서 자신의 커밍아웃에 대한 어머니의 반응이 불행에 대한 두려움과 어떤 식으로 연관돼 있었는지 다음과 같이 이야기한다. "어머니는 내가 레즈비언이라면 불행할 거라고 생각하기도 했다. 그게 어머니가 커밍아웃한 게이와 레즈비언에 대해 갖는 이미지였다. 그들은 모두 불행하다는 거였다. 어머니는 레즈비언·게이는 모두 불행하고, 항상 힘들고, 가족들과 결코 행복하게 지내지 못하며, 애도 키울 수 없다고 생각했다"(Phua 2003: 107).

8 이와 관련해 예로 들 수 있는 건 너무나 많다. 『내 마음의 애니』 말고도 또 다른 좋은 예로는 줄

Notes

리 앤 피터스의 『너를 비밀로』가 있다. 여기서 엄마는 딸의 친구에게 이렇게 말한다. "난 우리 애가 행복했으면 좋겠다. 애 아빠랑 내가 애들한테 바라는 건 그것뿐이야. 네 엄마 마음도 분명히 똑같을 거야. 홀란드 부모란 자식들이 자라서 우리가 갖지 못한 것들을 가질 수 있기만을 바라는 법이야. 너희한테 큰 희망을 걸지. 기대나 꿈 같은 거 있잖니. 그런데 일이 이렇게 되면…"(Peters 2003: 190[244-45]). 레즈비언이 되는 것은 부모님을 실망시키는 것이다. 당신의 행복을 바란다는 말은, 당신이 그들의 행복 관념에 따라, 혹은 당신의 행복에 대한 그들의 관념에 따라 살기를 바란다는 뜻이다. 이런 발화와는 아주 다른 버전을 우리는 레즈비언 영화 <이매진 미 앤 유>(2000, 올 파커 감독)에서 찾아볼 수 있다. 영화는 자신의 결혼식장에서 우연히 마주친 여자와 사랑에 빠지게 된 여자의 이야기다. 여기서 남편은 이렇게 말한다. "내가 바라는 건 당신의 행복이야. 내가 그렇게 해주고 싶었지. 하지만 그럴 수 없다면, 방해가 되면 안 되겠지." 여기서 남편은 아내가 다른 여자와 사랑에 빠졌음을 알았을 때, 그러니까 자신이 아내를 행복하게 해줄 수 없음을 깨달으면서, 아내를 놓아 준다. 우리가 정말 사랑하는 사람의 행복을 욕망한다면, 그리고 우리가 사랑하는 사람을 행복하게 해줄 수 없음을 깨닫게 된다면, 우리는 그녀가 자기 방식으로 행복을 추구하도록 놔줄 수 있다. 비록 그로 인해 우리가 불행해지더라도(우리의 행복은 그녀를 행복하게 해주는 데 있었기 때문에) 말이다. 이 책을 쓰면서 마주하게 된 대부분의 사례들에서는, 타인의 행복에 대한 욕망에 그런 인식이 포함돼 있지 않았다. 그런 욕망은 보통 주체가 다른 사람의 행복에 기여할 수 있는지 없는지를 놓고 주저하기보다는, 다른 사람의 행복에 무엇이 포함되어야 하는지를 고집하는 경향이 있다. 실제로, 다른 사람을 행복하게 **해주고** 싶다는 욕망의 표현들은 대개 그가 과연 다른 사람을 행복하게 **해줄 수 있는지** 아닌지에 대한 큰 불안 없이 표명된다. 그러나 이 장의 다음 절에서 사랑이 행복을 유발하는 것이어야 한다고 간주될 경우 퀴어 정치학에 어떤 문제를 유발하는지 논의해 본다.

9 그러나 딸이 이성애자가 되기를 바라는 샤론 페어뱅크스의 욕망은 우울증적인 것으로, 즉 딸의 행복을 바라서라기보다는 딸이 행복을 포기하기를 바라는 것(구체적으로 말하자면, 좋은 삶을 위해 욕망과 퀴어 행복을 희생하기를 바라는 것)으로 해석될 수도 있다. 이 에피소드[1시즌 8화]가 시작될 때 나오는 "회상" 장면에는 승마를 하고 있는 두 소녀가 등장한다. 우리는 나중에 이 두 소녀가 어린 샤론과 그 여자 친구임을 알게 된다. 샤론은 안정적인stable[명사로는 마구간이라는 뜻도 있다] 친밀감을 갖게 된 퀴어적인 순간에 친구에게 키스하려 한다(소녀와 말을 소재로 삼는 퀴어 이야기는 많다). 그러자 그녀의 친구는 경악하면서 이렇게 말한다. "사람한테는 오만 가지 감정이 있지만, 그렇다고 그걸 따라 행동하진 않는다고!" 나중에 샤론은 데이나의 커밍아웃을 받아들이지 못하겠다고 하면서 자신이 과거 여자 친구에게서 들었던 말을 조금 다르게 변형해 데이나에게 되풀이한다. "우리 모두 여자 친구한테 감정을 품을 수 있어, 데이나. 하지만 그렇다고 그걸 따라 행동할 수 있는 건 아니란다." 따라서 딸이 퀴어가 되는 것에 대한 어머니의 언짢음[불행] 이면에는 올바른 느낌에 따라 행동하기 위해(행동에 옮길 수 있는 올바른 느낌을 선택함으로써

올바른 길로 인도되기 위해) 퀴어 욕망을 희생해야만 했던 자신의 슬픔이 존재한다고 할 수 있다. 나는 이 장의 마지막 절에서 행복하게 퀴어 되기의 도착적 가능성의 문제로 돌아갈 것이다.

10 『행복한 동성애자 되는 법』과 같은 책에서 고취하는 행복한 동성애에 "탈-퀴어"de-queer 게이 라이프에 대한 헌신이 포함된다는 게 놀랄 일은 아니다. 이 책은 [공중 화장실에서 동성 파트너를 찾는] 코티징cottaging 같은 관행을 비판하면서 이렇게 주장한다. "이는 외톨이로 불안정한 상태에 놓인 게이 남성에게 게이들과의 접촉은 어쩔 수 없이 더럽고, 점잖지 못하며, 신경을 곤두세우는, 위험한 일이라는 생각을 갖게 한다. 자신들의 섹슈얼리티에 대해 이미 부정적인 생각을 가진 게이 남성들의 자아상에 하등 도움이 안 되는 것이다"(Sanderson 1999: 64). [공원 등에서 동성 파트너를 찾는] 크루징 또한 "자신들의 섹슈얼리티에 대해 이미 불행해 하는 사람들의 고립감을 높일" 수 있다는 이유로 비판받는다(67). 샌더슨은 퀴어 문화의 쾌락주의를 비판하면서 남성 동성애자들이 다른 사람들을 행복하게 하는 윤리를 개발해야 한다고 말한다(145). 샌더슨이 그런 윤리를 보수적인 가족 가치와 연결지어(또는 이성애적 관계나 가족 형태의 모방과 연결해) 기술하고 있지는 않지만, 이는 분명히 공감fellow-feeling을 전제로 한 사교성, (그가 말하는) "더 건강한 느낌"(이는 퀴어 문화의 천박함이나 쾌락주의와 대조된다)의 고취와 연결돼 있다(145). 이런 내 분석은 『행복한 동성애자 되는 법』을 성행위 지침서로서 고찰한 빈센트 퀸Vincent Quinn의 탁월한 글에 빚지고 있다.

11 퀴어는 본질적으로 불행하다는 인식은 극도로 폭력적이고 파괴적인 결과를 초래할 수 있다. 예를 들어, 임상의들이 게이는 불행할 수밖에 없다는 이 주장을 이용해 성전환 치료를 어떻게 정당화했는지에 대한 마이클 슈뢰더와 아리엘 시들로의 분석을 참조하라(Schroeder and Shidlo 2002: 134-35). 암묵적으로 게이 환자는 행복에 대한 욕망을 포기하라는 요청을 받는다. 정신의학의 이런 동성애 공포증적인 담론의 상당 부분은 "적응"보다 "치료"를 옹호하기 위해 (그들이 말하는) "행복한 동성애자의 신화"를 뒤집는 것을 목표로 하고 있었다(Conrad and Schneider 1980: 191 참조). 그들이 깊이 몰두한 것은 퀴어 불행의 필연성과 불가피성이다. 따라서 미주 10에서 논의된 행복한 동성애의 고취에 의문을 제기하고 싶다 하더라도, 우리는 퀴어 행복의 가능성에 대한 불신이 동성애 공포증의 폭력에 있어 결정적이라는 점을 기억할 필요가 있다.

12 성과학에서 나온 인버전이라는 말은 레즈비언 섹슈얼리티를 해석하는 방식의 하나로 사용되었다(여성이 여성을 욕망하면, 그녀는 남성이어야 한다는 것이다). 그런 점에서 인버트는 레즈비언 형상을 대표하는 동시에 대신하는, 즉 그녀를 나타내는 동시에 지워 버리는 역할을 한다. 하지만 그렇다고 해서 인버트는 이런 방식으로 의미화될 수밖에 없다는 건 아니다. 『고독의 우물』에서 레즈비언과 인버트 형상 사이의 관계에 대한 논의로는 Ahmed 2006을 참조하라. 또한 인버트를 성전환자로 해석한 Prosser 1998도 참조하라. 19세기 후반과 20세기 초반의 훌륭한 성과학 분야 글들을 보려면 Bland and Doan 1998 참조. 또한 『고독의 우물』에 관한 글을 모아 놓은 Doan and

Prosser 2002도 보라. 이 책에는 인버전, 성전환transexuality과 동성애homosexuality 사이의 관계에 관한 글들도 포함돼 있다.

13 나는 느낌의 전염 가능성이 적대의 지점 혹은 사회적 압력의 지점이 된다는 주장을 통해 1장에서 제시한 전염 개념에 대한 내 분석을 확장하고 있는 것이다. 또한 고통에 대해 우리가 이해가 함의하는 바에 주목해 보라. 고통을 나누면 그 부담을 덜어 줌으로써 고통의 압력을 완화할 수 있다는 건 너무 자명한 얘기다. 그러나 고통 공유의 가능성이 어떻게 사회적 결속이 될 수 있을까를 우리는 동시에 생각해 봐야 한다. 내 고통에 응하여 다른 사람이 고통을 받는다면, 나는 내 고통을 나눔으로써 오히려 고통을 유발할 수 있다는 점이 두려울 수도 있다. 또한 나는 그 사람이 내 고통으로 고통받으면 내 고통이 더는 내 것이 아닌 게 되는 게 아닌가 두려울 수도 있다. 다른 말로 하면, 내가 고통스러울 때 내가 사랑하는 누군가가 고통을 당할 가능성은, 사랑하는 사람이 고통받지 않게 하거나 내 고통을 주지 않아야 한다는 부담이 될 수 있다. 사랑이라는 이름으로 고통을 숨기게 될 수 있는 것이다.

14 최근의 행복 리서치는 "행복 군집들"을 살펴보고 "행복 지도"를 제공하는데, 최소한 부분적으로는 정서적 전염 모델에 의존하고 있다. 예를 들어 2008년 『영국의학저널』에 발표된 파울러와 크리스타키스의 연구는(2008년 12월, 전 세계 언론에서 "행복은 전염성이 있다"라는 제목으로 크게 보도되었다 — 어쩌면 행복은 전염성이 있다는 생각이 가장 전염성 높은 생각일지도 모른다) 행복이 소셜 네트워크에서 어떻게 퍼져 나갈 수 있는지를 조사하고, "행복한 사람들 군집과 불행한 사람들 군집"을 만들어 낸다(Fowler and Christakis 2008: 1). 행복 분포 분석에서 저자들은 이렇게 말한다. "지역 네트워크의 핵심에 있는 사람들은 더 행복한 경향이 있는 것으로 보이는 반면, 주변부에 있는 사람들은 불행할 가능성이 높다"(6). 중심부의 행복은 행복한 사람들이 서로에게 끌림을 나타내는 표시라고 간주된다. 중심부에 행복이 존재한다는 이런 판타지는 중심부 사람들로 하여금 주변부로 밀려난 사람들의 불행과 자신들의 행복 사이의 관계를 인식하지 못하게 만든다. 두 저자는 이 데이터로는 행복 군집 뒤에 숨은 인과 메커니즘에 대한 결론을 내릴 수 없음을 인정한다. 그들의 추측에 따르면, 행복한 사람들은 "행운을 나누는" 것일 수도 있고, "타인에 대한 자신들의 행동을 변화시키는" 것일 수도 있고 아니면 "진짜 전염성 있는 느낌을 단순히 발산하는" 것일 수도 있다. 제아무리 전염이 여타의 인과 메커니즘 가운데 한 가지로 기술된다 할지라도, 내 주장은 많은 행복 리서치에서 전염이 핵심적인 인과성 모델을 제공한다는 것이다. 그래서 사람들은 행복 군집이 있다고 가정하는데, 그 이유는 행복이 더 쉽게 확산될 수 있기 때문이다. 내 목표는 행복 군집과 불행 군집의 존재를 부정하는 것이 아니다(하지만 이 군집이란 게 스스로 행복하다고 말하는 경향이 더 높은 사람과 그렇지 않은 사람들의 군집이라는 건 기억해 둬야 한다). 오히려 나는 그들이 복잡한 사회 메커니즘의 결과라고 말하고 싶다. 불행과 관련된 사람들을 멀리, 사회생활의 주변부에 둠으로써 행복과 불행을 특정 장소에 위치시키는 것이다. 다시 말해, 행복이 전염

성이 있다는 관념이 바로 그 행복 군집을 창출하는 다양한 형태의 사회적 규제들에 중요해진다. 결국 이 같은 행복 군집은 다시 행복에는 전염성이 있다는 관념의 증거가 된다! 전염은 약한 사회적 인과성 모델을 제공하는데, 이는 특정 자질, 재료들 및 속성들이(그것들이 유형의 것이든 무형의 것이든 간에) 왜 어떤 것에는 축적되고 어떤 것에는 축적되지 않는지 하는 복잡한 메커니즘을 설명하지 못한다. 사회적 인과성 모델로서 전염이 가진 약점이라 한다면, 우리가 유형의 것들의 분포를 설명하는 데 그것을 사용하려 할 경우 너무 자명한 얘기가 되어 버린다는 것이다(예를 들어, 전염의 결과―사람들이 돈을 가진 사람들로부터 돈 버는 법을 배운다―로 부의 집중을 설명하는 것은 자명하게 말이 안 된다). 우리는 또한 무형의 것들의 분포를 설명하는 모델로서 그것이 가진 약점도 인식할 필요가 있다.

15 헤밍스와 뉴튼은 모두 『고독의 우물』이 "남성적 레즈비언"에 초점을 맞춘 것이 왜 펨, 즉 여성적 레즈비언의 위치가 비어 있음을 의미하는지 설명한다. 내 해석 역시 그들과 일치하며, 이 비어 있음이 행복과 관련해 재해석될 수 있다고 생각한다. 즉, 펨의 욕망은 행복에 대한 욕망을 넘어 제시되지 않으며, 이로 인해 그녀는 다시 이성애 세계로 가게 되리라 간주되는 것이다. 이런 해석은 이성애 세계의 불의를 폭로하는 펨의 욕망이 가진 힘을 인정하며 소설에 공감하고 있기는 하지만, 행복 경제 밖에서 펨의 욕망을 말할 필요가 있음을 시사한다.

16 헤더 러브는 『거슬러 느끼기』에서 어떻게 "스티븐이 그간 소설에서 부인해 왔던 고통(여기에는 그녀 자신의 고통뿐만 아니라 메리의 고통도 포함된다)을 직접 대면하게 되는지"를 보여 주면서 소설의 결말에 대한 유용한 성찰을 제공한다(Love 2007: 125). 나는 스티븐이 자신의 고통을 다른 인버트들의 고통과 공유하는 것에 대해 좀 더 낙관적으로 본다. 난 고통을 담고 있던 벽이 무너져 버렸다는 점에서 이 결말은 혁명이라고 생각한다.

17 이 영화는 레즈비언 소설에서 공통적인 서사를 재생한다. 즉, 두 소녀가 사랑에 빠지지만, 한쪽이 이성애 세계를 도저히 포기할 수 없어서 결국은 자신의 사랑을 포기하는 것이다. 예를 들어 낸시 토더의 고전 『선택들』(Toder 1980)에서 제니는 샌디와 사랑에 빠지게 되자 겁을 집어 먹고 그녀를 떠나서는 결혼을 해버린다. 샌디는 제니의 공포가 행복하려면 결혼해야 한다는 가정에 기초하고 있음을 목격한다. "내가 화나는 부분은 네가 마치 결혼한 사람들만 행복하고 성공한 사람들인 것처럼 행동했다는 거야. 그게 바로 독신자들, 그러니까 대부분의 게이들을 암묵적으로 불행하게 만드는 거 아냐"(242).

18 다음 절에서 논의하겠지만, 아픈 새에 대한 돌봄은 퀴어 동질감에 대한 이야기로 기능할 수 있다.

19 http://www.popmatters.com

20 이는 4장에서 논의할 영화 <베컴처럼 감아 차기>와 흥미로운 대조를 보인다. 4장에서 나는 불행한 인종차별을 다문화주의적 행복으로 전환시키는 것은 백인 남성의 행위 주체성이라고 설명한다. 따라서 좋은 느낌과 나쁜 느낌 사이의 "전환점"을 어디로 볼지는 정말 중요하다. 바로 여기

Notes

에 역사(와 사회 변화의 발생 방식)에 대한 다양한 주장들뿐만 아니라, 기존의 권력 분배에 도전하거나 그것을 지지해 주는 행위 주체성의 분배가 관련돼 있기 때문이다. 예를 들어, 주류 미디어에서 퀴어 행복에 대한 묘사들을 보면, 이제 퀴어는 인정을 받았다는(이성애 세계가 그렇게 인정했다는) 암묵적 서사가 존재하는데, 여기서 전환점은 불행한 퀴어와 행복한 이성애자 편에 있는 행복한 퀴어 사이에 있다.

21 나는 <엘 워드>의 말도 안 되게 슬픈 한 장면이 생각난다. 베트[제니퍼 빌즈]가 아버지에게 어머니에 대해 이야기하는 장면인데, 여기서 아버지는 딸에게 이렇게 말한다. "내가 네 엄마한테 얼마나 상처를 주었는지 이해하려면 결혼의 굴레를 경험해 봐야만 할 거다." 나는 <엘 워드>에서 가장 강렬한 재현들 중 하나는 베트와 아버지의 관계라고 생각한다. 아버지는 딸의 레즈비언 관계를 인정하지 않으려 하지만 그것은 그 무엇으로도 덮어 버릴 수 없는 슬픔으로 나타난다. 관습적으로 좋은 삶이라 여겨지는 형태들(안정적 관계, 출세, 번듯한 집과 자녀 등)에 상대적으로 아무리 근접했다고 해도 이 슬픔을 보상할 순 없다.

22 새로운 동성애 정상성에 대한 중요한 비평은 Duggan 2003과 Halberstam 2005을 참조할 것. 나는 이들의 주장을 지지하는 동시에 정상성에 가까운 자리를 유지하고 싶은 욕망이 단순히 (동화의 형식으로서) 좋은 삶에 대한 욕망인 것만이 아니라 견딜 만한 삶을 위한 투쟁의 역사들에 의해 형성된 것이기도 하다는 점을 지적하고 싶다.

23 이 책의 2장 미주 26 참조.

24 따라서 퀴어들의 불행한 삶에 대한 사회적 집착은 퀴어 즐거움에 대한 시기심과 공존할 수 있다. 퀴어 즐거움은 사회적 형식을 재생산할 의무를 방기하고 있기 때문에 [노력에 의해] 얻은 것이 아니라 [거저] 주어진 것이라는 것이다. 의무와 희생의 논리 외부에서 경험되는 퀴어 쾌락은 [이성애 세계의] 자유에 대한 위협이다. 불행할 자유로서의 자유의 급진화에 대한 논의는 이 책 5장의 마지막 절을 참조할 것. 거기서 나는 불행할 자유에는 행복 의무에 구속되지 않고 삶을 즐길 자유가 포함돼 있음을 이야기한다.

4장   우울증적 이주자

1 BBC 프로그램 <행복 공식>에 대한 정보는 www.bbc.co.uk/programmes/b00791gv 참조[2021년 현재 www.youtube.com/watch?v=TskOtMANdKk에서 다시 보기가 가능하다].

2 Commission for Racial Equality, *Good Race Relations Guide*, 2005. 이 위원회는 2007년에 다른 평등위원회들과 통합돼 평등·인권위원회Equality and Human Rights Commission가 되었다. https://www.equalityhumanrights.com 참조.

3 폴 길로이는 2006년 5월 10일, 자신의 런던경제대학 취임 강연(「전시戰時의 다문화」Multi-

Culture in Times of War)에서 어떻게 "다문화주의가 2005년 7월에 공식적으로 사망 선고를 받았는지" 이야기한다.

4 다양성이 불행을 야기한다는 주장은 분명 다양성 관념 — 즉, 실제로는 다양한 문화들로 이루어진 상상의 공동체로서의 다문화주의 — 으로부터 사회적 희망을 철회하고 있는 것으로 보인다. 하지만 그러고 나서 서사는 쿠 클럭스 클랜Ku Klux Klan[미국의 백인 우월주의 비밀 결사단]이라는, 끔찍한 행복한 동일성 이미지를 소환함으로써 불행의 가능성과 다양성의 일정한 용인을 포함하는 것으로 전개된다. KKK단은 분명 행복해 보이는 공동체 — 좋은 공동체적 삶에 필요하다고 간주되는 요소들을 가진 공동체 — 가 인종차별주의를 야기할 수 있다는 증거이다. 다시 말해, KKK단은 공동체가 행복하게 인종차별적일 수 있거나 인종차별을 조건으로 행복할 수 있음을 보여 준다. 이 프로그램이 인종차별을 도덕적으로 승인해 줄 수는 없지만, 여태까지 이런 주장의 논리적 결론은 인종차별적 공동체들이 더 행복하다는 것이다. 결국 이 프로그램은, 우리의 도덕적 임무이자 정부의 임무가, 불행을 야기하는 것을 미래에 행복을 야기하는 것으로 만드는 데 있다고 결론 내린다. 여기서 행복 만들기는 다리 놓기나 통합 같은 개념을 전제로 한다.

5 미국에서는 **축구**soccer라고 불리는 스포츠를 나는 영국식으로 **축구**football라고 부르고 있음을 지적해 두고 싶다. 이 책에서는 영화 <베컴처럼 감아 차기>에서 축구의 상징적 기능을 고찰해 보는 것을 넘어서 축구와 다문화주의 사이의 관계를 다루지는 않을 것이다. 축구를 인종차별주의와 민족적 정체성과 관련해 분석한 연구로는 Back, Crabbe, and Solomos, 2001을 참조할 것. 나는 여기서 축구가 어떻게 서사적 이상을 제공하고 있는지에 초점을 맞추고 있지만, 그것이 지역 스포츠이자 국제 스포츠로서 갖는 중요성에 대해서도 언급해 두고 싶다.

6 공리주의와 제국의 교차(와 제국의 사명을 정당화하는 데 최대 행복 원칙이 했던 역할)에 대한 포스트식민주의 문헌이 상당히 있을 듯하지만, 그렇지는 않다. 물론, 호미 바바가 『문화의 위치』(Bhabha 1994)에서 의존한 에릭 스토크의 『영국 공리주의자들과 인도』(Stoke 1959)처럼, 포스트식민주의 비평가들에게 영향을 미친, 이런 교차에 대한 중요한 역사적 작업이 몇 편 있기는 하다. 하지만 슐츠와 바룩사키스가 『공리주의와 제국』 서문에서 지적하듯이, 포스트식민주의와 포스트구조주의 저자들은 식민 담론을 비판할 때 공리주의를 강조하지 않았다(Schultz and Varouxakis 2005: 3). 슐츠와 바룩사키스가 지적하듯이, 이런 상대적 부재는 비판의 주 대상을 공리주의가 아닌 자유주의에 초점을 맞추는 경향이 있었기 때문이다. 호비 바바(Bhabha 1994)가 존 스튜어트 밀을 자유주의와 관련해서만 분석하고 있다는 사실은 주목할 만하다.

7 주요 공리주의자들 가운데서는 최초로 "제국을 거의 전폭적으로 옹호한"(Jones 2005: 183) 인물로 평가받는 존 스튜어트 밀에 비해, 제임스 밀과 제러미 벤담은 제국에 대한 지지와 관련해 보통 좀 더 온건한 쪽을 대표한다. 하지만 제니퍼 피츠가 제국주의적 자유주의에 대한 자신의 연구에서 주장하듯이(Pitts 2005), 역사적 기록들을 보면, 당시 벤담은 제임스 밀의 제국에 대한 정당화

Notes

(특히 『영국령 인도사』와 같은 식의)를 지지하지 않았다(이에 대해서는 뒤에서 다룬다). 피츠는 밀의 책에 대한 벤담의 다음과 같은 기술을 인용하고 있다. "영국령 인도에 대한 이 책은 나쁜 영국인에 대한 얘기가 가득해서 나로서는 동의할 수 없는 책이었다. 힌두교인들의 미신에 대한 그의 설명은 날 우울하게 만들었다"(105). 밀 자신이 힌두 문화에서 동의할 수 없는 것에 초점을 맞추었음을 고려하면, 이에 대한 벤담의 비판의 의미는 분명하다.

8 [동인도]회사의 역사에 대한 설명으로는, 아주 흥미로운 아카이브 자료를 담고 있는 『제국의 아카이브』(2003)와 이 책에 붙인 미아 카터의 서론 「회사에서 운하로: 1756~1860」(Carter 2003)을 참조할 것. 내가 여기서 지적해 두고 싶은 점은, 제임스 밀이 동인도회사에서 한 자리를 차지할 수 있었던 건(총 17년간 일했다) 부분적으로 『영국령 인도사』의 출간 덕분이었다는 것이다(밀은 인도에는 발 한 번 디뎌 보지 않은 채 이 책을 쓴 셈이다). 존 스튜어트 밀은 이런 아버지 밑에서 무보수로 일하기 시작했고, 나중에는 회사의 통신부에서 사무관으로 근무했으며, 1857년에 의회에서 회사의 정책을 옹호했다. 밀이 자서전에서 "내 교육에 크게 기여한 책"(1873/2003: 17[35])으로 자기 아버지의 『영국령 인도사』를 들고 있는 점 역시 역사적 기록으로서 지적해 두는 게 흥미로울 것이다. 이 장에서 나는 제국에 대한 공리주의 옹호자로서 제임스 밀이 담당했던 역할에 집중할 것이다. 동인도회사에서 존 스튜어트 밀의 역할에 대한 설명은 자스투필(Zastoupil 1994)을 참조할 것. 또한 존 스튜어트 밀의 도덕교육 철학에 대한 연구는 앤더슨(Anderson 1998)을 참조하라. 이 연구는 또한 인도에서의 교육정책에 대한 제임스 밀과 존 스튜어트 밀의 차이에 대해서도 이야기하고 있다. 인도에 대한 존 스튜어트 밀의 관점과 자유주의 사이의 관계에 대한 분석은 설리번(Sulllivan 1983)을 참조할 것.

9 제임스 밀의 공리주의와 제국에 대한 Man To Leung의 중요한 논문(1998)이 내가 갈피를 잡는 데 많은 도움을 주었음을 밝혀 두고 싶다. 여기에는 브루스 보고서가 언급돼 있다(보고서가 밀 자신의 것이라는 건 오류다).

10 우리는 행복한 노예 신화 같은 행복 신화의 생산이 가지는 의미도 고려해 볼 수 있다. 식민주의적 종속의 폭력 속에서 행복을 발견하는, 행복한 노예 신화는 노예제가 타자를 해방시켜 행복하게 하는 것임을 시사하면서 강력한 이데올로기적 기능을 한다. 이 신화를 프레더릭 더글러스가 어떻게 뒤집는지 살펴보자. "노예들이 노래를 부르는 것은, 그들이 만족감과 행복을 느끼는 증거라고 말하는 사람들이 북부에 있는 걸 보고 나는 정말 깜짝 놀랐다. 이보다 더한 오해가 있을 수 있을까. 노예들은 대개 불행할 때 노래를 부른다. 노예들의 노래는 가슴속 슬픔을 나타낸다. 아픈 가슴을 눈물로 위로하듯 노래로 스스로를 위로하는 것이다. 적어도 내 경험으로는 그렇다. 슬픔에 젖어 노래를 부른 적은 많지만 행복에 겨워 노래를 부른 적은 거의 없다"(Douglass 1845/2003: 86[73-74]). 후기 저작인 『나의 예속과 나의 자유』에서 더글러스는 다음과 같은 방식으로 노예들의 노래에 관한 자신의 성찰을 확장한다. "노예들은 행복을 표현하기 위해서가 아니라 자신들을

행복하게 **만들기** 위해 노래한다"(Douglass 1855/2005:86). 자신을 행복하게 만들어야 할 필요 자체가 불행을 나타내는 기호다. W.E.B. 듀 보이스는 『흑인의 영혼』에서 노예의 노래가 "슬픔의 노래"라면서 이렇게 말한다. "그것은 불행한 자들, 좌절한 아이들의 음악이다. 그것은 죽음과 고통과 더 진실한 세계를 향한 무언의 갈망을, 흐릿한 말들과 희미한 길들을 노래한다"(Du Bois 1903/2003: 179). 이와 같은 행복 신화에 대한 비평으로는 사이디야 V. 하트만의 『종속의 장면들』도 참조할 것. 하트만은 노예의 노래를 "슬픔의 노래"로서뿐만 아니라 불투명한 느낌을 포함하는 것으로서도 읽어 낸다(Hartman 1997: 48). 노예제 옹호는 비참을 끈질기게 행복으로 잘못 알아들을 뿐만 아니라 노예화될 타자들의 불행도 끊임없이 떠들어 댄다. 펜실베이니아 주의 의사였던 윌리엄 챈슬러는 1751년에 다음과 같이 쓴 바 있다. "많은 사람들이 노예 구매를 위한 아프리카로의 항해가 극도로 끔찍하다고 생각하는데, 내 의견으로는, 내가 아는 선에서는, 조금도 그렇지가 않다. 그것은 불행한 사람들을 상상도 할 수 없는 비참에서 구원하는 일이기 때문이다"(Blassingame 1992: 29에서 재인용). 1798년에 나온 브리태니커 백과사전 초판은 "니그로"를 "불행한 인종"으로 기술하고 있다(Feagin 2000: 81). 식민 아카이브에는 "타자들"을 해방이 필요한 불행한 사람들로 기술하는 글들이 넘쳐 난다. 퀸즐랜드 주의 오스트레일리아 원주민들 또한 "불행한 인종"으로 기술돼 있었다(Reid 2006 참조).

11 "비참"misery이 참혹함wretchedness을 나타내는 라틴어 "miseria"에서 기원한 것임에 주목하자. 식민 아카이브가 온통 비참으로 가득하다는 말이 아니다(위의 미주 10에서 말한 것처럼, 우리는 그런 아카이브를 "원주민들"이 슬프다는 증거로 읽어서는 안 된다). 나는 단지 식민 아카이브에서 원주민들의 참혹함에 대한 집착, 그들이 얼마나 불운하고 불운을 야기하는지에 대한 집착을 읽을 수 있다고 주장하는 것이다. 식민 지배는 이렇게 (피지배자들에게) 행운이라는 측면에서 정당화된다. 나는 『영국령 인도사』가 아주 기이한 방식으로 "힌두교인들"의 문화적 비참에 집착하고 있다고 말하려 한다. 루틀리지에서 1997년에 열 권의 책으로 재출간한 이 방대한 시리즈를 읽어 보라고 할 수는 없을 것이다. 이 책들의 복잡성과 그것들이 쓰인 정치적 맥락에 집중한 노련한 분석으로는 Majeed(1992) 참조.

12 벤담의 쾌락에 대한 정의가 좀 기이하긴queer 하지만, 이는 특히 벤담의 모델에서 그러하다(이 책 1장, 미주 2 참조). 마사 누스바움은 벤담을 존 스튜어트 밀과 대조하면서 벤담에게는 "쾌락 말고 좋은 것은 아무것도 없다. 쾌락과 선은 같은 것이다"(Nussbaum 2005: 111)라고 주장한다.

13 이렇게 제국의 역사를 만족스럽게[행복하게] "섞이고 어우러짐"으로 제시하는 방식과 이 장을 시작하면서 언급한 불행한 다양성에 대한 트레버 필립스의 언급 사이에 존재하는 명백한 모순에 주목하자. 여기에는 영국의 백인 공동체는 만족스럽게도 (다른 사람들과 기꺼이 섞이고자 하고 또 섞일 수 있는) 다양성을 유지하고 있지만, 다른 공동체들(아마도 그 백인들과 섞이고 어우러져야 할 사람들)은 자기들끼리 있을 때 더 행복하다는 의미가 함축돼 있다. 따라서 세대가 바뀌어도 모두

Notes

가 그대로인 프랑스 마을에 대한 향수 어린 상상이, 트레버 필립스가 언급한 BBC 프로그램에서 제공하는 가장 행복한 판타지라 할지라도, 오늘날 유사성은 소수집단의 문화와 더 연관돼 있는 듯하다. 행복해지려면 그들은 자신들의 유사성을 포기하고 "우리처럼" 다양해져야 한다.

14 2003~06년 사이에 나는 다양성에 대한 연구 프로젝트를 맡았던 적이 있는데, 여기에는 오스트레일리아와 영국의 대학들에서 온 다양성 훈련가들과의 인터뷰가 포함돼 있었다. 내 결론 중 하나는 다양성이 행복하고 매력적인 개념으로 간주되면서 불평등을 은폐하는 역할을 한다는 것이었다. 한 훈련가는 다음과 같이 통찰력 있게 묘사했다. "다양성은 반짝거리는 커다란 붉은 사과 같다. 겉은 번드르르하다. … 하지만 실제로 잘라 보면 속은 썩어 있고 전체가 썩어 가고 있음을 알게 되지만, 그렇다고 말하지는 않는 것이다. 모든 게 멋져 보이지만 불평등에 대해서는 말하지 않고 있다." 다양성 훈련가들과의 대화에서 나는 2장에서 논한 행복한 가정주부 형상에 대한 제2의 페미니즘 물결의 비판이 생각났다. 베티 프리단은 자신의 미소 이면에 존재하고 있던 염증을 이야기한다. 다양성은 평등의 환영을 만들어 내는 웃음 띤 표면을 제공하면서 불평등을 은폐하고 재생산하는 역할을 한다. 이 연구 조사에 기반을 둔 글로는 Ahmed 2007a, 2007b를 참조할 것.

15 이 책은 대서양 지역의 노예제를 "이런 상업적 확장과 번영의 악한 면"(31)이라고 분명히 언급하고 있긴 하지만 곧 영국의 노예제 폐지로 화제를 전환해 버림으로써 국가를 노예무역을 행한 가해자가 아닌 노예 해방자로 재등장할 수 있게 해준다. 노예제조차 제국의 역사의 행복을 방해하지 못하게 하는 것이다. 프란츠 파농의 예리한 관찰처럼, 노예제, "그 유쾌하지 못한 기억에 대해서는 더 이상 입도 뻥긋하지 않았다"(Fanon 1592/1986: 115[146]). 또한 내가 여기서 지적해 두고 싶은 것은, 노예제 폐지론[종식론]abolitionism이 과학을 통해 행복을 증진하겠다는 어떤 생체의학 조직이 쓰던 이름이라는 점이다. "종식론자abolitionist들은 자발적 행복의 최대화와 비자발적 고통의 최소화를 지향하는 이성적/과학적 접근법을 증진하고자 한다. 이는 비자발적 고통을 폐지하고 인류 최고의 윤리적 명령인 무한한 자발적 행복을 위한 역량[의 확대]으로 이어질 것이다." http://www.abolitionistsociety.com(검색일: 2009/02/09)[현재 이 사이트는 사라졌다. 다만, www.abolitionist.com에서 종식론 프로젝트에 대한 글을 볼 수 있다].

16 자부심은 극단주의에 대한 방어책으로 사용되고 있기도 하다. "모든 시민이 영국인임에 자부심을 느끼고 이 나라와 서로에 대해 귀속감을 느끼게 할 필요가 있다. 그리고 유니언잭, [영연방 내 국가들의-옮긴이] 국기國旗들 같은 우리의 국가적 상징물들이 극단주의자들의 도구가 아니라 (재위 50주년 기념행사들을 통해 본 것처럼) 생생하게 우리의 통일성을 보여 주는 도구가 되도록 해야 한다"(United Kingdom Home Office 2005a). 여기서 주고 싶은 메시지는, 자부심의 기호들을 파시즘에 내주지 않기 위해서는 우리가 자부심을 가져야 한다는 것이다. 그래서 깃발 자체가 다시 행복 대상으로, 영국성을 되찾는 방법으로 귀환했던 것이다. 이는 동시에 언론의 자유에 대한 우리

의 권리뿐 아니라 국가에 대한 행복을 표출할 우리의 권리를 제약하는 정치적 올바름이나 다른 정치적 이데올로기에 대한 염려로 인해 누군가의 애국심을 금하는 것에 대한 거부이기도 했다.

17 이런 대조들은 행복이 이주자들의 의무가 되었다는 내 주장과는 갈등하는 것으로 보일 수 있다. 여기서 나는 행복과 자유를 의무의 반대편에 두고 있는 것처럼 보이기 때문이다. 나는 행복이 의무보다는 자유에 대한 것 같다고 주장하려 한다. 행복 의무는 자유의 기호 아래 잠복해 있는 의무다.

18 우리는 그런 관점에서 영화를 해석하도록 고무된다. 영화는 분명 "여성성의 규칙 감아 차기[구부리기]"라는 메타포를 활용하고 있을 뿐만 아니라, 제스의 이야기와 줄스의 이야기가 등가 관계에 있음을 시사한다. 둘 다 축구를 좋아하는 여자애들이고, 둘 다 그들의 여성성을 위태롭게 한다며 걱정하는 어머니와 갈등하며, 둘 다 코치와 사랑에 빠지고, 둘 다 미국으로 간다. 이런 미러링[거울반응하기]은 영화의 플롯 안에서 그들의 우정을 "진짜"로 만드는 방법의 하나로 기능한다. 하지만 나는 그것이 또한 그들의 이야기가 동일한 이야기임을, 즉 이것이 "진짜로" 규칙을 감아 차는 소녀들의 이야기임을 시사하는 역할을 한다고 생각한다. 그런데 둘의 이야기의 등가성을 받아들이려면, 우리는 중요한 차이 몇 가지를 간과할 수밖에 없다. 뒤에서 다시 이야기하겠지만, 제스에게 위로 올라가는 것은 곧 자신의 문화를 뒤로하는 것으로 코드화된다. 어떤 면에서 이런 희생은 이야기를 여성의 불복종으로 대본화함으로써 사라진다. 영화가 제스와 조의 등가성을 어떻게 활용하고 있는지에 대한 해석은 미주 23도 참조할 것.

19 그렇다고 낯선 자의 죽음이 의미 있는 사건이 될 수 없다는 건 아니다. 실제로 미디어를 통해 낯선 이들의 죽음도 당신에게 사건이 될 수 있다. 그러나 이런 경우에도 죽음을 매개하는 것은 여전히 사랑의 담론이다. 그래서 낯선 자라 해도 그가 당신과 친족성, 유사성, 근접성의 형식을 공유한, **당신이 사랑할 수도 있었을** 타자, 당신이 친연성을 **가질 수도 있을** 타자로 제시되는 한 그의 죽음이 다른 낯선 자의 죽음보다 더 중요한 의미를 가지게 되는 것이다. 낯선 이의 죽음이 가진 친족성에 대한 숙고로는 Eng 2002와 Butler 2004를 참조하라. 또한 Ahmed 2004: 156-61의 죽음과 동일시에 대한 짧은 논의도 참조할 것.

20 우울증적 이주자가 어떤 특정한 종류의 일을 하는 형상으로서 생산된다는 점을 고려해, 나는 타자로 낙인찍힌 몸에 거하는 경험으로서의 우울증에 대해서는 자세히 다루지 않을 것이다. 인종적 우울에 대한 탁월한 설명으로는 쳉(Cheng 2001)을 참조할 것. 쳉은 "인종화된 것들의 범주에 달라붙어 있을 뿐 아니라 그 범주를 구성하는 데 일조하는 (우리를 사로잡는) 부정성의 심리적 함의들"(25)에 대한 기민한 분석을 보여 준다. 또한 애도의 한 형식으로서 이주의 복잡성에 대한 엥과 한의 분석도 보라. "이주의 경험은 그 자체가 애도의 구조에 의존하고 있다. 모국을 떠날 때, 그것이 자발적이든 비자발적이든, 우리는 구체적인 동시에 추상적인, 다수의 상실들을 애도해야 한다. 여기에는 고향, 가족, 언어, 정체성, 재산, 공동체에서의 지위 등이 포함된다"(Eng and Han

2003: 352). 이와 같은 맥락에서 나는 특히, 국가가 특정 지점에 상처를 위치시키도록 만드는, 우울증적 이주자의 **형상**을 강조하고, 인종차별에 대한 의식이 **그 자체만으로** 어떻게 우울증으로 진단되는가에 관심을 가질 것이다.

21 터번의 정서 상태에 대한 탁월한 고찰로는 Puar 2007을 참조할 것. 우리는 터번에 대한 불안을 부르카와 연결지어 볼 수 있다. 2006년, 잭 스트로 당시 내무장관의 부르카에 대한 지적을 예로 들어 보자. 그는 부르카를 보면 마음이 불편하다고, 부르카를 쓴 여성이 얼굴을 보여 주지 않는 것은 소통의 거부를 나타내는 것이라고 말했다. 그는 이슬람교 여성에 대한 자신의 이와 같은 지적을 옹호하면서 이렇게 말한다. "만약 거리에서 서로 마주쳤을 때 그녀는 내게 인사를 했을 수도 있겠지만 나는 그러지 못할 것이다. 물론 그 이유는 내가 그녀의 얼굴을 볼 수 없었기 때문이다. 우연히 나누는 대화들이 모여 사회는 더 튼튼해지는 법이다." 여기서 이슬람 여성은 낯선 이가 된다. 그녀는 사회적 연대를 나타내는 다행히도 약한 기표인, 우리의 인사하는 역량을 저해한다. 우리는 이슬람교도 여성이 비우호적인 존재, 우정의 기반 자체를 거부하는 존재로 구성된다고 말할 수 있다. 불행한 차이가 차단 지점, 상황이 멈추는 지점, 공동체가 자신의 사회적 약속을 전달하지 못하는 지점이 되는 것이다. 여기서 불편함이 어떻게 요구로 이용되는지에 대해서도 주목해야 한다. 백인 신체가 편안하려면 타자들은 베일을 벗어야 한다. 그런 차이는 불행이 된다. 그들은 국가적 불행의 기원이 되고, 그래서 베일을 벗는 것이 행복으로의 해방으로 상상되는 것이다.

22 여기서 (조를 앞에 두고 한) 아버지의 일장 연설은 아시아 남성 축구 선수들의 부족을 이야기하면서 **현재** 스포츠에서의 인종차별을 지적하는 동시에, 엄마가 제스를 경기에 나가지 못하게 한 것에 대한 자신의 설명을 보충하는 것이기도 하다. 인종차별에 대한 그의 기억이 영국계 아시아인들에게는 여전히 현재진행형인 인종차별의 현실에 대한 비판이 된다는 것이 결정적인데, 이것이 시사하는 바는, 그 기억이 잘못된 기억이라는 것이 아니라, 인종차별에 대한 의식이 경기의 가능성을 단념한 상처에 대한 집착의 한 형태가 된다는 것이다.

23 조의 발화 행위를 동일시와 백인성의 관점에서 해석함으로써 완전한 백인은 아닌 조의 아일랜드성과 그것이 가진 포스트식민주의 역사의 의미를 내가 부인하고 있는 것처럼 보일 수도 있을 것이다. 물론 모욕의 대상이 된다는 것이 어떤 의미인지에 대한 공통된 인식을 공유하고 있는 아일랜드인에 의해 공감이 이루어진다는 점은 중요하다. [하지만] 조의 지적 때문에 제스가 모욕을 당하는 순간을 우리가 지나치게 된다는 점은 분명 중요하다. 전체 서사를 놓고 봤을 때, 이 발화 행위는 제스와 조 사이에 등가 관계를 형성하는 작용을 한다. 그것은 아마도 상처의 경험이라는 보편성의 회복을 목표로 하는 방식일 수 있다. 여기에 함축된 의미는, 제스와 조 모두 인종적 모욕을 경험해 본 사람이라는 공통점을 가지고 있다는 것이다. 하지만 이런 유비는 한 발 더 나아가, 상처의 형태로서 그들이 공통적으로 갖게 된 흉터에도 초점을 맞춘다. 제스에게는 그녀가 창피스럽게 여기는 다리의 흉터가 있다. 조는 무릎에 흉터가 있다. 한 장면에서 그들은 그 흉터에 대

해 이야기한다. 둘은 과거의 아픔에 대해 서로 고백하는데, 이는 러브 스토리가 시작되는 순간이기도 하다. 제스는 조에게 자신의 상처가 어떻게 생겼는지 이야기한다. 어릴 적 엄마가 히드로 공항에 일하러 간 사이 집에서 구운콩 토스트baked beans on toast[구운 식빵 위에 통조림 콩을 데워 얹은 것으로 영국인의 일상 음식]를 해먹다 화상을 입은 것이다. 상처가, 집에 있음과 어머니의 부재와 연관되는 방식에 주목하자. 공항은 영화의 플롯에 의해 행복 대상으로 전환돼야 하는 불행 대상이다. 조에게 상처는 축구 때문이기도 하고 아버지와의 좋지 않은 관계의 결과이기도 하다. 성공하라는 아버지의 압력 때문에 부상을 안고 경기를 한 것이다. 결국 흉터에는 역사가 있고, 이는 동성의 부모와 연결된다(어머니의 부재와 아버지의 현존이라는 타자의 기이한 전도). 상처를 공유하는 이런 동일시 행위는 상처의 치유를 가능케 한다.

24 이런 결정에 대한 논의는 Warn 2003를 참조할 것.

25 혼종 가족성은 퀴어 가족성이기도 하다 ─ 인종 간 퀴어 사랑은 특유의 화해 판타지를 제공해줄 수 있다. <베컴처럼 감아 차기>와는 대조적인 영화 <치킨 티카 마살라>(2005, 하메이지 싱 칼리라이 감독)는 사랑에 빠진 두 남자, 즉 아시아계 영국인 지미(크리아 비송)와 백인 노동계급 출신 잭(패터 애쉬)의 이야기다. 지미는 심란(진더 마할)과 결혼하기로 돼 있다. 이 실수 연발 코미디에서 그의 부모는 그가 이 결혼에 대해 행복해 하지 않는 이유를, 잭의 이모인 바네사(샐리 밴크스)와 그가 사귀고 있기(그리고 바네사의 딸 한나의 아빠와 문제가 있기) 때문이라고 생각해 둘의 결혼을 주선한다. 이 결혼에 지미와 잭은 동조하는데, 이를 통해 그들은 퀴어 가족으로 한 집에 살수 있기 때문이다. 이 영화의 특별함은 발화 행위에서의 행복에 대한 의존도에 있다. 일례로 한 대화를 인용해 보면, 심란과의 약혼식에서 그의 할머니는 이렇게 말한다. "지미, 왜 그렇게 뚱한 얼굴을 하고 있는 거니? 네 약혼식인데 웃어야지. 그렇게 부루퉁해 있으면 사진을 망치잖니." 아버지는 이렇게 말한다. "아들아, 이건 네 행복을 위해서야." 나중에 할머니는 이렇게 말한다. "네가 너무 자랑스럽구나. 오늘은 행복한 날이었다." 이에 지미는 이렇게 답한다. "할머니, 그거 참 다행이네요. 적어도 우리 중 하나는 진짜 행복하니 말예요." 잭은 약혼에 대해 알게 되자 이렇게 말한다. "이건 그냥 네 인생이나 네 행복에 대한 것만은 아니잖아. 너랑 결혼하는 여자는 어쩌려고? 그녀의 행복에 대해 생각해 봤어? 정말로 부모님이 너의 불행을 원한다고 생각해?" 그러고 잭이 지미에게 무엇을 원하는지 묻자, 그는 이렇게 답한다. "난 단지 행복하길 바랄 뿐이야. 하지만 불행히도 난 당신들 모두 행복해야만 행복해. 거기에는 내 부모도 포함되고." 그러자 잭은 "그분들에게 무엇이 널 행복하게 하는지 말씀드려"라고 답한다. 잭은 지미와 함께 부모를 만나러 간 자리에서 답답한 마음에 심란에게 퀴어 농담을 던진다. "지미는 사람들을 행복하라고 안간힘을 쓰고 있어요." 바네사가 지미의 여자 친구라고 부모가 생각할 때, 심란의 아버지는 그들에게 이렇게 말한다. "지미를 용서하셔야죠. 외아들이잖아요. 우리 미래는 그의 행복에 달려 있어요." 지미, 바네사, 한나를 집으로 불러들여 놓고[이는 두 번째 약혼식으로 밝혀진다] 그의 아버지는 이렇게 말한다.

Notes

"우린 그냥 신부를 바꿔야겠다는 생각이 들었단다. 이렇게 해서 네가 행복하다면 우리도 행복하다." 약혼식 후에 지미의 아버지는 아내에게 묻는다. "그나저나 지미는 행복해 보였소?" 그녀는 답한다. "걔가 행복해 보였냐고요? 물론이죠. 이게 그 아이가 원하는 거잖아요." 결혼식 날 지미의 어머니는 바네사에게 말한다. "우리가 원하는 건 너와 지미의 행복뿐이란다." 지미의 아버지가 "결혼식을 멈춰"라고 소리치고 지미에게 누구를 사랑하는지 묻자, 그는 잭이라고 답한다. "그럼 이건 다 모냐?"라고 지미에게 묻자 지미는 답한다. "전 언제나 아버지가 좋다고 생각하는 일을 하려했어요. 아버지 행복하시라고요. 저를 자랑스러워하시라고요. 의사가 되기를 원하셔서 공부도 그렇게 했어요. 하지만 언제 어떻게 사랑에 빠졌는지는 모르겠어요. 제가 아는 건 잭을 목숨보다 더 사랑한다는 거예요. 하지만 아버지를 위해서라면 그것도 희생할 수 있어요." 이에 아버지가 답하는데, 바로 이 순간이 이 영화에서 진정한 화해의 순간이다. "아들아, 넌 내 혈육이잖니. 내가 바라는 건 네 희생이 아니라 행복이란다." 결국은 행복이 아버지와 아들로 하여금 차이와 적대를 극복하고 결속할 수 있게 해주는 것이다. 이는 다른 무엇보다 자식의 행복을 바라는 부모를 전제로 한 바람의 화해[조화]이다. 행복의 말들로 퀴어 욕망을 재현하면서 영화는 그 욕망을 똑바르게 한다[이성애적으로 만든다]. 영화는 잭과 지미 사이의 그 어떤 퀴어적 친밀함도 보여 주지 않으며, 이들이 내뱉는 말들은 이성애적straight 로맨스 형식에 더 가까워 보인다. 퀴어성은 이성애 기호들에 가까워져야만 행복에 통합될 수 있는 걸까? 퀴어가 퀴어로 인정받기 위해서는 행복해져야 한다는 게 어떤 의미인지에 대해서는 이 책의 3장 1절을 참조할 것.

26 다문화주의에서 근접성의 윤리에 대한 설명을 더 보려면 Ahmed 2004: 133-41 참조.

27 트레버 필립스는 2006년, 조너선 딤블비 프로그램에 나와 표현의 자유는 공격적일 자유를 의미한다고 주장했다. 그의 지적들은 부분적으로는 덴마크 카툰[2005년 9월 30일, 덴마크 일간지에 실린 무함마드 관련 만평]을 둘러싼 논쟁에 대한 반응으로 특히 이슬람교도를 겨냥하고 있었다. [이에 따르면] 이슬람교도들의 "공격성" 자체가 우리의 자유를 제한하게 된다. 표현의 자유는, 마치 행복할 자유처럼, 강제적인 것이 된다. 그것은 또한 특정한 사람들에게 달라붙는 특질이 된다. 그들은 우리의 자유와 행복을 수용"해야만" 하며 그렇지 않으면 떠나야 한다. 자세한 내용은 http://news.bbc.co.uk/2/hi/uk_news/4752804.stm 참조.

28 이는 매우 까다로운 문제다. 가정 폭력의 재현은, 그것이 언제 어디서 발생하든, 정치적으로 중요하다(그리고 앞으로도 그럴 것이다). 하지만 우리는 또한 이민 가정과 공동체 내의 폭력이 재현되는 방식에 담긴 인종차별주의도 폭로해야 한다. 많은 경우, 폭력은 이민 문화에 본질적인 것으로 그려진다. 이슬람교도 아버지의 폭력은 이슬람 문화의 폭력적 속성에서 기인하는 것이 된다. 주류 문화 내의 폭력의 경우 보통은 개인적인 것, 예외적인 것으로 재현된다.

29 이슬람교 가정들을 볼 때, 2세대의 행복에 대한 집착이 고조되는 것은 이슬람과 테러의 "끈끈한" 연관 때문이다(Ahmed 2004). 실제로 각 지역에서 테러리즘이 성장할 수 있었던 것은, 2세대

를 우울증의 전파에서 보호하지 못해 그들을 이슬람 급진주의자들(2세대들의 애착을 움직여 증오로 끌어들이거나, 행복에서 증오로 돌려놓은)의 손쉬운 목표가 되게 한 때문이라고도 기술된 바 있었다. 어느 신문 기사의 묘사처럼 "일부 이슬람교 청년들이 … 이런 문제들을 직면할 때 의지할 수 있는 곳은 와지리스탄[파키스탄 서북부의 산악 지대]의 촌락에나 들어맞을 세계관과 가치관을 가진 부모뿐이다. …세뇌의 문제가 착취 가능성의 문제이기도 하다는 걸 인식할 때, 우리는 이슬람교도들이 개개인을 표적으로 삼는 데 일조한 역학의 등장에 대해 더 선명한 그림을 그릴 수 있다. 하지만 이렇게 문제를 더 잘 이해하게 되면서 해야 할 일은 갑자기 더 어려워진다. 왜냐하면 논의는 이제 부모, 대가족들, 그리고 더 넓은 공동체들이 어떻게 아이들을 기를 것이냐의 문제가 되기 때문이다"(Rahman 2007). 2세대의 착취 가능성은 1세대가 아이들을 올바로 기르지 못한 탓이 되는 것인데, 나는 이것이 1세대를 우울증적인 것으로 바라보는 폭넓은 인식, 즉 문화적 정체성을 지키려는 욕망에서 아이들을 놓아 주지 못한(아이들이 행복하게 내버려 두지 못한) 것으로 보는 인식에 기대고 있다고 주장하려 한다.

30 이 장의 초고에 대한 유용한 논평을 통해 이런 문제 제기가 필요함을 깨우쳐 준 알리 라탄시에게 정말 감사한다. 영화 속 제스와 같은 상황에서 2세대 딸들에게 가해지는 압력과 그들이 느껴야 할 불안, 갈등을 인식한다면 <베컴처럼 감아 차기>에서 제스를 묘사하는 방식에 좀 더 공감하는 해석도 가능할 것이다. 동시에 나는 행복한 다양성의 기호[유색인 여성 교수]가 됨으로써 초래되는, 즉 다소 "기묘하게" 관습적인 형태의 사회적 희망의 기호가 됨으로써 초래되는 몇 가지 불행한 결과들을 내가 직접 겪어 본 적이 있음을 밝혀 두고 싶다. 내가 백인성에 대한 논문을 발표하는 자리였는데, 객석의 한 명이 이렇게 반응했다. "하지만 당신은 교수잖아요." 마치 유색인 여성이 교수가 되면 이 세계의 백인성이 희미해지기라도 하는 것처럼 말이다. 인종차별의 불행한 역사를 극복한 희망을 체화하고 있을 경우 당신은 그 극복의 기호로 호명될 수 있다. 당신이 행복한 다양성의 기호가 될 경우, 인종차별이나 백인성에 대해 언급하는 것만으로도 당신은 배은망덕한 사람, 당신에게 주어진 행복을 공유함으로써 환대를 받아들이지 못하는 사람이 될 것이다.

31 미심쩍은 것은, 내가 여기서 타협에 대해 과도하게 행복한 버전을 제공하는 것은 아닌가 하는 것이다. 타협에 대한 고전적 격언에 따르면, 그것은 누구도 행복하지 않은 결정이다. 타협에 도달하려면 누구나 행복을 "이런저런" 정도로 상실할 수밖에 없을 것이다. 여기서 핵심은 이 "이런저런" 정도를 모두가 행복하게 행복을 포기할 수 있을 만큼 가능한 한 똑같게 만드는 것이다. 행복한 타협은 불행의 평등에 대한 인식에 달려 있을 수 있다. 또한 주목할 것은, 타협이 공동의 약속이라는 점이다. 우리는 공동의 약속으로서의 행복의 약속 또한 불행의 분배에 달려 있다고 생각해 볼 수 있다. 그 분배가 불공정하게 보이면, 즉 누군가가 다른 사람보다 더 많은 행복을 포기하는 것처럼 보이면, 행복은 사회적 혹은 개인적 위기가 될 수 있다. 그런 상황에서, 행복의 약속은 지나치게 타협적인 것으로 간주되어야 할 것이다.

Notes

32 이는 논변을 위한 지난친 단순화에 해당한다. 내가 시사하고 있는 것은, 이 지나친 단순화가 세대 간 그리고 문화 간 갈등이 조정되는 방식과 더불어 문제의 일부라는 것이다. <베컴처럼 감아 차기>에서 "베컴처럼 공을 감아 찰 수 있는데 누가 알로 고비를 요리하고 싶겠어" 같은 말은 이런 식으로 갈등을 서술한다. 즉, "베컴처럼 공을 감아 차는 것"은 알로 고비를 요리하는 것과는 다른 뭔가를 바라는 것으로 해석되며, 알로 고비는 문화의 재생산을 나타내는 요리 메타포가 되는 것이다. 하지만 내 주장은, 영화가 이런 바람들이 충돌하지 않는다고 말하기를 "바란다"는 것이다. 우리는 둘 다 할 수 있고 둘 다 가질 수 있다고 혹은 동시에 두 가지 방식으로 그것을 가질 수 있다고 말이다. 나는 행복할 자유의 기호들을 가진 어떤 바람들에는 더 많은 가치가 부여돼 있음을 시사함으로써 영화가 그런 행복한 해소를 제공하는 데 성공했는지 질문했다. 이주에 대한 그런 주류 서사들을 읽을 때 우리의 과제는 사회적 바람들의 위치와 분배를 해석해 들려주는 것이다.

33 이는 확실히 혼혈 이주자 가정에서 내가 겪어 본 일이었다. 아버지는 갈등의 순간이나 우리가 뭔가 잘못하고 있다고 판단을 이미 내렸을 때에만 우리가 이슬람교도로서 실패했다는 이야기를 끄집어내곤 했다. 당시 나는 이를 이해하고 있었고, 그래서 부족하다는 말을 듣는다 해서 결코 특별히 기분이 나쁘지는 않았다. 그리고 다른 사람들이 그의 이슬람교도 정체성을 끄집어내는 유일한 경우도 무언가 잘못됐을 경우였다. 엄마 아빠가 헤어졌을 때 아빠의 백인 친구 중 한 명이 엄마에게 이렇게 말했다. "이슬람교도랑 결혼하면 이런 일이 벌어지지." 난 이런 종류의 발화가 훨씬 더 기분이 나빴다. 우리는 내가 "게으른 인종차별"이라고 부르는 인종차별 형태에 대해 생각하는 법을 배워야 한다. 바로 그런 순간에, 눈에 띄지 않은 채 배경의 일부로 존재하던 인종차별적 태도가 갈등에 대한 (보통은 회고적인) 설명으로서 전면화되기 때문이다.

34 어릴 적 파키스탄에 갔던 기억이나 파키스탄에 대해 들었던 기억들을 되새겨 보면, 단순히 내가 살던 곳이 아니라 불편하다unhappy 혹은 나답지 않은 것과 동일시해야 하기 때문에 불편하다는 느낌만 있었던 건 아니었다(비록 같이 있는 사람들이 나를 낯선 사람으로, 제자리에 있지 않은 신체로 보는 것이 야기하는 불편한 효과를 분명 경험하기는 했지만 말이다). 그것은 또한 내가 살던 사회구조 속에는 얽혀 있지 않은, 친밀한 역사들에 대한 흥분감을 주는 경험이기도 했다. 이런 흥분과 비밀스러움(외부 관점에서는 볼 수 없는 것)의 관계에 대한 설명은 내 책『퀴어 현상학』의 마지막 장, 「오리엔트와 다른 타자들」참조.

35 이 판타지의 문제는 그것이 불행을 백인 노동계급 내에 위치시킨다는 것이다. 이 문제는 소설의 영화 판본에서 더 악화되었다. 내게 그 영화는 백인 노동계급 문화를 조롱하는 방식이나 교양 있는 이주자와 교양 없는 백인 노동계급을 날카롭게 대조하는 방식 때문에 거의 보기가 불가능한 수준이었다.

36 『광신자 나의 아들』에서 아버지 파베즈는 아들이 좋은 삶에 근접하기를 바란다. "알리가 이제 번듯한 일자리를 구해 괜찮은 애랑 결혼도 하고 가정을 꾸리라고 하면 너무 과한 요구를 하는 걸

까? 이렇게만 되면 파베즈는 행복할 텐데"(1994/2008: 6). 아버지의 행복은 아들이 영국 사회에 통합되는가에 달려 있다. 아들인 알리는 이런 서구적인 행복 관념을 견딜 수 없어 영국 문화에 "섞임"을 거부하고 광신자가 된다. 이 소설은 "지역에서 성장한" 이슬람 근본주의의 장소를 수수께끼 혹은 미스터리로 남겨 두지만(어떻게 이런 일이 일어났을까?), 그것의 출현에 대해서는 행복에 대한 부모의 소망에 대한 불복종의 한 형태라는 다소 상이한 설명을 제공한다. 동시에 내 주장은, 쿠레이시의 소설이 이슬람교를 근본주의로 환원하고 있다는(이는 암암리에 자유주의적 세속주의를 좋아하는 것들의 다양성을 인정하는 지평으로 이상화한다) 것이다.

37 이 인용문은 내무부 보고서인 『안전한 경계, 안전한 천국: 현대 영국의 다양성과의 통합』 *Secure Borders, Safe Haven: Integration with Diversity in Modern Britain*(United Kingdom 2002)에서 가져온 것이다. 이 문서는 2001년, 영국 북부에서 발생한 "인종 반란"(이라고 문제적으로 불린 것)에 대해 보고한다. 평행선 비유는 공동체들 사이의 근접성이 결여돼 있으며, 그 근접성이 국가적 행복을 생성할 수 있음을 암시한다. 그것은 이미 실제로 존재하는 보통의 근접성을 인정하지 않는다. 그것은 또한 근접성의 결여가 인종차별과 자신들만의 천국을 확보하려는 백인성의 권력 효과일 수 있음도 인정하지 않는다. 이 보고서에 대한 더 진전된 논의를 보려면, 내가 쓴 「사랑의 이름으로」In the Name of Love(Ahmed 2004)를 참조할 것.

38 국가는 행복의 약속의 담지자로 상상됨으로써 보편적인 것이 된다. V. S. 나이폴(Naipaul 1990)의 보편 문화와의 동일시가 행복의 관념성을 강조함으로써 진행된다는 것은 결코 우연이 아니다. "그것은 탄력적 관념이다. 그것은 모든 사람들에게 들어맞는다. 그것은 특정한 종류의 사회를, 특정한 종류의 깨인 정신을 의미한다. 나는 힌두교 신자인 내 조부모가 그 관념을 이해할 수 있으리라 생각하지 않는다. 개인, 책임감, 선택, 지적인 삶 등에 대한 관념, 그리고 소명, 완벽성과 성취의 관념 등 너무 많은 것들이 그 안에 담겨 있다. 그것은 엄청난 인간적 관념이다. 그것은 고정된 시스템으로 환원될 수 없다. 그것은 광신적 열광을 생성할 수 없다. 하지만 그것은 존재한다고 알려져 있다. 그리고 그 때문에 다른 더 강고한 시스템들을 결국에는 날려 버린다"(n.p.). 행복의 보편성은 특정한 신체들 주변에 형성된 것이다. 그것은 인간적인 것의 지평 바깥에서 출현하는 광신도들을 인정할 수 없다. 나는 나이폴의 보편성과의 동일시를 우울증적이라고 말하고 싶다. 그것은 단지 행복을 이해하지 못하는 사람, "행복 문맹"으로 고통받는 사람으로만 출현할 수 있는 조부모의 상실을 슬퍼할 수 없다. 그것은 또한 가족이 이미 그 흔적을 남겼기 때문에 이런 보편에 거할 수 없는 그의 무능을 가리지 못한다. 더글러스 크림프의 우울증 분석에 따르면(Crimp 2004: 13), 이주 주체로서 보편적 행복과 동일시하려면 **당신을 부인하는 그것과 동일시**할 수밖에 없다.

5장   행복한 미래

1 역설적이게도 "미래 없음"이라는 이 말은 긍정 심리학 운동의 선구자 중 한 명인 로버트 홀든이

Notes

한 말이기도 하다. 그는 "미래는 없으며" 당신은 "지금 이 순간에 최선을 다해야" 한다고 주장하면서 행복 담론의 미래성 그 자체가 행복에 대한 두려움, 즉 "해피콘드리아"(Holden 1998: 44)를 담고 있다고 비판한다. 그의 주장에 따르면, "지금이 성스러운 것이고" "지금이 영원한 보물 상자"(5-6)다. 우리는 여기서 "미래는 없다"는 말이 하나의 발화로서 어떻게 서로 다른 것을 의미할 수 있는지 목격할 수 있다. 즉, 현재가 아주 서로 다른 것들을 긍정할 수 있음을 긍정하는 정치 형태들 혹은 현재가 서로 다른 것들을 부정할 수 있음을 부정하는 정치 형태들을 의미할 수 있는 것이다. 핵심은 우리가 과거, 현재, 미래에 대해 어떤 종류의 정향을 가지는가일 것이며, 이는 모든 것을 긍정하거나 모든 것을 부정하는 것으로 환원할 수 없다.

2 낙관주의와 비관주의는 미래를 향해 정서의 방향을 정하는 방식들이다. 그러므로 우리의 질문은 우리가 희망이나 절망을 느끼는지의 **여부**가 아니라 **무엇에서** 희망과 절망을 느끼는지가 된다. 좋은 느낌의 어떤 형식들과 나쁜 느낌의 어떤 형식들은 소외의 지점들을 만들어 낼 수 있다. 3장의 마지막 절에서 살펴본 것처럼, 퀴어들도 잘못된 쪽으로 긍정적 느낌을 향하게 하는 한 정서적으로 이방인일 수 있다. 나는 이들을 "행복한 퀴어"happily queer라고 불렀다. 이것이 내가 퀴어 자부심을 규범적인 것으로 기술하지 않으려는 이유다. 다른 사람들이 수치스럽게 보는 것에 대해 자부심을 가지는 것은 정서적 불복종의 한 형태다. 퀴어들이 거리를 차지하고 퀴어성의 기호들을 찬양하는 퀴어 프라이드 이벤트들은 즐거운 사건일 뿐만 아니라 정치적으로 여전히 중요하고 전복적인 사건이기도 하다. 부적절한 좋은 느낌들은 여전히 정치적 행위의 공간들을 만들어 낼 수 있다.

3 나는 소설에 대한 리 에델만의 해석에 동의한다. 그의 지적처럼, 소설은 불임을 성적 자유의 탓으로 돌린다(Edelman 2004: 11-13). 영화는 불임을 문제시하기는 하지만, 그것을 더 진보적으로 설명한다. 한 장면에서 버스를 타고 가던 테오는 익숙한 풍경을 지나친다. 일단의 사람들이 소리를 치며 시위를 하고 있다. 글씨들과 표어들을 들고 있는 일종의 운동가들인 그들은 소위 "회개한 자들"로서 기독교 근본주의자들과 유사하다. 플래카드에는 "불임은 신이 내린 벌이다", "신은 그가 우리에게 준 가장 귀한 선물을 앗아 갔다"라고 써있다. 카메라는 그들과의 동일시를 거부한다. 테오는 고개를 돌리고, 성적 자유를 의미하는 1960년대의 음악이 흘러나온다. 다른 말로 하면 영화는 불임을 성적 자유의 탓으로 돌리기를 거부함으로써 소설의 설명을 맞받아치고 있는 것이다. 아마도 불임을 성적 자유의 탓으로 돌리는 그런 세계는 미래가 없는 세계일 것이다.

4 나는 이 책의 결론에서 행복의 "어리석은" 형태들에 대해 살펴볼 것이다.

5 그러므로 우리가 행복을 허위의식이라고 한다면, 행복에 대해 믿음의 차원에서 이의를 제기하는 것은 아니다. 다시 말해, 누군가가 자신이 행복하다고 말할 때 우리가 그런 행복은 그릇된 것이라거나 가짜라고 말하는 것은 아니다. 우리는 행복을 베일과 같은 것으로 설명하려 한다. 단순히 불행을 감추는 베일이 아니라 이해할 수 있는 것과 참인 것의 조건을 정의하면서 사물의 특정 질

서를 재생산하는 베일 말이다. 우리는 믿음을 유보하기보다는 그것의 이해관계적 속성을 증명하려 할 것이다. 이것의 좋은 예는 4장에서 논의한 다양성을 나타내는 행복 기호들을 들 수 있다. 이 기호들은 인종차별 투쟁들과 반목을 은폐할 뿐만 아니라 인종차별이 더 이상 "믿어지지" 않는 바로 그 순간에 인종차별을 재생산한다. 행복한 다양성이 베일임을 인정하는 것이 진실을 폭로한다는 의미는 아니다. 베일은 진실을 그 뒤에 숨기고 있는 것이 아니다. 그것은 진실의 생산에 참여한다. 우리는 시간에 따라 사물을 다르게 보는 법을 배워야 한다. 반인종주의적 노력은 결국 대부분이 인종차별과 그것이 어떻게 그리고 어디서 재생산되는지를 인식하는 법을 배우는 데 있다. 반인종주의란 인종차별적 믿음들을 꿰뚫어 보는 것에 대한 것이 아니라 이런 믿음들이 자취를 감춤으로써 어떻게 유지되는지를 읽어 내는 것에 대한 것이다.

6 행복이나 불행이 이런 방식으로 강박적인 게 되면, 우연히 발생하는 일들을 지속되어야만 하는 어떤 느낌에 대한 위협으로 마주하게 될 수도 있다. 내가 미심쩍어 하는 건, 우리가 사람들이 불행에 집착할 때를 주목하는(그리고 그들의 끈질긴 집착을 고집스럽다고 보는) 성향이 있다는 사실이다. 우리는 사람들이 행복에 집착할 때에는 그렇게 쉽게 주목하지 못하는 듯하다. 아마도 그런 끈질김은 좋은 것일 뿐이라고, 즉 좋은 것에 대한 끈질김이라고 가정하기 때문일 것이다. 하지만 행복에 대한 끈질긴 집착은 문제적일 수 있다. 자신의 행복에 방해가 되는 것을 간과하거나 무시할 수 있기 때문이다. 또 그 끈질김을 보장하기 위해 아주 문제적인 방식으로 행동할 수도 있다. 행복과 불행 둘 다 고착되는 방식일 수 있다. 따라서 4장에서 우울증과 전환을 숙고할 때 불행을 고착으로 환원하는 데 문제를 제기하기 했지만, 불행에 고착되는 상태가 생길 수 있음을 부인하지는 않는다. 그런 환원은 고착되든 그렇지 않든 우리가 불행에 주목하기 쉽다는 것을 나타낸다. 우리가 불행에 끈질기게 집착하는 것은 아마도 이런 쉬움 때문일 것이다. (불행의 대상이 끈질기게 존재할 때조차) 불행을 행복으로 전환하려는 그런 강박이 있어서 우리는 더 심하게 집착하고, 고집스럽다고 여겨지는 것일지 모른다.

7 우리는 또한 여기서 지젝의 주관적 폭력과 객관적 폭력(체계적 폭력과 상징적 폭력을 포함한)의 구별을 살펴볼 수 있다. 지젝은 우리가 문화적으로 주관적 폭력(명확하게 구분할 수 있는 폭력을 수행하는 행위 주체가 존재하는)에만 몰두하는 경향이 있어, 그가 "비-폭력적 영도 차원"(Žižek 2008b: 2[24])이라고 부르는 것을 규정하는, 배경이 되는 객관적 폭력을 간과하게 된다고 지적한다. 나는 지젝이 여기서 어떤 미묘한 차이들을 놓치고 있다고 생각한다. 즉, 어떤 폭력의 행위 주체가 명확히 보이는 것은 다른 주관적 폭력의 형태들이 배경으로 물러나 사회적·상징적 체계와 분리될 수 없는 상태가 되기 때문이다. 분위기 깨는 자의 형상이 우리에게 가르쳐 주는 것은 바로 이것이다. 즉, 분위기 깨는 자가 "객관적 평화"를 파괴하는 것은 오직 어떤 주체들에 의해 수행된 폭력이 은폐된 상태로 있을 때이다. 혹은 그들의 폭력이 이 폭력을 폭력적**이라고** 폭로한 행위 주체를 밝혀냄으로써 은폐된 상태로 있을 때이다. 분위기 깨는 자는 또한 피리-부는 사람의

Notes

형상을 통해서도 생각해 볼 수 있다. 어떤 조직의 잘못을 폭로하면서 피리를 부는 사람은 흔히 문제를 폭로하는 사람이라기보다는 문제를 야기하는 사람으로 간주된다. 피리를 부는 것은 제도적으로 불충한 행위이다. 즉, 충성의 요구는 곧 주체들로 하여금 비행을 덮는 데 "동의"하도록 하는 요구다. 대신 그들은 그 보상으로 다른 뭔가를 얻게 될 것이다. 행복은 불행을 야기하는 원인을 덮는 데 동의하는 사람들에게 약속된다. 즉, 행복의 약속은 보상의 약속이다. 폭력과 불의에 대해 목소리를 높이는 것은 이런 약속을 거부하는 것이다.

8 어떤 이들은 테오를 이유[명분] 없는 반항이라 할 수도 있겠지만 그는 딱히 그렇다고도 할 수 없다. 나는 이 영화에 대한 내 분석이 혁명에 대한 것이 아님을 잘 알고 있다. 혁명은 한나 아렌트가 너무나 잘 보여 주듯이, 개인적이거나 집단적 반항 이상이어야 한다. "이런 새로운 파토스가 존재하는 곳, 그리고 그 새로움이 자유 관념과 연결돼 있는 곳에 대해서만 우리는 혁명이라 말할 수 있다"(Arendt 1961/1973: 34[104]). 이 영화는 혁명에 **대한** 영화가 아니다. 하지만 그것은 많은 디스토피아들처럼 현재 세계의 악몽에 대한(멀지 않은 미래에 대한 전망을 담은) 영화이기 때문에 어떻게 보면 혁명의 필요에 대한 영화이기는 하다. 그러면 왜 혁명가의 형상을 환기하는가? 내가 그러는 것은 전략적 이유 때문이다. 나는 혁명의 희망을 전통적 혁명 행위 모델에 두지 않는 방식으로 푸코가 "반란의 수수께끼"(Foucault 1979: 132)라고 부른 것을 생각해 보고 싶다. 아렌트는 분명 감정과 혁명에 대해 성찰하면서 혁명적 정념이 연민과 관련돼 있다고 말한다. "민중le peuple이라는 말은 프랑스혁명을 어떻게 이해하든 핵심이 되는 단어다. 이 말의 함의는, 그들이 고통받는 광경을 직접 목격한 사람들(물론 그 고통을 같이 분담했던 사람들은 아니다)에 의해 결정됐다. 이 말은 처음으로 정부에 참여하지 않았던 사람들, 시민이 아닌 하층민들을 아우르게 되었다. 이 단어의 정의 자체가 연민에서 탄생했고, 불운 및 불행과 동의어가 되었다"(Arendt 1961/1973: 75[154]). 아렌트의 성찰이 함의하는 바는 혁명적 일이라는 게 연민을 느끼는 것이라는 게 아니라 공유되지 않은 고통의 원인을 향한 재정향을 수반한다는 것이다. 테오에 대한 내 관심은 그가 자신의 일을 받아들였을 때 발생한 일들에 있다. 아렌트를 가지고 생각해 보도록 고무해 준 엘레나 로이지두에게 감사한다.

9 고통의 긍정성에 대한 쇼펜하우어의 주장은 그가 자신의 윤리학에서 연민과 공감에 부여한 역할과 연결돼 있다. 그는 『도덕의 기초에 관하여』에서 우리가 타인의 행복에 대해 기뻐할 수는 있지만, "행복한 자, 만족한 자는 **그 자체로는** 우리를 무관심하게 한다"(1840/1995: 146[159])라고 주장한다. "**그 자체로 본래**" 우리의 "즉각적인 공감"을 일으키는 것은 "타인의 고통, 궁핍, 그리고 불운"(146[159])이다. 나는 우리가 타인의 행복에 도덕적으로 무관심하다는 데는 동의하지 않지만, 쇼펜하우어가 우리에게 연민과 동일시의 관계에 대해 유용한 통찰을 제공해 주고 있다고 생각한다. 동일시는 "쾌와 고통"weal and woe을 통해 일어난다고 그는 말한다. 슬픔의 경우, "나는 **그의** 슬픔을 마치 내 것과 같이 느낀다"(143[156]). 쇼펜하우어에게 슬픔은 긍정적인 것이라는 점

에서, 동일시는 주로 불행을 통해 일어나며, 그 결과 나는 타인의 행복에 대한 타격을 나 자신의 행복에 대한 타격처럼 느끼게 된다. 또한 데이비드 흄과 애덤 스미스에서의 공감과 행복에 대한 관련 논의는 이 책 1장의 미주 28을 참조할 것.

10 이 점에서 우리는 비관적으로 읽히는 많은 텍스트들이 적어도 정서적 전환점들의 측면에서 보면, 낙관주의의 한 형태로 읽힐 수 있다는 걸 알 수 있다. 예를 들어, 이 장의 도입부에서 논했던 리 에델만의 재생산적 미래주의에 대한 비판은 "낙관적으로 동기 부여된"(Snediker 2009: 15) 것일 뿐만 아니라 좀 더 정확한 의미에서 낙관적인 것으로 볼 수 있다. 규범적 문화에서의 퀴어에 대한 부정을 "받아들임"으로써, 에델만은 "아니오"를 "예"로, 즉 나쁜 느낌을 좋은 느낌으로 전환시키기 때문이다(그러니까 이런 거다. 당신이 불행하다니 우리는 행복하다. 우리에 대한 당신의 불행 때문에 우리는 우리가 당신이 아니고 우리인 것이 더 행복해진다. 그렇지 않았다면 모를 그것으로 인해 더 행복하다). 이런 정서적 전환은 쇼펜하우어보다 라이프니츠에 더 가깝다. 비록 에델만은 명시적으로 희망과 진보 관념들을 비판하고 있긴 하지만 말이다. 우리는 퀴어 부정성이 어떻게 유토피아적으로 기능하는지를 에델만이 나중에 *PMLA* 특별호에 기고한 「퀴어 이론에서의 반-사회적 전회」에서 볼 수 있다. 그는 이렇게 주장한다. "『미래는 없다』는 … 부정성을 사회의 구성적 적대로 접근하는데, 이는 도래할 시간 속에서 해결된다는 약속에 기대어 스스로를 유지한다. 이는 자본주의가 새로운 시장을 찾아내고 착취함으로써만 자신을 유지할 수 있는 것과 마찬가지다. 그러면 비생산성의 형상으로서, 그리고 체제의 아이러니한 비일관성의 형상으로서, 퀴어는 미래 군주the Futurch의 보편적 제국을 위협하면서 동시에 공고히 한다. 하지만 그것을 가장 위협하는 것은 퀴어의 부정성이 긍정적 동일성을 거부하는 것인데, 아도르노가 썼듯이 "모든 것을 종속시키는 동일성 원칙에 의해"(Edelman 2006: 822) 이루어진 폭력에, 기원적 위반에 질주하는 듯한 저항을 함으로써 거부한다. 만약 퀴어가 비생산성의 형상이 되면, 그런 비생산성 역시 그 형상에 담겨진다. 이는 하나의 형상으로서 다른 이들보다 어떤 이들(퀴어 이론의 대상들인 주체라고 생각할 수 있다)에 더 덧붙여진다. 두 번째 문장에서, 퀴어가 미래 군주의 보편적 제국을 "위협하고 공고히 한다"는 개념이 세 번째 문장에서 동일성의 폭력을 "위협하는" 것으로서의 퀴어를 강조하는 전환에 주목하라. 나는 절대적 부정성으로서의 퀴어, 동일성의 폭력을 위협하는 것으로서의 퀴어가 더 완벽한 질서의 꿈을 제공할 수도 있다고 말하려 한다. 그런 꿈은 동일성의 폭력에 저항할 수 있는 사람들이 할 수 있을 것이며, 그것은 정체성 범주들을 초월하는 역량에, 즉 표시가 없고 표시할 수 없는 특권의 본성에 의존한다고 보면 거의 틀림없다.

11 물론, 그런 작전이 늘 통하는 것은 아니다. 단순히 무언가를 향해 달려들고 난 후에 그 효과로 우리는 희망을 갖게 될 수 있다(심지어 "남몰래" 그럴 수도 있다). 무언가에 시간을 바칠 경우 우리는 결국 무언가에 집착하게 된다. 희망은 단순히 무언가를 향해 달려든 효과로서 생산될 수 있다. 비록 실망할 준비가 돼 있더라도, 원하는 것을 얻지 못하면 실망스러울 수 있다. 나는 반직관

Notes

적으로 이렇게까지 말할 수 있다. 희망이 없었어도 실망할 수 있다고 우리는 희망을 이미 포기했어도 여전히 무언가를 원할 수 있다. 당신이 무언가를 획득할 수 있다는 믿음을 포기한다고 해서 무언가에 대한 바람이 유보되는 것은 아니며, 우리는 그런 식으로 자신의 바람을 인정하지 않고도 무언가를 바랄 수 있다. 패배했을 때 무언가를 포기하는 것은 주체에게 숙달의 감각을 안겨줄 수 있다. 그 패배를 현실화함으로써 패배의 가능성을 숙달하게 되는 것이기 때문이다. 이는 마치 빼앗기느니 버리고 말지 하는 것과 같다. 『쾌락원칙을 넘어서』(1920/1964)에서 아이의 놀이에 대한 프로이트의 분석은 — 아이가 실패를 던지고 그것을 다시 잡아당기는 **포트-다 놀이**로 기술된다 — 이런 식으로 다시 기술될 수 있을 것이다. 만약 아이가 대상을 던져 버림으로써 어머니의 부재와 관련한 트라우마를 반복하는 것처럼 보인다면, 그것은 또한 아이에게 실패/어머니를 "버릴" 수 있게 함으로써 지배와 복수의 쾌락을 주고 있는 것이기도 하다(이 놀이에 대한 프로이트의 기술 속에 나타나는 떠남과 상실의 역학에 대한 훌륭한 분석으로는 Caruth 1996, 2001 참조). 우리는 이 놀이를 희망과 관련해서 재해석할 수 있다. 즉, 우리는 마치 그것을 빼앗기느니 버리고 말지 하는 것처럼, 상실에 대면해서 수동적인 것보다 적극적인 것이 나은 것처럼, 희망의 대상을 상실하는 대신 그것을 포기하려 하는 것이다. 무언가를 상실하기도 전에 혹은 무언가를 상실할 "만약의 경우를 대비해" 지레 포기해 버리는 이 역학은 벌란트가 "잔혹한 낙관주의"(Berlant 2008a)라고 부른 것과 관련된다. 무언가에 대한 희망을 포기하는 것은 그것에 근접하면 따라올 것을 희망하기 때문이다. 이럴 경우 당신은 희망을 정말로 포기한 것이 아니라 애착을 표현한 것이다. 당신은 그것을 원해서 그것에 대한 희망을 포기해 버린 것이기 때문이다. 따라서 당신이 이미 포기해 버린 것을 얻지 못한 경우에도 여전히 당신은 실망을 느낄 수 있다. 당신은 스스로에게 혹은 다른 사람들에게 이렇게 말할 수 있다는 쾌락으로 이 실망을 감수한다. "거 봐, 내가 희망이 없다고 그랬잖아!"

12 하지만 내가 칸트처럼 "무릇 모든 **희망**은 행복을 지향한다"(1781/1990: 452[2권 934])라고 주장하는 것은 아니다. 나는 당신이 다른 종류의 것들을 희망할 수 있다고 생각한다. 희망은 분명 상황을 좋게 만든다 — 무엇에 대한 희망이 그것의 도래에 대한 바람인 한 말이다. 하지만 물론 당신이 바라던 것을 얻었다고 해서 반드시 그것이 좋은 것이라는 보장은 없다. 희망했던 바를 얻는 게 심지어는 희망의 상실을 뜻할 수도 있다.

13 뒤르켐의 사회학에서 낙관주의, 비관주의, 희망에 대한 뛰어난 분석을 보려면 Neves 2003 참조

14 우리는 <베컴처럼 감아 차기>로 돌아가 제스의 상황에 좀 더 공감하는 해석을 시도해 볼 수도 있을 것이다. 우리는 인종차별에 대해 다루기를 거부하는 방식으로서가 아니라, 인종차별을 다루는 한 가지 방식으로서, 인종차별에 초점을 맞추지 않는 [방식이 가진] 능력을 인정할 수 있다. 물론 이 같은 능력을 인정한다고 해서 우리가 영화 안에 일어나는 서사적 전환들이 어떻게 이 인종차별의 극복을 백인 남성에게 빚진 것으로 제시하는지를 비판하지 말아야 한다는 의미는 아니

다. 그리고 우리는 여전히 소수자들에 대한 인종차별을 간과할 위험에 주목할 필요가 있다 ― 생존 전략으로라도 말이다. 관련 논의는 이 책의 4장, 미주 30 참조.

15 혁명가의 형상은 아마 영웅이 되려는 백인 남성의 욕망과 분리되기 어려울 것이다. 예를 들어, 2009년 5월 버크벡 칼리지에서 코뮤니즘에 대한 학술대회가 열렸는데, 발표자 전원이 백인이었고, 한 명을 빼고는 모두가 남성이었다. 유색인 페미니스트들은 좌파 사이에서도 분위기 깨는 자들로 남아 있어야 한다. 왜냐하면 (스스로-규정한) 혁명가의 신체는 특권의 신체와 분리되기 어렵기 때문이다.

16 이것이 희망의 정치경제를 설명하는 한 방법이다. 희망은 누가 무엇을 희망하느냐에 따라 다른 일을 할 수 있다. 내가 2009년 2월, 이 책의 마지막 교정본을 보고 있을 당시는 버락 오바마가 미국 대통령으로서 취임한 직후였다. 오바마는 희망을 웅변하며 그의 당선이 어떤 희망의 순간을 나타낸다고 말한다. 우리는 그런 순간들에 가치를 부여할 수 있다(희망이나 다른 긍정적인 감정들을 반드시 무비판적인 것으로 볼 필요는 없다). 흥미롭게도 오바마 자신의 희망에 대한 희망은 희망이 어떻게 정서적 불복종을 제공할 수 있는지 극적으로 보여 준다. 희망이 없다고 여겨지던 사람들 ― 아마도 프란츠 파농이 말하는 "대지의 저주받은 사람들" ― 은 그들이 더 이상 저주받지 않을 다른 미래를 희망함으로써 불복종한다. 2004년 민주당 전당대회 기조연설에서 오바마는 이렇게 물었다. "냉소주의 정치에 참여하겠습니까, 아니면 희망의 정치에 참여하겠습니까? ... 여기서 맹목적 낙관주의를 이야기하자는 게 아닙니다. 무지를 거의 고집하다시피 하는 사람들은, 실업 문제도 생각하지 않으면 사라질 것이라 생각하고, 건강보험 사태도 무시해 버리면 해결될 것이라 생각합니다. 이것은 제가 말하고자 하는 바가 아닙니다. 저는 더 본질적인 것에 대해 이야기하고 있는 겁니다. 그것은 바로 모닥불 앞에 둘러앉아 자유의 노래를 부르는 노예들의 희망, 머나먼 이국땅을 향해 길을 나선 이주자들의 희망, 메콩강 삼각주를 용감하게 순찰하는 젊은 해군 장교의 희망, 불가능에 도전하는 공장 노동자 아들의 희망입니다. 그리고 그것은 미국에 내 자리도 있을 거라 믿었던 우스꽝스러운 이름을 가진 비쩍 마른 아이의 희망이기도 합니다. 고난 앞에서의 희망, 불확실성 앞에서의 희망, 담대한 희망 말입니다." 우리가 여기서 볼 수 있는 것은 희망이, 아무리 불복종적인 것일지라도, 여전히 동화의 한 형태로 작동할 수 있다는 것이다. 즉, 자유에 대한 희망은 국가에 자리 하나 갖고 싶다는 희망으로 전환된다. 이런 식으로 국가는 희망의 분배자로서 그 자리를 유지한다. 어떻게 담대한 희망이 덜 담대한 희망으로 미끄러질 수 있는지 보려면, 오바마가 자신의 이야기를 이 희망의 이야기 안에 끼워 넣는 방식을 보면 된다. 우리가 인종차별을 극복할 수 있다는(그래서 "우스꽝스러운 이름을 가진 비쩍 마른 아이"가 미국에서 한 자리를 가질 수 있다는, 아메리칸드림에 참여할 수 있다는, 그리고 더 나아가 그런 애가 대통령까지 될 수 있다는) 희망은 또한 인종차별주의는 이미 극복되었다는 판타지를 제공한다. 다른 말로, 탈인종차별주의자가 되려는 오바마의 희망은 탈인종차별적이 되려는 판타지로 번역될 수 있다. 이 연설을

Notes

필라델피아에서 2008년에 한 보다 최근 연설(지금 흔히 "인종 연설"이라고 회자되는)과 비교해 보는 것도 유익할 것이다. 이 연설에서 오바마는 인종차별에 대한 분노와 상처가 어떻게 사라지기를 소망할 수 없는지에 대해 이야기한다[이 연설은 오바마가 다니던 교회의 담임목사 라이트의 설교가 '반미적'이고 '흑인 해방신학적'이라는 논란이 일던 상황에서 이루어졌다]. "라이트 목사 세대의 사람들에게, 수치와 의심과 두려움의 기억들은 사라지지 않았습니다. 그 세월의 분노와 쓰라림도 사라지지 않았습니다. … 분노는 진짜입니다. 그것은 강력합니다. 그리고 단순히 그것이 사라지기를 소망하는 것, 그 뿌리를 이해하지 못하면서 저주하는 것은 단지 인종들 사이에 존재하는 깊은 오해의 간극을 넓게 할 뿐입니다." 분노와 나쁜 감정을 사라지기를 소망할 수 없는 적대감으로 말할 때(우리는 그런 소망을 행복 소망이라 볼 수 있다), 우리는 희망의 담대함을 더 잘 이해할 수 있다. 우리에겐 분노가 **있기에** 희망이 있다. 다른 세상에 대한 우리의 희망을 극복의 기호로 만들지 않는 한(그럴 의지가 있는 한), 우리에겐 희망이 있다.

17 일리노이 대학의 비평 분과에서 열린 내 워크숍의 참석자들과 마이클 로스버그 덕분에 나는 엘리자베스 포비넬리의 글에서 이야기하는 이 단편을 접할 수 있었다. 이 단편이 느슨하게 기반하고 있는 윌리엄 제임스의 「도덕철학자와 도덕적 삶」에서 그는 다음과 같은 질문을 던진다. "푸리에, 벨라미, 모리스의 유토피아를 능가하는 어떤 세계에 대한 가설이 우리에게 제시된다면, 수백만의 사람들이 단 하나의 조건만으로 ― 어느 길 잃은 영혼 하나만이 멀리 떨어진 절벽 위에서 외롭게 고문과도 같은 삶을 살아야 한다 ― 영원히 행복하게 살 수 있다면, 우리에게 즉각적으로 전해져 오는 느낌은 (각자의 구체적인 감정 이외에) 무엇이 될 수 있겠는가? 그렇게 제공된 행복을 움켜쥐려는 충동이 우리 안에서 올라온다 해도, 그런 거래의 열매로 그것을 받아들일 때 그 즐거움이란 얼마나 끔찍한 것인가(James 1891/1956: 188[124])."

18 우리는 이 두 영화를 <해피 피트>(2006)와 대조해 볼 수 있다. 이 영화에서 마지막에 자신의 공동체를 구하게 되는 펭귄은 행복하다. 그가 태어났을 때 그의 아버지는 그가 바로 "기묘한" 짓[탭댄스 동작 같은 발장난]을 하고 있음을 보게 된다. 그가 이유를 묻자 아들은 그의 발이 행복하기 때문이라고 답한다. 행복한 발을 가진다는 것은 이탈자가 되는 것이다. 이 영화에서 펭귄들에게 행복은 (춤추는) 발이 아니라 (노래하는) 목소리에 있다고 상정된다. 그러므로 주인공은 방향이 그릇된 행복을 가지고 있는 셈이 되며, 그것 때문에 공동체에서 소외된다. 그리고 이는 행복의 지평 너머에 존재하는 것에 대한 지식을 획득함으로써 곤경에서 벗어나는 그의 궁극적인 역량으로 이어진다. 하지만 주디스 핼버스탬이 주장하듯이, 영화가 이탈을 집단의 순응성에 저항하는 개인의 투쟁으로 구성하면서 이야기는 개인주의로 제한된다(Halberstam 2008: 272).

19 우리는 『1984』에서 윈스턴이 당의 주장을 예상하면서 했던 무기력한 생각들에 귀 기울여 볼 수 있을 것이다. "인간은 자유와 행복 중 어느 한편을 선택해야 하는데, 대부분 행복을 더 선호한다. 당은 약자의 영원한 수호자이고, 다른 사람의 행복을 위해서 자신의 행복을 희생하며, 선을

구현하기 위해 악을 행하는 헌신적인 집단이다"(Orwell 1949/1985: 26[367]). 이 말들에서 묻어나는 무기력함은 우리에게 다음과 같은 점을 알려 준다. 즉, 여기서 무기력하게 들린다는 것은 행복이 자유를 포기하도록 만드는 방법을 배운다는 것이다.

20 바디우는 그런 허무주의에 대해 다음과 같이 구체적으로 설명한다. "시테의 윤리의 정치적 기수인 총리는, 프랑스가 '세계의 모든 고통을 다 수용할 순 없다'라고 선언하면서, 신중하게도 우리가 수용하는 고통과 우리가 (수용소에서) 그 죽음의 장소로 돌아가라고 요구하는 고통을 구분하는 기준과 방법에 대해서는 말하지 않는다. 그 결과로 우리는 우리의 행복과 '윤리'를 조건 짓는 (공유되지 않은) 부를 계속해서 향유할 수 있는 것이다. 그리고 마찬가지로, 생명윤리위원회의 이름으로 우생학과 안락사를 구별하는 — 다시 말해 백인들과 그들의 행복의 과학적 개선과, 괴물들(고통받는 사람들이나 보기에 거슬리는 사람들)을 품위 있게 제거하는 것을 구별하는 — 안정적이고 '책임감 있으면서도' 물론 '집단적인' 기준을 마련한다는 것도 분명 불가능하다"(Badiou 1993/2001: 37[49-50]).

21 인도주의적 담론 안에서 비참한 아이는 흔히 우리의 공감에 호소하는 방식으로 환기된다. 우리의 동일시 역량이 아이의 형상에 의존한다는 것은 결코 우연이 아니다. 아이는 이미 순수한 존재로 상상된다. 따라서 불행한 아이는 그런 불행을 겪을 만한 이유가 없다. 헨리 젠킨스는 아이의 순수함에 대한 이데올로기적 추정이 "우리의 아이들을 불행하게 만드는 어떤 사회적 힘에 대해서도 분노할 수 있게 해준다"(Jenkins 1998: 9)라고 주장한다. 아이 형상의 활용은 우리가 불행을 겪을 만한 사람과 그럴 이유가 없는 사람을 구별하고 있음을 드러내 준다. 이런 구별은 행복의 폭력[다시 말해, 불행의 폭력]을 "인과응보"의 문제로 만들어 버린다. 행복할 자격이 있다는 관념은 불행을 자격 없음을 나타내는 기호로 만들어 버린다. 이 논리에 따르면, 자격 없는 사람들은 불행을 겪어 마땅한 사람들이다.

22 이 지점에서 칸트를 살펴보면 흥미로울 것이다. 『도덕형이상학』에서 칸트는 전염(자연적 공감으로 정의된) 관념을 이용해 공감은 의무가 될 수 없다고 주장한다. 그는 누군가의 비참에 공감하는 것은 더 많은 고통을 만들어 내는데, 고통을 증가시키는 것은 의무가 될 수 없기 때문에, 비참에 대한 공감은 의무가 될 수 없다는 다소 기묘한 주장을 개진한다. [그것이 의무라면] "원래" x의 영향을 받은 것은 첫 번째 사람일지라도, 한 사람이 x로 고통받는 게 아니라 두 사람이 x로 고통받게 될 것이다. 따라서 칸트에게, 공감은 "세계 안의 해악을 증대"시킨다(Kant 1797/1996: 205[359]). 하지만 칸트는 또한 우리가 고통을 공유할 의무는 없지만, 공감이나 연민의 능력을 기를 간접적 의무가 있다고 주장한다. 그것을 그는 도덕적 주체가 "안 가서는" 안 된다는 아주 실용적인 용어로 서술한다. "그러므로 의무는 생필품도 없는 가난한 사람들이 있는 장소를 피하는 것이 아니라 오히려 그런 장소를 찾는 것이지, 자신이 방어할 수 없는 고통스러운 공감을 피하기 위해 병실이나 죄인들이 있는 감옥 같은 장소를 기피하는 것이 아니다"(205[360]). 비록 칸트는

Notes

우리가 인간의 고통을 공유해 고통을 증가시키기를 원하지 않는다고 말하지만, 그의 주장은 우리에게 고통의 장면들과 가까이하기를 피하지 않을 간접적 의무가 있다는 것이다. 그는 내가 3장에서 느낌의 자기-규제 세계라고 묘사한 것에 참여하기를 거부한다. 이 세계는 당신이 행복을 보호하기 위해 불행에 가까이 가기를 거부하는 곳이다.

23 앞에서 이미 지적했듯이, 쇼펜하우어의 비관주의는 불행을 목적인, 모든 인간 행위의 종착점으로 제시한다. 나의 행복 비판은 그런 비관주의와는 관련이 없다. 나는 정치학의 토대로 낙관주의(행복 목적인)나 비관주의(불행 목적인)를 요청하는 것이 아니다. 그 대신 나는 토대 없는 정치학, 행위를 지배하는 종착점 없는 정치학을 요청하려 한다. 그런 정치학은 낙관주의와 비관주의, 희망과 절망의 기묘한 뒤섞임을 제공할 것이다. 우리가 무엇을 뒤섞을지는 무엇이 버려져 있느냐에 달려 있다.

24 2007년에 열렸던 오스트레일리아 인종및백인성비판연구회 컨퍼런스에서 영감을 주는 글을 발표해 준 토니 버치에게 감사를 전한다. 『자유의 꿈』(Kelley 2002)을 언급하며 그가 발표한 글 덕분에 나는 희망에 대해 더 희망을 가질 수 있었다.

25 배에 대한 지젝의 낙관주의는 "탁월한 헤테로토피아"(Foucault 1986: 27)로서의 배에 대한 푸코의 성찰을 상기시킨다. 푸코의 설명에 따르면, "배는 떠다니는 공간 한 조각, 장소가 없는 장소로, 그 어떤 도움도 없이 스스로 존재하고, 그 자체로 닫혀 있는 동시에 무한한 바다에 넘겨져, 항구에서 항구로, 항로에서 항로로, 사창가에서 사창가로 다니며, 그들의 정원에 숨겨 놓은 가장 귀중한 보물을 찾아 식민지까지 간다. [이를 생각한다면] 배가 왜 16세기부터 지금까지 우리 문명에서 가장 위대한 경제 발전의 수단이었을 뿐만 아니라(오늘은 이에 대해 말하지 않았다) 가장 거대한 상상력의 보고였는지 당신은 이해하게 될 것이다"(26). 우리는 푸코의 설명에서 얼마나 많은 유토피아의 기술들이 자본과 제국의 기술이기도 한지 알게 된다.

26 여기서 행복한 미래에 대한 대니얼 길버트의 숙고는 다음과 같은 방식으로 배로 향한다는 것을 지적해 두는 게 유용할 것이다. 그는 "미래는 본질적으로 전망의 안경prospectiscope을 통해 보는 것과 다르기" 때문에 "우리가 하는 조종의 많은 부분이 아무런 쓸모가 없다"라고 말하면서도, "우리가 배의 방향 제어를 원하는—또 원해야만 하는—이유는 어떤 미래는 다른 미래보다 더 낫기 때문이다"(Gilbert 2006: 23[56])라고 말한다. 미래와—그리고 행복과—맺는 도구적 관계는 우리가 자신의 배를 제어할 수 있다는 판타지, 우리가 어디로 가는지, 우리가 어디로 가기를 원하는지, 그리고 그곳에 어떻게 도달할지를 우리가 알고 있다는 판타지를 담고 있다.

결론   행복, 윤리, 가능성

1 느낌에 대해 스스로 확신을 갖도록 하는 이 과정을 장-폴 사르트르는 좀 더 현상학적인 용어로

설명한다. 그는 이렇게 주장한다. "만약 내가 스스로를 슬프게 만든다면, 그건 내가 **현재** 슬프지 않기 때문이다 ─ 내가 스스로에게 슬픔으로 영향을 주는 바로 그 행위로 나는 슬프기를 피할 수 있다"(Sartre 1965/1993: 170-71). 비록 당신이 스스로를 슬프게 만들 수는 있지만 그런 느낌은 "그것의 구성적 양태로서가 아니라 그것의 규제적 의미"(171)로서 가치를 갖는다. 따라서 당신이 스스로를 행복하게 만드는 것은 당신이 행복하지 않은 한 그런 것이고 ─ 그리고 그 행복하게 되기 혹은 행복하게 영향 받기 안에서 당신은 행복이기를 피한다. 행복은 양태가 아니라 규제적 의미가 된다.

2 그럼에도 불구하고 존 스튜어트 밀에게 행복은 여전히 아주 미끄러운 것이다. 결국 그는 어떤 형태의 행복은 다른 것보다 더 낫다고 주장하면서 그것을 "쾌락의 질적 차이"(Mill 1863/2001: 8[29])라고 말하는데, 이처럼 논쟁의 여지가 있는 생각으로 말미암아, 어떤 이들은 그를 공리주의적이고 쾌락주의적인 틀 밖에 놓는다(밀의 "질적 쾌락주의"에 대한 빼어난 논의로는 West 2004 참조). 이렇게 다양한 느낌의 특질들이 얼마나 빨리 개개인의 다양한 특질들에 달라붙는지 주목해 보는 것도 흥미로울 것이다. "타고난 능력이 월등한 존재일수록 어지간한 것에는 행복을 느끼지 못한다"(9[31])라고 하면서 밀은 다음과 같은 유명한 결론에 이른다. "만족하는 바보보다 불만을 느끼는 소크라테스가 더 나은 것이다"(10[32]). 이런 진술은 행복은 좋은 것일 수밖에 없다는 원칙의 거부(행복하고 바보스러운 것보다 현명하고 불행한 것이 낫다)로 해석될 수도 있고, 존재하는 것에 만족하는(지평을 낮추는) 한 방법으로서 행복이 갖는 한계를 가리키는 것으로도 해석될 수 있다. 하지만 우리는 좋은 행복과 나쁜 행복 사이의 도덕적 구분이 얼마나 빨리 가치 있는 사람과 가치 없는 사람들을 나누는 사회적 구분이 되는지 주목해야 한다.

3 페미니즘 특유의 애착을 설명하기 위해 페미니즘이 불만을 어떻게 사용하는지에 대한 탁월한 글로는 Stringer 2000 참조. 나는 『감정의 문화정치』(2004) 8장에서 페미니즘적 원한에 대한 비평에 대해 몇 가지 우려를 표명해 두었다.

4 성향과 도덕법칙에 대한 칸트의 논변에서 수동적인 것/능동적인 것의 구별이 어떤 역할을 하는지 고려해 보면 흥미로울 것이다. 『실천이성비판』에서 칸트는 느낌을 모두 수동적이고 병리적인 것, 영향을 받거나 영향력 아래 있는 것이라고 기술한다(Kant 1788/2004: 79). 하지만 존경은 이성에 의해서만 만들어지는 도덕적 느낌이라고 기술함으로써 그는 이 논변에 단서를 단다(80). 존경은 도덕법칙에 대한 존경인 한 도덕적이다(83). 『도덕형이상학 정초』의 각주에서 칸트는 다음과 같은 방식으로 이 구별을 옹호한다. "사람들은 내가 이성의 개념을 통해 이 문제에서 빠져나갈 길을 명확하게 제시해 주기보다는 **존경**이라는 말을 내세워 단지 애매모호한 느낌 속으로 달아나 버리려고 한 것처럼 비난할 수도 있다. 존경도 마찬가지로 하나의 느낌이지만, 결코 [외부] 영향으로 **받아들인** 느낌이 아니라 오히려 이성 개념을 통해 **자체적으로 일어난** 느낌이다. 그래서 존경이라는 느낌은 경향성이나 공포에 기초해 일어날 수 있는 첫째 종류의 모든 느낌과는 구

Notes

별된다"(Kant 1785/2005: 62[42]). 수동적 느낌 — 영향을 받아 받아들인 것 — 은 성향이나 두려움을 가리킨다. 존경은 "자체적으로 일어난"다. 존경은 칸트에게 이성적 주체는 영향을 받지 않거나 영향력 아래 있지 않다는 판타지를 제공한다. 내 주장은, 바로 이 주체가 법칙의 영향력 아래 있다는 것이다.

5 초인의 행복이 농노의 행복을 초월할 수 있다는 관념에 나는 도전한다. 마리 루티가 지적하듯이, 진정성authenticity은 흔히 [집단적] "동조"auspices of conformity와 대립되는 것으로 정의되곤 한다(Ruti 2006: 121). 철학자-주체의 목표는 공포스러운 "그들"로부터 "나"를 분리하는 것이다. 여기서 진정한 행복은 다수와 대립하는 것으로 규정되는 일인의 행복이다. 대립적인 "나"를 등장하게 하는 동조에 대한 이런 두려움과 혐오는 우리를 평등의 문제로 되돌아가게 한다. 나는 이 책의 서론에서 정치경제학의 기원이 행복에 — 애덤 스미스가 "비참할 정도로 가난한 자들"이라고 부른 사람들의 평등에서 가장 빈곤한 노동자라도 "어떤 야만인"이 획득할 수 있는 것보다 많은 것을 획득할 수 있는 분업으로의 움직임에(Smith 1776/1999: 105[2]) — 입각해 있음에 주목한 바 있다. 평등과 기회의 평등을 비참 장치misery devices 혹은 평준화 장치로 보는 — 다른 사람을 끌어내리는(평범한 자들과 비참한 자들이 융합되는) 방식, 위에 있는 사람들에 속한 권리를 전제로 한 행복을(그들의 행복은 능력merit으로 자연화된다) 방해하는 것으로 보는 — 인식 속에서 우리는 현대 정치 담론에 이런 관점의 유산이 존재함을 알 수 있다. 평등을 위한 투쟁은 **비참한 상태를 일반화하는 것**으로 재기술된다. 결국 불평등 바로잡기는 행복에 대한 그리고 행복을 호소할 수 있는 조건에 대한 도전으로 기능한다.

6 이것이 직관에 반하는 주장임은 나도 잘 알고 있다. 능동/수동 구별의 정교화는 분명 **능동성**과 **수동성**이라는 용어의 유동성에 달려 있고, 따라서 특정 신체들로부터 떨어져 있음에 달려 있는 걸까? 내 주장은, 그런 용어들이 신체에서 떨어지면 떨어질수록, 더 많이 돌아다니고, **더 끈적해진다**는 것이다. 그러면 "마치" 이 용어들에 지시적 기능이 없는 것처럼 사용할 수 있으며, 이를 통해 단어들은 더 많은 정서적 힘을 갖게 된다. 이럴 경우 우리는 지시물을 문자 그대로의 신체나 사회적 범주에 위치시키지 않는 엘리트주의를 갖게 될 수 있다. 내가 보기에, 그런 엘리트주의는 명시적으로 능동/수동의(그리고 더 높은/더 낮은) 가치 시스템을 서로 다른 종류의 신체에 부착시키는 엘리트주의 형식으로 "체현된다." 몇몇 현대 이론에서 목격할 수 있는 니체에 대한 욕망 역시 동일시의 한 형식, 사회적인 특권의 범주에 의존하지 않는 "엘리트"가 되는 한 방법이다. 즉, 니체와의 동일시는 "더 높은 존재들" 사이에 끼는 한 방법이다. 우리는 이런 종류의 정치학을 아방가르드주의라고 해도 틀리지 않을 것이다(니체의 "오늘날의 인기"에 대한 다소 아리송하지만 관련된 해석으로는 Bauman 2008; 121 참조). 그런 엘리트주의를 이야기할 때 니체가 같이 검토해 볼 만한 중요하고 도움이 되는 철학자가 아니라고 말하는 것은 아니다. 이 책에서 나는 공리주의적 행복에 대한 그의 비판뿐만 아니라 정서와 인과성에 대한 그의 작업 및 그의 계보학적 방법론에서 많

은 도움을 받았다.

7 누군가는 여기서 들뢰즈와 스피노자를 좀 더 충실하게 따라 이 책에서 내가 행복이 긍정적 감정이자 사회적 선으로 승인받을 수 있지만 그것이 행위 역량을 감소시키는 한 슬픈 정서가 될 수 있다고 주장한다고 말할지도 모르겠다(정서/감정의 구별에 의지할 경우 생기는 문제들에 대한 논의는 이 책 1장의 미주 1을 참고할 것). 내 견해는, 지금 현재로선, 긍정적·부정적 정서들을 행위력의 증가·감소와 연관 짓는 것 자체에 도전할 필요가 있다는 것이다. 이렇게 말하고 스피노자로 돌아가, 슬픈 정서가 통치governance에서 어떤 역할을 하고 있음을 부인하려는 것은 아니다. 스피노자는 미신에 의한 지배에서 두려움(그리고 그가 두려움에 관련시킨 희망)의 활용에 초점을 맞추는데, 이는 덕을 가르치기보다 "결점[악덕]을 비난"한다(Spinoza 1677/2001: 210[264]). 그가 당시에 글을 썼던 맥락을 고려하면 이런 초점은 당연한 것이다. 현재 우리는 두려움과 희망만이 아니라 선하고 즐겁고 행복하라는 유인을 통해 작동하는 통치를 이해할 필요가 있다. 결국 정서의 또 다른 역사는 행위 역량을 감소시키는 즐거움의 역사가 될 것이다. 비록 즐거움의 다른 "다른 역사들"이 있을 것이고 또 있어야 하지만 말이다(예를 들어, Ehrenreich 2007 참조). 『에티카』의 한 곳에서 스피노자는 즐거움과 슬픔이 비슷하게 통치 형식으로 작동할 수 있다고 암시한다. "부모는 나쁘다고 하는 행동을 비난하고 그 때문에 자주 야단치며, 반대로 옳다고 하는 행동은 권하고 칭찬하며, 슬픔의 감정이 전자와 그리고 기쁨의 감정이 후자와 결합되도록 영향을 미쳤다"(152[196]). 내가 보기에 이는 정서, 습관, 관습 사이의 관계에 대한 정말 영리한 분석이다. 우리는 여기서 슬픔과 즐거움이 어떻게 특정 행위에 의해 야기된다고 추정됨으로써 (혼란스럽고 부적절한 방식으로) 야기되는지 생각해 볼 때 스피노자를 따를 수 있을 것이다.

8 테오도르 아도르노는 "행복하라는 훈계"가 어떻게 지배의 형식이 될 수 있는지 『미니마 모랄리아』에서 폭로한다(Adorno 1951/1978: 62). "고통의 인식을 그것이 생산되는 곳에서조차 인식하지 못하도록 하는 것은 지배 메커니즘의 일환이다"(63[90]). 우리는 고통과 슬픔의 형식들은 지배에 대한 인식을 포함하지 않는 한 허용된다고 말할 수도 있겠다.

9 나는 들뢰즈가 스피노자와의 마주침 속에서 묘사한 좋은 마주침의 재구조화로서 이런 해석을 이야기하는 것이다(물론 이것이 우리가 스피노자와 마주할 수 있는 유일한 길은 아니다). 이는 들뢰즈가 묘사하고 있는 과정을 비판하려는 의도라기보다는 다른 각도로 보기 위한 것이다. 특히 즐거움과 좋은 마주침의 문제를 중심으로 들뢰즈와 스피노자를 바라보는 다른 방식으로는 마슈레(Macherey 1996)와 하트(Hardt 1993)를 참조할 것. 마슈레는, 즐거운 정념은 모든 정념들이 부적합한 관념에 기반하는 한 적합한 관념으로의 "도약"을 도울 수 있다고 설명하는 들뢰즈가 스피노자를 제대로 읽은 것인지 묻는다(153). 하트는 "즐거워지기"가 "스피노자적 명령"이라고 말하지만(95) 나는 "축복받은 상태 되기"가 더 정확한 표현일 거라 생각한다.

10 유기적 동의의 길을 방행하는 사림인 분위기 깨는 존재의 또 다른 예는 "이론"이다. 1980년대

말 내가 문학을 공부하는 학생이었던 시절, 우리는 교실에서 이론이 어떻게 독자와 텍스트 사이에 끼어들어 그것의 향유를 방해하는지 정말 많이도 떠들었다! 이론은 이러저러한 독자가 이러저러한 텍스트를 좋아하는 유기적 본성을 "중단시킨다." 이론은 읽기의 리듬을 방해한다. 이론은 문학의 소화불량, 심지어 문학의 죽음으로까지 이끄는 독과 같은 것이 된다.

11 또 다른 예로 벤 앤더슨의 작업을 참조할 것. 그는 "그래서 **정서적으로** 정치적이 되려면 고통과 같은 정서 상태에 대한 저항을, ('좋은 마주침'을 일구어 내고 '더 나은 것'을 기대하게 하는) 일련의 기법으로 구축해야 한다"(Anderson 2006: 749)라고 주장한다. 좋은 마주침은 우리가 일련의 기법으로 일구어 내야 하는 어떤 것이다. 윤리의 목적이 좋은 마주침이라면 고통은 이런 목적을 따르지 않는 사람들, 올바른 기법을 일구지 않은 사람들 안에 위치해 있을 것이다. 나는 여기서 긍정affirmation이 늘 긍정적positive인 것만은 아니라는 앤더슨의 주장에는 경고가 담겨 있다고 지적해 두고 싶다. 그가 조심스럽게 말하듯 "희망의 구현이 부정의한 관계들을 촉발하는 경우는 수없이 많다"(749).

12 "행복에 반대하는" 에릭 G. 윌슨의 논리는 "비할 바 없이 비극적일 수도 있는 사회 속에서 단지 행복만을 꿈꾸고 욕망하는 일이란 진솔한 삶의 태도가 아니다"(Wilson 2008: 6[15])라는 것이다. 그는 자신이 임상적 우울증을 낭만화하려는 건 아니라고 하면서도(7[17]), 불행이 우리를 창조적으로 만들 수도 있다고 말한다(10). 윌슨의 우려를 어느 정도는 공유하지만 내 논변이 진정성과 진정성 없음 개념에 기대는 것은 아니다. 이 개념들을 가지고 윌슨은 그가 "행복한 유형"이라고 부르는 사람들, 그가 행복에 부여하는 진정성 없음을 대변하는 사람들을 통렬하게 비판한다. 행복에 대한 욕망이 불행을 사라지게 할 수 없다면 그것은 불행의 기호들을 은폐하거나, 행복해지는 데 실패한 징후를 나타내는 타자들에게 [그 기호를] 투사할 수 있다고 나는 생각한다. 비극을 포함한 세계에서 행복만을 욕망하는 것은 타자들에게 그 비극의 짐을 지라고 요구하는 셈이다.

13 칸트도 행복의 좋음을 의문시하고 있다는 점에서 내 주장과 칸트의 주장의 차이를 언급해 둘 필요가 있다. 칸트는 경향성을 의무와 분리하면서 행복을 실천 법칙의 기초로 본다. 모든 사람은 "이미 저절로 행복으로 향하는 아주 강렬하고도 간절한 경향성을 지니고 있다. 바로 **이 행복이라는 관념에 모든 경향성들도 하나로 통합돼 있기** 때문이다"(Kant 1785/2005: 60[39], 강조는 추가). "행복이라는 동기"에 기초한 실천 법칙은 우리에게 "행복을 갖기를 소망한다면 우리가 해야 할 일"(Kant 1781/1990: 452[935])을 알려 준다. 오로지 이성적인 동기에 기초한 도덕법칙은 우리에게 "행복을 누릴 권리를 갖기 위해 우리가 어떻게 행동해야 하는가"(452[935]) 또는 어떻게 "**행복할 만한 값어치가 있도록 행위할 것인가**"(454[936])를 알려 준다. 칸트에게 행복은 모든 경향성들을 하나로 통합한 메타-경향성이 되며, 그래서 도덕 법칙과는 분리된다. 나는 행복이 어떻게 경향성으로서만 작동하지 않고 의무의 언어를 포함하는지 탐색해 왔다. 나는 행복을 경향성과 의무 사이를 왔다 갔다 할 수 있는 "전환점"switching point으로 설명하고자 한다. 칸트

는 경향성에서 의무가 나올 수는 없다고 주장하지만, 내 주장은 행복이 단순히 경향성만이 아니기 때문에 의무가 된다는 것이다. 칸트는 우리에겐 타인의 행복을 증진할 간접적 의무가 있다고 지적하면서 행복과 의무의 분리에 단서를 붙인다. 우리에게 타인의 행복을 증진할 간접적 의무가 있음을 전제로 칸트가 붙이는 단서는 두 가지이다. 첫째, 타자가 자신의 행복에 속하는 것이 무엇인지 결정할 수 있다고 말한다. "그 사람들이 무엇을 자신들의 행복으로 간주할지는 그들의 판단에 놓여 있다"(Kant 1797/1996: 151[265]). 둘째, 우리는 그들의 결정에 동의하지 않을 수 있다고 그는 말한다. "**그들이** 행복에 포함시키는 것 가운데 많은 것을 내가 그렇게 여기지 않는다면 그것을 거부할 수 있다"(151[265]). 우리는 타자들의 행복을 증진할 의무가 얼마나 빨리 그들을 위해 그들의 행복에 대한 내 관념을 증진할 의무로 번역되는지 알아챔으로써 행복에 대해 많은 것을 배울 수 있다. 나는 칸트의 「도덕적 문답법의 한 토막」이 덕과 행복 사이의 관계를 고찰하는 데 특히 유용함을 발견했다. 여기서 스승은 학생에게 우리가 원하는 것은 행복이라고 이야기하면서 이때 의무가 어떻게 행복에서 분리되어야 하는지 보여 준다. 타자의 행복을 증진하는 것이, 그 사람의 행복이 좋음과 충돌하는 경우라면, 용인될 수 없다고 설명하면서 스승은 다음과 같은 수사적 질문을 한다. "자네는 게으름뱅이에게 푹신한 방석을 주어 그자가 달콤한 나태함 속에서 자기 인생을 허비하게 하겠는가? 또는 술주정뱅이에게 포도주나 그 밖에 명정酩酊에 필요한 것들이 바닥나지 않게 공급해 주겠나? 또는 사기꾼에게 매혹적인 용모와 몸가짐을 주어 타인을 속이게 하겠나? 또는 폭력배에게 담대함과 강한 주먹을 주어 타인을 괴롭히게 하겠나? 이런 것들은 누구나 자기 방식대로 행복해지기 위해서 소망하는 다양한 수단들이니 말일세"(224[392]). 그래서 칸트는, 만약 그들의 행복이 선이 아니면, 그들의 행복이 그들의 덕을 타협하게 한다면, 우리는 그의 행복을 증진시켜서는 안 된다고 말한다. 문답법은 (이제는 현명해진) 학생이 선한 자는 여전히 행복을 희망할 수 있다고 결론짓는 것으로 마무리된다. "왜냐하면 우리는 우리가 판단할 수 있는 자연의 작품들에서 그렇게 널리 퍼져 있고 심오한 지혜를 바라보기 때문입니다. 그것은 어떠한 세계 창조자의 형언할 수 없을 만큼 위대한 기술에 의거하지 않고는 설명할 수 없습니다. 우리는 이 창조자에게서 도덕적 질서와 관련해서도—이 질서야말로 세계를 위한 최고 장식물인데—[자연의 질서에서 확인할 수 있는 지혜에 비해] 부족함이 없는 지혜로운 통치를 약속하는 근거를 발견합니다. 다시 말해 만일 우리가 의무를 위반함으로써 우리 자신을 **행복을 누릴 만한 가치가 없는** 존재로 만들지 않는다면, 그 행복에 **참여하게** 되리라고 희망할 수도 있다는 것입니다"(225[394]). 선한 자는 행복을 누릴 값어치가 없는 존재가 되지 않음으로써 행복에 참여하게 되는 것을 희망할 수 있다. 칸트는 행복과 선 사이에 그가 단절한 관계를 이렇게 회복시킨다. 행복과 윤리에 대한 칸트의 뛰어난 논의는 Chalier 2002 참조.

14 키르케고르는 가능성을 가벼운 범주가 아닌 무거운 범주로서 옹호하고 있다는 점에서 (Kierkegaard 1844/1980: 156[397-98])[본문에 인용된 문장의 앞부분은 이렇다. "가능성은 모든 범주 중에서 가장 무거운 것이다. 사실 사람들은, 가능성은 아주 가볍고 현실성은 아주 무겁다는 정반대의

Notes

467

말을 가끔 듣는다. 그러나 누구한테서 그런 말을 듣는가? 가능성이 뭔지도 모르는 비참한 사람들에게서이다...”], 내가 행복을 의무가 아닌 가능성에 연결시킴으로써 행복을 가볍게 하려 한다는 것은 좀 아이러니로 보일지도 모른다. 키르케고르는 가능성이 단순히 좋은 일이 일어날 가능성에 대한 것만은 아님을 보여 주기 위해 가능성을 무거운 것이라고 말한다. 따라서 가능성은 나쁜 일들을 수반할 수도 있고 아닐 수도 있는 현실성보다 더 심각한 것이다(나쁜 일은 늘 가능하지만 항상 현실이 되는 것은 아니니까 말이다). 키르케고르가 보기에 가능성을 무겁게 만드는 그것이 내게는 가능성을 가볍게 만드는 것이다. 가능성 안에서는 우리가 이 길로 갈 수도 있고 저 길로 갈 수도 있으며, 우연히 일어나는 일들에 의해 좋은 쪽으로든 나쁜 쪽으로든 낚일 수 있다는 의미에서 내게 가능성은 가벼운 것이다.

15 이 책을 마무리하기 전인 2009년 2월 6일, 나는 CUNY 대학의 레즈비언·게이 연구소에서 마지막 원고를 발표했는데 그때 청중들 중 한 분이 내게 순간의 우연에 대해 생각해 보라는 제안을 해 주었다. 2009년 2월 8일 불행에 대한 장-뤽 낭시의 글을 읽어 보라고 추천해 주었던 내 친구 엘레나 로이지두에게도 감사를 전한다(그 글에서 그는 순간의 우연에 대한 생각을 발전시키고 있었다). 결국 내가 순간의 우연을 우연히 발견한 것도 순간의 우연(단지 우연한 사건 혹은 사건들의 우연한 일치가 아니라 좋은 기회가 된 사건)인 셈이다. 순간의 우연happenstance이라는 단어는 우연적 사건happening(“사건event, occurrence, 운chance”)과 상황circumstance(견뎌야 하는 “주변 조건” standing around, surrounding condition, to stand)의 합성어이다. (낭시가 제공한 것 같은) “순간의 우연”의 철학은 우리를 둘러싼 것들이 어떻게 우연히도 우리를 둘러싸게 되었는지를 설명하는 것이 될 것이다. 그것은 곧 우리의 환경을 우연한 일들의 발생으로—그 안에서 어떤 일들이 가능해지는(혹은 가능해지지 않는)—보는 입장을 제공한다.

16 행복이 불안정한 것이라는 관념에는 오랜 역사가 있다. 불안정함은 흔히 “우연이나 환경에 달려 있는, 불확실한, 실패하기 쉬운, 위험에 노출돼 있는, 위험한, 불안한, 안정적이지 않은” 상태로 묘사되곤 한다. 그래서 행복이 우리 삶만큼이나 우연에 달려 있다고, 우연히 일어나는 일들에 늘 노출돼 있다고, 따라서 당신의 행복을 안전하게 확보할 수 있다는 생각은 판타지라고 말하는 것이다. 위태롭다는 말이 가진 또 다른(지금은 잘 쓰이지 않는) 의미로는 “(특히 권리, 소작권 등의 경우) 다른 사람의 호의나 뜻pleasure에 따라 보전되거나 향유되는, 다른 사람의 의지나 결정에 취약한”이라는 뜻이 있다. 다른 사람들의 의지에 의존하는 행복은 불안정해 보인다. 『옥스퍼드 영어사전』은 이에 해당하는 18세기 용례 두 가지—“이 작은 행복은 다른 사람의 의지에 전적으로 의존하는 매우 불안정한 것이다”와 “불안정 대출은 채권자가 원할 때는 언제든, 채무자에게 해가 된다 하더라도, 회수될recall 수 있는 대출을 말한다”—를 제시한다. 이런 의미에서 불안정함을 소중한 것으로 생각하는 것은 타인이 우리의 행복을 변용하는 방식을 소중히 여기는 것, 우리가 타인의 뜻pleasure에 따라 소환될recall 수 있도록 하는 것이 된다. 우리는 우리 행복이 다른

사람에게 달려 있게 하고 싶지는 않겠지만(이런 일은 의지가 우연히 일치해야 할 것이다), 다른 사람들에게 우연히 일어난 일에 의해 기꺼이 변용되기를 의욕할 수는 있을 것이다.

17 긍정적인 것the affirmative을 행복한 순간들 속에서 재고해 보도록 내게 도움을 준 에일린 조이에게 고마움을 전한다.

18 행복과 시기심의 관계는 복잡하다. 흥미롭게도 스피노자는 시기심을 "인간으로 하여금 타인의 불행을 기뻐하고 타인의 행복을 슬퍼하게" 만든다는 점에서 증오라고 정의한다(Spinoza 1677/2001: 117[153]). 시기심이 자본주의의 경쟁 논리에 맞게 조율된(혹은 더 정확히 말하면 자본주의가 그런 조율을 고무한) 기질이라는 것은 거의 틀림없는 사실이다. 여기서 "운"fortune은 "우연"chance에서 "부"wealth(분배되는 것일 뿐만 아니라 한정된 무엇)로 바뀐다. 그래서 "운"은 누군가 더 많이 가지면 다른 누군가는 덜 가지는 것이 된다. 시기심은 다른 사람의 "운"을 자신의 "운"이 도둑질 당한 것으로 경험하는 것을 말한다(당신은 그들의 비참을 원한다. 당신은 자신의 행복을 붙드는 방식의 하나로서 그들의 행복을 바라지 않는다). 이 영화를 보면, 행복의 경험과 다른 사람이 부러워하기를 바라는 욕망(다른 사람이 자신이 가진 것을 바라기를 바라는 욕망) 사이에는 모종의 관계가 있다. 포피가 부러워하기를 "바라는" 사람은 헬렌이다("난 그저 언니가 행복하면 좋겠어"라는 그녀의 발화 행위는 이렇게 번역될 수 있다). 이는 그녀 자신의 행복이 불안정하고, 그것이 자신이 포기한 것에 기대고 있기 때문이다. 행복의 어떤 형태들은 "올바른 것"을 가지고 있지 않아서 "그 올바른 것"을 원한다고 가정된 사람들의 경쟁심과 시기심에 의존한다. 다른 말로, "가지지 못한 자들"은 필연적으로 시기심에 불타는 불행한 자들로 이해된다. 이는 "가지고 있음"의 가치를 온전히 유지하는 방법이다. 포피가 (주택 담보 대출, 집과 장래의 아기, 펜션과 남편에 대해) 시기심을 가지지 않고 자신의 운에 만족하자("난 정말 운이 좋은 것 같아") 헬렌의 행복은 분노로 변한다("그만 우쭐대"). 포피가 헬렌의 행복을 빼앗은 건 아니다. 다만 헬렌의 행복이 얼마나 그 가치를 확인해 주는 타자들에게 달려 있는지를 폭로했을 뿐이다. 아마도 다른 사람이 시기해 주기를 바라는 욕망이 경쟁적 시기심의 논리에 매몰되기를 거부하는 타자에 대한 시기심이 된 듯하다.

19 2008년 5월 15일, 버크벡 칼리지에서 있었던 강연 「꿀벌과 바이오-해적들, 그리고 퀴어한 교차 수분술」Bees, Bio-Pirates, and the Queer Art of Cross-Pollination에서 퀴어 아카이브의 어리석은 본성에 대해 이야기해 준 주디스 핼버스탬에게 감사를 전하고 싶다.

Notes

Abraham, Julie. 1996. *Are Girls Necessary? Lesbian Writing and Modern Histories.* New York: Routledge.

Adorno, Theodor W. 1951/1978. *Minima Moralia: Reflections from Damaged Life.* Trans. E. F. N. Jephcott. London: Verso[『미니마 모랄리아: 상처 받은 삶에서 나온 성찰』, 김유동 옮김, 길, 2005].

Adorno, Theodor W., and Max Horkheimer. 1944/1997. *Dialectic of Enlightenment.* Trans. John Cumming. London: Verso[『계몽의 변증법: 철학적 단상』, 김유동 옮김, 문학과지성사, 2001].

Agamben, Giorgio. 1996/2000. *Means without End: Notes on Politics.* Trans. Vincenzo Binetti and Cesare Casarino. Minneapolis: University of Minnesota Press[『목적 없는 수단: 정치에 관한 11개의 노트』, 김상운·양창렬 옮김, 난장, 2009].

Ahmed, Sara. 2000. *Strange Encounters: Embodied Others in Post-Coloniality.* London: Routledge.

_____. 2004. *The Cultural Politics of Emotion.* Edinburgh: Edinburgh University Press.

_____. 2006. *Queer Phenomenology: Orientations, Objects, Others.* Durham, N.C.: Duke University Press.

_____. 2007a. "The Language of Diversity." *Ethnic and Racial Studies* 30 (2): 235-56.

_____. 2007b. "'You End Up Doing the Document Rather than Doing the Doing': Diversity, Race Equality and the Politics of Documentation." *Ethnic and Racial Studies* 30 (4): 390-609.

_____, ed. 2008. "Happiness." *New Formations* 63.

Aidoo, Ama Ata. 1977. *Our Sister Killjoy: or, Reflections from a Black-Eyed Squint.* Harlow: Longman.

Anderson, Ben. 2006. "Becoming and Being Hopeful: Towards a Theory of affect." *Environment and Planning D: Society and Space* 24:733-52.

Anderson, Elizabeth. 1998. "John Stuart Mill: Democracy as Sentimental Education." *Philosophers on Education: New Historical Perspectives*, ed. Amélie Oksenberg Rorty, 333-52. New York: Routledge.

Annas, Julia. 1993. *The Morality of Happiness.* New York: Oxford University Press.

Arendt, Hannah. 1961/1973. *On Revolution.* Harmondsworth: Penguin[『혁명론』, 홍원표 옮김, 한길사, 2004].

_____.1972. *Crises of the Republic: Lying in Politics, Civil Disobedience, on Violence, Thoughts on Politics and Revolution.* New York: Harcourt Brace[『공화국의 위기: 정치에서의 거짓말,

시민불복종, 폭력론』, 김선욱 옮김, 한길사].

Argyle, Michael. 1987. *The Psychology of Happiness*. London: Methuen[『행복 심리학』, 김동기·김은미 옮김, 학지사, 2005].

Aristotle. 1998. *Nicomachean Ethics*. Trans. William Kaufman. New York: Dove Publications[『니코마코스 윤리학』, 김재홍 외 옮김, 길, 2011].

Austin, John Langshaw. 1962/1975. *How to Do Things with Words*. Ed. J. O. Urmson and M. Sbisà. Oxford: Oxford University Press[『말과 행위: 오스틴의 언어철학, 의미, 화용론』, 김영진 옮김, 서광사, 1992].

Back, Les, Tim Crabbe, and John Solomos. 2001. *The Changing Face of Football: Racism, Identity and Multiculture in the English Game*. Oxford: Berg.

Badiou, Alain. 1993/2001. *Ethics: Essays on the Understanding of Evil*. Trans. Peter Hallward. London: Verso[『윤리학: 악에 대한 의식에 관한 에세이』, 이종영 옮김, 동문선, 2001].

Ballaster, Rosalind. 2005. *Fabulous Orients: Fictions of the East in England, 1662 – 1785*. Oxford: Oxford University Press.

Barrow, Robin. 1980. *Happiness*. Oxford: Martin Robertson.

Baudrillard, Jean. 2001/2006. *Utopia Deferred: Writings from Utopie, 1967 – 1978*. Trans. Stuart Kendall. New York: Semiotexte.

Bauman, Zygmunt. 2008. *The Art of Life*. Cambridge: Polity Press.

Beauvoir, Simone de. 1949/1997. *The Second Sex*. Trans. H. M. Parshley. London: Vintage[『제2의 성』, 조홍식 옮김, 을유문화사, 1993].

Belliotti, Raymond Angelo. 2004. *Happiness Is Overrated*. Lanham, Md.: Rowman and Little eld.

Bend It Like Beckham. 2002. Dir. Gurinder Chadha. Helkon SK[<베컴처럼 감아 차기>. 국내 개봉 제목은 <슈팅 라이크 베컴>].

Bennett, Oliver. 2001. *Cultural Pessimism: Narratives of Decline in the Postmodern World*. Edinburgh: Edinburgh University Press.

Bentham, Jeremy. 1776/1988. *A Fragment on Government*. Cambridge: Cambridge University Press.

_____. 1789/2007. *An Introduction to the Principle of Morals and Legislation*. Mineola, N.Y.: Dover[『도덕과 입법의 원칙에 대한 서론』, 강준호 옮김, 아카넷, 2013].

Berlant, Lauren. 1997. *The Queen of America Goes to Washington City*. Durham, N.C.: Duke University Press.

_____. 2000. "The Subject of True Feeling: Pain, Privacy and Politics." *Transformations: Thinking Through Feminism*, ed. Sara Ahmed, Jane Kilby, Celia Lury, Maureen McNeil and Beverley Ske s, 33-47. London: Routledge.

_____. 2002. "Two Girls, Fat and Thin." *Regarding Sedgwick: Essays on Queer Culture and Critical Theory*, ed. Stephen M. Barber and David L. Clark, 71-108. New York: Routledge.

_____. 2008a. "Cruel Optimism: On Marx, Loss and the Senses." *New Formations* 63:33-51.

References

_____. 2008b. *The Female Complaint: The Unfinished Business of Sentimentality in American Culture*. Durham, N.C.: Duke University Press.

Bhabha, Homi. 1994. *The Location of Culture*. London: Routledge[『문화의 위치: 탈식민주의 문화이론』, 나병철 옮김, 소명출판, 2012].

Blackman, Lisa. 2008. "Is Happiness Contagious?" *New Formations* 63:15-32.

Blackman, Lisa, and Valerie Walkerdine. 2001. *Mass Hysteria: Critical Psychology and Media Studies*. London: Palgrave Macmillan.

Bland, Lucy, and Laura Doan, eds. 1998. *Sexology Uncensored: The Documents of Sexual Science*. Cambridge: Polity Press.

Blassingame, John W. 1992. "Some Precursors of the *Amistad* Revolt." *The Connecticut Scholar: Occasional Papers of the Connecticut Humanities Council* 10:26-36.

Bloch, Charlotte. 2002. "Moods and the Quality of Life." *Journal of Happiness Studies* 3 (2): 101-28.

Bloch, Ernst. 1938-47/2000. *The Principle of Hope*, vol. 1, Trans. Neville Plaice, Stephen Plaice, and Paul Knight. Oxford: Blackwell[『희망의 원리』, 박설호 옮김, 열린책들, 2004].

Bösche, Susanne. 1983. *Jenny Lives with Eric and Martin*. London: Gay Men's Press.

Bourdieu, Pierre. 1979/1986. *Distinction: A Social Critique of the Judgment of Taste*. Trans. Richard Nice. New York: Routledge[『구별짓기: 문화와 취향의 사회학』, 최종철 옮김, 새물결, 2005].

Braidotti, Rosi. 2002. *Metamorphoses: Towards a Materialist Theory of Becoming*. Cambridge: Polity Press[『변신: 되기의 유물론을 향해』, 김은주 옮김, 꿈꾼문고, 2020].

_____. 2006a. *Transpositions: On Nomadic Ethics*. Cambridge: Polity[『트랜스포지션: 유목적 윤리학』, 김은주·박미선·이현재·황주영 옮김, 문화과학사, 2011].

_____. 2006b. "Affirmation versus Vulnerability: On Contemporary Ethical Debates." *Symposium* 10 (1): 235-54.

Brennan, Teresa. 2004. *The Transmission of Affect*. Ithaca, N.Y.: Cornell University Press.

Brinton, Daniel Garrison. 1893. *The Pursuit of Happiness: A Book of Studies and Strowings*. Philadelphia: David McKay.

Brooks, Peter. 1984. *Reading for the Plot: Design and Intention in Narrative*. Cambridge, Mass.: Harvard University Press[『플롯 찾아 읽기: 내러티브의 설계와 의도』, 박혜란 옮김, 강, 2011].

Brown, Rita Mae. 1973. *Rubyfruit Jungle*. New York: Bantam Books[『루비프루트 정글』, 알.알 옮김, 큐큐, 2019].

Brown, Wendy. 1995. *States of Injury: Power and Freedom in Late Modernity*. Princeton, N.J.: Princeton University Press.

Bruce, John. 1813. "Bruce's Report on the East India Negotiation." *Monthly Review*: 20-37.

Butler, Judith. 1990. *Gender Trouble: Feminism and the Subversion of Identity*. New York:

Routledge[『젠더 트러블: 페미니즘과 정체성의 전복』, 조현준 옮김, 문학동네, 2008].

_____. 1997. *The Psychic Life of Power*. Stanford, Calif.: Stanford University Press[『권력의 정신적 삶: 예속화의 이론들』, 강경덕·김세서리아 옮김, 그린비, 2019].

_____. 2004. *Precarious Life: The Powers of Mourning and Violence*. London: Verso[『위태로운 삶: 애도의 힘과 폭력』, 윤조원 옮김, 필로소픽, 2018].

Carr, Alan. 2004. *Positive Psychology: The Science of Happiness and Human Strengths*. London: Routledge.

Carroll, David. 1992. *George Eliot and the Conflict of Interpretations: A Reading of the Novels*. Cambridge: Cambridge University Press.

Carter, Mia. 2003. "Company to Canal: 1756~1860." *Archives of Empire: From the East India Company to the Suez Canal*, ed. Barbara Harlow and Mia Carter, 1-15. Durham, N.C.: Duke University Press.

Caruth, Cathy. 1996. *Unclaimed Experience: Trauma, Narrative and History*. Baltimore: Johns Hopkins University Press.

_____. 2001. "Parting Words: Trauma, Silence and Survival." *Cultural Values* 5 (1): 7-26.

Chalier, Catherine. 2002. *What Ought I to Do? Morality in Kant and Levinas*. Trans. Jane Marie Todd. Ithaca, N.Y.: Cornell University Press.

Challenger, Douglas F. 1994. *Durkheim through the Lens of Aristotle: Durkheimian, Postmodernist, and Communitarian Responses to the Enlightenment*. Lanham, Md.: Rowman and Little eld.

Chatterjee, Piya. 2001. *A Time for Tea: Women, Labor, and Post/Colonial Politics on an Indian Plantation*. Durham, N.C.: Duke University Press.

Cheng, Anne Anlin. 2001. *The Melancholia of Race: Psychoanalysis, Assimilation and Hidden Grief*. Oxford: Oxford University Press.

Chicken Tikka Masala. 2005. Dir. Harmage Singh Kalirai. Seven Spice Productions.

Children of Men. 2006. Dir. Alfonso Cuarón. Based on the novel by P. D. James. Universal Pictures[<칠드런 오브 맨>].

Chopin, Kate. 1899/1993. *The Awakening*. New York: Dover Publications[『각성』, 한애경 옮김, 열린책들, 2019].

Colebrook, Claire. 2002. *Gilles Deleuze*. London: Routledge[『이미지와 생명, 들뢰즈의 예술철학』, 정유경 옮김, 그린비, 2008].

_____. 2008. "Narrative Happiness and the Meaning of Life." *New Formations* 63:82-102.

Colwin, Laurie. 1982/1990. *Family Happiness*. New York: Perennial.

Conard, Mark T. 2007. "*Mean Streets*: Beatitude, Flourishing and Unhappiness." *The Philosophy of Martin Scorsese*, ed. Mark T. Conard, 53-71. Lexington: University Press of Kentucky.

Conrad, Peter, and Joseph W. Schneider. 1980. *Deviance and Medicalization: From Badness to*

Sickness. Ann Arbor: University of Michigan Press.

Cooke, George Willis. 1884/2007. *George Eliot: A Critical Study of Her Life, Writing, and Philosophy.* Boston: IndyPublish.

Cowan, J. L. 1968. *Pleasure and Pain: A Study in Philosophical Psychology.* London: Macmillan.

Crimp, Douglas. 2004. *Melancholia and Moralism: Essays on AIDS and Queer Politics.* Cambridge, Mass: mIt Press.

Csíkszentmihályi, Mihály. 1992. *Flow: The Psychology of Happiness.* London: Rider[『몰입』 flow: 미치도록 행복한 나를 만난다』, 최인수 옮김, 한울림, 2018].

Cunningham, Michael. 1998. *The Hours.* New York: Farrar, Straus and Giroux[『디 아워스』, 정명진 옮김, 비채, 2018].

Cusk, Rachel. 2006. *Arlington Park.* London: Faber and Faber[『알링턴 파크 여자들의 어느 완벽한 하루』, 김현우 옮김, 민음사, 2008].

Cvetkovich, Ann. 2003. *An Archive of Feelings: Trauma, Sexuality, and Lesbian Public Cultures.* Durham, N.C.: Duke University Press.

Dalai Lama, and Howard C. Cutler. 1998. *The Art of Happiness: A Handbook for Living.* New York: Riverhead[『달라이 라마의 행복론』, 류시화 옮김, 김영사, 2001].

Dawesar, Abha. 2005. *Babyji.* New York: Anchor Books.

de Botton, Alain. 2006. *The Architecture of Happiness.* London: Penguin[『행복의 건축』, 정영목 옮김, 청미래, 2011].

DeBrabander, Firmin. 2007. *Spinoza and the Stoics: Power, Politics and the Passions.* London: Continuum.

Deleuze, Gilles. 1953/1991. *Empiricism and Subjectivity: An Essay on Hume's Theory of Human Nature.* Trans. Constantin V. Boundas. New York: Columbia University Press[『경험주의와 주체성: 흄에 따른 인간본성에 관한 시론』, 한정헌·정유경 옮김, 난장, 2012].

_____. 1970/1998. *Spinoza: Practical Philosophy.* Trans. Robert Hurley. San Francisco: City Lights Books[『스피노자의 철학』, 박기순 옮김, 민음사, 2001].

_____. 1978. "Lecture Transcripts on Spinoza's Concept of affect." http://www.goldsmiths.ac.uk/csisp/papers/deleuze_spinoza_affect.pdf. 1-28.

Derrida, Jacques. 1997/2005. *The Politics of Friendship.* Trans. George Collins. London: Verso.

Descartes, René. 1649/1989. *The Passions of the Soul.* Trans. Stephen H. Voss. Indianapolis: Hackett Publishing Company[『정념론』, 김선영 옮김, 문예출판사, 2013].

Deutscher, Penelope. 1997. *Yielding Gender: Feminism, Deconstruction and the History of Philosophy.* New York: Routledge.

Dienstag, Joshua Foa. 2006. *Pessimism: Philosophy, Ethic, Spirit.* Princeton, N.J.: Princeton University Press.

Doan, Laura, and Jay Prosser, eds. 2002. *Palatable Poison: Critical Perspectives on "The Well of Loneliness."* New York: Columbia University Press.

Douglass, Frederick. 1845/2003. *Narrative of the Life of Frederick Douglass, an American Slave.* New York: Barnes and Noble[『노예의 노래』, 안유회 옮김, 모티브, 2003].

_____. 1855/2005. *My Bondage and My Freedom.* New York: Barnes and Noble.

Du Bois, W. E. B. 1903/2003. *The Souls of Black Folk.* New York: Barnes and Noble.

Dugan, Lisa. 2003. *The Twilight of Equality: Neoliberalism, Cultural Politics and the Attack on Democracy.* Boston: Beacon Press[『평등의 몰락: 신자유주의는 어떻게 차별과 배제를 정당화하는가?』, 한우리·홍보람 옮김, 현실문화, 2017].

DuPlessis, Rachel Blau. 1985. *Writing beyond the Ending: Narrative Strategies of Twentieth Century Women Writers.* Bloomington: Indiana University Press.

Durkheim, Émile. 1893/1960. *The Division of Labour in Society.* Trans. George Simpson. Glencoe, Ill.: Free Press of Glencoe[『사회분업론』, 민문홍 옮김, 아카넷, 2012].

Eagleton, Terry. 2007. *The Meaning of Life.* Oxford: Oxford University Press[『인생의 의미』, 강정석 옮김, 책읽는수요일, 2016].

East Is East. 1999. Dir. Damien O'Donnell. Based on the play by Ayub Khan-Din. Channel 4 Films[<동양은 동양>. 국내 개봉 제목은 <우리는 파키스탄인>].

Edelman, Lee. 2004. *No Future: Queer Theory and the Death Drive.* Durham, N.C.: Duke University Press.

_____. 2006. "Antagonism, Negativity and the Subject of Queer Theory." *PMLA*; 821-22.

Educating Rita. 1983. Dir. Lewis Gilbert. Based on the play by Willey Russel. Acorn Pictures[<리타, 대학에 가다>, 국내 개봉 제목은 <리타 길들이기>].

Ehrenreich, Barbara. 2001. "Welcome to Cancerland: A Mammogram Leads to a Cult of Pink Kitsch." *Harper's Magazine*, November, 43-53.

_____. 2007. *Dancing in the Streets: A History of Collective Joy.* London: Granta Publications.

Elias, Norbert. 1939/1969. *The Civilizing Process: The History of Manners and State Formation and Civilization,* vol 1. Trans. Edmund Jephcott. Oxford: Blackwell[『문명화 과정』, 박미애 옮김, 한길사, 1996].

Eliot, George. 1860/1965. *The Mill on the Floss.* New York: New American Library[『플로스 강의 물방앗간』, 이봉지·한애경 옮김, 2007].

Eng, David L. 2002. "The Value of Silence." *Theatre Journal* 54 (1): 85-94.

Eng, David L., and Shinhee Han. 2003. "A Dialogue on Racial Melancholia." *Loss: The Politics of Mourning,* ed. David L. Eng and David Kazanjian, 343-71. Berkeley: University of California Press.

Fanon, Frantz. 1592/1986. *Black Skin, White Masks.* Trans. Charles Lam Markmann. London: Pluto[『검은 피부, 하얀 가면』, 이석호 옮김, 인간사랑, 2003].

_____. 1961/2001. *The Wretched of the Earth.* Trans. Constance Farrington. London: Penguin[『대지의 저주받은 사람들』, 남경태 옮김, 그린비, 2010].

References

Feagin, Joe. R. 2000. *Racist America: Roots, Current Realities and Future Reparations—Remaking America with Anti-Racist Strategies*. New York: Routledge.

Felski, Rita. 2003. *Literature after Feminism*. Chicago: University of Chicago Press[『페미니즘 이후의 문학』, 이은경 옮김, 여이연, 2010].

Firestone, Shulamith. 1970. *The Dialectic of Sex: The Case for Feminist Revolution*. New York: Bantam Books[『성의 변증법: 페미니스트 혁명을 위하여』, 김민예숙·유숙열 옮김, 꾸리에, 2016].

Foucault, Michel. 1979. "Is It Useless to Revolt?" Trans. James Bernauer. *Religion and Culture*. Ed. Jeremy R. Carette, 131-34. Manchester: Manchester University Press.

_____. 1986. "Of Other Spaces." *Diacritics* 16:22-27.

_____. 1988. "The Political Technology of Individuals." *Technologies of the Self: A Seminar with Michel Foucault*, ed. Luther H. Martin, Huck Gutman, and Patrick H. Hutton, 145-62. Amherst: University of Massachusetts Press.

Fowler, James H., and Nicholas A. Christakis. 2008. "Dynamic Spread of Happiness in a Large Social Network: Longitudinal Analysis over Twenty Years in the Framingham Heart Study." *BMJ* 337: a2338.

Franklin, Sarah. 1997. *Embodied Progress: A Cultural Account of Assisted Conception*. London: Routledge.

Freeman, Elizabeth. 2005. "Time Binds, or, Erotohistoriography." *Social Text* 23:57-68.

Freud, Sigmund. 1917/2005. "Mourning and Melancholia." *On Murder, Mourning and Melancholia*, 201-18. Trans. Shaun Whiteside, London: Penguin Books[「슬픔과 우울증」, 『정신분석학의 근본 개념』, 윤희기 옮김, 프로이트전집 11, 2004].

_____. 1920/1964. "Beyond the Pleasure Principle." *The Standard Edition of the Complete Psychological Works of Sigmund Freud*, Vol. 18. Trans. James Strachey. London: Hogarth Press[「쾌락원칙을 넘어서」, 『정신분석학의 근본 개념』, 윤희기 옮김, 프로이트전집 11, 2004].

_____. 1920/1955. "The Psychogenesis of a Case of Homosexuality in a Woman." *The Standard Edition of the Complete Works of Freud*, vol. 18. Trans. James Strachey. London: Hogarth Press[「여자 동성애가 되는 심리」, 『늑대인간』, 김명희 옮김, 프로이트전집 9, 열린책들, 2004].

_____. 1923/1960. *The Ego and the Id*. Trans. Joan Riviere. New York: W. W. Norton[「자아와 이드」, 『정신분석학의 근본 개념』, 윤희기 옮김, 프로이트전집 11, 2004].

_____. 1930/2004. *Civilisation and its Discontents*. Trans. David McLintock. London: Penguin[『문명 속의 불만』, 김석희 옮김, 프로이트전집 12, 열린책들, 2004].

Frey, Bruno S., and Alois Stutzer. 2002. *Happiness and Economics: How the Economy and Institutions affect Human Well-Being*. Princeton, N.J.: Princeton University Press[『경제학, 행복을 말하다: 미래 경제를 이끌어 갈 핵심 키워드』, 김민주·정나영 옮김, 예문, 2008].

Friedan, Betty. 1965. *The Feminine Mystique*. Harmondsworth: Penguin[『여성성의 신화』, 김현우 옮김, 갈라파고스, 2018].

Frye, Marilyn. 1983. *The Politics of Reality: Essays in Feminist Theory*. Trumansburg, N.Y.: Crossing Press.

Garden, Nancy. 1982. *Annie on My Mind*. New York: Farrar, Straus and Giroux[『내 마음의 애니』, 이순미 옮김, 보물창고, 2013].

Gettis, Alan. 2006. *The Happiness Solution: Finding Joy and Meaning in an Upside Down World*. Victoria, BC: Traord Publishing.

Gibbs, Anna. 2001. "Contagious Feelings: Pauline Hanson and the Epidemiology of affect." *Australian Humanities Review*, no. 24 http://www.australianhumanitiesreview.org.

Gilbert, Daniel. 2006. *Stumbling on Happiness*. New York: HarperCollins[『행복에 걸려 비틀거리다』, 최인철·김미정·서은국 옮김, 김영사, 2006].

Gilman, Charlotte Perkins. 1903/2002. *The Home: Its Work and Influence*. Lanham, Md.: Rowman and Little eld.

Gilroy, Paul. 2004. *After Empire: Melancholia or Convivial Culture?* London: Routledge.

Goodman, Gerre, George Lakey, Judy Lashof, and Erika Thorne. 1983. *No Turning Back: Lesbian and Gay Liberation for the '80s*. Philadelphia: New Society Publishers.

Gopinath, Gayatri. 2005. *Impossible Desires: Queer Diaspora and South Asian Public Culture*. Durham, N.C.: Duke University Press.

Gosling, J. C. B. 1969. *Pleasure and Desire: The Case for Hedonism Reviewed*. Oxford: Clarendon Press.

Graeber, David. 2007. *Possibilities: Essays on Hierarchy, Rebellion, and Desire*. Oakland, Calif.: AK Press[『가능성들: 위계, 반란, 욕망에 관한 에세이』, 조원광·황희선·최순영 옮김, 그린비, 2016].

Greene, Gayle. 1991. *Changing the Story: Feminist Fiction and the Tradition*. Bloomington: Indiana University Press.

Gunn, James. 1961. *The Joy Makers*. New York: Bantam Books.

Gunnell, Barbara. 2004. "The Happiness Industry." *New Statesman*, September 6.

Hage, Ghassan. 2003. *Against Paranoid Nationalism: Searching for Hope in a Shrinking Society*. Annandale, NSW: Pluto Press.

Hai, Yasmin. 2008. *The Making of Mr Hai's Daughter: Becoming British*. London: Virago.

Haidt, Jonathan. 2006. *The Happiness Hypothesis*. London: William Heinemann[『행복의 가설: 고대의 지혜에 긍정심리학이 답하다』, 원오열 옮김, 물푸레, 2010].

Halberstam, Judith. 2005. *In A Queer Time and Place: Transgender Bodies, Subcultural Lives*. New York: New York University Press.

_____. 2008. "Animating Revolt/Revolting Animation: Penguin Love, Doll Sex and the Spectacle of the

References

Queer Nonhuman." *Queering the Non/Human*, ed. Noreen Giffney and Myra J. Hird, 265-82. London: Ashgate.

Hall, Radclyffe. 1928/1982. *The Well of Loneliness*. London: Virago Press[『고독의 우물1, 2』, 임옥희 옮김, 펭귄클래식코리아, 2008].

Happy-Go-Lucky. 2008. Dir. Mike Leigh. Momentum Pictures[<해피 고 럭키>].

Hardt, Michael. 1993. *Gilles Deleuze: An Apprenticeship in Philosophy*. Minneapolis: University of Minnesota Press[『들뢰즈 사상의 진화』, 김상운·양창렬 옮김, 갈무리, 2004].

Hartman, Saidiya V. 1997. *Scenes of Subjection: Terror, Slavery and Self-Making in Nineteenth Century America*. New York: Oxford University Press.

Heady, Bruce, and Alexander J. Wearing. 1991. "Subjective Well-Being: A Stocks and Flows Framework." *Subjective Well-Being: An Interdisciplinary Perspective*, ed. Fritz Strack, Michael Argyle, and Norbert Schwarz, 49-76. Oxford: Pergamon Press.

Hegel, Georg Wilhelm Friedrich. 1837/1988. *Introduction to the Philosophy of History*. Trans. Leo Rauch. Indianapolis: Hackett Publishing Company.

Hemmings, Clare. 2001. "'All my life I have been waiting for something': Theorising Femme Narrative in *The Well of Loneliness*." *Palatable Poison: Critical Perspectives on "The Well of Loneliness,"* ed. Laura Doan and Jay Prosser, 179-96. New York: Columbia University Press.

_____. 2005. "Invoking affect: Cultural Theory and the Ontological Turn." *Cultural Studies* 19 (5): 548-67.

Highsmith, Patricia. 1952/2004. *The Price of Salt*. New York: W. W. Norton[『캐롤』, 김미정 옮김, 그책, 2016].

Hobbes, Thomas. 1651/1968. *Leviathan*. Harmondsworth: Penguin Books[『리바이어던』, 진석용 옮김, 나남, 2008].

Hochschild, Arlie Russell. 1983/2003. *The Managed Heart: Commercialization of Human Feeling*. 2nd ed. Berkeley: University of California Press[『감정 노동: 노동은 우리의 감정을 어떻게 상품으로 만드는가』, 이가람 옮김, 이매진, 2009].

_____. 2003. *The Commercialization of Intimate Life: Notes from Home and Work*. Berkeley: University of California Press.

Holden, Robert. 1998. *Happiness Now! Timeless Wisdom for Feeling Good Fast*. London: Hodden and Stoughton[『행복을 내일로 미루는 바보』, 오수원 옮김, 지식노마드, 2010].

hooks, bell. 2000. *Feminist Theory: From Margin to Centre*. London: Pluto Press[『페미니즘: 주변에서 중심으로』, 윤은진 옮김, 모티브북, 2010].

The Hours. 2002. Dir. Stephen Daldry. Based on the novel by Michael Cunningham. Paramount Pictures[<디 아워스>].

Hudson, Deal Wyatt. 1996. *Happiness and the Limits of Satisfaction*. Lanham, Md.: Rowman and Little eld.

Hume, David. 1739-40/1985. *A Treatise of Human Nature*. London: Penguin Books[『인간이란 무엇인가: 오성, 정념, 도덕 본성론』, 김성숙 옮김, 동서문화사, 2016].

_____. 1748/1975. *Enquiries Concerning Human Understanding and Concerning the Principles of Morals*. Oxford: Clarendon Press.

Husserl, Edmund. 1946/2002. "The World of the Living Present and the Constitution of the Surrounding World That Is Outside the Flesh." *Husserl at the Limits of Phenomenology*, ed. Leonard Lawlor and Bettina Bergo, 132-54. Evanston, Ill.: Northwestern University Press.

_____. 1950/1989. *Ideas Pertaining to a Pure Phenomenology and to a Phenomenological Philosophy, Second Book*. Trans. Richard Rojcewicz and André Schuwer. Dordrecht: Kluwer Academic Publishers[『순수현상학과 현상학적 철학의 이념들』, 이종훈 옮김, 한길사, 2009].

Huxley, Aldous. 1932/1969. *Brave New World*. New York: Harper and Row[『멋진 신세계』, 안정효 옮김, 소담출판사, 2019].

If These Walls Could Talk 2. 2000. Dir. Jane Anderson, Martha Coolidge, Anne Heche. HBO[<이 벽들이 말할 수 있다면 2>. 국내 개봉 제목은 <더 월 2>].

The Island. 2005. Dir. Michael Bay. Dreamworks, SKG[<아일랜드>].

James, P. D. 1993. *The Children of Men*. New York: Alfred A. Knopf[『사람의 아이들』, 이주혜 옮김, 아작, 2019].

James, Susan. 1997. *Passion and Action: The Emotions in Seventeenth Century Philosophy*. Oxford: Oxford University Press.

James, William. 1891/1956. "The Moral Philosopher and the Moral Life." *The Will to Believe, and Other Essays in Popular Philosophy*, 184-285. New York: Dover Publications[「도덕철학자와 도덕적 삶」, 『실용주의』, 정해창 옮김, 아카넷, 2008].

Jameson, Fredric. 2005. *Archaeologies of the Future: The Desire Called Utopia and Other Science Fictions*. London: Verso.

Janaway, Christopher. 1999. "Schopenhauer's Pessimism." *The Cambridge Companion to Schopenhauer*, ed. Christopher Janaway, 318-44. Cambridge: Cambridge University Press[『쇼펜하우어』, 신현승 옮김, 시공사, 2001].

Jenkins, Henry. 1998. "Introduction: Childhood Innocence and Other Modern Myths." *The Children's Culture Reader*, ed. Henry Jenkins, 1-37. New York: New York University Press.

Johnson, Lesley, and Justine Lloyd. 2004. *Sentenced to Everyday Life: Feminism and the Housewife*. Oxford: Berg.

Jones, H. S. 2005. "The Early Utilitarians, Race and Empire: The States of the Argument." *Utilitarianism and Empire*, ed. Bart Schultz and Georgios Varouxakis, 179-88. Lanham, Md.: Lexington Books.

Jullien, François. 2007. *Vital Nourishment: : Departing from Happiness*. Trans. Arthur Goldhammer. New York: Zone Books.

Kant, Immanuel. 1781/1990. *Critique of Pure Reason*. Trans. J. M. D. Meiklejohn. New York:

References

Prometheus Books[『순수이성비판 1, 2』, 백종현 옮김, 아카넷, 2006].

_____. 1785/2005. *Groundwork for the Metaphysics of Morals*. Ed. Lara Denis, trans. Thomas Kingsmill Abbott. Toronto: Broadview Editions[『도덕형이상학 정초, 실천이성비판』, 김석수·김종국 옮김, 한길사, 2019].

_____. 1788/2004. *Critique of Practical Reason*. Trans. Thomas Kingsmill Abbott. New York: Dover Publications[『도덕형이상학 정초, 실천이성비판』, 김석수·김종국 옮김, 한길사, 2019].

_____. 1797/1996. *The Metaphysics of Morals*. Trans. Mary J. Gregor. Cambridge: Cambridge University Press[『도덕형이상학』, 이충진·김수배 옮김, 한길사, 2018].

Kelley, Robin D. G. 2002. *Freedom Dreams: The Black Radical Imagination*. Boston: Beacon Press.

Kenny, Anthony. 1993. *Aristotle on the Perfect Life*. Oxford: Clarendon Press.

Kierkegaard, Søren. 1844/1980. *The Concept of Anxiety*. Trans. Reidar Thomte with Albert B. Anderson. Princeton, N.J.: Princeton University Press[『불안의 개념』, 임규정 옮김, 한길사, 1999].

Kureishi, Hanif. 1994/2008. *My Son the Fanatic, The Flies*. Germany: Heuber Verlag.

Lacan, Jacques. 1982. "God and the *Jouissance* of The Woman." *Feminine Sexuality: Jacques Lacan and the école freudienne*, ed. Juliet Mitchell and Jacqueline Rose, 137-49. New York: W. W. Norton.

_____. 1986/1992. *The Ethics of Psychoanalysis, 1959-1960*. Trans. Dennis Porter. London: Routledge.

_____. 2006. *Écrits*. Trans Bruce Fink with Héloïse Fink and Russell Gri . New York: W. W. Norton[『에크리』, 홍준기 외 옮김, 새물결, 2019].

Laing, R. D. 1971. *The Politics of the Family*. Middlesex: Penguin Books.

Lang, Kurt, and Gladys Engel Lang. 1969. "The Unique Perspective of Television and Its E ects: A Pilot Study." *Mass Communications: A Book of Readings*, ed. W. Schramm, 544-60. Champaign: University of Illinois Press.

Layard, Richard. 2005. *Happiness: Lessons from a New Science*. London: Allen Lane[『행복의 함정: 가질수록 행복은 왜 줄어드는가』, 정은아 옮김, 북하이브, 2011].

Lear, Jonathan. 2000. *Happiness, Death and the Remainder of Life*. Cambridge, Mass.: Harvard University Press.

Le Bon, Gustave. 1895/2002. *The Crowd: A Study of the Popular Mind*. Mineola, N.Y.: Dover Publications[『군중심리학』, 민문홍 옮김, 책세상, 2014].

Le Guin, Ursula. 1973/1987. "The Ones Who Walk Away from Omelas." *The Wind's Twelve Quarters*. New York: Perennial[「오멜라스를 떠나는 사람들」, 『바람의 열두 방향』, 최용준 옮김, 시공사, 2014].

Leibniz, Gottfried Wilhelm. 1714/1965. *Monadology and Other Philosophical Essays*. Trans. Paul Schrecker and Anne Martin Schrecker. Indianapolis: Bobbs-Merrill.

_____. 1765/1981. *New Essays on Human Understanding*. Trans. Peter Remnant. Cambridge: Cambridge University Press.

Leung, Man To. 1998. "James Mill's Utilitarianism and British Imperialism in India." http://www.tamilnation.org/Oneworld/imperialism.htm.

Levy, Andrea. 1999. *Fruit of the Lemon*. London: Headline Book Publishing.

Locke, John. 1690/1997. *An Essay Concerning Human Understanding*. London: Penguin Books[『인간지성론』 1, 2, 정병훈·이재영·양선숙 옮김, 한길사, 2014].

Lorde, Audre. 1982. *Zami: A New Spelling of My Name*. London: Sheba Feminist Publishers.

_____. 1984. *Sister Outsider: Essays and Speeches*. Trumansburg, N.Y.: Crossing Press[『시스터 아웃사이더』, 박미선·주해연 옮김, 후마니타스, 2018].

_____. 1997. *The Cancer Journals*. San Francisco: Aunt Lute Books.

Lost and Delirious. 2001. Dir. Léa Pool. Based on the novel by Susan Swan. Seville Pictures[<길 잃은 천사들>. <상실의 시대>로도 소개돼 있다].

Love, Heather. 2007. *Feeling Backward: The Politics of Loss in Queer History*. Cambridge, Mass.: Harvard University Press.

_____. 2008. "Compulsory Happiness and Queer Existence." *New Formations* 63:52-64.

Lucas, Bill. 2006. *Happy Families: How to Make One, How to Keep One*. Harlow: Educational Publishers.

Lukács, György. 1971. *History and Class Consciousness*. Trans. Rodney Livingstone. Cambridge, Mass.: MIT Press[『역사와 계급의식』, 조만영·박정호 옮김, 거름, 2005].

Macaulay, Thomas Babington. 1835/2003. "Minute on Indian Education." *Archives of Empire: From the East India Company to the Suez Canal*, ed. Barbara Harlow and Mia Carter, 227-38. Durham, N.C.: Duke University Press.

Macherey, Piere. 1996. "The Encounter with Spinoza." *Deleuze: A Critical Reader*, ed. Paul Patton, 139-61. Oxford: Blackwell.

MacIntyre, Alasdair C. 1981. *After Virtue: A Study in Moral Theory*. London: Duckworth[『덕의 상실』, 이진우 옮김, 문예출판사, 1997].

_____. 2004. *The Unconscious: A Conceptual Analysis*. London: Routledge.

Majeed, Javed. 1992. *Ungoverned Imaginings: James Mill's "The History of British India" and Orientalism*. Oxford: Clarendon Press.

Marar, Ziyad. 2003. *The Happiness Paradox*. London: Reaktion Books[『행복의 패러독스』, 강주헌 옮김, 대원사, 2005].

Marcuse, Herbert 1964/2002. *One-Dimensional Man: Studies in the Ideology of Advanced Industrial Society*. London: Routledge[『일차원적 인간: 선진 산업사회의 이데올로기 연구』, 박병진 옮김, 한마음사, 2009].

Martin, Jane Roland. 1995. *Changing the Educational Landscape: Philosophy, Women and the*

Curriculum. New York: Routledge.

Marx, Karl. 1844/1964. *The Economic and Philosophical Manuscripts of 1844.* New York: International Publications[『1844년의 경제학-철학 수고』, 강유원 옮김, 이론과실천, 2006].

Massumi, Brian. 2002a. "Navigating Movements." www.brianmassumi.com/interviews/NAVIGATING%20MOVEMENTS.pdf. Visited August 18, 2009[현재는 연결되지 않으며 다음 책에서 찾아볼 수 있다. 『정동 정치』, 「1장 항해 운동: 메리 주나지와의 인터뷰」, 조성훈 옮김, 갈무리, 2018].

_____. 2002b. *Parables for the Virtual: Movement, Affect, Sensation.* Durham, N.C.: Duke University Press[『가상계: 운동, 정동, 감각의 아쌍블라주』, 조성훈 옮김, 갈무리, 2011].

Mbembe, Achille. 2001. *On the Postcolony.* Berkeley: University of California Press.

McCarney, Joseph. 2005. "Ideology and False Consciousness." http://www.marxmyths.org/joseph-mccarney/article.htm. Visited August 28, 2008[『칼 맑스·프리드리히 엥겔스 저작선집 6』, 「서한들과 서한들로부터의 발췌들: 30 엥겔스가」1893년 7월 14일 베를린의 프란쯔 메링에게」, 최인호 외 옮김, 박종철출판사, 1997].

McMahon, Darrin M. 2006. *Happiness: A History.* New York: Atlantic Monthly Press[『행복의 역사』, 윤인숙 옮김, 살림, 2008].

McRobbie, Angela. 2008. *The Aftermath of Feminism: Gender, Culture and Social Change.* London: Sage.

Mill, James. 1818/1997. *History of British India.* London: Routledge.

_____. 1828. *Essays reprinted from the Supplement to the Encyclopaedia of Britannica.* London: J. Innes.

Mill, John Stuart. 1863/2001. *Utilitarianism.* Indianapolis: Hackett Publishing[『타인의 행복: 공리주의』, 정미화 옮김, 이소노미아, 2018].

_____. 1873/2003. *Autobiography of John Stuart Mill.* White sh, Mont.: Kessinger Publishing[『존 스튜어트 밀 자서전』, 박홍규 옮김, 문예출판사, 2019].

Miller, D. A. 2002. "Problems of Closure in the Traditional Novel" (1981). *Narrative Dynamics: Essays on Time, Plot, Closure and Frames,* ed. Brian Richardson, 272-81. Columbus: Ohio State University Press.

Millett, Kate. 1970. *Sexual Politics.* New York: Doubleday[『성 정치학』, 김전유경 옮김, 이후, 2009].

Moreton-Robinson, Aileen. 2002. "'Tiddas talkin' up to the White Woman': When Hu ins et al. Took on Bell." *Black Lines: Contemporary Critical Writing by Indigenous Australians,* ed. Michele Grossman, 66-78. Melbourne: Melbourne University Press.

Morrison, Toni. 1970/1979. *The Bluest Eye.* London: Picador[『가장 푸른 눈』, 신진범 옮김, 들녘, 2003].

Muñoz, José Esteban. 2007. "Cruising the Toilet: LeRoi Jones/Amiri Baraka, Radical Black Traditions, and Queer Futurity". *GLQ* 13 (2-3): 353-67.

Munt, Sally. 2001. "*The Well* of Shame." *Palatable Poison: Critical Perspectives on "The Well of Loneliness,"* ed. Laura Doan and Jay Prosser, 199-215. New York: Columbia University Press.

_____. 2007. *Queer Attachments: The Cultural Politics of Shame*. Aldershot: Ashgate.

Meyer, Susan. 1996. *Imperialism at Home: Race and Victorian Women's Fiction*. Ithaca, N.Y.: Cornell University Press.

Naipaul, V. S. 1990. "Our Universal Civilization." *New York Times*, November 5. http://www.nytimes.com.

Nancy, Jean-Luc. 1993/1997. *The Sense of the World*. Trans. Jeffrey S. Librett. Minneapolis: University of Minnesota Press.

Nettle, Daniel. 2006. *Happiness: The Science behind Your Smile*, Oxford: Oxford University Press[『행복한 사람의 DNA는 어떻게 다른가?: 진화심리학, 뇌과학, 행복의 비밀을 풀다』, 김상우 옮김, 와이즈북, 2012].

Neves, Carlos M. 2003. "Optimism, Pessimism and Hope in Durkheim." *Journal of Happiness Studies* 4:169-83.

Newton, Esther. 2000. *Margaret Mead Made Me Gay: Personal Essays, Public Ideas*. Durham, N.C.: Duke University Press.

Ngai, Sianne. 2005. *Ugly Feelings*. Cambridge, Mass.: Harvard University Press.

Nietzche, Friedrich. 1883-85/1961. *Thus Spoke Zarathustra*. Trans. R. J. Hollingdale. London: Penguin Books[『차라투스트라는 이렇게 말했다』(니체전집 13), 정동호 옮김, 책세상, 2000].

_____. 1886/1997. *Beyond Good and Evil*. Trans. Helen Zimmern. Mineola, N.Y.: Dover Publications[『선악의 저편』, 박찬국 옮김, 아카넷, 2018].

_____. 1887/1996. *On the Genealogy of Morals*. Trans. Douglas Smith. Oxford: Oxford University Press[『도덕의 계보, 이 사람을 보라』(니체전집 8), 김태현 옮김, 청하, 1999].

_____. 1889/1990. *Twilight of the Idols*. Trans. R. J. Hollingdale. London: Penguin Books[『우상의 황혼 외』, 박찬국 옮김, 아카넷, 2015].

_____. 1901/1968. *The Will to Power*. Trans. Walter Kaufman and R. J. Hollingdale. New York: Vintage Books[『권력에의 의지』, 강수남 옮김, 청하, 1988].

Noddings, Nel. 2003. *Happiness and Education*. Cambridge: Cambridge University Press.

Nussbaum, Martha C. 2005. "Mill on Happiness: The Enduring Value of a Complex Critique." *Utilitarianism and Empire*, ed. Bart Schultz and Georgios Varouxakis, 107-24. Lanham, Md.: Lexington Books.

O'Rourke, Meghan. 2006. "Desperate Feminist Wives: Why Wanting Equality Makes Women Unhappy." http://www.slate.com.

References

Orwell, George. 1949/1985. *1984*. New York: Penguin Books[『1984』, 정희성 옮김, 민음사, 2012].

Packer, Vin. 1952/2004. *Spring Fire*. San Francisco. Cleis Press.

Pascal, Blaise. 1669/1910. *Thoughts, Letters, Minor Works*, vol. 8. Trans. W. F. Trotter, M. L. Booth, O. W. Wight. New York: P. F. Collier and Son.

Perry, David L. 1967. *The Concept of Pleasure*. The Hague: Mouton and Co.

Peters, Julie Anne. 2003. *Keeping You a Secret*. New York: Little, Brown[『너를 비밀로』, 송섬별 옮김, 이매진, 2015].

Peucker, Henning. 2007. "Husserl's Critique of Kant's Ethics." *Journal of the History of Philosophy* 45 (2): 309-19.

Phua, Voon Chin. 2003. *Icelandic Lives: The Queer Experience*. Philadelphia: Hawarth Press.

Pitts, Jennifer. 2005. *A Turn to Empire: The Rise of Imperial Liberalism in Britain and France*. Princeton, N.J.: Princeton University Press.

Plato. 1998. *Republic*. Trans. Robin Water eld. Oxford: Oxford University Press[『국가』, 박종현 옮김, 서광사, 2005].

Potamianou, Anna. 1997. *Hope: A Shield in the Economy of Borderline States*. Trans. Phillip Slotkin. London: Routledge.

Probyn, Elspeth. 2005. *Blush: Faces of Shame*, Minneapolis: University of Minnesota Press.

Prosser, Jay. 1998. *Second Skins: Body Narratives of Transsexuality*. New York: Columbia University Press.

Puar, Jasbir K. 2007. *Terrorist Assemblages: Homonationalism in Queer Times*. Dùrham, N.C.: Duke University Press.

Radway, Janice A. 1984. *Reading the Romance: Women, Patriarchy and Popular Literature*. London: Verso.

Rahman, Zia Haider. 2007. "The Young Can Be Far Too Easy to Exploit." *Daily Telegraph*, November 7.

Reid, Gordon. 2006. *That Unhappy Race: Queensland and the Aboriginal Problem, 1838-1901*. Melbourne: Australian Scholarly Publishing.

Ricard, Matthieu. 2007. *Happiness: A Guide to Developing Life's Most Important Skill*. Trans. Jesse Browner. London: Atlantic Books.

Rose, Nikolas. 1996. "Governing Advanced 'Liberal' Societies." *Foucault and Political Reason: Liberalism, Neo-Liberalism and the Rationalities of Government*, ed. Andrew Barry, Thomas Osborne and Nikolas Rose, 37-64. Chicago: University of Chicago Press.

_____. 1999. *Governing the Soul: The Shaping of the Private Self*. London: Free Association Books.

Rousseau, Jean-Jacques. 1762/1993. *Émile*. Trans. Barbara Foxley. London: Everyman[『에밀』, 김중현 옮김, 한길사, 2003].

_____. 1783. *Emilius and Sophia: Or, a New System of Education*. London: H. Haldwin.

Rowbotham, Sheila. 1989. *The Past Is before Us: Feminism in Action since the 1960s*. London: Penguin Books.

Ruti, Mari. 2006. *Reinventing the Soul: Posthumanist Theory and Psychic Life*. New York: Other Press.

Sanderson, Terry. 1999. *How to Be a Happy Homosexual: A Guide for Gay Men*. London: Other Way Press.

Sartre, Jean-Paul. 1939/2002. *Sketch for a Theory of the Emotions*. Trans. Philip Mairet. New York: Routledge.

_____. 1946/1989. *Existentialism and Humanism*. Trans. Philip Mairet. London: Methuen[『실존주의는 휴머니즘이다』, 박정태 옮김, 이학사, 2008].

_____. 1965/1993. *Essays in Existentialism*. Ed. Wade Baskin. New York: Citadel Press.

Scheler, Max. 1913/2008. *The Nature of Sympathy*. Trans. Peter Heath. New Brunswick: Transaction Publishers[『동감의 본질과 형태들』, 조정옥 옮김, 아카넷, 2006].

Schoch, Richard N. 2006. *The Secrets of Happiness*. London: Profile Books[『행복의 비밀』, 정경란 옮김, 문예출판사, 2013].

Schopenhauer, Arthur. 1818/1883. *The World as Will and Idea*, vol. 3. Trans. R. B. Haldane and J. Kemp. London: Routledge and Kegan Paul[『의지와 표상으로서의 세계』, 홍성광 옮김, 을유문화사, 2009].

_____. 1840/1995. *On the Basis of Morality*. Trans. E. F. J. Payne. Indianapolis: Hackett Publishing Company[『도덕의 기초에 관하여』, 김미영 옮김, 책세상, 2019].

_____. 1850/2004. *On the Suffering of the World*. Trans. R. J. Hollingdale. London: Penguin Books.

Schroeder, Michael, and Ariel Shidlo. 2002. "Ethical Issues in Sexual Orientation Conversion Therapies: An Empircal Study of Consumers." *Sexual Conversion Therapy: Ethical, Clinical, and Research Perspectives*, ed. Ariel Shidlo, Michael Schroeder, Jack Drescher, 131-66. Philadelphia: Haworth Press.

Schulman, Sarah. 1992/2006. *Empathy*. Vancouver: Arsenal Pulp Press.

_____. 1998. *Stage Struck: Theatre, AIDS and the Marketing of Gay America*. Durham, N.C.: Duke University Press.

Schultz, Bart, and Georgios Varouxakis. 2005. Introduction. *Utilitarianism and Empire*, ed. Bart Schultz and Georgios Varouxakis, 1-32. Lanham, Md.: Lexington Books.

Schwarz, Norbert, and Strack, Fritz. 1991. "Evaluating One's Life: A Judgment Model of Subjective Well-Being." *Subjective Well-Being: An Interdisciplinary Perspective*, ed. Fritz Strack, Michael Argyle and Norbert Schwarz, 27-48. Oxford: Pergamon Press.

Sedgwick, Eve Kosofsky. 2003. *Touching Feeling: affect, Performativity, Pedagogy*. Durham, N.C.: Duke University Press.

Segal, Lynne. 2007. *Making Trouble: Life and Politics*. London: Serpent's Tail.

Seligman, Martin E. P. 2003. *Authentic Happiness: Using the New Positive Psychology to Realize Your Potential for Lasting Fulfillment*. London: Nicholas Brealey[『마틴 셀리그만의

긍정심리학(개정판)』, 김인자·우문식 옮김, 물푸레, 2014].

Seneca. 1997. "Consolation to Helvia." *Dialogues and Letters*, 3-28. Trans. C. D. N. Costa. London: Penguin Books[『세네카의 대화: 인생에 관하여』, 「제12권 어머니 헬비아에게 보내는 위로」, 김남우·이선주·임성진 옮김, 까치, 2016].

Shine, Darla. 2005. *Happy Housewives*. New York: HarperCollins.

Shuttleworth, Sally. 1984. *George Eliot and Nineteenth-Century Science: The Make-Believe of a Beginning*. Cambridge: Cambridge University Press.

Skeggs, Beverley. 2004. *Class, Self, Culture*. London: Routledge.

Smith, Adam. 1759/2000. *The Theory of Moral Sentiments* New York: Prometheus Books[『도덕감정론』, 김광수 옮김, 한길사, 2016].

_____. 1776/1999. *The Wealth of Nations, Book 1-3*. London: Penguin Books[『국부론』, 김수행 옮김, 비봉, 2007].

Smith, J. A. 1998. Introduction to *Nicomachean Ethics*, by Aristotle, iii-xviii. Mineola, N.Y.: Dover Publications.

Snediker, Michael D. 2009. *Queer Optimism: Lyric Personhood and Other Felicitous Persuasions*. Minneapolis: University of Minnesota Press.

Solomon, Robert. 2006. "Emotions in Phenomenology and Existentialism." *A Companion to Phenomenology and Existentialism*, ed. Hubert L. Dreyfus, Mark A. Wrathall, 291-309. Cambridge, Mass.: Blackwell.

Spinoza, Benedict de. 1677/2001. *Ethics*. Trans A. H. White. Ware, Hertfordshire: Wordsworth Editions[『에티카』, 조현진 옮김, 책세상, 2019].

Spivak, Gayatri Chakravorty. 1988. "Can the Subaltern Speak?" *Marxism and the Interpretation of Culture*, ed. Cary Nelson and Lawrence Grossberg, 271-313. Champaign: University of Illinois Press["서발턴은 말할 수 있는가?", 『서발턴은 말할 수 있는가』, 태혜숙 옮김, 그린비, 2013].

Stimpson, Catharine R. 1988. *Where the Meanings Are: Feminism and Cultural Spaces*. New York: Methuen.

Stokes, Eric. 1959. *The English Utilitarians and India*. Delhi: Oxford University Press.

Strack, Fritz, Michael Argyle, and Norbert Schwarz. 1991. Introduction. *Subjective Well-Being: An Interdisciplinary Perspective*, ed. Fritz Strack, Michael Argyle, and Norbert Schwarz, 1-6. Oxford: Pergamon Press.

Stringer, Rebecca. 2000. "A Nietzschean Breed: Feminism, Victimology, *Ressentiment*." *Why Nietzsche Still? Reflections on Drama, Culture, Politics*, ed. Alan D. Schrift, 247-73. Berkeley: University of California Press.

Strong, Tracy B. 2002. *Jean-Jacques Rousseau: The Politics of the Ordinary*. Lanham, Md.: Rowman and Littlefield.

Struik, Dirk J. 1964. Introduction. *The Economic and Philosophical Manuscripts of 1844*, by Karl

Marx. New York: International Publications.

Sullivan, Eileen. 1983. "Liberalism and Imperialism: John Stuart Mill's Defence of the British Empire."
　　Journal of the History of Ideas 44 (4): 599-617.

Summers, Heather, and Anne Watson. 2006. *The Book of Luck: Brilliant Ideas to Transform Your Life*.
　　Mankato, Minn.: Capstone[『왜 나는 제자리인가: 1년 후가 불안한 당신이 꼭 알아야
　　할 7가지 성공 기술』, 신승미 옮김, 마일스톤, 2013].

Swan, Susan. 1993. *Wives of Bath*. New York: Alfred A. Knopf.

Swanton, Christine. 2000. "Compassion as a Virtue in Hume." *Feminist Interpretations of David
　　Hume*, ed. Anne Jaap Jacobson, 156-73. University Park: Pennsylvania State University Press.

Syal, Meera. 1996/2004. *Anita and Me*. London: Harper Perennial.

Tate, Shirley. 2005. *Black Skins, Black Masks: Hybridity, Dialogism, Performativity*. London:
　　Ashgate.

Terada, Rei. 2001. *Feeling in Theory: Emotion after the "Death of the Subject."* Cambridge, Mass.:
　　Harvard University Press.

Thobani, Sunera. 2003. "War Frenzy and Nation Building: A Lesson in the Politics of 'Truth-Making.'"
　　International Journal of Qualitative Studies in Education 16(3): 399-414.

Thompson, Evan. 2007. *Mind in Life: Biology, Phenomenology, and the Sciences of Mind*. Cambridge,
　　Mass.: Harvard University Press[『생명 속의 마음: 현상학, 생물학, 심리과학』, 박인성
　　옮김, 도서출판 비, 2016].

Toder, Nancy. 1980. *Choices*. Boston: Alyson Publications.

Tolstoy, Leo. 1875-77/1985. *Anna Karenina*. Trans. Rosemary Edmonds. London: Penguin[『안나
　　카레니나 1』, 연진희 옮김, 민음사, 2009].

Tyler, Imogen. 2008. "Methodological Fatigue: The Politics of 'The Affective Turn.'" *Feminist Media
　　Studies* 8 (1): 85-90.

United Kingdom. Home Office. 2002. *Secure Borders, Safe Haven: Integration with Diversity in
　　Modern Britain*. London: Stationery Office.

＿＿＿. 2005a. "Strength in Diversity: Towards a Community Cohesion and Race Equality Strategy."
　　http://www.homeoce.gov.uk/documents/cons-strength-in-diverse-170904.

＿＿＿. 2005b. *Life in the United Kingdom: A Journey to Citizenship*. Norwich: Stationery Office.

Veenhoven, Ruut. 1984. *Conditions of Happiness*. Dordrecht: D. Reidel Publishing Company.

＿＿＿. 1991. "Questions on Happiness: Classical Topics, Modern Answers, Blindspots." *Subjective
　　Well-Being: An Interdisciplinary Perspective*, ed. Fritz Strack, Michael Argyle and Norbert
　　Schwarz, 8-24. Oxford: Pergamon Press.

Walker, Lisa. 2001. *Looking Like What You Are: Sexual Style, Race and Lesbian Identity*. New York:
　　New York University Press.

Warn, Sarah. 2003. "Dropping Lesbian Romance from *Beckham* the Right Decision."
　　http://www.afterellen.com/Movies/beckham.html. Visited February 12, 2009.

References

Weil, Simone. 1952/2002. *Gravity and Grace*. Trans. Emma Crawford and Mario von der Ruhr. London: Routledge[『중력과 은총』, 윤진 옮김, 이제이북스, 2008].

Weldon, Fay. 2006. *What Makes Women Happy?* London: Fourth Estates.

West, Henry W. 2004. *An Introduction to Mill's Utilitarian Ethics*. Cambridge: Cambridge University Press, 2004[『밀의 공리주의 입문』, 김성호 옮김, 서광사, 2015].

Williams, Raymond. 1977. *Marxism and Literature*. Oxford: Oxford University Press[『마르크스주의와 문학』, 박만준 옮김, 지만지, 2008].

_____. 2006. *Modern Tragedy*. Peterborough, Ontario: Broadview Encore[『현대 비극론』, 임순희 옮김, 까치, 1997].

Wilson, Eric G. 2008. *Against Happiness: In Praise of Melancholy*. New York: Sarah Crichton Books[『멜랑콜리 즐기기: 행복의 또 다른 이름』, 조우석 옮김, 세종서적, 2010].

Wollstonecraft, Mary. 1792/1975. *A Vindication of the Rights of Women*. New York: W. W. Norton[『여권의 옹호』, 손영미 옮김, 한길사, 2008].

Woodward, Kathleen. 2009. *Statistical Panic: Cultural Politics and Poetics of the Emotions*. Durham, N.C.: Duke University Press.

Woolf, Virginia. 1925/1953. *Mrs. Dalloway*. New York: Harvest Books[『댈러웨이 부인』, 최애리 옮김, 열린책들, 2009].

Yancy, George. 2008. *Black Bodies, White Gazes: The Continuing Significance of Race*. Lanham, Md.: Rowman and Little eld.

Zastoupil, Lynn. 1994. *John Stuart Mill and India*. Stanford, Calif.: Stanford University Press, 1994.

Žižek, Slavoj. 2002. *Welcome to the Desert of the Real*. London: Verso[『실재의 사막에 오신 것을 환영합니다: 9·11 테러 이후의 세계』, 이현우·김희진 옮김, 자음과모음, 2011].

_____. 2005. "From Revolutionary to Catastrophic Utopia." *Thinking Utopia: Steps into Other Worlds*, ed. Jörn Rüsen, Michael Fehr and Thomas W. Rieger, 247-62. New York: Berghahn Books.

_____. 2008a. *In Defence of Lost Causes*. London: Verso[『잃어버린 대의를 옹호하며』, 박정수 옮김, 그린비, 2009].

_____. 2008b. *Violence*. London: Pro le Books[『폭력이란 무엇인가: 폭력에 대한 6가지 삐딱한 성찰』, 이현우 외 옮김, 난장이, 2011].

Zupančič, Alenka. 2000. *Ethics of the Real: Kant, Lacan*. London: Verso[『실재의 윤리: 칸트와 라캉』, 이성민 옮김, 도서출판 비, 2004].